国家出版基金项目
NATIONAL PUBLICATION FOUNDATION

陈兴良刑法学
CHEN XINGLIANG CRIMINAL LAW

● 陈兴良 /著

刑法研究（第二卷）

刑法绪论 II

Research on Criminal Law

中国人民大学出版社
·北 京·

总 目 录

第一卷 刑法绪论Ⅰ

第一编 刑法绪论
一、刑法理念
二、刑事法治

第二卷 刑法绪论Ⅱ

二、刑事法治（续）
三、刑事政策
四、刑法立法

第三卷 刑法绪论Ⅲ

四、刑法立法（续）
五、刑法原则
六、刑法人物
七、刑法随笔

第四卷　刑法理论Ⅰ

第二编　刑法理论

一、刑法哲学

二、刑法教义学

三、刑法知识论

第五卷　刑法理论Ⅱ

三、刑法知识论（续）

四、判例刑法学

第六卷　刑法总论Ⅰ

第三编　刑法总论

一、犯罪概论

二、犯罪论体系

三、构成要件

第七卷　刑法总论Ⅱ

三、构成要件（续）

四、违法性

第八卷　刑法总论Ⅲ

四、违法性（续）

五、有责性

六、未完成罪

第九卷 刑法总论Ⅳ

七、共同犯罪
八、单位犯罪
九、竞合论

第十卷 刑法总论Ⅴ

十、刑罚概论
十一、刑罚体系
十二、刑罚适用

第十一卷 刑法各论Ⅰ

第四编 刑法各论
一、概述
二、公共安全犯罪
三、经济秩序犯罪

第十二卷 刑法各论Ⅱ

四、侵犯人身犯罪
五、侵犯财产犯罪
六、社会秩序犯罪

第十三卷 刑法各论Ⅲ

六、社会秩序犯罪（续）
七、贪污贿赂犯罪

本卷目录

二、刑事法治（续） …………………………………………………… 1
独立而中立：刑事法治视野中的审判权 ………………………………… 2
中国劳动教养制度研究——以刑事法治为视角 ………………………… 26
劳动教养之权力归属分析 ………………………………………………… 46
劳动教养制度：一个文本的研究 ………………………………………… 50
劳动教养：根据国际人权公约之分析 …………………………………… 72
社区矫正的理念与法律渊源 ……………………………………………… 80
当代中国社会的罪与罚 …………………………………………………… 88
法官职业化：根据与标志 ………………………………………………… 110
国际刑事司法准则与中国刑事司法改革 ………………………………… 118
无冤：司法的最高境界 …………………………………………………… 125
一份疑罪从无的判决书：分析与评论 …………………………………… 144
三、刑事政策 ……………………………………………………………… 152
刑事法治视野中的刑事政策 ……………………………………………… 153
刑法的刑事政策化及其限度 ……………………………………………… 187
刑事一体化：刑事政策与研究方法视角的思考 ………………………… 206
宽严相济刑事政策研究 …………………………………………………… 215

宽严相济刑事政策与刑罚规制 …… 247
“严打”利弊之议 …… 252
四、刑法立法 …… 259
立法理念论 …… 260
立法、司法与学术——中国刑法二十年回顾与展望 …… 274
回顾与展望：中国刑法立法四十年 …… 336
我国刑事立法指导思想的反思 …… 363
从政治刑法到市民刑法——二元社会建构中的刑法修改 …… 369
刑法修改的双重使命：价值转换与体例调整 …… 415
刑法修改的理论思考 …… 432
刑法修改的理性思考 …… 441
困惑中的超越与超越中的困惑
——从价值观念角度和立法技术层面的思考 …… 448
新旧刑法比较研究 …… 533
《刑法修正案（九）》的解读与评论 …… 588

二、刑事法治（续）

独立而中立：刑事法治视野中的审判权

审判权是司法权的核心，审判制度也是司法制度的重要内容。在刑事法治的建构中，如何将审判权的行使纳入法治轨道，是一个十分重大的问题。本文在对我国审判体制存在问题分析的基础上，拟对刑事法治视野下的审判理念与审判体制进行前瞻性的探讨。

一

在讨论审判权的时候，首先需要对审判与司法这两个用语进行分析，然后涉及对审判权与司法权的界分。

审判是法院对各种案件进行审理并作出裁判的一种活动。审判权就是法院所特有的对案件进行审理或者裁判的权力。因此，审判一词包括两个方面的内容：一是审理，二是裁判。审理是对案件事实及其相关证据的审核与认定，这是审判活动的重要内容。正是在查清案件事实的基础之上，法官才能就相关法律争议问题进行裁判。因此，审理与裁判是不可或缺的，两者之间具有密切的关联性。

司法，一般是指英语“Justice”一词的汉译。依照美国《联邦宪法》第 3 条的规定，所谓司法是指对包含民事、刑事以及行政事件及争讼进行裁判的活动。因此，司法是以事件及争讼（Cases and Controversies）为存在前提的一种裁决活动。司法权就是对各种案件进行裁判的权力。当然，各国宪法赋予法院的权力有所不同，因而在不同国家的宪政体制下，司法权的内容也是各有差别的。例如美国联邦法院具有对所适用的法律的合宪性进行审查判断的权力。大陆法系国家法院则大多采取二元或者多元的司法模式。法院的司法权仅限于对民事或者刑事案件的审判，违宪审查则不属于司法权的范围。[①] 由此可见，司法的含义在各个国家存在细微差别。但共同之处在于，司法权是对法院所行使的对各种案件审理与判决的权力的一般性概括。

基于以上分析，审判与司法、审判权与司法权的含义应当是相同的，都是一种权力类型。实际上，古代社会并没有对国家管理活动的权力类型进行具体划分，并且权力都是归属于最高统治者的，例如中国古代的皇帝，因而这种国家权力就称为皇权。对国家权力的类型化划分，始于古希腊的亚里士多德。亚氏从政体要素的角度出发，指出了政体中议事机能、行政机能和审判机能三者之间的区分。[②] 这里的议事机能是指立法机关所具有的机能，行政机能是指行政机关所具有的机能，审判机能则是指司法机关所具有的机能。亚里士多德对立法权、行政权与司法权的描述虽然不能与现代社会的这三种权力完全对应，但他看到了这三种类型的权力之间的区别并第一次对此作了明确划分。在近代西方，对分权理论加以发挥的是英国哲学家洛克。洛克提出了三权分立的观点，但这里的三权是指立法权、行政权和联盟权。[③] 在洛克的理论中，行政权是对内的权力，联盟权是对外的权力，两者都属于执行法律的权力。因此，与其说洛克主张的是三权分立不如说是两权分立，这就是立法权与执法权的分立。尤其值得注意的是，洛克并未将司法权列为一种单独的国家权力类型，这表明在洛克时代的英国，司法机关尚处于幼稚的状态，其独立性没有引起洛克的足够关注。只是到了法国著名的启

---

① 参见张卫平等：《司法改革：分析与展开》，120 页，北京，法律出版社，2003。

② 参见［古希腊］亚里士多德：《政治学》，吴寿彭译，214－216 页，北京，商务印书馆，1965。

③ 参见［英］洛克：《政府论》（下篇），叶启芳等译，89－90 页，北京，商务印书馆，1964。

蒙学家孟德斯鸠那里，完整的三权分立理论才得以形成。孟德斯鸠将国家权力分为三种类型，这就是立法权、司法权与行政权。[①] 孟德斯鸠认为司法权是惩罚犯罪和裁决私人讼争的权力。在这一司法权的定义中，惩罚犯罪的权力是指刑事司法权，而裁决私人讼争的权力是指民事司法权。显然在孟德斯鸠的司法权中并不包含行政审判的权力。当然，孟德斯鸠分权理论的最大贡献还是在于权力分立与权力制衡的观点，尤其是司法权应当独立于立法权与行政权的观点。正如我国学者指出：孟德斯鸠对司法权独立地位的确认，尤其是对制衡理论的系统阐述都是独创的。[②] 正是在与立法权、行政权的区分中，司法权获得了独立存在的意义。

尽管在世界各国所通行的司法概念与审判一词实为同义语，但在我国现行法律语境下，司法一词具有如同我国学者所说的某种“设定性定义”，即我国不但将通行的关于司法的定义纳入其中，而且将审判以外的内容，例如检察活动，也归入其内。[③] 在这种情况下，司法权不仅包括审判权，而且包括了检察权。因此，所谓司法的设定性定义，其实就是具有中国特色的司法定义。在这种情况下，我们可以把司法分为广义上的司法与狭义上的司法。广义上的司法是指依法享有司法权的国家机关，依据法定的职权和程序处理诉讼纠纷的活动。依据我国宪法规定，各级人民法院和人民检察院属于国家司法机关，其代表国家行使审判和监督法律实施的权力的活动属于司法范畴。狭义上的司法仅指法院的裁判活动。[④] 本文所称司法或者司法权，都是指狭义上的，在语义上可以等同于审判或者审判权。

无论是在广义上的司法概念还是在狭义上的司法概念中，审判都是司法的核心内容。因此，对审判权的探讨是司法权法理研究的题中之意。如前所述，司法权是区别于立法权与行政权的。一般而言，司法权与立法权的区分较为明显。立

① 参见［法］孟德斯鸠：《论法的精神》（上册），张雁深译，154－155页，北京，商务印书馆，1961。

② 参见朱光磊：《以权力制约权力——西方分权论和分权制评述》，64页，成都，四川人民出版社，1987。

③ 参见张建伟：《刑事司法体制原理》，12页，北京，中国人民公安大学出版社，2002。

④ 参见王利明：《司法改革研究》，6页，北京，法律出版社，2000。

法权是创制法律的权力，而司法权是适用法律的权力。但司法权与行政权之间的界限有些暧昧。在现代法治社会，行政也是种执法活动，我们通常称为行政执法。那么，行政的执行法律与司法的适用法律之间，到底存在什么根本的区分呢？这里涉及对司法权的性质的理解。关于司法权的性质，存在各种描述，例如我国学者从司法权与行政权的区别出发，认为司法权具有不同于行政权的十大特征：被动性、中立性、形式性、稳定性、专属性、法律性、终局性、交涉性、审级分工性和公平优先性。[①] 在这些特征中，最为人所关注的是被动性、中立性、终局性等基本特征。这些特征对于了解司法的性质是不可或缺的。但这些特征都是从应然角度对司法性质的描述，即司法应当是被动的、中立的、终局的。但能不能说只要不具有被动性、中立性、终局性的就不是司法了呢？显然不能得出这样的结论。因此，笔者认为司法权的根本性质在于判断。只要某种权力的行使是以判断为内容的，就可以认为这种权力具有司法的性质，专门从事判断活动的机关可以认为是司法机关。实际上，行政权的行使过程也具有某些司法的要素，或者在权力配置时把某些判断权交给行政机关行使，从而使行政机关也具有某种程度上的司法权。因此，唯有判断性才能将司法权与行政权以及其他权力加以区分。在这个意义上说，司法权是判断权这一命题是能够成立的。

那么如何理解这里的判断呢？在形式逻辑中，判断是关于对象的一种思维形式，是对于对象有所断定的思维形式。判断具有两个特征：第一，判断必须有所断定，即必须对于对象有所肯定或否定；第二，判断总是有真有假。[②] 上述第一个特征是就判断的内容而言的，第二个特征是就判断的结果而言的。司法活动中的判断也是一种判断形式，是判断这种思维方式在司法领域的实际运用情况，它当然具有判断的一般特征，但司法活动中的判断又具有其特殊性。从司法活动的内容来看，判断可以分为两种：一是事实的判断，二是规范的判断。事实的判断是指某种案件事实是否存在，判断的结论视其内容与实际是否相符而区分真假。

① 参见孙笑侠：《司法权的本质是判断权》，载《法学》，1998（8）。

② 参见中国人民大学哲学系逻辑学教研室编：《形式逻辑》，64－65页，北京，中国人民大学出版社，1984。

例如，根据现有的证据能否认定张三杀人，这就是一种事实判断。如果张三确实杀人，则张三杀人的判断为真。如果张三没有杀人，则张三杀人的判断为假。这种事实的判断，在法律上也称为事实认定。认定，顾名思义，是指认识并确定，因而认定必然是以判断的形式出现的，是对司法活动中的事实判断的一种理论根据。除事实判断以外，在司法活动中还存在规范判断。因为司法活动是一种法律适用活动，这一判断必须是受法律规则和法律原则制约的，而不是任意的、无常的突发奇想，是以案件的事实和适用的法律为基础对正确与错误、合法与非法、事实与虚假等进行辨别和选择，在此基础上作出与案情相适应的公正决定，这种决定的效力来自法律而不是法官个人的意愿。正因为司法判断是根据法律规则的判断，因此，在事实判断之后还存在规范判断，这是一种法律适用中的判断。应当指出，这里的规范判断是指根据法律规范对案件事实的性质所作的判断，它与法律逻辑学中的规范模态判断是不同的。规范模态判断，也简称为规范判断，是指在行为规范（包括道德规范、纪律规范、法律规范）中以一定的行为事实为对象，规定该行为事实是可以的、应当的或必须的。① 因此，规范模态判断是指规范对人们行为的允许或者禁止的规定方式。而我们在这里所称的规范判断是根据法律规范对案件事实的法律性质所作的一种判断。这种判断也称为定性，即确定法律性质。因此，规范判断是指案件事实与法律规范之间是否具有同一性的判断。例如，刑法中的定罪活动，首先判断某一案件事实是否存在，这是事实判断。在判断其存在的基础上，再进行构成要件该当性、违法性、有责性的判断，这是定罪过程。显然定罪是根据法律规定对行为是否具有犯罪性质所进行的一种规范判断。

在司法活动中，判断是常见的一种思维方式，侦查机关对案件事实是否存在也要进行事实判断，公诉机关对行为是否构成犯罪也会进行规范判断。那么，为什么说审判权的本质是判断权，而侦查权、公诉权的本质不是判断权呢？这是一个值得深入思考的问题。笔者认为，对这一问题必须结合审判机关的性质加以考

① 参见吴家麟主编：《法律逻辑学》，107 页，北京，群众出版社，1983。

察。审判是基于中立性立场，对发生纠纷双方之间争议所进行的裁判，即裁决性判断。因此，审判权的判断是为裁决所作的判断，这种判断具有决疑性。正因为审判机关的这种特殊性质，审判权中所包含的判断不同于其他类型的判断。

审判权中包含了判断，并且这种判断本身就是一种权力，我们称之为判断权。由此，我们可以得出审判权是判断权的命题。判断与判断权是有所不同的，判断只是一种思维方式，判断权则是指判断的结论具有法律强制力。因此，判断权是审判权的表现形式，它表明审判机关是专门从事判断并且其判断结论具有法律上的强制力的司法机关。例如，我国《刑事诉讼法》第12条规定："未经人民法院依法判决，对任何人都不得确定有罪。"这一规定是否属于无罪推定，在学理上尚存在争议。但这一规定将定罪权授予人民法院这是一个不争的事实。在刑事诉讼活动中，只有人民法院才有权判断一个人的行为是否构成犯罪。换言之，只有人民法院才享有一个人的行为是否构成犯罪的判断权。这种有罪的判断权，相对于侦查机关和公诉机关的有罪判断来说具有性质上的根本差别。我国学者提出：公安机关、检察机关在刑事诉讼中行使侦查权和检察权随着诉讼的开始和进行，要作出各种各样的决定，比如立案决定，拘留、逮捕决定，提起公诉决定。这些决定往往建立在公安、检察机关认为犯罪嫌疑人的行为构成犯罪的基础上。但是，我们应当明确这里的"认为犯罪嫌疑人有罪"不是最终确定犯罪嫌疑人有罪，而是一种暂时的认定。犯罪嫌疑人、被告人是否被确定为有罪并不取决于公安、检察机关的"认定"，而是取决于人民法院的审判。人民法院可以否决公安、检察机关的"认定"。即使犯罪嫌疑人、被告人真的有罪，在人民法院依法判决其有罪之前，公安、检察机关的"认定"的法律效力也只能是确定其犯罪嫌疑人、被告人的地位，而不是确定其罪犯的法律地位。[①] 由此可见，只有人民法院才能确定一个人有罪，这一有罪的判断权具有终极性，它可以推翻公安机关、检察机关的判断。

美国联邦党人汉密尔顿曾经对立法权、行政权、司法权这三种权力的内容作

① 参见程荣斌主编：《中国刑事诉讼法教程》，150页，北京，中国人民大学出版社，1997。

过比较分析，指出：行政部门不仅具有荣誉、地位的分配权，而且执掌社会的武力。立法机关不仅掌握财权，且制定公民权利义务的准则。与此相反，司法部门既无军权又无财权，不能支配社会的力量与财富，不能采取任何主动的行动。故可正确断言：司法部门既强制又无意志，而只有判断；而且为实施其判断亦需借助于行政部门的力量。① 汉密尔顿由此得出结论：司法机关为分立的三权中最弱的一种权力，与其他两种权力不可比拟。以判断为内容的司法权，确实是国家权力中最为弱势的一种权力，但它对于社会治理又是一种最为重要的权力，尤其是它对天然具有扩张性的行政权的限制功能，使司法权的大小成为法治文明程度的标志。在我国刑事法治建设中，我们也应当对于审判权予以充分的关注。只有公开、公正、独立、中立的审判权的正确行使，才能使审判权在刑事法治中发挥其应有的作用。

二

审判权是司法权的核心。在一个国家的司法体制中，审判权的科学设置直接关系法治的实现。审判权作为一个判断权，为保障这种判断的公正性，必须要由一定的机关一定的人员独立地行使判断权。因此，在一个法治社会，审判独立是审判权设置科学性的决定性因素。我国《宪法》第 126 条规定："人民法院依照法律规定独立行使审判权，不受行政机关社会团体和个人的干涉。"这就是我国《宪法》所确认的审判独立原则。在司法体制改革中，如何通过司法体制的结构性调整，充分保障审判权的独立行使，是当务之急。

（一）法院的行政化及其克服

法院作为审判机关，其审判权的行使应当符合司法活动的客观规律。但在我国司法活动中，存在十分严重的行政化倾向。所谓法院的行政化是指按照行政权

① 参见［美］汉密尔顿等：《联邦党人文集》，程逢如等译，391 页，北京，商务印书馆，1982。

的行使方式行使审判权，由此造成我国学者所说的司法异化的现象。[①] 法院的行政化倾向，主要表现为法院内部管理和上下级法院之间的关系这两个方面。

法院内部管理的行政化，是影响审判权独立行使的一个制度性障碍。按照我国《刑事诉讼法》三编审判第一章审判组织的规定，我国审判实行的是以合议制为主，独任制为辅的制度，但在此之外，又设置了审判委员会。根据《刑事诉讼法》第 148 条规定，合议庭进行评议的时候，如果意见分歧，应当按照多数人的意见作出决定，但是少数人的意见应当写入笔录。评议笔录由合议庭的组成人员签名。由于合议庭的评议采取的是少数服从多数的合议原则，因此体现了司法民主，尤其是在陪审人员参与审判的情况下，陪审员享有与审判员相同的权力，这对于保障司法公正是十分重要的制度建构。合议庭的合议制作为审判权的行使方式，它不同于行政权上命下从的行使方式，是符合司法规律的。因为合议庭参与了整个案件的审理，根据少数服从多数的原则作出的判决更具有正当性与合法性。但在我国司法实践中，由于审判长作为承办人往往具有对合议的主导权，因此形成了合议制度“形合实独”的变异。我国学者指出：现行立法所规定的合议制度在实践运作中发生异化，呈现出“形合实独”的特点，即合议庭全体成员共同参与、集体决策的表象下是案件承办人一人唱“独角戏”，并在很大程度上决定着案件的最终结果。[②] “形合实独”的结果是使合议制名存实亡，司法民主也不复存在。更值得重视的是，审判委员会的存在以及权力扩张，使合议庭的权力大为限缩。审判委员会是我国特有的审判组织，其设立初衷是为了保证审判质量。根据我国《刑事诉讼法》第 149 条的规定，对于疑难、复杂、重大的案件，合议庭认为难以作出决定的，由合议庭提请院长决定是否提交审判委员会讨论决定。审判委员会的决定，合议庭应当执行。在这一制度设置中，应当注意以下三点。第一，审判委员会讨论的案件限于疑难、复杂、重大这样三种类型，此外的一般案件合议庭有权作出判决而不须经过审判委员会讨论。第二，上述三类案件

① 参见张卫平等：《司法改革的分析与展开》，16 页，北京，法律出版社，2003。
② 参见左卫民等：《合议制度研究》，78 页，北京，法律出版社，2001。

是合议庭提请院长决定提交审判委员会讨论决定。因此，疑难、复杂、重大案件的判断权在合议庭，是否提请的决定权也在合议庭。第三，合议庭应当执行审判委员会的决定，因此，合议庭与审判委员会之间存在上命下从的关系。从法理上说，在合议庭这一审判组织之外、之上又设立审判委员会，并且在两者之间形成行政隶属关系，这对于合议庭行使的审判权来说是一种限制。更为重要的是，由于《刑事诉讼法》对于疑难、复杂、重大案件的范围未作界定，因此如何界定这三类案件的范围就成为合议庭权力与审判委员会权力的分界。1998 年最高人民法院《关于执行中华人民共和国刑事诉讼法若干问题的解释》第 114 条第 2 款规定："对下列疑难、复杂、重大的案件，合议庭认为难以作出决定的，可以提请院长决定提交审判委员会讨论决定：（一）拟判处死刑的；（二）合议庭成员意见有重大分歧的；（三）人民检察院抗诉的；（四）在社会上有重大影响的；（五）其他需要由审判委员会讨论决定的。"这一规定将本来是由合议庭认为是否属于疑难、复杂、重大案件改由司法解释加以规定。例如，只要是拟判处死刑的案件，一律应当提交审判委员会讨论决定。而且，在这一解释中出现了"其他需要由审判委员会讨论决定的"这种概然性规定，进一步扩大了审判委员会对案件的决定权，从而使审判活动的行政化倾向得以加剧。对此，我国学者陈瑞华教授曾经评论提出，上述最后一类案件带有较大的灵活性，而且法院内部的管理一般具有较强的行政色彩，审判委员会的会议又往往由法院院长来召集，因此审判委员会讨论和决定的案件经常突破"解释"所确定的上述范围。[①] 审判委员会没有参与庭审，却对于判决结果具有决定权。这种制度设置就直接导致了审判分离，即审者不判，判者不审。在这种情况下，判决不再是审判活动的结果而是行政活动的结果，使我国的审判权偏离了司法活动的规律。

如果说，审判委员会尚是正式的审判组织，在法律上有明文规定，其行使职责尚具有合法性，那么，庭长、院长审批案件制度以及庭务会决定判决结果的制度就完全没有法律根据，是一种刑事隐性程序。我国学者提出："刑事隐性程序

---

① 参见陈瑞华：《刑事诉讼的前沿问题》，382 页，北京，中国人民大学出版社，2000。

是相对于国家公开颁行的法定的刑事诉讼程序而言的，是指公安、司法机关在办理刑事案件时所遵循，但并不向外界公布的非法定的程序和规则。”[①] 隐性程序的特点是非法定性、习惯性以及在某些情况下的隐蔽性。有些所谓刑事隐性程序实际是内部规定，对外不公开的。例如，庭务会制度和案件审签制度就是典型的隐性程序。庭务会并不是法定的审判组织，它是法院内部业务审判庭总结与部署庭内行政公务的会议。庭务会在各级法院业务庭都普遍存在。而且，部分法院的庭务会逐渐把研究案件作为庭务会的主要内容，并将庭务会扩大到所有审判人员、书记员等。庭务会一般在合议庭评议前甚至开庭前进行，参与者均可发表意见。对庭务会研究案件情况，一般要记录，其最终意见或多数意见对合议庭并无约束力，但对合议庭评议有重大影响。合议庭成员评议时，必须服从组织的意见。庭务会最大的特点是：法官集体在审判案件上主导法官个人，是典型的行政会议。而案件审签是指法院内部实行的合议庭或主审人向庭长、院长逐级汇报，由庭长、院长对案件全面审核并签发裁判文书的习惯做法。审签的目的在于对案件质量进行把关，对裁判文书进行修改，统一司法文书，防止法官或合议庭徇私舞弊、枉法裁判，控制法官的审判权。庭长、院长对审签的案件一般不参加审理，但可以否定合议庭或独任庭的意见，以指令合议庭复议或提交审判委员会讨论的方式对合议庭的意见予以改变。审签制度的最大特点是类似于行政首长负责制中的拍板决策，庭长、院长实质上成为审判机制中法官的指挥者。[②] 由于上述隐性程序的广泛存在，基本上剥夺了合议庭对案件的决定权。在这个意义上说，我国目前的合议庭是有名无实的，已成为审判活动的事务性组织。

我国法院内部管理的行政化，是由长期以来对法院作为审判机关具有不同于行政机关的特殊性缺乏科学认识所造成的。把法院混同于普通行政机关，按照行政管理方式管理法院，这种做法应当加以纠正。笔者认为，克服法院内部管理的行政化，归根到底是要还权于合议庭，使合议庭真正成为行使审判权的审判组

---

① 杨文革：《刑事隐性程序剖析》，载陈兴良主编：《刑事法判解》，第3卷，613页以下，北京，法律出版社，2001。

② 参见王盼等：《审判独立与司法公正》，467－468页，北京，中国人民公安大学出版社，2002。

织。与此同时，取消庭务会制度和审签制度。庭长、院长不应干涉合议庭的案件审理，而只负责法院内部的行政性事务。此外，关于审判委员会的存废，在学理上争议较大，归纳起来主要有五种观点：一是认为应当废除审判委员会，理由是现时的审判委员会制度容易产生审判脱离、暗箱操作、破坏回避制度、议事不规范、难保审判质量、降低合议庭成员的责任心、不利于提高法官素质、无法追究错案责任等弊端。而且，审判委员会所具有的人员组成的非专业性、讨论方式的间接性和秘密性是难以克服的弱点。二是主张分解现时的审判委员会，即各个法院建立数个专业委员会，专业委员会由各个审判业务庭具有专业知识和丰富审判经验的法官组成，分类讨论刑事、民事、经济、行政案件中的重大、复杂、疑难案件，院长或副院长按其专长和分工分别参加各专业委员会并主持会议。三是保留审判委员会，但应改变其职能，即逐步取消审判委员会决定案件的裁判职能，增加审判工作的咨询职能。四是认为审判委员会应当保留，但应限制其职权范围，即限制审判委员会讨论、决定案件的职权。五是认为审判委员会应当保留，且保留现有的职权范围，但应完善相关制度。① 尽管对审判委员会存废其说不一，笔者的观点还是倾向于在条件具备的情况下取消审判委员会。审判委员会即使存在，也应当终止行使裁判权②，实现“去裁判功能化”。因为审判委员会凌驾于合议庭之上有损于合议庭的正常运作。只有取消审判委员会，使合议庭完全行使审判权，法院内部管理的行政化倾向才能彻底克服。

除法院内部管理的行政化以外，在上下级法院之间也存在行政化倾向。上下级法院之间的关系是一种审级关系，各级法院在案件审级上是互相独立的，各自依法行使其职权，不受干扰。正是通过这样一种审级的制度设置，使同一个案件经过若干个不同审级没有隶属关系的法院的审理以保证判决结果的公正性。但在我国目前的司法实践中，审级关系异化为行政隶属关系，出现司法等级化的现象。③ 有些人

① 参见王少南主编：《审判学》，81页，北京，人民法院出版社，2003。

② 参见李昌林：《从制度上保证审判独立：以刑事裁判权的归属为视角》，306页，北京，法律出版社，2006。

③ 参见张卫平等：《司法改革的分析与展开》，16页以下，北京，法律出版社，2003。

还公开主张上级法院对下级法院实行垂直领导。[①] 各种司法等级化，破坏了审级关系，是法院行政化的重要表现。上下级法院关系的行政化，在案件请示制度上表现得最为充分。案件请示制度是指下级法院对在审判过程中发生的疑难案件，在某些情况下也包括一些重大案件，向上级法院请示。若上级法院对请示案件没有把握还会再向上级法院请示，甚至逐级请示到最高人民法院。上级法院通常会对请示案件提出意见也有个别的作出批复，这种对请示案件的批复就成为司法解释的一种形式。例如，被告人张冬生等人强奸案发生在辽宁省鞍山市，被害人徐某时年 12 岁，通过网上联系的方式，分别与张冬生等 6 名男青年发生性关系，被告人辩解被害人貌似成年人，并谎称年龄，而被害人的年龄并不明知。辽宁省鞍山市立山区和千山区人民检察院分案对这 6 名男青年以强奸罪起诉。因涉及法律适用问题，基层法院向辽宁省鞍山市中级人民法院请示，辽宁省鞍山市中级人民法院又向辽宁省高级人民法院请示，辽宁省高级人民法院再向最高人民法院请示。最高人民法院于 2003 年 1 月 8 日经审判委员会第 1262 次会议通过《关于行为人不明知是不满十四周岁的幼女双方自愿发生性关系是否构成强奸罪问题的批复》。该批复指出："辽宁省高级人民法院：你院《关于行为人不明知是不满十四周岁的幼女而与其自愿发生性关系，是否构成强奸罪问题的请示》收悉。经研究，答复如下：行为人明知是不满十四周岁的幼女而与其发生性关系，不论幼女是否自愿，均应依照刑法第二百三十六条第二款的规定，以强奸罪定罪处罚；行为人确实不知对方是不满十四周岁的幼女，双方自愿发生性关系，未造成严重后果，情节显著轻微的，不认为是犯罪。此复。"在一定程度上，案件请示成为上级法院了解并指导下级法院审判工作的一个重要途径。除上述正式的案件请示以外，还存在大量非正式的、以法院个人名义私下进行的案件请示。由于错案追究制的推行，下级法院的法官担心被告人上诉以后上级法院改判，从而受到追究，因此在案件判决以前，主动向上级法院请示，力求判决结果不被上级法院改判。案件请示制度当然在法律上没有也不可能有明文规定，但在司法实践中普遍存

① 参见韩波：《法院体制改革研究》，241 页以下，北京，人民法院出版社，2003。

在，并且通过司法解释得以规范化。1986 年 3 月最高人民法院下发了《关于报送请示案件应注意的问题的通知》。该通知将请示汇报的案件范围限定在少数重大疑难、涉及政策法律界限不清、定罪及适用法律不易把握的案件之内。1990 年 8 月最高人民法院又下发了《关于报送请示案件应注意的问题的补充通知》，规定报送请示的案件必须事实清楚，证据确凿，事实与证据由请示法院负责；凡属认定事实及鉴别证据问题，要求请示法院应当自行查清或进一步鉴定，不要上报请示；对于量刑问题，除个别案件影响大确实需要请示的以外，均应由各高级人民法院自行处理。这些规定都试图对案件请示的范围加以限制，但由于存在案件请示这样一种隐性程序，下级法院在遇到各种问题的时候都会加以利用。在某些情况下，这一程序甚至被用来作为排除地方干预的一种手段，令人啼笑皆非。[①] 除下级法院向上级法院进行内部案件请示以外，上级法院对下级法院审理的案件主动介入，甚至干预的情况，也时有发生。

上下级法院关系的行政化，受到伤害最大的是诉讼当事人，尤其是刑事案件中的被告人。为保障被告人的合法权利，我国刑事诉讼法对普通刑事案件实行二审终审制。为使二审发挥作用，我国《刑事诉讼法》还专门规定了上诉不加刑原则。我国《刑事诉讼法》第 190 条第 1 款规定："第二审人民法院审判被告人或者他的法定代理人、辩护人、近亲属上诉的案件，不得加重被告人的刑罚。"但在案件请示制度盛行的司法环境中，某一案件在一审判决以前已经向上级法院作了请示，一审判决就是根据上级法院的意见作出的。由此，二审合为一审，使审级制度丧失了作用，无形当中剥夺了被告人的上诉权。在这种情况下，即使存在上诉不加刑的规定，也无从保障被告人的合法权利。因此，为理顺上下级法院之间的关系，笔者认为最终应当取消案件请示制度，真正发挥各审法院的功能。只有这样才能充分地实现司法公正。

（二）法院的地方化及其解决

我国法院是按照行政区划设置的。每个县以上的行政区域都设立相应的法

① 参见顾永忠：《刑事上诉程序研究》，55 页，北京，中国人民公安大学出版社，2003。

院。法院的司法活动是依法审判，因此本来与法院的区域设置没有关系的。但是随着地方保护主义的盛行。法院也出现了地方化的倾向。法院地方化也称为司法地方化。对此，我国学者进行了以下十分生动的描述：所谓司法的地方化是指司法机关或者其工作人员在司法活动过程中受到地方党政机关或者地方利益团体的不当控制与干扰，导致司法机关及其工作人员丧失其应有的独立权力和地位，从而出现的一种司法异化现象。[①] 这种司法地方化破坏了司法机关的独立性，损害了司法的公正性与统一性，对于法治具有极大的危害性。

法院的地方化并非法院的主动要求，而是基于地域上以及利益上的从属性，法院不得不屈从于地方政府部门。法院的地方化，在民商事审判中主要表现为地方保护主义；在行政审判中则表现为民告不赢官；在刑事审判中则往往造成冤假错案。在佘祥林案件中，冤案的造成就与法院受到地方党政部门的干预，不能独立行使审判权存在直接关联。2005 年 4 月 7 日新华社在通讯《错案是怎样造成的？——湖北佘祥林“杀妻”案追踪》中披露了荆门市中级人民法院在一份总结材料中谈到的佘案教训：“要排除一切干扰，依法独立行使审判权。佘祥林案件的处理结果是经过市、县两级政法委组织有关办案单位、办案人员协调，并有明确处理意见后，由两级法院作出的判决。这种近似于‘先定后审’的做法，违背了刑事诉讼法的有关规定，是导致错案发生的重要原因。审判机关应严格依法办案，即使有关部门组织协调法院也必须依法独立审判。”[②] 由此可见，在地方党政部门干预下，法院丧失了审判独立，就容易造成冤假错案。

法院地方化的成因在于目前司法保障体制上的地方化。也就是说，法院的人事权与财务权都掌控在地方政府手中，如果不服从地方政府的意志，法院的生存条件就会受到威胁。我国学者对法院地方化之所以产生的在人事制度与财务制度上的原因作了深刻分析：根据党管干部的原则和审判机关由同级人大产生的规定，地方各级人民法院院长、副院长、庭长、副庭长、审判委员会委员和审判员

① 参见张卫平等：《司法改革：分析与展开》，36 页，北京，法律出版社，2003。

② 孙春龙等：《错案幕后的司法游戏》，载《瞭望东方周刊》，2005（15）。

均须由同级党委组织部门考核同意，然后再提交本级人民代表大会选举或本级人民代表大会常务委员会任命。根据政府统管财权的原则和体制，我国地方各级人民法院的经费均由同级人民政府进行预算，经报同级人民代表大会审议通过后，由政府部门划拨。在这种体制下，法院和法官只能听命于同级政府及其财政部门，在这样一个人事、财政体制下，国家的法院逐步变成了地方的法院，国家司法权也逐渐沦落为地方司法权，从而不仅使地方保护主义盛行，法院和法官也失去了应有的抵制能力，只有听任摆布。① 法院地方化的最大危害就是破坏国家法制统一，使国家法律在某些地方无法适用，形成法律上的地方割据，损害当事人的合法权利，也损害司法权威。

为解决法院的地方化问题，笔者认为最根本的措施还是在于改革法院的人事体制与财政体制，使法院的人事权与财政权都独立于地方。如果能够实现中央统一的法院人事体制和财政体制当然更好。否则，退而求其次，可以考虑以省为单位统一法院的人事体制和财政体制。以人事体制而言，全省统一考试录取法官，分派各级法院行使职权，并定期轮换。法院院长也由省级权力机关统一任命。以财政体制而言，实行省级法院财政预算，各级法院的经费由省级财政部门统一拨付，摆脱对地方政府的财政依赖。

此外，法院的设置也是应当加以改革的，例如打破法院的行政区划设置模式就是一条可行的途径。我国学者提出："法院的设置应当打破行政区划的限制，特别是中级法院可以跨地区设置。这有利于防止各县、市之间的地方保护主义。至于省际利益纠纷，可以在中央设立省际法院及省际上诉法院。"② 这些设想都是合理的，有利于实现法院对地方的独立，保证法院独立行使审判权。笔者相信，实行这些措施以后，法院地方化问题能够逐渐得到解决。

（三）法院的政治化及其消解

法院的政治化，也可以称为革命化，是指过于强调法院的政治性，强调法院

---

① 参见谭世贵：《司法独立问题研究》，16－18页，北京，法律出版社，2004。

② 甘文：《司法公正和法官独立的内涵》，载毕玉谦主编：《中国司法审判论坛》，第1卷，北京，法律出版社，2001。

作为专政工具的功能，忽视了法院的专业性、专门性。对法院的政治性的强调是由我国传统的将司法机关认为专政工具之类的政治话语所决定的。在这种情况下，根据主流意识形态以法院为核心的司法机关并不是一种社会治理的机构，而是政治统治的组织。尤其是为加强党对司法工作的领导，不仅在各级党委设立政法委，作为地方对公、检、法三机关的协调领导机构，而且在法院内部设立党组和政治部党组成为法院的权力核心，政治部则是主管法官的政治思想、人事升迁工作的权力部门。从这种组织架构就可以明显地看出国家在司法制度设置上的政治考量，它与整个国家体制具有一致性。但是，在这种政治架构下，法院及其法官在服从党的领导与依照法律办案之间有时会凸现出一种紧张关系。政法委对审判工作的协调、指导乃至于干预，都是以党的领导的名义进行的，法院及其法官只能无条件地服从。庭长、院长对法官审判工作的行政化干预，也是以党的领导的名义进行的，法官必须听从。如果党的指示与法律规定相一致，当然不存在冲突。但是如果党的指示与法律规定不一致，则法院及其法官就会面对政治与法律的两难选择，也是办案的社会效果与法律效果的两难选择。因此，到底如何理解党对司法工作的领导，这确实是一个值得重视的问题。其实关于这个问题，在党的文件中早已作出决定。例如，1986 年 7 月 10 日中共中央《关于全党必须坚决维护社会主义法制的通知》规定："党对司法工作的领导，主要是保证司法机关严格按照宪法和法律，依法独立行使职权。"在这个意义上说，法官独立行使职权与服从党的领导并不矛盾，因为党的领导就是要保证法院依法独立行使职权。但在现实生活中，这一规定并没有得到有效贯彻。这个问题反映的是中央与地方的关系。法律是最高权力机关根据全体人民意志在党中央的领导下制定的，在这个意义上说，服从法律、依法办案就是服从党的领导。但地方党委基于地方利益的考量、要求法院为地方中心工作服务，在当前主流话语下也具有政治正确性。更何况法院的人事权与财政权都掌握在地方政府手中。因此，服从法律只是一个法律问题，而是否服从地方党政机关的旨意，则成为一个政治问题。在法律与政治的冲突中，政治总是占上风的。因此，法院的政治化也就不可避免。

法院的政治化是我国目前现有政治生态环境下法院的生存之道。它与西方法治国家法院与政治相对区隔的理念之间存在重大差别。基于中国目前现实政治状态的考量，不可能要求法院对政治保持中立，更不能否定党对司法工作的领导，关键是如何在政治与法律之间保障某种平衡，如何完善党对司法工作的领导。笔者认为，加强法院的专业性与专门性，是消解法院的过度政治化的重要途径。事实上，法院作为解决各种法律纠纷的专门机构，其专业性是实现法院审判职能的必要条件。因此，法院的政治化不应成为否认法院的专业性与专门性的理由。相反，法院的专业性与专门性，更有利于法院的政治功能的实现。在法院的专业性与专门性的达致过程中，笔者认为法官的职业化建设是必由之路。法官的职业化是相对于法官的非专门性与非稳定性而言的。要使行使国家审判权的活动成为一种专门职业，只有具备法官资格的人才能从事这一特定职业。因此，在法官职业化的概念中，我们应当强调的是法官职业的专门性与稳定性。从历史演变来看，法官存在一个从非职业化到职业化的发展过程，这个过程是与法治进程同步的。在行政权与司法权合一的体制下，法官不可能成为一个独立的职业。可以说，法律制度的形成与法律职业，尤其是法官职业的形成是互为因果的，并且法官职业化程度是法律制度发达的一个标志。

在现代法治社会，法官职业是法律职业中最为重要的组成部分，因而具有其他类型的官员所不可替代的特殊性。例如，我国学者对文官、武官和法官以及我国常用的干部这些概念作了比较，认为文官是指文职服务员，是英文“Civil Servant”的意译，相当于法国的公务员和美国的政府雇员。文官是相对于武官和法官而言的。诚然，法官并不是武官。但他们独立行使审判权，不受行政机关干涉，有着区别于其他非武职官员的特点，因此不应将他们同行政各部门的文职官员相混同。[①] 而在我国以往的管理体制中，无论从事何种职能活动，党、政、军、法的一切工作人员，一律被称为干部。但是如果将法官纳入干部的范畴，按照干部管理体制进行管理，就会在很大程度上忽视了法官职业的专门性与稳定性，造成我国法官职业的非专门性与不稳定性。正是在这一背景下，最高人民法

---

① 参见龚祥瑞：《文官制度》，1－2页，北京，人民出版社，1985。

院提出了法官的职业化建设问题。应该说，我国目前的法官职业化程度还是较低的。一方面，法官职业的准入门槛较低。虽然近年来随着推行统一司法考试，法官职业的准入门槛逐年提高，但由于历史原因，现在法院内还有相当一部分不能胜任法官职业的人，这些人应当通过一定的途径，或者成为称职的法官，或者予以淘汰。另一方面，法官职业的稳定性还不够。在目前的法官管理体制下，法官包括庭长、院长是由同级人大选举或者任命的，归属于地方管理。在这种情况下，受到地方保护主义的影响，法官的公正司法就会受到来自地方的强大压力，法官难以抵制这种压力因而使法院地方化。否则，那些依法审判、不听命于地方的法官有时会招致撤职、调离的厄运。由此可见，实现法官职业化对于保证司法公正具有重大意义。

三

在刑事法治的背景下，如何通过司法体制改革和司法资源的合理配置使审判制度在打击犯罪与保障人权这两种刑法机能的实现上发挥应有的作用？这是一个值得思考的问题。

在审判权的法治建构中，首先需要解决的还是审判独立的问题，即法院及其法官独立地行使审判权。只有使法院及其法官在刑事诉讼活动中居于相对中立的立场上依法裁判才能获得司法公正。目前，司法公正始终是社会关注的一个焦点问题，司法公正与司法效率并称为法院的两大永恒主题。那么，如何实现司法公正？换言之，影响司法公正的因素到底有哪些？只有对症才能下药。影响司法公正的因素，笔者认为主要有以下三种：一是司法腐败，二是法官素质，三是司法体制。司法腐败对司法公正的影响、对司法权威的败坏是有目共睹的。不可否认，司法腐败确实是影响司法公正的主要因素。但我们又不能过于夸大司法腐败对司法公正的影响，尤其不能将司法腐败视为司法不公的唯一或者根本的原因。事实上，法官素质也是造成司法不公的一个主观原因。尤其是某些疑难复杂案件，涉及十分专业、专门的法律或者其他方面的知识，如果不具备这些知识，就会导致误判。这个问题需要通过法官职业化建设加以解决。在影响司法公正的因素中，较为容易忽视的是司法体制，也就是司法机关缺乏独立判断权。实际上，有些司法不公的判决并非法院及其法官所愿，而是受到其他机关或者个人干预，以至于作出违心判决。在现实生活中，因司法不独立而造成司法不公的案件为数不少。尤其值得注意的是，此类司法不公的案件也是最难纠正的，只要干预司法的某位官员仍然在位掌权，即使是错案也很难纠正。因此，司法独立对于司法公正的重要性，现在越来越为人们所认识。司法独立才能使法官保持中立、不偏不倚，由此才有可能作出公正的判决。在这个意义上说，司法独立是司法公正的前提条件。正如我国学者提出："司法独立与司法公正是一种手段与目的的关系。司法公正是司法独立追求的根本价值目标，是司法独立隐含的司法目的，司法独立是引导和保障司法公正的途径和手段。司法独立与司法公正之间存在着高度依赖关系。司法独立原则并没有因为时间的推移而失去光泽，而是该原则的提出及实施，为公正司法提供了切实有效的保障，为司法公正的实现奠定了坚实的基础。"[①] 在我国，司法独立主要表现为审判独立。换言之，审判独立是司法独立的中国式表述，并且已经明文载入《宪法》，对其重要性无论如何强调都不会过分。其实，司法独立是司法的内在生命，也是现代法治的内在精神，没有独立而中立的司法，法治是不可想象的。当然，司法独立并不意味着可以为所欲为，这种独立是相对的。因此，司法独立与司法受制是辩证统一的，对此也应当高度重视。

我国的司法独立可以包括两个方面，这就是法院独立与法官独立，更应当强调的是法官独立。关于法院独立还是法官独立的问题，在我国法学界存在争议，大体上存在以下三种观点。第一种观点认为，司法独立是法院独立，即人民法院依法独立行使审判权，应该把法院作为一个整体来理解。审判委员会对具体案件的审查、干预是完全合法的。第二种观点认为，法院的审判职能总是通过具体的办案人员来实现的。因此，应该赋予具体办案人员以独立性和自主性，使其能够

① 王盼等：《审判独立与司法公正》，316－317页，北京，中国人民公安大学出版社，2002。

真正对案件负责，否则容易出现审案者不判案，判案者不审案的不正常现象。第三种观点认为，从理想化的模式和今后的发展方向来看，应该实行法官独立审判的做法，因为没有法官的独立就不可能有诉讼程序的真正实现，没有法官的独立也就没有真正的法官责任制。但是，从目前情况来看，一部分审判人员素质不高，合议庭的作用得不到很好的发挥，实行法官独立确有困难，容易造成错案，需要由法院在宏观上进行把握和控制。[①] 笔者认为，关于法院独立还是法官独立的问题，可以从实然与应然这两个层面加以考察。从实然层面上来说，法院独立更具有合理性与现实性，也是首先需要争取的。我国《宪法》第 126 条规定："人民法院依照法律规定独立行使审判权"。因此，根据《宪法》规定，独立行使审判权的主体是人民法院。更何况根据我国刑事诉讼法规定，不仅合议庭而且审判委员会都享有审判权。在这个意义上说，我国的审判独立更强调的是法院作为一个审判机构整体的独立。当然法院的审判权是通过法官的职权活动来行使的。因此法院独立并不排斥或者说内含着法官独立的内容，这也是无可否认的。从应然层面上来说，法官越来越成为行使审判权的主体，因而审判独立也更应当是法官独立。正如我国学者指出的：司法独立是司法公正的首要要求，而法官独立是司法独立的核心。世界各国法官的自由裁量权不一样，但法官总是司法裁判的主体，法官应当具有法律上的独立人格。法官独立是保证社会秩序和法律观念不受偶发不良倾向影响的重要因素。[②] 可能会有人担心法官独立，在我国司法体制不完善、司法人员素质不高的情况下，会出现更多的司法腐败，从而影响司法公正。笔者认为，这种担心是不必要的。法官独立并不意味着法官可以恣意裁判，法官仍然受到法律、程序等多种因素的限制，通过相关配套措施可以对法官的审判活动加以必要的约束。

在逐渐实现司法独立的前提下，笔者认为应当适度地扩张刑事司法权。这主要表现在以下两个方面。

---

① 参见杨一平：《司法正义论》，125 页，北京，法律出版社，1999。

② 参见甘文：《司法公正和法官独立的内涵》，载毕玉谦主编：《中国司法审判论坛》，第 1 卷，18 页，北京，法律出版社，2001。

（一）司法权向审前程序的必要延伸

我国目前的刑事诉讼呈现的是一种线形结构，公安、检察、法院三机关分别主导侦查、起诉、审判三个诉讼阶段。这种诉讼构造，也被我国学者称为一种“流水作业式”的构造。[①] 这种流水作业式的诉讼构造存在一个根本缺陷，就是具有诉讼性的审前程序的缺失。也就是说，只有在检察机关提起公诉以后，才存在审判，控辩审的诉讼结构才形成。而在检察机关提起公诉以前，公安机关的侦查活动和检察机关的自侦活动，除实施逮捕时需要经过检察机关的批捕部门审查批准以外，包括搜查、扣押、拘留、取保候审、监视居住、拘传等各种专门调查措施和强制措施，都可以由侦查机关自行决定而无须经过司法审查。在这种情况下，侦查活动不受司法审查带来极大的弊端，诸如非法取证，乃至刑讯逼供等严重侵犯犯罪嫌疑人权利的现象时有发生，甚至造成冤假错案。根据我国《宪法》和《刑事诉讼法》的规定，检察机关是法律监督机关，对公安机关的侦查活动可以进行法律监督。尤其是检察机关行使批捕权，在一定意义上充当了法官之前的法官的角色。但由于公安机关和检察机关同处于控方的地位，在我国目前的司法体制下，检察机关难以对公安机关的侦查活动实行有效监督。在这种情况下，如何对审前程序进行改造，就成为一个突出的问题。

审前程序，是指审判前程序，它有广义和狭义两种理解。广义的审前程序，是指刑事诉讼案件从刑事诉讼启动到审判机关受理案件前的程序，即刑事诉讼中审判阶段以前的程序。狭义的审前程序，是指从法院受理案件到开庭以前的准备程序。这里的审前程序，是在广义上使用的。我国传统的刑事诉讼理论将刑事诉讼分为立案、侦查、起诉、审判和执行五个独立的阶段。因此，审判前的程序包括立案、侦查、起诉三个阶段。应当提出，审前程序是基于审判中心主义而对刑事诉讼程序所做的划分，而在流水作业式的诉讼构造中，各个诉讼程序是平等的因而不存在审前程序的概念。因此，审前程序概念的提出本身就意味着以审判为中心的诉讼理念的形成。

---

① 参见陈瑞华：《刑事诉讼的前沿问题》，231页以下，北京，中国人民大学出版社，2000。

审前程序的改造涉及各方面的问题，其中一个重要问题就是将司法权引入审前程序，这就是审前程序构造中的司法控制原则。刑事审前程序的司法控制，是指在刑事审前程序中，对于一些涉及公民基本权利的侦查行为或其他追诉行为，追诉机关本身无权直接实施，而必须向行使司法权的法院、治安法官等提出申请，由法官根据追诉机关提供的材料判断是否有可能性根据或者合理根据，决定是否批准同意追诉机关实施相应的诉讼行为。① 将司法权引入审前阶段，就改变了目前行政式的侦查模式，有利于加强在侦查活动中对犯罪嫌疑人合法权利的法律保障。事实上，在法治国家，犯罪嫌疑人在审前都是受到司法保障的。例如，在西方国家广泛存在令状原则。所谓令状（warrant），是指记载有关强制性处分裁判的裁判书。令状原则，也称为令状主义，是指在进行强制性处分时，关于该强制性处分是否合法，必须由法院或法官予以判断并签署令状；当执行强制性处分时，原则上必须向被处分人出示该令状。② 令状主义的实行，无疑是犯罪嫌疑人合法权利的一道护身符，有利于对侦查行为进行控制。如何建构引入司法裁判的审前程序，对于我国的刑事诉讼制度来说是一个全新的课题，并且尚存在各种法律上的与体制上的障碍。但是，笔者相信这是一个努力的方向，也是刑事法治的一个制度生长点，因而是可期待的。

（二）司法权向行政领域的适度扩张

我国目前存在违法与犯罪的二元结构，违法受到行政处罚，只有犯罪才受到刑罚处罚。而违法的范围极其宽泛，犯罪的范围都十分狭窄。因此，这种违法与犯罪的二元结构背后反映的是行政权与司法权的彼此消长。

行政处罚是具有法定权限的行政主体，对违反行政法规范的公民、法人或者其他组织所实施的一种行政制裁。行政处罚权是行政权的重要组成部分。根据我国《行政处罚法》第 8 条的规定，我国的行政处罚可以分为以下几种类型。(1) 警告，即行政主体对违法者实施的一种书面形式的谴责和告诫。(2) 罚

---

① 参见陈卫平主编：《刑事前程序研究》，52 页，北京，中国人民大学出版社，2004。

② 参见宋英辉、吴宏耀：《刑事审判前程序研究》，39 页，北京，中国政法大学出版社，2002。

款，即行政主体强迫违法者缴纳一定数额金钱的处罚形式。(3) 没收，即无偿收缴非法所得和非法财物。(4) 责令停产停业，即行政主体责令违法者停止生产、经营活动，从而限制或剥夺其从事生产、经营活动能力的处罚形式。(5) 吊销证照，包括暂扣许可证或执照和吊销许可证或执照。(6) 行政拘留，即公安机关对违法行为人在短期内限制其人身自由的处罚。(7) 法律、行政法规规定的其他行政处罚。这实际上是一个兜底条款，以容纳尚未列举全面和将来可能会有所发展的行政处罚种类，但这些种类只能限于法律、行政法规的规定。① 尤其在我国法律制裁体系中，还有一种性质不明但十分严厉的处罚措施，这就是劳动教养。虽然表面上看，它是由劳动教养委员会决定的，但实际上是由公安机关决定的，因此它也被归入行政处罚的范畴。我国目前的行政处罚包括了人身罚和财产罚，即涉及对公民个人的人身自由和财产的剥夺，而未经严格的司法审查，这与刑事法治原则是背道而驰的。

我国行政处罚权之大与刑事处罚权之小形成鲜明对照。尤其是在我国《刑法》第 13 条关于犯罪概念的规定中确立了犯罪的数量因素，笔者称之为罪量要素，即实施一定的犯罪行为，只有当达到情节严重、数额较大时才构成犯罪；情节显著轻微的，不认为是犯罪。那些不认为是犯罪的行为并非不受到任何法律制裁，而只是不受刑罚处罚而已，它理所当然地受到行政处罚尤其是治安处罚和劳动教养处罚。由于劳动教养处罚可以剥夺公民人身自由长达 3 年，必要时还可以延长 1 年，甚至比某些刑罚处罚还要重，由此造成轻重失衡。我国刑法中的犯罪范围之小，与其他法治国家是无法比拟的。在西方国家，刑法典中的犯罪一般都分为重罪、轻罪、违警罪，即所谓“罪分三类”，这被认为是一项传统原则。② 这里的违警罪就相当于我国的违反治安管理的行为，在我国被纳入行政处罚范围，而在法国以及其他国家都属于刑事处罚范畴。笔者认为，随着我国刑事法治建设的发展、人权保障功能的强调，对于我国法律制裁体系中的违法与犯罪的二

① 参见周佑勇：《行政法原论》，226 页，北京，中国方正出版社，2000。

② 参见［法］让帕拉德尔等：《新刑法典总则条文释义》，载《法国新刑法典》，罗结珍译，261 页，北京，中国法制出版社，2003。

元结构应当加以反思。虽然行政处罚权的行使具有便宜性、效率性，对于维护社会管理秩序能够发挥一定作用，但它没有经过严格的司法审查，不利于对被处罚者的权利的保障。在这种情况下，笔者认为应当扩大犯罪范围，将更多的违法行为纳入刑事诉讼程序当中来，从而限缩行政处罚权，扩大刑罚处罚。这样做从表面上来看，似乎是将本来只是一般违法的行为作为犯罪来处理了，对被处罚者不利。但实际上，作为犯罪处理必须经过严格的诉讼程序，赋予了被处罚者更多的诉讼权利，对于保障人权是十分重要的。当然这里涉及司法资源与司法能力的问题。笔者认为，这些问题可以通过设置治安法庭，适用简易程序等方法得到解决。只要是剥夺人身自由和财产权利的就必须经过司法程序，这应当成为刑事法治的基本原则。

（本文原载《华东政法大学学报》，2007（6））

中国劳动教养制度研究

——以刑事法治为视角

劳动教养制度是在我国特定的历史条件下创设的一种法律制度，在此后漫长的社会发展过程中，几经改造，现在可以说面目全非，与创设这项制度的初衷渐行渐远。不可否认，劳动教养制度在维护我国社会治安中发挥了重要的作用，尽管它是以在一定程度上牺牲某些人的自由与权利为代价的。随着我国刑事法治的推进，劳动教养制度的不合理性日益凸现。可以说，它的存在将使我国在刑事法治建设上的一切努力化为乌有。为此，从刑事法治的理念出发，对劳动教养制度进行考察，为其改革找出一条生路，就成为我国学者义不容辞的使命。本文试图对劳动教养制度的历史与现状进行分析，尤其是为劳动教养设计替代性措施，以求教于学界。

一

劳动教养产生于20世纪50年代中期，1957年全国人大常委会批准国务院《关于劳动教养问题的决定》，标志着劳动教养制度在法律上的正式建立。[①] 根据

① 关于全国人大常委会批准的国务院颁布的《关于劳动教养问题的决定》，在法理上到底是法律还是法规，存在争议。关于这个问题的争论，参见薛晓蔚：《劳动教养制度研究》，122页以下，北京，中国文联出版社，2000。我认为，上述决定具有准法律的性质。

上述决定的规定，对于需要劳动教养的人，由省、自治区、直辖市和大中城市劳动教养管理委员会审查批准。该委员会由民政、公安、劳动部门的负责人组成。由于劳动教养管理委员会附设在公安机关内部，没有独立的常设机构和专职人员，事实上是由公安机关行使劳动教养的决定权。这种劳动教养决定权的蜕变和劳动教养制度性质的嬗变亦有一定的关联。劳动教养制度建立的初衷，除对轻微违法犯罪分子的处罚以外，还具有安置就业的功能。在这种情况下，教养是一种实指。此后，随着我国社会治安形势的变化，安置教养的性质逐渐丧失，治安处罚的性质明显强化。现在，虽然在法律上对于劳动教养的性质尚不明确，在法理上对于劳动教养的性质聚讼未定，但社会上一般将劳动教养称为“二劳改”，官方法律文件中也往往将劳教与劳改相提并称“两劳”，由此表明劳动教养是刑罚之外的第二种刑事处罚，也可以说是典型的法外之刑。我认为，劳动教养存在从具有在当时历史条件下的合理性到现在其合理性逐渐丧失这样一个演变过程，这折射出我国社会中国家与个人之间关系的嬗变。

在论及劳动教养制度的时候，对于劳动教养在历史上曾经发挥的作用一般都予以肯定。例如，我国学者指出：劳动教养制度在我国已经实行了四十多年，长期的实践证明，劳动教养在维护我国政治稳定和社会治安方面发挥了相当大的作用。一方面，劳动教养在处理违法犯罪和维护社会治安中发挥了其他法律不可替代的作用，教育挽救了一批失足青少年，使这些人不至于走向犯罪的道路。另一方面，劳动教养在社会治安专项治理中也发挥了不可替代的作用，弥补了刑罚和治安处罚之间出现的法律空当。特别是劳动教养制度具有很强的政策性，对社会上出现的一些违法现象能够及时予以打击。① 在这一评价当中，正面肯定当然是有道理的，但如果看不到劳动教养作用发挥的一定社会历史背景，那显然是偏颇的，也很难对现在劳动教养制度改革的必要性作出正确的论证。

劳动教养制度在其产生初期，就有明显的政治色彩和政策意蕴。在 1955 年筹建劳动教养的时候，其收容范围局限于内部，主要收容肃反运动中清查出来的

---

① 参见王寨华：《论我国劳动教养制度的现状及发展》，载《当代法学》，2001（1），59 页。

劳动教养对象。肃反是在中华人民共和国成立以后展开的一场规模较大的政治运动，主要目的在于清除旧社会遗留下来的、对社会主义中国心怀不轨的人。这些人在新中国成立初期来不及大规模清洗因而被各级政府留用。随着新政权的巩固，政治斗争的进一步深入，对这些人如何处置就成为一个重要的问题。劳动教养就是为解决这个问题的一种制度设计。1956 年 1 月 10 日党中央在《关于各省、市应立即筹办劳动教养机构的指示》中就明确地阐述了创立劳动教养制度的指导思想："在肃清一切暗藏的反革命分子的运动中，将清查出一批不够逮捕判刑而政治上又不适合继续留用，放到社会上又会增加失业的反革命分子和其他坏分子，需要进行适当的处理。为了妥善地解决这个问题，中央决定，采取劳动教养的办法，把这些人集中起来，送到国家指定的地方，组织他们劳动生产，替国家做工，自食其力，并且对他们进行政治、思想改造工作，使他们逐渐成为对国家真正有用的人。"由此可见，劳动教养是处置政治上的敌对分子的一种措施。

及至 1957 年，我国政治、经济和社会形势发生了重大变化。一方面是反右斗争，清查出数十万名右派分子，除少量有现行罪行的判处刑罚以外，还有一大批人被开除公职，对这些右派分子采用劳动教养的处置方法予以安置。在这种情况下，劳动教养成为处置政治上的敌对分子的一种措施。另一方面，随着社会主义改造，包括生产关系的改造和社会秩序的改造的进一步推进，社会上出现了一些坏分子。根据当时官方观点，对于这些坏分子，一般地用说服教育的办法是无效的，采取简单的惩罚办法也不行，在机关、团体、企业内部也绝不能继续留用，让他们另行就业又没有人愿意收留他们。因此，对于这些人，就需要有一个既能改造他们又能保障其生活出路的妥善办法。根据人民政府长期的研究和考虑，把他们收容起来，实行劳动教养，就是最适当的也是最好的办法。① 因此，劳动教养制度在具有政治功能的同时，又具有了治安功能。此后，治安功能有逐渐提升的趋势，但政治功能始终没有消失，即使到目前也是如此。

---

① 参见《为什么要实行劳动教养》，载《人民日报》，1957－08－03。考虑到《人民日报》的官方性，该社论是对劳动教养制度建立的指导思想的官方说明。

劳动教养制度从20世纪50年代中期创办到60年代中期由于“文化大革命”而几乎停办，经历了将近十年，为此后的劳动教养制度发展奠定了基础。从某种意义上来说，这个时期的劳动教养制度为新中国的巩固与发展发挥了巨大的作用。这个时期的劳动教养制度之所以具有在当时社会历史背景下的正当性，主要是由以下原因所决定的：一是政治原因。在新中国成立初期，阶级斗争依然存在，清理敌对分子、净化革命队伍被认为是理所当然的。反党反社会主义分子作为政治上的敌对分子，一旦被定性，就丧失了在社会上存在的余地。除逮捕判刑以外，对于这些人实行劳动教养已经是一种给出路的政策。在这种情况下，劳动教养制度具有政治上的正确性，被劳动教养人员在政治上没有任何权利，对其采取政治上的处置就不需要经过严格的法律程序。二是经济原因。从20世纪50年代中期开始的社会主义改造运动，通过公私合营、合作化等方式，剥夺了个人财产，从而形成个人在经济上对国家的依附性。在这种情况下，一个人脱离了一定的单位，也就意味着断绝了生活来源，无法维系生活。因此，对于那些被单位开除的人，就需要采取一定的安置措施。最初创制的劳动教养制度之所以具有安置性，概源于此。三是思想原因。劳动教养制度不仅具有物质层面的意义，即对劳教人员的生活安置，而且更重要的是具有精神层面的意义，即对劳教人员的思想改造。教养一词，恰当地反映了这两个方面的内容。在劳教人员中，除某些人员具有轻微罪行以外，还有一部分反党反社会主义分子、右派分子并无客观上的罪行，主要是思想获罪。[①] 在这种情况下，将这些人员投入劳动教养，就包含着对他们进行思想改造的意蕴。因此，在劳动教养审查上，就不像刑法那样要求有现实的犯罪行为，只要思想上有敌对性，就可以送交劳动教养。由于上述三个原因，20世纪50年代中期至60年代初期的劳动教养制度明显是一种政治统治的手

---

① 在论及对右派分子的劳动教养时，我国学者将其归结为在劳动教养发展过程中出现的严重失误，指出：在审批活动中，不严格依法办事，随意降低劳动教养对象的收容标准，错误收容了一些不够劳动教养条件的人，尤其是把一些由于反右派斗争扩大化而遭到迫害的人也送去劳动教养，造成了不良后果。参见夏宗素、张劲松主编：《劳动教养学基础理论》，41页，北京，中国人民公安大学出版社，1997。我认为，劳动教养制度在1957年正式法律化，本身就包含将其作为处理右派分子的一种法律措施的目的。因此，失误云云只是我们今天的评价，当时这种做法恰恰是劳动教养的应有使命。

段，在当时建构的个人对于社会无条件地依从的政治语境中，劳动教养制度的政治正确是无人置疑的。

从 20 世纪 60 年代初开始，劳动教养制度发生了一定的变化。随着政治统治的确立，社会治安问题逐渐成为一个关乎统治是否稳定的大问题。在这种情况下，劳动教养的治安功能得以加强。在“文化大革命”中，劳动教养一度停办。直至 20 世纪 80 年代初期，劳动教养才得以恢复。恢复后的劳动教养制度虽然还不时应时事之需，发挥其政治功能，但治安功能已经占主导地位。1978 年党的十一届三中全会以后，我国开始进入一个历史新时期，民主与法制的建设全面启动。尤其是 1979 年先后颁布了刑法与刑事诉讼法。在这样一个历史背景下，劳动教养这样一项在现在看来违背法治的制度得以恢复，其原因是值得我们深思的。其中，1979 年 11 月 29 日全国人大常委会批准的国务院《关于劳动教养的补充规定》，为劳动教养的重建提供了法律的根据。1982 年 1 月 21 日国务院颁发公安部《劳动教养试行办法》，则为此后劳动教养的发展奠定了基础。这些规定虽然使劳动教养在一定程度上有法可依，因而可以视为劳动教养法制化的一种努力，但问题在于：劳动教养制度在价值取向上过分强调社会保护而完全忽视人权保障，因而是与现代刑事法治精神相矛盾的。据此，20 世纪 70 年代末 80 年代初劳动教养制度的恢复表明当时在政治上还没有完全摆脱专政的思维。

劳动教养制度的不合理性是随着我国社会的发展而逐渐凸现出来的。从 20 世纪 80 年代中期开始，我国启动了经济体制改革的历史进程。经济体制改革的使命是完成从计划经济体制向市场经济体制的转轨。随着市场经济的发展，我国社会结构发生了深刻的变化，尤其是国家与个人的关系发生了变化，从而暴露出劳动教养制度的不合理性：从政治上来说，阶级专政的观念已经被抛弃，民主观念正在深入社会。在这种情况下，国家不再是凌驾于个人之上的利维坦，个人的自由与权利得以进一步强调。因此，劳动教养制度作为国家维护政治统治与社会秩序的手段，虽然具有一定的有效性，但当这种有效性是以牺牲个人的自由与权利为代价的时候，在个人权利意识在觉醒的社会，引起人们对其的质疑是十分自然的。从经济上来说，劳动教养制度是计划经济的产物，在计划经济体制下，个人不仅没有政治上的权利，而且不存在经济上的自由，完全依赖于国家，离开社会就没有独立生活的可能性。因此，劳动教养制度作为一种具有安置性的教养措施，在计划经济体制下具有其存在的余地。而在市场经济条件下，出现了各种经济成分并存的格局，私有经济在国民经济中所占的比重越来越大。在这种情况下，个人不再依附于国家而存在，每个人都可以在市场经济中找到立足之地。因此，不存在基于安置而设置劳动教养的经济条件。从法律上来说，市场经济培育了一个市民社会，为法治提供了社会基础。市场经济是以平等与自由为前提的，它对于法治具有天然的亲和力。因此，随着市场经济的发展，我国法治也逐渐完善。尤其是建设社会主义法治国家这一目标的提出，表明我国法治建设进入了一个新阶段。在法治建设中，刑事法治具有十分重要的地位，因为它关乎对公民的生杀予夺。在这种情况下，劳动教养制度的合法性岌岌可危。因为根据我国《立法法》之规定，剥夺人身自由的处罚只能由法律设定，而劳动教养作为一种剥夺人身自由达 3 年至 4 年之久的处罚，却只是由国务院行政法规设定，尽管它是经全国人大常委会批准的，但毕竟不同于全国人大常委会制定的法律，充其量只不过是准法律而已。因此，劳动教养制度法律根据不足是显而易见的。随着法治思想的兴起，劳动教养制度是否合宪的问题也随之提出。1957 年国务院《关于劳动教养问题的决定》明确指出，该决定是以 1954 年《宪法》第 100 条的规定为依据的。而 1954 年《宪法》第 100 条规定："中华人民共和国公民必须遵守宪法和法律，遵守劳动纪律，遵守公共秩序，尊重社会公德。"按照该决定的逻辑，公民有上述宪法规定的义务，对于违反这些义务的人，国家可以通过劳动教养将其改造成为自食其力的新人，以便维护公共秩序。但问题在于，1954 年《宪法》第 89 条明文规定："中华人民共和国公民的人身自由不受侵犯。任何公民，非经人民法院决定或者人民检察院批准，不受逮捕。"如果我们对这里的逮捕不是作形式主义的理解，而是界定为对公民人身自由的剥夺，那么，劳动教养不就是实质意义上的逮捕吗？正是在这个意义上，我国学者认为劳动教养不符合宪法的规定。①

① 参见薛晓蔚：《劳动教养制度研究》，162 页以下，北京，中国文联出版社，2000。

我认为，劳动教养制度缺乏宪法基础。应当指出，随着我国加入越来越多的国际人权公约，劳动教养制度与国际刑事司法准则之间的差距更加明显地暴露出来。联合国《公民权利和政治权利国际公约》（1966年通过，1976年生效）第9条规定：除非依照法律所确定的根据和程序，任何人不得被剥夺自由。任何人不得被加以任意逮捕或拘禁。被逮捕、拘禁的人有权向法院提起诉讼，法院认为拘禁不合法时就命令予以释放。这是关于人身保护令状的规定，保护公民免受任何拘捕。《公民权利和政治权利国际公约》第14条第1项还规定：人人有资格由一个依法设立的合格的、独立的和无偏倚的法庭进行公正的和公开的审判。这是关于人人都有受到公正审判权利的规定。而劳动教养制度作为一种剥夺人身自由3年至4年的强制性措施，在拘捕上没有人身保护令状制度的保护，在处置上没有经过法院的公正的和公开的审判，缺乏应有的司法救济。正如我国学者指出：对于尚不够刑事处罚的违法行为人，适用名义上是行政处罚但实质上类似于刑罚的劳动教养，在所有的法治国家中是绝无仅有的，与联合国刑事司法准则的要求相去甚远。① 因此，劳动教养制度不符合国际刑事司法准则的最低标准，其改革势在必行。

劳动教养制度从20世纪50年代初创始时被认为理所当然，到现在被认为不能容忍，这是我国社会进步的表现，从中可以明显地感觉到公民的权利意识增强，法治观念提高，国家与个人之间的关系发生了重大变化，从而导致对劳动教养制度评价上的改变，这也正是劳动教养制度改革的社会基础。

二

劳动教养作为一种法律制度，在我国已经存在近五十年。目前劳动教养制度正面临被质疑、批评、改革，乃至于废弃的命运。我认为，存在的并不就是合理的。一种合理制度的建构，恰恰始于对现存制度之不合理性的揭示。从法理上分析，劳动教养制度存在以下三个方面的缺陷。

---

① 参见陈光中等主编：《联合国刑事司法准则与中国刑事法制》，483页，北京，法律出版社，1998。

（一）实体法上的缺陷分析

一种涉及剥夺公民人身自由达3年（在必要时延长1年可达4年）的处置措施，没有严格遵循法定主义原则，这是劳动教养制度在实体法上存在的首要问题。虽然立法机关与行政机关先后颁布了数个关于劳动教养的法律、法规，但这些规范性文件对于劳动教养适用条件不是按照行为特征而是按照行为人类型规定的，缺乏应有的明确性。而且，前后几经变动，劳动教养的适用对象也不确定。1957年全国人大常委会第78次会议批准的国务院《关于劳动教养问题的决定》，确定了劳动教养的适用对象为以下四种人：(1) 不务正业，有流氓行为或者有不追究刑事责任的盗窃、诈骗等行为，违反治安管理屡教不改的；(2) 罪行轻微，不追究刑事责任的反革命分子，受到机关、团体、企业、学校等单位开除处分，无生活出路的；(3) 机关、团体、企业、学校等单位内，有劳动能力但其拒绝劳动或者破坏纪律、妨碍公共秩序，受到开除处分，无生活出路的；(4) 不服从工作的分配和就业专业的安置、或者不接受从事劳动生产的劝导不断无理取闹、妨害公务、屡教不改的。在上述四种人中，第(1)(2)种人是有轻微犯罪行为而又不追究刑事责任的人，因而对其实行劳动教养，具有一定的惩罚性；第(3)(4)种人则因受到开除处分而无生活出路，对其实行劳动教养在更大程度上具有安置性。及至1982年国务院转发的公安部《劳动教养试行办法》，又将劳动教养适用对象调整为以下六种人：(1) 罪行轻微，不够刑事处分的反革命分子、反党反社会主义分子；(2) 结伙杀人、抢劫、强奸、放火等犯罪团伙中，不够刑事处分的；(3) 有流氓、卖淫、盗窃、诈骗等违法犯罪行为，屡教不改，不够刑事处分的；(4) 聚众斗殴、寻衅滋事、煽动闹事等扰乱社会治安，不够刑事处分的；(5) 有工作岗位，长期拒绝劳动，破坏劳动纪律而又不断无理取闹，扰乱生产秩序、工作秩序、教学科研秩序和生活秩序，妨碍公务，不听劝阻和制止的；(6) 教唆他人违法犯罪，不够刑事处分的。以后，在一些单行法律和法规中，又陆续增加了劳动教养的对象，根据我国学者统计，劳动教养对象可以列举出二十种之多。[①] 除上述六种对象以外，还包括：(1) 因卖淫、嫖娼被法律机关处理后又卖

---

① 参见夏宗素、张劲松主编：《劳动教养学基础理论》，87、88页，北京，中国人民公安大学出版社，1997。

淫嫖娼的；（2）介绍或者容留卖淫、嫖娼，不够刑事处分的；（3）赌博或者为赌博提供条件，不够刑事处分的；（4）制作、复制、出售、出租或者传播淫书、淫画、淫秽录像或者其他淫秽物品，不够刑事处分，但被公安机关查处两次以上（含两次），屡教不改的；（5）吸食注射毒品成瘾，强制戒除后又吸食、注射毒品的；（6）非法拦截列车、在铁路线路上置放障碍物或击打列车、在线路上行走或在钢轨上坐卧等危害铁路列车安全行为的；（7）有配偶的人与他人非法姘居，情节恶劣的；（8）以营利为目的，私自为育龄妇女摘除节育环，或者借摘除节育环对妇女进行调戏、侮辱的；（9）多次倒卖车票、船票、飞机票和有效订座凭证，屡教不改，不够刑事处分的；（10）非法倒卖各种计划供应票证，经多次被公安机关抓获教育或治安处罚后仍不思悔改继续倒卖，情节比较严重而又不够刑事处分的；（11）非法收购、倒买倒卖、走私黄金不足50克的；（12）违反枪支、民用爆炸品等危险物品管理规定的；（13）因犯罪情节轻微而被人民检察院不起诉、人民法院免予刑事处分的；等等。绝大部分属于具有轻微犯罪行为或者严重违法行为而又不应追究刑事责任的人。对这些人实行劳动教养，不再具有安置性，而具有明显的惩罚性。尤其是由于法律对于劳动教养适用对象不是以行为为特征而是以行为人为类型，因而劳动教养适用对象是十分含混的，以至于到了公安机关想要让什么人去劳教就可以让什么人去劳教的状态。以某省劳动教养人员统计报表为例，在2001年还沿用20世纪80年代初公安部根据《劳动教养试行办法》制订的表格。2001年第二季度，该省在押劳动教养人员总计8 262人，反革命反党反社会主义分子82人，结伙凶杀抢劫、强奸的从犯91人，聚众斗殴、寻衅滋事破坏公共秩序882人，流氓卖淫、盗窃诈骗2 592人，妨碍公务无理取闹屡教不改9人，教唆他人犯罪3人，其他4 603人。这里的“其他”，据称包括以下人员：吸毒、偷渡、介绍容留卖淫、拐卖人口、强奸、强迫交易、非法持有毒品、殴打他人、聚众淫乱、职务侵占、强制猥亵、故意伤害、非法持枪、持有和使用假币。在上述统计中，劳动教养人员除六类人员以外，其他占50%以上，可见根据六类人员对劳动教养人员进行统计已经丧失意义。实际情况是，在目前的劳动教养人员中，吸毒人员占1/3以上，各地纷纷成立戒毒劳动教养所。盗窃、诈骗、打架斗殴等轻微违法犯罪人员占 1/3 以上，其他各类人员约占 1/3。由于现行法律相关规定的不完善与操作的不规范，目前的劳动教养除人员类型上的突破以外，还大大突破了地域上的限制。最初的劳动教养限于收容大中城市需要劳动教养的人，及至 1982 年《劳动教养试行办法》将劳动教养对象扩大到家居农村而流窜到城市、铁路沿线和大型厂矿作案，符合劳动教养条件的人。目前，对于劳动教养人员已经基本上没有地域的限制。① 因此，从实体法上分析，现行的劳动教养制度违背处分法定原则，容易造成警察权的滥用。

劳动教养在处分内容上剥夺人身自由 1 年至 3 年，必要时可以延长 1 年，达到 4 年。因此，劳动教养处分不仅重于治安管理处罚，而且重于 3 年以下有期徒刑及其缓刑、管制和拘役。从执行的情况来看，劳动教养与刑罚并无实质上的区分，都是剥夺人身自由。因此，劳动教养与刑罚在责任承担上的失衡是影响劳动教养处分公正性的一个重大问题。在实践中，存在以教代刑的现象，即应当判处刑罚的人被适用劳动教养。更多的问题是，同一个共同犯罪案件，主犯构成犯罪被判 1 年有期徒刑或者更轻的刑罚，从犯不构成犯罪被处 2 年甚至 3 年劳动教养，结果是从犯处罚重于主犯。在不同案件之间，同样也存在这种不协调现象：都是盗窃，数额满 1 000 元的，构成犯罪处 6 个月拘役；数额不满 1 000 元的，不构成犯罪处 1 年甚至 2 年劳动教养。因此出现当事人宁愿按照犯罪处理，也不愿劳动教养的情况。公安机关实际上掌握了对于公民剥夺其人身自由 1 年至 3 年的处罚权，但又缺乏明确的限制，造成各地在适用上的混乱，从而违反处分相称原则。

（二）证据法上的缺陷分析

劳动教养处分是以行为人具有某种违法事实为前提的，《劳动教养试行办法》第 12 条第 1 款规定，对需要劳动教养的人，承办单位必须查清事实。这里的查清事实，就是其违法行为要有证据证明。但由于劳动教养是由公安机关直接决定

① 关于劳动教养适用地域的历史演变，参见夏宗素、张劲松主编：《劳动教养学基础理论》，92－93 页，北京，中国人民公安大学出版社，1997。关于劳动教养是否应当有地域限制的讨论，参见薛晓蔚：《劳动教养制度研究》，96 页以下，北京，中国文联出版社，2000。

的，因而没有严格的证据要求，导致目前存在以下两种不正常情况：一是先行劳教，指一些公安机关将羁押到期而犯罪事实仍未查清或主要证据难以获取的犯罪嫌疑人先作劳动教养处理。这些劳教人员有着重大犯罪嫌疑，但目前并未查清，所以也称为负案劳教。负案劳教的做法使劳动教养不再建立在查清事实的基础之上，从而起到了收容审查的作用，实际上是一种变相的收容审查。收容审查原先是公安机关在法定的刑事强制措施以外的一种审查犯罪嫌疑人的方法。1986 年，国务院颁发《关于将强制劳动和收容审查两项措施统一于劳动教养的通知》，根据该通知的规定，有轻微违法犯罪行为不讲真实姓名、住址、来历不明的人，或者有轻微违法犯罪行为又有流窜作案、多次作案、结伙作案嫌疑需要收容查清罪行的人，送劳动教养场所专门编队进行审查。1996 年在刑事诉讼法修改中，废除了公安机关收容审查的权力，但国务院 1986 年《关于将强制劳动和收容审查两项措施统一于劳动教养的通知》是否废除并不明确，因而某些公安机关沿袭了将收容审查人员进行劳动教养的做法，使收容审查名亡实存，继续发挥作用。这种先行劳教的做法，使劳动教养的证据标准丧失，成为审查犯罪嫌疑人的措施，有悖于劳动教养制度设立的初衷。二是对因事实不清、证据不足而被人民检察院不批捕或者不起诉的人实行劳动教养。由于构成犯罪具有严格的证据要求，有些案件未能达到构成犯罪的证据标准，人民检察院作出了不批捕或者不起诉的决定，公安机关对这些人往往决定劳动教养，从而使劳动教养丧失证据标准。劳动教养是对当事人的一种法律处分，它是以违法事实为基础的，因此对于这种违法事实要有证据证明，否则就会造成冤假错案，侵犯公民的自由与权利。

（三）程序法上的缺陷分析

现行劳动教养制度存在的最大问题还是程序上的不正当性。《劳动教养试行办法》第 12 条第 1 款规定："对需要劳动教养的人，承办单位必须查清事实，征求本人所在单位或街道组织的意见，报请劳动教养管理委员会审查批准，做出劳动教养的决定，向本人和家属宣布决定劳动教养的根据和期限。"这是对劳动教养审批程序的规定，从这一规定中可以看出，劳动教养决定是经过一个审批程序作出的，由承办单位报请劳动教养管理委员会审查批准。这种劳动教养的审批程序本来已经十分简单，是一种行政性决定，没有司法程序作为保障。而在现在的实际操作中，连这一简单的审批程序也已经变形。因为劳动教养管理委员会早就名存实亡，1984 年 3 月 26 日公安部、司法部《关于劳动教养和注销劳教人员城市户口问题的通知》规定："劳动教养管理委员会，由公安、司法、民政、劳动等部门的负责人组成，领导和管理劳动教养工作。……劳动教养的审批机构设在公安机关，受劳动教养管理委员会的委托，审查批准需要劳动教养的人。"至此，原由劳动教养管理委员会行使的劳动教养审批权，已经以委托的名义实际上由地区级公安机关法制部门行使，在直辖市由市公安机关法制部门行使。我国学者对现行的劳动教养审批过程作了以下客观描述：基层公安机关的派出所和刑警队等机构在办理治安案件和刑事案件的过程中，发现行为人的行为触犯了法律，符合劳动教养的条件，认为需要劳动教养的，应该将相关材料移送基层公安机关的法制部门。法制部门在认真审核证据材料的基础上，认为确实符合劳动教养条件的，提出劳动教养的建议，报公安局局长批准后，填写呈请劳动教养审批表上报地区或市劳动教养管理委员会，确切地说是地区公安处或者市公安局之后，由公安机关内部的法制部门具体负责审查批准。负责审批的人员对案件的全部证据材料审查核收后，提交公安机关领导集体决定。对于事实清楚，证据确实充分，符合劳动教养条件的，应当批准劳动教养，并以劳动教养管理委员会名义作出劳动教养的决定，制作劳动教养决定书，送达被决定劳动教养的人及其家属。[①] 由上可见，劳动教养审批程序是一种非公开的内部审查程序，公安机关以劳动教养管理委员会的名义行使审批权。劳动教养延长 1 年的决定权则由劳动教养执行机构行使。在这一审批过程中，负责审批的人员只是根据呈报的书面材料进行审查，并不直接与被审批人员见面。被审批人员也无权进行自我辩护以及聘请律师为本人进行辩护。同样，上诉权也是不存在的，但被决定劳动教养的人可以提出复查的请求，但复查机关是决定劳动教养的机关。《劳动教养试行办法》第 12 条第 2 款规定："被决定劳动教养的人，对主要事实不服的，由审批机关组织复查。经

① 参见薛晓蔚：《劳动教养制度研究》，113、114 页，北京，中国文联出版社，2000。

复查后，不够劳动教养条件的，应撤销劳动教养；经复查事实确凿，本人还不服的，则应坚持收容劳动教养。”在这种劳动教养的审批机关与复查机关是同一机关的情况下，复查的效果可想而知。随着我国法治的发展，《行政复议条例》规定了行政复议制度，同样适用于劳动教养。根据1990年国务院的《行政复议条例》，作出具体行政行为的劳动教养管理委员会所属的同级市人民政府或者地区行政公署是劳动教养的行政复议机关。同时，由于劳动教养的决定几乎都是以地区和市劳动教养管理委员会的名义作出的，因而省、自治区、直辖市的劳动教养管理委员会也是行政复议机关。1999年制定的《行政复议法》作出了类似规定，使劳动教养纳入行政复议的范围。但在实践中，提起行政复议的劳动教养案件十分罕见。除行政复议以外，行政诉讼也是劳动教养的救济途径。1989年颁布的《行政诉讼法》规定了对限制人身自由或者对财产的查封、扣押、冻结等行政强制措施不服的公民可以提起行政诉讼。1991年最高人民法院《关于贯彻执行〈中华人民共和国行政诉讼法〉若干问题的意见（试行）》明文规定：“公民对劳动教养管理委员会作出的劳动教养的决定不服的，可以向人民法院提起行政诉讼。”在《行政诉讼法》实施初期，曾经掀起过一个对劳动教养提请行政诉讼的高潮，但由于劳动教养法规本身不完善，这给人民法院审理劳动教养行政诉讼带来极大的困难，因而，人民法院大多对劳动教养案件作出维持的判决，导致现在已经鲜有劳动教养行政诉讼的案件。由此可见，劳动教养决定权由公安机关实际行使，缺乏正当程序，不能防止公安机关权力的滥用。

三

如何对劳动教养制度进行改革，从而使之符合刑事法治的要求，这是我们面临的一个重大问题。在关于劳动教养制度的讨论中，首要的是存废之争。尽管个别学者认为可以简单地废除劳动教养制度，但大部分主张废除劳动教养的学者，其本意也是要废除现行的劳动教养制度，而通过其他办法取代劳动教养。同样，除个别学者认为可以简单地保留劳动教养外，大部分主张保留劳动教养的学者，也主张要对现行的劳动教养制度进行改革。从这个意义上来说，劳动教养的存废之争并非截然对立，立足于对劳动教养制度的改革，存废双方实际上是可以达成共识的。因此，我们应当跳出劳动教养的存废之争，从更积极的意义上考虑对劳动教养制度的改革问题。关于劳动教养制度的改革，我认为，核心问题在于限制警察权，使劳动教养决定权正当化。

劳动教养制度的正当化，是指使劳动教养（姑且保留这一称谓，可以预想，随着劳动教养制度的改革，劳动教养这一称谓也会随之取消）决定权合理设置。尽管目前对于劳动教养的性质存在争议，有行政强制措施、行政处罚、准刑事处罚等各种分歧意见。[①] 但从我国现行法律、法规对劳动教养的定性来看，劳动教养是对被劳动教养的人实行强制性教育改造的治安行政处罚措施。[②] 由此可见，现行劳动教养决定权的行政性是不可否认的。正是这种行政性，使得劳动教养决定权成为警察权的重要组成部分。在对劳动教养制度的改革中，我认为，要将目前的劳动教养对象一分为三，分别予以正当化。

（一）对吸毒、卖淫、嫖娼人员处置的行政强制措施化

吸毒、卖淫、嫖娼人员在目前劳动教养对象中占大约 1/3，甚至更多。可以设想，这类人员，尤其是吸毒人员还有增加的趋势。在现行的制度构造中，吸毒、卖淫、嫖娼人员都是劳动教养对象。但根据法律法规的规定，又可分为两种情况：吸毒、卖淫、嫖娼人员第一次被公安机关抓获的，对吸毒人员可以根据 1995 年国务院颁布的《强制戒毒办法》，进行强制戒毒；对卖淫、嫖娼人员可以根据 1993 年国务院颁布的《卖淫嫖娼人员收容教育办法》，进行收容教育。强制戒毒是对吸食、注射毒品成瘾人员，在一定时期内通过行政措施对其强制进行药物治疗、心理治疗和法制教育、道德教育，并组织参加适度的劳动，使其戒除毒

---

① 参见张庆国：《试论劳教制度的改革》，载《云南大学学报》（法学版），2001（2），71 页。

② 我国学者认为，劳动教养的性质可以分为根本性质、基本性质和附属性质。劳动教养的根本性质是对被劳动教养的人实行强制性教育改造的治安行政处罚措施。劳动教养的基本性质是处理人民内部矛盾的一种方法。劳动教养的附属性质是对被劳动教养的人安置就业的一种办法。参见夏宗素、张劲松主编：《劳动教养学基础理论》，56 页以下，北京，中国人民公安大学出版社，1997。

瘾。收容教育是指对被收容教育的人员应当进行法律教育和道德教育，并组织他们参加生产劳动，学习生产技能，增强劳动观念。上述两种措施期限均可达6个月，由公安机关决定并执行。吸毒、卖淫、嫖娼人员在公安机关被处理过，再次因同样的原因被公安机关抓获的，即强制戒毒后复吸的，或者收容教育后又从事卖淫、嫖娼的，根据全国人大常委会《关于禁毒的决定》和《关于严禁卖淫嫖娼的决定》，就应该予以劳动教养。实际上，吸毒、卖淫、嫖娼人员第一次被抓获与第二次被抓获并无本质上的区别，而且强制戒毒和收容教育既由公安机关决定又由公安机关执行，弊端明显。由于吸毒、卖淫、嫖娼不可能犯罪化，对这部分人员予以治安处罚又过轻，可以考虑将目前的强制戒毒、收容教育与对吸毒、卖淫、嫖娼人员的劳动教养合并，使之成为行政强制措施。行政强制是相对于司法强制而言的，在司法活动中存在各种诉讼强制措施，它是伴随着司法活动而产生的，是为了保证司法活动的顺利实施。而行政强制是行政机关为实现行政性义务和维护秩序而适用的强制性措施，它是伴随着行政执法活动而产生的。正如我国学者指出：行政强制是指为维护公共秩序和公共利益，保护行政相对人合法权益的、与非强制性行为相对应而存在的一种行政行为。[①] 在行政法原理中，强制措施又可以分为执行性强制措施、即时性强制措施和一般性强制措施。其中，一般性强制措施是指行政机关为了查明情况，或者为了预防、制止、控制违法、危害状态，或者为了保障行政管理工作的顺利进行，根据现实需要，依职权对有关对象的人身或财产权利进行暂时性限制的强制措施。强制戒毒、收容教育就属于这种一般性的行政强制措施。[②] 这种行政性强制措施不具有制裁性，它不是一种处罚手段，而是一种以实现一定的行政目标为目的的强制措施。我认为，不仅强制戒毒、收容教育是一种行政强制措施，而且对吸毒、卖淫、嫖娼人员的劳动教养也是一种行政强制措施，它们可以归并。归并以后的对吸毒人员的戒毒措施和对卖淫、嫖娼人员的收容措施，都属于行政法上的保安处分措施[③]，是一种警察行

---

① 参见傅士成：《行政强制研究》，19页，北京，法律出版社，2001。

② 参见傅士成：《行政强制研究》，264、269页，北京，法律出版社，2001。

③ 行政法上的保安处分措施区别于刑法上的保安处分措施。前者为行政强制措施，后者为刑事强制措施；前者为行政机关适用，后者为司法机关适用。

政强制措施。[①] 戒毒措施和收容措施之所以可以保留其行政性而没有必要予以司法化，是因为吸毒、卖淫、嫖娼这些行为在刑法上不可能评价为犯罪，而且吸毒、卖淫、嫖娼的违法事实也是易于证明的，不需要通过司法程序，而只要通过行政手段即可决定。但是，这些行政强制措施的正当化，应当做到以下三点。

1. 设置上的正当化

由于强制戒毒、收容教育都涉及对公民的人身自由的限制与剥夺，因而，在设置上一定要科学合理。目前，在这些行政强制措施的设置上是零乱而不系统的。我认为，应当在劳动教养立法中一并解决。可以考虑制定《收容处遇法》，收容对象是吸毒人员、卖淫、嫖娼人员，其功能在于毒瘾戒除、性病治疗以及思想教育。期限不宜过长，根据情节可设定为 6 个月至 3 年，根据戒除、治疗进度和个人表现可缩短收容期限。

2. 决定上的正当化

对吸毒、卖淫、嫖娼人员的收容处遇，由公安机关决定。一般来说，审批权可以由地区一级公安机关行使。在审批过程中，根据被收容人员的请求，可以采取行政听证程序。决定作出以后，可以提起行政复议乃至于行政诉讼，从而保障被收容人员的权利。

3. 执行上的正当化

在对吸毒、卖淫、嫖娼人员由公安机关作出收容处遇决定以后，应交由专门的收容处遇管理机构执行。专门的收容处遇机构可由目前的劳动教养管理机构改造而成，包括专门收容吸毒人员的戒毒所和专门收容卖淫、嫖娼人员的教养所。收容处遇机构对被收容人员进行毒瘾戒除、性病治疗和思想教育，辅之以必要的劳动。

（二）对常习性违法行为人处置的保安处分化

在目前的劳动教养对象中，有一部分人员是常习性违法行为人，这些人的特

---

① 警察行政强制措施是指警察机关及其警务人员在警察行政管理过程中，为了预防、控制或制止违法行为的发生和危害社会状态的扩展，以及为及时查明案件或事实情况，依法对违法行为人采取的暂时性限制其人身或财产权的特殊强制手段和方法。参见惠武生：《警察法论纲》，209－210 页，北京，中国政法大学出版社，2000。

征是多次进行违法活动而不够刑事处罚或者过去曾经因犯罪受到刑事处罚又进行违法活动而不够刑事处罚的，这些人的违法具有惯常性。这里的惯常性主要是指行为人具有明显的人身危险性。对于这些人，法律关注的是其人身特征而不是行为特征。就行为特征来说，尚不够刑事处罚，但就行为人的特征来说，又具有相当程度的人身危险性。这种常习性违法行为人，在现行关于劳动教养的法律、法规中称为屡教不改者。这种屡教不改者，与犯罪区别是十分明确的，关键在于如何与治安管理处罚的适用对象相区分。对此，我国学者指出：为了不致与治安管理处罚的适用对象相重合，避免在实践中难以掌握和产生混乱，被劳动教养的，只能是那些多次违反治安管理，屡教（罚）不改，但又不够刑事处分的人，即我们通常所说的那些“大法不犯、小法常犯”，刑事处罚够不上，治安管理处罚又不足以教育、惩戒的人。[①] 这些人在劳动教养人员中占一定的比例，根据有关资料，至 1994 年多进宫劳教人员占到全国收容劳教人员总数的 29.54%，1996 年对山东、云南、广东等省区的七个劳教场所的调查显示，多进宫劳教人员占总数的平均比例达到 34.88%。[②] 对于这些人，应当纳入刑法上的保安处分范围。这种保安处分措施的正当化，应当注意以下三点。

1. 设置上的正当化

对常习性违法行为人的保安处分，可以考虑制定专门的《教养处遇法》，在条件成熟的时候连同其他保安处分措施纳入刑法典。保安处分关注的是行为人的人身危险性，因此在设置上难以明确列举行为特征，但又不能没有行为范围的限制。为此，我认为可以考虑以《治安管理处罚条例》（现已为《治安管理处罚法》所取代）所列举的违反治安管理行为为范围，受两次治安管理处罚而再次实施违反治安管理行为又不够刑事处罚的，可以作为保安处分的对象。《教养处遇法》

---

① 参见夏宗素、张劲松主编：《劳动教养学基础理论》，91 页，北京，中国人民公安大学出版社，1997。

② 参见多进宫劳教人员现状与对策课题组：《多进宫劳动教养人员的现状与法律对策》，载《犯罪与改造研究》，1998（3），19 页。也有学者认为实际生活中并没有多少真正“屡教不改”之人，因此没有必要建立一套体系去对付这些人。参见薛晓蔚：《劳动教养制度研究》，200－201 页，北京，中国文联出版社，2000。

除明确规定教养处遇的对象以外，规定教养处遇作为一种保安处分措施，可以限制被教养处遇人员人身自由 6 个月至 1 年。经第一次教养处遇后又实施违反治安管理行为的，可予以 6 个月至 2 年的教养处分。我国个别学者主张对劳动教养可以实行相对不定期制度，即现行劳动教养法定的期限不变，在劳动教养执行的过程中，执行机关可以根据被劳教人员主观恶习得到改造的程度、改造过程中行为的变化状态，结合其人格、违法犯罪原因和环境，不受现行劳教法规定的劳动教养期限的制度限制，来决定减期、提前解除劳动教养；或者加期、延长劳动教养期限的制度。其具体设计方法为：劳动教养审批机关根据劳教人员违法犯罪的事实、性质、情节、动机和危害程度，在法律规定的期限内确定劳教期限；劳教执行部门在执行过程中，内部掌握以现行劳动教养法律规定的最高期限 3 年为基数，以进宫次数为依据，加重期限 1/3。例如，"二进宫"劳教人员，除执行决定的期限以外，在具体执行中延教 1 年，"三进宫"的延教 2 年，"四进宫"的延教 3 年，最长的建议以延长 5 年为限。① 我认为，现行劳动教养制度中的延长教期规定本身就是不妥的，以延长教期为基础设计的相对不定期制度同样也缺乏法理上的妥当性。上述相对不定期制度与西方刑法中的相对不定期刑制度大异旨趣，而只是一种延长教期的方法。我认为，对于教期只能因表现好而减缩不能因表现差而延长，除非有新的违法事实，这也是为保障被教养处遇人员的人权之必需。除期限上的考虑以外，在教养处分方法上，应限制人身自由而非剥夺人身自由，从而区别于剥夺自由刑。我国学者储槐植教授主张将劳动教养改为教养处遇，采取切实措施保证真正做到"限制自由"而不是"剥夺自由"，在教养院的管理方式和活动规则乃至环境设施等方面都要真正体现与剥夺自由的刑事处罚有本质的区别。② 为防止逃避教养处遇，可以规定逃避教养处遇的，构成犯罪处以 6 个月到 1 年剥夺自由刑。

---

① 参见姜金芳：《劳动教养宜实行"相对不定期限"制度》，载《犯罪与改造研究》，1991 (3)，53 页。

② 参见储槐植：《论教养处遇的合理性》，载《法制日报》，1999-06-03。

2. 决定上的正当化

教养处遇的决定权应当司法化，即设计司法程序，由法院行使教养处遇决定权。在程序设计上，可以考虑在基层法院设立治安法庭，由公安机关法制部门直接向治安法庭起诉，治安法庭可以采取独任制进行简易审判，根据违法事实作出判决。

3. 执行上的正当化

教养处遇应由专门的教养处遇机构执行。专门的教养处遇机构可以通过对现行的劳动教养机构改造而来，设立教养院对常习性违法行为人进行教养处遇。

（三）对轻微犯罪行为人处置的刑法化

在目前劳动教养人员中，还有相当一部分人员属于轻微犯罪人。由于我国刑法中的犯罪概念中有定量因素，并非只要实施刑法中规定的某一犯罪行为就可以构成犯罪，相当一部分犯罪还有数额、情节的限制。对于我国刑法中犯罪概念的定量因素，曾经被认为是我国刑法的一项创新。[①] 现在看来，犯罪概念中的定量因素有利有弊。在分析定量犯罪概念的正面效应（利的方面）时，我国学者指出，犯罪概念的定量因素可以适应我国社会治安三级制裁体系——刑罚、劳动教养和治安处罚的结构要求。我国法制以社会危害程度为轴心，把反社会行为分为犯罪、需要劳动教养的罪错和违反《治安管理处罚条例》（现已为《治安管理处罚法》所取代）的一般违法行为。刑法只规制犯罪，违反治安管理的行为虽然具有一定的社会危害性，但未被纳入刑法的视野，不受刑法调整，刑事法网粗疏。由于我国刑法只调整具有严重社会危害性的犯罪行为，因而，最容易体现危害程度的定量因素便会很自然地引入到犯罪概念之中。而且从司法实践的角度来看，这种界定犯罪概念的方法也便于划分罪与非罪的界限，不至于造成社会治安三级制裁体系结构的混乱。[②] 我认为，犯罪概念的定量因素对于划分各种治安制裁方法来说，不是利而恰恰是弊。在某种意义上说，犯罪概念的定量因素成为我国刑

① 参见储槐植：《我国刑法中犯罪概念的定量因素》，载《法学研究》，1988（2）。

② 参见储槐植：《再论我国刑法中犯罪概念的定量因素》，载《法学研究》，2000（2）。

法中一个结构性缺陷。对此，我国学者作出了正确的分析，认为犯罪概念定量因素同时带来问题，造成刑法结构性缺损，定量因素的载体只能是行为造成的客观损害结果，这一点决定了我国刑法奠基于结果本位。[①] 尤其值得注意的是，我国还有学者对犯罪概念中的定量因素进行了全面反思，认为“情节显著轻微”的规定虽然在处理一些个别、特殊的不应认定为犯罪的情况时具有一定的作用，但因为这一规定过于原则和适用范围的不清楚以及认识上的分歧，也会造成适用不当、影响严格执法、违反立法本意的后果，因而主张删去犯罪概念中关于“情节显著轻微危害不大的，不认为是犯罪”的规定。[②] 因此，犯罪概念的定量因素虽然能够缩小犯罪范围，但容易引起各种治安制裁方法之间衔接上的困难。尤其是由于犯罪的认定以某种客观损害结果为法律标准，那些没有达到法律标准的危害行为仍然具有一定程度的危害性，这些行为在世界各国一般都作为犯罪处理。在我国则作为非罪处理，但为了与治安管理处罚衔接，就在两种处罚方法之间创设了劳动教养这种行政强制措施，实际上它具有一定的刑事性质。我认为，对于现在刑法中犯罪概念的定量因素，除经济犯罪可以保留以外，治安犯罪（主要是指侵犯人身权利罪、侵犯财产权利罪和破坏社会秩序罪）的定量因素，予以降低，以便使刑罚与治安管理处罚相衔接。在这种情况下，目前以劳动教养处分的轻微犯罪人，都按照犯罪处理。这样的做法，虽然扩大了犯罪范围，但有利于我国刑事制裁与行政（治安）制裁的整合，并且从根本上解决刑事处罚与劳动教养的不协调问题。我认为，可以考虑在刑法中将 3 年以下有期徒刑的犯罪规定为轻罪，在刑事诉讼法上对轻罪实行简易审判，在监狱法中设立轻刑犯监狱，专门负责关押这些轻刑犯。

（本文原载《中外法学》，2001（6））

---

① 参见薛晓蔚：《劳动教养制度研究》，216 页，北京，中国文联出版社，2000。

② 参见王尚新：《关于刑法情节显著轻微规定的思考》，载《法学研究》，2001（5），24、25 页。

劳动教养之权力归属分析

劳动教养制度在过去四十多年来曾经发挥过重要的社会作用，随着我国民主与法治的发展，劳动教养制度亟待改善，否则将逐渐丧失其存在的正当性。笔者认为，劳动教养制度如欲在法治社会获得其正当性，必须完成从行政权到司法权的转变。

从目前我国劳动教养制度的现实状况来看，尽管在劳动教养的性质上存在各种不同观点①，但劳动教养归属于行政权的范畴，这是共识。

根据 1957 年 8 月 1 日全国人大常委会批准、国务院公布的《关于劳动教养问题的决定》（以下简称《决定》）的规定，劳动教养的对象是以下四种人：（1）不务正业，有流氓行为或者有不追究刑事责任的盗窃、诈骗等行为，违反治安管理，屡教不改的；（2）罪行轻微，不追究刑事责任的反革命分子、反社会主义的反动分子，受到机关、团体、企业、学校等单位的开除处分，无生活出路的；（3）机关、团体、企业、学校等单位内，有劳动力，但长期拒绝劳动或者破坏纪律、妨害公共秩序，受到开除处分，无生活出路的；（4）不服从工作的分配和就业转业的安置，或者不接受从事劳动生产的劝导，不断地无理取闹、妨害公务、

① 在我国行政法学界，关于劳动教养的性质，目前主要存在两种不同的观点：一是行政强制措施说，二是行政处罚说。参见胡锦光：《行政处罚研究》，43 页，北京，法律出版社，1998。

屡教不改的。从上述劳动教养的对象来看，主要是犯罪轻微，不追究刑事责任，但又具有一定的人身危险性的人。1957 年，我国尚未颁布刑法，因此，各种具体犯罪并无明文的法律规定。在这种情况下，劳动教养的适用对象关注的是行为人的人身危险性而不是行为的种类，这是十分自然的。当然，1957 年我国已经颁布《治安管理处罚条例》，其中有对违反治安管理行为的列举。那么，立法者是如何区分违反治安管理的处罚对象与劳动教养对象的呢？从法律规定来看，对于违反治安管理，屡教不改的，应当适用劳动教养。因此，劳动教养具有一定的矫正性。同时，从劳动教养对象来看，还包括相当一部分因违法行为受到开除处分，无生活出路的人。因此，劳动教养还具有一定的收容性。此后，劳动教养对象的范围有所扩大，有关单行刑法规定，经强制戒除后又吸食、注射毒品的人员和经公安机关处理后又卖淫、嫖娼的，应当实行劳动教养。因此，劳动教养同时具有治疗性。劳动教养的上述对象，均不属于刑事处罚的对象。因此，关于劳动教养的法律规定，劳动教养管理委员会行使劳动教养的决定权，劳动教养管理委员会作为法定的劳动教养工作的领导和管理机构，由民政、公安、劳动部门负责人兼职组成，设在公安机关。在实际运作中，劳动教养决定权是公安机关以劳动教养委员会的名义行使的。由此可见，从实然意义上分析，劳动教养可以归属于行政权，甚至可以说是警察权的内容。

如果说，劳动教养在现实生活中所针对的是那些犯罪轻微，不追究刑事责任，但又具有较为严重的人身危险性的行为人，那么基于防卫社会的考虑，应当对其采取一定的处遇措施，因而劳动教养的实际功用是建立在社会需求之上的，具有其合理性。但我认为，必须把劳动教养的实际功用的合理性与劳动教养制度的合理性加以区分。在任何社会，除构成犯罪受到刑事处罚以外，都还存在这样一些行为人，虽然其行为不构成犯罪，但具有较大的人身危险性。为避免社会遭受其侵害，有必要对这类人采取一定的处遇措施。这种处遇措施在西方社会，都是以保安处分的形式而出现的，并且被纳入司法的轨道。而在我国，劳动教养作为一种剥夺公民人身自由达 3 年（必要时可以延长 1 年）的处遇措施，不经过司法程序，而是由行政机关直接决定，其不合理性是显而易见的。劳动教养之所以应当归属于司法，是因为在任何一个法治国家，都只有司法机关经过司法程序才能剥夺公民自由。这涉及行政权与司法权的界限。这里的行政权，主要是指警察权，它是一种社会治安管理权。虽然警察权中包含刑事案件的侦查权，但从总体上说，警察权是行政权。① 在警察权中，包含处罚权与强制权。处罚权是指行政处罚权，强制权是指行政强制权，这两种行政权都是为达到某种行政目的和基于行政管理的需要而设置的。其对公民的权利限制与剥夺是有限的。一般只涉及财产权和轻微的人身权。但劳动教养剥夺公民自由的期限为3年至4年，在某种意义上来说，比轻刑还要重。在这种情况下，劳动教养作为针对非犯罪行为的行政性处置措施，其对公民权利的剥夺重于刑罚（针对犯罪行为的司法性处置措施）的，其轻重失当是极为明显的。只有将劳动教养归属于司法权，由司法机关经过司法程序决定，并与刑罚相协调，才能使劳动教养获得正当性。

劳动教养从行政权到司法权的转变，这是劳动教养制度正当化的必由之路。那么，劳动教养制度如何改造呢？我认为，以下三点对于劳动教养制度的完善具有重要意义：（1）保安处分化。保安处分是一种不同于刑罚的司法性处置措施，为世界各国所通行。保安处分除司法性保安处分以外，还有行政性保安处分。保安处分之设置，主要是通过司法性预防措施，保全社会。我国目前劳动教养制度的实际效用（矫正性、收容性和治疗性）都类似于西方的保安处分。因此，在性质上将劳动教养明确为保安处分，使劳动教养名正言顺，也便于国际范围内的比较、交流与借鉴。当然，在我国是否保留行政性的保安处分措施，例如只因复吸毒品和再次卖淫、嫖娼而劳动教养的，是否可以直接由公安机关决定，不纳入司法性的保安处分，我认为可以研究。（2）立法化。劳动教养从行政权向司法权转变，要由法律加以确认。目前劳动教养的法律根据是1957年国务院公布的《关于劳动教养问题的决定》和1979年国务院颁布的《关于劳动教养的补充规定》，上述两个规定虽然经全国人大常委会批准，但就其性质而言，仍然属于行政法规。而1996年全国人民代表大会颁布的《行政处罚法》第9条明确规定："法律

① 我国学者认为，警察权具有一定的刑事司法性质，主要反映在警察刑事职能方面；警察权还具有一定的行政属性，体现了国家警察纠正管理职能。参见惠生武：《警察法论纲》，129页，北京，中国政法大学出版社，2000。警察行使刑事侦查权，但这种刑事侦查权是否属于司法权，值得研究。

可以设定各种行政处罚。限制人身自由的行政处罚，只能由法律设定。”第10条规定：“行政法规可以设定除限制人身自由以外的行政处罚。”由此可见，行政法规连限制人身自由的行政处罚都无权设置，而劳动教养剥夺公民人身自由3年至4年，却由行政法规加以设置。这虽然是历史遗留问题，但如果不尽早以法律形式加以解决，劳动教养存在的合法性根据是岌岌可危的。至于劳动教养如何立法，可选择的方案无非有三：一是以保安处分形式纳入刑法典；二是与其他保安处分措施一起制定保安处分法；三是作为单项保安处分措施单独立法。在上述三个方案中，由于刑法修订时间不久，将劳动教养纳入刑法典的可能性不大。我国目前实际存在各种保安处分措施，但由于时机不成熟，暂时也不可能制定一个保安处分法。只有劳动教养单独立法具有可行性，也有现实的必要性。至于法的名称，我赞成《教养处遇法》，即将劳动教养改称教养处遇。（3）科学化。劳动教养立法的科学化，我认为涉及两个方面的内容：一是实体上的科学化。目前我国劳动教养的法律规定，对于什么人在什么情况下可以劳动教养，规定不够明确，公安机关在实际操作中往往超范围地实行劳动教养，缺乏法律的严格规范。例如，对因证据不足、事实不清而撤案或者不起诉的涉案人员予以劳动教养，或者将应当依法追究刑事责任的人员予以劳动教养。凡此种种，即突显出现行劳动教养制度适用上的不合理性。为此，法律对于劳动教养的适用对象、适用条件都应当明文规定。同时，更应当合理解决劳动教养与刑罚的轻重协调问题，其构想是将劳动教养从目前的剥夺自由改为限制自由，并相应地缩短期限。在执行过程中，要严格与自由刑加以区分，淡化惩罚性，增强处遇性。二是程序上的科学化。程序正义是刑事法治的题中应有之义，也是劳动教养制度改造的指导思想。目前我国劳动教养制度的不合理性很大程度上表现在缺乏正当程序上。将劳动教养纳入司法权，就是要使劳动教养经过一定的司法程序决定，保障被教养人的各种诉讼权利的行使。当然，劳动教养的司法程序不应等同于刑事诉讼程序，可以采用更为简便易行的程序。我认为，建立教养法庭的设想是可行的，当然这涉及司法职能的重新界定，应当通过立法解决。

（本文原载《法学》，2001（5））

劳动教养制度：一个文本的研究

2001年10月27日晚，我乘机前往华北某省会城市讲学。在飞机上，我看到该市晚报上一则消息，说该市劳动教养管理委员会近期发布了一个关于劳动教养的文件（以下简称文件）。根据该文件，收购礼品烟酒者将被判处劳动教养。由于我正在研究劳动教养制度，出于学术上的敏感，我对这则消息产生了强烈的兴趣。抵达该市后，我就把寻找这个文件的任务交给了我在该市司法机关工作的一位学生。在我返回北京后不久，就收到了学生寄来的这份文件，学生还告诉我：该市已有当事人对劳动教养委员会据此文件加以处罚而起诉劳动教养委员会的行政诉讼案件，行政庭法官质疑该文件的法律效力。我终于有机会阅读这个文件。这也许是各地颁布的关于劳动教养的文件中十分平凡的一个，只是由于一个偶然的机会使我能够面对它。然而，它确实引起我的震惊。关于劳动教养，进入理论研究视野的只是有关的法律与法规，例如1957年国务院《关于劳动教养问题的决定》、1979年国务院《关于劳动教养的补充规定》及1982年公安部《劳动教养试行办法》。我以为根据这些法律就可以对劳动教养制度进行定性与定量研究。此时我才知道，除上述法律之外还有大量的地方性法规。后来，我从有关劳动教养制度的著作中还真找到了劳动教养地方性法规的有关论述，这是以前我所忽视的。根据有关著作，劳动教养地方性法规是指由地方立法机关制定的关于劳动教养问题的专门性地方性法规以及有劳动教养条款的其他地方性法规。从立法实践来看，劳动教养地方性法规主要由省级人大及其常委会制定。[①] 该书还专门指出了劳动教养专门性地方性法规只有个别省制定了。例如，1995 年安徽省修订通过的《安徽省劳动教养实施条例》，被认为是迄今为止全国第一部和唯一的一部关于劳动教养的专门性的地方法规。当然，与劳动教养有关的其他地方性法规，各地陆续出台，不胜枚举。而我手头的这份文件，连地方性法规也算不上，充其量只能说是地方性规章。正是这些关于劳动教养的地方性法规，甚至地方性规章，构成了劳动教养制度的基础，反映了劳动教养制度运作的实际状况。想到这里，我突然产生了一种愿望，希望对这个关于劳动教养的文件进行一个文本的研究，将其作为一个视角，使我们能够获得劳动教养制度的真实知识。

关于办理劳动教养案件的规定

> 为严厉打击违法犯罪活动，维护社会治安秩序，根据国务院《关于劳动教养问题的决定》《关于劳动教养的补充规定》和《劳动教养试行办法》及有关法律、法规，结合我市实际情况，经有关部门共同研究，并征得市人民检察院、市中级人民法院同意，对办理劳动教养案件作出以下规定。

从标题看，这个文件是关于办理劳动教养案件的一般性规定。在序言中，涉及三个问题：一是制定本规定的目的，即为严厉打击违法犯罪活动，维护治安秩序。劳动教养的性质现在官方文件一般被称为行政处罚或强制性教育改造的行政措施（即行政强制措施），从来没有被认为是一种刑事处罚。何以劳动教养具有严厉打击犯罪活动的功能？不得而知。在实际生活中，人们往往将劳教与劳改并

① 参见夏宗素、张劲松主编：《劳动教养学基础理论》，74 页以下，北京，中国人民公安大学出版社，1997。

列，称其为“二劳改”（变相劳改）。若此，则文件承认劳动教养具有打击犯罪的功能也就是十分正常的。二是制定本规定的根据，即有关劳动教养的三个主要法律、法规以及其他法律、法规。有关劳动教养委员会是否具有立法权以及该规定的内容是否与上述法律、法规相抵触，将在下文专门研究。三是制定本规定的经过，即本规定的制定是有关部门共同研究的结果，并征得市人民检察院、市中级人民法院的同意。这里的“有关部门”究竟是指哪些部门并未指明，但本规定已经征得司法机关的同意，是以表明本规定的制定是慎重的。

一、劳动教养的对象和范围

（一）违反治安管理行为情节严重或经教不改（即曾被治安处罚、劳动教养、刑事处罚仍不悔改，下同），又不够刑事处罚的；

（二）违法行为已构成犯罪，但依法不需要给予刑事处罚且又符合劳动教养条件的；

（三）犯罪行为轻微，不够刑事处罚而又符合劳动教养条件的；

（四）法律、法规规定应当给予劳动教养的；

（五）劳动教养主要收容家居城镇、铁路沿线、交通要道需要劳动教养的人。对家居农村而流窜到城镇、铁路沿线和大型厂矿作案，符合劳动教养条件的人也可以收容劳动教养。家居农村在本地作案，除严重危害社会秩序的，不予劳动教养。

（六）对未满 16 周岁的未成年人、精神病人、呆傻人员、盲、聋、哑人、严重病患者、怀孕或哺乳自己未满一周岁婴儿的妇女，以及丧失劳动能力者，可不予劳动教养。

（七）对外国人（含无国籍人）、华侨、港澳台人员、不适用劳动教养。

在文件规定的上述七项中，前四项是应予劳动教养的对象，第五项是劳动教养的范围，后两项是不予劳动教养的对象。

关于劳动教养的对象，在应予劳动教养的四种人中，第一种人是违反治安管理行为情节严重或经教不改，又不够刑事处罚的。这里的情节或经教不改是量的限制，但从行为类型上来看，所有违反治安管理行为，只要情节严重或经教不改的，均可予以劳动教养。第二种人是违法行为构成犯罪，但依法不需要给予刑事处罚且又符合劳动教养条件的。从行为类型上来看，所有刑法规定的行为，只要依法不需要给予刑事处罚且又符合劳动教养条件的，均可予劳动教养。第三种人犯罪行为轻微，不够刑事处罚而又符合劳动教养条件的。从行为类型上来，这类人员与前一类人员是重合的。第四种人是法律、法规规定应当给予劳动教养的。这是一个概括性规定，并无具体内容。从上述应予劳动教养的对象的规定来，应予劳动教养的行为类型包含治安处罚条例和刑法规定的所有违法犯罪行为。它与违反治安管理行为的区别在于情节严重或经教不改；它与犯罪行为的区别在于不需要给予刑事处罚或不够刑事处罚。

关于劳动教养的地域范围，根据有关劳动教养法规的规定，包括大中城市，铁路沿线，大型厂矿，交通要道的城镇，存在卖淫、嫖宿、吸毒行为的县城（包括县级市）、集镇和农村地区。文件对于劳动教养范围的规定，基本上是符合有关法规的规定的。但文件规定，家居农村在本地作案，除了严重危害社会秩序的，不予劳动教养。据此，家居农村在本地作案，严重危害社会秩序的，仍可适用劳动教养。这种规定，很容易导致劳动教养适用范围扩大到农村。

二、劳动教养的标准

有下列情形之一，尚不够刑事处罚的，予以劳动教养：

这里规定的虽然是劳动教养的标准，但实际上涉及劳动教养的各种具体对象，类似分则性规定。从这些劳动教养的具体对象中可以看到，其已经超出治安管理处罚条例和刑法确认的行为类型。

（一）盗窃案件

1. 盗窃数额达到 600 元以上的；

2. 盗窃自行车、三轮车价值在 300 元以上的；

3. 盗窃道路上正在使用的井盖、交通标志牌、车站牌和消防器材、环卫、通讯设备等公共设施的；

4. 流窜作案、入室盗窃或在公共场所扒窃的；

5. 使用技术手段、刀刃工具、专用工具撬盗的；

6. 盗窃境外人员（包括外国人、华侨、港澳台人员）、残疾人、老年人或者未成年人财物的；

7. 携带凶器实施盗窃，或者为窝藏赃物抗拒逮捕，或者为毁灭罪证而当场使用暴力或以暴力相威胁的。

盗窃是一种违法犯罪行为，《治安管理处罚条例》将偷窃规定为一种违反治安管理的行为，刑法也专门规定了盗窃罪。两者的区别就在于盗窃数额。根据刑法规定，盗窃数额较大的构成犯罪，这里的“数额较大”一般是指1 000元。在有关劳动教养的法规中，也把盗窃规定为劳动教养的对象，但一般都有屡教不改的限制。但上述文件关于盗窃适用劳动教养的规定中，只有数额和情节的规定，而没有屡教不改这一条件，明显放宽了盗窃适用劳动教养的对象范围。以数额而论，盗窃数额达到600元以上的，可以劳动教养，至少应处6个月劳动教养，最高可达3年。而盗窃罪的数额标准为1 000元，按照刑法规定，最低可处拘役或者管制，轻于劳动教养，因而可能发生处罚上的不协调。至于盗窃过程中为窝藏赃物抗拒逮捕，或者为毁灭罪证而当场使用暴力或以暴力相威胁的情形，根据《刑法》第269条的规定，已经构成抢劫罪，最低应处以3年有期徒刑，何以还能成为劳动教养对象，不得而知。

（二）诈骗、敲诈勒索案件

1. 诈骗公私财物2 000元以上、敲诈勒索公私财物1 000元以上的；

2. 冒充司法人员、行政执法人员以及其他有关管理人员敲诈财物的；

3. 在公共场所设置骗局、诈骗、敲诈勒索财物的；

4. 利用封建迷信骗取财物、经教不改或造成严重后果的；

5. 贩卖假冒、伪劣产品，且有对被害人殴打、威胁、辱骂等情节或指使他人进行上述活动的；

6. 诈骗、敲诈勒索境外人员、残疾人、老年人或者未成年人财物的。

诈骗和敲诈勒索都是违法犯罪行为。《治安管理处罚条例》规定为违反治安管理的行为，刑法也规定为犯罪。在有关劳动教养的法规中有关于诈骗的规定，但有屡教不改的限制。至于敲诈勒索，劳动教养法规虽无明文规定，但考虑到“等违法犯罪行为，屡教不改，不够刑事处分的”这样一种概然性的规定，将其包括进去似乎并无不可。但根据司法解释的规定，诈骗走私财物2000元和敲诈勒索公私财物1 000元以上的，都已经构成犯罪。在这种情况下，如何使劳动教养对象与犯罪相区分是一个值得研究的问题。至于贩卖假冒、伪劣产品，且有对被害人殴打、威胁、辱骂等情节或指使他人进行上述活动的情形，已经不属于诈骗、敲诈勒索，不知为何在此规定。

（三）抢夺案件

1. 抢夺公私财物200元以上的；

2. 因抢夺被治安处罚后又抢夺或在作案中有其他恶劣情节的；

3. 使用交通工具抢夺公私财物的；

4. 抢夺境外人员、残疾人、老年人或者未成年人财物的；

5. 聚众哄抢公私财物的。

抢夺是违法犯罪行为，在《治安管理处罚条例》和刑法中对此均有规定。在有关劳动教养法规中虽没有明文规定为劳动教养对象，但包括其中似无不妥。不过，聚众哄抢公私财物在刑法中是一个独立罪名，列在抢夺案件中并不妥当。

（四）假币（包括人民币和外币）案件

1. 明知是假币而出售、购买、运输1 000元以上或者币量100张以上的，持有、使用假币2 000元以上或者币量200张以上的；

2. 出售、购买、运输、持有、使用假币经教不改的。

明知是假币而出售、购买、运输的以及持有、使用的，都是刑法中规定的犯罪行为，但在有关劳动教养法规中并未规定为劳动教养对象，因而该文件这一规定有扩大劳动教养对象之嫌。

（五）侮辱妇女案件

1. 在公共场所无理追逐、拦截、侮辱妇女的；

2. 以强迫、威胁等手段侮辱、猥亵妇女或者儿童的；

3. 利用淫秽物品侮辱、猥亵妇女的。

上述行为在刑法中分别属于强制猥亵、侮辱妇女罪和猥亵儿童罪，在《治安管理处罚条例》中规定为侮辱妇女或者进行其他流氓活动的情形。在有关劳动教养法规中，包括在流氓行为之中，有屡教不改的限制，而在上述文件中未作此种限制。

（六）扰乱公共秩序案件

1. 参加聚众淫乱活动的；

2. 结伙携带枪支、匕首、铁棒等凶器扰乱公共秩序的；

3. 在公共娱乐场所、摊群市场、餐饮业等场所白玩、白吃、强拿硬要、扰乱公共秩序，经教不改的；

4. 在市场经营中，欺行霸市，收取“保护费”，充当打手或者为他人暴力讨债，扰乱公共秩序的；

5. 经营中强买强卖、伴有殴打他人或强迫他人提供、接受服务，扰乱公共秩序的；

6. 在公共场所强行拉客违法经营，为索要高价，威胁、殴打旅客扰乱公共秩序的；

7. 经营餐饮、服务和文化娱乐业，组织、教唆妇女与顾客进行猥亵活动或对消费者索要高价并伴有辱骂、殴打、强行搜身、扣押人质及物品等行为的；

8. 参加流氓恶势力团伙，实施流氓活动，称霸一方、为非作恶，欺压、残害群众的；

9. 多次扰乱社会秩序的地痞、流氓等违法人员；

10. 以营利为目的，组织、教唆、指使未成年人从事卖唱、强行乞讨等行为，或者使用童工，经劳动和公安机关教育仍不悔改的；

11. 房屋出租人不履行治安责任，对承租人利用所租房屋进行违法犯罪活动或者有犯罪嫌疑不制止、不报告，造成严重后果的；

12. 外来流动人口在本市无固定居所、无固定经济来源、无合法证件被强制遣送两次以上又重新来本市的；

13. 在道路上乱倒垃圾或设置障碍物，严重影响交通安全经市政和公安机关警告教育后，不听劝告的；

14. 无理取闹，组织、煽动、唆使围堵党政领导机关、扰乱工作秩序、公共秩序，经公安机关教育不悔改的；

15. 无理取闹，殴打单位负责人或捣毁设备，扰乱生产、科研、教学、工作秩序的；

16. 在学校门前或其他场所拦截中小学生勒索财物，情节严重或经教不改的；

17. 非法限制他人的人身自由，并有殴打、侮辱等情节的；

18. 骚扰他人居所，造成严重影响的；

19. 用电话辱骂、滋扰他人，情节严重的；

20. 其他扰乱公共秩序行为造成严重后果或者经教不改的。

扰乱公共秩序的行为，在《治安管理处罚条例》中规定了 7 种，而上述文件规定了 20 种之多，第 20 种还是空白性规定，其范围是极其宽泛的。尤其是第 12 种情况，无固定居所、无固定经济来源、无合法证件（所谓“三无”）的外来流动人员在没有查明有实际上的违法行为的情况下，仅其被强制遣送两次以上又重新返回的就处以劳动教养，颇有过苛之弊。

（七）赌博案件

1. 参加赌博赌资或者输赢数额在 2 000 元以上或者为赌博提供条件从中获利的；

2. 以营利为目的，聚众赌博的；

3. 在公共场所设摊赌博，赌资或者输赢数额在 1 000 元以上的；

4. 因赌博受到治安处罚、劳动教养、刑事处罚后又进行赌博的。

赌博行为被《治安管理处罚条例》规定为违反治安管理行为，并且明文规定可以实行劳动教养，其作为劳动教养对象应当没有问题。

（八）制贩假票证案件

1. 伪造、变造、买卖国家机关、公司、企业、事业单位、人民团体的公文、证件、印章的；

2. 介绍他人买卖国家机关、公司、企业、事业单位、人民团体的公文、证件、印章，情节严重或者造成严重后果的；

3. 私刻公章、伪造、变造居民身份证、驾驶证、学历证明及其他有效证明文件或贩卖伪造的身份证、驾驶证、学历证明以及其他有效证明文件的；

4. 伪造、倒卖发票、有价票证的；

5. 伪造、变造、倒卖机动车、非机动车假手续、假通行证，情节严重的。

上述制贩假票证的行为除个别以外，大多数是刑法中规定的犯罪行为。文件规定这些行为在不构成犯罪的情况下，予以劳动教养。但在有关劳动教养法规中，并无对此的明文规定。

（九）卖淫嫖娼案件

1. 曾因卖淫嫖娼被公安机关处理，又卖淫嫖娼的；

2. 明知自己患有性病仍卖淫嫖娼的；

3. 引诱、容留、介绍他人卖淫嫖娼的；

4. 旅馆业、饮食服务业、文化娱乐业和出租汽车等单位的从业人员，为他人卖淫嫖娼提供便利条件的。

卖淫嫖娼被公安机关处理后又卖淫嫖娼的实行劳动教养，是全国人大常委会《关于严禁卖淫嫖娼的决定》明文规定的。而另外三种行为，刑法均规定为犯罪行为。文件规定这些行为在不构成犯罪的情况下，予以劳动教养。

（十）制作、贩卖、传播淫秽物品案件

1. 以营利为目的，制作、贩卖、传播淫秽物品，接近刑事处罚数额的；

2. 制作、复制、贩卖、传播淫秽物品，经教不改的；

3. 故意为制作、贩卖、传播淫秽物品犯罪活动提供条件的；

4. 组织淫秽表演造成恶劣影响的。

在上述活动中，制作、复制、出售、出租或者传播淫书、淫画、淫秽录像或者看其他淫秽物品的，《治安管理处罚条例》明文规定实行劳动教养。

（十一）吸食、注射、非法持有毒品案件

1. 因吸食、注射毒品被强制戒毒后又吸毒、注射毒品的；

2. 非法持有毒品经教不改的；

3. 容留、引诱、教唆、欺骗他人吸食、注射毒品的。

在上述行为中，因吸食、注射毒品被强制戒毒后又吸食、注射毒品的情形，全国人大常委会《关于禁毒的决定》规定可以实行劳动教养。其他两种行为均被刑法规定为犯罪。文件规定这些行为在不构成犯罪的情况下，予以劳动教养。

（十二）窝赃、销赃案件

1. 窝赃、销赃涉案数额在800元以上的；

2. 购赃、销赃、窝赃或转移赃物，经教不改的；

3. 在汽车、摩托车、自行车拆装及废品收购中，非法收购赃物，违法经营，造成严重后果的；

4. 以营利为目的，挂牌收购烟、酒等礼品，情节严重的。

《治安管理处罚条例》规定明知赃物而购买的，是违反治安管理的行为；刑法也将窝赃、销赃、购赃或出售赃物规定为犯罪。这些行为在不构成犯罪的情况下予以劳动教养，尚可理解。但文件规定“以营利为目的，挂牌收购烟、酒等礼品，情节严重的”也要劳动教养，就有些说不通。因为挂牌收购的烟、酒并非都是赃物，而且文件也明确表述为“礼品”，收购礼品也要予以劳动教养，实在有些超出人的想象。

（十三）参与制售假冒商标卷烟犯罪活动，假冒注册商标，销售假冒注册商标的商品，非法制造、销售注册商标标识，生产销售伪劣产品，非法经营等，情节轻微的。

上述均是经济违法行为，在《治安管理处罚条例》上均无规定，将之纳入劳动教养对象，使劳动教养功能发生了扩张：不仅具有维护治安秩序之功能，而且具有维护经济秩序之功能。

（十四）职务侵占、合同诈骗、故意毁坏公私财物等侵犯财产的案件，数额在 2 000 元以上的。

在上述行为中，故意毁坏公私财物是违反治安管理的行为，而职务侵占、合同诈骗是经济违法行为，在有关劳动教养的法规中，从未见将其纳入劳动教养的对象范围之中。

（十五）妨碍公务案件

1. 以暴力、威胁方法阻碍国家工作人员依法执行职务或者虽未使用暴力、威胁方法，但不听制止、造成一定后果的；

2. 教唆他人抗拒、阻碍国家工作人员依法执行职务，造成一定后果的；

3. 聚众围攻或者公然侮辱公安、工商、民政、税务和市政监察等部门的国家工作人员，阻碍其依法执行职务，经教不改的。

妨碍公务行为，在《治安管理处罚条例》中规定为违反治安管理的行为，在刑法中规定为犯罪行为，在有关劳动教养法规中则并未规定是劳动教养的对象。

（十六）其他违法犯罪行为造成严重影响或严重后果的，也可以予以劳动教养。

这是一个兜底的条款。这个条款意味着，一切违法犯罪行为，只要造成严重影响或严重后果的，均可以予以劳动教养。但这一条款表述存在一个逻辑上的问题：如果是犯罪行为造成严重影响或严重后果，那就应当处以刑罚，怎么是“可以予以劳动教养”呢？我理解，这是指凡是刑法规定的行为，不够刑事处分的，均可予以劳动教养。至于违法的范围就更为宽泛了，只要违法行为，均可予以劳动教养，使劳动教养对象范围大为扩张。

（十七）未达到本规定确定的劳动教养的数额标准，但具有下列情形之一的，也可予以劳动教养：

1. 刑满释放或解除劳动教养、收容教养以及免于刑事处罚 3 年内又进行违法犯罪活动的；

2. 被治安处罚2次以上，3年内又进行同类性质违法活动的；

3. 外省市流窜来本市进行违法活动的。

这是一个补充条款。前面的条文显然规定了数额标准，但具有以上三种情形的，即使未达到数额标准，也可以予以劳动教养。

三、劳动教养的期限

劳动教养期限根据需要劳动教养的人的违法事实、性质、情节、动机和危害程度，确定为一至三年。

劳动教养时间，从通知收容之日起计算。通知收容以前先行行政拘留的，如果被决定劳动教养的行为和以前受行政拘留的行为系同一行为，在决定劳动教养的同时，撤销行政拘留裁决，原行政拘留一日折抵劳动教养一日；如对被劳动教养人采取留置等限制人身自由的强制措施先期羁押的，羁押一日折抵劳动教养一日。

这是对劳动教养期限的规定，基本上是《劳动教养试行办法》第13条的重复，只是对因同一行为先行被行政拘留后又被劳动教养的期限折抵问题作了具体规定。

四、劳动教养的执行

被批准劳动教养的，公安机关应当在三十日内将劳动教养人员送劳动教养所执行；劳动教养人员提出申请所外执行、所外就医的，按照本市《劳动教养人员所外就医、所外执行条例》的有关规定办理。

这是对劳动教养执行的规定，内容涉及所外执行、所外就医等情况。从条文来看，该市还专门制定了《劳动教养人员所外就医、所外执行条例》。

五、劳动教养的追究时效

对于应予劳动教养的行为在三年内未被公安机关发现的，不再决定劳动教养。期限从违法行为发生之日起计算，违法行为有连续状态的，以行为终了之日起计算。

关于劳动教养的追究时效，在有关劳动教养法规中均未见规定，这一规定大体上依照刑法关于犯罪的追诉时效的规定，有其可取之处。犯罪都有追诉时效的限制，劳动教养当然也应有此限制。

六、劳动教养的行政复议和诉讼

劳动教养人员不服市劳动教养管理委员会作出的劳动教养决定，可依照《行政复议法》、《行政诉讼法》的有关规定提起行政复议、行政诉讼，既可在接到劳动教养决定书之日起60日内向上一级劳动教养管理委员会或市人民政府申请行政复议，也可以在收到劳动教养决定书之日起三个月内直接向人民法院提起行政诉讼。

以上规定自下发之日起施行。

以往本市有关收容劳动教养规定与本规定不一致的，以本规定为准。

2001年6月8日

这是对劳动教养的行政复议和诉讼的规定。劳动教养的复议和诉讼，是指被决定劳动教养的人不服劳动教养决定而在规定的期限内向劳动教养复议机关提出重新处理的请求，或者向人民法院提起行政诉讼，由复议机关或人民法院依法进行审查处理。依照《行政诉讼法》《行政复议法》等有关法律、法规规定，被决定劳动教养的人对劳动教养决定这种具体行政行为不服，有申请复议和提起行政诉讼的权利。上述规定确认了这一权利，这是正确的。但当依照上述文件被决定劳动教养的人提起行政诉讼时，人民法院是否可以对这一文件的内容进行司法审查，这是个值得研究的重大问题。如果人民法院在行政诉讼中只限于对具体行政行为的司法审查，而不能对抽象行政行为进行司法审查，则只要根据上述文件被决定劳动教养的，均具有合法性。

上述文件最后规定“以往本市有关收容劳动教养规定与本规定不一致的，以本规定为准”，但没有规定，如果本规定与有关劳动教养的法律、法规相抵触的，以何者为准。显然，在上述文件的制定者看来，这本身并不是一个问题。

摆在我们面前的这个文件，俨然是一部小刑法，内容之全面，规定之细致，令人叹为观止。然而，读罢这个文件，一个疑问油然而生，该市劳动教养委员会有权作出这样一个规定吗？我想由此展开对于这个文件的分析。

制定上述文件的是某市劳动教养委员会，该市是一个省会所在市（省辖市）。那么，这个劳动教养委员会又是一个什么性质的机构呢？

根据我国有关劳动教养法规的规定，劳动教养委员会是我国劳动教养工作的领导机关。1979 年 12 月国务院《关于劳动教养的补充规定》第 1 条规定：“省、自治区、直辖市和大中城市人民政府成立劳动教养管理委员会，由民政、公安、劳动部门的负责人组成、领导和管理劳动教养工作。”劳动教养工作主要有两项：一是审批，二是执行。根据 1982 年国务院转发公安部《劳动教养试行办法》第 4 条的规定，省、自治区、直辖市和大中城市人民政府组成的劳动教养管理委员会，领导和管理劳动教养工作，审查批准收容劳动教养人员。劳动教养管理委员会下设办事机构，负责处理日常工作。公安机关设置的劳动教养工作管理机构，负责组织实施对劳动教养人员的管理、教育和改造工作。根据这一规定，劳动教养是由劳动教养委员会审批的，公安机关只是负责劳动教养的执行。但 1983 年随着司法行政机关的建立，中共中央、国务院决定劳动教养工作由公安机关移交给司法行政部门管理。1984 年 3 月，公安部、司法部《关于劳动教养和注销劳教人员城市户口问题的通知》规定，劳动教养管理委员会的办公室，设在司法行政部门，负责处理日常工作。劳动教养的审批机构设在公安机关，受劳动教养管理委员会的委托，审查批准需要劳动教养的人。至此，劳动教养委员会名存实亡，其责权被一分为二，形成了公安机关负责劳动教养的审批，司法行政机关负责劳动教养的执行这样一种格局。

那么，制定上述文件的劳动教养委员会到底是公安机关还是司法行政机关？从文件内容来看，该文件主要是关于劳动教养审批中政策界限的规定。因此，可以说这个文件是公安机关以劳动教养委员会的名义作出的。文件对劳动教养作了扩大规定，这一规定适用的后果是根据这个规定将会使有某些公民丧失人身自由1—3年。那么，某市公安机关有权作出这样一个规定吗？这就涉及立法权限问题。根据宪法规定，中华人民共和国公民的人身自由不受侵犯。任何公民，非经人民检察院批准或者决定或者人民法院决定，并由公安机关执行，不受逮捕。由此可见，公民的人身自由是受法律保护的。只有依照法律规定并经正当程序才能被剥夺。应该说，劳动教养是一种涉及对公民人身自由的剥夺的处罚措施，其主要根据是全国人大常委会批准的《国务院关于劳动教养问题的决定》和《国务院关于劳动教养的补充规定》以及国务院批准的公安部《劳动教养试行办法》。在上述规范性文件中，《劳动教养试行办法》充其量只能视为行政法规，前两个文件是法律还是行政法规存在争议，但充其量也只是准法律而已，因为经全国人大常委会批准的法律与全国人大常委会制定的法律毕竟还是有所不同的。在这种情况下，劳动教养本身法律根据是不充足的。尤其是我国《行政处罚法》对行政处罚设定权作出了明确规定，根据这一规定，我国行政处罚设定权的分配情况是：(1) 法律的设定权。《行政处罚法》第10条规定："法律可以设定各种行政处罚。限制人身自由的行政处罚，只能由法律设定。"这里的限制人身自由的行政处罚，不同于限制自由刑，实际上是指剥夺人身自由，因而在性质上类似于剥夺自由刑。(2) 行政法规的设定权。《行政处罚法》第11条规定："行政法规可以设定除限制人身自由以外的行政处罚。"(3) 地方性法规的设定权。《行政处罚法》第11条规定："地方性法规可以设定限制人身自由、吊销企业执照以外的行政处罚。"这里的地方性法规，是指省、自治区、直辖市人大及其常委会，省、自治区人民政府所在地的人大及其常委会，国务院批准的较大的市的人大及其常委会在不与宪法、法律、行政法规相抵触的前提下，制定的规范性文件。(4) 行政规章的设定权。行政规章包括部门规章和地方政府规章，部门规章即国务院各部委及其直属机构根据法律和行政法规在权限范围内制定的规范性文件；地方政府规章即省、自治区、直辖市人民政府，省、自治区人民政府所在地的市人民政府及国务院批准的较大的市人民政府根据法律、行政法规、地方性法规制定的规范性文件。《行政处罚法》第12条规定：部门规章可以设定警告或者一定数量的罚款的行政处罚。《行政处罚法》第13条规定：地方政府规章可以设定警告或者一定数量罚款的行政处罚。根据上述规定，劳动教养作为一种剥夺人身自由最长可达4年的处罚措施，必须由法律设定，其他机关均无设定权。某市劳动教养委员会连制定地方政府规章的权力都没有，却对劳动教养进行越权性规定，岂非咄咄怪事？

某市劳动教养委员会之所以胆敢制定了这种大大超越其权限的文件，是和劳动教养法律规定上的混乱有着密切的关系的。虽然我国关于劳动教养的法规不可谓不多，但是多而杂乱。我国学者认为存在一个劳动教养法律关系，即由有关国家机关制定的关于劳动教养问题的所有法律体系所构成的一个有机整体。这个劳动教养法律体系由下述内容构成：（1）劳动教养法律；（2）劳动教养行政法规；（3）劳动教养地方性法规；（4）劳动教养规章。[①] 我国确实存在大量的劳动教养法规，但说这些法规已经形成了一个法律体系，难免言过其实。在这些有关劳动教养的法规中，可以分为两部分内容：一是关于劳动教养设置的，二是关于劳动教养执行的。相对来说，关于劳动教养执行的法规较为规范，关于劳动教养设置的法规则较为混乱。尤其是地方性法规随意设置劳动教养，甚至劳动教养委员会本来只是一个工作机构，它也行使了劳动教养的设置权，从而使劳动教养的设置违反法治原则，这是十分可怕的。上述文件给我们的一个最大启示就是：劳动教养领域无法无天的状态必须终止。否则，刑事法治只是一句空话。

文件主要涉及的是劳动教养的对象问题，因而其所确定的劳动教养对象是否合法，这也是需要认真研究的问题。

劳动教养对象并没有在一个法律中加以统一规定，各种各样的法律都涉及劳动教养对象，任意增设，存在相当的随意性。我国学者根据20世纪80年代初以来有关劳动教养的法律、法规及其他规范性文件对劳动教养对象的规定，认为现阶段劳动教养适用对象的具体范围主要包括下列符合劳动教养条件的故意实施违法或犯罪行为的人：（1）罪行轻微，不够刑事处分的反革命分子、反党反社会主

① 参见夏宗素、张劲松主编：《劳动教养学基础理论》，64页，北京，中国人民公安大学出版社，1997。

义分子；（2）参与反动会道门活动，犯罪情节轻微，并确有悔改表现的一般中小道首，被人民法院免予刑事处分的；（3）有流氓、诈骗、盗窃行为，屡教不改，不够刑事处分的；（4）结伙抢劫、强奸、放火等犯罪团伙中，不够刑事处分的；（5）聚众斗殴、寻衅滋事、煽动闹事等扰乱社会治安，不够刑事处分的；（6）有工作岗位，长期拒绝劳动，破坏劳动纪律，而又不断无理取闹，扰乱生产秩序、工作秩序、教学科研秩序和生活秩序，妨碍公务，不听劝告和制止的；（7）教唆他人违法犯罪，不够刑事处分的；（8）因卖淫、嫖娼被公安机关处理后又卖淫嫖娼的；（9）介绍或者容留卖淫、嫖娼，不够刑事处分的；（10）赌博或者为赌博提供条件，不够刑事处分的；（11）制作、复制、出售、出租或者传播淫书、淫画、淫秽录像或者其他淫秽物品，不够刑事处分，但被公安机关查处两次以上（含两次）、屡教不改的；（12）吸食、注射毒品成瘾，强制戒除后又吸食、注射毒品的；（13）非法拦截列车、在铁路线路上置放障碍物或击打列车、在线路上行走或在钢轨上坐卧等危害铁路行车安全行为的；（14）有配偶的人与他人非法姘居，情节恶劣的；（15）以营利为目的，私自为育龄妇女摘除节育环，或者借摘除节育环对妇女违法调戏、侮辱的；（16）多次倒卖车票、船票、飞机票和有效订座凭证，屡教不改，不够刑事处分的；（17）非法倒卖各种计划供应票证，经多次被公安机关抓获教育或治安处罚后仍不思悔改继续倒卖，情节比较严重而又不够刑事处分的；（18）违反枪支、民用爆炸品等危害物品管理规定的；（19）因犯罪情节轻微而被人民检察院不起诉、人民法院免予刑事处分的；等等。① 上述劳动教养对象，有些是国务院颁布的法规规定的，有些是行政规章规定的，还有些是司法解释规定的。其中，有些规定已经明显过时，如非法倒卖各种计划供应票证可以劳动教养的规定，由于各种计划供应票证都已经取消，因而已经不存在所谓非法倒卖计划供应票证的行为。从某市劳动教养委员会的这个文件来看，劳动教养对象又被大大地拓宽了，几乎到了没有任何限制的程度。在此，就文件涉及的

① 参见夏宗素、张劲松主编：《劳动教养学基础理论》，87－88页，北京，中国人民公安大学出版社，1997。

劳动教养对象中的以下问题加探讨。

1. 是否一切违反治安管理行为，只要是情节严重或经教不改的都可以被劳动教养？

这个问题涉及治安管理处罚与劳动教养的关系。1957 年的《治安管理处罚条例》第 30 条规定："对于一贯游手好闲、不务正业、屡次违反治安管理的人，在处罚执行完毕后需要劳动教养的，可以送交劳动教养机关实行劳动教养。"按照这一规定，凡是违反治安管理的行为人，符合一贯游手好闲、不务正业、屡次违反治安管理的，在处罚执行完毕后可以送交劳动教养。因此，从理论上说，违反治安管理的行为都可以被劳动教养。但是 1986 年的《治安管理处罚条例》撤销了原条例第 30 条的规定，根据新条例第 30 条、第 32 条的规定，违反治安管理行为，只有下列行为才可予以劳动教养，即卖淫、嫖宿暗娼以及介绍或者容留卖淫、嫖宿暗娼；赌博或者为赌博提供条件的；制作、复制、出售、出租或者传播淫书、淫画、淫秽录像或者其他淫秽物品的。由此可见，劳动教养对象不再囊括所有的违反治安处罚屡教不改的行为人，而只限定于上述明文规定的行为。但文件关于劳动教养的对象规定：违反治安管理行为情节严重或经教不改（即曾被治安处罚、劳动教养、刑事处罚仍不悔改），又不够刑事处罚的，均可以被劳动教养。在这种情况下，就把劳动教养对象扩大到所有违反治安处罚的行为人。我认为，这是明显不妥的。对于劳动教养这种涉及剥夺公民的人身自由达 3 年之久的处罚措施，没有明确的法律根据，只经某一行政部门作出规定就可适用，这是不可想象的，对于这种违反法治的做法，应当制止。

2. 是否一切触犯刑律，又不够刑事处罚的都可以劳动教养？

这个问题涉及刑罚处罚与劳动教养的关系。从处罚程度来看，刑罚处罚应当超过劳动教养，这似乎是没有疑问的。因为应受刑罚处罚的是犯罪行为，而应予劳动教养的是不够刑事处罚的一般违法行为。但实际上不然，在刑罚种类中，只有死刑（包括死缓）、无期徒刑和 3 年以上有期徒刑才重于劳动教养。而 3 年以下有期徒刑、拘役、管制要轻于劳动教养，因为劳动教养也可以剥夺人身自由达 3 年之久，必要时还可以延长 1 年。这是劳动教养与刑罚处罚的不协调之处，由此导致犯罪处罚轻于违法处罚的不正常现象。例如，根据《刑法》第258条的规定，犯重婚罪的，处2年以下有期徒刑或者拘役。而根据1983年7月26日最高人民法院、最高人民检察院、公安部《关于重婚案件管辖问题的通知》规定："公安机关发现有配偶的人与他人非法姘居的，应责令其立即结束非法姘居，并具结悔过；屡教不改的，可交由其所在单位给予行政处分，或者由公安机关酌情予以治安处罚；情节恶劣的，交由劳动教养机关实行劳动教养。"在这种情况下，没有达到重婚程度的非法姘居判处劳动教养最高可达3年，而构成重婚罪的判处刑罚最高才达2年。两者之间处罚上的不协调，是显而易见的。

那么，是否一切触犯刑律，又不够刑事处罚的都可以劳动教养呢？对于这个问题，1980年国务院《关于将强制劳动和收容审查两项措施统一于劳动教养的通知》曾经规定："对有轻微违法犯罪行为、尚不够刑事处罚需要进行强制劳动的人，一律送劳动教养。"但在1982年国务院转发公安部《劳动教养试行办法》中，规定了六类劳动教养对象。在这六类劳动教养对象中，涉及不够刑事处分的才五类人，这就是：(1) 罪行轻微，不够刑事处分的反革命分子、反党反社会主义分子；(2) 结伙杀人、抢劫、强奸、放火等犯罪团伙中，不够刑事处分的；(3) 有流氓、卖淫、盗窃、诈骗等违法犯罪行为，屡教不改，不够刑事处分的；(4) 聚众斗殴、寻衅滋事、煽动闹事等扰乱社会治安，不够刑事处分的；(5) 教唆他人违法犯罪，不够刑事处分的。根据这一规定，并非所有触犯刑律，不够刑事处分的都可以劳动教养，只有上述法律有明文规定的五类人才可以劳动教养。根据新法优于旧法的原则，1980年国务院的规定已经失效。应该说，1982年《劳动教养试行办法》规定涉及不够刑事处分的劳动教养已经包括了反革命罪（即现行刑法中的危害国家安全罪）、大部分治安犯罪和侵犯人身权利、侵犯财产权利的犯罪，加上后来其他法规以及司法解释的补充规定，劳动教养对象的范围已经十分广泛。尽管如此，劳动教养也没有包括一切不够刑事处分的轻微犯罪，尤其是经济犯罪和渎职犯罪等。但文件明确规定，"违法行为已构成犯罪，但依法不需要给予刑事处罚且又符合劳动教养条件"的人以及"犯罪行为轻微，不够刑事处罚而又符合劳动教养条件的"人，都属于劳动教养对象。这一规定，超出了法律规定的劳动教养的对象范围，是没有法律根据的。

3. 其他违法行为是否可以劳动教养？

除违反治安管理处罚行为的人和“犯罪行为轻微，不够刑事处罚”的人以外，文件还规定了对其他违法行为人也可以劳动教养。最为明显的就是以营利为目的，挂牌收购烟、酒等礼品，情节严重的行为。文件将其归入窝赃、销赃案件。但挂牌收购的是烟、酒等礼品，怎么能说是销赃呢？“其他违法犯罪行为造成严重影响或严重后果的，也可以予以劳动教养”的概括性规定，使一只大口袋上面又开了一个大洞，使劳动教养审批中的随意性大为增加。

面对某市劳动教养委员会制定的这份文件，我感到目前在现实生活中存在的劳动教养制度之混乱、无序已经到了非整治不可的地步。到底如何对劳动教养进行改革，这是一个需要反思的问题。

在劳动教养制度改革问题上，存在存废之争。劳动教养保存论者主张通过立法程序将劳动教养制度确定下来，从而克服目前劳动教养立法与执法上的混乱状态。废除论者则认为，现在的劳动教养制度应当废弃，通过降低犯罪的定量标准，使某些劳动教养对象包含在犯罪之中，对卖淫、嫖娼、吸毒人员的行政强制措施可以保留。[①] 我认为，目前的劳动教养制度不宜继续保留。通过制定统一的劳动教养法虽然在一定程度上能够克服目前在劳动教养上的混乱状态，但如果法律只是简单地将现实生活中的劳动教养制度法定化，而不对其加以根本改造，那么，这种立法只是解决了劳动教养的形式上的合法性问题，而没有真正解决劳动教养的实质上的合理性问题。在这个意义上，我赞同废除目前的劳动教养制度，在此基础上，采用其他方法实现劳动教养制度的功能。

我国学者储槐植教授曾经提出教养处遇（即劳动教养）合理性的命题。[②] 我理解，这里的合理性并非指目前劳动教养制度本身是合理的，否则就不需要对其进行改革；而是说劳动教养所满足的功能具有合理性。我国劳动教养的对象在西

① 关于劳动教养制度的存废之争，参见薛晓蔚：《劳动教养制度研究》，北京，中国文联出版社，2000。

② 参见储槐植：《论教养处遇的合理性》，载《法制日报》，1999－06－03。

方国家都是应受处罚的行为，而且主要是作为犯罪受刑罚处罚。我国由于犯罪不存在数量因素，人为地限缩了犯罪范围。例如，盗窃数额达千元以上的构成犯罪，不满千元的盗窃，如果数额只有几十元或者百元左右，作为治安管理处罚也是可以的。但对盗窃数额在 500 元至 1 000 元之间的行为，如果仅处以治安管理处罚，就显得过轻。在这种情况下，劳动教养的出现就适应了这种客观需要。但劳动教养所满足的功能是合理的，并不等于满足这种功能的劳动教养制度也是合理的。对于同一行为，按照其情节轻重、数额大小，分别给予刑罚、劳动教养与治安管理处罚这三种在性质上不同的处罚，这三种处罚在程度上又未能得以协调，这种制度设计本身就是有缺陷的。这种缺陷是由刑法的结构性缺陷所造成的，即刑法中的犯罪概念存在数量因素。正因为刑法中的犯罪概念存在数量因素，才形成了刑罚、劳动教养、治安管理处罚这三级制裁体制。解决这个问题，我认为，应当取消犯罪概念的数量界限，降低犯罪下限，使其囊括目前大部分劳动教养对象。对于犯罪概念中情节显著轻微这一数量因素，我国学者提出了修改意见，主张删去关于“情节显著轻微危害不大的，不认为是犯罪”的规定。[①] 我认为这一建议是可取的，由此可克服刑法的结构性缺陷，通过刑法满足绝大部分目前劳动教养的功能，实现劳动教养的刑法化。这样做，虽然会扩大犯罪范围，但不会扩大打击面，甚至还会合理地控制打击力度，克服目前刑罚处罚与劳动教养之间的不协调。在目前的劳动教养对象中，有些属于行政强制措施，例如对卖淫、嫖娼、吸毒人员的强制治疗和强制戒毒，对此可予保留，将其改造为行政法上的保安处分措施。至于某些罪行轻微，但屡教不改，人身危险性较大的行为人，可以考虑创设刑法中的保安处分措施加以解决。

劳动教养制度的改革，除实体法上的分析以外，程序法上的司法化也是十分重要的。除行政法上的保安处分可由行政机关决定，以行政诉讼为司法补救措施以外，对于其他情形都应设置司法程序，由法院判决。目前公安机关在劳动教养工作上权力过于集中，不仅行使审批权[②]，而且享有某些事实上的立法权，例如，本文所

---

① 参见王尚新：《关于刑法情节显著轻微规定的思考》，载《法学研究》，2001（5）。

② 关于劳动教养审批中存在的问题，参见陈林峰、郑赫南：《浅议劳教审批七题》，载《犯罪与改造研究》，2001（11），21 页以下。

引的文件，实际上也就是某市公安局制定的关于劳动教养的文件。这一文件对劳动教养作出了许多超越法律的具体规定，违背了刑事法治的基本要求。

劳动教养在我国是一种实际存在的制度，以往我们对它的研究局限在法律层面的分析上，缺乏实证研究。实证研究当然包括对劳动教养审批、执行等实际运作环节的了解，同时包括对大量的实践中起作用的更低级别的规范性文件的分析，正是这些文件决定了某一地区劳动教养的实际运作。本文对某市劳动教养委员会关于劳动教养文件所做的研究，可以视为这种努力之一，期望它对于劳动教养制度改革能够提出一些有说服力的论证。

（本文原载陈兴良主编：《刑事法评论》第10卷，中国政法大学出版社2002年版）

劳动教养：根据国际人权公约之分析

国际人权公约是由联合国制定的国际性的人权公约，包括《世界人权宣言》、《经济、社会、文化权利国际公约》和《公民权利和政治权利国际公约》等。这些人权公约以及据此制定的一系列国际公约，规定了刑事司法的基本人权准则，也就是刑事司法准则的最低标准（minimum standards）。加入这些国际公约以后，就要在刑事司法活动中遵守这些已经被国际社会所公认的基本人权准则，国内法不得与之相抵牾。我国是联合国常任理事国，是《经济、社会、文化权利国际公约》和《公民权利和政治权利国际公约》的签字国。2001 年第九届全国人大常委会第二十次会议决定批准我国加入《经济、社会、文化权利国际公约》。《公民权利和政治权利国际公约》的批准也将提上议事日程。上述两公约的签署并批准，表明我国的国内法将引入上述两公约所确立的国际刑事司法准则。凡是与这些刑事司法准则相抵触的国内法规，都将面临取消或者修改的命运。在这种情况下，根据国际人权公约分析我国劳动教养制度，可以为劳动教养制度的改革提供参考。我认为，根据国际人权公约所确立的国际刑事司法准则，我国劳动教养制度存在以下缺陷。

一、价值目标上的冲突

联合国刑事司法准则追求的价值目标包括以下两个：第一，实现司法公正，保障基本人权；第二，控制犯罪滋长，维护法治秩序。我国学者指出：国际社会对这两个目标的不懈追求是推动联合国刑事司法准则体系不断发展的动力，而保持这两个目标之间的平衡是各国面临的共同挑战。记载联合国刑事司法准则的各项文书，有的侧重于司法公正和保障人权，有的侧重于控制犯罪和维护秩序。但是，国际公认的原则是不得以牺牲司法公正或威胁基本人权为代价来控制犯罪或建立秩序。① 由此可见，联合国刑事司法准则虽然追求保障人权与保护社会这两个目标，但又将保障人权置于优先地位。当两者发生冲突的时候，不得以牺牲人权保障作为社会保护的代价。

我国劳动教养制度，从它一开始建立就是以控制犯罪、保护社会为宗旨的。我国劳动教养制度是根据全国人大常委会批准颁布的《关于劳动教养问题的决定》以及有关法律、法规建立的。依照相关法律、法规规定，劳动教养不是刑事处罚，而是为维护社会治安，预防和减少犯罪，对轻微违法犯罪人实行的一种强制性教育改造的行政措施。因此，劳动教养制度的设立，主要目的在于维护社会治安。不可否认，在劳动教养制度建立以后相当长的一个时间以内，劳动教养制度对于净化社会环境，维护社会秩序，确实发挥了重要的作用。在当时的社会体制下，基于区分两类矛盾的政策，劳动教养虽然是对于那些轻微违法犯罪人适用的，但由于这些轻微违法犯罪人当中，包括罪行轻微、不够刑事处分的反革命分子、反党反社会主义分子等政治上的敌对分子，因而，劳动教养也就成为一种处理敌我矛盾的方法。在专政的意识形态话语之中，劳动教养的政治正确性是不容怀疑的。换言之，保护社会，在当时被看作政治制度与法律制度的首要任务，个人自由与权利的丧失是不被关注的。只是在经济体制改革以后，我国社会从一元

① 参见陈光中等主编：《联合国刑事司法准则与中国刑事法制》，4页，北京，法律出版社，1998。

化的政治社会向政治社会与市民社会二元分立的社会转变。在这种情况下，个人的自由与权利得到社会的更大关注，进入一个走向权利的时代。随着这种社会价值观念的转变，劳动教养制度所追求的保护社会的价值的片面性与不合理性日益凸显，它正在逐渐地丧失其政治正确性。

正是在这样一种社会历史背景下来考察，劳动教养制度追求的保护社会的价值目标，甚至为实现这一价值不惜牺牲个人的自由与权利的制度设计，就与国际刑事司法准则将人权保障置于社会保护之上的价值目标发生了明显的冲突。由于我国社会结构本身发生了深刻的变化，这也就为我国接受国际刑事司法准则的价值目标提供了现实可能性。

二、实体规定上的不合理性

罪刑法定原则与罪刑均衡原则是联合国刑事司法准则中的一项基本原则。联合国大会于 1948 年 12 月 12 日通过的《世界人权宣言》第 11 条第 2 款对罪刑法定原则（实际上也包含罪刑均衡的基本精神）作了明确规定：“任何人的任何作为或不作为，在其发生时依国家法或国际法均不构成刑事罪者，不得被判为犯有刑事罪。刑罚不得重于犯罪时适用的法律规定。”联合国大会 1966 年 12 月 16 日通过的《公民权利和政治权利国际公约》第 15 条第 1 项再次作了类似的规定：“任何人的任何作为或不作为，在其发生时依照国家法或国际法均不构成刑事罪者，不得据此认为犯有刑事罪。所犯的刑罚也不得重于犯罪时适用的规定。如果在犯罪之后依法规定了应处以较轻的刑罚，犯罪者应予减刑。”根据上述国际人权公约，一个公民只有根据法律的明文规定才能被认定为犯罪，并且对犯罪的处罚不得重于法律的明文规定。在此，国际人权公约确认了社会原则与比例原则，前者是对法律处罚合理性的形式上的要求，后者是对法律处罚合理性的实质上的要求。我国 1997 年修订以后的《刑法》第 3 条和第 5 条，分别规定了罪刑法定原则和罪刑均衡原则，从而使得我国刑法在刑事法治的道路上迈出了重大的一步。但是，劳动教养制度的存在，使得刑法中确立的罪刑法定原则与罪刑均衡原则的价值大为贬低。

尽管可以申辩，劳动教养不是一种刑罚处罚，适用劳动教养的也不是犯罪行为，因而，不应受到罪刑法定原则与罪刑均衡原则的约束，但是，这种辩解由于以下两个原因显得苍白无力：一是适用劳动教养的虽然不是犯罪行为，但它所受到的实际处罚远远重于刑罚处罚。例如，刑罚中除死刑、无期徒刑等重刑以外，还有管制、拘役等轻刑，即使是有期徒刑也在 6 个月至 15 年之间。而劳动教养的期限为 1 年至 3 年，必要时可延长 1 年，达到 4 年。此外，劳动教养在执行上也是剥夺人身自由的，与监狱行刑并无本质上的区别。在这种情况下，劳动教养轻于死刑、无期徒刑，但重于管制、拘役，相当于 1 年至 4 年有期徒刑。既然劳动教养的处罚比某些刑罚的处罚还要重，它置身于罪刑法定原则的约束之外，成为法外刑，其合理性何在？二是刑法中有罪刑法定原则和罪刑均衡原则，在行政处罚上同样也有法定原则与比例原则。例如，行政处罚中就有行政处罚法定原则。行政处罚法定原则是指具有行政处罚权的行政机关和法律法规授权的组织在法定权限内依据法定程序对违反行政管理规范应当给予行政处罚的行为实施行政处罚。我国学者认为，这一原则是法治原则在行政处罚制度上的具体体现，也是法治原则的具体要求。[①] 上述行政处罚法定原则，包括处罚依据法定、处罚主体法定和处罚程序法定，但最主要的是处罚依据法定，即法无明文规定不得处罚。行政处罚中还有适当原则，也称为违法行为与处罚相适应原则，即实施的行政处罚，必须与受处罚人的违法行为的事实、性质、情节及社会危害程度相适应。[②] 尽管劳动教养在是否属于行政处罚上尚有争议，但劳动教养具有处罚性，并且是由行政机关作出的，将它归类于行政处罚，大体上是能够成立的。劳动教养既然是一种行政处罚，它就应当遵循处罚法定原则与处罚适当原则。但恰恰在这两点上，我认为劳动教养是与之相违背的。

首先，劳动教养的适用对象缺乏法定性。从劳动教养的法律规定来看，不是

---

① 参见胡锦光：《行政处罚研究》，19－20 页，北京，法律出版社，1998。

② 参见汪永清：《行政处罚运行原理》，44 页，北京，中国政法大学出版社，1994。

以行为为对象而是以行为人为对象的。例如，1957 年国务院颁布的《关于劳动教养问题的决定》将劳动教养对象确定为以下四种人：(1) 有治安违法行为但不追究刑事责任、屡教不改的人；(2) 罪行轻微，不追究刑事责任的反革命分子、反社会主义的反动分子；(3) 受到机关、团体、企业、学校等单位的处分，无生活出路的人；(4) 不服从工作分配和就业转业安置，或不接受从事劳动生产的劝导而妨害公务、屡教不改的人。上述劳动教养对象的规定，具有一定的安置就业的性质。及至 1982 年国务院批转、公安部发布的《劳动教养试行办法》将劳动教养的对象调整为六种人：(1) 罪行轻微，不够刑事处分的反革命分子、反党反社会主义分子；(2) 结伙杀人、抢劫、强奸、放火等犯罪团伙中，不够刑事处分的；(3) 有流氓、卖淫、盗窃、诈骗等违法犯罪行为，屡教不改，不够刑事处分的；(4) 聚众斗殴、寻衅滋事、煽动闹事等扰乱社会治安，不够刑事处分的；(5) 有工作岗位，长期拒绝劳动，破坏劳动纪律，而又不断无理取闹，扰乱生产秩序、工作秩序、教学科研秩序和生活秩序，妨碍公务，不听劝阻和制止的；(6) 教唆他人违法犯罪，不够刑事处分的。由于劳动教养的对象是一定之人，在对人的规定中，又包含了诸如屡教不改等人身特征的描述，对于这些人到底在实施了何种具体违法行为的情况下可以适用劳动教养，法律上并无明文规定。换言之，劳动教养的适用不是根据应受处罚行为的构成要件，而是根据其人身特征。应受处罚行为构成要件是指确定某种行为受行政处罚所必须具备的各种条件，是行为人负行政处罚之责的基础和根据。① 应受处罚行为的构成要件具有限制行政处罚权的机能。只有符合应受处罚行为构成要件的行为，才能依法予以处罚。而劳动教养的适用不是以行为为特征，而是以行为人为特征的，这就使劳动教养决定机关享有极大的自由裁量权，这与处罚法定原则是相悖的，劳动教养决定权的滥用就会侵害公民个人的自由与权利。

其次，劳动教养的处罚强度缺乏适当性。劳动教养作为一种行政处罚，是轻于刑罚处罚的。因为，从劳动教养的法律规定来看，劳动教养主要适用于那些罪

① 参见汪永清：《行政处罚运行原理》，166 页，北京，中国政法大学出版社，1994。

行轻微、不够刑事处分的人。但由于劳动教养的期限为1—3年，必要时可延长至4年，如前所述，较之某些轻刑还要严厉。在这种情况下，就会出现行政处罚与刑事处罚互相之间的不协调。例如，一个共同犯罪案件，对主犯处以短期自由刑，从犯因罪行轻微、不够刑事处分被劳动教养，其羁押期限超过主犯。在这种情况下，就难以做到处罚适当，从而使被劳动教养的人感到处罚不公正，甚至产生对社会的抵触情绪，恰恰不利于通过劳动教养改造、教育违法人员这一初衷的实现。

从以上情况来看，对剥夺人身自由3—4年这样一种严厉的处罚，在适用对象上没有规定明确的行为类型，在处罚的严厉性上与刑罚不相协调，缺乏社会性与适当性，都违反了国际刑事司法准则基于实体规定上的基本要求，具有不合理性。

三、程序设置上的不正当性

正当法律程序是法治的题中之意，国际刑事司法准则中同样包含了程序正义方面的内容。在当代人权理论中，程序中的人权这一命题的提出，使得程序对于人权保障意义大为加强。在有关国际人权公约中，都有关于正当法律程序方面的规定，例如，对任何人不得加以任意逮捕或拘禁。被逮捕、拘禁的人有权向法院提起诉讼，法院认为拘禁不合法时就命令予以释放。所有的人在法庭前一律平等。人人有资格由一个依法设立的合格、独立的和无偏倚的法庭进行公正的和公开的审判。受刑事指控的人有权亲自辩护和选择律师辩护，并享有获得法律援助的权利，在法庭上有权在同等条件下讯问对他不利和有利的证人。上述规定，旨在从程序上保障刑事被告人的合法权益。

劳动教养尽管在法律上不是一种刑事处罚，被劳动教养的人也不属于法律上的刑事被告人，但由于劳动教养涉及对公民人身自由长达3—4年的剥夺，它应当经过正当法律程序。但目前我国劳动教养缺乏这种程序上的正当性。劳动教养的决定权虽然法律上规定由劳动教养委员会行使，但实际操作中由公安机关决定。以某市的情况为例，劳动教养案件审批的具体过程如下：（1）公安机关的办案部门，将符合劳动教养条件的人的材料报所属的公安局（分局）的法制科审查；（2）法制科经专人审查后，如果同意报送劳动教养，经分管局长批准后，将案件材料报市公安局法制处审查；（3）市公安局法制处专人审查后，向分管劳动教养的局长汇报（法制处处长在场）研究决定是否批准劳动教养及期限，并以市劳动教养委员会的名义作出决定。① 在上述劳动教养决定过程中，虽然有初审与复审两个程序，但这种简单的程序显然与人身自由被剥夺 3—4 年如此重大的权益处置不相称。首先，劳动教养决定权由公安机关实际行使，使得劳动教养制度具有明显的行政性。我国公安机关行使的是警察权，可以径直决定剥夺公民人身自由 3—4 年，可以说这是违反警察权比例原则的。根据警察权比例原则，警察功能仅止于维持公共秩序必要的最低限度。其条件、状态，与秩序违反行为产生的障碍应成比例。② 在法治社会，警察权是受到严格限制的。劳动教养决定权在我国成为警察权而没有被纳入司法权的范畴，这是在以往法治不彰的特殊历史条件下形成的。其次，劳动教养是公安机关单方面决定的，被劳动教养的人在这一决定过程中是一个消极的客体，不享有任何诉讼权利。没有辩护权，也没有上诉权，这就很难保证劳动教养实体处理的合法性。因此，在现实生活中，就出现了一些本该判处刑罚的案件被决定劳动教养，一些因事实不清、证据不足，本应无罪释放的人被决定劳动教养。在司法实践中，甚至大量采用先行劳教。先行劳教是指公安机关将羁押到期而犯罪事实仍未查清或主要证据难以获取的犯罪嫌疑人先做劳动教养处理；并继续查证未查清的犯罪事实，查清后如认为需追究刑事责任的，依法追究刑事责任。③ 这种先行劳教，又称为负案劳教，劳教期限就成为被延长了的侦查期限。按照这种做法，公安机关的侦查期间可以通过劳动教养延长 3—4 年，对于侦查机关来说，当然是求之不得的。这种做法，使劳动教养的性质再次被扭曲，实际上使 1996 年刑事诉讼法修改时被废除的收容审查制度又

---

① 参见张庆国：《试论劳教制度的改革》，载《云南大学学报》（法学版），2001（2），73 页。

② 参见［日］田口守一：《刑事诉讼法》，刘迪等译，37 页，北京，法律出版社，2000。

③ 参见张鹏跃：《关于对“先行劳教”问题的几点思考》，载《犯罪与改造研究》，1999（2），21 页。

在劳动教养的名义下复活。由此可见，劳动教养制度由于程序设置上的不正当性，难以保证被劳教人员的诉讼权利，也容易导致劳动教养决定权的滥用。

根据国际人权公约，公民的自由、财产、名誉等各种权利被剥夺的时候，都必须经过正当的法律程序。每一个公民都有权利要求法庭的公正审判，这是刑事法治的最低标准。而我国劳动教养制度在程序上还存在明显的缺陷。尽管目前对劳动教养决定有一个行政诉讼的救济途径，但行政诉讼只是一种消极的事后补救，并且由于被劳动教养的人受到人身强制，事实上也很难行使行政诉讼的权利。这个问题只有将劳动教养决定权从行政权转变为司法权，才能从根本上得到解决。

我国正在走向法治，这就意味着不仅在经济制度上要与国际接轨，要引入国际市场经济的机制，而且司法制度也要与国际接轨，要引入国际司法准则。国际刑事司法准则就是国际司法准则的重要组成部分，它的要旨在于保障人权，并且在有关国际人权公约中得到体现。随着我国加入这些国际人权公约，修改与完善国内刑事司法制度、消除它们与国际刑事司法准则的矛盾和冲突，就成为一项重要的工作。在国际人权公约面前，在引入国际刑事司法准则的情况下，劳动教养制度的存废或是修改面临重大抉择。我认为，只有在刑事法治这样一个大的社会背景下来对劳动教养制度的命运进行思考，别无其他出路。

（本文原载《法学》，2001（10））

社区矫正的理念与法律渊源

社区矫正是我国正在试点的一种非监禁化的行刑方式和处遇措施，它也是我国在长期贯彻严打的刑事政策以后对较为轻微的犯罪人采取的一种宽大的处遇措施，因而受到普遍欢迎。在一定意义上说，社区矫正试点成功并在全国范围内推行，必将改变我国传统的以监禁为主导的行刑模式，并且对我国刑事法治的建设产生深远影响。社区矫正制度建立在两个基本理念的基础之上：一是矫正的理念，二是非监禁化的理念。

矫正的理念来自刑事实证学派，在刑事古典学派那里是没有矫正可言的：报应主义强调的是惩罚，而功利主义强调的是威吓。在这种情况下，刑罚只不过是惩罚的手段与威吓的工具。刑事实证学派，尤其是刑事社会学派，以李斯特的教育刑思想而闻名于世。在教育刑思想中，就包含了对犯罪人进行矫正的理念。李斯特曾言："矫正可以矫正的罪犯，不能矫正的罪犯不使为害。"尽管李斯特对于如何对罪犯进行矫正并未深入论述，但我们将李斯特称为矫正理念的首倡者并不为过。相对于报应刑与威吓刑的思想，矫正的理念赋予刑罚以更为积极的意义。基于矫正的理念，罪犯不再是简单的刑罚客体，而是矫正的对象。尽管并非所有的罪犯都能够通过矫正成为守法公民，但至少对于可矫正者来说，这种使其重新做人的效果是可期待的。因此，矫正的理念使刑罚不仅是排害之器，而且成为致善之道。

非监禁化的理念较之矫正的理念是更为新近的刑罚理念。初始的矫正主要是指监狱矫正，这种矫正是通过监禁的方式来实现的。然而监禁刑本身具有消极性，尤其是短期自由刑的弊端更为明显，为限制短期自由刑的弊端导致缓刑的大量适用。此外，对于长期自由刑来说，对罪犯的长期监禁同样会扼杀罪犯的主观能动性，使罪犯刑满释放后难以回归社会。为此，假释制度得以创立，并成为罪犯从监禁到自由的一种过渡性措施。为克服监禁刑的缺陷，进一步发挥缓刑和假释在罪犯矫正中的作用，矫正模式在西方国家经历了医疗模式和更新模式之后，又出现了一种新的监狱替代模式——社区模式（The Community Model）。通过扩大社区矫正的形式来部分替代监狱的功能。社区模式是在对医疗模式和更新模式进行反思的基础上形成的，它表明矫正模式从监禁化到非监禁化的嬗变。医疗模式（The Medical Model）认为，犯罪是由于犯罪者心理和生理的疾病与障碍所导致，因而监狱的主要功能是对这些疾病和障碍的治疗。更新模式（The Rehabilitation Model）则认为，犯罪主要是由于犯罪者没有经历一个正常的社会化过程，因而应当通过监狱着重对罪犯进行重新社会化的塑造，以祛除其犯罪动因。显然，上述两种矫正模式都是以监狱为场域，以监禁为手段。而社区矫正模式认为，刑事司法执法体系的目的应该是使罪犯在社区中得到新生。医疗模式强调罪犯在监狱中得到治疗是有片面性的，更新模式希望罪犯在监狱中得到矫正也是有局限性的，因为监狱这种人工建造的机构主要是用于将罪犯与社会隔离，不利于提高罪犯适应社会生活的能力。因此，在社会高度发展的今天，不应过于强调在监狱中对罪犯的治疗和更新，而应增加罪犯在社区中变为守法公民的机会。所以，应有选择地对非暴力犯和初犯等更多地采用缓刑等非监禁刑的刑罚方式，以便于罪犯有更多的机会参加社区职业教育的项目，以利于罪犯更好地适应社会。对于必须在监狱服刑的罪犯，也应使其尽早得到假释，增加罪犯的社会适应能力，尽快地得以新生。[①] 在这种情况下，非监禁化成为刑罚的发展方向。在这

---

① 参见郭建安主编：《西方监狱制度概论》，15 页以下，北京，法律出版社，2003。

一思潮的影响下，在立法上创设了更多的非监禁刑，这可以说是立法上的非监禁化。在司法上，对监禁刑也更多地采用非监禁的处遇措施，以弥补监禁刑的不足，包括缓刑和假释的广泛适用，这可以说是司法上的非监禁化。

社区矫正就是一种非监禁化的矫正措施，它是刑罚思想发展到一定程度的产物。那么，我国是否具备了推行社区矫正的思想条件呢？我认为，这个问题同样取决于我们对矫正与非监禁化的认识。

就矫正的理念而言，在我国以往的刑罚理论中并无“矫正”一词，更多的是采用“改造”一词，尤其是将劳动作为改造的主要手段之一，称之为劳动改造。劳动改造几乎成为监狱矫正的代名词，在相当长一个时期内，我国的监狱被称为劳动改造机关。其实，劳动改造并非将劳动作为改造的唯一手段，除此以外，还包括通过政治教育进行思想改造。1954 年《劳动改造条例》第 4 条规定：劳动改造机关对于一切反革命犯和其他刑事犯，所实施的劳动改造，应当贯彻惩罚管制与思想改造相结合，劳动生产与政治教育相结合的方针。在这一方针中，劳动改造的内容得以正确地阐述。当然，劳动改造一词具有浓厚的意识形态色彩，并且容易引起误解。我国 1994 年《监狱法》将监狱从劳动改造机关改为国家的刑罚执行机关。该法第 3 条规定：“监狱对罪犯实行惩罚和改造相结合、教育和劳动相结合的原则，将罪犯改造成为守法公民。”在这种情况下，“改造”一词虽然仍旧保留，但劳动已经不是改造的根本手段。那么，我国《监狱法》中的“改造”是否可以与西方的“矫正”一词相等同了呢？严格来说，两者还不能完全等同。美国学者指出，矫正这一术语是指法定有权对判有罪者进行监禁或监控机构及其所实施的各种处遇措施。① 因此，矫正一词更具有技术性，矫正是对犯罪人人格的一种改变。而我国的改造具有政治性，强调对于犯罪人的思想的一种改变。当社区矫正作为一种行刑措施引入我国的时候，不能简单地将改造替换为矫正，而是应当从刑法理念上进行彻底的反思。从技术手段入手，将社区矫正纳入

① 参见［美］克莱门斯·巴特勒斯：《矫正导论》，孙晓雳译，27 页，北京，中国人民公安大学出版社，1991。

法治的轨道，从建设和谐社会这一社会治理目标与建设法治国家这一社会治理手段的统一上深刻地理解社区矫正的性质。

如果说，我们尚可从传统的改造理念中蜕变出矫正的理念，那么，非监禁化的理念也同样可以从我国传统的刑罚思想中找到渊源，依靠人民群众的力量对犯罪分子进行监督改造就是其中之一。我国刑法学界一般都将管制作为我国独创的，通过专门机关与群众相结合来惩罚、监督、教育改造罪犯的一种行之有效的刑罚方法。[①] 但是，我们不能陶醉于对管制刑的独创而自满。从管制刑的前生今世来看，它远远没有达到我们所期待的效果。在历史上，管制刑曾经沦为群众专政的工具，是对敌斗争的手段，因而打上了深刻的政治烙印。从现实来看，随着我国社会结构的演变，管制刑逐渐丧失了其群众基础与社会基础，因而几乎成为一种被冷落的刑罚。在 1997 年刑法修改中其存废都成为一个争执的问题，其命运可想而知。从 1983 年以来，我国处于持续的严打运动之中，严打不仅使严重的犯罪受到严厉的惩罚，而且在水涨船高的效应之下，轻罪的刑罚也逐渐趋重。在这种情况下，首要的就是对缓刑与假释等非监禁化处遇措施的严格限制，以免其冲淡或者抵消严打形成的高压态势。因此，从长期以来贯彻的严打刑事政策考察，监禁化甚至长期监禁化是严打的重要举措之一，而非监禁化是受到排斥的。更为重要的是，在我国传统法律文化中，刑罚是与监禁直接相连的，社会公众一般认为只有在坐牢的情况之下才是受到了刑罚惩罚，这是一种监禁化的刑罚理念，它与非监禁化措施是直接抵触的，因而存在一个非监禁化刑罚理念如何获得社会认同的问题。

社区矫正制度并不是矫正与非监禁化的简单相加，它更为倚重的是市民社会的成熟发展，因而必须具备一定的社会基础。在改革开放以前，我国是一个单位社会，这里的单位在城镇是指企事业单位，在农村是指生产单位。就城镇而言，每个人都隶属于单位，个人通过单位与国家发生政治、经济与法律上的联系。单位为个人的社会活动提供了一个必不可少的空间，是个人生活定位、身份定位和

① 参见吴宗宪等：《非监禁刑研究》，460 页，北京，中国人民公安大学出版社，2003。

政治定位的外在标志，同时是国家调控体系的承载者与实现者。[1] 个人对单位的依赖达到无以复加的程度，单位乃是个人生存唯一的社会空间，由此而取代了家庭的功能。我国学者曾经揭示了单位组织的这种复合功能性，认为单位这种生产组织，不仅仅是单纯的就业场所和生产场所，而且具有政治与社会等多种复合功能。[2] 在城镇当时虽然也存在居民委员会之类的社会自治组织，但它只是对单位制度的一种补充，只能管理那些无单位隶属的人员，这类人被称为社会闲散人员。而在农村，情况与城镇稍有不同。尽管 1958 年大办人民公社时，曾经想把公社建成农民生产与生活合一的单位，借以降低甚至取消家庭的作用；但由于大办食堂的失败，公社只是一个生产组织，生活职能仍然由家庭承担。由于生产活动在社会生活中的重要性，因而以公社为模式的生产组织成为对分散的农民进行集体管理与控制的手段。在这样一个单位社会，个人的自由空间极为有限。对于普通公民来说，社会流动也只限于访亲问友等极少数情形，并且外出住宿或者搭载交通工具都需要单位介绍信以证明身份以及流动的合法性。在这种情况下，国家对个人的控制得以有效地实现，社会治安与社会秩序都处于一种超稳定的状态。当然，其后果是社会发展的长期停滞。在改革开放以后，从经济体制上突破，单位社会逐渐被瓦解，个人由此从单位的控制之中解脱出来。不仅如此，以往完全依赖于国家的单位也逐渐地获得自主性，更不用说在市场经济中出现的与国家没有直接隶属关系的新型经济组织。这样就出现了我国学者所称的单位对国家、个人对单位依赖性的弱化现象。在这一弱化过程中，个人的行为自由度得以增强，由此对整个中国社会的基本结构，尤其是对中国城市社区中的整合与控制机制有着极为深刻的影响。这预示着，中国城市社区整合与控制机制得以运行的重要基础——单位对国家和上级单位的全面依赖，单位成员对单位组织的全面依赖已经开始动摇；国家和政府已经越来越不可能像以前那样仅仅通过单位就能够

① 参见刘建军：《单位中国——社会调控体制重构中的个人、组织与国家》，16 页，天津，天津人民出版社，2000。

② 参见杨晓民、周翼虎：《中国单位制度》，65 页，北京，中国经济出版社，1999。

实现对社会成员的控制和整合。[1] 这种情形在农村表现得更为明显：随着人民公社制度的瓦解，虽然建立了乡一级的政权机构，但村民委员会成为自治组织，只负责乡村公共事务。随着家庭生产责任制的推行，家庭不仅是一个生活组织，而且是生产组织，其重要性大为提升。在这种情况下，国家与政府对农民的控制明显减弱。尤其是大量农村剩余劳动力以农民工的身份流动到城市以及经济发达地区从事劳务活动，他们成为这个社会中最为活跃的要素，尽管还受到城市管理部门各种各样的限制与约束，包括暂住证等。中国社会面貌的这种变化，对社会控制与社会整合的传统方式带来重大挑战，不仅单位控制失效，而且户籍制度失灵。在市场经济条件下，单位已经改变成为单纯的经济组织，政治动员与社会控制的功能几乎丧失。至于户籍制度，随着人户分离现象越来越严重，只具有消极的登记功能，已经很难使其在社会控制中发挥积极的作用。

随着中国社会的转变，出现了国家与社会的分离，国家将部分权力让渡或者归还给社会，由此从政治国家的一元社会结构到政治国家与市民社会的二元社会结构演变。市民社会的建构，对于中国社会的现代化进程具有重大意义。同样，在犯罪惩治与罪犯矫正这一刑事领域，也应该从完全依赖国家到调动更多的社会积极性，吸收公众参与这样一种嬗变。这是我国社区矫正试点的社会背景的一个分析。

应该说，社区概念对中国人来说是正在逐渐认同并接受的一个概念。我们以往更喜欢使用的是社会这个概念。但社会是一个高度抽象的概念，具有整体性。如果不对社会进行具体分析，尤其是不从与国家对应的意义上理解社会一词，我们十分容易将社会与国家相混淆。当然，自从德国社会学家裴迪南德·滕尼斯在1887年出版的《共同体与社会》（*Gemeinschaf tand Gesellschaft*）一书首次使用社区（英文为“Community”）一词以来，在理论上对社区存在各种不同的理解。我国学者倾向于对社区作更严格的限定，将其定为居民社会生活共同体，即由居住在一定地域范围内的人群组成的、具有相关利益和内在互动关系的地域性社会

---

① 参见李汉林：《中国单位社会：议论、思考与研究》，92页，上海，上海人民出版社，2004。

生活共同体。[①] 在这一社区概念中，包括了地缘性、利益相关性等要素。

更为重要的是，在社区中包含共同体这一要素，它表明社区是一种组织。当然，社区组织不同于国家的行政组织，它具有自治性，对社区进行的是治理而非统治。我国目前的社区组织，尤其是城市的街道社区和社区居委会，都是从以往的社会基层组织中蜕变而来。社区建设虽然取得了一定的成绩，但社区组织仍然具有对政府的较强的依赖性，缺乏对社区治理上的自主性。更为重要的是，非营利组织在我国还不发达，因而难以吸纳更多的公民参与到社区建设中来。在某种意义上可以说，社区建设是社区矫正制度得以存活的社会基础。

我国的社区矫正尚在试验阶段，相对于已有上百年历史的西方法治发达国家的社区矫正，我国的社区矫正刚刚起步，社会基础还是十分薄弱的。当然，我国的社区矫正具有本国特点。尽管如此，我们还是应当从世界各国的社区矫正制度中发现共性，由此使我国的社区矫正制度严格按照法治原则健康地发展。

社区矫正在我国尚无明确的法律规范，唯一可以作为社区矫正的规范依据是2003年7月10日最高人民法院、最高人民检察院、公安部、司法部《关于开展社区矫正试点工作的通知》（以下简称《通知》）和2004年5月9日司法部《司法行政机关社区矫正工作暂行办法》（以下简称《办法》）。应该说，这两个规范依据的法律效力层级都是较低的，这也反映了社区矫正的试验性质。当然，纳入社区矫正范围的管制、剥夺政治权利和监外执行等非监禁化的行刑方式和缓刑、假释等非监禁化的处遇措施本身，均是在我国刑法、刑事诉讼法以及最高人民法院和最高人民检察院的司法解释中有明确规定的。我认为，在社区矫正试点的基础上，我国应该及时地进行社区矫正的立法，包括对刑法、刑事诉讼法进行修订，将社区矫正的实体和程序的相关内容纳入其中。更为重要的是应当专门制定社区矫正法，为社区矫正制度提供充足的法律根据。在社区矫正法中，亟待解决的是社区矫正机构的性质、权限和法律地位，在这当中，非监禁刑的行刑权和非监禁化处遇措施的执行权之归属是最为重要的。根据现行法律的规定，上述权力

① 参见潘小娟：《中国基层社会重构——社区治理研究》，6页，北京，中国法制出版社，2005。

是由公安机关行使的，但公安机关实际上缺乏足够的能力去行使这一权力，为此，应当将这一权力授予社区矫正机构行使，使社区矫正机构成为非监禁刑的行刑主体和非监禁化处遇措施的执行主体。社区矫正机构作为行刑机构，应当隶属于司法行政部门，使我国的司法行政部门成为监禁刑和非监禁刑的执行机构。这对于司法权与司法资源的合理配置具有重大意义，也是我国社区矫正工作得以开展的制度保证。

（本文原载《东方法学》，2006（2））

当代中国社会的罪与罚

刑法是一个重要的部门法，刑法与社会生活密切相关。2013 年 9 月，密集的审判信息经过媒体的广泛传播引起了社会公众的关注，以至于 9 月被称为审判季。这里的审判主要是指刑事审判，刑事审判的轰动性案例将刑法推到了社会公众面前，也在一定程度上对社会公众进行了刑法的启蒙。大体上梳理一下，9 月开庭或者宣判的、在社会上具有广泛关注度的刑事案件就达到 12 起之多，在此简单地作一下介绍：

9 月 5 日陕西省西安市中级人民法院对“表叔”杨达才受贿及巨额财产来源不明罪作出一审判决；

9 月 10 日北京市二中院开庭审理原铁道部运输局局长张曙光受贿案；

9 月 12 日广东省广州市海珠区法院对“房叔”蔡彬受贿案作出一审判决；

9 月 17 日重庆市高级人民法院对雷政富受贿上诉案作出二审判决；

9 月 17 日北京市朝阳区法院对首都机场爆炸案被告人冀中星开庭审判；

9 月 18 日江苏省南京市中级法院对南京江宁饿死女童案被告人乐燕开庭一审；9 月 22 日山东省济南市中级法院对薄熙来案作出一审判决；

9 月 24 日北京市二中院开庭审理与原铁道部部长刘志军相关的丁书苗涉嫌

行贿、非法经营案；

9 月 24 日陕西省靖边县法院开庭审理“房姐”龚爱爱涉嫌伪造买卖国家机关证件案；

9 月 25 日北京市大兴区摔死女童案的被告人韩磊被北京市一中院以故意杀人罪判处死刑；

9 月 25 日最高人民法院核准夏俊峰死刑并于当日执行；

9 月 26 日北京市海淀区法院对李某等轮奸案作出一审判决；

9 月 27 日河北省高级人民法院对王书金故意杀人案作出二审判决，判处被告人死刑立即执行。

以上这些案件，由于媒体的广泛传播，在社会上引起了很大的反响，因此 9 月可以说是一个审判季。新加坡联合早报记者沈泽玮在评论我国 9 月的审判活动时，说了以下一段话：“无论如何，将这七八起案件拼凑起来，基本形成照出中国现状热点议题的一面镜子。上至原中共政治局委员及其关系圈的权钱关系往来、下至底层摊贩杀死城管的悲情暴戾行为，中国社会的公与不公，罪与罚，法治与人情之间的各种灰色地带，通过一个个案件具体走进公众视线并引发舆论深刻的思考，转型中的中国社会到底怎么了?”这位记者提出的这个问题确实是非常深刻的。本文主要围绕着如何正确看待当前中国转型时期的犯罪现象，以及应当采取什么样的刑事政策谈些个人观点，并对新近浮现出来的刑事冤案的成因以及防范措施进行考察。

一、如何看待转型时期的犯罪现象

以上所列举的一些刑事案件，反映了我国当前社会中犯罪现象的多元性和复杂性。这里既有高官贪污腐化、滥用职权犯罪，也有富人所实施的犯罪，同时还有社会底层的人所实施的犯罪案件，如沈阳杀死城管的夏俊峰案件，这些案件充分显示当前中国的一些犯罪现状。中国当前的犯罪到底是什么状况？这些犯罪背后所反映出的中国社会的矛盾应当如何解决？笔者认为犯罪现象作为社会生活的一部分，在任何一个社会里面都是客观存在的，并且是这个社会存在的一个重要组成部分。过去我们有一个口号，叫“消灭犯罪”，事实上，犯罪是不可能被消灭的。因此，消灭犯罪这样一种提法反映了我们对犯罪的无知，当我们说消灭犯罪的时候无异于在说要消灭这个社会。因为犯罪是和社会紧密联系的，犯罪现象本身就是社会不可分割的一部分，在任何社会里面都存在犯罪。但是我们又必须要考虑到在中国社会转型时期所发生的犯罪现象具有它特殊的规律，这一点才是必须引起我们注意的。因此，在分析犯罪现象时不能仅从法律上进行分析，而必须把犯罪现象还原到社会生活中去，从社会结构的角度来对犯罪成因进行分析。笔者认为，中国当前犯罪的这种高发态势，正是中国在社会转型过程当中所集中反映的社会矛盾的一种征兆，因此只有从中国社会结构出发才能对犯罪现象作出一个客观的说明。

中国当前处于一个转型时期，这个转型时期也就是我们过去所说的中国的现代化过程。一个社会的现代化过程，和一个人的青春期是非常相似的。一个人从童年到青少年，一直到成年人，是一个人生的转折，青春期就是从未成年人到成年人的成长过程。这个时期是未成年人最容易越轨、最容易走上歧路的一个年龄段。事实上只要度过了这个时期，完成了从未成年到成年的转变，适应了成人社会的规则，那么，一个人犯罪的这种可能性就会降低。也正是基于这样一个原因，在刑法上对未成年人犯罪应当采取宽容的态度。

事实上，一个社会的转型也就是这个社会走向成熟的过程。转型时期的犯罪到底有什么特点呢？我们可以根据社会结构来进行分析。根据有关社会学家的研究，一个正常的社会，它的结构呈现出来的是一个金字塔形的结构：下面一横，两边形成一个坡度。下面这部分是生活在这个社会底层的人。一般情况下，生活在这个社会底层的人口基数都比较大。这个金字塔的顶端是这个社会的富人，他们在整个社会中所占的比重较小。两边呈现出这样一个坡度代表的是中产阶级，中产阶级在这个社会中占有很大的比例，中产阶级恰恰是这个社会中的稳定力量。呈现出这样一个金字塔形的社会结构，表明这样的社会的资源分布相对来说是比较合理的，贫富的悬殊能够控制在一定的范围之内，所以这样一个社会是比较成熟的，也是比较稳定的。而我国当前的社会所呈现出来的社会结构按照有些社会学家的分析，它是一个倒丁字形的结构：下面一横，中间一竖。倒丁字形的社会结构和金字塔形的社会结构相比，两者最大的区分就是：在金字塔形的社会结构中有庞大的中产阶级，使社会结构形成比较稳定的形状；在倒丁字形的社会结构中缺乏的是中产阶级，中产阶级的人数较少，这样一个社会中贫富的悬殊比较大。从这样一个倒丁字形的社会结构转变为金字塔形的社会结构，就是我们社会要完成的转型过程。根据社会学家的研究，也就是根据前后相差 14 年的全国人口统计的数据来进行分析，从我国目前的这样一种倒丁字形的社会结构转变为金字塔形的社会结构到底需要多少时间呢？这个研究的结果表明，从理论上来说需要 70 年时间。因为根据前后两次的人口统计的变化就可以看出，从倒丁字形的社会结构向金字塔形的社会结构转变的趋势。根据这样一个趋势进行分析，完成这个转变需要 70 年时间。当然，如果社会能够正常地发展，那么这个时间可以缩短为 40 年，这 40 年就是中国社会的转型时期。

这样一个转型时期的完成对中国社会的发展来说是非常重要的。那么，这个转型时期的犯罪有什么特点呢？以下这个例子可以说明在我国当前社会的某些犯罪的特点。当前大城市发展很快，新开辟的道路很多，道路上都有下水井，下水井上有井盖。但是有一件事极大地困扰着我们城市管理者，就是下水井盖经常丢失，它的丢失会给过往的行人和交通工具造成重大的安全隐患。城市里下水井盖的数量是数以万计，甚至是数以十万计的。因此，下水井盖的丢失给城市管理造成的危害是很大的。下水井盖之所以丢失，是因为下水井盖都是用铁浇筑的，有些人就把下水井盖偷走，然后当作废品卖给废品收购站，以此作为非法收入来源。城市管理者为了解决这个问题，就想了一个办法，把下水井盖的质地加以改变，改为水泥浇筑。因为水泥不值钱，而且水泥浇筑的下水井盖又比较笨重，通过这样一个方法，城市管理者就以为下水井盖丢失这样一个老大难问题能够得到彻底解决了，但是后来发现水泥浇筑的下水井盖仍然经常丢失。城市管理者就感到很奇怪，经过深入调查发现还是有些人将笨重的水泥浇筑的下水井盖偷走，然后把水泥打掉，将下水井盖中的钢筋收集起来去卖废铁。这个例子说明在我们的社会生活当中有些人的劳动力很廉价，廉价到把这个笨重的下水井盖偷走，将下水井盖中的钢筋收集起来去卖废品对他们来说也是一个生财之道，是一项生活来源。虽然这个例子比较极端，但是它非常生动地说明在我们的社会当中存在这样一部分犯罪现象，是和人的生存相关的。尽管在社会生活中犯罪现象种类很多，但是绝大部分犯罪都是和侵占财产有关系的，都是为了维系人的一些基本生存，所以财产犯罪在我国当前整个犯罪现状当中占的比重相当之大。我们通常说的财产犯罪主要是指抢劫、盗窃、诈骗、抢夺、敲诈勒索等犯罪，这些犯罪人绝大部分都是生活在社会底层的人，而通常所说的经济犯罪如金融犯罪等，是生活在社会上层的人，那些富人所实施的犯罪。如果说，底层的犯罪是为生存的犯罪，那么，上层的犯罪就是因贪婪的犯罪。整体上来说，生活在社会底层的人的犯罪所占的比重要远远高于生活在社会上层的人的犯罪的，这些犯罪在很大程度上都是为了维系人的最基本生活要求。举这个例子并不是为了说明生活在社会底层的人更容易去犯罪，而生活在社会上层的人不容易去犯罪，这里面并不涉及一个道德的、伦理的评价，而是指出这样一个现象。事实上，生活在社会底层的人不仅容易走上犯罪道路，而且更容易在司法体系中入罪入刑。这是一个客观事实，这使我们看到我们现在所谓的犯罪到底哪些人在犯罪，我们的刑罚，尤其是一些重刑、死刑，到底是施加在哪些人身上。我们不能一般性地、抽象地来说明犯罪，而是要具体地分析到底是哪些人在犯罪，只有这样一些具体的、活生生的犯罪现象才能使我们对犯罪问题的思考更加深入一步。

当然我们社会当中这种犯罪行为的发生和犯罪人本身是有着直接关联的，也就是说他们要承担刑事责任，但是不可否认，这些人之所以走上犯罪道路，和我们的社会是有着密切联系的。因为，我们的社会还不能为这些人提供一个正常、合法的获得生活资源的方式，以维系最低的生存条件。事实上，在这样一些犯罪人群当中，大部分都是城市的下岗工人以及来自农村的外来务工人员等，这些人在社会中处于底层，属于这个社会中的弱者。在一定程度上说，这些犯罪人本身也是这个社会各种矛盾的牺牲品。比如说，现在经常出现城管和商贩之间的矛盾，经常发生商贩暴力抗法，将城管杀死的恶性案件。同时，我们也经常从媒体报道上看到城管暴力执法，将商贩打死的案件。这些案件的发生事实上和我们当前城市管理的指导思想是有关系的。随着社会经济的发展，城市的面貌也发生了巨大的改变。在城市生活中的富人越来越多，他们对城市的卫生环境、市容市貌、交通秩序的要求也就越来越高。在这种情况下，我们城市管理的指导思想是有利于这些富人的。但是在城市管理当中，为了使这些富人获得更好的生活环境，却在一定程度上和生活在这个城市底层的小商小贩的生存权之间发生了严重的矛盾和冲突。在这种情况下，就发生了一些恶性的暴力案件。这些恶性案件的发生，当然和被害人与加害人之间的个人因素有关系，但是在这些恶性案件背后，所反映出来的是这个社会在城市管理当中所涉及的两类不同阶层人群之间的矛盾和冲突。

前几年，北京市海淀区曾经发生过一起小商贩崔英杰杀死城管中队副中队长李志强这样一起恶性案件。崔英杰是外来务工人员，在北京找了工作，这个工作是晚上值班，收入比较少，但白天有比较多的闲暇时间。在这种情况下，崔英杰为了多挣一点钱，又找了一个谋生的手段，就是在街头卖烧烤。卖烧烤的工具比较简单、成本低，由于街上人来人往比较多，生意也比较好做。但是街头卖烧烤行为存在多方面的违法，首先是无照经营，其次烧烤本身不符合食品卫生标准，最后在街头摆摊既污染环境又影响交通。在这种情况下，城管来执法。而此前，崔英杰曾经被城管抓获，并没收了烧烤工具。发生惨案的这一次，是因为崔英杰的父亲要来北京看他，他想再挣一点钱给父亲拿回去补贴家用。崔英杰向别人借了 1 000 元，其中用 500 元买了辆三轮车用来放烧烤工具。结果出摊时间不长，就遇到了本案的被害人，也就是死者李志强所带领的城管执法人员来进行执法，又把他给抓获了。因为其曾被城管抓过一次，这次屡教不改又来摆摊，城管就要把他的烧烤工具没收。在这种情况下，崔英杰向城管执法人员求饶，说三轮车是刚借钱买的，能不能把三轮车留下，并保证以后不再来摆推了。但是城管执法人员严格执法，没有同意他的请求，还是要把三轮车拉走。双方由此而发生争执。在争执当中，崔英杰从口袋中拿出了随身携带的水果刀，刺向城管执法人员，刺完以后就跑了，结果刺中了前来执法的李志强。因抢救无效，李志强不幸死亡，2 天后崔英杰就被抓获归案。

这样一起案件，从过去的眼光来看，崔英杰是暴力抗法，而死者李志强是一个执法人员，在执法当中英勇牺牲，很快被追认为革命烈士，所以崔英杰的犯罪是极其严重的。但是这起案件在媒体上披露以后引起了社会公众对被告人崔英杰广泛的同情。这起案件经过北京市中级人民法院、高级人民法院审理，最终以故意杀人罪判处崔英杰死刑缓期两年执行。这样的判刑结果获得了社会的广泛认同。从崔英杰这个案件，我们可以看出来，这样一起抗法血案的发生是社会矛盾的一个深刻体现。崔英杰当然要承担刑事责任，但是我们也要反思在城管体制、城市管理思路上是不是有问题，如何来避免此类恶性案件的发生。

崔英杰案发生在几年前。最近在社会上引起广泛关注的夏俊峰杀死城管案件和崔英杰案件是非常相似的。但是夏俊峰杀死了两名城管执法人员，并致一名城管执法人员重伤，后果比崔英杰案件的更为严重。从性质上来说，都是商贩与城管之间的矛盾和冲突。这样一个矛盾和冲突实际上并不是个人之间的矛盾和冲突，而是商贩的生存权与城市管理体制之间的冲突。城市管理当然是需要的，但是城市管理能不能以剥夺这些生活在社会底层的商贩的生存权为代价，这一点是必须思考的。我们是不是应该让这些小商小贩，有一个比较好的谋生条件？但是目前这种城管体制确实存在比较大的问题，事实上剥夺了商贩的生存权。由此而激起了这些商贩的激烈反抗，并造成了惨烈的后果。所以我国当前社会生活当中存在的犯罪现象，在很大程度上都是社会矛盾激化的反映。只有看到这样一个现实，我们才能够更加理性地对待这样一些犯罪现象。无论是发生在社会底层的犯罪，还是发生在社会上层的、类似于国家公务员贪污腐化的案件，这些案件的背后都有体制性的原因。只有揭露了体制性的原因，才能对犯罪有更为客观与理性的认识。

总结以上内容，我们可以得出这样一些结论：第一，任何社会都存在犯罪现象，犯罪是社会生活的一部分，犯罪不可能消灭。犯罪人虽然是个体，但犯罪是一种社会现象，各种犯罪都存在社会原因。第二，犯罪与社会结构是密切相关的，在社会各个阶层都存在犯罪。可以说，犯罪分布在社会的各个阶层。但各个阶层的犯罪形态是有所不同的，社会底层所犯的多是财产犯罪，主要与生存有关。而社会上层所犯的多是经济犯罪，主要与贪婪有关。第三，犯罪与管理体制是密切相关的。以城管体制为例，商贩与城管之间发生的恶性案件，其背后反映的是商贩的生存权与城管体制之间的冲突。

二、应该采取怎样的一种刑事政策

这里的刑事政策主要是指如何采取一种合理的、有效的刑罚处罚措施。在过去相当长的一段时间里，对于犯罪所采取的是严打的刑事政策，也就是从重从快惩治犯罪。严打的刑事政策从 1983 年开始，包括两个方面：一方面是从重，也就是采取比较重的刑事处罚措施；另一方面是从快，指的是尽可能简化程序，增强刑事处罚的及时性。应该说，从重从快严厉打击犯罪这样一种措施，能够在比较短的时间内取得比较明显的惩治犯罪的效果，使得犯罪在一定时间内被压制。但是我们也必须要看到，这样一种严打的措施并不是解决犯罪的根本性手段，而且这种严打措施本身也是有代价的，会带来一些消极的后果，尤其是它和法制的理念之间存在一定的矛盾和冲突。经过对严打刑事政策的反思，我们目前正在采取的是一个宽严相济的刑事政策。宽严相济的刑事政策坚持对那些严重的刑事犯罪采取严厉打击，对那些比较轻微的犯罪又尽可能采取轻缓的刑罚措施，将宽和严两方面有机地结合起来。这样一种刑事政策，笔者认为是比较符合我国当前的犯罪状况的。

在讨论刑事政策的时候，笔者认为这里面有如何正确看待刑罚功能的问题，我们过去存在一种对刑罚的迷信的思想，尤其是迷信重刑、迷信死刑。一旦在我们的社会当中出现一些比较严重的犯罪，就会本能地想到重判多杀，以为采取严厉的处罚措施就能够把犯罪给打压下去。这是社会对犯罪的一种本能反应。事实上，这样一种压制性的严厉处罚措施并不是对付犯罪的灵丹妙药。笔者认为还是应该把刑罚这样一种手段看成社会治理的一种措施，把它放到社会治理的体系中考虑，而且是代价最为昂贵的一种社会治理措施。事实上，刑罚的轻重和一个社会的治理能力之间存在某种相关性。整个社会的发展过程，是刑法从严苛到轻缓的一个演变过程，同时是一个社会治理能力不断提高，社会治理手段不断多元化的过程。在古代社会，由于当时的社会治理能力较低，社会治理方法比较单一，因此刑罚就是社会治理的一种主要手段。比如说，在古代的专制社会当中，刑罚就是巩固专制政权的一种有效手段，因为专制是个社会少数人对多数人的一种统治。为了维持这种统治，必须要用刑罚来制造恐怖，所以法国著名的启蒙思想学家孟德斯鸠就曾经说过，专制社会的原则就是恐怖，通过制造恐怖来维持专制的政权。在这种情况下，刑罚是政治统治的一种主要的工具。但在现代的民主社会，通过民主选举的方式来获得执政权，在这种情况下，从专制的社会转变为一个民主的社会。因此，政权的归属、政治的选择就是通过民主的选举方法来解决的，而不需要采取严苛的刑罚手段。所以，刑罚就从政治领域当中退出来了。政治问题包括政治冲突不需要依靠刑罚。在古代社会，刑罚还曾经是推行宗教的一种有效的手段。在欧洲中世纪，为了打击异教徒，建立宗教裁判所，对异教徒采取火刑等一些极其残酷的刑罚手段。在中国古代，虽然没有像欧洲这样一种激烈的宗教斗争，但中国古代是伦理社会，伦理秩序也主要是靠刑罚来维系的，因此中国古代就有“出于礼而入于刑”这样一种说法。也就是说，一种行为违反伦理就会受到刑罚处罚。因此，刑罚就成为推行某种伦理秩序的工具，维护某种伦理秩序的手段。在这种情况下，刑罚就是非常残酷的。但是在现代社会，宗教是自由的，宗教自由是宪法规定的公民个人权利，而且实行政教分离。既然宗教是自由的，宗教自由既包括信仰宗教的自由，又包括不信仰宗教的自由，既包括信仰此种宗教的自由，又包括信仰彼种宗教的自由。在这种情况下，宗教的问题不再需要靠刑罚来解决，刑罚也从宗教当中退让出来。

目前，刑罚主要是用于社会治安的管理和经济的管理。但是社会治安的管理和经济的管理，随着这种管理能力的不断提高，也越来越不依赖于刑罚。比如说，在20世纪90年代，我国有关部门推行税制改革，建立了增值税制度，由于当时增值税的配套制度不完备，因而出现了大量的虚开增值税专用发票骗取国家税款的案件。骗取税款的数额有的达到几千万元甚至上亿元，致使国家税款大量流失。在这种情况下，我国刑法设立了虚开增值税专用发票罪，骗取税款数额特别巨大给国家和人民利益造成重大损失的甚至可以判死刑。以至于在 1997 年修订刑法的时候，当时主管刑法修订的原全国人大常委会副委员长王汉斌曾经说过一句令人深思的话，他说，我们现在是要靠杀人来收税。收税需要采取杀人的手段，可以看出两者之间是多么不对等。之所以这样说，主要是因为我国的税收征管制度存在重大漏洞，税收征管能力很差，才需要靠刑罚收税。后来，随着增值税专用发票的全国联网，目前虽然虚开增值税专用发票这种现象仍然存在，但是骗取税款的可能性已经越来越小，甚至几乎没有了。目前所谓的虚开增值税专用发票，有大量的不是为了骗取税款，而是为了逃税或者虚增业绩骗取银行贷款等。在这种情况下，虚开增值税发票的死刑就完全可以废除了。这个例子也充分说明随着我们管理手段的完善，犯罪就能够被釜底抽薪，从根本上遏制，在这种情况下就不需要用重刑，更不需要用死刑。

事实上，在社会生活和经济生活中，本身存在一种自发的秩序，“自发的秩序”这个概念是奥地利著名思想家哈耶克提出来的，他在论述经济秩序的时候提出了“自发的经济秩序”这个概念。哈耶克认为在市场经济秩序当中存在一种自发的经济秩序，这种自发的经济秩序有很强的生命力，并且具有自我修复机制。这种自发的经济秩序是法治的基础，我们的法律要维护这种自发的经济秩序。笔者认为，不仅在经济生活中存在自发的经济秩序，而且在社会生活当中也同样存在自发的社会秩序。这种自发的社会秩序、自发的经济秩序是我们社会秩序的基础，我们的法律包括刑法的强制性必须建立在维护这种自发的秩序的基础之上。只有社会治理的理念、社会治理的手段、社会治理的能力得到充分的提高和完善，我们才能逐渐摆脱在社会治理当中对刑罚的依赖。所以像我前面所描述的人类社会发展的过程是一个刑罚从残酷到轻缓这样一个演变过程，而这样的演变过程所呈现出来的不仅是人们的这种精神层面的改变，过去我们往往把这样的一种改变看作是一种人的精神的转变，认为是受人道主义、平等博爱这样一些思想影响的结果，但笔者认为这样的理解并不准确，事实上这主要还是在于社会治理能力的提高。从这个意义上来说，刑罚的轻重可以看作是社会治理能力高低的尺度。凡是在一个社会里，刑罚比较重的，那么就可以得出一个基本的结论：这个社会的治理能力是比较差的；而在一个社会当中，它的刑罚是比较轻的，那么这个社会的治理能力就是比较强的。我国当前可以说是刑罚还是比较重的，甚至是处在一种重刑的状态，这样一种状态恰恰说明我国在社会治理当中还不得不依赖重刑，甚至在一定程度上依赖死刑，这说明我国当前的社会治理能力是比较差的。因此，只有从社会治理能力这样一个角度来分析刑罚的轻重以及两者之间的相关性，才能对刑罚在社会治理中的功能有一种正确的看法。

我国现在由于社会治理能力还比较差，因此在很大程度上不得不依赖于重刑，甚至不得不依赖于死刑，而死刑并不能解决犯罪问题，甚至在一定程度上掩盖了问题的本质，转移了社会视线，这一点是必须引起我们思考的。我们过去往往把打击犯罪比作打击敌人，而把刑罚处罚看作打击敌人的活动，这样的看法并不正确。因为这些被刑罚处罚的人大多数都是生活在社会底层的人，都是我们这个社会的成员。在这种情况下，不能简单地把打击犯罪看作打击敌人。我国目前的刑罚如此严苛恰恰说明我们的社会治理代价比较大，只有不断地提高社会治理能力，才能为刑罚的轻缓创造条件。当然，刑罚的轻缓化是一个逐渐的过程。

以当前引起社会广泛关注的死刑为例，在国际上限制死刑、废除死刑这样的背景之下，我国目前的死刑问题是极为突出的。我国 1979 年《刑法》规定了 28 个死刑罪名，但是 1983 年开始到 1997 年《刑法》修订之前，我国《刑法》中的死刑罪名已经增加到了 68 个，在 17 年的时间里死刑罪名增加了 40 个，这表明我国《刑法》中的死刑增加的速度是很快的。如此大量的死刑罪名为严打提供了有力的保障。应该说，不仅在《刑法》中死刑罪名增加的比较多，而且在司法实践中死刑适用也是比较多的。在目前世界范围内，已经有 2/3 的国家废除死刑的情况下，即使保留死刑的国家，它们死刑适用的数字也是极为有限的。举几个例子，日本每年死刑适用的案件，也就是执行死刑的人数是个位数，过去二三十年来，死刑执行的人数也就是二三十个，也就是说它们的死刑是受到严格控制的。再比如美国，美国是西方发达国家中适用死刑比较多的国家，但是美国过去三十年来平均每年死刑执行人数是在三十多个，这还算是比较多的。又如俄罗斯，虽然俄罗斯在刑法当中仍然规定了死刑，但是在实践当中已经停止死刑执行，即使发生了严重的恐怖主义犯罪，对于抓获的恐怖主义犯罪分子依然坚持不执行死刑。还有韩国，韩国从 1997 年开始就已经停止了死刑执行。根据联合国有关机构的规定，虽然刑法上保留死刑，但是在司法实践中连续 10 年以上没有执行死刑的，就视为事实上废除死刑的国家。也就是把废除死刑分为两种：一种是法律上没有死刑，取消了死刑罪名；另一种是虽然法律上仍然保留死刑罪名，但是连续 10 年以上没有执行死刑，这被认为是事实上废除死刑。所以，韩国已经成为东亚第一个废除死刑的国家。再来看印度，印度的人口和我国的差不多，社会发展程度跟我国也具有可比性，而印度的宗教冲突、恐怖主义犯罪，尤其是种姓制度，都成为严重的社会问题。这段时间新闻报道印度发生了大量的轮奸案件，甚至在轮奸当中致被害人死亡的情形也时有发生，但是印度过去十多年来，只在 1994 年执行了一起强奸罪死刑，其他罪行没有执行死刑。在印度以及其他国家，死刑判决和死刑执行是分离的，也就是可以判决死刑但是不执行或者很少执行，判决死刑是法院的职能，而执行死刑是司法行政机关的职能。最近印度发生了严重的轮奸致人死亡的恶性案件，公众要求执行死刑的呼声特别高，所以印度法院作出了死刑判决，但作出死刑判决并不等于执行死刑。印度这样一个人口和我国差不多，经济状况和我国也具有可比性的国家，死刑执行人数如此之少是令我们非常震惊的。如果说把打击犯罪看作打击敌人，那么敌人消灭得越多越好，过去正是在这样的思想观念的指导下，把判处死刑看作打击犯罪的一项成果，执行死刑、判处死刑越多越好。但是这样一种观念显然是有问题的，判处死刑这么多恰恰说明在社会治理的过程当中代价太大。在我们自己看来，一个人因为杀人或其他犯罪被判处死刑，整个社会和被害人都会感到一种复仇的快意，认为是正义得到了伸张，有些非常凶恶的犯罪分子被判处死刑甚至得到了全民的狂欢。但是在外部人看来，感觉完全不同。比如，生活在国外的留学生告诉我，当媒体上报道我国判处死刑案件的时候，只会给外国人留下中国比较落后的印象。死刑这样一种极端的刑罚手段，经常性使用，甚至在一定程度上的滥用，也恰恰表明我国社会还处在一种比较落后的阶段。事实上，那些废除死刑的国家，它们的社会治安和社会秩序并不比我国的差，甚至比我国的还好。这说明，死刑的废除并不会带来犯罪的大量增加。我们往往有一个认识上的误区，认为一旦对杀人罪废除死刑，就会使得人人都杀人，这样一种认知是完全建立在误解和无知的基础之上的。每一起杀人案件都有各自的原因，这些原因并不以法律是否对杀人罪规定死刑为转移。例如谋杀案件，杀人者在经过精心准备后实施杀人，在杀人的时候事实上处于一种头脑非常清醒的状态，他们明知自己犯杀人罪可能被判处死刑，但他们依然选择了杀人。对于这部分人来说，他们认为自己杀人不会被发现，也就是种侥幸心理，因此死刑对这部分人来说是无效的，威慑力是没有的，因为他们自己认为自己可以逃脱法律的制裁，他们的行为是建立在这样一种侥幸心理的基础之上的。而所谓激情杀人案件，行为人在冲动下杀人，他们的头脑是处于一种丧失理智的状态，对于这些人来说死刑也是没有用的，因为他们在杀人的时候根本没有想到自己的行为后果。杀人罪的死刑对这样的一种案件才会有效果：有些人已经产生了杀人的念头，但是这种杀人动机又还没有强烈到即使知道自己要被判处死刑也要去杀人的程度。在这种情况下，如果刑法规定死刑，可能会抑制这种杀人动机，而刑法如果没有规定死刑，他们可能会铤而走险去杀人。对于这种类型的杀人案件，刑法规定死刑才会有威慑效果，但这种杀人案件在所有杀人案件中所占的比例可以说是少之又少的，是极个别的。因此，死刑对于杀人案件的当事人来说，在大部分情况下是不发生作用的。仅仅从威慑效果来说，废除杀人罪的死刑是不会引起人人都会去杀人的。当然，我国目前民众存在的杀人偿命心理主要还是报应思想的结果。报应的公正观在我国还具有重大影响，死刑对于杀人罪的报应效果还是不可否定的。但即便如此，那些不涉及人命的经济犯罪等非暴力犯罪，即使是从报应公正的角度来看，也是不具有正当性的。因此，刑罚尤其是死刑应当受到严格的限制，应当避免它们的滥用。在我们社会生活中，要提高对刑罚的科学认识，要建立一种科学的刑罚观。尤其是对于当政者来说，只有不断地提高社会治理能力才能够减少对刑罚以及对死刑的依赖，这才是一种正确的选择。仅仅依靠重刑或者死刑来进行的社会治理，不仅成本太高、代价太大，而且是不人道的。通过死刑获得的社会稳定，笔者认为并不可取。

三、如何防范冤假错案

最近一段时间，我国媒体披露了一些冤假错案，这些冤假错案都发生在10年前甚至15年前。这些冤假错案被披露以后，得到了平反，对社会产生了很大的影响。下面我来说三起冤假错案。

第一起冤案是发生在杭州市萧山区的五名青年抢劫杀人案。这起案件的起因是在1995年杭州市萧山区发生了两起抢劫出租车司机的案件。这两起案件相距两个多月，对社会治安造成极为恶劣的影响，也对公安机关形成了巨大的破案压力。最后以陈建阳为首的5个萧山男青年被抓获，这5个被告人被指控实施了这两起抢劫杀人行为。1997年7月杭州市中院判处陈建阳等5个青年3人死刑、1人死缓、1人无期。当年12月，浙江省高级人民法院对案件作出二审判决，判处其中4人死缓、1人无期，也就是说将其中3人的死刑改为死缓。这起案件一直到2012年春天，某地警方在进行指纹比对的时候，才发现这是一起冤案。警方在当年侦查的时候，曾经从出租车上提取了一枚指纹，这枚指纹和死者无法对上，和5个被告人也无法对上。因此，这枚指纹对本案来说是排除这5个被告人嫌疑的证据，但是公安机关进行判断以后认为，比对不上的指纹不影响本罪的成立而没有将它放入案卷中，只是把这枚指纹输入了指纹库。十多年后，某地公安机关民警对一个犯罪嫌疑人的指纹和指纹库里的指纹进行比对时，这一指纹对上了。这个姓项的犯罪嫌疑人供认了两起抢劫杀人案中有一起是他所为，并在2013年5月30日被浙江省嘉兴市中级人民法院判处死缓，由此发现这样一起冤案。这起冤案的暴露是十分偶然的，这种偶然性的程度达到了有些人说的像“中了大奖”一样。但事实上这起案件判决之后，5个被告人一直都在申诉，直到指纹比对上之后才给他们平反。2013年4月，浙江警察学院邀请了一些专家对这起案件进行会诊，看这个案件暴露出了什么问题，要怎样解决。为此本人看到了这个案件1997年浙江省杭州市中级人民法院的一审判决书；根据判决书认定的杀死2人的犯罪事实，4人被判处死刑，故可以称得上是一起非常重大的案件。

但是该判决书一共不到10页，罗列了9个证据。单看这份判决书而不用看整个案件材料，就可以断定这起案件明显是一起冤案。并且在这份判决书中，所谓的客观证据都是被害的证据，包括死者的尸体解剖报告，但是加害的证据即5个被告人加害出租车司机的证据都没有客观依据，既没有指纹也没有血迹或者其他的证据，完全都是口供所成立的依据。由于此案件是一起抢劫杀人案件，案卷记录了抢劫的物件。在其中一个证据里说到被害人家属丢失的7件物品，并一一列举，最后表示和被告人的供述是一致的，但是事实上在案件中这7件物品一件也没有。此外，据介绍当时被害人家属说丢失了9件物品，故而当时就记了9件并且得到被告人的承认。但是几天后，被害人家属又说在家里找到2件，故而又将笔录改成7件，但是其实这些东西一件也没有到案，更没有提供给法庭。然而，就是在这样的基础上，法院认定5个被告人杀害了2个出租车司机，并且其中3人被判死刑立即执行，1人被判死缓，1人被判无期。虽然二审将死刑立即执行改为死缓，但是在发现证据有问题的前提下仍然维持了有罪判决。这起案件暴露出了侦查机关在证据收集上和证明上的严重问题，其中在作案现场提取指纹与5名被告人比对不上，对于这种完全有利于被告人的证据，公安机关简单地予以排除，并将其予以隐匿，使得检察机关和法院在对案件进行审理的时候完全不知道还有一枚比对不上的指纹，同时暴露出了在该案件中所存在的对嫌疑人的刑讯逼供。这起冤案，应该引起人们的反思。

第二起冤案也是发生在浙江省杭州市的张氏叔侄强奸杀人案。张氏叔侄本是安徽人，在浙江做货运司机。2003年5月，他们从安徽送货到杭州途中，顺便捎带了一名17岁的少女，凌晨5点到杭州之后少女就下车与叔侄分开了，后来发现女孩被强奸并杀害了。因此，张氏叔侄成为本案的第一嫌疑人，在一审时张某被浙江省杭州市中级人民法院判处死刑，其侄子张某某被判处无期徒刑。10月，浙江省高级人民法院二审时将张某改判为死缓，其侄子张某某改判为15年有期徒刑。在侦查过程中侦查人员在死者指纹中提取了人体组织，经过DNA的检测，却发现该人体组织和两个被告人不符，这说明凶手另有其人。但是公安机关在侦查过程中却予以简单排除，到了2012年10月发现该DNA和前年被处死的一个犯罪人相符，由此发现张氏叔侄案是一起冤案。这起冤案同样暴露出我们在侦查中将有利于被告人的证据轻易排除，并且没有入卷，当然在这起案件中也存在刑讯逼供问题。前一起冤案中死者指纹和5个被告人不符，这起冤案中死者指纹中的人体组织和2个被告人也不符，这样一种证据显然是有利于被告人的，公安机关在排除的时候是否应该告知法院，在庭审阶段排除而非在侦查过程中就排除呢？当然，答案是肯定的。以上我们所说的都关系到证据如何认定的问题，公安机关单方面将有利于被告人的证据排除的行为充分表明我们的这种审判制度是以侦查为中心，而不是以审判为中心的，使得法院通过审判来查明案件真相的可能性大为降低，侦查机关实际上主导了案件的发展，不利于庭审的认定。这也说明，以上两起冤案都是由人为原因造成的，只要严格遵循证据规则，这样的冤案是完全可以避免的。

第三起是一起错案，还不能称为冤案。这是发生在河南省平顶山市的李某某强奸杀人案。李某某被指控在2001年8月强奸杀害了同村的一名14岁少女，2003年河南省某县法院判处李某某15年有期徒刑。我们知道一起强奸杀人案件本来应该判处无期徒刑乃至死刑，这起案件却由一个县法院判处15年有期徒刑，由此可以推测出当年的证据肯定是有问题的。案件上诉后，又被发回重审，2004年8月此案移送到平顶山市中级人民法院审判，一审判处李某某死刑。2005年1月，河南省高级人民法院发回重审。2006年4月，河南省平顶山市中级人民法院判处李某某死缓。同年9月，河南省高级人民法院再次发回重审。这起案件中被告人李某某在2002年就被羁押，2009年前后，当时案件退到了叶县公安局，该公安局局长通过公安部到北京找专家咨询，希望能由专家探讨一下本案的证据是否能证明李某某实施了强奸杀人的犯罪行为。专家看过案卷材料后一致认为不能得出李某某强奸杀人的结论。在这起案件中，只有被害证据而没有李某某实施强奸杀人犯罪的证据，即只有被害人如何死亡的尸检报告等，这些证据都不能证明是李某某所为的。当时，李某某已经被羁押了7年左右，直到2013年，也就是羁押了11年之后，河南省平顶山市中级人民法院才宣告李某某无罪释放。李某某无罪释放的意义远大于前两起案件，因为前两起的案件都是因为真凶被发现，能够证明犯罪不是被告人所为的，因此被证明是冤案。李某某案虽然现有的证据不能证明是李某某所为的，但是也没有证据证明不是李某某所为的，在这种情况下判处李某某无罪释放，显示了无罪推定原则，因此李某某案件不能称为冤案。没有证据证明其有罪却判处有罪，因此李某某案是一起错案。

以上三起被平反或者被宣告无罪的冤错案件，都反映出我国刑事诉讼过程中存在的一些重大问题。

（一）司法理念问题

这里涉及一个错判和错放的问题。我们过去说，宁愿错判不要错放，但是现在观念不一样了，宁愿错放也不要错判，只有这样才能避免冤错案。对于错判我们很容易理解，对于错放则存在认识上的误区。例如，李某某这样的案件，现有的证据不能证明他实施了犯罪行为，但是现有的证据也不能证明其没有实施犯罪行为。在这种情况下，如果放难道是错放吗？所谓错放，就是指将来发现证据证明确实是该被告人所为，那么就可能认为这是错放。但是我认为对于错放的这种观念，是一种所谓客观真实的反映，而不是一个法律事实。这里涉及的所谓刑事诉讼的真实观或者事实观，在此之前我们所讲的真实都是指客观真实，但是这种客观真实在很多情况下都是无法获取的，而我们能够获得的只是一种法律真实，这种法律真实是有证据证明的事实。笔者认为，这样一种法律真实的观念是司法理念的一个重要组成部分，但是我们现在还往往不能得到根本的解决或者根本的转变。十多年前，有一件印象很深刻的事情，香港的一报纸登载了这样一件事情，说香港的警察在某一次缉毒活动当中，现场抓获了一名毒品犯罪嫌疑人，并从这个毒品犯罪嫌疑人身上搜出了毒品。但在这个案件起诉到法院之前，由于工作失误，毒品被销毁了。因为在定期清理已结案件赃物的时候，误以为这个案件中的毒品是已结案件的毒品。在这种情况下，警方把这个从现场抓获的毒品犯罪分子释放了。这起案件给我留下较为深刻的印象。为什么要释放呢？因为按照香港刑事诉讼的制度，只有法官才有权认定是否有罪，警方只是指控方。法官并没有看到这个人贩毒。那么，在什么情况下法官才能作出该人构成贩毒罪这样的判断呢？首先要提交毒品，其次抓获嫌疑人的警察还要出庭做证，在这种情况下，一个没有亲眼看到贩毒过程的法官如何才能判处该人构成贩毒罪？要有人证，有物证，犯罪分子承认也好，否认也好，都没有意义。但是现在物证已经被销毁了，这时控告贩毒，法官就不会认定。在这种情况下，警察不需要去法院就可以把他释放了，因为即使到了法官面前也是没有胜算的，这是其制度下的一个必然结果。这个案件引起我们对什么是案件事实的思考，案件事实不是客观真实，而是法律真实；法律真实是由证据证明的案件事实。从客观真实来说，这就是个贩毒分子，因此将他释放就是在放纵犯罪，但这种放纵犯罪是避免冤假错案的一个必要代价。可以想见在我们这样的一种体制下，这样的案件理所当然获得有罪判处，也不需要把毒品提交给法庭，只要一个警察出具一个办案说明，提交关于毒品的数量与含量的鉴定报告，警察也不需要做证。在这样的体制下，即使没有看到贩毒的过程，法官也会作出有罪的判决，这就暴露了我国刑事诉讼制度的漏洞。前几年，在甘肃某地就发生过公安人员陷害他人贩毒的案件，按照当地规定，公安局如果破获了贩毒大案，就可以获得 20 万元的奖励。因此，某公安局缉毒队大队长就对他人进行陷害，做了一包几斤的毒品，其实只有表面一层是毒品，让出租车司机交给某人，然后安排警察半途将司机抓个现行，自己出具办案说明，移交法院，这个被陷害的司机一审就被判死刑。二审在死刑复核过程中发现是个陷害的案件。这种案件在香港的刑事诉讼体制下是不可能发生的。而在我们这里，毒品根本就不需要移交法院。即便移交法院，如果毒品被销毁，我们完全可以拿另外一个案件的毒品替代。在我国司法实践中就发生过这样的案件：有一起抢劫案件，被告人在抢劫中使用的一把刀，因为保管不善丢了，那怎么办呢？办案人员去问被告人这把刀是哪儿买的，并根据被告人的陈述去买了一把相同的刀，然后移送给法院。对这样的做法，我们好像习以为常，反正被告人有把刀，至于这把刀是不是原来的那把刀并不重要。在这样一种诉讼观念的指导下，当然很容易造成冤假错案。

这里有一个无罪推定和有罪推定的关系问题。无罪推定的含义是：有罪需要证明而无罪不需要证明。也就是说，控方不能完成对被告人有罪的指控，那么被告人就是无罪的，因为事先假定他就是无罪的。按照无罪推定原则，有罪的证明责任应当由控方来承担，如果控方不能完成有罪的证明，那人就是无罪的。在无罪推定的理念下，需要证明的是有罪，而无罪是不需要证明的，因为不能证明有罪就是无罪。而有罪推定正好与此相反，有罪推定是说推定被告人是有罪的，只有当被告人证明了自己无罪，才是无罪，不能证明无罪就是有罪，这就是所谓的“自证其罪”。所以，无罪推定和有罪推定这两种观念是完全不同的。在我国司法实践中，落实无罪推定的观念还存在一定的障碍，因此只有当有证据证明被告人无罪的时候，那我们才能说他是无罪的。当没有充分的证据证明被告人无罪的时候，即使能够证明他有罪的证据没有达到确实充分的程度，我们也不敢作出有罪判决。事实上，根据无罪推定原则，被告人并不需要证明自己无罪，而只要控方证明他有罪的证据没有达到确实充分的程度，法官就应该判其无罪，这才是无罪推定的应有之义。冤假错案的造成，在很大程度上仍然是一个司法理念问题，无罪推定的司法理念没有真正建立起来。

（二）刑讯逼供问题

几乎在每一个冤假错案的背后，都存在刑讯逼供的问题。刑讯逼供在我国《刑事诉讼法》中是绝对禁止的，在我国刑法中刑讯逼供被规定为犯罪，甚至规定了非常严厉的刑罚。但在我国司法实践中，刑讯逼供仍然屡禁不止。这里涉及我们到底如何来认识刑讯逼供的问题？应该说每一个冤假错案，尤其是像死刑冤案背后都存在刑讯逼供。因为你很难想象一个没有杀人的人最后承认杀人，而他也知道承认杀人可能会判死刑。如果没有严重的刑讯逼供，一个理智正常的人他不会做这样的有罪供述。但是我们不能反过来说，刑讯逼供之所以应该禁止，是因为刑讯逼供造成了冤假错案。仅从造成冤假错案的角度来批判刑讯逼供是非常苍白的。事实上，在100起刑讯逼供中，可能只有一起造成了冤假错案，还有99起刑讯逼供可能是使真正的犯罪分子受到了法律追究。那么，能不能说只有那起造成了冤假错案的刑讯逼供才是错的，才是恶的，而那些使犯罪分子得到了应有惩罚，使正义得到了伸张的刑讯逼供就是正确的？显然不能得出这样的结论。因此，刑讯逼供的恶并不在于它会造成冤假错案。因为刑讯逼供本身就是一种自体恶，是一种野蛮的、残酷的、非人道的司法制度的残余，是和现代法治文明格格不入的。在一种司法体制当中，如果不能杜绝刑讯逼供，那么这样一种司法体制必然是野蛮落后的。只有从这样的一种司法人道主义的高度才能认识到禁止刑讯逼供的正当性根据。刑讯逼供所获取的证据必须予以排除。过去往往说非法证据排除只限于证人证言和口供等言词证据，如果是物证就不能予以排除。这样一种非法证据排除是不彻底的。只有当刑讯逼供取得的一切证据，无论是口供还是证人证言或者书证物证都要排除，才有可能为禁止刑讯逼供创造条件。这里还涉及一个打击犯罪的问题，也就是说禁止刑讯逼供确实会在一定程度上使某些犯罪分子没有得到应有的刑事追究，但这种代价是必须付出的。而事实上任何一种法律制度都是有代价的，问题在于到底是牺牲哪一个、保护哪一个。这里涉及价值选择问题。笔者认为，在刑事诉讼当中，应当把保障被告人的合法权利放在一个重要的位置上，也就是避免冤假错案的价值是最高的。正如笔者过去所说的，无冤是司法的最高境界。

（三）证据证明的标准问题

证据证明的标准直接关系到有罪无罪，应该说大部分案件应该能够证明有罪证据很充分。在这种情况下，有罪还是无罪的判断是比较简单的。但也确实存在少部分的案件，它介于有罪与无罪之间，这部分案件的事实真相的获得是非常困难的，而对这类案件的证明要达到什么程度才能定罪是一个对司法制度的很大考验。我们可以看到在各个国家，这样一些疑难案件都是存在的。比如，我国前段时间在社会上引起很大反响的夏俊峰杀害两名城管执法人员案件。夏俊峰在街头摆摊，城管来执法，发生了争吵后把夏俊峰带离现场，带到城管办公室进行询问。在询问过程中，夏俊峰把这两名城管执法人员给杀死了。在夺门而出的时候，夏俊峰碰到另一名城管执法人员，为逃跑将其捅成重伤。事后当夏俊峰被抓获的时候，他说在城管办公室里被两位城管执法人员殴打，在这种情况下持刀把他们捅死了，这个辩护就是正当防卫。即使捅死那两位城管执法人员是正当防卫，但重伤另一位城管执法人员就不是防卫了，他是为了逃跑才将其捅成重伤的。律师在辩护的时候也是按照正当防卫进行辨护的，正当防卫的主要证据是夏俊峰本人的供述，另外夏俊峰的左前臂内侧有两处皮下出血，律师就出示夏俊峰的口供和皮下出血的照片来证明正当防卫，但是法院没有认定他的防卫请求。公诉机关提供了现场附近的证人——两名城管执法人员，他们的证言是说没有发现被害人殴打夏俊峰。这里的“发现”一词说明没有看见夏俊峰被殴打，这样的证言是没有效力的。“看见没有打”和“没有看见打”完全是两回事。对辩护人出示的夏俊峰被伤害的照片，判决认定其不能证明是何时形成的。基于这些理由证明夏俊峰没有被打，不能认定为正当防卫。在此举一个和这个案件非常相似的美国案件。美国前几个月发生了一起很大的案件，一个叫马丁的 17 岁黑人在街头被一个协警齐默曼捅死了。在这个案件中，检方控告齐默曼杀害了马丁，是一级谋杀。齐默曼的律师做了正当防卫的辩护，说他是在生命受到恐惧的情况下实施防卫的结果，要求陪审团作出无罪判决。这个案件也是案发现场被害人已经死了，只有被告人的口供。被告人齐默曼头上有个伤痕。这样一起案件最后陪审团在作判决时，辩护律师出示了一张简明的图版来向陪审团说明。图版里面律师列举了 12 种情况，这 12 种情况就是说，只要存在是“正当防卫”“可能是正当防卫可能不是”“不能排斥是正当防卫”等可能，都应当判齐默曼无罪。要判齐默曼有罪的只有一种可能，这就是排除一切怀疑。对这个案件，陪审团作出了无罪判决。这个无罪判决在美国引起了极大的反响，美国好多城市老百姓上街游行抗议，认为这个判决存在种族歧视问题。这个判决确实是比较极端的。但是我们可以将这个案件的证明入罪标准跟夏俊峰案件的证明入罪标准比较一下，就会发现两者相差非常远。在夏俊峰案件中对正当防卫辩护意见的不予采信，是我国当前司法实践中的通常做法。也就是在一般情况下，夏俊峰案件在我国法院不会被判无罪。在我国司法实践中，如果是防卫辩护，就会要求有明确的证据证明，如果没有，法院是不可能认定正当防卫的。这就反映了我国的入罪证明标准是比较低的，但出罪标准却是比较高的。但美国的情况正好相反，齐默曼案件入罪证明标准过高了，美国人民也觉得有问题。入罪证明标准高低以及老百姓的接受程度反映了不同体制国家的法治水平。在我国这样的体制下，入罪是很容易的，出罪门槛是较高的，难度较大。我国的司法体制是更加有利于打击犯罪的，当然也不可避免地容易冤枉好人。美国的司法体制出罪的门槛很低，只要有一点怀疑就判无罪；而入罪门槛很高，必须要排除一切合理怀疑。在美国无罪判决中的那种怀疑，在我们看来都不是怀疑，因此美国那种司法体制是更容易出罪的，当然也可能放纵犯罪。如果放纵犯罪的可能性比较大，那么，冤枉好人的可能性就微乎其微了，也就是我们所说的宁愿放纵坏人也不冤枉好人。我国是一种更容易打击犯罪的司法体制，而美国是一种更强调防止冤假错案、保障被告人权利的司法体制，这两种司法体制之间的区别是非常大的。如果按照美国的证明标准，我国大量的案件可能都要判无罪。实际上案件有罪无罪就像产品质量的合格不合格一样，我国案件的入罪标准比美国的低，所以我国就很容易入罪。因此，不同国家的司法体制，反映了一个国家的发展水平，而且我国在刑事案件证明标准上和西方法治发达国家之间的差距，和我国所生产的商品和西方经济发达国家生产的商品的质量差距是一样的。这也和我国的雾霾标准与其他国家雾霾标准的差别是一样的。北京雾霾达到PM2.5 300μg/m^3 以上才算严重，而其他国家 PM2.5 100μg/m^3 就算非常严重了。所以要看到这里面的差距。虽然不是说美国那种过于放纵犯罪的司法体制就一定好，但是我国这样一种容易冤枉好人的司法体制确实存在需要修补的余地。

最后还想指出，我国目前这样一种司法体制是以侦查为中心的，而不是以审判为中心的。整个刑事诉讼过程，还是由公安机关来主导的，法官的中立性是不够的，所以公检法三机关形成的这样一种入罪的司法体制是一体的，互相之间的配合远远大于互相之间的制约，而律师在这种诉讼过程中的参与程度是比较低的。我国律师甚至无法进行实质性的辩护，而只能进行形式上的辩护。事实上在所有发生的冤假错案中，律师都是做无罪辩护的，很少有一个冤假错案律师是做有罪辩护的。但是，律师的无罪辩护的理由，当时并没有被采纳。只有当一个冤案被平反了以后，我们再回过头来看律师的辩护意见，句句都在理，和后面发生的案件真实情况是一模一样的。但是，在审判时法院是听不进去的。这就是一个司法体制问题、证明标准问题。这也说明防止冤假错案并不是简单的一个司法人员素质高低的问题，或者法官个人业务水平问题。如果体制性问题不能从根本上解决，那么，冤假错案的避免是难以做到的。

（本文原载《法制现代化研究》2013 年卷）

法官职业化：根据与标志

在当前我国正在进行的司法改革中，推进法官职业化建设是一项重要而实在的内容。司法改革当然首先需要解决的是司法体制问题，理顺司法体制才能使之适应法治建设的需要。但是，司法体制是靠人去达到其目的的，“徒法不足以自行”。在这种情况下，司法活动的主体——法官队伍的建设，就成为当务之急。

一、法官职业化的界定

职业，是指以从事某一特定工作为其基本的生活来源和谋生手段。因此，职业本身具有专门性与稳定性的特征。法官的职业化，是相对于法官的非专门性与非稳定性而言的，使行使国家审判权的活动成为一种专门职业，只有具备法官资格的人才能从事这一特定职业。因此，在法官职业化的概念中，我们应当强调的是法官职业的专门性与稳定性。

从历史演变来看，法官存在一个从非职业化到职业化的发展过程，这个过程是与法治进程同步的。在行政权与司法权合一的体制下，法官不可能成为一个独立的职业。美国学者伯尔曼在描述西方法律传统的主要特征时，对法律职业作了以下论述：法律职业者，无论是像在英国或美国那样具有特色地被称作法律家，还是像在大多数其他欧洲国家那样被称作法学家，都在一种具有高深学问的独立的机构中接受专门的培训，这样的学问被认为是法律学问，这种机构具有自己的职业文献作品，具有自己的职业学校或其他培训场所。[①] 在伯尔曼看来，在西方法律传统中，这种法律职业并非自古皆然，而是在12世纪以后随着法律制度的演进而逐渐形成的。在此之前，在法兰西帝国或盎格鲁—撒克逊的英格兰以及那个时候欧洲别的地方都没有做以下两种明确的区分：一方面是法律规范与诉讼程序的区分；另一方面是法律规范与宗教的、道德的、经济的、政治的或其他准则和惯例的区分。当然，那时确有法律存在，并且偶有法律的汇编，它们由国王发布，但没有专职的律师或法官，没有专职的法律学者，没有法律学校，没有法律书籍，没有法律科学。[②] 可以说，法律制度的形成与法律职业，尤其是法官职业的形成是互为因果的，并且法官职业化程度是法律制度发达的一个标志。

在现代法治社会，法官职业是法律职业中最为重要的组成部分，因而具有其他类型的官员所不可替代的特殊性。例如，我国学者对文官、武官和法官以及我国常用的干部这些概念作了比较，认为文官是指文职服务员，是英文“Civil Servant”的意译，相当于法国的公务员和美国的政府雇员。文官是相对于武官和法官而言的。诚然，法官并不是武官，但他们独立行使审判权，不受行政机关干涉，有着区别于其他非武职官员的特点，因此不应将他们同各行政部门的文职官员相混同。[③] 而在我国以往的管理体制中，无论从事何种职能活动，党、政、军、法的一切工作人员，一律被称为干部。但是如果将法官纳入干部的范畴，按照干部管理体制进行管理，就会在很大程度上忽视了法官职业的专门性与稳定性，造成我国法官职业的非专门性与不稳定性。正是在这一背景下，最高人民法

① 参见［美］伯尔曼：《法律与革命——西方法律传统的形成》，贺卫方等译，9页，北京，中国文书出版社，1993。

② 参见［美］伯尔曼：《法律与革命——西方法律传统的形成》，贺卫方等译，10页，北京，中国文书出版社，1993。

③ 参见龚祥瑞：《文官制度》，1－2页，北京，人民出版社，1985。

院提出了法官的职业化建设问题。

二、法官职业化的根据

在法治社会里，法官之所以要求职业化，我认为是由以下三个原因决定的。

（一）法官职业规律的要求

法官是一种从事审判活动的职业，审判具有自身的规律，只有具有专门性知识与经验的人才能胜任法官职位。在古代社会，法律尚不发达，当时的纠纷主要靠习俗、伦理加以调解，虽然也会诉诸法律，但法律上的裁判并不复杂，因而从事法律裁判并没有成为一个专门的职业，裁判只是一种从属性的、依附性的事务。随着法律在社会生活中的作用逐步扩大，法律裁判就成为一种专门性的知识，无此知识就不能从事此项活动。法官职业专门性的这种观念，其实在中国古代律学成为一种专门性知识以后，就已经为古人所认识。例如，宋儒苏子瞻曰："读书不读律，致君尧舜终无术。"在此，强调了读律的重要性，并且指出了关于律学的专门性知识是一种"术"。当然，由于政治体制上的原因，在中国古代法官并未成为一种专门职业，具有律学知识的人只能以幕僚的身份从事一些辅助性的工作。只有在现代社会，法治获得了极大的发展，法律的专门化程度越来越高，才对法官职业化提出了更高的要求。例如，德国法院体系的设置强调了专业化原则，同法国和英国相比，德国的法院在处理案件方面专业性程度更高。德国建立了 5 个不同的法院体系，每个法院体系都有其自己的专业管辖领域。这些法院是：普通或常规法院、行政法院、劳动法院、社会法院和财税法院。这种划分的一个好处是，某一特定种类的争议和有关事务能够由为此目的特别设立的法院来审理。法官们对这种事务有专门的知识和经验，因此对于个人而言，其法律适用的质量更高。[①] 因此，在一个法律专业化程度越来越高的社会，没有法官职业

① 参见宋冰编：《读本：美国与德国的司法制度及司法程序》，122－124 页，北京，中国政法大学出版社，1999。

化是根本不可行的。在这个意义上说，法官职业化是法官职业规律的必然要求。

（二）法官职业保障的要求

法官从事的是一种裁判活动，这种活动的特点是不能从总体上增加社会福利，而只能损此增彼，也就是一种校正的公正。在这种情况下，裁判活动是通过减损一方利益而增加另一方利益的方式实现法律上的公正，利益受到减损一方必然对此不满。因此，法官职业必然应当获得法律保障，也就是要求法官职业具有稳定性，不受外在因素影响，以保证法官在没有外在压力的情况下进行法律上的判断。对此，美国学者指出："不论采取何种方法，法官选任的判断标准与其他选举出来的政府官员的有所不同，而且对他们职务的负责方式也有所不同。我们不可能允许一位法官因为对一件或一系列案件的裁判方式受到大多数选民的强烈反对而被撤职；可是那样的事情都很可能发生在任何其他选举出来的官员头上。事实上在美国联邦制度和某些州内，有的法官是终生任职的。州法官之中有固定就职年限的情形比较普遍些，例如，就职 6 年、8 年或甚至于 12 年。在选任就职期内，除非在职务上有重大不轨行为，法官都不得被撤职。在美国的整个历史中这样的事情发生的次数是极少的。在民众投票选举法官的州里，法官大多数都获重选，因而事实上他们也就获得了职位上的稳固性。"① 正是这种稳定性能够保证法官独立审判，不屈从于外界的压力。

（三）法官职业素养的要求

法官从事的是一种专门性工作，因而需要具备专门性知识，这就对法官的职业素养提出了更高的要求。法官的职业素养，不仅仅是专门知识，更重要的是政策水平与道德素质。这种职业素养是在长期从事的审判工作中形成的，并且与法官职业特点相吻合。只有实现了法官职业化，才能将法官职业素养的要求现实化。正如从一个老百姓到一个军人需要一个转变过程，因为军人有其不同于一般人的天职。同样，法官作为一种职业，也有其特殊的职业素养上的要求，甚至法

① ［美］哈罗德·伯曼：《美国法律讲话》，陈若桓译，21 页，北京，生活·读书·新知三联书店，1988。

官还应具有特殊的气质、特殊的思维方法，乃至于特殊的生活方式。例如，法官不能随意出入娱乐场所，尽量少地交友，以及他孤独的生活方式等。这些职业素养对于保证法官的公正裁判都是必不可少的。一个人，也许可以当一个称职的行政长官，因为他/她具备干练、果断、敢于负责、当机立断等优秀素质。但这样的人却未必适合于当法官，或者说需要一个适应与转变的过程才能成为一名好的法官。法官的职业素养要求是中立、平等、公正和超然，尤其是作为一名司法者，要有循法意识，将自己的判断严格地限制在法律范围之内。在这个意义上说，法官更应是保守的、冷静的。这些职业素养是在长期从事的法官职业活动中养成的，只有职业化的法官才具备。

对照以上三个方面，不可否认我国目前的法官职业化程度还是较低的。一方面，法官职业的准入门槛较低。虽然近年来随着推行统一司法考试，法官职业的准入门槛逐年提高，但由于历史原因，现在法院内还有相当一部分不能胜任法官职业的人，这些人应当通过一定的途径，或者成为称职的法官，或者被淘汰。另一方面，法官职业的稳定性还不够。在目前的法官管理体制下，法官，包括庭长、院长，是由同级人大选举或者任命的，归属于地方管理。在这种情况下，由于地方保护主义的影响，法官的公正司法就会受到来自地方的强大压力，法官难以抵制这种压力，因而使法院地方化，而那些依法审判、不听命于地方的法官有时会招致撤职、调离的厄运。由此可见，实现法官职业化对于保证司法公正具有重大意义。

法官职业化意味着精英化，这是毫无疑问的。但在实现法官精英化的时候，如何与司法的大众化相协调，是一个必须考虑的问题。应该说，法官职业化本身也是存在局限性的。这种局限性，如同我国学者所言，包括精英与社会脱节的必然倾向、割断法律与社会的联系的可能、判决的形式化、法律运行中的繁文缛节、法律行业的垄断性、诉讼程序消耗大量财力和时间等。[①] 在这些局限当中，最大隐患在于法官与社会的脱节。法官职业化容易形成职业垄断与封闭，并且与

① 参见苏力：《法治及其本土资源》，142－145页，北京，中国政法大学出版社，1996。

社会相隔绝。在这种情况下，司法就不能及时反映社会要求、倾听公众呼声。尤其是在当今西方法治国家出现的过度职业化的情况下，其司法改革的重要内容之一，就是引入大众参与司法活动。例如，日本在司法改革中提出的参审员制度即是如此。参审员既不同于职业法官，又不同于传统意义上的陪审员。参审员制度在一定程度上影响法官的职业垄断，稀释精英化。此外，英美法系国家长期实行且颇为有效的陪审团制度，尤其是在刑事审判中，更是如此。我们很难想象，不懂法律的陪审员是如何完成定罪职责的，但约翰·朗贝恩（John Langbein）恰恰认为，某种程度上对法律的无知，在刑事审判中已被看作一种美德。有人认为让一些既未受过法律训练，也未从事日常刑事司法工作的公民参与审判可以带来一些实际的益处。这些益处包括：（1）非法律职业者能带来新的视角。非法律职业者，由于以前没有千遍万遍地听到过同样的辩解，他们可能在某些案件中，对辩解的真伪较为警觉。（2）非法律职业者由于比职业法官更接近社会生活、更了解普通人的经验，因而能更好地发现事实并适用法律。（3）非法律职业者还有助于简化刑事司法审判工作。当程序法和实体法必须为普通公民所理解时，法律才更可能制定得简洁明了，这反过来又促进了刑法的充分警示作用，因而有助于达到刑法的威慑目的。[①] 由此可见，普通公民以陪审员身份参与审判活动，是在法律与社会之间架设了一座桥梁，使之变为通途。对于过于干涩的法律运行来说，它起到了一种润滑剂的作用。

可以说，法官的职业化与非职业化是一种辩证的关系。[②] 在未能实现职业化的情况下，我们应当追求法官职业化；在过度职业化的情况下，又应当引入非法律职业者参与审判，消解法律与社会之间由于过度法官职业化而引起的紧张关系。因此，我们不能因为目前西方在司法改革中更加关注非法律职业者参与审

① 参见宋冰编：《读本：美国与德国的司法制度及司法程序》，177－178页，北京，中国政法大学出版社，1999。

② 关于西方法治发达国家的司法制度中职业化因素与非职业化因素并存的情形，详见王晨光：《对法官职业精英化的再思考》，载苏泽林主编：《法官职业化建设指导与研究》，第1辑，41页，北京，人民法院出版社，2003。

判，就认为我国不应当实行法官职业化。关键的问题在于：我国目前的司法现状不是过度法官职业化，而是未能实现法官职业化，正在从法官的非职业化向职业化过渡。在这种情况下，我们尽管应当警惕过度法官职业化可能带来的危险，但仍应以实现法官职业化作为司法改革追求的目标。

三、法官职业化的标志

法官职业化建设的目标是使法官成为专门职业，其标志是形成法官的职业意识、职业技能、职业道德和职业地位。

1. 法官的职业意识

法官的职业意识是在对法官职业深刻感悟的基础上形成的法官的自我意识。因此，法官职业意识的形成是法官职业化的重要标志之一。在法官的职业意识中，最需要强调的是独立意识和公正意识。法官独立是司法独立的题中之意，法官独立意味着法官只服务于法律，只对法律负责。法官的这种独立意识在很大程度上区别于行政官员的服从意识，甚至也区别于实行检察一体化的检察官的上命下从的意识。公正意识也是法官职业意识的重要内容，它是由法官从事的司法裁判活动的性质所决定的。裁判是一种纠纷解决机制，法官在行使裁判权时，应当中立而超然，使其判决公正。

2. 法官的职业技能

法官的职业技能是其在社会上的立足之本，也是法官职业区别于其他职业的重要特征。法官的职业技能当然包括具有广博的法学理论知识与丰富的司法实践经验以及驾驭审判活动的能力等。但我认为，对于法官来说，更为重要的职业技能是明辨是非，不为现象所惑，透过现象看本质，能够把握案件真相。并在此基础上，兼听则明，作出公正裁判。

3. 法官的职业道德

法官的职业道德在于清正廉洁。法官是行使司法权的主体，司法权虽然不能增加社会福利的总量，但它关乎公民的生杀予夺，事关重大。并且，法官面对的是各种纠纷，纠纷双方存在利益冲突，裁判结果具有损此增彼之效。在这种情况下，法官必须具有职业道德，这种职业道德与职业操守是逐渐养成的，对于保证法官正当地行使职权具有重大意义。

4. 法官的职业地位

法官是一种崇高的职业，它解纷排难，实现着社会正义。因此，法官应当具有相应的职业地位。综观世界各国，法官都受到社会的尊敬，享受着优厚的待遇，无生活之忧。只有这样，才能使法官在毫无顾虑、无拘无束的自由状态下，全身心地投入职业活动。因此，在法官职业化建设中，法官的职业地位必须加以强调。

（本文原载苏泽林主编：《法官职业化建设指导与研究》，第1辑，北京，人民法院出版社，2004）

国际刑事司法准则与中国刑事司法改革

中国加入世贸组织，表明中国已融入世界经济贸易体系，从而加速了经济全球化的进程。中国入世，其意义绝不限于经济贸易，它必将对中国的政治、社会与法律的发展带来深刻的影响。本文仅就国际刑事司法准则与中国刑事司法改革的互动关系略述己见。

一

国际刑事司法准则是指在联合国的主导下，国际社会形成的有关刑事法律的制定、实施和遵行的标准、规范和政策。国际刑事司法准则具有以下三个特征：(1) 国际性。国际刑事司法准则是世界各国所奉行的最低限度的刑事司法的标准、规范和政策。毫无疑问，各国均有各自的刑事司法准则，这种刑事司法准则是各国根据本国的实际情况，在同犯罪作斗争中形成的，具有本国的特色。但随着国际交往的加强，全球一体化同样会对刑事司法带来重大影响，在联合国的主导下，就形成了国际刑事司法准则。这些刑事司法准则为各国所遵循，因而成为刑事司法的最低标准。(2) 刑事性。国际刑事司法准则是指与刑事有关的标准、规范和政策。刑事司法涉及对犯罪的惩治，因而与一个国家的刑事政策是有密切联系的。刑事司法活动涉及刑罚权的行使，以往被认为是一个国家主权的重要内容，他国是不能干涉的。但随着国际刑事司法准则的形成，国家刑罚权的行使同样要受到国际刑事司法准则的限制。（3）选择性。国际刑事司法准则作为国际化的规范，对各国并不具有天然的强制性。各个国家可以自主地决定是否加入某一国际公约，但一旦加入公约，就要遵守其所规定的义务。从这个意义上说，国际刑事司法准则具有选择性。联合国通过发布为数众多的示范性和建议性的刑事司法准则，帮助各国根据各自的需要和可能作出适当的选择。国际刑事司法准则往往是经国内立法确认以后才发生法律效力的，因而国内法对国际刑事司法准则的确认具有重要意义。

我国刑事司法目前正在经历一场深刻的变革，这就是逐渐地摆脱以专政为核心的刑事司法理念，向以人权保障为皈依的刑事司法理念演进。在这一过程中，我认为借鉴国际刑事司法准则是十分必要的，而历史的教训也值得汲取。清末，中国曾经开展过一场法律改革运动，引入大陆法系的法律制度，吸收当时先进的法律文化。在刑法改革中，具体体现就是废除中国封建专制社会残酷的刑罚，引入罪刑法定原则等体现法治的刑法观念。但这些先进的法律文化受到当时专制的法律文化的排斥。如罪刑法定原则的实质在于限制国家刑罚权，保障个人的自由与权利，它导致中国传统法律中株连家族这类极其野蛮的制度的废除。但罪刑法定原则所确立的“法无明文规定不为罪”的精神，是顽固的保守派所不能接受的。当时的御史吴思敬就认为，法无明文规定的行为一概不予处罚，会“纵恶长奸，莫耻为甚，骇人听闻”。可见，其抵触与反应是十分强烈的。正因为如此，清末的法律改革运动虽然宣告了中华法系的死亡，引入了大陆法系文化，但其价值内容与精神实质却并未获得。从这个意义上讲，清末的法律改革运动不能说是成功的。正如我国学者指出，清末历史留下的结论是：以本国文化特殊性去抗拒外来文化中所包含的普适性因素，实质是以中世纪的宗法专制否定现代性。[①] 转

① 参见袁伟时：《刑法的变迁与本世纪中国文化的若干问题》，载《自由交谈》，第1辑，99页，成都，四川人民出版社、四川文艺出版社，1998。

瞬间，又一个世纪过去了。值此世纪之交，中国又迎来了一场司法改革运动，而且同样面临是排斥还是引入世界上先进的法律文化的重大选择。应该说，经过百年发展，中国社会已经发生了翻天覆地的变化。中国不仅做好了在经济上迎接全球化的准备，而且在法律上同样做好了这种准备。因此，引入国际刑事司法准则，推动中国刑事司法改革是势在必行的。

二

国际刑事司法准则的内容是极其广泛的，在中国刑事司法改革中引入国际刑事司法准则，我认为应包括以下三个方面的内容。

（一）价值上的转换

国际刑事司法准则不仅是一种规范体系，更重要的是一种价值体系。联合国刑事司法准则所追求的价值目标是：第一，实现司法公正，保障基本人权；第二，控制犯罪滋长，维护法律秩序。我国学者指出，国际社会对这两个目标的不懈追求是推动联合国刑事司法准则体系不断发展的动力，而保持这两个目标之间的平衡是各国面临的共同挑战。记载联合国刑事司法准则的各项文件，有的侧重于司法公正和人权保障，有的侧重于控制犯罪和维护秩序。但是，国际公认的原则是不得以牺牲司法公正或威胁基本人权为代价来控制犯罪或建立秩序。[1] 上述两个价值目标中，司法公正和人权保障也就是通常所说的保障机能，控制犯罪与维护秩序也就是通常所说的保护机能。就中国当前的社会状况而言，两者都十分重要。一方面，随着现代化进程的加速，中国逐渐地建立起一个以市场经济为基础的、相对开放的现代社会。由于社会迅猛发展，流动人口大量增加，中国目前正面临巨大的犯罪压力。因此，控制犯罪是当务之急。自 20 世纪 80 年代初以来，我国一直奉行“严打”的刑事政策，取得了一定的效果，但未能从根本上解决社会治安问题。另一方面，随着市场经济的发展，市民社会正在形成，对自由

---

① 参见陈光中主编：《联合国刑事司法准则与中国刑事法制》，4 页，北京，法律出版社，1998。

与平等的呼声越来越高，人权保障的观念逐渐地成为社会共识。因此，刑事司法的保障机能与保护机能都应受到重视。但在两者发生冲突的情况下如何选择，是一个重大的问题。国际刑事司法准则确认的以人权保障为主导的价值观念，同样应当成为中国刑事司法的价值选择。长期以来，中国受到封建专制思想的影响，对于个人的权利是较为淡漠的，没有将其放到应有的重要位置上。因此，在刑事司法活动中，强调保护机能而轻视保障机能，往往以牺牲个人的权利与自由为代价而保护社会整体利益与维护社会秩序。随着国际刑事司法准则的引入，中国司法改革首先要完成价值观念上的重大转换。唯此，才能适应当前市场经济发展的需要。

（二）制度上的改革

中国刑事司法制度经过这些年的建设，已经取得了很大的进步。尤其是1996年《刑事诉讼法》的修改和1997年《刑法》的修订，使中国的刑事司法制度得以完善。但是，对照国际刑事司法准则，中国刑事司法制度还存在不少需要改进的地方。例如，劳动教养制度就是亟待改革的一项制度。中国目前实行的劳动教养是指将严重违反治安管理，屡教不改，尚不够刑事处罚的人或者构成犯罪但不需要判处刑罚的人，收容于劳动教养场所，实行强制性教育改造的一种措施。关于这种措施的性质，在理论上一般认为是一种非刑罚性的强制性教育改造的行政处罚。但实际上，劳动教养比某些刑罚还要严厉，对劳教人员实际收容关押剥夺人身自由，有时长达3年之久，必要时还可以延长1年。显然，劳动教养是违反国际刑事司法准则的。联合国《公民权利和政治权利国际公约》第9条第1项规定："除非依照法律所确定的根据和程序，任何人不得被剥夺自由。"根据国际刑事司法准则，任何公民被剥夺自由，必须经过司法程序，经由法院判处。而劳动教养作为一种剥夺公民人身自由长达3年至4年的措施，没有被纳入司法程序，它名义上由各地劳动教养委员会决定，实际上是由公安机关决定的。这种制度的存在，使得公民的权利与自由得不到司法的切实保护，使刑事法治建设取得的一些成果化为乌有。因此，在引入国际刑事司法准则以后，劳动教养制度面临着何去何从的选择。我国学者提出，参照国际刑事司法准则，改革中国劳动教养制度的途径有两种：一是基本上取消劳动教养制度，将其中某些需保留的部分整合到其他法律之中（如行政处罚等）。二是保留劳动教养制度，并作如下的改革：（1）更名为“保安处分”或者“公共安全处分”，或者其他更适合的名称，先制定单行法，条件成熟后再将其纳入刑法典；（2）时间应缩短，一般半年，最长不超过1年；（3）决定机关为法院，即由公安机关提出，法院经听审程序后决定是否采取；（4）允许上诉，遭受错误保安处分者有权得到赔偿；（5）加强检察机关对此制度的法律监督。[①] 对于劳动教养制度不宜采取一废了之的方法，因为中国刑法中的犯罪概念存在数量因素，被采取劳动教养的大多是轻微的犯罪行为，这些行为在世界各国一般都是作为犯罪处理的。因此，我赞同对劳动教养制度进行改造。无论如何改造，关键的一点就是司法化，即经法院依照法定程序决定。只有这样，才能与国际刑事司法准则保持一致，充分保障劳教人员的诉讼权利。由此可见，随着国际刑事司法准则引入中国，中国现有的刑事司法制度及其相关制度都面临着改革的问题。

（三）规范上的更新

虽然中国的《刑事诉讼法》与《刑法》先后在1996年和1997年得到了修改，在修改后的《刑法》中确立了罪刑法定原则，在修改后的《刑事诉讼法》中确立了无罪推定原则，这是一个历史性的进步。但同时应看到，在刑事法规范中体现罪刑法定原则与无罪推定原则都是不彻底的。从关于罪刑法定原则的规定来看，《刑法》第3条规定：“法律明文规定为犯罪行为的，依照法律定罪处刑；法律没有明文规定为犯罪行为的，不得定罪处刑。”我国学者将前半段称为积极的罪刑法定，将后半段称为消极的罪刑法定。这些学者认为，积极的罪刑法定的基本精神是严肃执法，惩罚犯罪，保护人民；消极的罪刑法定的基本精神是要用刑法来防止国家刑罚权的滥用，以保障人民的权利不受其非法侵害。总结这些学者的观点：积极的罪刑法定原则与消极的罪刑法定原则的统一，运用刑罚权惩罚犯罪、保障人权与约束刑罚权、防止滥用、保障人权的统一，这就是罪刑法定原则

① 参见陈光中主编：《联合国刑事司法准则与中国刑事法制》，80页，北京，法律出版社，1998。

的全面的正确的含义。[①] 应该说，这是对中国《刑法》第 3 条规定的正确诠释。但问题在于：罪刑法定原则是否应当包括所谓“积极”的内容。综观世界各国刑法，罪刑法定都是在消极意义上规定的，其基本蕴意在于“法无明文规定不为罪”。因此，罪刑法定原则的精神是限制机能，即通过限制国家刑罚权（包括立法权与司法权）而达到人权保障之目的。由此可见，中国刑法对罪刑法定原则的规定并非建立在对罪刑法定含义的正确理解之上。同样，在刑事诉讼法关于无罪推定原则的规定中也存在缺陷。《刑事诉讼法》第 12 条规定：“未经人民法院依法判决，对任何人都不得确定有罪。”这一规定的内容虽然类似于西方国家关于无罪推定的规定，但《刑事诉讼法》第 93 条又规定了犯罪嫌疑人具有如实回答的义务。这一规定与无罪推定所包含的被告人享有沉默权显然是对立的。正是在这个意义上，我国学者指出：由于未赋予犯罪嫌疑人、被告人沉默权，并且法律明确规定犯罪嫌疑人有如实回答侦查人员讯问的义务，在侦查、起诉、审判各阶段均有关于讯问犯罪嫌疑人、被告人的程序设置，因此很难说在中国刑事诉讼中已经完全确立了无罪推定原则。[②] 在引入国际刑事司法准则以后，中国《刑法》中的罪刑法定原则和《刑事诉讼法》中的无罪推定原则都有待进一步完善。由于是刑事法规范，还需要根据国际刑事司法准则进行更新。

国际刑事司法准则是国际社会在联合国的主导下，经过长期努力形成的，是世界各国先进的、文明的刑事司法经验的总结，也是国际社会在刑事司法上达成的共识。中国通过加入 WTO，融入国际社会，不仅经济制度存在一个与国际接轨的问题，而且刑事司法制度也存在一个与国际接轨的问题。我认为，在正确处理国际刑事司法准则与中国刑事司法改革关系的时候，应当注意以下三个问题。

1. 国际化与本土化

引入国际刑事司法准则，意味着在刑事司法制度上向国际标准靠拢，这是一种全球化的努力。但任何一个国家的刑事司法制度毕竟是与这个国家的政治、经

---

① 参见何秉松：《刑法教科书》，上卷，69 页，北京，中国法制出版社，2000。

② 参见陈光中主编：《联合国刑事司法准则与中国刑事法制》，115 页，北京，法律出版社，1998。

济、文化与社会等相关因素密切相连的，是根植于本土的。因此，在移植国际刑事司法准则的时候，要充分考虑中国的特色。例如，国际上对于死刑一般都持否定态度，废除死刑已经成为国际趋势。但在中国，由于存在严重的犯罪问题，对于那些罪行极其严重的犯罪人，需要适用死刑。在这种情况下，中国在相当一个时期内不可能采纳废除死刑的政策。当然，对于死刑加以限制是必要的。总之，只有立足于中国本土，才能使国际刑事司法准则结合中国的实际情况发挥作用。

2. 积极与稳妥

国际刑事司法准则之引入，实际上是一种法律的移植。在进行移植的时候，我们既要抱着一种积极的态度，又要切忌急躁，应当逐渐地消化。中国刑事司法改革不可能在一朝一夕之间完成，而应当缓慢地推进。我们首先要根据中国的实际状况，引入那些国际上通行的刑事司法的最低标准。在此基础上，逐渐地提升中国刑事司法的水平。只有以一种稳妥的、适当的方式，才能使中国刑事司法制度接近国际刑事司法水平。

3. 引入与融通

引入国际刑事司法准则，并不是机械地照搬，而是要对国际刑事司法准则结合中国的实际情况加以融通。这里的融通，是指融会贯通，因而包含一种创造精神。尤其要注意利用现有的刑事司法制度资源，经过改造，使之适应刑事法治的要求。

（本文原载《山东公安专科学校学报》，2002（1））

无冤：司法的最高境界*

在遭受司法冤屈的被害人面前，对于司法机关无论进行何种责难都应该。为了避免冤案，对于司法机关无论提出何种要求都不为过。冤案的制造者，无论是有意还是无心的，都应该永远钉在历史的耻辱柱上。尽管难以实现，我仍然要说：司法的最高境界是无冤。

一、赵作海冤案反思：刑讯逼供结恶果

被告人赵作海，男，1952 年 10 月出生于河南省柘城县，汉族，文盲，住柘城县老王集乡赵楼村。1999 年 5 月 9 日因涉嫌故意杀人犯罪被柘城县公安局刑事拘留，同年 6 月 19 日被依法逮捕。

1998 年 2 月 15 日，被害人赵振晌的侄子赵作亮、赵作印到柘城县老王集派出所报案称：其叔赵振晌于 1997 年 10 月 30 日晚无故失踪，与其叔关系最好的同村村民赵作海在赵振晌失踪时脸上有伤，且赵作海对其脸伤的形成原因说谎

* 本文中的案情分别由王韶华、袁小刚、陈旗提供，特此说明。

话，怀疑其叔的失踪与赵作海有关系。1999 年 5 月 8 日赵楼村在村西淘井时，从井中打捞出一具无头、无四肢的男尸，遂向柘城县公安局报案。刑警大队通过调查访问，得知附近村庄赵楼村村民赵振晌于 1997 年 10 月 30 日失踪，于是围绕赵振晌的失踪展开调查，并根据赵作亮、赵作印的反映材料，将赵作海列为重大嫌疑人。经审讯，赵作海供述了杀害赵振晌后碎尸抛尸的犯罪事实。

法院审理查明：被告人赵作海和被害人赵振晌均与本村妇女杜某某有通奸关系。1997 年 10 月 30 日夜，赵作海在杜某某家与杜某某通奸时被赵振晌碰见，赵振晌持刀将赵作海面部砍伤。赵作海逃离杜家后，赵振晌追赶至赵作海家院内，赵作海持刀将赵振晌杀死并将尸体肢解、隐藏。

河南省商丘市中级人民法院以故意杀人罪判处赵作海死刑，缓期二年执行，剥夺政治权利终身。河南省高级人民法院（以下简称“河南高院”）核准了赵作海的死缓判决。

2010 年 5 月 6 日，河南省商丘市中级人民法院报告河南高院，本案被害人的赵振晌又回到村中，请求河南高院审查处理。在得知“亡者归来”后，河南高院于 5 月 8 日启动再审程序，核实相关证据，作出再审决定，采取赔偿措施。5 月 9 日上午，河南高院向赵作海送达了再审判决书，宣告被告人赵作海无罪，赵作海被无罪释放。张立勇院长亲自向赵作海鞠躬，对赵作海个人表示歉意。

以纠正赵作海错案为契机，河南高院将每年的 5 月 9 日确定为全省法院“错案警示日”，连续举办警示活动，召开座谈会，先后邀请多位知名专家学者，与法官一道查摆问题，分析原因，反思错案教训，研究改进措施。所有这些都是向社会表明人民法院敢于负责、敢于担当。以赵作海错案的纠正为契机，近年来河南法院系统加大了对“疑罪”案件的处理力度，依法对 100 起案件的 116 名被告人宣告无罪。2013 年，河南高院又指导平顶山市中级人民法院对被告人已被羁押 12 年之久的李怀亮故意杀人案依法宣告无罪。

赵作海故意杀人冤案是以死者生还而获得平反的，最终以喜剧告终。然而，仔细审视赵作海案，我们发现赵作海在 1999 年 5 月 9 日被刑拘，从 5 月 10 日至 6 月 18 日，赵作海做了 9 次有罪供述。但本案迟至 2002 年 10 月河南省商丘市人民检察院才向河南省商丘市中级人民法院提起公诉。

我们可以想象：一个没有杀人的人会在什么情况下多达9次承认自己杀人？而在公安机关已经拿下有罪供述以后，检察机关为什么两年半以后才提起公诉？可以明确作出的回答是：刑讯逼供，以及此后的翻供。在2010年5月本案获得纠正以后，6月26日河南省商丘市龙亭区人民法院以刑讯逼供罪对导致赵作海冤案负有直接责任的侦查人员王松林等六名被告人作出一审判决，对以上疑问作了最好的回答。

几乎每一个冤案背后都徘徊着刑讯逼供的阴影，赵作海案也不例外。刑讯逼供的目的在于逼取口供，以此获取证据对被告人定罪。美国司法界把刑讯逼供获取的证据称为毒树之果。所谓毒树之果是美国刑事诉讼中对某种证据所做的一个形象化的概括，意指根据以刑讯逼供等非法手段所获得的犯罪嫌疑人、刑事被告人的口供，并获得的第二手证据（派生性证据）。以非法手段所获得的口供是毒树，而以此所获得的第二手证据是毒树之果。事实上，虽然每一个冤案的铸成都离不开刑讯逼供，但绝非每一次刑讯逼供都一定会造成冤案。应该说，在绝大多数情况下，通过刑讯逼供所获取的口供，收集到的是能够证明被告人有罪的客观证据。这种证据是所谓的“毒树之果”：树虽然有毒，其果则无毒。在这种情况下，有人提出了非法证据排除问题，将毒树之果毫无条件地予以排除，以此杜绝冤案的发生。而在赵作海冤案中，毒树结出了毒果：刑讯逼供逼取有罪口供以后，并没有通过口供获得能够证明赵作海有罪的客观证据，但赵作海仍然被定罪。由此可见，在我国司法实践中存在多么大的漏洞。刑讯逼供在我国是法律明令禁止的，刑法将其规定为犯罪，但为什么刑讯逼供仍然屡禁不止呢？我认为，这与我们没有从根本上认清刑讯逼供的危害性有关。在我看来，刑讯逼供的危害并不仅仅在于，甚至根本就不在于它会造成冤案。因为，绝大多数刑讯逼供并不会造成冤案，相反，通过刑讯逼供获取口供并取得能够证明被告人有罪的客观证据，从而有利于惩治犯罪。

如果我们仅仅从造成冤案的角度认识刑讯逼供的危害性，那么，是否可以说，没有造成冤案的刑讯逼供就是没有危害性的，甚至是具有积极效果的呢？这样，刑讯逼供就被分为两种：造成冤案的刑讯逼供与没有造成冤案的刑讯逼供。只有造成冤案的刑讯逼供才是恶的，没有造成冤案的刑讯逼供岂非不但无罪而且有功？显然，这个逻辑是十分危险的，但也是现实中对待刑讯逼供的态度。在这样一种认识之下，禁绝刑讯逼供是完全不可能的。事实上，目前在我国刑法司法实践中，只有在冤案获得平反之后，才有刑讯逼供责任的追究。在其他情况下，刑讯逼供只有致人死亡或者重伤才被追究。而那些通过刑讯逼供获取口供并获得客观证据证明了犯罪，由此破获了案件，尤其是在破获了大案要案的情况下，从来没有被以刑讯逼供而定罪的。因此，刑讯逼供被说成是臭豆腐：闻着是臭的，吃着是香的。进而，在某些重大案件的侦破中，刑讯逼供就在打击犯罪的冠冕堂皇的名义下实施。这才是令人恐惧的。

刑讯逼供之恶在于其对人性的摧残，是专制司法的残余，是与法治文明格格不入的。正如我国学者指出："刑讯逼供犹如诉讼程序中的一颗毒瘤，侵蚀着公众的法律信仰和对司法公正的期盼，在一次次的毒瘤破裂时，一个个人间悲剧就会悲壮地呈现在世人面前。"① 无论是造成了冤案的刑讯逼供还是没有造成冤案的刑讯逼供，都是应当绝对禁止的。刑讯逼供并不是今天才有的，而是自古以来就存在于司法活动中的。在中国古代，刑讯甚至是合法的，通过刑讯获取的口供是证据之王。甚至在已经有客观证据能够证明犯罪的情况下，也必须通过刑讯获取有罪供述才能结案。因此，刑讯成为古代司法的应有之义。我们从表现古代司法的戏曲中可以看到这样的场面：一个犯人押上审讯台，尚未开始询问，先大刑伺候，然后才开始询问，此谓之"下马威"。在这种专制的司法制度下，犯人不是司法的主体，而是司法的客体，这种司法制度的本质就是使人不成其为人。我们可以从出狱以后赵作海在接受媒体采访时的讲述中还原其被刑讯逼供的真实场景。

新京报：你还记得当时怎么打你的吗？

① 赵秉志、张伟珂：《赵作海故意杀人案法理研究》，载赵秉志主编：《中国疑难刑事名案法理研究》，第5卷，184页，北京，北京大学出版社，2001。

赵作海：拳打脚踢，从抓走那天就开始打。你看我头上的伤，这是用枪头打的，留下了疤。他们用擀面杖一样的小棍敲我的脑袋，一直敲一直敲，敲得头发晕。他们还在我头上放鞭炮。我被铐在板凳腿上，头晕乎乎的时候，他们就把一个一个鞭炮放在我头上，点着了，炸我的头。

新京报：疼吗？

赵作海：直接放头上，咋不疼呢。炸一下炸一下的，让你没法睡觉。他们还用开水兑上啥药给我喝，一喝就不知道了。用脚踩我，我动不了，连站都站不起来。

新京报：能睡觉吗？

赵作海：铐在板凳上，那30多天都不让你睡觉。

新京报：受得了吗？

赵作海：受不了咋办啊？他要你死，你就该死。后来我说，不要打了，你让我说啥我说啥。[①]

正所谓："重杵之下，何求不得。"冤案就是如此造成的。今天，赵作海的冤案虽然获得了平反，当年刑讯逼供的侦查人员王松林等人也被刑事追究。这个冤案总算有了一个好的结局：有冤的申冤，作恶的受罚。但是，如果仅仅满足于此，那么，这只是恶性循环的开始。只有从制度上杜绝刑讯逼供，才能防止类似赵作海这样冤案的再度发生。

二、佘祥林冤案反思：政法委不当协调出错案

佘祥林，又名杨玉欧，男，1966年3月7日出生于湖北省京山县，原系京山县公安局马店镇公安派出所治安巡逻队队员。1994年1月20日晚，佘祥林之妻张在玉从家中失踪。同年4月11日，京山县雁门口镇吕冲村水库发现一具无名

① 《被打得生不如死，叫我咋说我咋说》，载《新京报》，2010-05-12。

女尸，经法医鉴定系他杀。无名女尸经张在玉的亲属辨认为张在玉本人。1994年4月22日，京山县公安局以佘祥林涉嫌故意杀人将其刑事拘留，4月28日经湖北省京山县人民检察院批准对其执行逮捕。

1994年8月28日，原湖北省人民检察院荆州分院以佘祥林犯故意杀人罪对其提起公诉，原湖北省荆州地区中级人民法院作出判决，认定：1993年10月至12月期间，佘祥林因与原京山县高关水库管理处女青年陈某关系暧昧而与妻子张在玉不和，以致其妻精神失常。佘见其妻患精神病，遂起杀妻另娶之心。1994年1月17日，佘祥林从京山县马甸镇乘三轮出租车回雁门口乡何场村下车时，见车上有一蛇皮袋，袋内装有几件衣物和一双保暖鞋，便将该蛇皮袋提下车，放在白湾瓜棚内后回家。

同月20日晚十时许，佘将妻子张在玉从床上拉起来后，带到白湾瓜棚内关好门，自己返回家中。次日凌晨二时许，佘将小孩抱到其父母房内，谎称张出走了，然后拿着手电筒、麻绳和张穿的毛裤，一人推自行车出门。佘来到白湾瓜棚给张换上蛇皮袋内的衣服、鞋子，并穿上带去的毛裤，将换下的衣物放在棚内。而后，佘拿着蛇皮袋带张在玉到雁门口镇吕冲村九组窑凹堤堰边，趁张不备，从地上捡起一块石头打击张的面部，将其打倒在地，紧接着朝张的头部乱打一阵。佘见张不动后，将张拖至堰塘的东北角，用麻绳将装有四块石头的蛇皮袋绑附其身后沉入水中。据此认定佘祥林犯故意杀人罪，判处其死刑，剥夺政治权利终身。佘祥林不服一审判决，提起上诉。

湖北省高级人民法院审判委员会讨论一致认为，佘祥林犯故意杀人罪缺乏证据，并指出：（1）佘祥林的交代前后矛盾、时供时翻。间接证据无法形成锁链，仅凭佘祥林有作案时间、作案动机以及法医鉴定，不足以定案。（2）佘祥林作有罪供述时，供述的作案方法多达四五种，内容各不相同，仅择其中一种认定不妥。（3）该案凶器没有找到，仅凭佘祥林的口供认定凶器是石头，依据不足；蛇皮袋的失主未查清，无法印证佘祥林的口供；佘祥林供述将张在玉换下的衣物放在家中灶里烧毁，既无残片，又无证人证言佐证，衣物去向不明。（4）张在玉患精神病没有医生诊断证明，即使有人证实其患病且无出走习惯，也不能否定张自行或跟随别人出走的可能性。（5）原审定罪量刑的最重要依据是公安机关出具的提取笔录，该笔录记载“4 月 16 日根据被告人佘祥林的交代，在沉尸处提取蛇皮袋一个，内装四块石头”。但从案卷材料看，佘祥林在 1994 年 4 月 16 日以前并未供述用蛇皮袋装四块石头沉尸。因此，公安机关出具的提取笔录与事实不符，不能作为证据使用。鉴此，湖北省高级人民法院作出裁定，以原审事实不清、证据不足为由将此案发回重审，并将存在的问题函告原荆州地区中级人民法院。

原荆州地区中级人民法院依照当时《刑事诉讼法》的规定，于 1995 年 5 月 8 日和 1996 年 6 月 28 日两次以事实不清、证据不足为由将案件退回检察院补充侦查。但检察机关未补充新证据。1996 年 12 月 29 日，由于行政区划的变更，京山县划归荆门市管辖，此案交湖北省京山县人民检察院办理。1998 年 3 月 31 日，湖北省京山县人民检察院以佘祥林犯故意杀人罪向湖北省京山县人民法院提起公诉。湖北省京山县人民法院认定佘祥林犯故意杀人罪，判处有期徒刑 15 年，剥夺政治权利 5 年。佘祥林不服，提起上诉。湖北省荆门市中级人民法院裁定驳回上诉，维持原判。佘祥林在上述裁判生效后，被投入沙洋农场劳改。

2005 年 3 月 28 日，佘祥林之妻张在玉突然返回京山县雁门口镇，湖北省京山县人民法院闻讯后派人进行调查，并作了调查笔录。公安机关也及时通过 DNA 鉴定，证实了其身份，并向法院出具了证明，证实回来的女子确为张在玉本人。据张在玉陈述，当年因与佘祥林经常发生争吵，后来索性离家出走（如何出走的记不清楚了），来到山东枣庄与一男子结婚，生有一子。现因想家返回探亲。

湖北省荆门市中级人民法院于 2005 年 3 月 30 日作出裁定，撤销原裁判，发回湖北省京山县人民法院重新审判。湖北省京山县人民法院重新组成合议庭，对佘祥林案件进行了公开开庭审理，宣告佘祥林无罪。佘祥林随后获得国家赔偿和相应的政府补助。

在佘祥林冤案中，同样存在刑讯逼供，在此不再谈刑讯逼供问题，而是讨论造成佘祥林冤案的一个体制性原因——这就是政法委的协调。

佘祥林在1998年6月15日被湖北省京山县人民法院以故意杀人罪判处有期徒刑15年，并被湖北省荆门市中级人民法院维持原判之前，从1994年10月第一次被湖北省荆门地区中级人民法院判处死刑，后又多次发回，已经长达4年。显然，这是一个久拖不决的案件，其中的疑点始终不能排除。那么，为什么在1998年这个案件突然以有罪而定案了？从事后的材料可以发现，这一从疑案向冤案转折的背后推手，就是政法委：正是经过荆门市、县两级政法委的协调，佘祥林案件迅速得以结案，冤案由此铸成。

政法委是党的内设机构，体现了党对公检法司的领导，这是由我国的政治体制决定的。我国《宪法》和《刑事诉讼法》明确规定了公检法三机关作为办案机关各自的职权，坚持三机关互相配合、相互制约的关系。但是，对于政法委在刑事司法活动中的角色定位和具体职能，在相关法律中完全没有规定。因此，政法委在刑事司法运作中的权力来源并不是来自法律规定，而是来自政治体制。政法委设立的初衷是要在三机关之外形成一种对司法权统合性的权力，避免三机关各自为营，造成权力的分散，不利于对司法活动的管治。那么，政法委的具体职能是什么呢？这个问题并不能从正式的法律文本中找到答案，而只能从党的文件中获得结论。根据有关文件的解释，政法委全称中国共产党党委政法委员会，它既是政法部门，又是党委的重要职能部门，是同级党委加强政法工作和社会治安综合治理工作的参谋和助手。地方政法委的主要职责是：(1) 指导督促政法各部门贯彻执行中共的路线、方针、政策和上级的指示及同级党委、政府的工作部署，统一政法各部门的思想和行动。(2) 定期分析社会治安形势，对一定时期本地的政法工作作出全面部署。(3) 组织推动政法部门开展新形势下加强和改革政法工作的调查研究，及时向同级党委提出建议和意见。(4) 指导社会治安综合治理，协调各部门落实社会治安综合治理各项措施。(5) 研究指导政法执委会的建设和队伍建设，协助组织部门做好政法各部门领导班子建设和科、处、队、庭、室干部的考察和管理。(6) 切实履行政法委职能，抓好执法督促工作，支持和督促政法各部门依法行使职权，协调政法各部门的关系、重大业务问题和有争议的重大疑难案件。(7) 指导下级综治委、政法委工作。(8) 地方政法委完成同级党委和上级政法委交办的其他事项。在以上八项职能中，与佘祥林冤案有关的应该说是第（6）项职能中的“协调政法各部门的关系、重大业务问题和有争议的重大疑难案件”。这项职能往往被简称为具体案件协调职能。尤其是那些大案、要案、疑案，需要在公检法三机关之间进行协调，这也是政法委的日常事务性工作之一。政法委对具体案件的协调，除了那些政法委亲自抓的重大案件，如打黑除恶案件以外，在一般情况下都是在三机关之间对某一案件发生意见分歧，应某一机关的请求，政法书记以召开“三长会”（公安局局长、检察院检察长、法院院长）进行协调。由于过去公安局局长往往兼任政法委书记，因此，在“三长会”上公安机关较有话语权，而检察机关与公安机关同属控方，其意见也较接近于公安机关。在这种情况下，具有审判权的法院就成为弱势方。法院的杀手锏是向上级法院请示，在获得上级法院支持的情况下，才能坚持己见。不过，在佘祥林冤案中，法院的这一杀手锏也无法发挥作用，因为对佘祥林定罪是市、县两级政法委协调决定的。我国学者对政法委如何协调佘祥林案作了生动的说明和描述：

政法委之所以过问具体案件，一方面是因为某些刑事案件属于“大案要案”，引起了群众关注，造成了社会影响，对这些刑事案件的处理结果往往与社会秩序的稳定、人民群众的反响有关；另一方面是因为刑事案件本身并不符合司法机关的法律标准，案件处于“办不下去”的境地。例如，案件达不到立案、起诉、定罪的法律标准或者证据标准，在侦查、检察或审判机关受阻，如果司法机关依法办案，只会导致不立案、不起诉、宣告无罪的结果，而这种法律结果与社会舆论预期的结果是完全相反的。在案件“办不下去”的情况下，就需要政法委发挥领导和协调功能。例如，在佘祥林杀妻案中，由于证据中仅有被告人口供，且证据存在多处疑点，案件被湖北省高院一再退查，而在退回补充侦查之后侦查机关和检察机关又拿不出更新、更有力的证据，荆门中院只有多次拒绝接受检方起诉，案件处于“办不下去”的境地；另外，来自群众和公安机关的要求严惩佘祥林的呼声又异常强大，在此情况下，在案件因行政区划的变更而寄送中共京山县委政法委员会后，报请中共荆门市政法委员会协调，于是政法委作出了降格处理的决定。[①]

而正是这个决定，在铸成佘祥林冤案的方向上猛推了一把，可以说是造成佘祥林冤案的终极原因。佘祥林冤案促使我们反思政法委在司法活动中的职能，否则，还可能会有其他冤案在政法委这一“推手”的作用下形成。事实上，正如在佘祥林冤案中存在刑讯逼供，而在赵作海冤案的背后同样出现了政法委协调的阴影。1999年5月通过刑讯逼供获取有罪供述以后，河南省柘城县公安局将赵作海案多次向检察院移送起诉，检察院拒不受理。及至2002年全国清理超期羁押专项活动期间，柘城县政法委召开会议协调研究该案，认为案件基本事实清楚，基本证据确实、充分，河南省商丘市人民检察院可尽快起诉。后商丘市政法委扩大会议研究决定，由市检察院重新阅卷。同年11月11曰，河南省商丘市人民检察院对赵作海案以故意杀人罪提起公诉，由此而使赵作海案走上了通向冤案的“快车道”。

应该说，如何看待政法委存在的必要性与合理性问题，在我国始终是存在争议的。党的领导也许是政法委存在的最崇高的理由，也是最拿得出手的理由。但是，因此会有造成冤案可能的时候，这一理由还能否成立，就是可疑的。党对司法工作的领导主要体现在路线、方针、政策等方面，我国法律是在党的领导下制定的。这种情况下，依法办案就是最大的服从党的领导，办案的法律效果就是最大的政治效果和社会效果。难道协调三机关违法办案就是党的领导吗？难道协调三机关办成冤案就是党的领导吗？答案是否定的。由此可见，政法委协调案件并没有加强党的领导。我国学者曾经提出了“保留中央政法委员会，取消地方政法委员会”的建议，指出：“党对司法工作的全局性领导方式决定了党不宜插手具体案件的审理，否则既与司法的基本原理背道而驰，也不利于党集中精力搞好对司法工作的总体规划和部署。”[②] 对于这个意见，我深以为然。

---

① 方鹏：《死刑错案的理性分析》，载陈兴良主编：《刑事法评论》，第18卷，64页，北京，北京大学出版社，2006。

② 谭世贵：《司法独立问题研究》，137页，北京，法律出版社，2004。

冤案在任何司法体制下都不可避免。但是，越是完善的司法体制越能够有效地防止冤案的发生。即使是在冤案发生以后，也越能够得到平反。我国目前冤案频频暴露，显示了现行司法体制的缺陷。当然，造成冤案的原因是多方面的，但司法体制原因是最为根本的。

为了有效地防止冤案的发生，必须完善党对司法工作的领导途径，尤其是要以审判为中心建立刑事诉讼结构，同时还要在具体案件的办理上赋予司法机关，尤其是法院以更大的独立权限，使之能够抵御来自外部的干预，包括政法委的干预。其实，干预没有当与不当之分，一切干预都是违法的。即使是没有造成冤案的干预也是违法的，审判独立是神圣的，这应当成为我们这一代法律人的理念。

冤案平反以后，公检法办案人员或多或少都受到了政纪或者法律的追究，但是从来没有造成冤案的幕后推手政法委的相关人员受到责任追究。可见，政法委不当协调这一司法缺陷不除，冤案难止。

三、于英生冤案反思：有罪推定陷歧途

于英生，男，1962 年出生，原任蚌埠市东市区（现龙子湖区）区长助理。1996 年 12 月 2 日上午，于英生之妻韩某被发现在位于蚌埠市蚌山区南山路的家中遇害。12 月 22 日，于英生因涉嫌杀妻被依法批捕。经由安徽省蚌埠市人民检察院提起公诉，安徽省蚌埠市中级人民法院以故意杀人罪判处于英生无期徒刑，剥夺政治权利终身。于英生不服一审判决，向安徽省高级人民法院提起上诉，二审裁定维持原判。终审裁定生效后，于英生本人及其父亲和哥哥申诉长达十余年。

2013 年 5 月 31 日，安徽省高级人民法院根据《刑事诉讼法》第 243 条第 1 款之规定，决定对该案立案复查。6 月 27 日，安徽省高级人民法院决定另行组成合议庭再审。同年 8 月 13 日，安徽省高级人民法院对于英生故意杀人案再审一案公开宣判，认为原审认定于英生故意杀害其妻韩某的事实不清、证据不足，不具有唯一性和排他性，判决宣告于英生无罪。

从 1996 年 12 月 22 日于英生被捕丧失人身自由到 2013 年 8 月 13 日于英生被安徽省高级人民法院宣告无罪重新获得人身自由，过去了将近 17 年。案件的事实与证据都没有改变，事实还是那些事实，证据还是那些证据，但判决结果却截然不同：17 年前判决认定于英生杀妻事实清楚，证据确实、充分，因而判决于英生故意杀人罪罪名成立；17 年后判决则认定于英生杀妻证据不确实、不充分，宣告于英生无罪。这是为什么？答案其实并不复杂，关键就在于对案件事实与证据的思想认识发生了变化：从有罪推定到无罪推定。有罪推定是指有罪是不需要证明的，需要证明的是无罪。换言之，不能证明无罪就是有罪。有罪推定最为典型的表现就是警察询问犯罪嫌疑人："你是否承认有罪?"犯罪嫌疑人回答："我没有罪。"警察质问："你没有罪怎么会在公安局接受审讯?"警察最后这句话的问题在于：一个人为什么在公安局接受审讯，恰恰是公安局需要回答的问题。这名犯罪嫌疑人并不需要证明自己无罪，而是公安机关应该证明这名犯罪嫌疑人有罪。无罪推定是指无罪是不需要证明的，需要证明的是有罪。换言之，不能证明有罪就是无罪。因此，无罪推定与有罪推定在逻辑上是处于对立地位的：无罪推定是有罪推定的反面。过去有一种说法，我们既不搞有罪推定，也不搞无罪推定，我们坚持实事求是原则。其实，这种说法是难以成立的。因为实事求是是以查清案件事实为前提的，在案件事实已经查清的情况下，有罪就是有罪，无罪就是无罪，要坚持实事求是原则。但在案件事实难以查清或者无法查清的情况下，既不能证明有罪，又不能证明无罪，怎么实事求是？对此，只有有罪推定和无罪推定两种选择：要么是有罪推定，因为在这种情况下不能证明无罪，所以有罪；要么是无罪推定，因为在这种情况下不能证明有罪，所以无罪。可见，那种主张以实事求是原则取代无罪推定的人，其实根本没有理解无罪推定的真正含义。

有罪推定和无罪推定所要解决的是一个举证责任问题：在一个刑事诉讼中，证明犯罪嫌疑人有罪的责任应当由控方承担，犯罪嫌疑人既没有自证其罪的义务，也没有自证无罪的责任。我国《刑事诉讼法》第 49 条明确规定："公诉案件中被告人有罪的举证责任由人民检察院承担，自诉案件中被告人有罪的举证责任由自诉人承担。"在刑事辩护过程中，被告人及其辩护人当然可以进行无罪辩解或者无罪辩护。但法官只能根据控方的有罪指控是否达到法律所规定的“事实清楚，证据确实、充分”的程度作出有罪或者无罪的判决，而不是根据被告人或者辩护人的辩解或者辩护是否能够证明被告人无罪为根据作出有罪或者无罪的判决。

我国《刑事诉讼法》为有罪判决确定了证据判断标准，这就是事实清楚，证据确实、充分。应该说，这一标准本身是明确的，但在具体案件中，事实是否清楚，证据是否确实、充分，其判断权在于办案法官。值得反思的是，在过去相当长的一个时期，在我国司法实践中将事实清楚，证据确实、充分的法定证明标准矫正为：基本事实清楚，基本证据确实、充分。这就是所谓的“两个基本”的证明标准。“两个基本”成为事实上的刑事案件证明标准以后，适用这一证明标准最大的问题在于如何界定这里的“基本”。这里的“基本”一词，在汉语中通常是指“主要”。因此，基本事实可以解读为主要事实，而基本证据可以解读为主要证据。“主要”是相对于“次要”而言的，但是如何区分这里的“主要”与“次要”？在有关“两个基本”的论述中，都提及不要纠缠于细枝末节。所谓细枝末节，就是指对于定罪量刑没有根本性影响的细节。对于这些次要事实与次要证据没有必要强调事实清楚，证据确实、充分。应该说，这个思路本身没有错误，也反映了认识的相对性和证明的相对性原理。但是“两个基本”所体现的对刑事证明标准修正的思路也潜藏着向降低刑事证明标准方向发展的危险。这就体现在“基本事实清楚，基本证据确实、充分”的“两个基本”被曲解为“事实基本清楚，证据基本确实、充分”。在于英生冤案中，是否存在证据标准掌握上的问题，不得而知。但事后被证明杀妻的真凶不是于英生而是另有其人，对于这样一个冤案却被认定为“事实清楚，证据确实、充分”，可见在证据认定上存在重大错误。正是这一错误导致了冤案的发生。在赵作海冤案中，在只有被告人口供而没有其他客观证据的情况下，就是通过政法委协调，以“案件基本事实清楚，基本证据确实、充分”为由决定起诉的。由此可见，“两个基本”几乎成为对于案件证据标准降格以求的根据，其潜藏着造成冤案的危险。

当然，于英生冤案的平反还是值得称道的。前面所论及的赵作海冤案是因为真凶现身而被平反，佘祥林冤案是因为死者（被害人）复生而被平反。而于英生冤案则是在真凶没有归案的情况下被平反的：2013 年 8 月 13 日，安徽省高级人民法院再审以犯罪证据“不具有唯一性和排他性”，宣判已服刑近 17 年的“杀妻案犯”于英生无罪，警方随即启动再侦程序。警方称，专案组克服多种困难，从嫌犯遗留痕迹物证中检测出 DNA 样本独特信息，经排查锁定嫌犯。由于案发时间久远，摸排工作困难重重，专案组通过缜密分析、大胆设想，联系全国多家刑事科研单位进行反复比对、分析，运用高科技手段成功检测出犯罪嫌疑人 DNA 样本中的独特信息，经江苏、安徽等多地警方的密切协查，最终从排查的数千名犯罪嫌疑人中锁定武某某，并于今年 11 月 27 日将其拘传到案。至此，本案真凶落入法网。于英生冤案据称是中央政法委《关于切实防止冤假错案的指导意见》出台后，安徽省首次执行“疑罪从无”。无论这一表述是否存在瑕疵，通过于英生冤案的平反，无罪推定的思想获得了一次肯定，得到了一次曝光，这是值得欣慰的。

疑罪从无是无罪推定的应有之义：在法院判决的时候，基于罪疑从无的精神，应当作出无罪判决。在这方面，李怀亮案件是一个积极的典型。李怀亮案至今还没有找到真凶，但其还是在羁押了十余年后，获得了无罪判决。在申诉的时候，基于罪疑从无的精神，也同样应当予以平反。在这方面，于英生案是一个正面的典型。然而，并不是每一个案件都能做到这一点的。进入公众视野多年的聂树斌案就是一个典型。1995 年 4 月 27 日聂树斌因为在河北省石家庄西郊某地强奸杀人而被执行死刑。十年之后，2005 年 1 月 18 日王书金被抓获，坦白曾在河北省石家庄等地强奸多名妇女并杀害其中 4 人，包括认定聂树斌实施的强奸杀人案亦其所为。2007 年 4 月河北省邯郸市中级人民法院一审判处王书金死刑，王书金以“未起诉在石家庄西郊玉米地那起强奸杀人案”为由提起上诉。2007 年 7 月 31 日河北省高级人民法院二审不公开审理了王书金案，但长达六年没有判决。2013 年 6 月 25 日河北省高级人民法院对王书金案再次开庭审理，并于 6 月 27 日作出二审判决，认为王书金的供述与检察机关提供的石家庄西郊玉米地奸杀案多项证据不符，认定王书金不是聂树斌案真凶。那么，由此是否可以坐实聂树斌案呢？我的答案是否定的。即使否定王书金系聂树斌案的真凶，也不能排除聂树斌案是冤案。既然对王书金案采取了疑罪从无原则，那么，对于聂树斌案同样应当采取这一原则。如果聂树斌案确实没有达到事实清楚，证据确实、充分的程度，根据罪疑从无原则，同样应当平反。因此，绝不能认为只要按下了王书金案这个葫芦，就起不来聂树斌案这个瓢。应该明白：葫芦是葫芦，瓢是瓢。

四、张氏叔侄冤案反思：留有余地判决埋祸根

张辉，男，安徽歙县人；张高平，男，安徽歙县人，二人系叔侄，同因涉嫌强奸罪被批捕。2003 年 5 月 19 日，杭州市公安局西湖区分局接报，当日上午 10 时许在杭州市西湖区留下镇留泗路东穆坞村路段水沟内发现一具女尸。经公安机关侦查，认定是前一天晚上从老家歙县开车载货去上海、受托搭载被害人王某至杭州的张辉和张高平所为。

2004 年 4 月 21 日，浙江省杭州市中级人民法院以强奸罪分别判处张辉死刑、张高平无期徒刑。2004 年 10 月 19 日，浙江省高级人民法院二审分别改判张辉死刑、缓期两年执行，张高平有期徒刑 15 年。张辉和张高平均坚称自己无罪，判决生效后，张高平及其家人不间断地进行申诉。2013 年 3 月 20 日，浙江省高级人民法院在浙江省乔司监狱对张辉、张高平一案依法进行了不公开开庭审理。3 月 26 日上午，浙江省高级人民法院依法对张辉、张高平强奸再审案公开宣判，认为有新的证据证明，本案不能排除系他人作案的可能，认定原判定罪、适用法律错误，宣告张辉、张高平无罪。

近年浙江省司法界曝光了数起冤案，张氏叔侄（张辉、张高平）强奸杀人冤案是其中著名的一起，另外一起就是陈建阳等五青年抢劫杀人案。两起冤案都有共同特点：一审被判处死刑立即执行，二审改判死刑缓期执行。如张氏叔侄案，2004 年 4 月 21 日浙江省杭州市中级人民法院以强奸罪判处张辉死刑、张高平无期徒刑。半年后，2004 年 10 月 19 日浙江省高级人民法院改判张辉死刑缓期执行、张高平有期徒刑 15 年。直到将近十年以后，因真凶可能另有他人，二人才获得平反出狱。从一审死刑立即执行到二审死刑缓期执行的改判，将张辉从死神

面前拖了回来。问题在于：为什么改判？案件事实还是那些事实，证据还是那些证据，难道是二审法官突现怜悯之心？非也。在二审判决书中一如既往地不讲道理，除重复“本案事实清楚，证据确实、充分”的套话以外，对于改判理由以“根据本案具体情况”一语带过。其实，这里的“本案具体情况”，就是定罪证据存在疑点，没有排除合理怀疑。十年后发现真凶，证明了这一点。

那么，既然证据存在疑点，为什么二审不按照无罪推定原则，罪疑从无，作出无罪判决，而是降格以求，作出留有余地的有罪判决呢？这是一个需要讨论的问题。可以说，留有余地的判决几乎成为处理此类疑案的通行做法，正是这一做法给冤案的发生埋下了祸根。

留有余地的判决，本来是我国司法解释所设立的一项有利于被告人的死刑判决方法。其本来的含义是：定罪证据达到了确实、充分的程度，但是量刑证据存在合理怀疑的，在这种情况下，不判死刑立即执行，而是判处死刑缓期执行。应该说，这种留有余地的死缓判决是被司法解释所认可的。例如，最高人民法院、最高人民检察院、公安部、司法部《关于进一步严格依法办案确保办理死刑案件质量的意见》第35条规定：“人民法院应当根据已经审理查明的事实、证据和有关的法律规定，依法作出裁判。对案件事实清楚，证据确实、充分，依据法律认定被告人有罪的，应当作出有罪判决；对依据法律认定被告人无罪的，应当作出无罪判决；证据不足，不能认定被告人有罪的，应当作出证据不足、指控不能成立的无罪判决；定罪的证据确实，但影响量刑的证据存有疑点，处刑时应当留有余地。”这种留有余地的死缓判决，在定罪上证据已经达到了确实、充分的程度，可以认定为有罪。但影响量刑的证据存有疑点，在这种情况下，根据司法实践规定，可以判处死缓。其实，这里的量刑证据存有疑点还应该进一步加以辨析。因为量刑证据可以分为有利于被告人的量刑证据（如从轻处罚情节的证据）和不利于被告人的量刑证据（如从重处罚的量刑证据）。在因为量刑证据存有疑点而留有余地判处死缓的情况下，这里的量刑证据是指不利于被告人的量刑证据，根据这些证据才能判处被告人死刑立即执行。如果这种类型证据存在疑点，虽然不影响定罪，但影响是否适用死刑立即执行。因此，基于留有余地的考量，对被告人适用死缓，这是对被告人有利的处理结果。这种情况不能认为是疑罪从轻的判决结果，其实仍然坚持了疑罪从无原则。因为从重处罚的量刑证据有疑而没有采用，在这个意义上，就是“从无”而非“从有”。但排除这一从重处罚的量刑证据以后，基于其他证据所证明的事实仍然符合判处死缓的条件。在这种情况下判处死缓，并无不当。但是，在目前我国司法实践中，这种留有余地的判决发生了重大异化，演变为在定罪证据存在疑点的情况下，本来应该判决无罪，因为罪行重大，为缓解各方面关系，降格以求采用留有余地的判决。按照这种留有余地的做法，定罪证据没有排除合理怀疑，但仍然认定有罪，仅仅为了避免错杀才留有余地，判处死刑缓期执行。这种情形，显然是没有法律根据的，却在我国司法实践中普遍存在。并且，在判决书中采用“根据本案的具体情况”这种惯常性的表述。张氏叔侄冤案就是这一留有余地判决的受害人，可以说，这种判决对于冤案的发生具有不可推脱的责任。

当然，这种留有余地的判决使被告人得以活命，也为平反留下了余地。因此，在真凶发现被告人获得平反以后，二审法官以及法院在后怕的同时，也往往窃喜，没有造成更为严重的错杀后果。我认为，不能把没有发生更为严重的后果作为掩盖已经发生的严重后果的理由，更不能因为没有将被告人错杀而觉得自己“有功”而不是“有过”。留有余地的判决使我们反思罪疑从轻的做法是否符合司法规律。其实，罪疑是从有还是从无是就定罪证据而言的，与量刑证据无关。在定罪时出现罪疑的情况下，要么从无，要么从有，而不存在从轻的问题。因此，罪疑从轻的提法是与无罪推定原则背道而驰的，应当彻底摈弃。我国学者提出了罪疑从轻是刑事冤案迭出的祸根的命题，指出：罪疑从轻的观念为冤案的产生提供了平台，因而也是产生冤案的祸根所在。在当代社会中，要使冤案不发生或者少发生，关键还是要彻底摈弃罪疑从轻的观念，并真正确立和大力弘扬罪疑从无的先进理念。[①]

---

① 参见刘宪权：《由“疑罪从轻”到“疑罪从无”》，载刘宪权主编：《刑法学研究——赵作海冤案与聚众淫乱罪研究》，8页，上海，上海人民出版社，2010。

对于上述观点，我是完全赞同的。罪疑从轻是在罪疑从无与罪疑从有之间的某种妥协，似乎比罪疑从有有进步，但尚未达到罪疑从无的程度。其实，罪疑从轻仍然是一种变相的罪疑从有，应在根绝之列。

而留有余地的判决遭到的尴尬是：控方并不买账。因为留有余地的判决在证据存疑的情况下，不是根据罪疑从无原则作出无罪判决，而是为了照顾控方的面子，罪疑从轻作出留有余地的判决。但法院与检察院在证据是否确实、充分上也会存在分歧意见：法院认为定罪证据存疑，因此作出留有余地的判决。但检察院认为证据并不存在疑点，因而提起抗诉。

最高人民检察院颁布的指导性案例（检例第 2 号）忻元龙绑架案，被告人忻元龙一审被判处死刑立即执行，但二审法院认为本案在证据上存在疑点，因此以“本案的具体情况”为由改判忻元龙死刑缓期二年执行。对于二审法院的改判，高级检察院向高级人民法院提出了抗诉，高级人民法院对本案作出了指令重审的处理。二审法院经过重审，又判处被告人忻元龙死刑立即执行。十分巧合的是，这起案件同样发生在浙江，这里的二审法院就是浙江省高级人民法院。我们可以对浙江省高级人民法院所判的三起留有余地判决的案件列出一个时间表：（1）陈建阳等五名青年抢劫杀人案。1997 年 12 月，浙江省高级人民法院二审以“本案的具体情况”为由将判处死刑立即执行的 3 人改判死缓，其他 2 人维持原判。（2）张氏叔侄强奸杀人案。2004 年 10 月，浙江省高级人民法院二审以“本案的具体情况”为由将判处死刑立即执行的张辉改判死刑缓期执行，将判处无期徒刑的张高平改判 15 年有期徒刑。（3）2007 年 4 月，浙江省高级人民法院二审以“本案的具体情况”为由将判处死刑立即执行的忻元龙改判死刑缓期执行。但事实证明，这三起留有余地的判决都有问题：前两起是冤案，后一起则是错案。以此理解，留有余地的判决使法院处于一种左右为难、动辄得咎的被动境地。

我认为，留有余地的判决这一问题的真正解决，还是有待于从思想认识上的矫正。

在刑事诉讼中，我们始终强调的是不枉不纵，既反对宁枉勿纵，也反对宁纵勿枉。正如实事求是是以查清案件事实为前提的，不枉不纵也是如此。但在案件存疑的情况下，根本无法做到不枉不纵，而只能是宁枉勿纵与宁纵勿枉之间，二者必居其一。在命案必破的压力之下，司法机关，尤其是侦查机关和检察机关是天然地偏向于前者而非后者。当然，这不是说司法机关故意制造冤案，这是完全不可能的。但在司法制度的设计与案件流程的管理上，隐含了这一逻辑。就以上三个留有余地的判决而言，前两个案件事后已经被证明是冤案，为什么检察机关并不抗诉而是任其发生？后一个案件法院采取了较为慎重的态度，对被告人作出了留有余地的判决，为什么检察机关提出了抗诉？对于法院来说，不枉不纵的要求无异于是：既要马儿跑，又要马儿不吃草。这样可能吗？我倒不是为法院鸣冤叫屈，真正遭受冤屈的是赵作海、佘祥林、于英生、张氏叔侄。难道不是这样吗？

在遭受司法冤屈的被害人面前，对于司法机关无论进行何种责难都应该。为了避免冤案，对于司法机关无论提出何种要求都不为过。冤案的制造者，无论是有意还是无心的，都应该永远被钉在历史的耻辱柱上。尽管难以实现，我仍然要说：

司法的最高境界是无冤。

（本文原载《中国法律评论》，2014（2））

一份疑罪从无的判决书：分析与评论

随着疑罪从无的法治理念获得普遍认同，在司法实践中，疑罪从无的无罪判决也开始出现，这是值得肯定的现象。目前，一份疑罪从无的判决书在微信朋友圈中刷屏，博得广泛的赞誉，这就是广东省高级人民法院（2014）粤高法刑四终字第 127 号刑事附带民事判决书。因为本案被判无罪的被告人的名字是陈传钧，笔者把该判决书简称为陈传钧案判决书。这份判决书可以说是疑罪从无的一个司法范本，其中，法官对证据的分析，以及无罪理由的陈述，对此后的司法实践具有示范效应。

一、疑罪从无：旧题新话

疑罪从无是无罪推定原则的应有之义，因此，无罪推定原则是疑罪从无的法理渊源。我国《刑事诉讼法》第 12 条规定："未经人民法院依法判决，对任何人都不得确定有罪。"这一规定，我国刑事诉讼法学界一般认为是关于无罪推定原则的规定。在笔者看来，这一规定还不能说是对无罪推定原则的直接和正面规定。因为，上述原则主要是确定了人民法院的统一定罪权。当然，这一规定也包含了法院依法判决之前不得认定被告人有罪的含义，因此可以说在一定程度上体现了无罪推定原则的精神。[①] 无罪推定虽然从字面上看只是假定在法院判决有罪之前被告人是无罪的，但其基本精神在于举证责任的分配，即只有控方才有义务提供证明被告人有罪的证据，并经法院确认有效；否则，被告人就是无罪的。这一原则为刑事证明活动提供了逻辑规则：不能证明有罪，就是无罪。正是在这个意义上，无罪推定与有罪推定之间的界限得以划分。有罪推定的逻辑规则是，不能证明无罪，就是有罪。在有罪推定的刑事程序中，被告人及其辩护人有义务证明自己无罪；否则，被告人就是有罪的。因此，由被告人及其辩护人承担无罪的举证责任。从有罪推定原则中，必然推导出疑罪从有的结论。由此可见，疑罪是从“无”还是从“有”，这是无罪推定与有罪推定的根本分野之所在。

贯彻疑罪从无精神，首先需要正确地界定疑罪的概念以及对于疑罪的处理方法。疑罪，有实体法上的疑罪与证据法上的疑罪之分。实体法上的疑罪，是指法律适用上的疑罪。这种疑罪起因于对刑法规定的解释：在行为事实已经查明的情况下，该行为在法律上到底是有罪还是无罪，因为对刑法条文的不同理解而产生分歧，从而出现罪与非罪之疑。实体法上的疑罪，主要是一个法律解释问题。证据法上的疑罪，是指事实认定上的疑罪。这种疑罪之疑，也就是我们通常所讲的事实不清、证据不足。对待实体法上的疑罪和证据法上的疑罪，处理方法还是不同的。例如，有些德国学者认为，在实体法上疑罪的情况下，法院不是选择对被告人最为有利的解释，而是选择正确的解释。[②] 当然，在笔者看来，对被告人有利的解释，一般就是最为正确的解释。对于证据法上的疑罪，则应适用疑问时有利于被告人原则。在对犯罪事实不能认定的情况下，适用无罪推定原则。因此，就证据法上的疑罪而言，毫无疑问应当作出无罪判决。

在我国以往的司法实践中，对于疑罪没有有效的处理办法，也就是没有确立起疑罪从无原则。究其原委，笔者认为还是与我国的刑事司法理念有关。一方

① 参见陈瑞华：《刑事证据法学》，44 页，北京，北京大学出版社，2012。

② 参见［德］汉斯·海因里希·耶赛克、托马斯·魏根特：《德国刑法教科书》，徐久生译，190 页，北京，中国法制出版社，2001。

面，我国刑事诉讼法在权衡打击犯罪与保障人权这两个方面的司法价值的时候，往往将打击犯罪放在第一位，而把保障人权放在次要的位置上。当两者发生冲突的时候，优先追求打击犯罪是最为正确的选择。显然，这样一种刑事司法理念会偏向于有罪推定，其结果必然导致疑罪不是从无而是从有。另一方面，我国刑事诉讼法在证据认定上坚持实事求是原则。在已经查清案件事实的情况下，根据实事求是原则：有罪的作出有罪判决，无罪的作出无罪判决，这个意义上的实事求是当然是正确的。但在既不能证明有罪，又不能证明无罪的情况下，究竟是作出有罪判决还是作出无罪判决，则难以根据实事求是原则得出明确的结论。因此，在某些案件中出现了“疑罪从挂”的现象。也就是说，在某些疑罪中，案件久拖不决，对被告人长期羁押，严重侵犯了被告人的合法权利。在这种情况下，如何正确处理疑罪，就成为我国司法实践中迫切需要解决的一个重大现实问题。

随着我国刑事法治的发展，人权观念的提高，尤其是近年来各种冤假错案的曝光，对于疑罪应当坚持从无的理念逐渐被人们所接受。当然，这里还存在某些认识上的模糊。

例如，在对于疑罪应当如何处理的讨论中，经常论及错判与错放的关系。通说认为，应当摒弃宁可错判也不能错放的做法，坚持宁可错放也不能错判。这一论述的结论，即对于不能证明有罪的被告人，应当作出无罪判决，当然是正确的。但在裁判时不能证明有罪的情况下，即使后来有证据证明行为人确系犯罪人，能说这种无罪判决是错判吗？问题在于：错判与对判的区分标准是什么？笔者认为，判决所根据的是裁判时业已查明的事实和证据。如果裁判时不能查明犯罪事实，即所谓（犯罪）事实不清；或者裁判时有罪证据与无罪证据互见，不能排除合理怀疑，即所谓（有罪）证据不足。在这种情况下，作出无罪判决完全是正确的，即对判。即使此后发现的证据能够证明被告人有罪，也不能认为这种有罪证据出现之前的无罪判决是错判。此外，对疑罪作出无罪判决，如果后来又发现了能够证明被告人犯罪的证据，能否再次启动对被告人的刑事追究程序？这里涉及的是刑事诉讼法中的禁止重复追诉的问题。对此，正如陈传钧案判决书所反映的那样，我国通说还是认同重复追诉的。由此可见，在我国目前的刑事法治状态下，理想化的疑罪从无还十分遥远。我们所能看得见、摸得着的，还是最基本的疑罪从无。

二、陈传钧案“疑”在何处?

陈传钧案判决书展现给我们的，绝不只是被告人无罪这样一个结论，而是通过该案，我们可以观察到我国司法的某些鲜活而生动的细节，它预示着我国刑事法治春天的到来。因此，陈传钧案判决书是一个标本，从中我们可以读到许多在法条和教科书中所没有的内容。

在陈传钧案判决书作出之前，该案已经两次一审和一次二审，历时四年有余：从2010年4月23日刑事拘留到2013年9月9日粤高法刑一终字第455号刑事附带民事裁定书裁定撤销原判发回重审，再到2014年4月15日东中法刑二重字第1号刑事附带民事判决作出无罪判决。在这期间，本案经历了司法机关（公安机关、检察院、法院以及上下级法院）之间的何种博弈，我们不得而知。从陈传钧案判决书中甚至难以获知原一审法院对被告人陈传钧的判决结果，从媒体资料上来看，原一审法院对陈传钧是判处死刑立即执行。只是广东省高级人民法院发回重审以后，广东省东莞市中级人民法院才对陈传钧以抢劫罪判处死刑缓期执行。就这一判决结果而言，已经是疑罪从轻了。因为，该案被认定的犯罪事实是：陈传钧犯抢劫罪并造成一人死亡，三人重伤。按照这一犯罪结果，如果事实清楚、证据确实，那么判决结果必然是死刑立即执行。因此，死刑缓期执行的判决结果已经考虑到该案存疑的特殊情况。显然，重审一审判决认为，陈传钧案虽然存在疑点，但并不影响对被告人的定罪；只是在量刑上予以适当从轻，留有余地。

那么，在陈传钧案中，证据是否达到了确实、充分的程度，足以对被告人定罪呢？这里涉及的是：陈传钧案到底是有疑还是无疑？对此，陈传钧案判决书进行了证据的逐项分析，最终得出的结论是：“原判认定上诉人陈传钧构成犯罪的证据达不到确实、充分的证明标准，不能得出系上诉人陈传钧实施本案犯罪的唯一结论，认定上诉人陈传钧犯抢劫罪的事实不清、证据不足，原公诉机关指控上诉人陈传钧所犯罪名不能成立。”正是这个结论，合乎逻辑地引申出被告人陈传钧无罪的判决结果。

本案的特殊性在于：被告人在案发九年以后才归案。由于侦查机关没有妥善保管，本案的两件主要物证，即现场提取的一把柄头分离的红色铁锤和一件有疑似血迹的长袖衬衫已经灭失，而且当时也没有从物证上提取到相关的人体生物痕迹。在这种情况下，根据人体生物痕迹的比对而锁定被告人的可能性完全丧失。也就是说，本案中虽然存在物证，但物证的证明意义不复存在，难以根据物证对被告人陈传钧定罪。本案中，还存在被害人尸体、现场勘查笔录、伤情鉴定报告等类似的客观证据，但这些证据只能证明案件确已发生，而不能证明犯罪行为系被告人陈传钧所为。也就是说，缺乏犯罪行为系被告人陈传钧所实施的相关性证据。在司法实践中，有些司法人员甚至连证明犯罪发生的证据和证明犯罪行为系某个被告人所实施的证据都不能正确地区分。因此，在某些案件中，证据数量虽然多，但能够证明犯罪行为系某个被告人所实施的证据却一个也没有。在这种情况下，怎么能够通过证据确定被告人有罪呢？在陈传钧案中也是如此。虽然客观证据不少，但能够证明陈传钧实施了本起抢劫犯罪的证据却由于人为的原因而缺失。对于犯罪的证明来说，物证是最基本的证据，尤其是与被告人具有相关性的物证。这里的相关性，是指证据所包含的证据事实与所要证明的案件事实的联系。因此，相关性是证据的某种证明作用。在本案中，尸体与死亡结果发生具有相关性，但与死亡结果系陈传钧的抢劫行为所造成则没有相关性。因此，本案的关键并不是犯罪事实是否发生，而恰恰在于是否陈传钧实施了该犯罪行为。在其他案件中，没有物证而依靠证人证言以及其他证据定罪还有可能。例如，一起公然诽谤的案件，没有物证，仅仅依靠被害人陈述和证人证言等言词证据也是可以定罪的。但在命案（本案有一人死亡）中，则必须要有物证。这里的物证，不仅是指存在尸体等死亡结果发生的证据，而且要有犯罪工具等能够证明死亡系犯罪行为所造成的证据。最后，还要有死亡结果系某个被告人所造成的证据。

在一个正常的法治国家，审判机关定罪的时候，物证都是较为重要的。除少数没有物证的案件以外，凡是有物证的案件，物证都应当提供给法庭。我想起多年以前翻阅香港报纸，看到这样一则消息：香港警察现场抓获一名贩毒分子，并从其身上搜查出一包毒品海洛因。该犯罪嫌疑人随后被羁押，等待法庭审理。在此期间，因为工作失误，负责保管毒品的警察误认为该毒品系已决案件的物证而将其销毁。在这种情况下，警方就只能将该贩毒的犯罪嫌疑人释放。当时，看到这则报道我极为震惊，第一个感觉就是：这不是放纵犯罪吗？

但根据香港的刑事法律，指控被告人贩毒，必须将毒品提交给法庭。因为法官并没有亲眼目睹犯罪嫌疑人贩毒，只有当庭见到毒品，并有抓获被告人的警察出庭作证，证明该毒品系从被告人身上查获，在这些条件都具备的情况下，法官才能认定被告人实施了贩毒行为，因而构成贩毒罪。现在，案件还没有开庭，毒品就销毁了。这样的案件提交给法庭，法官会问：指控被告人贩毒，毒品何在？没有毒品，何来贩毒？这种案件即便起诉到法庭，无罪也是必然的结果。因此，警方主动把被告人释放了，释放也是唯一的结局。而在我国刑事程序中，物证完全不受重视。在大多数案件中，物证都不需呈堂，而只要提供一份物证清单即可。即使物证遗失，也可以一张照片或者一份说明弥补。

因此，侦查机关对物证的保管并不上心，甚至还有在物证丢失以后，以同类物品替代的现象。在陈传钧案件中，公诉机关指控其在抢劫过程中，使用铁锤击打被告人，造成一人死亡、三人重伤。但作为本案重要物证的铁锤遗失，只有一张照片，而且没有从铁锤上取得与陈传钧具有同一性的人体生物痕迹。在这种情况下，还怎么能说认定陈传钧抢劫的事实清楚，证据确实、充分？

在物证遗失的情况下，陈传钧案据以定罪的证据主要是被告人供述、被害人陈述和证人证言。而这三类证据本身也互相矛盾，难以确认并采信。根据陈传钧案判决书的分析，被告人陈传钧在侦查阶段共作出十份讯问笔录和一份亲笔供词，其中五次笔录为无罪供述，五次笔录及亲笔供词为有罪供述；在起诉阶段及审判阶段被告人均作出无罪供述。虽然在庭审过程中排除了刑讯逼供，但被告人供述之间的明显矛盾无法排除。此外，被害人陈述也存在矛盾。例如，被害人方某自述背后受到袭击且没看到凶手，但却两次都辨认出陈传钧系凶手。其实，方某见陈传钧来店里买东西，但并没有看到陈传钧对自己袭击。因此，辨认只能表明陈传钧案发时到过现场，却不能证明陈传钧就是实施抢劫的犯罪人。此外，本案不存在犯罪的目击证人，因此证人证言只能证明陈传钧案发时在犯罪现场出现过，而这一点陈传钧本人也不否认。从证人证言内容来看，作案人到底是一人还是二人，各证人之间也其说不一。在这种情况下，即使是检察机关，在开庭后的书面材料中也承认："本案在侦查取证工作上存在诸多问题，主要证据存在重大瑕疵，对陈传钧作案不能作出唯一认定。"由此，陈传钧案判决书作出无罪判决，是合乎事实与法律的正确之举。

陈传钧案判决书对本案证据的分析可谓有理有据、有礼有节，这是值得充分肯定的。

本案并不是一个有证据证明被告人无罪的案件，而是如同判决书所言，陈传钧是否本案真凶既无法证实亦无法证伪。因此，这是一个典型的疑罪。对于疑罪如何处理，对于承担本案二审也是终审的广东省高级人民法院来说，是一个重大的考验。

应该说，在一个法治发达国家，这种案件被判无罪是十分自然而又必然的结果。但在我国，面对这种疑罪，法院与法官却处于两难之中。一审法院两次判决被告人有罪，甚至判处死刑，就是最好的说明。但广东省高级人民法院在陈传钧案中，严格把握了法律准绳，坚持证据裁判规则，果断地作出了无罪的终审判决。

三、值得称道的"本院认为"说理

值得称道的是，陈传钧案判决书在证据分析的基础上，作出无罪判决之前，一段以"本院认为"开头的说理言词，受到人们的追捧。这段言词内容如下。

> 本院认为，因受制于犯罪的隐蔽性、复杂性及侦查手段局限性等诸多因素，本案目前无法通过证据体系还原客观事实、认定法律事实。在对于上诉人陈传钧是否本案真凶既无法证实亦无法证伪的两难局面下，

> 人民法院应当恪守证据裁判规则，决不能为片面追求打击效果而背离“疑罪从无”的刑法（应为法治——作者注）精神。“疑罪从无”并非放纵犯罪，而是对司法公权力的合理制约和规范使用，是对任何有可能身陷囹圄的公民基本人身权利的有力保障。在刑事科学日益发达、侦查手段日益精进的时代，本案欠缺的证据链条一旦出现新的弥补和完善，司法机关还可再次启动司法程序，严惩犯罪，以民众看得见的方式来抚慰被害方，以法治的精神和途径来推进公平正义的实现。

这段话当然是正确的，但其实它是不应该出现在判决书当中的。在《刑事诉讼法》第 195 条第 3 项已经明文规定“证据不足，不能认定被告人有罪的，应当作出证据不足、指控的犯罪不能成立的无罪判决”的情况下，对本案作出无罪判决，应该说是当然之举。但在本案判决书中，却还要说这些本来是法治常识的道理，这是十分可悲的。这只能说明我国的刑事法治还处在一个初级阶段，我们的法律人还任重而道远。因此，陈传钧案判决书既是我国刑事法治进步的一种体现，也是我国刑事法治还处在较低水平的明证。面对这样一份疑罪从无的判决书，笔者的感触是复杂的：既有欣喜，又有伤感，可以说是悲喜交加。当然，我们还是要面对现实，在我国目前这种更偏向于疑罪从有的刑事司法现实中，疑罪从无的陈传钧案判决书带给我们更多的还是希望。

最后，笔者要向广东省高级人民法院表达敬意，尤其要向在陈传钧案判决书上署名的三位审判员和一位书记员表达敬意，他们是：

审判长向玉生，

代理审判员钟锦华，

代理审判员石春燕，

书记员曾银苑。

（本文原载《中国法律评论》，2015（4））

三、刑事政策

刑事法治视野中的刑事政策

刑事政策是刑事立法与刑事司法的指导，刑法理论的发展也在很大程度上取决于科学的刑事政策观的确立。本文以刑事法治为视角，对我国的刑事政策进行检讨，并进而探讨刑事政策的基本问题。

一

我国的刑事政策起源于革命战争时期的对敌斗争策略。现在被奉为我国基本刑事政策的惩办与宽大相结合政策，就是从抗日战争时期的对敌斗争经验中总结出来的，具有明显的斗争策略的色彩。中共中央在1942年11月6日专门发布了《关于宽大政策的解释》，指出："对敌人、汉奸及其他一切破坏分子等，在被俘被捕后，除绝对坚决不愿改悔者外，一律实行宽大政策，予以自新之路。这里是提出了镇压与宽大两大政策，并非片面地只有一个宽大政策，对于绝对坚决不愿改悔者，是除外于宽大政策的，这就是镇压政策。这里同时提出的两个政策，是完全正确的，必须坚决实行的。"在此，镇压与宽大还是两个政策，分别对不同的人实行：镇压政策主要适用于那些首要分子，宽大政策主要适用于那些服从分子。新中国成立初期，在人民民主专政的国家政体下，镇压反革命成为首要的政治任务，也是刑法的任务。在镇压反革命运动中承续并发展了镇压与宽大的政策，并且明确提出了镇压与宽大相结合的政策。1950 年 6 月 6 日毛泽东在党的七届三中全会的报告中提出："必须坚决地肃清一切危害人民的土匪、特务、恶霸及其他反革命分子。在这个问题上，必须实行镇压与宽大相结合的政策，即首恶者必办，胁从者不问，立功者受奖的政策，不可偏废。"在此，毛泽东提出的镇压与宽大相结合的刑事政策，具有明显的政治斗争的色彩，这一政策在镇压反革命运动中得以贯彻。政务院、最高人民法院经呈请中央人民政府主席批准，于 1950 年 7 月 21 日联合发布《关于镇压反革命活动的指示》，明确指出镇压反革命的基本方针是："各级人民政府必须遵照共同纲领的规定，对一切反革命活动采取严厉的及时的镇压，而在实行镇压和处理一切反革命案件中，又必须贯彻实行镇压与宽大相结合的政策，即首恶者必办、胁从者不问、立功者受奖的政策，不可偏废，以期团结人民、孤立反革命分子而达到逐步肃清反革命分子的目的。"总结"镇反"运动中在贯彻镇压与宽大相结合的政策方面的经验，主要采取以下具体对策：（1）对于那些历史上罪恶严重、民愤很大、拒不坦白交代，或者在新中国成立后特别是经过宽大处理后仍继续进行破坏活动的反革命分子，必须依法惩办。（2）在必须依法惩办的反革命分子中，除对于极少数罪大恶极、非杀不可的分子依法判处死刑外，对于其余绝大多数的反革命分子，都判处徒刑，实行劳动改造的政策。（3）在罪该处死的反革命分子中，对于那些没有血债、民愤不大，或者虽然严重侵害了国家利益，但是尚未达到最严重程度的反革命分子，实行"判处死刑，缓期执行，强迫劳动，以观后效"的政策，给他们以最后的悔改机会。（4）对于那些仅有一般罪行，不是坚决与人民为敌的反革命分子，就一律不予逮捕，分别具体情节，给予管制或不予管制。（5）对于一切坦白交代、投案自首的反革命分子，或是反革命分子中的骨干分子，一律给予宽大处置，罪该处死的可以不判死刑；立有功劳的，可以折罪；立了大功的，给予奖励。正如我国学者指出：实行镇压与宽大相结合的政策，主要目的就是要把一切可以改造的反革命分子，都改造成为自食其力的劳动者，从根本上肃清反革命分子。因此，对于被判处徒刑的反革命罪犯，依照政治教育与劳动改造相结合的原则，实行改造；对于罪行轻微不需要关押的分子，以及刑满释放的分子，也对他们进行教育，并尽可能地帮助他们就业。[①] 由此可见，镇压与宽大相结合作为一项对敌斗争的策略，在“镇反”的政治活动中曾经发挥过重要作用，是毛泽东的政治智慧的集中体现。

从镇压与宽大相结合到惩办与宽大相结合，经历了一个从政治斗争策略向刑事政策转变的过程。这既表明我国的刑法具有明显的对敌斗争的政治性，又说明惩办与宽大相结合的刑事政策脱胎于政治斗争策略，两者之间具有某种相关性。从历史资料来看，直到1956年，镇压与宽大相结合的政治斗争策略才正式定型化为惩办与宽大相结合的刑事政策，并适用于各种类型犯罪的处理。1956年9月公安部部长罗瑞卿在党的八大第一次会议上的发言中，介绍“肃反”经验时说：“党在‘肃反’斗争中的严肃与谨慎相结合的方针，体现在对待反革命分子的政策上，就是惩办与宽大相结合的政策，它的具体内容就是：首恶必办，胁从不问，坦白从宽，抗拒从严，立功折罪，立大功受奖。惩办与宽大，两者是密切结合不可偏废的。”[②] 这里概括的惩办与宽大相结合的刑事政策的具体内容，在1979年我国第一部刑法颁布以前相当长的一个时期内，在没有刑法的情况下，在与各种犯罪作斗争中发挥了重要作用。像“坦白从宽，抗拒从严”这样一些口号式的流行话语，几乎家喻户晓，人人皆知。

尽管惩办与宽大相结合的刑事政策，强调的是惩办与宽大两个方面，体现的是中国传统儒家文化中所具有的宽严相济的精神，但不可否认的是，当我们论及惩办与宽大相结合的时候，更为强调的是宽大的一面。从惩办与宽大相结合的刑事政策中引申出来的“少杀”政策和“给出路”政策均反映了这一点，因此在对敌斗争中“体现政策”往往意味着予以宽大处理。例如，“少杀”政策是指对犯罪分子适用刑罚时，处以死刑的要少。少杀是相对于多杀、滥杀而言的，是惩办

---

① 参见张希坡：《中华人民共和国刑法史》，145页，北京，中国人民公安大学出版社，1998。

② 《人民日报》，1956-09-20。

与宽大相结合的刑事政策在死刑适用上的具体化。“少杀”政策包括以下五项内容：（1）严格控制杀人数字；（2）严格捕人、杀人的批准权；（3）规定“两可”政策，即可捕可不捕者不捕，可杀可不杀者不杀，如果捕了、杀了，就是犯错误，这也就是后来长期贯彻的“两可”政策；（4）提出“十六字政策”，即“判处死刑，缓期执行，劳动改造，以观后效”的死缓政策；（5）对内部清查出的反革命分子，应该杀的，只杀其中极少数，其余均判死缓。[①] 由此可见，惩办与宽大相结合的刑事政策在严酷的对敌斗争中不乏宽容精神。

惩办与宽大相结合的刑事政策在新中国成立以后的法律中得到了体现，尤其是 1979 年刑法，明文将惩办与宽大相结合作为刑法制定的根据，载入《刑法》第 1 条。高铭暄教授在论及 1979 年刑法中的惩办与宽大相结合政策时指出：惩办与宽大相结合是我们党和国家同犯罪作斗争的基本政策。这项政策是从无产阶级改造世界、改造人类的历史使命出发，根据反革命分子和其他刑事犯罪分子中存在的不同情况而制定的。它对于争取、改造多数，孤立、打击少数，分化、瓦解敌人，有着重大的作用。根据这项政策的精神和实践经验，我国刑法针对犯罪的不同情况作了一系列区别对待的规定。例如，对主犯从重处罚，对从犯比照主犯从轻、减轻处罚或者免除处罚，对胁从犯比照从犯减轻处罚或者免除处罚；累犯和惯犯从严，偶犯从宽；抗拒从严，自首的、立功的从宽；历史从宽，现行从严；未成年人犯罪从宽，教唆未成年人犯罪从严；等等。这些规定，使惩办与宽大相结合的政策具体化、条文化，有利于继续发挥这项政策的巨大威力。[②] 1979 年刑法不仅记载了惩办与宽大相结合的政策，而且确实体现了这一政策。尤其是 1979 年刑法在死刑问题上坚持了“不可不杀、坚持少杀、防止错杀”的政策。在“坚持少杀”上，1979 年刑法除在刑法总则中对死刑的适用对象、适用情节以及核准程序加以限制以外，还在刑法分则中规定了 28 个死刑罪名。从总体上看，1979 年刑法是一部较为轻缓的刑法。

---

① 参见杨春洗主编：《刑事政策论》，240 页，北京，北京大学出版社，1994。

② 参见高铭暄：《中华人民共和国刑法的孕育和诞生》，21 页，北京，法律出版社，1981。

在1979年刑法实施以后，随着20世纪80年代初期我国经济体制改革的启动，社会面貌发生了重大变化，犯罪高潮随之而来。在这种情况下，我国进入了一个“严打”时代。“严打”始自1983年，以1983年8月全国政法工作会议召开和同年9月2日全国人大常委会通过的两个“决定”为标志，“严打”正式启动。“严打”是“依法从重从快严厉打击严重刑事犯罪活动”的简称。它已经约定俗成，广为人知。对于“严打”可以从以下三个层面来理解。

（一）刑事政策层面

“严打”已经成为1980年以来我国奉行的一项重要刑事政策，对于刑事立法与刑事司法都具有重要指导意义。至于“严打”刑事政策与惩办和宽大相结合的刑事政策之间的关系，我国刑法学界一般都是在惩办与宽大相结合的刑事政策的框架下理解“严打”政策的，认为两者之间是基本刑事政策与具体刑事政策的关系。例如，我国学者指出：依法从重从快是在我国基本刑事政策指导下的具体刑事政策。我国的基本刑事政策是惩办与宽大相结合，依法从重从快与基本刑事政策是一致的。在社会治安形势严峻的情况下，就要对那些严重刑事犯罪分子严加惩办，打击其嚣张气焰，扭转社会治安局面。与此同时，在任何时候，都要贯彻我国的基本刑事政策，要根据犯罪分子的不同情况，区别对待，该宽则宽，该严则严，宽严相济。我们在提出依法从重从快打击犯罪的同时，又提出了分化瓦解和教育改造，并非只有从重的一面。从重从快打击的对象是有范围限制的，而且对于他们中投案自首、坦白交代的，同对其他种类的犯罪分子一样，要依法从轻，以利于分化瓦解。对于一般的轻微犯罪，特别是其中的未成年人犯罪，则坚持教育、感化和挽救的方针。这种在基本刑事政策指导下的从重从快方针，与所谓的“重刑主义”不可同日而语。[①] 上述观点力图证明惩办与宽大相结合的刑事政策与“严打”刑事政策之间的一致性，并且强调在“严打”运动中同样应当贯彻惩办与宽大相结合的刑事政策。其用心当然是好的。但是，如果不是从应然的意义上说，而是从实然的层面上分析，我认为在一定程度上，“严打”刑事政策

① 参见张穹主编：《“严打”政策的理论与实务》，84页，北京，中国检察出版社，2002。

其实已经取代了惩办与宽大相结合的刑事政策。最为明显的标志是在1997年刑法修订中，《刑法》第1条删除了惩办与宽大相结合的内容。在解释删除理由时，立法者指出：惩办与宽大相结合是我们党和国家同犯罪作斗争的基本刑事政策。这项政策对于争取、改造多数，孤立、打击少数，有着重要的作用。由于刑法已经根据犯罪的不同情况作了一系列的区别对待的规定，如对累犯、教唆未成年人犯罪规定了从重处罚，对从犯、胁从犯、未遂犯、中止犯和自首立功的犯罪分子规定可以从轻、减轻或者免除处罚，根据罪犯在刑罚执行中的表现还规定了减刑和假释，等等。这些都是惩办与宽大相结合的政策的具体体现。因为这一政策已体现在具体规定中，因此，刑法中不再单独专门规定惩办与宽大相结合的政策。[1] 这一说明并不能彻底消除人们对在1997年刑法修订中删除惩办与宽大相结合政策的疑虑，因为在刑法中已有体现并不能成为删除的充分理由。正如罪刑法定原则并不以它已经在刑法中体现作为不加以规定的理由，这种规定本身所具有的宣示意义是不可替代的。尽管惩办与宽大相结合政策在我国刑法中确实有所体现，但其在刑法中被确认的意义仍然是不可否认的。因此，我认为在1997年刑法修订中删除惩办与宽大相结合的规定是意味深长的，如果不是对这一刑事政策的直接否定，至少也表明在“严打”的氛围下它是显得有些不合时宜的，因此，不明不白地删除倒不失为处置之道。

（二）刑事立法层面

“严打”的号令一出，随之而来的是大规模地修改刑法，其基本方向是改轻为重。1983年9月，全国人大常委会通过了《关于严惩严重危害社会治安的犯罪分子的决定》（以下简称《从重决定》）和《关于迅速审判严重危害社会治安的犯罪分子的程序的决定》（以下简称《从快决定》）。《从重决定》规定对流氓罪，伤害罪，拐卖人口罪，非法制造、买卖、运输或者盗窃、抢夺枪支、弹药、爆炸物罪，组织反动会道门、利用封建迷信进行反革命活动，严重危害社会治安的以及引诱、容留、强迫妇女卖淫罪的犯罪分子，可以在刑法规定的最高刑以上处

① 参见胡康生、李福成主编：《中华人民共和国刑法释义》，1－2页，北京，法律出版社，1997。

刑，直至判处死刑。此外，还新增传授犯罪方法罪，最重可被判处死刑。可以说《从重决定》新增7种死刑罪名，且这些死刑是常见罪，可以说是“大开杀戒”。《从快决定》规定对于杀人、强奸、抢劫、爆炸和其他严重危害公共安全应当判处死刑的犯罪分子，主要犯罪事实清楚，证据确凿，民愤极大的，可以不受《刑事诉讼法》第110条规定的关于起诉书副本送达被告人期限以及各项传票、通知书送达期限的限制；被告人的上诉期限和人民检察院的抗诉期限，由《刑事诉讼法》第131条规定的10日改为3日。在“严打”中，某地曾经创造了从故意杀人案件发生到对杀人犯执行死刑只有6天时间的最短纪录，充分体现了从快惩处的精神。在1983年“严打”以后，一直到1997年刑法修订之时，全国人大常委会共通过了24个“决定”和“补充规定”，增设罪名数十种，死刑罪名也大为增加：从1979年刑法的28个死刑罪名增至74个死刑罪名。

（三）刑事司法层面

“严打”是一项重要的刑事措施，它几乎成为持续的运动。从1983年9月开始，我国始终处于“严打”之中，前后开展过三次大规模的“严打”运动：第一次从1983年9月至1987年1月。这次“严打”将杀人，强奸，抢劫，爆炸，流氓，致人重伤或者死亡，拐卖人口，非法制造、买卖、运输或者盗窃、抢夺枪支、弹药、爆炸物，组织反动会道门，引诱、容留、强迫妇女卖淫以及传授犯罪方法等危害社会治安的犯罪确定为打击重点。第二次从1996年4月至1997年2月，打击重点为杀人、抢劫、强奸等严重暴力犯罪、流氓犯罪、涉枪犯罪、毒品犯罪、流氓恶势力犯罪以及黑社会性质的犯罪等严重刑事犯罪。第三次从2001年4月开始，为期两年。将带黑社会性质的团伙犯罪和流氓恶势力犯罪及爆炸、杀人、抢劫、绑架等严重暴力犯罪以及盗窃等严重影响群众安全的多发性犯罪确定为重点打击对象。每次“严打”运动，又分为若干“战役”或者“行动”，例如1983年“严打”部署了三次战役，1996年“严打”则有1996年4月至6月为期3个月的“专项斗争”和1996年12月至次年2月的“冬季整治行动”，使“严打”带有明显的军事色彩。

二

回顾我国刑事政策从惩办与宽大相结合到“严打”的历史性转变，可以对我国的刑事政策进行一种反思性检讨，而这恰恰是我国目前刑事政策研究中所缺乏的。刑事政策研究不应成为对现存刑事政策的合理性的简单论证，而应当是对刑事政策的科学探索。通过对我国刑事政策演变过程的考察，我认为目前的刑事政策具有以下三个特征。

（一）刑事政策的意识形态化

惩办与宽大相结合的刑事政策，是从战争时期的对敌斗争策略演变而来，在新中国成立初期的镇压反革命运动中确立的，因此，惩办与宽大相结合的政策具有明显的政治话语特征。镇压反革命运动发生在1950年，当时正值新中国成立初期，敌对势力尚十分强大，反革命活动十分猖狂。据有关部门统计，仅西南地区就有政治土匪百万，特务8万，还有一批坚持反动立场的反动党团青年、恶霸分子以及反动会道门头子。为了保卫革命胜利成果，巩固人民民主专政，维护社会秩序，在全国范围内掀起了一场轰轰烈烈的镇压反革命运动，这场运动一直延续到1953年。应该说，镇压反革命运动是一场政治运动，反革命首先是一种政治上的敌对势力与敌对行为，它并不是一个单纯的法律问题。惩办与宽大相结合是作为对反革命分子处理的政策提出来的，在1951年的《惩治反革命条例》中得以体现。《惩治反革命条例》虽然是在没有刑法的情况下的刑事特别法，但它无疑是政治运动的产物。因此，惩办与宽大相结合与其说是刑事政策，不如说是政治政策。在这种情况下，惩办与宽大相结合政策的意识形态化是在所难免的。从政治意义上对惩办与宽大相结合的刑事政策的解读，在以下这段论述中充分得以表露：“我国刑法是对敌斗争的工具，它必须从阶级斗争的实际情况出发，为阶级斗争服务。犯罪是阶级斗争的反映，任何一个犯罪分子都不是脱离阶级斗争、脱离社会而孤立存在的，阶级斗争的发展和变化对犯罪的变化有着直接的影响。犯罪情况变了，我们同犯罪作斗争的策略、方法就要有所变化。实践经验表明，国内外的阶级斗争都是长期的、复杂的、曲折的，时而紧张，时而缓和。随着国内外阶级斗争形势的变化，犯罪活动也有起有伏，因而我们在运用惩办与宽大相结合的政策的时候，就应当有紧有松，宽严相济。当敌人疯狂进行破坏活动的时候，就应当着重从严的一面，否则就不能消灭敌人的凶焰；当敌人已经收敛、低头的时候，就要着重从宽的一面，以促使敌人更加分化瓦解。在强调从严的时候，对于其中动摇的敌人，仍然要实行宽大政策；在强调从宽的时候，对于坚决的敌人仍然要严厉惩办。无论从严或从宽，都是为了更有利于消灭敌人，不是对敌人有利，而是对人民有利。如果不能随着阶级斗争形势的变化而灵活地运用惩办与宽大相结合的政策，只紧不松，或只松不紧，都不能有效地打击敌人。"[①] 在这样一种政治话语的支配下，刑事政策之意识形态化是势所必然。

即使是20世纪80年代初的"严打"政策，也充满政治意味。1983年的"严打"是20世纪70年代末至80年代初，我国刚刚结束"文化大革命"，开始将工作重点转移到经济建设上来的大背景下，针对当时社会治安混乱的形势而开展的一项斗争。"文化大革命"所滋生的一大批打砸抢分子、流氓团伙犯罪分子和其他破坏社会治安的犯罪分子的犯罪活动，破坏了社会治安，危害了人民的生命和财产安全，对全党和全国人民集中精力开始经济建设是一个严重的危害。正是在搞好社会治安，巩固和发展安定团结的政治局面，保障改革开放和经济建设的顺利进行的政治需要下，开展了"严打"斗争。当然，"严打"政策强调"依法"从重从快。

我国刑事政策的制定与运作的这种政治性，是和我国的政治体制、政治生活紧密联系的。也正是这种刑事政策的意识形态化给予刑事政策以一种强大的生命力：它不仅仅局限在法律领域，而且对整个社会生活产生巨大的影响。因此，我国刑事政策的推行不是完全以司法权为驱动的，而是直接以国家政治权力为其后

① 中国人民大学法律系刑法教研室编：《中华人民共和国刑法是无产阶级专政的工具》，7－8页，北京，中国人民大学出版社，1958。

盾的，这对于实现刑事政策的目的具有保证作用。当然，刑事政策的意识形态化也使它的实施游离于法律之外，成为一种赤裸裸的政治而不是通过法律推行的政治。如果说，在非常状态下，通过政治运动的方式实现某种刑事政策尚有其合理性，那么，在强调刑事法治的今天，刑事政策的法治化已经是一种必然的选择。

（二）刑事政策的实用化

尽管刑事政策是一种决策、一种选择，是以权力为后盾的①，但正如经典作家所指出，权力的行使永远不能脱离社会结构的制约。刑事政策的制定与运作也是如此，它并不完全取决于权力主体的主观愿望，在相当程度上取决于社会形势。从这个意义上说，在20世纪50年代初确立惩办与宽大相结合的刑事政策不是偶然的，而在20世纪80年代初惩办与宽大相结合的刑事政策被“严打”刑事政策取代同样不是偶然的，它恰恰是中国社会变迁在刑事政策上的生动反映，同时折射出我国刑事政策的实用化特征。

20世纪50年代初期，中华人民共和国成立不久，这时敌对势力还存在，因此政治斗争是第一位的。法律，尤其是刑法只不过是政治斗争的手段而已。当时开展的镇压反革命运动就是一场共产党领导下的巩固新生政权的政治斗争，它以疾风迅雨式的鲜明形象出现。在这场斗争中，讲的是政治策略而非刑事政策。当然，这场政治斗争是在共产党已经掌握了国家政权的背景下开展的，因此在运动后期进入处理阶段的时候，开始引入法律，遂有《镇压反革命条例》等刑事法律的出台，并在这一法律中将政治斗争的策略转化为刑事政策。惩办与宽大相结合的刑事政策就是在这种历史条件下由政治斗争政策转化而来的。也正因为如此，我国刑事政策从一开始就服从于政治斗争的需要，是为政治斗争服务的。经过20世纪50年代镇反—“三反”“五反”—反右—社会主义改造等一系列运动，我国形成以计划经济为基础的一元的社会结构，在这种情况下，政治—政策成为控制社会的根本方法，而法律则被弃置。从1949年到1979年，在30年间我国

① 曲新久教授认为刑事政策是一种作为权力知识的公共政策，并对刑事政策进行了权力分析。参见曲新久：《刑事政策的权力分析》，68页以下，北京，中国政法大学出版社，2002。

没有制定一部刑法典，这是极为罕见的。在这种情况下，各种社会基层组织健全，个人的权利与自由受到严格限制，我国的社会治安是平稳的，犯罪率是低下的。在这个时期，我国不存在严格意义上的刑法，而主要是刑事政策在起作用，这就是某些学者所说的政策法。

在这种政策与法不分、政治与法不分的历史条件下，惩办与宽大相结合的刑事政策在相当长的一个历史时期内发挥着重要作用。在“文化大革命”阶级斗争、无产阶级专政的政治话语下，惩办与宽大相结合的政策当然被极大地意识形态化。例如，“文化大革命”末期的一本论述刑事政策的著作中，对惩办与宽大相结合的政策作了如下论述：“在对敌斗争中，毛主席为我们制定了‘惩办与宽大相结合’的政策。这一政策，符合无产阶级和广大劳动人民的利益和要求，符合对敌斗争的客观规律，具有战胜敌人的无比强大的威力。正确执行这一政策，我们就能团结广大群众，最有力地打击敌人，分化瓦解敌人，逐步消灭敌人。我们在多年对敌斗争中所取得的伟大胜利，就是正确执行这个政策的结果。‘惩办与宽大相结合’的政策，是毛主席为我们制定的一项重要的对敌斗争政策，是在长期对敌斗争过程中，在党内两条路线的激烈斗争中，丰富和完备起来的，是毛主席一贯坚持的坚定的无产阶级政策。”① 根据这一论述，惩办与宽大相结合被认为是对敌斗争的政策，这是一种明显的泛政治化话语，但只要考虑到当时的犯罪被认为是阶级斗争的表现，刑法是阶级专政的工具，这种刑事政策的泛政治化倾向也就不难理解了。

20 世纪 70 年代末期，“文化大革命”结束，阶级斗争学说被弃置，我国开始进入一个经济发展的历史新时期。民主与法制开始被提上议事日程，在这种情况下，惩办与宽大相结合的刑事政策作为刑法制定的根据而被载入刑法。但是，伴随着社会转型的是一个犯罪高峰，因此“严打”的刑事政策随之出台，并在相当长的一个历史时期内主导着我国的刑事立法与刑事司法。这一刑事政策的转变是与犯罪变动密切相关的，也是我国社会转型的必然结果。由此可见，刑事政策

① 北京大学法律系刑法教研室编：《刑事政策讲义》（讨论稿），57 页，1976。

并不是一成不变的。并且，刑事政策的变动性应当到犯罪变动与社会变迁中去寻找其原因。

从惩办与宽大相结合到“严打”，我国刑事政策的这种替代虽然是与社会发展相关的，但也在一定程度上反映了我国刑事政策的实用化特征。中国古代就有“刑罚世轻世重”的思想，尤其是“治乱世用重典”的观点深入人心。此观点当然有其可取之处，正如我国学者指出：“刑罚世轻世重”的刑事政策，是从社会发展不平衡出发，看到不同时代政治、经济、文化各异，应根据当时的形势执行轻重不同的刑事政策，才能适应同犯罪作斗争的客观需要，使社会得到有效的治理。它是说，犯罪形势严峻时，就应重刑惩办，否则，社会秩序、国家安宁都会受到威胁、影响，社会会蒙受犯罪行为的危害，因此是出于不得已而用重刑。但在社会治安秩序相对安定、犯罪现象得到某种控制时，那就应改变策略，不能一味地重刑惩办，否则就可能刑及无辜，同样不利于社会的治理。在这样的社会形势下，就应轻刑简政，给人们以休养生息的条件，这样才会使社会更好地发展，使人们安居乐业。① 这种“刑罚世轻世重”的刑事政策当然是与犯罪作斗争经验的总结，是一种治理社会的策略。但它也反映出自古以来我国刑事政策的实用化特征，表明这种刑事政策思想更多是站在国家主义的立场上，以治理者的身份去观察与分析刑事政策，使刑事政策为我所用，具有明显的功利性。在这种情况下，我们看不出这种刑事政策思想的人文关怀，也看不到人道性与公正性等理念对刑事政策的影响。因此，刑事政策十分容易沦为达到某种目的的工具。

（三）刑事政策的策略化

刑事政策的首倡者费尔巴哈将刑事政策界定为“国家据以与犯罪作斗争的惩罚措施的总和”②。在这一概念中，刑事政策的目的在于与犯罪作斗争，而其内容是各种惩罚措施的总和。在费尔巴哈的这一定义中，过于强调刑事政策内容的惩罚性，此后学者将刑事政策的内容扩展为对犯罪现象的各种反应方法的总和，

① 参见杨春洗主编：《刑事政策论》，81页，北京，北京大学出版社，1994。

② ［法］米海依尔·戴尔玛斯马蒂：《刑事政策的主要体系》，卢建平译，1页，北京，法律出版社，2000。

从而大大拓宽了刑事政策的视野。[①] 但我国对刑事政策的理解，则完全局限在对犯罪斗争的策略上，刑事政策的策略化是我国在理解刑事政策上的一个重要特色。

刑事政策的策略化观念直接来源于革命战争时期对敌斗争策略的总结。在刑事政策的策略化方面，有两点是值得我们注意的：一是将犯罪与敌人相类比，因而刑法就成为对敌斗争的工具，从军事斗争与阶级斗争的立场出发确定刑事政策的任务，这就是刑法的军事化。二是将刑事政策的重点放在分化瓦解敌人（犯罪分子）的策略上。基于军事斗争的经验，犯罪就不再是马克思所说的“孤立个人”的行为，而是在两军对峙的意念中，假设存在一个敌对的犯罪阵营，为取得对敌斗争的胜利，就需要采取一定的斗争策略。这在惩办与宽大相结合的刑事政策上体现得较为明显。这与毛泽东关于政策与策略的思想是有关的，毛泽东虽然在一定程度上将政策与策略相分离，但在更多的场合将政策与策略相等同。例如，在《论政策》一文中，毛泽东强调区别对待的政策，在区别对待的基础上建立我们的政策。在论及区别对待的政策时又说：“我们的策略原则，仍然是利用矛盾，争取多数，反对少数，各个击破。”[②] 因此，策略成为政策的主要内容。

我认为，政策与策略还是有所不同的。政策并不等同于政治策略。政策，又称公共政策，可以从狭义和广义两个方面加以理解。狭义地理解，政策可被想成为权威性的宣布或者规定——一条法规、预算，一组法条，一些行政命令，或者司法判决。按照此种意义，政策是政治过程中被用来采取某种行动或者迫使社会产生某种行动的决定。广义地讲，我们可以把政策设想为执政的权威者决定与行动的一种基本形式，这些决定与行动是由其所趋向的共同目标结合成一体的。后一种定义也许更符合习惯用法。广义的政策似乎包括以下某种含义：其一，欲达到的目的或者目标；其二，表达为达到目标拟采用的行动途径或者计划的文字声

① 参见［法］米海依尔·戴尔玛斯马蒂：《刑事政策的主要体系》，卢建平译，1页，北京，法律出版社，2000。

② 《毛泽东选集》，2版，第2卷，764页，北京，人民出版社，1991。

明或者一系列声明；其三，政策声明引发的权威者之真正的行动或者行为。[①] 由此可见，政策总是一定的政治主体（通常是国家、政党、政府或者社会组织）为达致一定的政治目的而制定的行动准则。在政策的概念中，主体—目的—行动准则是不可或缺的内容。政策不是行动本身，但它是指导、支配或者制约着将来的行动的准则。显然，策略这一概念远远没有政策这样丰富的内容，策略是一种对策，是一种带有谋略性的对策。在某种意义上说，策略是包含在政策之中的，但政策又绝不能简单地等同于或者混淆于策略。刑事政策同样应当区别于策略。刑事政策是国家为达到控制犯罪的目的而制定的犯罪治理措施的总和。在这些治理措施当中，包括防范性措施、惩罚性措施和矫正性措施，都是刑事政策不可或缺的内容。但是，在刑事政策策略化倾向的掩盖下，刑事政策的内容局限于分化瓦解和打击犯罪分子的对策，使刑事政策的视野大为遮蔽。

三

我国目前的刑事政策偏重于惩罚性措施，对于刑事政策在理解上存在片面之处。为此，需要对制定、实施刑事政策的整个过程加以分析。我认为，刑事政策是一个体系，这个体系包含防范性措施、惩罚性措施和矫正性措施这三个有机联系的内容，从而在实施中形成一个动态的过程。

（一）防范性措施

刑事政策的根本目的在于预防犯罪，这种预防首先表现为犯罪发生前的防范。关于犯罪的防范性措施，我国提出了社会治安综合治理的方针，即打击违法犯罪，搞好社会治安，需要在党和政府统一领导下，充分发挥司法机关的职能作用；同时，动员全社会的力量，依靠广大人民群众，各部门齐抓共管，各条战线通力合作，综合运用政治、经济、行政、法律、文化教育等各种手段，整治社会

① 参见［美］F. I. 格林斯坦、N. W. 波尔斯比主编：《政策与政策制订》，584 页，台北，幼狮文化事业公司，1983。

治安，保障社会稳定。其实质含义在于，对付违法犯罪，要打击与防范并举，治本治标兼顾，重在治本。[①] 在综合治理方针中，违法犯罪的防范被放到了一个重要位置上，并且强调标本兼治。

为贯彻综合治理方针，1991 年 3 月 21 日中央政法委员会专门成立了“中央社会治安综合治理委员会”。中央社会治安综合治理委员会的任务是：贯彻执行党的基本路线、方针、政策和国家法律，根据国民经济和社会发展的总体规划和社会治安形势，指导和协调全国社会治安综合治理工作。中央社会治安综合治理委员会的职责是：（1）根据全国社会治安状况，研究并提出社会治安综合治理的方针、政策和重大措施，供党中央、国务院决策；（2）制定一个时期内全国社会治安综合治理的各项重大措施；（3）总结和推广实践经验，表彰先进，组织有关部门加强社会治安综合治理的理论研究，探索和逐步完善具有中国特色的维护社会治安的新路子；（4）办理党中央、国务院交办的有关事项。中央社会治安综合治理委员会以及各省、直辖市、自治区和各市、县、区社会治安综合治理领导机构的建立，为落实社会治安综合治理方针提供了组织保证，因而具有重大意义。社会治安综合治理机构成立以后，在综合治理工作的组织、协调和检查、宣传方面发挥了重要作用，尤其是实行社会治安综合治理的一票否决制，对于促使党政领导狠抓社会治安具有某种警示的作用。当然，社会治安综合治理机构只是一个党内协调机构，其工作重点在社会治安综合治理的宣传上，因而其作用又是有限的。

社会治安的综合治理涉及各个部门，这些部门各有其本职工作，除专门机关以外，不可能专注于社会治安的治理。在这种情况下，通过社会治安综合治理机构加以协调，以落实社会治安综合治理的各项措施，这一出发点无疑是正确的。但社会治安综合治理机构毕竟不是工作机构而只是协调机构，社会治安的综合治理还是有赖于专门机构。因此，在犯罪防范方面，也就是在社会治安的综合治理上，社会治安综合治理机构应当向咨询性机构发展，例如像美国犯罪问题委员会（the president's Crime Commission）那样，每年搜集并公布犯罪统计数据，分析

① 参见杨春洗主编：《刑事政策论》，198 页，北京，北京大学出版社，1994。

社会治安的走向，进行犯罪预测，提出立法建议，并对刑事司法活动进行考察，指出改进措施等。而公安机关作为专门机关，在社会治安的治理上应当通过调整组织机构来发挥更好的作用。目前，在公安机关内部，治安部门与刑侦部门虽然是两个分立的部门，治安部门负责处理治安案件，而刑侦部门负责处理犯罪案件，但在实际工作中重刑侦轻治安的现象是客观存在的，并且往往通过刑事措施来减轻治安压力。当然，治安案件与犯罪案件是紧密联系的，在我国公安机关治安部门对违反治安管理行为行使治安处罚权。这种违反治安管理行为在西方国家属于违警罪范畴，其处罚权一般由治安法官行使。因此，治安案件是一些轻微的犯罪案件，从这个意义上说，公安机关治安部门实际上是一个处罚机构，它通过行使违反治安管理行为的处罚权维护社会治安。这种治安处罚职能的行使虽然在一定程度上有利于社会稳定，因而有利于犯罪防范，但它与专门的犯罪防范机构在性质上是完全不同的。至于公安机关派出所，除负责一些社区警务和民政事务，例如户籍管理、身份证申请以外，也承担一定的刑侦任务。只有社区警察（即片警，在大城市才有，小城镇与农村一般没有）以及巡警等才真正承担犯罪防范职责。但由于警力不足以及工作重点向治安部门和刑侦部门倾斜，犯罪防范在公安机关工作中未能得到应有的重视与强调。在这种情况下，有必要限制与缩小公安机关的治安处罚权以及程序性裁判权，并使刑事侦查机构相对独立，使公安机关的工作重心从打击犯罪向防范犯罪转移。只有这样，刑事政策的防范措施才能通过专门机构得以落实。

（二）惩罚性措施

对犯罪的惩罚本身就具有预防犯罪的功能，这是不言而喻的。但何种惩罚措施才能够收到最佳的预防效果，这是一个值得研究的问题。我国目前主要通过从重从快打击犯罪来追求犯罪预防效果。那么，在刑事惩罚环节上，“严打”是刑事政策的唯一选择吗？我的回答是否定的。我认为，在刑事惩罚环节，刑事政策的确定表现在以下两个方面。

1. 刑事惩罚范围的选择

刑事惩罚范围的选择实际上是定罪的刑事政策的确定。当然，这里的定罪，并非仅仅是指司法机关的犯罪认定，而且是指在刑事政策上如何确定犯罪范围。犯罪范围，也可以形象地称为犯罪圈，或者称为刑事法网。因而，刑事惩罚范围的选择，也就是刑事法网的扩张与收缩的问题。法国学者曾经研究了“扩张与收缩的战略：刑事政策范围的改变”这一论题，指出这里的“改变”意味着某种基本关系的出现或消失，也意味着某种偏离规范的行为进入或退出刑事政策的领域。简言之，是从某种模式向零模式（失范）的过渡，或相反，是从零模式（失范）向某种模式的过渡。在此，研究主要围绕刑事网络，探讨犯罪化（启用刑事网）和非犯罪化（抛弃刑事网）。[①] 因此，犯罪化与非犯罪化是刑事政策的重要内容。

犯罪化是指将不是犯罪的行为在法律上作为犯罪，使其成为刑事制裁的对象。日本学者指出：实质的犯罪经过犯罪化之后，方始成为刑事司法的对象，因此，犯罪化是犯罪对策的出发点。实质的犯罪，不论该行为如何对社会有害，都不能成为刑事司法的取缔对象。为取缔某种行为或防止其发生，一定得将该行为犯罪化。[②] 犯罪化意味着刑事法网的扩张，它是随着社会发展与犯罪变动而在刑事政策上作出的某种积极回应。法国学者曾经对犯罪化问题作过精辟的论述，认为犯罪化可以源于两个不同的思路：一个思路是保护社会免受新型犯罪的侵害，这些犯罪通常是与新技术联系在一起的，这种政策可以称为现代化的政策；另一个思路是确认新的权利并加以保护，这种犯罪化的刑事政策可以称为保护的政策。[③] 虽然这两种犯罪化的思路是有所不同的：前者是随着社会现代化，社会经济技术进一步发展，出现了一些新型犯罪，需要予以犯罪化；后者是随着社会生活演进，人权的内容扩张，出现了各种新型的权利，为此在法律上确认这种新型权利的同时，需要将侵犯这种权利的行为犯罪化。但是，无论是现代化的政策还

---

① 参见［法］米海依尔·戴尔玛斯马蒂：《刑事政策的主要体系》，卢建平译，243页，北京，法律出版社，2000。

② 参见［日］大谷实：《刑事政策学》，黎宏译，85页，北京，法律出版社，2000。

③ 参见［法］米海依尔·戴尔玛斯马蒂：《刑事政策的主要体系》，卢建平译，243页，北京，法律出版社，2000。

是保护的政策，都是刑事政策随着社会发展而作出的必要调整。

非犯罪化是指刑法上的犯罪通过立法方法加以排除，或者在司法上不再作为犯罪来进行惩罚。日本学者指出：非犯罪化的刑事政策上的意义在于，纠正基于国家的强烈处罚要求而形成的过剩犯罪化倾向，立足于谦抑主义的立场，设置适当的犯罪。① 非犯罪化是刑法谦抑的必然结果，它可以分为法律上的非犯罪化与事实上的非犯罪化。法律上的非犯罪化是通过立法实现的，因而是一种立法上的非犯罪化，它必然导致司法上的非犯罪化，这是不言而喻的。事实上的非犯罪化，也称为审判上的非犯罪化，是以通过变更判例，变更刑罚法规的解释和适用，使从来均被处罚的行为今后不再被处罚为内容。在这种场合，法院认可刑罚法规在习惯上已被废止，并对因该刑罚法规而被起诉的事实判处免诉。② 当然，这种事实上的非犯罪化在我国刑法中有违法之嫌，因为我国刑法中的罪刑法定原则包含“刑法规定为犯罪的应当依法定罪量刑”的内容。但在刑法规定数额较大、情节严重才构成犯罪的情况下，司法上的非犯罪化仍然可以通过司法解释而实现。法国学者指出：不论非犯罪化的起因是官方的选择或是不干预主义的一般实践，非犯罪化总是基于两种不同的战略。如果非犯罪化是社会真正企盼的，就是容忍的政策；如果非犯罪化是一种需要加以承受的失败，表明干预的无能为力，那么就是放弃的政策。③ 在此，法国学者阐述了非犯罪化的两种动因：一种是因容忍而非犯罪化，另一种是因放弃而非犯罪化。在法国学者看来，这两种非犯罪化都是刑事政策选择的结果。

从西方的情况来看，就犯罪化与非犯罪化这两者而言，非犯罪化是主要趋势。在非犯罪化当中，除通奸罪、同性恋等无被害人的犯罪，因伦理观念变化而非犯罪化以外，主要是将某些违警罪予以非犯罪化，从而收缩犯罪的范围。我国的情况有所不同，我认为我国目前面临的不是非犯罪化，而恰恰相反，是犯罪

---

① 参见［日］大谷实：《刑事政策学》，黎宏译，89页，北京，法律出版社，2000。

② 参见［日］大谷实：《刑事政策学》，黎宏译，93页，北京，法律出版社，2000。

③ 参见［法］米海依尔·戴尔玛斯马蒂：《刑事政策的主要体系》，卢建平译，255页，北京，法律出版社，2000。

化。这里的犯罪化，除法国学者所说的新型犯罪的犯罪化以外，更为重要的是应当对我国刑法中的犯罪概念加以重构，进一步扩大犯罪的范围。我国刑法中的犯罪存在数量因素，同一性质的行为，情节严重或者数额较大的是犯罪，其余的不是犯罪，不是犯罪的又并非不受任何处罚，而是应受治安处罚或者劳动教养。此外，还有大量的行政违法行为，虽然不构成犯罪，但受到行政处罚。因此，我国刑法中的犯罪范围十分狭窄，只相当于西方国家刑法中的重罪和一部分轻罪。但是行政违法行为范围十分宽泛，因而行政处罚权庞大。这种情形，正好与我国的司法权小而行政权大的现状是相吻合的。行政处罚虽然效率高，但处罚涉及对公民重大权益的处分，尤其是像劳动教养这样的处罚甚至重于某些轻刑，却未经司法程序，显然不符合法治的要求。在这种情况下，为限制行政权，尤其是限制警察权，应当将部分行政处罚的行为纳入犯罪范畴，引入司法审查，例如劳动教养司法化。为此，我认为为保持与现行刑法的协调，应当制定一部《违警罪法》，取消公安机关的治安处罚权，将应受治安处罚的行为犯罪化，经过诉讼程序进行定罪处罚。这一意义上的犯罪化，实际上是对警察权与司法权的重新配置，它有利于保障被处罚者的人权。

2. 刑事惩罚程度的选择

刑事惩罚程度的选择实际上是量刑的刑事政策的确定。同样，这里的量刑，也并非仅仅是指司法机关的刑罚裁量，而且是指在刑事政策上如何考虑刑罚轻重。刑罚轻重，也可以形象地称为刑罚网，它表现为宽缓与严厉两个方面。美国刑事政策表现出轻轻重重的两极化趋势，这里的轻轻重重，是指轻者更轻、重者更重。因此，轻轻就是对轻微犯罪，包括偶犯、初犯、过失犯等主观恶性较轻的犯罪，处罚更轻。重重就是对严重的犯罪处罚较以往更重。轻轻，包括非刑罚化措施的大量采用。这里的非刑罚化，是指用刑罚以外的比较轻的制裁替代刑罚，或减轻、缓和刑罚，以处罚犯罪。关于非刑罚化的含义，有以下两种见解：一是指用刑罚之外的制裁代替刑罚进行科处的见解；二是指以缓和刑罚为前提，用其他的非刑罚制裁的手段代替原来的刑罚，或缓和刑罚的见解。这两种见解之间相互对立。日本学者大谷实认为，非刑罚化是建立在和非犯罪化的理念相共通的理念基础之上，为避自由刑的弊端而提出来的；另外，它又是基于谦抑主义的立场，避免或缓和刑事制裁的政策。因此，上述第二种见解比较妥当。[①] 尽管两种见解在对非刑罚化的理解上存在一定争议，但在尽量避免刑罚适用这一点上是共同的，由此行为人获得了更轻的处罚。重重的刑事政策，是指更多地、更长期限地适用监禁刑。在犯罪成倍增长，严重的犯罪日益突出，严重影响社会的安定，又没有别的有效措施的情况下，国家只有通过加重刑事处罚对此作出反应。可以说，重重倾向反映了一种无奈、一种困惑、一种现实与理想的冲突。[②] 当然，轻与重是相对的，在过重的情况下适当地向轻调整，或者在过轻的情况下适当地向重调整，都是十分正常的。并且，轻轻与重重也不是对等的，或轻轻为主、重重为辅，或者重重为主、轻轻为辅，均要以犯罪态势为转移，不应拘泥于教条。例如，相对于美国的轻轻重重的两极刑事政策，法国等欧洲国家更强调轻刑化。法国从 1810 年的《刑法》到 1992 年的《刑法》，刑事政策思想在刑罚上的变化就是刑罚重点逐渐从威慑功能转向犯罪人的社会再适应功能，与之相适应，在刑罚的结构和适用上形成了宽缓局面。[③] 当然，轻重是否适当，还是要由其实际效果来检验，此外还有一个公众认同问题。

我国在刑事惩罚程度上，近二十年来一直是以“严打”为主。当然，对未成年人犯罪的处理上有轻的一面，这是值得充分肯定的。但我国目前的刑罚结构是一种偏重的刑罚结构，在我国刑罚结构中，死刑与长期徒刑还占有重大比例。因此，改造与调整我国的刑罚结构，使之轻重搭配、轻中有重、重中有轻，是一个值得研究的问题。

在惩罚性措施的刑事政策选择上，我赞同“严而不厉”的原则。这里的“严”为严肃、严格、严密之意，“厉”为厉害、猛烈、苛厉之意。因此，“严”指刑事法网严密，刑事责任严格；“厉”主要指刑罚苛厉，刑罚过重。储槐植教授认为，惩罚性措施的刑事政策选择存在“又严又厉”、“严而不厉”与“厉而不

---

① 参见［日］大谷实：《刑事政策学》，黎宏译，107 页，北京，法律出版社，2000。

② 参见杨春洗主编：《刑事政策论》，398 页，北京，北京大学出版社，1994。

③ 参见何秉松主编：《刑事政策学》，484 页，北京，群众出版社，2002。

严”三种情形。我国目前的情况是“厉而不严”，正确的选择应当是“严而不厉”①。“厉而不严”的主要表现是犯罪圈过小，起刑点过高，刑罚量过重。当然，这里的“厉而不严”是就刑法而言的，考虑到刑法之外大量存在的治安处罚和劳动教养法规，那么就可能是“又严又厉”。“严而不厉”要求扩大犯罪范围，将治安违法行为等都纳入犯罪范畴，同时严格限制死刑，减轻刑事惩罚的烈度，使刑罚在一定程度上轻缓化。

（三）矫正性措施

矫正性措施主要是通过监禁性的行刑活动或者非监禁性的行刑活动，实现刑事惩罚，并且在惩罚过程中对犯罪人进行矫正。矫正强调的是对罪犯的再教育，重新培训和再社会化。在英语中，矫正一词的词根是“取得资格”，它意味着适应，装备或者配备，训练或教育。② 但在中文中，矫正往往称为改造，具有转变、重新塑造之意。尽管两者在文字上存在某些差别，但在理念上是相同的，即通过矫正，达到个别预防的效果。应当说，把矫正观念引入行刑活动是具有重要意义的，它使行刑从单纯的刑罚实现中摆脱出来，注入了个别预防的目的，使行刑变成一种能动性的活动。矫正性措施的确定及矫正效果，是刑事政策不可或缺的内容。

1. 监禁性矫正措施

监禁性矫正措施，是指在一定的行刑设施，通常是指在监狱内对罪犯进行改造。改造的目的是通过对受刑人实施系统的强制手段，转换其犯罪观念和矫正其恶习，最大可能地预防再犯罪；改造的标准是社会共同生活的准则；改造的依据是绝大多数受刑人最终都要重返社会的现实；改造的内容可以分为思想改造、心理和行为矫治等；改造的方式则可以是强制性改造和扶助性改造等具体形式。③ 监禁具有将罪犯与社会相隔离，避免其危害社会，并在监禁状态下对罪犯进行矫

---

① 储槐植：《刑事一体化与关系刑法论》，305页以下，北京，北京大学出版社，1997。

② 参见［美］理查德·霍金斯、杰弗里·P. 阿尔珀特：《美国监狱制度——刑罚与正义》，孙晓雳等译，217页，北京，中国人民公安大学出版社，1991。

③ 参见王利荣：《行刑法律机能研究》，162页，北京，法律出版社，2001。

正的机能，因而是惩罚形式的现代化的表现之一。以监禁为内容的自由刑正是在这个意义上被称为近代刑罚之花。当然，监禁本身也存在一个悖论：一方面监禁使罪犯与社会相疏远，在长期监禁的情况下会使其逐渐丧失社会生活能力；另一方面，只要不是终身监禁，罪犯必将重返社会，因而要求其具有一定的社会生活能力。这个悖论是监禁刑所面临的。只有正确地解决了这个悖论，才能获得良好的监禁效果。因此，监禁性矫正措施应当尽量减少监禁刑的消极作用，对罪犯出狱以后的回归社会有所裨益。

我国在行刑活动中坚持教育与改造相结合的原则，在改造当中又强调劳动改造。教育与改造相结合的原则在历史上曾经发挥了重要作用，取得了重大成果。但在改革开放以后，监狱行刑面临新的挑战，尤其是在经济体制从计划经济向市场经济转变以后，监狱生产难以适应日益市场化的经济竞争局面。在这种情况下，监企分离就是十分必要的。监狱按照行刑活动的要求对罪犯依法监管，监狱企业逐步走向市场，并且按照市场规律办企业，监狱与企业之间形成平等主体之间的关系，监狱向企业提供劳务。这种形式使监狱劳动适应市场经济的发展。在这种新形势下，监狱矫正的内容与形式都会发生重大变化，刑事政策也应随之而进行适当的调整。

2. 非监禁性矫正措施

非监禁性矫正措施，是指在监狱之外对罪犯进行矫正的措施。监禁性矫正主要对于犯罪较重、需要予以监禁的罪犯实行；而对于那些犯罪较轻、不需要予以监禁的罪犯，往往判处非监禁刑，实行非监禁性矫正。非监禁刑是在监狱之外对犯罪人使用的刑事制裁方法的总和。[①] 随着刑罚轻缓化的发展，西方国家的刑罚出现了非监禁化趋势，非监禁刑在刑罚体系中占据着越来越重要的位置。非监禁刑对犯罪人不予关押，但并不意味着放任不管，在服刑期间要对犯罪人实行非监禁性矫正，例如英国广泛采用的社区矫正刑。英国的社区矫正刑，包含社区服务令，就是地方法院以刑事裁决的方式，判处罪行较轻的犯罪分子在一定数量的时

① 参见吴宗宪主编：《非监禁刑研究》，24页，北京，中国人民公安大学出版社，2003。

间内，必须为社区提供一定的义务劳动。通过此方式，达到服务社会，矫正犯罪心理，使犯罪人改过自新之目的，完成罪犯改造之任务。[①] 这种社区矫正刑是传统的监禁刑的一种替代措施，因此又被称为替刑，实际上是非监禁刑。

我国目前也正在借鉴外国的经验，实行社区矫正的试点。2003 年 7 月，最高人民法院、最高人民检察院、公安部、司法部联合下发了《关于开展社区矫正试点工作的通知》，号召在全国范围内开展社区矫正的试点工作。从目前的试点工作来看，这种社区矫正主要针对被依法判处管制、宣告缓刑、裁定假释、暂予监外执行的罪犯和刑满释放后继续被剥夺政治权利的人员，通过社区矫正机构对其进行统一管理，规定他们参加一定时间的社区劳动，对犯罪人进行教育改造。如果这种社区矫正的试点得以成功全面推广，则非监禁性矫正可以逐渐取代对某些轻罪的监禁性矫正，从而使刑罚向轻缓方向发展，降低监禁率，这对我国刑罚改造具有重要意义。

我国以往刑事政策的制定，主要是基于治安形势和犯罪率的考虑，因而在犯罪率上升的情况下强调“严打”，但“严打”导致监狱人口急剧增加，监狱设施难以承受。在这种情况下，监狱难以有效地对罪犯进行教育改造，出狱以后的再犯罪率高，由此形成恶性循环。因此，在刑事政策的制定当中，必须坚持刑事一体化的思想。只有这样，才能通过卓有成效的刑事法律活动达到预防犯罪的目的。

四

刑事政策是以预防犯罪为根本目的的，这是刑事政策作为一种公共政策的根本特征。我国学者在论及刑事政策的理论基础时，往往涉及刑事政策的价值目标这样一个命题，认为刑事政策的价值目标包括自由、正义和秩序等。[②] 还有学者

① 参见王运生、严军兴：《英国刑事司法与禁刑制度》，108 页，北京，法律出版社，1999。

② 参见何秉松主编：《刑事政策学》，211 页以下，北京，群众出版社，2002。

进一步对古典主义刑事政策思想、实证主义刑事政策思想、新社会防卫刑事政策思想的价值目标分别作了论述。例如，论者认为古典主义刑事政策的价值目标以保护自由、平等等个人权利为基本出发点，但在正义与程序的价值选择上却存在不同的观点。功利主义强调一般预防，注重对社会秩序的保护，只要以预防犯罪、保护社会秩序为目的或者服务于这一目的便是正当的，不需要考虑其他因素。这样，功利主义必然忽视或轻视作为法律的重要价值之一的正义。报应论者虽然也主张对社会秩序的保护，但他们始终把正义摆在第一位，对社会秩序的保护自然就被放在了次要的价值地位。[①] 上述对古典主义刑事政策的价值目标的论述，基本上是指其法律或者刑法价值思想的内容。那么，刑事政策与刑法是等同的吗？我的回答是否定的。实际上，报应论者强调的是刑法的正当性，因而在报应论者看来，刑罚是对犯罪的机械反应，不能成为追求某种价值目标的工具。正是在这个意义上，报应论者是不具有刑事政策思想的，因而也就不存在刑事政策的价值目标。刑事政策思想在功利主义者贝卡里亚那里萌芽，正如我国学者指出："贝卡里亚认为刑罚的本质是痛苦，它只是为遏止可能对社会造成的更大痛苦才被施加于犯罪人的，刑罚应当被严格地控制在必要限度以内，超越这一限度，它就转化成对社会的新侵害。贝卡里亚对刑罚本质的这种带有一定辩证性的认识，致使他非常注重运用刑罚的策略，即刑事政策问题。"[②] 贝卡里亚虽然能够自觉地运用刑事政策方法，但贝氏并没有发明"刑事政策"一词。一般认为，"刑事政策"（Kriminalpolitik）一词系在1980年，由刑法学者费尔巴哈（Feuerbach）在其所著刑法教科书中首先使用。继后由亨克（Henke）及李斯特（Franz V. Liczt）等学者普遍推广，逐渐为其他大陆法系国家所陆续使用而成为一门学问。[③] 因此，功利主义刑法学所强调的是刑法的合目的性，只有在合目的性的刑法观念之下，才有刑事政策思想存在的余地。从这个意义上来说，刑事政策与刑法是有所不同的：刑法作为一种法律，它可以成为追求自由、正义和秩序

① 参见严励：《刑事政策价值目标的追问》，载《政法论坛》，2003（5），74页。

② 黄风：《贝卡里亚及其刑法思想》，111页，北京，中国政法大学出版社，1987。

③ 参见张甘妹：《刑事政策》，1页，台北，三民书局，1979。

等各种价值目标的工具；但刑事政策必然是以追求预防犯罪为己任的。因此，正如希伯鲁（Hippel）指出："刑事政策者，乃将刑法之有效性，由合目的与否之立场加以考察者之谓也。"[①] 我认为，刑事政策追求的是刑罚对于预防犯罪的有效性，它不可能具有自由、正义等价值。问题在于，在刑事政策对于预防犯罪价值目标的追求当中，是否应当受到自由、正义等价值的限制，而这恰恰是刑事法治所关注的。

法国学者提出了刑事政策的模式这一概念[②]，认为刑事政策可以分为国家模式与社会模式两种类型，国家模式又可以分为自由社会国家模式、专制国家模式和极权国家模式。自由社会国家模式受自由思想影响。根据这一模式的结构，自由作为首要的价值有着双重保障：一是对犯罪和越轨进行区分的保障——社会团体对个人的压力有中断；二是对国家干预的范围进行限制的保障，将国家干预仅限在犯罪领域——压力强度的限制。专制国家模式与自由社会国家模式的区别是，在专制国家模式的基本结构中存在对越轨行为（只要越轨行为有或似乎有危险）进行国家反应的安全网。而极权国家模式将所有的偏离规范的行为用一个圆圈圈起来，对犯罪行为与越轨行为不加区分地进行围追堵截，将一种思维方式与行为方式强加给所有的人，一切的人都被同化、混合在一个完全一致的统一体中。一旦国家拥有了这样的手段或确立了这样的目标，不论其刑事政策的思想基础是什么，其政策模式就变成了极权国家模式。国家模式的共同之处在于它们都以国家为核心，都以国家反应来对付全部或部分犯罪现象。与此不同，社会模式排斥了一切国家反应，因而社会模式也更加复杂。刑事政策的社会模式可以分为自主社会模式与自由社会模式。自主社会模式的首要特征体现在对犯罪行为的社会反应方面。这里仍然能看到犯罪与越轨的区别。面临着国家的衰微，市民社会对犯罪现象承担起了责任，但在方式上仍然仿效国家。这种模式代表了赞同自主管理的思想，称为自主社会模式。而自由社会模式对犯罪与越轨不加区分，因而

---

① 张甘妹：《刑事政策》，4 页，台北，三民书局，1979。

② 参见［法］米海依尔·戴尔玛斯马蒂：《刑事政策的主要体系》，卢建平译，51 页以下，北京，法律出版社，2000。

是在没有国家的社会中对犯罪的反应。法国学者对刑事政策模式的论述，采用了韦伯类型学的分析方法，是刑事政策的一个理想类型。在论述当中，法国学者首先区分国家与社会，然后根据对犯罪的国家反应与社会反应的特征建构起各种刑事政策模式。我国学者将法国学者的这种分析方法称为“戴氏模式分析”，认为这种模式分析具有创新性，同时也指出了其不足。在此基础上，我国学者提出了刑事政策模式的国家本位型、国家—社会双本位型和社会本位型三种模型。[①] 我认为，我国学者对上述三种刑事政策模式的论述是较为可取的。对刑事政策模式的分析告诉我们：刑事政策在一个社会的实施不是自足的，而是受到这个社会的客观环境制约的。尤其是刑事政策作为一种对犯罪的反应，是与权力紧密联系在一起的。因此在考察刑事政策的时候，必须将刑事政策与政治制度结合起来。正是在这个意义上说，尽管刑事政策的目的都是预防犯罪，但达到这一目的的方式是有所不同的，因而刑事政策的模式也是有所不同的。

在极权主义制度下，刑事政策是通过重刑来达到的。例如中国古代的法家就曾经指出“刑期于无刑”的目的刑主义，期望通过惩罚犯罪来达到无刑的境界。可以说，“刑期于无刑”包含了丰富的刑事政策思想。但在当时封建专制制度下，从这种目的刑思想恰恰引申出重刑主义。例如，商鞅主张“以杀去杀，虽杀可也；以刑去刑，虽重刑可也”[②]。在解释“以刑去刑”时商鞅指出：“行罚，重其轻者，轻其重者，轻者不至，重者不来。此谓以刑去刑，刑去事成。”[③] 正如我国学者指出：商鞅的重刑思想与封建专制是紧密相连的。[④] 由此可见，在专制社会，为维护专制制度，统治者在追求刑事政策目的时可以不择手段，不受任何限制，因而陷入重刑主义的泥潭。同样是追求预防犯罪的效果，贝卡里亚作为一个自由主义者与人道主义者，以自由与人道去限制对刑罚功利的追求。因此，从刑

① 参见严励：《刑事政策的模式建构》，载陈兴良主编：《刑事法评论》，第13卷，254页以下，北京，中国政法大学出版社，1993。

② 《商君书·画策》。

③ 《商君书·靳令》。

④ 参见周密：《商鞅刑法思想及变法实践》，41页，北京，北京大学出版社，2002。

事政策发展来看，这是一个人道主义阶段。贝卡里亚是一个功利主义者，但同时更是一个人道主义者。贝氏从人道主义出发，坚定地主张刑罚的宽和。当然，刑罚宽和的理由仍然是功利的。例如，贝卡里亚反对酷刑，并非简单地陈述其反人道性，而是论证残酷的刑罚将会使刑罚的效果发生贬值，因而将功利主义与人道主义巧妙地结合起来。例如，贝卡里亚指出："刑罚的残酷性还造成两个同预防犯罪的宗旨相违背的有害结果。第一，不容易使犯罪与刑罚之间保持实质的对应关系。因为，无论暴政多么殚精竭虑地翻新刑罚的花样，但刑罚终究超越不了人类器官和感觉的限度。一旦达到这个极点，对于更有害和更凶残的犯罪，人们就找不出更重的刑罚以作为相应的预防手段。第二，严酷的刑罚会造成犯罪不受处罚的情况。人们无论是享受好处还是忍受恶果，都超越不了一定的限度。一种对于人性来说是过分凶残的场面，只能是一种暂时的狂暴，绝不会成为稳定的法律体系。如果法律真的很残酷，那么它或者必须改变，或者导致犯罪不受处罚。"①从人道主义出发，使贝卡里亚的刑事政策思想充满人性，其对刑罚功利效果的追求受到自由和正义等更高价值的限制。因此，专制社会与法治社会，在对刑事政策目的的追求上是截然有别的。在法治社会，刑事政策受到以下限制。

（一）罪刑法定原则的限制

刑事政策是以追求预防犯罪为目的的，但在法治社会，对这一目的的追求受到罪刑法定原则的限制。德国刑法学家李斯特是刑事政策的倡导者之一，但他竭力主张罪刑法定是刑事政策不可逾越的樊篱，认为目的刑思想受到的重要限制包括：（1）不得为了公共利益而无原则地牺牲个人自由。尽管保护个人自由因不同历史时期人们对国家和法的任务的认识不同而有所不同，但是，有一点是一致的，即在法治国家，只有当行为人的敌对思想以明文规定的行为表现出来，始可科处行为人刑罚。犯罪行为的界限应尽可能地从客观方面来划定，该原则也适用于未遂犯罪和共同犯罪。只有这样，才能保证准确无误地区别应受处罚的行为和不应受处罚的行为。（2）立法应将存在于人民中间的法律观，作为有影响的和有

① ［意］贝卡里亚：《论犯罪与刑罚》，黄风译，44页，北京，中国大百科全书出版社，1993。

价值的因素加以考虑，不得突然与这种法律观相决裂。（3）在谈到刑罚对犯罪人的效果时，我们不可忽视其对社会的反作用，即对整个社会的影响。过分强调矫正思想对于全民的法律意识及国家的生存，都会造成灾难性的后果，如同对偶犯处罚过于严厉，对不可矫正的罪犯处罚过于残酷会带来灾难一样，目的刑思想有其界限。不考虑所要达到的目的，而一味地强调自我保护方法，永远也不会收到满意的效果。（4）无论对个人还是对社会，预防犯罪行为的发生要比处罚已经发生的犯罪行为更有价值，更为重要。[①] 李斯特看到了目的刑主义被绝对化以后可能带来的消极后果，主张刑事政策对预防犯罪的追求应以罪刑法定为限制，这表明李斯特的目的刑主义是一种罪刑法定范围内的目的刑主义，李斯特的刑事政策是法治国的刑事政策。

罪刑法定原则意味着法无明文规定不为罪，对国家刑罚权加以严格限制，因而具有限制机能，它是以保障公民个人的权利与自由为己任的，是法治社会刑法的内在精神。在法治社会，刑事政策之所以不得逾越罪刑法定的界限，是因为刑事政策是以国家权力作用——强制手段为中心的政策，如果不加以限制，就有侵犯人权之虞。正如日本学者指出：对惯犯实施预防性的监禁措施，对防止其犯罪来说是明显有效的，但是，在不能确认其具有反复犯罪的现实危险性的情况下所采取的预防性监禁措施，则是不能允许的侵犯人权的行为。因为，采取侵犯人权的犯罪防止手段，会导致国民对刑事司法的不信任，招致同刑事政策所具有的维持社会秩序的目的相反的结果。[②] 因此，在当今世界各国，尽管刑事政策一再受到强调，但罪刑法定作为刑法的铁则，仍然发挥着重要的作用。

在论及罪刑法定原则对刑事政策限制的时候，涉及一个重大的问题，这就是刑法的刑事政策化或者刑事政策的刑法化问题。随着刑事政策思想的传播，出现了刑法的刑事政策化或者刑事政策的刑法化的趋势。在这里，我讨论的并不仅仅是刑事政策的法律化问题。关于刑事政策的法律化，我国学者认为是指国家将刑

---

① 参见［德］李斯特：《德国刑法教科书》，徐久生译，20－21页，北京，法律出版社，2000。

② 参见［日］大谷实：《刑事政策学》，黎宏译，6页，北京，法律出版社，2000。

事政策转化为法律，或者说刑事政策通过法律的形式表达和实现。[①] 刑事政策的法律化虽然也涉及刑法如何体现刑事政策的问题，但它更多的是从政策与法律的关系这一点上泛泛而言的。刑事政策对于刑事立法具有直接指导意义，刑事政策的变化必然导致刑法的修改，并且在刑法中反映或者体现刑事政策的精神，这都是毫无疑问的。但我这里所说的刑法的刑事政策化或者刑事政策的刑法化是具有特定内涵的，它是指在刑法中更多地引入刑事政策思想，使刑法更多地追求对犯罪惩治的有效性。因此，刑法的刑事政策化使刑事政策的旨趣在刑法中得到更为彻底的贯彻。将保安处分制度在刑法中加以确立，可以说是刑法的刑事政策化的最直接的体现。我认为，相对于将刑法视为对犯罪的机械反应的报应论来说，刑法的刑事政策化试图在刑法中增加能动性，使刑法发挥预防犯罪、防卫社会的功效，这无疑是正确的。因此，适度的刑法的刑事政策化是值得肯定的。但过于强调刑法的刑事政策化，使刑法沦为实现刑事政策工具的倾向是危险的，也是应当警惕的。即使是将保安处分引入刑法，仍然应受法定主义的限制。日本学者曾经对保安处分的法定主义作过论述，指出：为保护对象者的人权，在法律中规定保安处分，以调和其同实现防卫社会的目的的关系，确有必要。这便是所谓保安处分法定主义。在规定保安处分时，有必要规定同被处分者有关的社会危险性以及保安处分的种类、内容、期间等。特别是为使社会危险性的要件尽可能地客观化，应以现实地实施了一定的犯罪行为为要件，因此，对保安处分的宣告，不应该由行政机关，而应由法院进行。这样，保安处分是由刑事法院所宣告的，以隔离、治疗、改造为目的的处分的定义便成为通说。另外，在有关被处分者人权的保障上，禁止类推解释及不溯及既往等罪刑法定主义的派生原则也应适用。[②] 由此可见，保安处分的法定主义对人权保障具有重要意义。否则，刑法在追求惩治犯罪的有效性的同时有可能丧失其手段的正当性，这与法治社会的刑法精神是背道而驰的。

---

① 参见何秉松主编：《刑事政策学》，344 页，北京，群众出版社，2002。

② 参见［日］大谷实：《刑事政策学》，黎宏译，152 页，北京，法律出版社，2000。

（二）罪刑均衡原则的限制

罪刑均衡追求的是犯罪与刑罚之间的对称性与比例性，因而体现刑法的公正性。罪刑均衡是报应主义的题中应有之义，当然，个别功利主义者，例如贝卡里亚主张的罪刑阶梯，尽管在内在逻辑上不同于报应主义的罪刑均衡，但在外观上是十分类似于罪刑均衡的。罪刑均衡与刑事政策是否具有相容性，是一个值得研究的问题。

在报应论者看来，罪刑均衡与刑事政策是不具有相容性的，并且以罪刑均衡排斥对任何刑事政策的追求。例如，康德主张等量报应的观点，把这种等量报应称为支配公共法庭的唯一原则，根据这一原则可以明确地决定在质和量两方面都公正的刑罚。美国学者在评论康德的等量报应论时指出："根据康德式古典报应论观点，这完全是个正义问题，而不是什么威慑效果问题。公正的量刑就是由于侵害行为的性质而应当的、值得的量，在康德看来公正的刑罚手段是相等：刑罚的严重性应当相等于侵害行为的道德严重性［表面上它是非法行为和侵害人当罚性程度两者的作用，这符合于 Lex tationis（'以牙还牙'）的'精神'］。重要的是要注意到，尽管刑罚的正确性问题和刑罚的公正量刑问题是不同的，但是许多学者并没有分别给予论述。康德看来就是其中之一。大致看来，如果有一种对所有罪犯都施以与其行为等量的刑罚的责任，那么也就有一种惩罚所有罪犯的责任了。这种等量化观点的一个权威性论据，是诉诸关于普遍正义和世界的道德统治的古老观念。"① 由此可见，康德的等量报应的观点虽然有过于绝对化与机械化之嫌，但他引入道德观念，使刑法道义化，体现了刑法对古老的公正观念的追求。当然，康德绝对排斥刑法对于任何功利效果的追求，认为刑法不能成为追求另一种善的手段，从而将罪刑均衡与刑事政策对立起来。

而贝卡里亚从使用多重的刑罚足以遏制犯罪这一功利主义的角度出发提出了罪刑均衡问题，指出："公众所关心的不仅是不要发生犯罪，而且还关心犯罪对社会造成的危害尽量少些。因而，犯罪对公共利益的危害越大，促使人们犯罪的

---

① ［美］戈尔丁：《法律哲学》，齐海滨译，189 页，北京，生活·读书·新知三联书店，1987。

力量越强，制止人们犯罪的手段就应该越强有力。这就需要刑罚与犯罪相对称。”① 显然，贝卡里亚认为只有罪刑均衡的刑法才能达致预防犯罪的效果，过轻的刑罚不足以制止犯罪，而过重的刑罚不仅是浪费的而且是专制的。在这样一种论述当中，罪刑均衡与刑事政策就不再是排斥的，而是可以相容的。我认为，罪刑均衡与刑事政策的相容性是应当承认的，在罪刑均衡的范围内我们可以追求刑事政策预防犯罪的目的。但是，罪刑均衡又并非刑事政策的题中之意，对于刑事政策的过分追求必然导致对罪刑均衡原则的违反。正如同我国古代的法家，从追求刑法的功利效果出发，得出重刑主义的结论。为此，应当以罪刑均衡限制刑事政策。质言之，刑事政策不应违反公正观念。

我国长期实行“严打”刑事政策，在此同样存在一个如何不违反罪刑均衡原则的问题。我国《刑法》第 5 条规定了罪刑均衡原则：“刑罚的轻重，应当与犯罪分子所犯罪行和承担的刑事责任相适应。”作为刑法基本原则，罪刑均衡应当在刑事立法与刑事司法两个方面得到切实的贯彻，“严打”刑事政策也同样应当受到罪刑均衡原则的限制。为使“严打”与罪刑均衡原则相吻合，必须强调依法从重，从而避免走向重刑主义。

（三）刑罚谦抑原则的限制

刑罚谦抑，是指对刑罚加以严格限制，使之存在于必要的限度之内。因此，刑罚谦抑原则也可以表达为刑罚必要性原则。贝卡里亚曾经将刑罚的必要性与刑罚的正当性相等同，在贝卡里亚看来，只有必要的刑罚才是公正的，超过必要限度的刑罚，即使有利于预防犯罪，也是不正当的。这种刑罚谦抑的思想，是法治社会刑法的应有理念。我国台湾地区学者在论及刑事政策的刑罚谦抑主义原则时指出：刑罚谦抑主义之原则，即排除刑罚万能的思想。刑罚虽在今日仍不失为对付犯罪之主要手段，但并非唯一的手段。刑事学研究之发达，更证实仅盲目地科以严刑峻罚，并不足以达到预防犯罪之效果。因此，论者指出：刑事政策本身即

① ［意］贝卡里亚：《论犯罪与刑罚》，黄风译，65 页，北京，中国大百科全书出版社，1993。

根据此刑罚谦抑思想而发达。① 这里同样涉及刑事政策与刑罚谦抑的关系问题。应当说，刑事政策观念本身也存在一个历史演变过程。在专制社会，为达到预防犯罪的目的不惜严刑苛罚。只是在启蒙运动以后，随着理性主义的勃兴和刑事政策的科学化与人道化，刑罚谦抑思想才开始主导刑事政策。对于这一刑事政策的演变，日本学者曾经指出：犯罪防止对于社会共同生活来说是必不可少的，因此，可以说，刑事政策在人类社会生活的起始之初便已存在。但是，探讨防止犯罪的合适、有效的手段，并将其作为国家的系统性的政策——刑事政策而加以推进的自发性认识，则是在欧洲启蒙运动时期才出现的。在此之前，仅是强调以死刑为中心的量刑手段进行威慑来达到防止犯罪的目的的。特别是在近代社会的初期，由于正处于从封建专制向近代国家过渡的时期，社会局势动荡不安，滥用暴刑的倾向极为明显。例如，1532 年查理五世制定的《加洛林纳刑法典》因给这种残暴的刑事政策赋予了正当性而在刑事政策史上恶名远扬。② 因此，刑事政策并非必然具有刑罚谦抑性，在专制社会里，对刑事政策的追求，可能导致刑罚过度与刑罚泛滥。只有在现代法治社会，刑事政策才在刑罚谦抑主义的基础上得以展开。

刑罚谦抑原则对刑事政策的限制，首先表现为刑罚在犯罪防范体系中的作用的降低，刑罚万能观念的破除，各种刑罚替代措施的出台。刑罚对于预防犯罪，无论是一般预防还是个别预防，都是具有一定作用的，但这种作用以往常常被夸大，因而使人陷入刑罚迷信当中难以自拔。实际上，刑罚的作用是有限的，尤其是刑罚对于犯罪是一种治标不治本的方法。正是基于这样一种认识，在西方社会出现了非犯罪化与非刑罚化的趋势。例如，日本学者对非刑罚化作了分析，认为存在两种形态的非刑罚化：第一种形态的非刑罚化是指虽然把某种行为类型作为犯罪（例如盗窃）科处刑罚，但是作为对照犯罪人处遇的理念而考察刑罚介入的妥当性和待遇效果的结果，以非刑罚的处分（例如，对少年的保护处分）来代替

① 参见张甘妹：《刑事政策》，18 页，台北，三民书局，1979。

② 参见［日］大谷实：《刑事政策学》，黎宏译，7 页，北京，法律出版社，2000。

刑罚。第二种形态的非刑罚化是指不把相当于违警罪的轻微违法行为作为犯罪，而规定对其科处行政制裁的立法动向。无论上述何种形态的非刑罚化，在其理论基础上都和表现为自由刑宣告的回避、自由刑执行的回避、犯罪人的社会处遇化、刑罚与保安处分的一元化等一系列制度的刑事思潮即刑法的谦抑主义、刑事制裁的合理性、人道化的思想具有联系。[①] 由此可见，在刑罚谦抑原则的指导下，刑罚得以进一步收缩，尤其是英美国家目前正在兴起的恢复性司法，对于传统的刑法制度无疑是一场革命。恢复性司法是一种通过恢复性程序实现恢复性后果的非正式犯罪处理方法。所谓恢复性程序，是指通过犯罪人与被害人之间面对面的协商，并经过以专业人员或社区志愿者充当的中立的第三方的调解，促进当事方的沟通与交流，确定犯罪发生后的解决方案。所谓恢复性结果，是指通过道歉、赔偿、社区服务、生活帮助等使被害人因犯罪所遭受的物质、精神损失得到补偿，使被害人的受犯罪影响的生活恢复常态；同时，也使犯罪人通过积极的负责任的行为重新取得被害人及其家庭和社区成员的谅解，并使犯罪人重新融入社区。[②] 恢复性司法改变了传统刑罚模式，对于刑事政策也具有重要影响。我国学者认为，恢复性司法是从国家本位的刑事政策向国家—社会双本位的刑事政策转变的标志。恢复性司法运动主张在唤起犯罪人的责任感，包括其赔偿犯罪造成的损害、恢复社会安宁的义务感的基础上，用预防性的、恢复性的刑事政策取代惩罚性的、报应性的刑事政策，认为有效的刑事政策是恢复犯罪被害人被侵犯的权利，恢复公众的社会和道德意识，加强法律秩序。这种恢复性刑事政策不仅主张最低限度的压制，而且主张通过对大量犯罪的非犯罪化和创设替代刑事司法的社会性机构，限制刑事司法的活动范围。[③] 尽管恢复性司法的成效还有待于检验，并且它还存在适用范围上的局限性，但恢复性司法所带来的刑事政策的变化值得

---

① 参见［日］森下忠：《犯罪者处遇》，白绿铉等译，175 页以下，北京，中国纺织出版社，1994。

② 参见张庆方：《恢复性司法——一种全新的刑事法治模式》，载陈兴良主编：《刑事法评论》，第 12 卷，433 页，北京，中国政法大学出版社，2003。

③ 参见梁根林：《解读刑事政策》，载陈兴良主编：《刑事法评论》，第 11 卷，26 页，北京，中国政法大学出版社，2002。

我们充分注意。

刑罚谦抑原则对刑事政策的限制，还表现在刑罚的轻缓化，即刑罚量的降低。在传统的刑事政策模式下，重刑是被推崇的，尤其是死刑大量被适用。随着刑罚谦抑思想的流传，重刑观念逐渐被抛弃，死刑也由限制向废除的方向发展。死刑，又称极刑，是刑罚之最重者。死刑在刑罚体系中地位的变化，尤其是死刑从存到废的历史演变，是刑罚谦抑的最重要标志。在论及死刑的刑事政策方面的意义时，日本学者指出：即使从犯罪对策的观点来看，也很难看出存置死刑的积极意义，但是，因此便可以说死刑是不具有刑事政策意义的不合理的刑罚吗？刑罚正当化的理由虽然是实现抑制犯罪的目的，但其终极目的却在于维持社会秩序。因此，为维持社会秩序，满足社会的报复情感，维持国民对法律的信赖，死刑便显得极为重要。在国民的一般法律信念中，只要对于一定的穷凶极恶的犯人应当处死刑的观念还存在，在刑事政策上便必须对其予以重视。现代死刑的刑事政策上的意义，恰好就在于此，因为有关死刑存废的问题，应根据该社会中的国民的一般感觉或法律信念来论。[1] 我认为，不仅死刑，而且所有刑罚的轻重都存在一个社会认同的问题。刑罚的轻缓化是逐渐为社会所接受的。尽管如此，我们仍应对刑罚轻缓的发展趋势抱有期望。

（本文原载《江苏社会科学》，2004（5））

① 参见［日］大谷实：《刑事政策学》，黎宏译，112－113页，北京，法律出版社，2000。

刑法的刑事政策化及其限度

刑法与刑事政策的关系日益受到我国刑法学界的重视。这个问题可以分为法律与理论两个层面。在理论层面，它主要是一个在刑法教义学中如何贯彻刑事政策的问题；在法律层面，它则是一个在刑事立法与刑事司法中如何贯彻刑事政策的问题。当然，这两个问题具有内在联系。可以说，刑法与刑事政策关系的理论层面问题是其现实法律问题的一个投影。本文拟以严打刑事政策与宽严相济刑事政策对我国刑事立法与刑事司法的影响为视角，对刑法与刑事政策的法律层面的问题，即刑法的刑事政策化问题，进行初步探讨。

一、刑法的刑事政策化的概念界定

刑法的刑事政策化，也称为刑事政策的刑法化。刑法的刑事政策化与刑事政策的刑法化，其实是一个问题、两种表述，只是视角稍有不同而已。具体而言，刑事政策的刑法化描述的是动态的刑事立法过程，而刑法的刑事政策化则是前者的结果。我们所说的刑法的刑事政策化，是指在刑法中贯彻刑事政策的内容，从而使刑法成为落实与实现刑事政策的工具。我国学者曾经对刑法的刑事政策化进行了以下界定："所谓'刑法的刑事政策化'，就是在刑法的制定和适用过程中，考虑刑事政策，并将其作为刑法的评价标准、指引和导向。"[①] 这一论述揭示了刑事政策对于刑法的评价标准、指引和导向这三个作用，以此作为刑法的刑事政策化的内涵，我认为是可取的。刑法的刑事政策化涉及对刑法与刑事政策这两种现象的正确理解，因此需要分别加以阐述。

刑法与刑事政策是两种不同的现象：刑法是法律现象，主要是指刑法典，它以法条的形式呈现，是立法活动的结果，也是司法活动的根据。因此，刑法在一个国家发挥着重要的作用，这就是刑法的人权保障与社会保护的双重功能。而刑事政策则区别于法律，是一种政策。政策属于政治的范畴，是指政治决断与决策。因此，刑事政策实际上是刑事政治。例如，我国学者卢建平提出了刑事政治的概念，认为刑事政策就是治国之道，刑事政策其实是应该翻译成刑事政治的，而犯罪问题从来就应该是一个公共政策问题，他指出："只有将刑事政策上升到政治的层面，才有可能考虑市民社会在刑事政策体系中的地位与作用，政治国家与市民社会双本位的二元犯罪控制模式的实现才是可能的，国家主导、社会力量广泛参与的综合治理的政策特色才能充分显示出来，作为'治道'的刑事政策的本色也才能得到完全的展示。"[②] 刑法与刑事政策的关系就是法律与政治关系的一个面相，它深刻地折射出一个国家的法治水平与政治生态。

我国在相当长的一个时期内，受到法律虚无主义思想的影响，处于无法无天的地步，刑法受其祸害尤甚。在 1979 年之前，我国都没有制定刑法典，只有为数极少的单行刑法。在这种情况下，主导我国司法活动的就是党的政策。这是一个只有政策没有法律的年代，也是一个以政策代替法律的年代。我国学者武树臣教授将这种实际发挥着法律作用的政策称为政策法，他指出："所谓'政策法'是指这样一种不稳定的法律实践形态，即在管理国家和社会生活的过程中，重视党和国家的政策，相对轻视法律的职能；视政策为灵魂，以法律为政策的表现形

---

① 黎宏：《论"刑法的刑事政策化"思想及其实现》，载《清华大学学报》（哲学社会科学版），2004（5）。

② 卢建平：《作为"治道"的刑事政策》，载《华东政法学院学报》，2005（4）。

式和辅助手段；以政策为最高的行为准则，以法律为次要的行为准则；当法律与政策发生矛盾与冲突时，则完全依政策办事；在执法过程中还要参照一系列政策。”① 这个意义上的政策法，其实是通过政策的社会治理，而非通过法律的社会治理。因此，所谓“政策法”乃是对无法状态下的规范现象的概括。

刑法的刑事政策化可以区分为两个环节，即立法的刑事政策化与司法的刑事政策化。

（一）立法的刑事政策化

立法的刑事政策化，是指通过立法活动将刑事政策的内容贯彻到刑法条文当中，获得法律的确认。因此，立法的刑事政策化就是刑事政策被刑法所确认的过程，也是一个刑事政策立法化的过程。

立法的刑事政策化是与刑事立法活动密切相关的，反映了刑事政策对于刑事立法的指导作用。我国从 1979 年开始了法治重建阶段，其中 1979 年 7 月 1 日颁布的《刑法》标志着我国进入一个通过法律的社会治理的时期。在这种情况下，我国开始了刑法的刑事政策化的立法进程。1979 年《刑法》第 1 条明确规定了惩办与宽大相结合是刑法的制定根据，并在刑法中达到了充分体现。高铭暄教授曾指出：“惩办与宽大相结合是我们党和国家同犯罪作斗争的基本刑事政策。根据这项政策精神和实践经验，我国刑法针对犯罪的不同情况作了一系列区别对待的规定。例如，对主犯从重处罚，对从犯比照主犯从轻、减轻处罚，对胁从犯比照从犯减轻处罚或者免除处罚；累犯和惯犯从严，偶犯从宽；抗拒从严，自首的、立功的从宽；历史从严，现行从宽；未成年人犯罪从宽，教唆未成年人犯罪从严等。这些规定，使惩办与宽大相结合的政策具体化、条文化，有利于继续发挥这项政策的巨大威力。”② 在此，高铭暄教授提出了刑法是刑事政策的具体化、条文化的命题，是对刑事政策的刑法化的生动说明。

刑事政策的立法化是一个将实质合理性转化为形式合理性的过程。在立法的

① 武树臣：《三十年的评说——“阶级本位．政策法”时代的法律文化》，载《西北政法学院学报》，1993（5）。

② 高铭暄：《中华人民共和国刑法的孕育与诞生》，21 页，北京，法律出版社，1981。

过程中，立法者需要通过有效的立法活动，将实质的价值需求以法条的形式体现出来。

（二）司法的刑事政策化

司法的刑事政策化是指在司法活动中贯彻刑事政策的精神，使刑事政策成为司法活动的指针。立法的刑事政策化是较为容易被接受的，但司法的刑事政策化则容易引起疑虑。在理论上存在这样一种认识：既然立法已经将刑事政策的精神贯穿在刑法典当中，在司法活动中，只要严格依照刑法规定处理，就已经能够实现刑事政策。为什么还要追求司法的刑事政策化？

这一问题实际上涉及司法的刑事政策化与罪刑法定原则的关系问题。如果立法能够十分完美地将实质的价值内容在刑法条文中予以确认，则司法活动就能自然地将刑事政策的精神体现在个案处理之中，因而也就没有必要再强调司法的刑事政策化。甚至，司法的刑事政策化还会有违反罪刑法定原则之虞。这种认识是建立在立法乌托邦基础之上的，但其前提并不存在。事实上，完美无瑕的法律是不存在的，中国自古以来就有“法有限，情无穷”之说，它深刻地揭示了法的有限性与情的无穷性之间的矛盾，这就是法律的天然缺陷之所在。在我国刑法中，刑法总则中的概括性条款与刑法分则中的兜底式罪名所在多有。这些法律的缝隙，甚至法内漏洞都需要进行价值填补。而刑事政策就是这些缝隙的有效勾缝剂与漏洞的最好填充物。因此，司法的刑事政策化是不可或缺的。司法活动并不是机械适用法条的过程，而需要对法律精神进行探究，对规范目的加以揭示。这种机能性的司法要求以刑事政策为根据。

二、刑法刑事政策化的现实描述

如前所述，1979 年《刑法》颁行以后，我国初步在刑事司法活动中解决了无法可依的问题，刑事法治的格局初步建立。但在此后三十多年的历程中，我国的刑事立法与刑事司法都与刑事政策结下了不解之缘。刑事政策对我国刑法的影响之大、之深，是其他国家所没有的。我们首先需要对这种现象加以描述，在此基础上才能对这种现象加以评判。

（一）“严打”刑事政策的刑法化

随着20世纪80年代初期我国经济体制改革的启动，社会面貌发生了重大变化，犯罪高潮随之而来。在这种情况下，我国进入了一个“严打”时代。“严打”始自1983年。以1983年8月全国政法工作会议召开和同年9月2日全国人大常委会通过的《关于严惩严重危害社会治安的犯罪分子的决定》（以下简称《从重决定》）和《关于迅速审判严重危害社会治安的犯罪分子的程序的决定》（以下简称《从快决定》）为标志，“严打”正式启动。“严打”是“依法从重从快严厉打击严重刑事犯罪活动”的简称。它已经约定俗成，广为人知。

“严打”已经成为1980年以来我国奉行的一项重要刑事政策，对于刑事立法与刑事司法都具有重要指导意义。至于“严打”刑事政策与惩办和宽大相结合的刑事政策之关系，在我国刑法学界一般都是在惩办与宽大相结合的框架下理解“严打”政策的，认为两者之间是基本刑事政策与具体刑事政策的关系。例如，我国学者指出：“依法从重从快是在我国基本刑事政策指导下的具体政策。我国的基本刑事政策是惩办与宽大相结合，依法从重从快与基本刑事政策是一致的。在社会治安形势严峻的情况下，就要对那些严重刑事犯罪分子严加惩办，打击其嚣张气焰，扭转社会治安局面。与此同时，在任何时候，都要贯彻我国的基本刑事政策，要根据犯罪分子的不同情况，区别对待，该宽则宽，该严则严，宽严相济。我们在提出依法从重从快打击的同时，又提出了分化瓦解和教育改造，并非只有从重的一面。从重从快打击的对象是有范围限制的，而且对于他们中投案自首、坦白交代的，同其他种类的犯罪分子一样，要依法从轻，以利于分化瓦解。至于对一般的轻微犯罪，特别是其中的未成年人犯罪，则坚持教育、感化和挽救的方针。这种在基本刑事政策指导下的从重从快方针，与所谓的‘重刑主义’不可同日而语。”[①] 这一观点力图证明惩办与宽大相结合的刑事政策与“严打”刑事政策之间的一致性，并且强调在“严打”运动中同样应当贯彻惩办与宽大相结

① 张穹主编：《“严打”政策的理论与实务》，84页，北京，中国检察出版社，2002。

合的刑事政策，其用心当然是好的。但是，如果从实然层面分析，我认为在一定程度上，“严打”刑事政策其实已经取代了惩办与宽大相结合的刑事政策。其最为明显的标志是 1997 年《刑法》修订，在《刑法》第 1 条中删除了惩办与宽大相结合的内容。在解释删除理由时，立法者指出：“由于刑法已经根据犯罪的不同情况作了一系列的区别对待的规定……这一政策已体现在具体规定中，因此，刑法中不再单独专门规定惩办与宽大相结合的政策。”① 这一说明并不能彻底消除人们对在 1997 年《刑法》修订中删除惩办与宽大相结合政策的疑虑。因为在刑法中已有体现并不能成为删除的充分理由。正如罪刑法定原则也并不以它已经在刑法中得以体现而没有必要加以规定一样，这种规定本身所具有的宣示意义是不可替代的。因此，我认为 1997 年《刑法》修订中删除惩办与宽大相结合政策的规定是意味深长的，如果不是对这一刑事政策的直接否定，至少在“严打”的氛围下它是有些不合时宜的，不明不白地删除倒不失为处置之道。严打刑事政策的刑法化，体现在刑事立法与刑事司法两个层面。

1. “严打”刑事政策在立法层面的体现

从刑事立法层面来看，“严打”的号令一出，随之而来的是刑法的大规模修改，其基本方向是改轻为重。1983 年 9 月，全国人大常委会通过了《从重决定》和《从快决定》。《从重决定》规定，对流氓罪，伤害罪，拐卖人口罪，非法制造、买卖、运输或者盗窃、抢夺枪支、弹药、爆炸物罪，组织反动会道门、利用封建迷信进行反革命活动、严重危害社会治安的，以及引诱、容留、强迫妇女卖淫罪的犯罪分子，可以在刑法规定的最重刑以上处刑，直至判处死刑。此外，还新增传授犯罪方法罪，最高可判处死刑。《从重决定》新增 7 种死刑罪名，且这些死刑是常见罪的死刑，可以说是“大开杀戒”。《从快决定》规定对杀人、强奸、抢劫、爆炸和其他严重危害公共安全的犯罪分子，主要犯罪事实清楚，证据确凿，民愤极大的，可以不受《刑事诉讼法》第 110 条规定的关于起诉书副本送达被告人期限以及各项传票、通知书送达期限的限制；被告人的上诉期限和人民

① 胡康生、李福成主编：《中华人民共和国刑法释义》，1、2 页，北京，法律出版社，1997。

检察院的抗诉期限，由《刑事诉讼法》第131条规定的10日改为3日。在“严打”期间，某地曾经创造了从故意杀人案件发生到对杀人犯执行死刑只有6天时间的最短纪录，充分体现了从快惩处的精神。在1983年“严打”以后，一直到1997年《刑法》修订之时，全国人大常委会通过了24个《决定》和《补充规定》，增设罪名数十种，死刑罪名也大为增加：从1979年《刑法》的28个死刑罪名增至74个死刑罪名。

2．“严打”刑事政策在司法层面的体现

从刑事司法层面来看，“严打”是一项重要的刑事措施，它几乎成为一个持续的运动。从1983年9月开始，我国开展过三次大规模的“严打”运动。第一次从1983年9月至1987年1月，这次“严打”将杀人，强奸，抢劫，爆炸，流氓，致人重伤或者死亡，拐卖人口，非法制造、买卖、运输或者盗窃、抢夺枪支、弹药、爆炸物，组织反动会道门，引诱、容留、强迫妇女卖淫，传授犯罪方法等危害社会治安的犯罪确定为打击重点。第二次从1996年4月至1997年2月，打击重点为杀人、抢劫、强奸等严重暴力犯罪和流氓犯罪、涉枪犯罪、毒品犯罪、流氓恶势力犯罪以及黑社会性质的犯罪等严重刑事犯罪。第三次从2001年4月开始，为期两年，将带黑社会性质的团伙犯罪和流氓恶势力犯罪、爆炸、杀人、抢劫、绑架等严重暴力犯罪及盗窃等严重影响群众安全的多发性犯罪确定为重点打击对象。每次“严打”运动，又分为若干“战役”或者“行动”。例如，1983年“严打”部署了三次战役，1996年“严打”则有4月至6月为期3个月的“专项斗争”和12月至次年2月的“冬季整治行动”，因而使“严打”带有明显的军事色彩。

应该说，从1983年以来，我国实行“严打”刑事政策不是偶然的，它是我国对伴随着社会转型时期出现的大规模犯罪浪潮的一种反应。我国学者曾经对社会转型时期的社会控制问题进行了研究，认为在一定意义上，社会转型就是社会秩序的转型，而这一转型也就意味着社会控制机制的转型。[①] 犯罪问题的根本解

① 参见宫志刚：《社会转型与秩序重建》，364页，北京，中国人民公安大学出版社，2004。

决，当然有赖于社会秩序的重建和社会控制模式的转换。这是一项需要较长时期才能达致的改革目标，难以立即奏效。但又必须对高发的犯罪作出及时应对，以保证经济体制改革的顺利进行和社会生活的正常开展。而“严打”就是这种应对方式，通过“严打”在短时间内有效压制犯罪，为改革争取时间。从这个意义上来说，在20世纪80年代开始的“严打”，是在当时历史条件下的一种无奈的选择。从实际情况来看，“严打”确实起到了压制犯罪发展态势的作用。当然，我们也必须看到，“严打”作为一种国家对犯罪的控制方式，有着其局限性。

（二）宽严相济刑事政策的刑法化

进入新世纪以后，我国的社会、经济形势发生了重大的变化，尤其是法治建设的发展与人权观念的觉醒，需要对严打刑事政策进行深刻的反思，并在条件成熟的情况下对刑事政策进行必要的调整。在这一背景中，宽严相济刑事政策于2005年前后被提出，并首先在司法实践中加以贯彻，取得了较好的成效，获得了社会的认同。在这种情况下，2011年全国人大常委会通过的《刑法修正案（八）》根据宽严相济刑事政策的精神对刑法典作了较大幅度的修改，从而实现了宽严相济刑事政策的立法化。

1. 从宽刑事政策的立法体现

在《刑法修正案（八）》当中，某些修订体现了宽缓的刑事政策精神。从宽的修订主要体现在以下四个方面。

（1）对老年人的宽大处理

《刑法修正案（八）》对已满75周岁的老年人作出了宽大处理的规定，这对我国刑法是一个重要补充。应该说，我国古代刑法历来就有矜老恤幼的传统。在我国刑法中，恤幼精神体现得较为明显。例如，对未成年人犯罪从轻量刑、不适用死刑等。但矜老精神则没有得到应有的体现，当然这与老年人犯罪整体较少，尚未成为一个突出的社会问题有关系。《刑法修正案（八）》首次在刑法中体现了矜老的立法精神。《刑法修正案（八）》第1条增设了老年人犯罪从宽处罚的条款：“已满七十五周岁的人故意犯罪的，可以从轻或者减轻处罚；过失犯罪的，应当从轻或者减轻处罚。”这一规定，为已满75周岁的老年人犯罪的从宽处罚提供了明确的法律根据。《刑法修正案（八）》第 3 条还增设了老年人犯罪免死的条款：“审判的时候已满七十五周岁的人，不适用死刑，但以特别残忍手段致人死亡的除外。”在减少死刑适用的背景下，我国刑法对已满 75 周岁的老年人免除死刑适用，虽有例外性的但书规定，仍具有重要意义。此外，《刑法修正案（八）》还对老年人犯罪的缓刑条件作了专门规定，将缓刑条件修改为：“（1）犯罪情节较轻；（2）有悔罪表现；（3）没有再犯罪的危险；（4）宣告缓刑对所居住社区没有重大不良影响。”这种列举性规定，使缓刑条件较为明确，并且易于把握。同时，《刑法修正案（八）》还规定，已满 75 周岁的人符合缓刑条件的，应当适用缓刑。这一规定，对于扩大对老年人适用缓刑具有重要意义。当然，我国规定的老年人年龄偏大，符合这个年龄的老年人犯罪，尤其是犯有死罪的案件极为个别，因而上述规定的宣示意义更大。笔者认为，在将来条件具备时，对老年人的年龄可放宽到 65 周岁或者 70 周岁，以使更多老年人受惠于上述矜老的立法规定。

（2）对未成年人的宽大处理

我国刑法对未成年人犯罪已经体现了宽大的立法精神。《刑法修正案（八）》对此又作了补充规定，使我国刑法对未成年人犯罪的宽大政策体现得更为彻底。对未成年人的宽大处理的政策精神，首先体现在通过修改累犯的成立条件，将未成年人排除在累犯之外。未成年人与成年人相比，由于未成年人身心发育尚未成熟，社会经验不足，其人身危险性小于成年人犯罪。但在累犯的构成上，我国原刑法未作区别对待，这是存在缺憾的。《刑法修正案（八）》第 6 条关于累犯规定的但书中，明确规定“不满十八周岁的人犯罪的除外”，这就确立了未成年人犯罪不构成累犯的法律原则，对于我国累犯制度的完善具有重要意义。此外，《刑法修正案（八）》还在对缓刑适用条件作了较为细化规定的同时，明确规定对符合缓刑条件的未成年人应当适用缓刑。这一规定有助于对未成年人犯罪扩大适用缓刑，从而体现对未成年人教育、感化、挽救的政策精神。我国《刑法》第 100 条规定了前科报告制度：“依法受过刑事处罚的人，在入伍、就业的时候，应当如实向有关单位报告自己曾受过刑事处罚，不得隐瞒。”这一规定的立法精神是加强对依法受过刑事处罚的人的有效管理，这对于预防犯罪具有重要意义。但这项义务的设定，对于未成年人来说，会给其求学、就业及生活带来一定的困扰。为此，《刑法修正案（八）》第19条作出了对未成年人的例外规定："犯罪的时候不满十八周岁被判处五年有期徒刑以下刑罚的人，免除前款规定的报告义务。"这一规定对犯罪较轻的未成年人免除其前科报告义务，减少犯罪对其社会生活带来的负面影响，从而有利于他们悔过自新，重新做人。

（3）坦白从宽政策的立法化

"坦白从宽，抗拒从严"是我国一项重要的刑事政策。但坦白从宽政策在我国司法活动中并没有得到有效的贯彻，这主要与坦白从宽在我国刑法中没有明文规定有关。我国刑法对自首和立功都作了规定，从而为其从宽处罚提供了法律根据。但自首和立功以外的坦白，则在刑法中未作规定。

《刑法修正案（八）》第8条对此作了规定："犯罪嫌疑人虽不具有前两款规定的自首情节，但是如实供述自己罪行的，可以从轻处罚；因其如实供述自己罪行，避免特别严重后果发生的，可以减轻处罚。"根据这一规定，我国刑法中的坦白是指犯罪嫌疑人在侦查阶段如实供述自己罪行的行为。坦白可以获得法律上的从宽处罚，这种从宽处罚分为两种情形：对于一般坦白的，可以从轻处罚；对于坦白而避免特别严重后果发生的，可以减轻处罚。我认为，坦白从宽政策的立法化，对于鼓励犯罪嫌疑人坦白自己罪行具有重要意义，也是我国刑法从宽制度完善的重要标志。

（4）死刑罪名的减少

死刑制度是我国一项重要的刑罚制度，减少死刑是宽严相济刑事政策的重要体现。减少死刑，也就是死刑的限制可以分为两个方面：一是司法上的限制，二是立法上的限制。前几年，我国通过最高人民法院收回死刑复核权，严格掌握死刑适用标准，在死刑的司法限制方面取得了重大成效。但仅有死刑的司法限制是不够的，死刑的立法限制具有其独特作用，它能够表明国家在死刑问题上的严正立场。

《刑法修正案（八）》取消了13个经济性非暴力犯罪的死刑，具体包括：走私文物罪，走私贵重金属罪，走私珍贵动物、珍贵动物制品罪，走私普通货物、物品罪，票据诈骗罪，金融凭证诈骗罪，信用证诈骗罪，虚开增值税专用发票、用于骗取出口退税、抵扣税款发票罪，伪造、出售伪造的增值税专用发票罪，盗窃罪，传授犯罪方法罪，盗掘古文化遗址、古墓葬罪，盗掘古人类化石、古脊椎动物化石罪。取消这些罪名的死刑，虽然是对刑法分则的修订，但其意义却并不局限于分则，而可以说是我国死刑立法改革所取得的实质性进展。当然，这次取消死刑的 13 个罪名，其死刑基本不用或者极少适用，对于减少死刑的实际效果还是十分有限的，而其对限制死刑的立法宣示意义更为重要。我认为，在条件具备以后，还应进一步从立法上限制死刑，对那些经济性、非暴力以及暴力程度较轻的犯罪都应当逐渐取消死刑，使死刑的立法限制对司法发生实际效果。只有这样，才能推进我国死刑制度的改革。

2. 从严刑事政策的立法体现

宽严相济刑事政策不仅包括从宽的一面，而且包括从严的一面。在《刑法修正案（八）》的修订中，从严修订也是极为明显的。从严的修订主要体现在以下四个方面。

（1）限制减刑制度的设立

为克服我国刑罚制度中存在的死刑过重、生刑过轻的矛盾，在取消了 13 个罪名死刑的同时，《刑法修正案（八）》对死缓设立了限制减刑制度。死缓是我国一项重要的制度，它对于减少死刑立即执行具有重要作用。死缓在一般情况下都不会执行死刑，从这个意义上说，死缓属于生刑。当然，更确切地说，死缓是介乎于死刑与生刑之间的一种过渡性的刑罚。但目前我国刑法中的死缓实际执行的刑期过短，缺乏足够的严厉性，难以对死刑立即执行起到替代作用。

为此，《刑法修正案（八）》第 4 条第 1 款适当延长了死缓减为有期徒刑以后的执行期限。根据修改前《刑法》第 50 条的规定，死缓减为有期徒刑以后，最少执行 15 年，这与死刑立即执行之间的差别过大。《刑法修正案（八）》第 4 条则规定：“如果确有重大立功表现，二年期满以后，减为二十五年有期徒刑。”这样，就实际地把死缓减刑以后的刑期由过去最少只执行 15 年，改为最少执行25年。与此同时，《刑法修正案（八）》第4条第2款设立了死缓限制减刑制度：“对被判处死刑缓期执行的累犯以及因故意杀人、强奸、抢劫、绑架、放火、爆炸、投放危险物质或者有组织的暴力性犯罪被判处死刑缓期执行的犯罪分子，人民法院根据犯罪情节等情况可以同时决定对其限制减刑。”《刑法修正案（八）》第15条第3项规定：“人民法院依照本法第五十条第二款规定限制减刑的死刑缓期执行的犯罪分子，缓期执行期满后依法减为无期徒刑的，不能少于二十五年，缓期执行期满后依法减为二十五年有期徒刑的，不能少于二十年。”死缓限制减刑制度的设立，提高了死缓制度的严厉性，在一定程度上减少了死缓与死刑立即执行之间的惩罚强度上的差距，以便使死缓在替代死刑立即执行中发挥更大的作用，使我国刑罚结构更为合理。因此，死缓限制减刑制度虽然是一项从严规定，但其目的在于减少死刑立即执行的适用，又具有从宽的效用。

（2）禁止令制度的增加

《刑法修正案（八）》在我国刑法中首次设置了存在于管制和缓刑执行中的禁止令制度，这是具有创新性的立法举措。《刑法修正案（八）》第2条规定：“判处管制，可以根据犯罪情况，同时禁止犯罪分子在执行期间从事特定活动，进入特定区域、场所，接触特定的人。”此外，《刑法修正案（八）》第11条第2款规定：“宣告缓刑，可以根据犯罪情况，同时禁止犯罪分子在缓刑考验期限内从事特定活动，进入特定区域、场所，接触特定的人。”由此可见，我国刑法中禁止令是指对判处管制或者宣告缓刑的犯重罪分子，根据犯罪情况，禁止在管制执行期间或者缓刑考验期限内从事特定活动，进入特定区域、场所，接触特定的人。判处管制的犯罪分子，违反第2款规定的禁止令的，由公安机关依照《治安管理处罚法》的规定处罚。根据《刑法修正案（八）》第14条的规定，被宣告缓刑的犯罪分子，在缓刑考验期限内违反禁止令，情节严重的，应当撤销缓刑，执行原判刑罚。这是对于违反禁止令的惩罚性后果的规定。禁止令制度的建立，对于强化对管制的执行和缓刑的考验都具有重要意义。从法律上说，禁止令本身并不是一项刑罚制度，而是类似于一种保安处分措施。它与管制和缓刑配套适用，有助于管制和缓刑取得更佳的刑罚效果。

（3）社区矫正制度的创新

社区矫正是我国前些年进行试点的一项非监禁刑的行刑制度。根据有关规定，社区矫正是指将符合社区矫正条件的罪犯置于社区中，由专门的国家机关在相关社会团体、民间组织以及社会志愿者的协助下，矫正其犯罪心理和行为恶习，促使其顺利回归社会的非监禁刑罚执行活动。在试点中，社区矫正取得了较好的社会效果和法律效果。

过去，非监禁刑处于无人过问的放任状态，因而非监禁刑的效果不佳，致使适用率极低。建立社区矫正制度以后，对于适用非监禁刑的罪犯进行统一管理，由此严格了非监禁刑的执行。但由于目前尚未制定《社区矫正法》，社区矫正的法律根据严重不足。《刑法修正案（八）》首次在我国刑法中对社区矫正作了规定，从而使社区矫正成为一项正式的法律制度，为以后制定《社区矫正法》创造了条件。《刑法修正案（八）》分别对管制、缓刑、假释的犯罪分子作了依法实行社区矫正的规定，尽管未对社区矫正的实体性和程序性内容作出具体规定，但这一规定对于社区矫正制度的建立仍然具有重要意义。

（4）从严处罚的规定

《刑法修正案（八）》还有两处涉及从严处罚。一是第10条规定在数罪并罚的情况下，总和刑期在35年以上的，最高不能超过25年。刑法原规定有期徒刑最高不能超过20年，相比之下，《刑法修正案（八）》的这一规定体现了对犯有数个重罪的犯罪分子从严惩处的立法精神。二是在特别累犯中增加了恐怖活动犯罪和黑社会性质的组织犯罪，上述两种犯罪分子在刑罚执行完毕或者赦免以后，在任何时候再犯上述一类罪的，都以累犯论处。上述两项规定是宽严相济刑事政策中从严的立法体现。

随着《刑法修正案（八）》根据宽严相济刑事政策对刑法的系统修改，在一定程度上扭转了由于严打刑事政策带来的我国刑法总体刑罚偏重，甚至某些制度轻重失衡的倾向，从而增加了刑法的合理性与科学性。当然，因为我国刑法受严打刑事政策的影响过大，对其调整不可能一步到位。在这种情况下，我国刑法完善的任务还是较重的。

三、刑法刑事政策化的理性反思

无论是“严打”刑事政策的刑法化还是宽严相济刑事政策的刑法化，都表明我国刑法的刑事政策化倾向是极为明显的。尤其是“严打”与宽严相济这两种刑事政策存在一定的背离性，在这种情况下，前后相续地影响刑法，十分明显地带来了不良后果，需要此后用较长时间予以消化。因此，如何评价刑法的刑事政策化，这是一个值得研究的问题。我国有学者提出了刑法的刑事政策化的合理限制的命题，并指出：“刑法和刑事政策具有共同的目的，二者在手段和对象上也有相同之处，因此，刑法应该以刑事政策为指导，但这并不意味着刑法的刑事政策化就是把刑法变为刑事政策，刑事政策绝不能超越或者替代刑法。刑法的刑事政策化只能是刑事政策对刑法的制定与运行进行必要与适度的导向与调节，这种导向与调节只能在刑法许可的范围内进行。不论刑事政策如何调节和影响刑法的运作，刑法永远是刑事政策不可逾越的藩篱。因为刑法和刑事政策之间存在着重大的差别，这些差别决定刑法的刑事政策化应有合理的限制，不能把刑法变为刑事政策。”① 对于这一观点，我是完全赞同的。虽然刑法的刑事政策化具有其一定的合理性与必要性，但这种刑法的刑事政策化又是有其合理限度的。超出合理限度的刑法刑事政策化对于刑事法治是一场灾难。因此，在坚持刑法的刑事政策化的同时，如何避免过度的刑法刑事政策化，这是一个需要充分重视的问题。

（一）刑法的稳定性与刑事政策的变动性之间矛盾的消解

刑法具有稳定性的特性，这是刑法公正性的必然要求。如果刑法朝令夕改，则可能带来对刑法的公正性的破坏，这是与刑事法治的精神背道而驰的。在各个部门法中，刑法因涉及对公民重大法益的限制或剥夺，因此其稳定性本身就是其公正性的重要内容之一。

---

① 张永红：《刑法的刑事政策化论纲》，载《法律科学》，2004（6）。

刑法的稳定性是基于对社会长期的利益与价值的设定与期许，表达与体现的是最低限度的社会共识与公认的根本价值，从而为社会发展提供了基本的法律保障。从各个刑法典来看，都具有较长时间的稳定性。例如，1810 年的《法国刑法典》是近代刑法典的楷模，在经历了 183 年以后才被 1994 年新的《法国刑法典》所取代。法国学者在论述 1994 年法国刑法典的修改时曾经提出了“演变中的延续性”的命题，指出：“一部新法典自其问世之日起理当得到锤炼，以期持久有效。同旧法典一样，新法典当然会经过修改。随着时间的推移，有些规定将废止，另一些规定将补充进来。法典将生存下去。但是，如果一部法典刚刚问世就要修改，那可就是一件令人遗憾的事了。这就要求我们做出前瞻性努力，首先要明确抓住用以建构法典之基础的一般原则。”① 在此，法国学者强调了刑法典的延续性，也就是稳定性的重要。

当然，刑法典的稳定性并不意味着不要求做修改。事实上，随着社会的发展与犯罪状况的变化，刑法典随之而进行修改不仅是必要的，也是必须的。否则，刑法将无法对日新月异的社会生活作出及时的回应。但是，刑法典的稳定性又是不可动摇的，这里的稳定性是指基本原则与基本价值的稳定。例如意大利到目前为止适用的还是 1930 年《意大利刑法典》，日本至今适用的仍是 1907 年《日本刑法典》，尽管根据社会发展对刑法典进行了各种修改，但刑法典的基本框架结构并没有改动。意大利学者在论及之所以没有全面修改刑法典时指出：“我们可以对该法典（指 1930 年《意大利刑法典》———引者注）的变化作这样一个总的评价：由于长期以来没有形成一个始终如一的政治—刑事政策，对刑法典的修改都是零零碎碎地进行的，因此不能说 1939 年的刑法体系已为一个新的刑法制度所取代。”② 在此，意大利学者强调了一个始终如一的刑事政策对于刑法修改的重要性。

---

① ［法］皮埃尔·特律什、米海依尔·戴尔玛斯—马蒂：《序——为〈刑法典〉在中国出版而作》，载《法国刑法典》，罗结珍译，2 页，北京，中国人民公安大学出版社，1995。

② ［意］杜里奥·帕多瓦尼：《意大利刑法学原理》，陈忠林译评，注评版，8 页，北京，中国人民大学出版社，2004。

应该说，刑事政策体现的是刑法的变动性的一面。因为刑事政策具有对社会生活的高度敏感性，而且其决策过程也较立法程序更为便利。因此，刑事政策促使刑法面对社会发展进行及时的调整。我国从 1979 年刑法颁布以来，到 1997 年就进行了较大规模的修改，2011 年《刑法修正案（八）》又再一次对刑法总则结构进行了较大的调整。从世界范围内来看，我国的刑法修改是相当频繁的，刑事政策对刑法的影响是巨大的。这种现象当然与我国处于社会转型时期，犯罪形势复杂多变是具有一定关联性的。但是，也不可否认我国刑事立法缺乏应有的前瞻性，刑事政策缺乏持久性，从而导致了刑法的变动不居。

笔者认为，刑法典的稳定性是相对的，刑法根据社会生活的发展与犯罪状态的变化进行修改也是正常的。但刑事政策如果过度地侵扰刑法，则是不正常的。相对来说，刑法的总则部分更应该保持其稳定性，因为其所规定的是刑法的基本原则与制度，不宜变动太大。而刑法分则部分则可以根据具体犯罪情况与刑事政策精神进行及时的修改。只有这样，才能在保持刑法的稳定性的同时，又能够通过刑事政策对刑法作出适当的调整。因此，在刑法的刑事政策化时，应当尽可能地消解刑法的稳定性与刑事政策的变动性之间的矛盾，实现刑法典演变中的延续性。

（二）刑法的规范性与刑事政策的价值性之间关系的协调

刑法与刑事政策在表现形式上存在根本区分：刑法是一种法律，具有规范性的特征。而刑事政策其实是一种政治，更多地表现为价值性追求。我们这里所说的刑法的规范性，是指刑法作为法律规则的存在论特征，因而与刑事政策的价值性特征是相区别的，不可混为一谈。

我国学者对刑法规范下了以下定义："所谓的刑法规范，是指以指引裁判者定罪处刑为手段、以禁止社会大众实施犯罪为目的的法律规范。"① 在这一刑法规范的定义中，强调了刑法规范是裁判规范与行为规范的统一，因此刑法规范具有二重性。与刑法的规范性特征相比较，刑事政策具有的是价值性特征，它所追

① 刘志远：《二重性视角下的刑法规范》，6 页，北京，中国方正出版社，2003。

求的是实现刑法的目的性价值，例如惩治犯罪与预防犯罪，以期达致社会治理的目标。由此可见，刑法的规范性与刑事政策的价值性之间是存在疏离的，两者的协调需要以立法与司法为媒介。刑事政策在进入刑事立法与刑事司法的时候，应当考虑到刑法所具有的规范性特征。

我国学者在论及刑法规范的时候，提出了刑法的相对性概念，这种相对性主要体现在刑法规范体系的不完整性与刑法规范功能的相对性这两个方面。[①] 这些都表明刑法在实现刑事政策的价值内容时，由于受到刑法规范相对性的限制，不可能完全将刑事政策在刑法中予以反映与表达。刑事政策的目标实现也不能完全依赖于刑法规范，而要辅之以其他社会性的、经济性的措施。在我国当前的刑事立法与刑事司法中，刑事政策的价值实现还存在过于倚重刑法规范的倾向。例如经济犯罪与职务犯罪是我国存在的较为严重的犯罪形态，对于经济秩序与政治秩序都具有极大的破坏性。就经济犯罪而言，这与我国正在进行的经济体制改革有关，在从计划经济到市场经济转型的过程中，因为没有建立起较为完善的市场经济秩序，因此经济犯罪较为突出。对此，遏制经济犯罪的更为有效的方法应当是推进经济体制的改革，尽快地完善市场经济秩序，从而抑制与削弱经济犯罪产生的条件与土壤。但我国在对经济犯罪的应对上，还是主要借助于刑罚的惩罚性与威慑性，对经济犯罪规定了较重的刑罚，甚至规定了死刑。此外，职务犯罪也是如此。贪污贿赂犯罪以及其他职务犯罪极大地败坏了国家机关的公信力，激起了极大的民愤。在这种情况下，严厉惩治职务犯罪当然是必要的。但刑法惩治只是治标之策，真正铲除腐败现象，还有待于国家管理体制的改革与权力行使方式的转变，甚至是政治体制的改革。我国在很大程度上依赖于刑罚的严厉惩治，包括死刑的适用来治理腐败，这并不能从根本上消除腐败。因此，我们应当看到刑法规范本身的局限性，它只能部分地体现刑事政策的价值内容。在刑法的刑事政策化时，如果具有这样一种刑法相对性的观念，就会避免刑事政策目的过度地依靠刑法规范来实现，减少刑事政策对刑法规范的侵扰。

---

① 参见梁根林：《刑事政策：立场与范畴》，231 页，北京，法律出版社，2005。

（三）刑法的公正性与刑事政策的功利性的对接

公正性是刑法的生命之所在，没有公正性，刑法就会变成专制的工具。刑法的公正性主要是通过罪刑法定原则与罪刑均衡原则来实现的。罪刑法定原则的要旨在于限制国家的刑罚权，尤其是刑事司法权，以期保障公民个人的权利与利益。例如，日本学者在论及罪刑法定原则的实质内容时指出："罪刑法定原则，时至今日，仍然能够作为刑事立法和刑法解释学的指导原理而长盛不衰、蒸蒸日上，主要是因为，在民主主义、自由主义之类的形式原理之上，还有更高层次的普遍原理即'实质的保障人权原理'做支撑。这个原理，蕴含着保障人的基本自由，尊重人的基本权利的思想，也就是说，在实质性的保障着以个人尊严为背景的权利和自由不受国家刑罚权的肆意侵害。"① 至于罪刑均衡原则，更是通过追求犯罪与刑罚之间的一定程度的对应性与适当性，从而实现刑法的公平性。与此不同，刑事政策所追求的是惩治犯罪与预防犯罪的有效性，由此可见，刑事政策的功利性是极为明显的。但在我国学界，关于刑事政策的研究中大都有关于刑事政策的价值目标这一内容，而又往往把人权、正义和自由等当作刑事政策的价值目标。② 对于这种观点，笔者存在疑问。事实上，刑事政策并不像刑法那样是中性的，可以成为追求各种价值的根据。如果说，罪刑法定原则是以人权保障为其根本价值的；那么，刑事政策就是以追求惩治犯罪与预防犯罪的有效性作为其价值目标的。在刑法的公正性与刑事政策功利性之间存在一种紧张关系。

刑事政策对惩治犯罪与预防犯罪的功利性价值应当受到罪刑法定原则和罪刑均衡原则的限制：只有在刑法框架之内，刑事政策的目的性与功利性的价值追求才具有合理性。超出刑法范围，对刑事政策的目的性与功利性的价值追求，都是破坏刑事法治，因而是不可取的。德国著名刑法学家李斯特曾经提出了"罪刑法定是刑事政策不可逾越的藩篱"的论断，在一定意义上仍然具有其合理性。当然，随着刑法教义学中规范论的发展，刑事政策被引入刑法体系，

① ［日］曾根威彦：《刑法学基础》，黎宏译，12页，北京，法律出版社，2005。

② 参见蒋熙辉等：《刑事政策之反思与改进》，120页，北京，中国社会科学出版社，2009。

但刑事政策所具有的实质判断、价值判断和目的判断都受到罪刑法定原则的约束，它只能发挥出罪的功能，从而实现刑法的实质公正性。所以，在刑法的刑事政策化时，无论是立法的刑事政策化还是司法的刑事政策化，都应当对于刑法的公正性与刑事政策的功利性进行妥善的处理，使刑事政策对功利性目的的追求受到刑法的限制。

（本文原载《华东政法大学学报》，2013（4））

刑事一体化：刑事政策与研究方法视角的思考

刑事一体化思想是我国学者提出的最具原创性的刑事法命题，对于刑事法的理论研究和司法实践都具有重要的指导意义。我主要从刑事政策和研究方法视角谈一些自己的思考。

一、作为一种刑事政策思想的刑事一体化

现在我国法学界存在社科法学和法教义学这两种研究方法的争辩，我个人较为倾向于法教义学的研究方法。储槐植教授提出的刑事一体化思想在一定程度上超越了社科法学和法教义学这两种方法之争，站在理论的高度，为刑事法理论提供某种思想。因此，无论是从事社科法学研究还是从事法教义学研究，在刑法领域来说都离不开刑事一体化思想的引导。储槐植教授谈到刑事一体化提出的背景具有刑事政策的意味，是对有效应对犯罪所做的回答。

（一）关于刑法结构的思考

刑法结构是由一个国家刑法的各种不同刑种而组成的。任何国家的刑罚不是单个的发挥作用，而是形成一个整体发生作用。刑法结构是否合理，对于刑罚效

果来说具有重要的制约作用。储槐植教授对刑法结构做了分析，主要提出了“厉而不严”和“严而不厉”两种刑法结构。所谓“厉而不严”就是刑罚较重，但法网却不够严密。根据储槐植教授的看法，我国当前的刑法结构主要是“厉而不严”的刑法结构。这种刑法结构存在重刑化的问题，这主要表现在死刑的罪名过多。而且在司法实践中，死刑适用的标准过宽。储槐植教授提出，我国刑法，主要是指刑法对于具体罪名的刑罚规定，在一定的程度上被死刑所绑架。这样的一个观察，我觉得是非常具有洞察力的。“严而不厉”的刑罚结构是法网严密，但惩治力度却较为轻缓。储槐植教授认为我国的刑法结构应当从“厉而不严”转变为“严而不厉”。根据我的观察，我国这些年来通过的十个刑法修正案，对刑法制度做了若干比较大的改革，主要是废除了劳动教养。在这种情况下，刑法法网进一步严密化，尤其是某些较为轻微的犯罪入刑，刑法的严密性程度有所提高，跟过去来说是有所改变。但刑法的严厉性程度有没有大幅度的下降，从死刑罪名来看，《刑法修正案（八）》《刑法修正案（九）》先后取消了二十多个死刑罪名，死刑罪名有所减少。但从整体上来看，我国的刑法还是比较严厉的，还是过重的。因此储槐植教授提出的去重刑化这样的一个使命，并没有最后的完成。我个人也对我国刑法结构有过分析，提出了死刑和生刑之间的失衡，也就是说死刑过重、生刑过轻，存在这样的一个矛盾。从目前的情况来看，死刑和生刑的关系有所调整，也就是说加重生刑这部分已经做到了。但加重生刑本身不是目的，加重生刑是为了替代死刑，减少死刑。在这方面效果可能还不明显，我们还要进一步减少死刑。另外，加重生刑并不是加重所有的生刑，而是加重某些重罪的生刑，例如无期徒刑的实际执行年限应该有所提高，死缓的实际执行年限也应该有所提高，对于那些较轻的生刑还是应该有所降低。也就是说在司法实践中，司法解释关于犯罪数量的规定和数额的规定没有考虑到犯罪的具体情况。因此，有些罪本身性质并不严重，仅仅因为数额或者数量达到了司法解释所规定的标准，动辄判处5年以上甚至十多年，而判两三年这样的轻刑的还比较少。因此，在生刑的内部，刑罚的轻重还需要两极化，也就是重的更重、轻的更轻。只有这样才能使刑罚有效地应对犯罪，对于犯罪是一种能动的反应，而不是一种机械的反应。储槐植关于刑法结构改革方面的刑事政策思想，是在刑事一体化的理论中比较早地提出来的，但对今天我国刑法改革仍然具有现实意义。

（二）关于法定犯的思考

储槐植教授提出了法定犯的时代已经到来的命题，揭示了法定犯进一步扩张的趋势。在这种情况下，我国在 1997 年所开始的建立一部统一的刑法典这样一种立法取向是不是还能够维持？关于这个问题确实值得思考。从世界各国的情况来看，虽然大多数国家有一部刑法典，但刑法典并不是全部刑法规范的一个集合体。除了刑法典以外还有特别刑法，除特别刑法以外还有附属刑法。法定犯主要是存在于附属刑法当中，而刑法典只是规定普通犯罪。这里所讲的普通犯罪是指和社会公众具有密切关联的犯罪。而对那些非常专业的犯罪就放到附属刑法当中。这样的一种刑法体例有益于刑法典本身的稳定性，刑法典所规定的普通犯罪的稳定程度是比较高的，不需要去经常改动。而那些经济犯罪，或者业务犯罪，则变动性程度是比较高的，这些犯罪随着经济法或者有关行政法规的修改而不断改变，因为这些犯罪受到政策性的影响比较大。在这种情况下，这种专业犯罪不被放到刑法典当中，而是被放到附属刑法当中，使它依附于经济法或者行政法而存在。这样来说，是比较合适的。储槐植教授对一元化刑法模式进行了反思，这种思考是非常有价值的。如果说当前我国刑法罪名整体上来说不算特别多的情况下，一部刑法典还能够容纳全部罪名，但将来罪名越来越多，尤其是储槐植教授所讲的法定犯的罪名越来越多，在这种情况下，刑法典当中就容纳不下所有罪名，而把那些专业犯罪放到附属刑法当中是更好的。

（三）关于“入罪合法，出罪合理”的思考

储槐植教授提出了“入罪合法，出罪合理”的命题，我把它称为“以法入罪，以理出罪”。这里主要涉及法和理的关系。储槐植批评了我国司法实践在某些案件当中存在法律教条主义，也就是机械地适用法律。因此，所得出的结论和社会公众所具有的一般的社会观念相抵触，不被社会公众所认同。这样的案例不在少数。在这种情况下提出“入罪合法，出罪合理”这样一个思想用来指导我国刑事司法实践，我觉得具有重要意义。储槐植教授还讲到了“入罪合法”这个问题，这是一个罪刑法定的问题。罪刑法定的基本之意就是法无明文规定不为罪，要将一个人的行为认定为犯罪，必须要有法律的规定。没有法律规定就不能入罪。因此，法律规定是入罪的唯一的根据，只能是以法入罪，不能以理入罪。在入罪的问题上发生理和法冲突的时候，应当毫不犹豫地选择法而放弃理。理只能通过立法转化为法律规范才能作为定罪的根据。对“出罪合理”这个问题怎么看？我个人理解，这里的出罪并不是一般意义上判断为无罪，是指行为符合构成要件的前提下，再来进行实质性的判断，存在违法阻却事由，在这种情况下就应当出罪。比如说一些紧急避险的案例，类似于紧急状态下，不能机械地适用法律，完全可以违背法律。因为违背法律是有根据的，是有原因的，是合理的。所以这里的出罪，指符合构成要件但不具有违法性意义上的出罪。这里的违法性指的是实质违法性，是在实质意义上的违法，而不是指符合某一个法律的具体规定。从我国目前司法实践来看，“以理出罪”这一点现在做得还不够好，因此在司法实践中入罪容易出罪难。这是过去长期以来“严打”的思想所导致的结果。所以对这种情况可能还需要进一步进行启蒙。储槐植教授还提到疑罪从无的问题，认为出罪合理包含了疑罪从无。当然，对疑罪从无争议较大，现在很多学者认为疑罪从无中的疑罪指的是证据意义或者事实问题上的疑罪。在事实上证据上难以判断是否有罪，在这种情况下应当从无。但在实体法上，能不能采用疑罪从无，也就是从刑法上判断一个行为到底有罪还是无罪根据都不是特别充分，在这种情况下发生疑惑，能不能从无？这一点是有争议的。例如，最高人民检察院提出抗诉的马乐案，就涉及对援引法定刑的理解问题。援引法定刑的法律规定本身可以产生两种不同的理解，原审二审法院是采取有利于被告的理解，但检察机关认为应当按照另外一种不利于被告的理解，所以提出了抗诉。最后，最高人民法院支持了最高人民检察院的抗诉。这里就有一个对实体法的理解，在存在不同理解的情况下，能不能采取有利被告原则，即所谓的从无原则和从轻原则？这个问题还值得进一步思考。

二、作为一种研究方法的刑事一体化

刑事一体化既是观念也是方法。储槐植教授是从观念和方法这两个方面来界定刑事一体化的，同时储槐植教授又有另外一个对刑事一体化的解释。刑事一体化思想有两层含义：第一层含义是作为研究方法的刑事一体化，第二层含义是作为刑事运作的刑事一体化。这里都提到了刑事一体化是一种研究方法，所以我想对这个命题做一些阐发。储槐植教授刑事一体化的这样一种思想，尤其是作为一种研究方法，它和李斯特所提出的整体刑法学的思想或者研究方法之间，应该说是不谋而合的，两者非常相似。

李斯特提出整体刑法学的观念，主要是说对刑事法的各个学科包括刑法、刑事诉讼法以及犯罪学、刑事政策等这样一些内容，不能把它们分开，而应总体地进行研究。因此李斯特提出了一个研究的路径，首先是犯罪，也就是我们首先面对现实的犯罪现象。在这个基础上提出刑事政策，刑事政策是应对犯罪的一种公共政策，刑事政策是建立在对犯罪规律的科学认识基础之上的，在刑事政策的基础上然后提到刑法。刑法在某种意义上受刑事政策的制约，它体现某种刑事政策。所以从犯罪到刑事政策再到刑法，这样一个路径，表明李斯特不是孤立地研究刑法，而是把刑法放到刑事政策视界中来界定刑法。

当然在李斯特的整体刑法学当中，仍然存在着对各种不同的刑事法知识之间的一种分离。我们都知道有一个概念叫李斯特鸿沟，李斯特认为刑事政策和刑法这两者之间存在一条鸿沟，刑法是不能逾越罪刑法定这个界限的，而刑事政策只能通过立法来转化为法律规范，但是法律规范确定以后就应当严格地按照法定原则来适用法律。在此，李斯特实际上还是排斥了在法律适用当中刑事政策对司法活动的影响。由此可见，李斯特鸿沟表明李斯特对刑事政策和刑法之间的关系并没有作出科学的界定。

储槐植教授在谈到刑事一体化作为刑法学研究方法的时候，曾经提出内部关系和外部关系。在内部关系里他提出了刑法和刑事诉讼法的关系，也就是刑法作为一个实体法，而刑事诉讼法作为一个程序法，这两者在现实的运作当中，是密不可分的，具有非常紧密的联系。同时储槐植教授还提出了外部关系，在外部关系当中提出了两层关系：一个是前后关系，一个是上下关系。所谓前后关系是指刑法之前的犯罪状态和刑法之后的刑罚执行情况。刑法受到刑法之前的犯罪状态，也就是犯罪态势和刑法之后的行刑效果这两个方面的制约，即所谓的两头制约。

在这种情况下，储槐植教授勾画出了从犯罪学到刑法学，再到以监狱法为主要内容的行刑学，这样一个研究路径。现在我们在研究刑法的时候，不能把刑法和犯罪学、行刑学这样一些刑事法的基础学科割裂开来。我们讨论刑法问题，首先要立足于犯罪学对现实犯罪态势的一种描述和对犯罪规律的揭示，与此同时，刑法学虽然是以定罪量刑行为为核心内容的，但是我们还要看到行刑效果对于定罪量刑活动也是具有一种反向的制约作用的。

因此，犯罪学、刑法学和行刑学，就形成了一种前后关系。刑法学受前后两头的制约，这些思想对我们研究刑法学是具有指导意义的。他实际上勾画了刑法知识的形成、来龙和去脉。把刑法知识放到刑事一体化这样一个理论视野和理论格局当中来探讨，使刑法能够及时地应对犯罪现象的演变，并且反馈行刑效果，由此达到一种最好的社会效果和法律效果。

储槐植教授还提到一个上下关系。上下关系是指刑法受刑法之上的政治体制、意识形态等因素制约，同时又受到刑法之下的经济体制、生产水平、物质文明等制约。所以，这样一个上下关系主要是说刑法作为一种法律规范，不能把它和社会现象隔离起来，因为犯罪本身是一种犯罪现象，刑法也是置身于某一个特定的社会当中，它要受到这个社会现有的体制、现有的意识形态以及生产力水平和物质文明的制约和影响，尤其还受到历史因素的制约和影响。所以，对于刑法问题的思考不能仅仅是一种规范的思考，还应当是一种社会的思考。

正如德国学者所指出的那样，刑法学者应该是一个社会思想家，应该立足于社会来进行思考。当然作为一种社会思想家的刑法学者，这是一个非常高的境界，也是我们很难达到的。我觉得储槐植教授不愧于社会思想家这样的称号。在储槐植教授的论述当中，我觉得对我最有启发，也是特别有意义的是，储槐植教授提出了从不同的角度研究刑法，由此形成刑法的知识结构的知识体系。储槐植教授曾经提出研究刑法要在刑法之上研究刑法、在刑法之外研究刑法、在刑法之中研究刑法这样一个命题，我觉得这是特别有意义的。

（一）在刑法之上研究刑法

储槐植教授这里所讲的在刑法之上研究刑法是指对刑法的哲理思考和总体社会价值的判断。这也就是所谓的刑法哲学。这样一种在刑法之上对刑法的研究，实际上是对刑法所进行的一种形而上的研究，将刑法作为一种理念所进行的一种宏观的和整体的思考。刑法哲学所关注的不是某一个具体规范，也不是某一个具体规范的实际运用，而要去关照这样一种刑法规范本身所具有的内在的价值，它和社会的相关性等。这实际上也是对刑法的一种价值思考。这种在刑法之上研究刑法，对于刑法从宏观上来把握其价值理念，从而树立起一种科学的刑法观，我觉得是非常重要的。当然在这个意义上对刑法的研究，是把刑法作为一个抽象的法来进行考察的。刑法哲学在某种意义上也可以说是刑法的法理学，是一种法理学的思考。在储槐植教授的刑事一体化的这样一些思考当中，我觉得有相当一部分都属于在刑法哲学层面的思考，具有一种高屋建瓴的态势，揭示了刑法运作的一些内在规律，非常具有意义。

（二）在刑法之外研究刑法

在刑法之外研究刑法，是指采用社会学、经济学、伦理学等社会科学方法，对刑法中的犯罪和刑罚现象进行研究。这种所谓在刑法之外的对刑法的研究，实际上就是我们现在所讲的社科法学，即采用社科的方法对刑法进行研究，由此形成刑法的社会学、刑法的经济学和刑法的伦理学。实际上我们讲的犯罪学，它的主体部分是犯罪社会学，它还有从其他角度对犯罪研究所形成的犯罪学理论，比如说犯罪生物学、犯罪心理学、犯罪地理学等。但它的主体还是犯罪社会学。另外采用这种社会的方法来研究刑法，可能会形成刑法学，当然也包括政策学等。这些知识形态对于我们完整地把握刑法的理论我觉得是非常具有意义的，当然我们可以看到这样一种在刑法之外的刑法，实际上分别采取其他社会科学的研究方法来对刑法进行研究。比如说刑法社会学的研究，实际上是采用社会学的方法来研究刑法，这种对刑法的研究更多地表现为一种实证的刑法学，而不是规范的行政法，不能够从事实的层面去把握它基本的样态。从经济学的角度来研究刑法，形成刑法的经济学。它采用的是一种经济关系的方法，包括对犯罪的经济分析和对刑法的分析。另外像刑事政策，它实际上采用了一种公共管理的这样一种研究方法，采用一种决策学的方法来对刑法进行研究，形成刑事政策学。刑事政策学可以归到公共管理学，或者决策学中去。这样一种采用其他社会科学的方法来研究刑法，极大地拓展了刑法知识的含扩面，能够使我们从不同的角度、不同的方面来全面地把握刑法，对于刑法认知的升华也具有特别重要的意义。

（三）在刑法之中研究刑法

在刑法之中研究刑法是指对刑法规范的研究。它是采用刑法解释的方法来对刑法进行规范研究，这种研究也就是我们现在通常所说的刑法教义学。刑法表现为一种规范，它是以规范为载体的。所谓法律的适用，主要是规范的适用，刑法的创设是规范的创设，而司法原封不动地将一个规范适用到一个具体案例当中去，所以它是以规范为前提的。在创设规范或者适用规范的时候，我们首先要将规范内容予以揭示、予以把握。在这种情况下就可以采用解释的方法，由此而形成法教义学。法教义学这个概念现在争议还是比较大的。在某些学科中法教义学的这种正当性、合法性都获得了承认，并且获得了发展。这些学科包括某些原来与法教义学研究特别遥远的部门法，比如宪法。宪法过去是政治宪法学，能一统天下。宪法学者这些年提出宪法的教义学，采用教义法来研究宪法规范，因为宪法规范包含的政治性、政策性非常之强，包括意识形态性。他们过去主要从政治角度来解读宪法规范。这种对宪法的研究只是认知宪法，很难为宪法的实施提供某种知识资源，但现在采用宪法教义方法来分析宪法某些具体的规范条文，就能够为将来宪法的司法，包括文件审查等提供一种理论资源，我觉得这是比较有意义的。另外还有民法教义学。在民法学界，教义学研究更多表现为法律评注，即从德国引进了法律评注方法，对民法典进行逐条的评注，由此形成一套系统的民法教育理论，为民事司法活动提供理论资源。在过去刑法当中这种研究方法是比较混乱的，同时采用几种方法。现在随着逐渐厘清研究方法界限，这种研究就变得比较纯粹了，尤其是刑法教义学研究，采用教义学方法来对刑法规范进行分析，由此而形成系统化的刑法知识，为刑法的适用提供教义的引导，对法官的行为进行约束都起到了一定的作用。

以上是储老师讲的在刑法之上、在刑法之外、在刑法之中三个方面研究刑法，我个人还加上一条在刑法之下研究刑法，即判例刑法学。判例是司法活动的判决结果，我们要把判例也纳入研究视野当中，对判例进行研究，由此形成一个立体的、全方位的刑法知识体系，使这些不同的知识之间既有一种互相分离，又有一种互相融合，由此极大地丰富了我们的刑法知识体系。

（本文原载《中国检察官》，2018（1）（上））

宽严相济刑事政策研究

一、从“严打”到宽严相济：刑事政策的反思与调整

刑事政策是一定社会对犯罪反应的集中体现。因此，对刑事政策的正确解读，一是离不开犯罪，它是刑事政策得以确立的客观前提；二是离不开社会，尤其是作为公共权力行使者的国家，它是刑事政策的制定者与实施者。从这个意义上说，刑事政策并不只是单纯的刑法问题，而是一个社会公共政策的问题。对刑事政策的研究，也不能局限在法规范的视域内，而是应当进行超法规范的考察。在对宽严相济的刑事政策进行分析的时候，我们应当首先将它置于我国刑事政策的体系之中，使其获得正确的定位。

长期以来，我国的基本刑事政策是惩办与宽大相结合，我国1979年《刑法》第1条将惩办与宽大相结合的刑事政策确认为刑法的制定根据。我国著名刑法学家高铭暄教授指出：惩办与宽大相结合是我们党和国家同犯罪作斗争的基本政策。这项政策是从无产阶级改造世界、改造人类的使命出发，根据反革命分子和其他刑事犯罪分子中存在的不同情况而制定的。它对于争取改造多数、孤立打击

少数，分化瓦解敌人，有着重大的作用。[①] 尽管高铭暄教授对惩办与宽大相结合的刑事政策内容的阐述，受到了当时流行的政治话语的影响，但其强调对犯罪分子区别对待，既包括惩办的一面，又兼顾宽大的一面，从而取得了与犯罪作斗争的积极效果，这完全符合立法精神。因此，宽严相济是惩办与宽大相结合刑事政策的题中之意。当然，我国对惩办与宽大相结合刑事政策在认识上经过了一个复杂的转变过程。因为从 20 世纪 80 年代初期开始，我国进入了一个社会转型时期，犯罪浪潮汹涌而来。在这种情况下，我国进入了一个“严打”时期。学者们曾经将严打的内涵界定为：党和国家在社会治安形势严峻时为打击某几类严重刑事犯罪而制定的、由司法机关为主要执行主体的、以从重从快为基本要求的一种具体刑事政策，其以运动、战役的形式存在。[②] 从 1983 年到 2000 年将近 20 年的时间里，我国先后发动了 3 次全国性的“严打”战役。在这种严打的背景下，如何看待它与惩办与宽大相结合刑事政策之间的关系，就成为一个无法回避的问题。对此，我国传统观点认为，依法从重从快这具体政策同惩办与宽大相结合基本刑事政策的精神是完全一致的，不是对立相悖的。那种认为我国基本刑事政策已经改变的观点，是没有根据的错误认识。[③] 这种观点将惩办与宽大相结合理解为基本刑事政策，而严打是具体刑事政策。因此，在一个时期强调依法从重从快，并不会导致对惩办与宽大相结合的基本刑事政策的根本否定。以基本刑事政策与具体刑事政策来阐明惩办与宽大相结合刑事政策与严打刑事政策之间的关系，其逻辑当然是可以成立的。按照一般理解，基本刑事政策是全局性的、根本性的和长期性的；而具体刑事政策是局部性的、个别性的和阶段性的。在一个国家的刑事法律领域，存在各种各样的刑事政策，并且这些刑事政策是随着犯罪态势的变化而不断地进行调整的，绝不能认为刑事政策是一成不变的教条。刑事政策的变动性与刑事法律的稳定性之间形成一种互动关系，恰恰是刑事政策发挥作用的基本前提。当然，在一个国家的刑事政策体系中，各种刑事政策的地位并不

①② 参见汪明亮：《“严打”的理性评价》，33 页，北京，北京大学出版社，2004。

③ 参见杨春洗主编：《刑事政策论》，245、251 页，北京，北京大学出版社，1994。

等同。在这种情况下，基本刑事政策与具体刑事政策之分具有其合理性。但是，基本刑事政策与具体刑事政策之间具有内在性质上的符合性：具体刑事政策应当而且必须体现基本刑事政策，基本刑事政策在相当程度上制约着具体刑事政策。基于这种对基本刑事政策与具体刑事政策关系的界定，笔者认为，惩办与宽大相结合刑事政策与“严打”刑事政策的关系已经很难纳入基本刑事政策与具体刑事政策的分析框架。尽管惩办与宽大相结合刑事政策包括了惩办与宽大两个方面，但它并不是惩办政策与宽大政策的简单相加，而是惩办政策与宽大政策的有机结合，这种结合才是它的本质之所在。严打虽然可以从逻辑上包含在惩办的范畴之内，但它过分强调了从重从快，将惩办政策的一面张扬到了一个极端，这势必会影响到宽大政策的落实。正如我国学者所言：严打政策体现的只是惩办与宽大相结合政策中惩办的一面，或称为“重重”的一面，而远非犯罪控制策略的全部内容。对严重犯罪的严惩必须与对轻微犯罪的轻处辩证结合。唯有“轻轻”，方能“重重”，方能真正有效地实现对犯罪的控制。[①] 因此，“严打”刑事政策在其内容上与惩办与宽大相结合的刑事政策是存在抵触的，采用严打刑事政策意味着在一定时期内对惩办与宽大相结合刑事政策的搁置。事实上也是如此，可捕可不捕的不捕，可杀可不杀的不杀，这些体现惩办与宽大相结合刑事政策的具体政策在严打当中都不再适用。根据以上论述，笔者认为，以基本刑事政策和具体刑事政策的关系难以解释惩办与宽大相结合刑事政策与“严打”刑事政策之间的关系。

随着 1997 年《刑法》删除了第 1 条中关于惩办与宽大相结合刑事政策的规定，我国刑法学界对于惩办与宽大相结合刑事政策到底还是不是我国奉行的基本刑事政策产生了质疑。关于在 1997 年《刑法》中删除惩办与宽大相结合刑事政策规定的立法理由，立法者作出了如下的解释：惩办与宽大相结合是我们党和国家同犯罪作斗争的基本刑事政策。这项政策对于争取改造多数、孤立打击少数有着重要的作用。由于《刑法》已经根据犯罪的不同情况作了一系列的区别对待的规定，如对累犯、教唆未成年人犯罪规定了从重处罚，对从犯、胁从犯、未遂

① 参见侯宏林：《刑事政策的价值分析》，325 页，北京，中国政法大学出版社，2005。

犯、中止犯和自首立功的犯罪分子规定了可以从轻、减轻或者免除处罚，根据罪犯在执行刑罚中的表现还规定了减刑和假释，等等。这都是惩办与宽大相结合政策的具体体现，因为这一政策已体现在具体规定之中，因此，《刑法》中不再单独专门规定惩办与宽大相结合的政策。[①] 这一解释维护了惩办与宽大相结合的基本刑事政策的这样一种说法，但 1997 年《刑法》修改的原则是“可改可不改的，不改”。《刑法》总则改动的只是个别不能不改的内容，而惩办与宽大相结合作为基本刑事政策既然是立法根据，那么这种删除就是没有实质必要性的。对此，我国学者作了以下解读：《刑法》不再规定惩办与宽大相结合刑事政策，并不意味着刑法对于这一刑事政策的否定——没有充分的理由否定。但是，我们也不应当忽视立法者在《刑法》当中删除这一规定的意义。在笔者看来，1997 年《刑法》删除这一规定并非毫无意义，不能简单地将这一变化理解为实质上无变化。因为变化是客观存在的，所以，立法者的政策性选择——“删除”本身应当是有意义的。[②] 笔者赞同这一观点，在 1997 年《刑法》修订中之所以删除关于惩办与宽大相结合刑事政策的规定，主要还是为了给严打刑事政策让路。对于惩办与宽大相结合刑事政策而言，这是一种不是变化的变化。由此出发，笔者更为认同采用应然的刑事政策与实然的刑事政策之分析框架，以此解释惩办与宽大相结合刑事政策与“严打”刑事政策的关系。应然的刑事政策与实然的刑事政策的命题，是我国学者梁根林提出来的。根据梁根林教授的界定，应然的刑事政策是应当如此的刑事政策，是人类根据对犯罪现象客观规律的认识和把握而提出的合目的和合理的预防和控制犯罪的准则、方略或措施。而实然的刑事政策是实际如此、现实应用的刑事政策，即国家与社会针对犯罪问题实际所采用的刑事政策，包括以刑事司法为手段与以刑事司法以外的其他措施为达致控制犯罪的目的所进行的国家活动。[③] 梁根林教授虽然没有将惩办与宽大相结合理解为应然的刑事政策，但明确地把严打解释为实然的刑事政策。对于自 1983 年以来我国刑事政策实际上是以

---

① 参见胡康生、李福成主编：《中华人民共和国刑法释义》，2 页，北京，法律出版社，1997。

② 参见曲新久：《刑事政策的权力分析》，234 页，北京，中国政法大学出版社，2002。

③ 参见梁根林：《刑事政策：立场与范畴》，23、42 页，北京，法律出版社，2005。

“严打”为中心的这样一种判断，当然是有事实根据的。在笔者看来，惩办与宽大相结合虽然没有被从法理上否定，但已经逐渐地演变成为应然的刑事政策。在严打的氛围之下，惩办与宽大相结合刑事政策对于刑事立法与刑事司法的影响与作用有所减弱，这是一个不争的事实。对于刑事政策的研究，以往我国学者虽是泛泛地讨论惩办与宽大相结合刑事政策，而没有注意或者回避“严打”刑事政策的实施使其虚置这样一个现实。对刑事政策的研究，我们不能满足于应当以何者为刑事政策，更应当关注实际上以何者为刑事政策，进一步考察这种应然刑事政策与实然刑事政策分离的原因，由此得出正确的结论。

应该说，从 1983 年以来，我国实行“严打”刑事政策不是偶然的，它是我国对伴随着社会转型时期出现的大规模犯罪浪潮的一种反应。我国学者曾经对社会转型时期的社会控制问题进行了研究，认为在一定意义上，社会转型就是社会秩序的转型，而这一转型也就意味着社会控制机制的转型。[①] 在改革开放以前，由于实行计划经济，我国不仅在经济领域实行严格的行政控制，而且在社会生活领域，都置于国家权力的无所不在的控制之下。由于这种国家权力的严格控制所形成的社会秩序具有绝对性与压制性，在这种强有力的国家控制下，犯罪丧失了其生存的社会土壤，因此，当时我国犯罪率之低是举世闻名的。当然，这种低犯罪率与高安全感的获得，在一定程度上是以牺牲个人的权利与自由，牺牲经济的繁荣与社会的进步为代价的。在改革开放以后，我国开始了从计划经济向市场经济的转轨，同时也进入一个社会转型时期。在社会转型初期阶段，出现了社会的失范现象，社会控制力大为减弱。尤其是以往赖以依存的社会控制资源的减少，在一定程度上出现了社会失控状态。转型时期的犯罪问题就是这种社会失范与社会失控的产物，由此产生了巨大的犯罪压力。在这个时期，犯罪问题也就成为一个最为严重的社会问题。犯罪问题的根本解决，当然有赖于社会秩序的重建和社会控制模式的转换。这是一项需要较长时期才能达致的改革目标，难以立即奏效；但又必须对高发的犯罪作出及时应对，以保证经济体制改革的顺利进行和社

① 参见宫志刚：《社会转型与秩序重建》，364 页，北京，中国人民公安大学出版社，2004。

会生活的正常开展。而“严打”就是这种应对方式，通过“严打”在短时间内有效地压制犯罪，为改革争取时间。从这个意义上来说，在20世纪80年代开始的“严打”，是在当时历史条件下的一种无奈的选择，也是一种必然的选择。从实际情况来看，“严打”也确实起到了压制犯罪发展态势的作用。当然，我们也必须看到严打作为一种国家对犯罪的控制方式有其局限性，这种局限性可以从手段与效果两个方面来加以说明。

从手段上来说，“严打”虽然强调的是依法从重从快，但在其暴风骤雨式的运作方式下，法治的底线可能会被突破，这里存在一个手段的合法化问题。因而，如何处理“严打”与法治之间的紧张关系始终是我们在反思“严打”刑事政策时不得不面对的一个问题。我国学者指出了“严打”刑事政策本身存在的法治化程度不足的问题[①]，还揭示了“严打”与法治之间的紧张关系，指出：刑事政策主要以国家权力为中心展开，因而刑事政策与政治之间必然存在极为密切的联系，必定受到政治的深刻影响。“严打”政策与政治挂钩并密切联系，意味着这一政策首先是政治的工具，这就必然产生刑事政策与法律的冲突问题，如何处理好“严打”政策与法律的关系就自然地成为一个问题，而且始终是“严打”活动中的一个突出问题。在某种意义上，我国的民主与法制的发展是政治决策的结果，法治也是政治进步的表现。所以，在我国目前的权力框架下，在执行“严打”政策的同时，如果法治不能获得同等的推进，就会自然而然地导致国家刑罚权与法治的紧张关系，刑罚权与法治原本就存在紧张关系的情况下，问题就会更加突出。[②] 由此可见，“严打”与法治的关系应当引起我们重视。现在与1983年发动“严打”时相比，社会的法治化程度大有提高，除依法治国、保障人权入宪这样具有标志性的法治进步以外，在刑事法领域的法治也取得了重大的进展，这主要表现为1996年《刑事诉讼法》确立了无罪推定原则和1997年《刑法》确立了罪刑法定原则。无罪推定与罪刑法定都是刑事法治的题中之意，它们在我国刑

---

① 参见汪明亮：《“严打”的理性评价》，44-45页，北京，北京大学出版社，2004。

② 参见曲新久：《刑事政策的权力分析》，268-269页，北京，中国政法大学出版社，2002。

事法中的确认，都表明法治的实质进展。在这样一个法治背景下，“严打”的手段合法化就是一个有待解决的问题。

从目的上来说，“严打”的有效性也是一个值得关注的问题。“严打”具有短时间内压制犯罪的效应，这是不容否认的。但“严打”的效果不能持久地维持，这也是一个客观事实。否则，一次“严打”足以管很长一个时期。但我国“严打”一个战役接一个战役，犯罪态势并没有从根本上得到遏制。“严打”的目标从“争取社会治安根本好转”到“明显进步”的调整，也表明“严打”缺乏长效机制。我国学者对“严打”成效问题作了科学分析，指出：统计数据表明，“严打”这一治理犯罪顽症的“猛药”，在1984年至1987年，确实在一定程度上遏制了犯罪的恶性增长态势。但是，“严打”只是暂时刹住了犯罪分子的嚣张气焰，暂时遏制了严重犯罪不断增长的恶性趋势，没有也不可能实现当初提出的三五年内使社会治安恢复到20世纪50年代的水平的目标，没有也不可能解决在改革开放条件下从根本上决定犯罪浪潮出现的社会结构性矛盾，因而“严打”的短期效应在1987年以后立即消失殆尽。自1988年以后，尽管“严打”斗争仍然在如火如荼地进行，严重犯罪反而以前所未有的速度持续增长，“严打”斗争与严重犯罪形成了旷日持久的拉锯战，特别是影响社会治安的重大恶性刑事案件在1988年以后几乎成几何级数疯狂增长。与此同时监狱的改造效能却急速下滑，累犯再犯率持续攀高，许多刑满释放人员或者脱逃出来的人员，怀着对社会的疯狂报复心理，肆无忌惮地实施令人发指、惨绝人寰的恶性暴力犯罪。有些地方的犯罪势力甚至勾结在一起，形成了许多带有黑社会性质的犯罪黑恶势力，与合法政权进行公然的对抗，因而迫使中央最高决策部门于1996年春季在全国范围内再次发动一场新的“严打”斗争。但是，这次“严打”斗争实施的效果更不理想，甚至连“扬汤止沸”的短期效应都未能达成，杀人、抢劫、绑架、爆炸、黑社会性质的组织犯罪等重大恶性暴力犯罪仍然层出不穷，甚至愈演愈烈，最终迫使国家最高决策层又于2001年4月召开最高级别的全国治安工作会议，部署在全国范围内进行新的声势更为浩大的“严打整治”斗争。[①] 应该说，上述对“严打”效果

① 参见梁根林：《刑事政策：立场与范畴》，44-45页，北京，法律出版社，2005。

的评价是客观的。在短时间内，“严打”可收一时之效，尤其是第一次“严打”，即时效果还是明显的，把犯罪气焰给压下去了。但随着时间的推移，犯罪又卷土重来，而且气焰更加嚣张。为此，不得不发动第二次“严打”，而第三次“严打”即使是即时效果也呈递减趋势。由此可见，依靠“严打”无法实现长治久安。因为犯罪是由社会深层次原因和转型时期的特殊矛盾造成的，“严打”只是治标之策而不是治本之道。

基于以上对“严打”刑事政策的反思，笔者认为应当在总结经验教训的基础之上，在一定程度上回归惩办与宽大相结合的刑事政策。当然，惩办与宽大相结合的表述因其约定俗成而定型化，但这一命题蕴含着意识形态的成分。在传统话语中，一般认为惩办与宽大相结合刑事政策的内容是：首恶必办，胁从不问；坦白从宽，抗拒从严；立功折罪，立大功受奖。[①] 但这些内容有些已经过时，例如抗拒从严，因其与无罪推定原则存在一定抵触，因而已经受到质疑。[②] 其他内容也不能完全反映惩办与宽大相结合刑事政策的基本精神。为此，笔者赞同以宽严相济取代惩办与宽大相结合。

二、宽严相济刑事政策：界定与阐述

宽严相济刑事政策是我国刑事政策中具有策略性的惩治政策。由于刑事政策是对犯罪采取的各种刑事措施和对策的总和，因此刑事政策的内涵是十分丰富的。而宽严相济刑事政策只是刑事对策中的一种，它主要体现的是对犯罪的惩治政策。

根据犯罪态势确定正确的应对措施，这是各国之通例。例如，我国学者在介绍西方国家的刑事政策趋向时，一般都认为是“轻轻重重”。这里的“轻轻”就是对轻微犯罪，包括偶犯、初犯、过失犯等主观恶性不重的犯罪，处罚更轻；

---

① 参见马克昌主编：《中国刑事政策学》，98 页以下，武汉，武汉大学出版社，1992。

② 参见侯宏林：《刑事政策的价值分析》，276 页以下，北京，中国政法大学出版社，2005。

“重重”就是对严重的犯罪，处罚较以往更重。[①] 由此可见，“轻轻”是指轻者更轻，而“重重”是指重者更重。因此，“轻轻重重”也被称为是两极化的刑事政策。这种“轻轻重重”的刑事政策，对轻者与重者加以区分，然后对轻者与重者采取不同的刑事措施，既符合预防犯罪的功利要求，又合乎罪刑均衡的刑法原则。在我国古代刑法中，也存在“刑期于无刑”这样包含着丰富的刑事政策意蕴的思想，但在专制主义思想的支配下，引申出重刑主义的结论。例如，商鞅就反对“轻轻重重”，认为：“重重而轻轻，刑至事生，国削。”[②] 商鞅还进一步指出：“行刑，重其重者，轻其轻者，轻者不止，则重者无从止矣。”[③] 在商鞅看来，轻罪轻刑，重罪重刑，则轻重难以遏制，既然轻罪不止，重罪同样也无从遏止。因此，商鞅主张：“行刑，重其轻者，轻其重者，轻者不至，重者不来。此谓以刑去刑，刑去事成。”[④] 韩非也进一步地阐述了“重其轻者”的理由：“夫以重止者，未必以轻止也；以轻止者，必以重止矣。”[⑤] 这种“重其轻者”的思想，就是一种典型的重刑主义。虽然在法家的观念中，“以刑去刑”的目的是正当的，但采用“重其轻者”的手段则是不正当的，其陷入重刑主义恰恰是“只要目的正当，可以不择手段”的逻辑演绎的必然结果。在现代法治社会，人权保障成为一种终极价值，打击犯罪也要受到人权保障的限制。因此，重刑主义是应当绝对禁止的。在西方国家普遍实行的“轻轻重重”的刑事政策有其合理性根据。“轻轻重重”的刑事政策，在不同犯罪态势下，轻轻与重重又具有不同的侧重。例如，在社会发展较为平稳的时期，更为强调的是“轻轻”刑事政策，即“轻轻重重，以轻为主”。进入20世纪特别是二次世界大战以后，在西方国家刑罚轻缓化成为一种普遍的理想。因此，“轻轻”的刑事政策不再是只包含“轻罪轻刑”这样一种简单的内容，而是包括非犯罪化、非刑罚化、非司法化。一般说来，刑事诉讼

---

① 参见杨春洗主编：《刑事政策论》，397页，北京，北京大学出版社，1994。

② 《商君书·去强》。

③ 《商君书·说民》。

④ 《商君书·靳令》。

⑤ 《韩非子·六反》。

程序存在费时费力的弊端。监禁，特别是短期监禁更存在明显的弊端。所以，从简易、经济效益出发，符合现实的要求，将轻微的危害行为，如先前的违警罪，排除其刑事犯罪的性质，不诉诸刑事诉讼程序，只处行政罚款。美国的“转处”，加拿大的“非司法化”，则使“非犯罪化”“非刑罚化”更向前迈进一步。它们通过某些非官方机构和团体的帮助和调停，避免使违法或轻微的犯罪行为诉诸司法程序，进行社会化处理。[①] 这种“轻轻”刑事政策的实行，表明了刑罚人道主义精神，同时体现了刑事政策从国家本位向社会本位演变的某种征兆。当然，近20年来随着犯罪的大幅度增长，尤其是出于反恐的需要，西方的刑事政策也有所调整，开始从“轻轻重重，以轻为主”向“轻轻重重，以重为主”转向。例如，我国学者曾经对美国“加州三次打击法”进行了介绍，认为这是具有美国特色的严打法。[②] “加州三次打击法”以橄榄球的“三振出局”为喻，提出了“三次打击然后出局”的口号，即三次实施暴力重罪的重罪犯应处以终身监禁且没有假释，以体现对重新犯重罪者的严厉惩治。在“三次打击法”下被判决的被告人，将在监狱中度过大幅度累加的刑期，他们所服的刑期将远远超过其他的犯罪行为人。因此，“三次打击法”具有明显的“重其重者”的倾向。当然，由于西方国家大多数已经废除死刑，保留死刑的国家对死刑适用也是严格限制的，因此，所谓“重重”，也是相对的，人权保障的法治底线是绝对不能突破的。

我国传统的惩办与宽大相结合刑事政策，本身也包含轻与重这两个方面的内容。因此，我国学者认为，“轻轻重重”是惩办与宽大相结合政策的基本精神，指出：惩办与宽大相结合政策的基本精神（或称精神实质）就是对严重的罪犯施以更严重的处罚，对轻微的罪犯给予更轻微的处罚，即轻其轻者，重其重者。换言之，也即“轻轻重重”[③]。其实，在惩办与宽大相结合政策的原始含义中，并无“轻轻重重”的内容，而是强调轻重的区别对待，即轻者该轻，重者该重。当

---

① 参见杨春洗主编：《刑事政策论》，398页，北京，北京大学出版社，1994。

② 参见王亚凯、付立庆：《美国特色的严打法——加州三次打击法初论》，载陈兴良主编：《中国刑事政策检讨——以“严打”刑事政策为视角》，351页，北京，中国检察出版社，2004。

③ 侯宏林主编：《刑事政策的价值分析》，270页，北京，中国政法大学出版社，2005。

然，以“轻轻重重”解读惩办与宽大相结合政策的基本精神，不失为一种创新。

为正确理解我国刑法中宽严相济的刑事政策，我们需要对宽严相济刑事政策中的三个关键字——“宽”、“严”和“济”加以科学界定。

宽严相济之“宽”，当然来自惩办与宽大相结合的“宽大”，其确切含义应当是轻缓。刑罚的轻缓，可以分为两种情形：一是该轻而轻，二是该重而轻。该轻而轻，是罪刑均衡的应有之义，也合乎刑法公正的要求。对于那些较为轻微的犯罪，就应当处以较轻之刑。至于轻罪及其轻刑如何界定，则应根据犯罪的具体情况加以判断。该重而轻，是指所犯罪行较重，但行为人具有坦白、自首或者立功等法定或者酌定情节的，法律上予以宽宥，在本应判处较重之刑的情况下判处较轻之刑。该重而轻，体现了刑法对于犯罪人的感化，对于鼓励犯罪分子悔过自新具有重要意义。在刑法中，轻缓的表现方式也是多种多样的，包括司法上的非犯罪化与非刑罚化以及法律上各种从宽处理措施。

宽严相济之“严”，是指严格或者严厉，它与惩办与宽大相结合中的惩办一词相比，词义更为确切。我国学者储槐植教授曾经提出“严而不厉”的命题，将“严”与“厉”分而论之，指出：“严”与“厉”二字含义有相同的一面，常常一起连用；它们也有不同的一面，“严”为严肃、严格、严密之意；“厉”为厉害、猛烈、苛厉之意。储槐植教授之所谓“严而不厉”是在不同含义上使用这两个字，“严”指刑事法网严密，刑事责任严格；“厉”主要指刑罚苛厉，刑罚过重。[①] 宽严相济中的“严”，当然包括严格之意，即该作为犯罪处理的一定要作为犯罪处理，该受到刑罚处罚的一定要受到刑罚处理，这也就是司法上的犯罪化与刑罚化。与此同时，宽严相济之严还含有严厉之意。这里的严厉主要是指判处较重刑罚，当然是指该重而重，而不是指不该重而重，当然也不是指刑罚过重。

在宽严相济刑事政策中，该宽则宽，该严则严，对于“宽”与“严”加以区分，这是基本前提。因此，宽严相济是以区别对待或者差别待遇为根本内容的。区别对待是任何政策的基础，没有区别就没有政策。刑事政策也是如此，它是建

① 参见储槐植：《刑事一体化与关系刑法论》，305－306页，北京，北京大学出版社，1997。

立在对犯罪严重性程度的区别基础之上的。当然，宽严的区别本身不是目的，区别的目的在于对严重性程度不同的犯罪予以严厉性程度不等的刑罚处罚，由此而使刑罚产生预防犯罪的作用。刑事古典学派的经典作家们已经深刻地揭示了罪刑之间保持适当比例能够防止更大犯罪发生这一重要的刑法原理。例如，孟德斯鸠指出："在我们国家里，如果对一个在大道上行劫的人和一个行劫而又杀人的人，判处同样的刑罚的话，那便是很大的错误。为着公共安全起见，刑罚一定要有一些区别，这是显而易见的。在中国，抢劫又杀人的处凌迟，对其他抢劫就不这样。因为有这个区别，所以在中国抢劫的人不常杀人。在俄罗斯，抢劫和杀人的刑罚是一样的，所以抢劫者经常杀人。他们说：死人是什么也不说的。"① 在此，孟德斯鸠阐述了对犯罪是应该有区别的，没有区别就会导致犯罪人犯较重之罪，有区别则能够引导犯罪人犯较轻之罪。对此，贝卡里亚也作了论述，指出：如果对两种不同程度地侵犯社会的犯罪处以同等的刑罚，人们就找不到更有力的手段去制止实施能带来较大好处的较大犯罪了。② 由此可见，这些经典作家所倡导的罪刑均衡原则本身蕴含着刑事政策的精神。

宽严相济最为重要的还是在于"济"。这里的"济"，是指救济、协调与结合之意。因此，宽严相济刑事政策不仅是指对于犯罪应当有宽有严，而且在宽与严之间还应当具有一定的平衡，互相衔接，形成良性互动，以避免宽严皆误结果的发生。换言之，在宽严相济刑事政策的语境中，既不能宽大无边或严厉过苛，也不能时宽时严，宽严失当。在此，如何正确地把握宽和严的度以及如何使宽严形成互补，从而发挥刑罚最佳的预防犯罪的效果，确实是一门刑罚的艺术。

宽严相济刑事政策首先意味着应当形成一种合理的刑罚结构，这是实现宽严相济刑事政策的基础。关于刑罚结构，我国学者储槐植作了专门研究，认为刑罚结构是刑罚方法的组合（配置）形式。所谓组合（配置）形式，是指排列顺序和比例份额。排列次序是比重关系的表现，比重是量的关系，但量变会引起质变，

① ［法］孟德斯鸠：《论法的精神》，上册，张雁深译，92页，北京，商务印书馆，1961。

② 参见［意］贝卡里亚：《论犯罪与刑罚》，黄风译，65页，北京，中国大百科全书出版社，1993。

比例不同，即结构不同，则性质不同。刑罚结构决定刑罚运行的内部环境，构成整体刑罚功能的基础。[①] 刑罚结构概念的提出，表明我们对刑罚发生作用机制在理解上的深化。事实已经表明，刑罚是作为一个体系而存在的，正是刑罚的这种体系性构成特征，使各种刑罚方法形成一个具有内在逻辑结构的整体而发生作用。我国刑罚体系由主刑与附加刑构成：主刑包括管制、拘役、有期徒刑、无期徒刑和死刑；附加刑包括剥夺政治权利、罚金和没收财产。从这些刑罚方法的性质上来划分，资格刑、财产刑、自由刑（包括剥夺自由刑和限制自由刑）均齐全，而且主刑与附加刑之间的关系也较为协调。对于这样一个刑罚体系，我国刑法学界以往一般都持肯定的态度，认为我国刑罚体系是科学合理的，具有宽严相济的特征，指出：构成我国刑罚体系的刑种，无论是主刑还是附加刑，都是有轻有重的，如主刑既有轻刑管制和拘役，也有较重的有期徒刑，亦有重刑无期徒刑，更有最重的死刑。附加刑的各个刑种也是轻重有别的。这表明，我国刑罚体系具有宽严相济的特点。[②] 这一评价从表面上看似乎言之成理，但从实质上分析则言之失当。笔者认为，从我国刑罚实际运作的状况来看，我国刑罚体系存在结构性缺陷，这就是死刑过重，生刑过轻：一死一生，轻重悬殊，极大地妨碍了刑罚功能的正常发挥。

所谓死刑过重，是指我国在刑法上规定的死刑罪名过多，在司法上适用死刑过滥，从而使我国刑法成为一部重刑法典。为了说明我国刑法中的死刑过重，有必要对世界各国的死刑立法与司法的现状作一个描述。国际上存在一种限制死刑，乃至于废除死刑的趋势，这已是不争的事实。这主要表现在国际上已经有相当一部分国家完全废除了死刑，还有一部分国家虽然在法律上没有废除死刑，但在事实上废除了死刑。根据英国学者罗吉尔胡德的统计，截至 2001 年，在全世界 194 个国家中，完全废除死刑的国家是 75 个，占 39%；废除普通犯罪死刑的国家是 14 个，占 7%，保留死刑的国家是 105 个，占 54%。在保留死刑的国家

① 参见储槐植：《刑事一体化与关系刑法论》，403 页，北京，北京大学出版社，1997。

② 参见高铭暄、马克昌主编：《刑法学》，240 页，北京，北京大学出版社、高等教育出版社，2000。

中，又有 34 个国家在过去 10 年中没有执行过死刑，属于事实上废除死刑的国家。如果将废除普通犯罪死刑的国家和事实上废除死刑的国家都归入废除死刑的国家，那么，废除死刑的国家就有 123 个，保留死刑的国家只有 71 个，即废除死刑的国家占国家总数的 63.4%，而保留死刑的国家只占国家总数的 36.6%。[①] 在保留死刑的国家中，死刑的适用也受到严格限制。例如，日本从 1979 年至 1994 年共执行死刑 28 人，平均每年是 2.5 人左右。[②] 而韩国 1987 年至 1997 年共执行死刑 101 人，平均每年 12.6 人。[③] 我国在刑法中保留了 68 个死刑罪名，尤其是大量非暴力犯罪保留了死刑。不仅如此，我国在司法中适用死刑的数量十分惊人。死刑过重，由此可见一斑。

所谓生刑过轻，是指我国刑罚体系中除死刑立即执行以外的刑罚方法过于轻缓。根据笔者的分析，我国的死缓相当于有期徒刑 24 年（不包括判决前羁押）。死缓是指死刑缓期执行，本来是我国死刑的一种执行方法，但在司法实践中它往往被作为一种独立的刑种使用，而且被判处死缓的犯罪分子，除极个别在死缓考验期间故意犯罪的以外，基本上不再执行死刑。因此，死缓可以归入生刑的范畴。我国死缓制度设置的初衷是为限制死刑，例如高铭暄教授指出：死刑缓期执行制度是我国刑事政策上的一个重大创造，是贯彻“少杀”政策的重要方法。死缓制度有力地说明，我们国家对那些犯有死罪，但还不是非杀不可的犯罪分子，没有放弃对他们进行改造的一线希望，这就可以把死刑的适用实际上缩小到最小的范围。[④] 但是，随着严打的开展，通过死缓限制死刑适用的立法初衷并未实现。而且，死缓相对于死刑而言，显得过轻。根据我国《刑法》第 50 条的规定[⑤]，判处死刑缓期执行的，在死刑缓期执行期间，如果没有故意犯罪，2 年期

---

① 参见［英］罗吉尔·胡德：《死刑的全球考察》，刘仁文、周振杰译，11 页，北京，中国人民公安大学出版社，2005。

② 参见［日］团藤重光：《死刑废止论》，林辰彦译，267 页，台北，台北商鼎文化出版社，1997。

③ 参见［韩］金仁善：《关于韩国执行死刑的现状与死刑制度的改善方向的再思考》，载赵秉志主编：《中韩刑法基本问题研讨——“首届中韩刑法学术研讨会”学术文集》，168 页，北京，中国人民公安大学出版社，2005。

④ 参见高铭暄：《中华人民共和国刑法的孕育和诞生》，75 页，北京，法律出版社，1981。

⑤ 参见李贵方：《自由刑比较研究》，95 页，长春，吉林人民出版社，1992。

满以后，减为无期徒刑；如果确有重大立功表现的，2年期满以后，减为15年以上20年以下有期徒刑。因此，死缓的上限是“2年＋无期徒刑”，死缓的下限是“2年＋15年＝17年”。那么，无期徒刑又相当于多少年有期徒刑呢？在我国刑法中，无期徒刑相当于有期徒刑22年。根据1997年最高人民法院《关于办理减刑、假释案件具体应用法律若干问题的规定》第6条的规定：“无期徒刑罪犯在执行期间，如果确有悔改表现的，或者有立功表现的，服刑2年以后，可以减刑。减刑幅度为：对确有悔改表现的，或者有立功表现的，一般可以减为十八年以上二十年以下有期徒刑；对有重大立功表现的，可以减为十三年以上十八年以下有期徒刑。”因此，无期徒刑的上限是“2年＋20年＝22年”；无期徒刑的下限是“2年＋13年＝15年”。由于无期徒刑的上限为22年，因此，死缓的上限为24年。我国的有期徒刑上限为15年，数罪并罚最高为20年。从实际情况观察，在我国司法实践中，被判处死缓的，一般服刑18年左右可以重获自由。被判处无期徒刑的，一般服刑15年左右可以重获自由；被判处有期徒刑15年的，一般服刑12年左右可重获自由。以犯罪时犯罪人的平均年龄30岁计算，个人即使被判处死缓，在50岁以前即可出狱。相比之下，外国刑法中的生刑比我国的要重得多。由于外国刑法中没有死缓，死缓也就无从比较。以无期徒刑而论，其严厉性程度因各国刑罚现状的不同而有所差异。一般来说，各国的无期徒刑均不再是实际的关押终身，而是经过一段时间的监禁以后最终都能复归社会。因为无期徒刑存在剥夺罪犯的犯罪能力和复归改造罪犯这两个互相冲突的刑罚目标，除个别国家存在不可假释的终身监禁以外，大多数国家被判处无期徒刑的犯罪分子关押10年以上即可获得假释。例如美国，被判处终身监禁的犯罪人，如果服刑中表现良好，一般执行10年（或15年）后可以获得假释。[①] 就此而言，外国的无期徒刑与我国的无期徒刑在严厉性上似乎差别并不大，但考虑到外国刑法中的刑罚轻缓程度，其刑罚之间的轻重是协调的。但在我国刑法中，除了某些犯有特别严重之罪的犯罪分子被判处死刑立即执行以外，死缓与无期徒刑实际上平均只被关押15年左右，确有过轻之嫌。因此，刑罚轻重各国之间的横向比较是必要

① 参见储槐植：《美国刑法》，311页，北京，北京大学出版社，1987。

的，但更应当将其置于本国的刑罚体系之中，考察其与其他刑罚的衔接与协调。至于有期徒刑的上限，既有规定为 15 年的（日本、德国等），也有 24 年的（意大利），更有 30 年的（法国），如此等等。在英美国家，当一个人犯有数罪时，因为在数罪并罚上经常采用并科原则，有时刑期长达数十年，甚至数百年，实际上相当于无期徒刑。相比较之下，我国有期徒刑上限为 15 年，数罪并罚不超过 20 年，是较为轻缓的。

如上所述，我国刑罚体系存在死刑过重、生刑过轻的结构性缺陷，其不合理性显而易见。如果将我国刑罚的威慑力用 100 分来衡量，在现在的刑罚体系中，80 分是依靠适用死刑获得的，生刑只获 20 分。在这种情况下，在保持刑罚威慑力不变的情况下，应当进行刑罚的结构性调整，大量限制死刑适用，减少对死刑的依赖，使死刑获得的刑罚威慑力从现在的 80 分下降为 20 分。相应地，加重生刑的严厉性，使生刑获得的刑罚威慑力从现在的 20 分上升为 80 分。我国学者曾经形象地指出："抓大放小"的刑事政策对严重的有组织犯罪、暴力犯罪、国家工作人员的职务犯罪等严重危及社会生存与发展、民众安宁与秩序的犯罪，即不能矫治或矫治有困难的犯罪/犯罪人实行严格的刑事政策，即"抓大"。对于情节较轻的刑事犯罪，偶发犯罪、无被害人犯罪、与被害人"和解"的犯罪等，也就是不需要矫治或者矫治有可能的犯罪/犯罪人实行宽松的刑事政策，即"放小"。"抓大放小"的本真含义是："严"其应当严的、必须严的；"宽"其可以宽的、应当宽的。易言之，在刑事政策层面上，应当实行两极化的刑事政策。① 笔者认为，这一观点是具有科学根据的。基于两极化的刑事政策，我们应当在严格限制死刑适用的前提下，按照重者更重、轻者更轻的思路对刑罚结构进行合理调整。

严格限制死刑，是当前我国刑罚结构调整的当务之急。在立法上死刑罪名未减的情况下，如何通过司法减少死刑适用是势所必然的限制死刑之路。对于死刑的限制与废除，我们过去存在一种过分依赖立法的心理，在很大程度上忽视了司法对死刑的限制甚至于实际上废除的作用。从世界各国死刑废除历程来看，除个

① 参见蔡道通：《中国刑事政策的理性定位》，载陈兴良主编：《刑事法评论》，第 11 卷，51 页，北京，中国政法大学出版社，2002。

别国家出于某种特定的目的，例如加入欧盟以废除死刑为前提，为实现加入欧盟的目的而无条件地从法律上废除死刑。大多数国家都是从事实上废除，在条件成熟的情况下再从法律上废除。因此，事实上废除死刑是死刑废止的第一步。事实上废除死刑又不是一天之内实现的，有一个从死刑被大量适用到减少适用，最后过渡到不适用这样一个依次渐进的废止过程。因此，司法机关作为死刑的适用者，在实际废除死刑方面是大有可为的。我国应当在司法中逐渐减少死刑适用，尤其是非暴力犯罪的死刑更是在首先严格限制乃至于废止之列。对于暴力犯罪，尤其是杀人罪，应当制定一些死刑适用规则。例如，我国《刑法》第 48 条规定，死刑只适用于罪行极其严重的犯罪分子，这是对死刑适用条件的严格限制。但《刑法》第 232 条关于故意杀人罪法定刑的规定与其他刑法条文均有所不同，不是由轻至重排列，而是由重至轻排列，表述为：故意杀人的，处死刑、无期徒刑或者 10 年以上有期徒刑。因此，在我国司法实践中，犯故意杀人罪，只要没有法定从轻处罚事由的，一般均处死刑，而且是死刑立即执行。例如，陕西的董伟案，陕西省高级人民法院在本案的裁定书中指出："……其行为，已构成故意杀人罪，又无法定或酌定从轻处罚之情节，故应依法严惩。"① 这里的严惩，就是判处死刑立即执行。根据这种对《刑法》第 232 条的理解，只要犯故意杀人罪而无法定或酌定从轻处罚的情节，就属于《刑法》第 48 条规定的"罪行极其严重的犯罪分子"，由此导致故意杀人罪成为死刑适用最多之罪。在这种情况下，应当对杀人罪适用死刑立即执行的条件加以明确。其实，最高人民法院 1999 年在《全国法院维护农村稳定刑事审判工作座谈会纪要》中对于故意杀人犯罪适用死刑的标准曾经作过规定：对故意杀人犯罪是否判处死刑，不仅要看是否造成了被害人的死亡结果，还要综合考虑案件的全部情况。这规定表明，犯故意杀人罪并非只要没有法定或酌定从轻处罚的情节就应当判处死刑立即执行。但由于这一规定并非严格意义上的司法解释而只是一种会议纪要，其法律效力稍弱，而且它是对农村杀人犯罪所作的规定，具有适用范围上的局限性，因而并没有成为杀人罪

① 陈兴良主编：《中国死刑检讨——以"枪下留人案"为视角》，329 页，北京，中国检察出版社，2003。

适用死刑的一般规则。笔者认为，在死刑复核权收归最高人民法院行使以后，最高人民法院应当对杀人罪等死刑适用量占前五位的罪名进行调查研究，制订死刑适用的细则。例如，目前杀 1 人而判处数人死刑的案件在司法实践中时有发生，甚至杀 1 人而判处 4 人死刑的案例也见诸媒体。河南省原副省长吕德彬伙同新乡市副市长尚玉和雇凶杀人，一审法院除对吕德彬和尚玉和判处死刑以外，两名杀手张松雷、徐小桐亦被判处死刑。之所以出现这种情况，主要是因为主犯与从犯互相之间难以区分。在主犯与从犯可以区分的情况下，一般对主犯判处死刑，对从犯至多判处死缓或者无期徒刑。在共同杀人，尤其是雇凶杀人而主犯与从犯无法区分的情况下，通行的做法是各被告人均判处死刑。为此，笔者认为应当确立一个规则，在共同杀人案件中，杀 1 人的只能判处 1 人死刑，不能判处 2 人以上死刑。至于谁应当判处死刑，属于法院裁量的问题。像这种雇凶杀人的案件，原则上雇凶者是主犯应处死刑。像吕德彬案中，有两个雇凶者的，应以利益相关者为主犯，其他协助者为从犯。通过制定这样一些规则，为严格限制死刑适用提供法律根据。

在严格限制死刑适用的前提下，首先应当做到亘者更重。这里所谓重者更重，是指那些严重犯罪，包括暴力犯罪与非暴力犯罪，由过去判处死刑立即执行改为判处死缓和无期徒刑以后，应当加重死缓和无期徒刑的处罚力度。被判处死缓的，原则上关押终身。个别减刑或者假释的，最低应关押 30 年以上。被判处无期徒刑的，多数应关押终身。少数减刑或者假释的，最低应关押 20 年以上，有期徒刑的上限提高到 25 年，数罪并罚不超过 30 年。通过加重生刑，从而为死刑的减少适用创造条件。现在社会公众之所以要求对严重的犯罪分子判处死刑，是因为生刑过轻。而加重生刑以后，犯罪分子虽未被执行死刑，但被判处了死缓，将会关押 30 年以上，甚至关押终身。这就会降低社会公众对死刑的依赖，认识到生刑的严厉性，从而在情感上能够接受死刑的大幅度减少，也使刑罚结构变得更为合理。随着生刑的加重，我国监禁成本将会大幅度增加。过去大量适用死刑，对犯罪分子一杀了之，就经济成本而言是最为节省的。以往被判处死缓和无期徒刑的犯罪分子，在被执行 18 年或者 15 年后获得自由，现在监禁的期间延长为 30 年以上，每个犯罪分子增加的监禁期限在 12 年以上。我国社会能否承受随着生刑加重而增加的监禁成本？这是一个我们不能不正视的问题。[①] 因为我国毕竟是一个经济并不富裕的国家，监禁成本会不会成为社会不能承受的经济包袱？对这个问题，也只能通过刑罚结构调整加以解决，这就涉及刑罚结构调整的另一措施：轻者更轻。

在严格限制死刑适用的前提下，在重者更重的同时，还应做到轻者更轻。所谓轻者更轻，是指对较轻的犯罪，通常是指应处5年以下有期徒刑的犯罪，尽量减少关押，实行非监禁化。这就是要对轻罪从广泛适用监禁刑转变为尽量适用非监禁刑。以往，我国司法机关较为重视与强调监禁刑的适用。在传统思想与严打政策的影响下，忽视了非监禁刑的适用。这里所谓传统思想的影响，是指中国人将刑罚与监狱相联系，将被判处刑罚诠释为牢狱之灾。因此，非监禁刑往往被排斥在刑罚的概念之外。此外，在严打的重压之下，非监禁刑存在放纵之虞，因而往往适用率极低。当然，我国对非监禁刑缺乏行之有效的管理措施，也使得司法机关对非监禁刑的适用心有顾忌。在当前社区矫正试点取得初步成果并全面推广以后，将会使非监禁刑的管理走上正轨，从而为非监禁刑的扩大适用创造了条件。通过适用非监禁刑，可以节省大量的监禁成本。虽然每个犯罪分子的关押期限只减少3年左右，但在全部刑事犯罪案件中，轻罪的绝对量是更大的，其节省的监禁成本也是可观的，将这些监禁成本转移支付给重罪，以弥补随着生刑加重而带来的监禁成本的缺口，笔者认为将不会使整个监禁成本大幅度增加。

刑罚的结构性调整，正如同经济结构调整一样，是个系统工程。不能顾此失彼，而应有全盘打算和统筹规划。事实上，随着犯罪态势的变化而不断地调整刑罚结构，以取得最佳的刑罚效果，这已经成为各国之通例。例如，中英量刑制度比较研究课题组通过对英国的量刑制度考察，得出如下结论：受刑罚理论的影响，英国刑罚近20年来的发展，有两个显著特点，一是监禁刑的立法和适用有

① 我国学者指出：按照财政部与司法部联合下达的监狱经费支出标准测算，全国监狱系统实际需要高达210亿元经费才能正常运转。若仅以纯国家财政拨款127.3亿元日常经费和30亿元基本建设经费与154万罪犯来计算，关押改造一个罪犯的年费用也已超过万元。这可能已经高于1个大学生1年的开销。这157亿多元的经费还不包括从军费渠道支出的武装警察看押的经费。参见郭建安：《社区矫正制度：改革与完善》，载陈兴良主编：《刑事法评论》，第14卷，320页，北京，中国政法大学出版社，2004。

“重刑化”的倾向，二是非监禁刑的大量采用。这里的非监禁措施，包括罚款、缓刑、保护观察令、社区服务等。[①] 英国以及其他国家的经验是值得我国借鉴的。当然，在刑罚结构经过调整实现合理化以后，还应当进一步使我国刑罚趋于轻缓化。刑罚结构调整，为宽严相济刑事政策的实现提供了法律制度上的保障。

三、宽严相济刑事政策：理念与实现

宽严相济的思想在我国可谓源远流长，包含宽严相济思想的惩办与宽大相结合的刑事政策也曾经在我国长期实行。在新的历史背景下，如何重新阐述宽严相济刑事政策的理论基础，这是一个需要深入研究的问题。

刑罚是一种社会治理方式。因此，刑罚并不仅是一个法律问题，刑罚轻重之选择，与一个社会的政治理念具有密切关系。从政治理念上来说，宽严相济刑事政策之提倡是从专政的政治理念到治理的政治理念转变的结果。在专政的政治理念主导之下，法律，尤其是刑法往往沦为专政工具，这样的社会是采用压制型法律控制的压制型社会。压制型法律，是美国学者诺内特、塞尔兹尼克在《转变中的法律与社会》一书中提出来的一个概念，与之相对应的是自治型法律和回应型法律。诺内特、塞尔兹尼克将法律区分为三种类型：（1）压制型的法律，作为压制性权力的工具的法律；（2）自治型的法律，作为能够控制压制并维护自己的完整性的一种特别制度的法律；（3）回应型的法律，作为回应各种社会需要和愿望的一种便利工具的法律。[②] 实际上，一定的法律形态总是与一定的社会形态以及一定的政治形态相联系的。诺内特、塞尔兹尼克也是从法律与社会的相关性上进行考察的。因此，压制型的法律、自治型的法律和回应型的法律总是与压制型的社会、自治型的社会和回应型的社会相对应的。这三种法律形态以及与之相对应的三种社会形态，处于一种层递关系，这也正是诺内特、塞尔兹尼克以“迈向回

① 参见中国政法大学刑事法律研究中心、英国大使馆文化教育处主编：《中英量刑问题比较研究》，259页，北京，中国政法大学出版社，2001。

② 参见［美］诺内特、塞尔尼克：《转变中的法律与社会》，张志铭译，16页，北京，中国政法大学出版社，1994。

应型法”作为该书副标题的原因之一。我国社会目前也正处在转变之中，这种社会转型的一个重要标志就是逐渐减少压制性，增加自治性与回应性。在压制型社会，占据主导地位的是专政的政治理念。专政是以存在一个单一统治者为特征的一种统治模式。[①] 因此，专政往往是与暴力相联系的，合法的暴力或者非法的暴力。专政对社会实行的是统治，它是以统治者与被统治者的隶属关系为政治基础的，为了维护这种专政的统治秩序，往往需要对社会进行单方面的压制。这种社会是一个刚性的社会，各种社会矛盾都被暴力所掩盖和遮蔽，一旦社会矛盾暴发，社会就会处于一种崩溃状态。而摆脱了压制的社会，是一个自治型的或者回应型的社会，这种社会的最大特点是社会控制手段由单纯的暴力压制转变为协调和治理。尤其是治理的政治理念的提出具有重要意义。治理是与统治相对立的概念，它表明不再存在一种超越社会的至高无上的权力，不再存在建立在不平等之上的统治与被统治的政治关系。社会的治理应当由社会本身来完成，在这种治理的政治理念下，追求社会的协调发展，才能真正成为善治之道。在这种情况下，法律的功能也发生了重大的变化。法律，尤其是刑法不再是单纯的暴力强制，尽管刑法仍然具有强制性，但这种强制是具有节制性的，不能超过一定的界限。在这个意义上说，自治型社会或者回应型社会相对于压制型社会而言，就是一个和谐社会。当前，建设和谐社会已经成为某种政治目标。和谐社会要求通过各种方法，包括法律手段，化解各种社会矛盾，疏通各种社会怨愤，由此而获得社会的长治久安。目的决定手段，当我们确立了以和谐社会为建设目标以后，法律不再是专政的工具，而是各种社会关系的调节器，各种社会矛盾的化解器。在这种情况下，刑罚的轻缓化就是势所必然。而宽严相济刑事政策虽然强调轻轻与重重相结合，但就其根本而言，更应当关注的是刑罚的轻缓化。

刑罚轻重不仅受到政治理念的影响，同时还受到刑法理念的制约。因此，我们还必须从刑法理念上揭示宽严相济刑事政策的理论根据。从刑法理念上来说，宽严相济刑事政策虽然具有一定的策略内容，但其刑法的理念基础应当是刑法谦

---

① 参见［英］戴维·米勒、韦农·波格丹诺：《布莱克维尔政治学百科全书》，邓正来等译，201页，北京，中国政法大学出版社，1992。

抑。刑法谦抑是与刑法滥用相对立的，刑法的演进经历了一个从野蛮到人道的发展过程。我国学者储槐植在探讨西方刑法规律时曾经揭示了刑罚趋轻规律，认为这是一个不可抗拒的客观规律。储槐植教授认为刑罚趋轻规律的根据主要是以下三点：（1）刑罚目的认识进化，报应成分减少，教育成分增加；（2）犯罪原因认识深化，控制犯罪对惩罚犯罪的信息反馈；（3）刑罚在国家管理系统中的作用结构的变化。[①] 笔者认为，在上述三个根据中，第三个根据是决定性的，只有将刑罚纳入社会治理系统考察，才能深刻地揭示刑罚演变规律。法国学者涂尔干认为，刑罚演化存在两个规律：量变规律和质变规律。量变的规律可以阐述如下："当社会属于更落后的类型（untye moins eleve）时，当集权具有更绝对的特点时惩罚的强度就越大。"质变的规律可以阐述如下："惩罚就是剥夺自由（仅仅是自由），其时间的长短要根据罪行的轻重而定，这种惩罚逐渐变成了正常的压制类型。"[②] 在这两个刑罚演化规律中，所谓量变规律是指刑罚轻重与社会类型具有相关性，所谓质变规律是指刑罚具体种类演变的规律。因此，从整体上认识刑罚演变规律，更应关注的是涂尔干所谓的量变规律。根据涂尔干的量变规律，刑罚轻重的决定性因素是社会类型的性质，但同时与政府机构的性质相关。这里的政府机构的性质，主要是指专制的特征。由此可见，刑罚轻重并非一个单纯的法律问题，而是一个社会政治问题。刑罚的效益之高低既取决于刑罚运行机制，也取决于社会控制能力。在一个发展程度较高的社会，政府权力受到限制，并且又能有效地对社会进行治理，因而就会降低对刑罚的依赖，尤其是降低对重刑的依赖，其刑罚轻缓也就是必然趋势。

刑罚轻缓是刑罚谦抑的题中之意。一般认为，非犯罪化与非刑罚化是实现刑罚谦抑的两个基本途径。非犯罪化（decriminalization）是指将迄今为止作为犯罪加以处罚的行为不作为犯罪，停止对其处罚，因此，它包括变更从来都是作为犯罪科处刑罚的现状，而代之以罚款等行政措施加以处罚的情况。[③] 非犯罪化是

① 参见储槐植：《刑事一体化与关系刑法论》，219 页以下，北京，北京大学出版社，1997。
② ［法］涂尔干：《乱伦禁忌及其起源》，汲哲等译，425、437 页，上海，上海人民出版社，2003。
③ 参见［日］大谷实：《刑事政策学》，黎宏译，88 页，北京，法律出版社，2000。

相对于犯罪化而言的，是对过度犯罪化的反动。笔者曾经认为，中国不宜提倡非犯罪化，因为中国不存在过度犯罪化。恰恰相反，中国的主要问题是犯罪化。[①]这个观点从立法论上说是正确的，笔者现在仍然坚持。但从司法论上说中国仍然存在一个非犯罪化的问题，因此需要加以补充说明。实际上，非犯罪化可以分为立法上的非犯罪化与司法上的非犯罪化。立法上的非犯罪化，是指通过变更或废止法律而使过去被作为犯罪的情况不再是犯罪。而司法上的非犯罪化，就狭义而言，是指审判上的非犯罪化，即指通过刑事审判而进行的非犯罪化，它以通过变更判例、变更刑罚法规的解释和适用，将从来均被处罚的行为今后不再处罚为内容。至于广义的司法上的非犯罪化，还应当包括侦查上的非犯罪化与起诉上的非犯罪化，日本学者将其称为取缔上的非犯罪化，即指刑罚法规虽然存在，但因调查以及取缔机关不适用该刑罚法规，事实上几乎不作为犯罪处理的情况，又称为事实上的非犯罪化。[②] 就立法上的非犯罪化而言，由于我国刑法中的犯罪化程度不足，根本不存在过度犯罪化问题，因此不应提倡非犯罪化。从近年来刑事立法发展来看，均是以增补新罪为内容的。但就司法上的非犯罪化而言，现在看来确有提倡的必要。对于那些虽然符合刑法规定，但情节轻微、没有较为严重社会危害性的行为，能不做犯罪处理的，就不应作为犯罪处罚。在侦查期间，能作为治安处罚的就不作为犯罪追究。在起诉阶段，能不起诉的就不起诉。在审判阶段，能不定罪的就不定罪。只有这样，才能在司法活动中切实地贯彻刑法谦抑原则，体现对轻微犯罪人的宽大处理。至于非刑罚化，其内涵在学理上是存在争议的。日本学者认为，所谓非刑罚化（depenalization），是指用刑罚以外的比较轻的制裁替代刑罚，或减轻、缓和刑罚，以处罚犯罪。[③] 按照这一定义，非刑罚化的含义过于宽泛，包括了刑罚轻缓化，甚至包括了非犯罪化。非犯罪化的后果当然是非刑罚化，但非刑罚化是以犯罪化为前提的。就此而言，笔者赞同德国学者耶赛克的界定，非刑罚化是指采取将被宣判有罪的人置于附有监视的自由状态之中进

---

① 参见陈兴良：《刑法的价值构造》，405页，北京，中国人民大学出版社，1998。

② 参见［日］大谷实：《刑事政策学》，黎宏译，93页，北京，法律出版社，2000。

③ 参见［日］大谷实：《刑事政策学》，黎宏译，107页，北京，法律出版社，2000。

行考验的方法。[①] 由此可见，非刑罚化的本质是非监禁化，即对于已经构成犯罪的人，尽量地采用非监禁刑或者适用缓刑。在论及非刑罚化时，笔者曾经提出中国当前不宜实行以非监禁化为主要特征的非刑罚化的观点，认为中国当前尚不具备实行非刑罚化的条件，包括社会条件、法律条件和思想条件。[②] 现在看来，这一观点过于现实与保守，有必要加以修正。也就是说，非监禁化应当是我国刑罚改革的一个方向。在我国目前死刑过多、刑罚过重的情况下，减少死刑，刑罚逐渐轻缓是十分重要的。按照宽严相济的刑事政策，非监禁化也是应当实行的。因为对于那些犯罪较轻的人而言，判处短期自由刑，改造效果并不理想，甚至还会促使其形成犯罪人格。短期自由刑久为人所病诟，因此减少短期自由刑的适用势所必然。减少短期自由刑适用的方式之一就是扩大缓刑和非监禁刑的适用，有些国家甚至实行自由刑易科罚金的换刑处分，将短期自由刑视为不得已而用之的最后手段。因此，所谓非监禁化，主要是针对犯罪较轻的人而言的。通过非监禁化，可以节省监禁成本，又体现对犯罪人的宽宥。当然，非监禁化并不等于放任不管，而是采取非监禁性的矫正措施。用耶赛克的话来说，就是使犯罪人置于附有监视的自由状态。

在我国较为浓厚的重刑社会氛围下引入刑罚谦抑理念，并将其作为宽严相济刑事政策的理论基础，并不是那么容易获得社会认同的。事实证明，某种社会氛围一旦形成，改变起来将是十分困难的。当然，随着社会文明程度的提高，刑罚谦抑的理念必然会被社会所接受。作为官方的刑事政策，应当理性地引导民众。

在对宽严相济刑事政策进行理论论证的基础上，我们面临在刑事立法与刑事司法中如何贯彻宽严相济刑事政策这样一个十分现实并且也是十分重大的问题。笔者认为，宽严相济刑事政策不仅是一个刑法问题，而且是一个刑事诉讼法问题。它涉及整个刑事法，是刑事法治建设的重要指导思想，对于刑事立法与刑事司法都具有重大意义。笔者认为，宽严相济刑事政策的立法与司法的贯彻，涉及以下问题，现按照刑事诉讼程序逐一加以论述。

---

① 参见［德］耶赛克：《世界性刑法改革运动》，载《法学译丛》，1981（1）。

② 参见陈兴良：《刑法的价值构造》，422页以下，北京，中国人民大学出版社，1998。

（一）刑事和解

刑事和解是指采用调解方式对刑事案件进行结案。相对于采用判刑的方式结案，刑事和解是一种处理轻微犯罪案件的较好的结案方式。在 2005 年诉讼法学年会上，我国学者提出应当倡导刑事和解，认为这一制度的核心内容是促进犯罪人与被害人之间进行和解，犯罪人的和解努力和对损害的赔偿可以作为法院减轻其刑的情节，若为轻罪，甚至可以免予刑罚。[①] 应该说，刑事和解是司法上的非犯罪化的一种有效措施，它所体现的是恢复性司法的理念。恢复性司法是西方新兴的一种刑事处理方式，它对犯罪人不是简单地视为异类，而是在司法工作者的主持下，在犯罪人与被害人之间进行沟通和交流，求得被害人的谅解，从而确定犯罪发生后的解决方案。根据我国学者的介绍，恢复性司法具有以下三种形式：一是调解程序（mediation）；二是和解会商（conference）；三是愈合小组(Peacemaking Circle)。其中，和解程序是世界上最早出现的恢复性司法程序，它的原型是：将被害人和犯罪人聚在一起，利用一名调解人主持和推动双方会谈的进行，在会谈中被害人讲述他们的受害体验和犯罪对自己的生活造成的影响，犯罪人解释他们究竟做了什么、为什么这样做，回答被害人提出的问题，当双方讲述完毕后，调解人会帮助他们共同确定使事情有好转的措施。[②] 由此可见，调解是恢复性司法中的一种重要方式。恢复性司法将调解引入刑事司法活动之中，在一定程度上改变了刑事司法模式。过去的刑事司法，表现为国家惩治犯罪的模式，反映的是国家与犯罪人之间惩罚与被惩罚的关系。在这一刑事司法关系中，被害人被忽略了。被害人的缺位，表明这种惩罚模式本身的异化。而恢复性司法将犯罪人与被害人视为中心，国家只是一种调解人的角色，在犯罪人获得被害人谅解、被害人获得犯罪人的精神上的补偿与经济上的赔偿的条件下，双方达成和解，从而化解矛盾。当然，恢复性司法本身也是存在局限性的，并且只能对那些较为轻微的犯罪才能适用。对此，应当有所认识。在这个意义上说，恢复性司法

① 参见晏向华：《刑事和解：体现和谐社会理念》，载《检察日报》，2005-10-21（3）。

② 参见张庆方：《恢复性司法》，载陈兴良主编：《刑事法评论》，第 12 卷，442 页，北京，中国政法大学出版社，2003。

只能作为正式司法模式的补充。

我国在民事诉讼中历来强调调解，调解被认为是解决社会纠纷的一种重要方式。但在刑事诉讼中，如何更好地发挥调解的作用却是一个值得研究的问题。根据我国《刑事诉讼法》的规定，在刑事自诉案件中，法院可以对被告人与被害人进行调解，只有在调解不成的情况下方可判决。这种对刑事自诉案件的调解，是我国目前刑事调解的重要形式。除此以外，在公安机关对轻微刑事案件的处理中，也应当引入调解方式，凡是通过调解而双方能够和解的，都尽量不要进入司法程序。这样的做法，既可化解矛盾又能节省司法资源。应当指出，我国目前在公安机关的日常管理中还通行简单化的数字化管理，即以抓人多少（拘留数、逮捕数）作为考核指标，因而有些公安机关盲目地追求多拘多捕，个别的还下达办案指标。为完成办案指标，个别公安民警甚至导演“抢劫案”①。为此，必须改变执法观念。在社会治安基本稳定的情况下，对于公安机关的工作评价，应当是抓人越少越好，而不是抓人越多越好。在这种情况下，对较轻的刑事案件处理才能积极采用刑事和解方式，而不是将犯罪人一抓了之。由此可见，宽严相济刑事政策的贯彻必然会带来执法思路的重大转换。

（二）起诉便宜

起诉是提起审判的一个重要程序，进入审判以后，法院就会依法对被告人的行为是否构成犯罪作出判决。关于起诉，存在起诉法定主义与起诉便宜主义之分。起诉法定主义强调的是有罪必诉，因而与有罪必罚的报应主义观念具有密切联系。而起诉便宜主义则授予检察官一定的起诉裁量权。在检察官认为虽然存在犯罪事实、具备起诉条件，但斟酌各种情形认为不需要起诉时，可以裁量决定不起诉。目前世界各国，既没有采取绝对的起诉法定主义也没有采取绝对的起诉便宜主义，而是同时受到起诉法定主义和起诉便宜主义的共同调整。只不过英美法系国家，基于当事人主义的诉讼理念，检察官对案件享有广泛的不起诉裁量权，并殊少受到限制；而在大陆法系国家，检察官对案件享有的不起诉裁量权受到较

① 褚朝新：《为完成办案指标，荆州一民警导演“抢劫案”》，载《深圳特区报》，2004－02－12。

多限制。[①] 根据我国《刑事诉讼法》的规定，检察机关在行使起诉权的同时，也享有不起诉权。该法第 141 条规定："人民检察院认为犯罪嫌疑人的犯罪事实已经查清，证据确实、充分，依法应当追究刑事责任的，应当作出起诉决定，按照审判管辖的规定，向人民法院提起公诉。"这一规定体现了起诉法定主义精神，强调检察机关追诉犯罪的职责。同时该法第 142 条第 2 款又规定："对于犯罪情节轻微，依照刑法规定不需要判处刑罚或者免除刑罚的，人民检察院可以作出不起诉决定。"这就是裁量不起诉，体现了起诉便宜主义精神。在西方国家，无论是大陆法系还是英美法系，其犯罪概念没有数量因素的限制，因而犯罪范围较为宽泛，如果都进入审判程序，势必增加司法负担。为此，广泛地实行起诉便宜主义，只是在不同国家存在不同做法而已。例如日本实行起诉犹豫制度，指检察机关及其检察官，对于触犯刑法的犯罪嫌疑人，根据其犯罪性质、年龄、处境、犯罪危害程度及犯罪情节、犯罪后的表现等情况，依法认为没有必要立即追究其刑事责任而作出的暂时不予提起公诉的制度。美国则广泛采用辩诉交易（Plea Bargaining），指检察官与被告人或其辩护律师经过设判和讨价还价来达成由被告人认罪换取较轻的定罪或量刑的协议。辩诉交易也被认为是美国检察官在刑事审判中行使公诉职能的一种方式，或者说是处理刑事案件的一种特殊途径。[②] 正是通过各种起诉便宜措施，限制了犯罪范围。我国刑法中的犯罪概念是有数量界限的，凡是犯罪情节显著轻微、危害不大的，不认为是犯罪。因此，在实体法上就对犯罪范围作出了某种限制。在程序法上，同样可以加以限制，并且这种限制更有充足的刑法根据。但在实际运行中，检察机关的裁量不起诉权是受到严格制约的，尤其是在追求起诉率的严打态势下，裁量不起诉制度未能发挥其应有的作用。在宽严相济刑事政策下，裁量不起诉正是体现对轻微犯罪宽大处理的有效途径，应当实行"可诉可不诉的，不诉"的原则。因此，检察机关不应片面地追求起诉率，而是应当对裁量不起诉的质量加以监控，避免其滥用。至于我国有些学者提出引入辩诉交易制度、起诉犹豫制度等，关键要看这些制度在中国是否存在

---

① 参见宋英辉、吴宏耀：《刑事审判前程序研究》，50 页，北京，中国政法大学出版社，2002。

② 参见杨诚、单民主编：《中外刑事公诉制度》，116、222 页，北京，法律出版社，2000。

生存基础。笔者认为，在中国现有的裁量不起诉制度尚且虚置的情况下，引入外国制度是缺乏现实依据的。因此，充分发挥我国现行的裁量不起诉制度的功能才是当务之急。

（三）裁量减轻

1979年《刑法》第59条第2款规定："犯罪分子虽然不具有本法规定的减轻处罚情节，如果根据案件的具体情况，判处法定刑的最低刑还是过重的，经人民法院审判委员会决定，也可以在法定刑以下判处刑罚。"这一规定授予人民法院审判委员会对于那些判处法定最低刑仍然过重的案件可以决定在法定刑以下判刑，这就是我国刑法中的裁量减轻，它是相对于法定减轻而言的。裁量减轻对于缓解法与情的紧张关系、协调一般公正与个别公正具有一定意义。但在1997年《刑法》修订中，将上述规定作了重大修改。第63条第2款规定："犯罪分子虽然不具有本法规定的减轻处罚情节，但是根据案件的特殊情况，经最高人民法院核准，也可以在法定刑以下判处刑罚。"这一规定将裁量减轻的权力由基层法院行使上收至最高人民法院行使，与本来由最高人民法院行使的死刑复核权下放至高级人民法院行使形成了鲜明的对照，实际上都是取消了这两种制度，至少使其名存实亡。问题不在于此，而在于两相对比本身表现出来的荒唐性：本来关涉人之生死的死刑复核权最高人民法院不行使，却让最高人民法院决定法定刑以下判刑这样一个较为微小的个案问题。其结果必然是：最高人民法院不审理重大的死刑案件，却审理判处轻刑的案件，此非本末倒置乎？这种规定既不公正，也浪费了司法资源。这绝不是一个立法技术问题，而是一个立法的指导思想问题。最高人民法院将死刑复核权下放，是为了严打，这是十分明显的。至于将裁量减轻的权力收至最高人民法院行使，其理由主要有二：一是一些法院滥用裁量减轻权，二是裁量减轻与罪刑法定原则相冲突。[1] 裁量减轻权是否滥用，这是一个实践的问题，应当通过严格执法来解决。裁量减轻是否与罪刑法定相冲突，则是一个理论问题，应当从学理上加以探讨。罪刑法定包括罪之法定与刑之法定，但罪刑法定原则的基本含义是法无明文规定不为罪，法无明文规定不处罚。申言之，罪刑

① 参见敬大力主编：《刑法修订要论》，113-114页，北京，法律出版社，1997。

法定原则所具有的限制机能，是对法外入罪与法外加刑的限制，但罪刑法定原则从来不对出罪和减刑加以限制。论者将 1979 年《刑法》中的类推与裁量减轻并论，认为 1979 年《刑法》与罪刑法定原则相违背的内容有二：一是第 79 条规定的类推制度，二是第 59 条第 2 款关于裁量减轻的规定。相比之下，后者与罪刑法定原则冲突的程度更甚，从实践中适用案件的数量看，后者对罪刑法定原则的破坏也更大。因此，如果废除了类推制度，却保留了在司法中裁量减轻刑罚的规定，这不但在理论上站不住脚，而且在立法选择上也是没有充足理由的。[①] 类推与罪刑法定之间存在逻辑上的矛盾，罪刑法定原则在我国刑法中确立以后必然导致类推制度的取消，这是不言而喻的。因为我国 1979 年《刑法》中规定的入罪的类推，是一种不利于被告的类推，但罪刑法定原则是容许有利于被告的类推的。就裁量减轻判刑而言，虽然其突破了法定刑的限制，但其既基于立法上的授权，又是一种有利于被告的规定，这完全符合罪刑法定原则。这种观念之存在，表明我们对罪刑法定原则在认识上还存在误区。裁量减轻权上收到最高人民法院以后，在司法实践中出现一些问题难以解决，较为突出的是《刑法》第 263 条关于抢劫罪的 8 种加重处罚事由的规定，以单一的情节决定在 10 年以上处刑，带来量刑过重问题。例如，冒充军警人员抢劫的应处 10 年以上有期徒刑、无期徒刑或者死刑，并处罚金或者没收财产。因此，在现实生活中有人冒充派出所民警，以威胁方法劫得 200 元人民币，因为符合上述规定至少要被判处 10 年有期徒刑，其过重是显而易见的。像这样的案件都要层报最高人民法院决定在法定刑以下判处也不现实。因此，笔者认为，除对《刑法》分则中量刑幅度的规定进行合理调整以外，还应当对《刑法》总则的减轻权重新设置，至于滥用裁量减轻权的问题，可以通过抗诉等诉讼手段加以解决。只有这样，才能真正为实现宽严相济刑事政策提供法律根据。

（四）社区矫正

宽严相济的刑事政策要求对于那些犯罪较轻的犯罪人尽可能地采用非监禁化措施。这里的非监禁化措施主要有三：一是非监禁刑。非监禁刑，顾名思义就是

---

① 参见敬大力主编：《刑法修订要论》，114 页，北京，法律出版社，1997。

不在监狱中执行的刑罚。这意味着，执行这类刑罚方法，不采取监禁的方式。尽管在执行非监禁刑的过程中，可能对犯罪人的人身进行一定的限制，但是，这种限制的时间是很短的，人身限制的严重性远远低于传统的监禁刑的；同时，限制犯罪人人身的场所也不是在通常所说的监狱之中。这是非监禁刑与传统的、以剥夺犯罪人自由为主的监禁刑或自由刑的主要区别之一。[①] 这一对非监禁刑的理解大体上是正确的，我国《刑法》中的非监禁刑包括：管制、罚金、剥夺政治权利、没收财产和驱逐出境。管制是一种限制自由刑，不放在监狱里执行而是放在社会中进行改造，因而具有非监禁性。至于罚金等附加刑，也都具有非监禁性。由于我国《刑法》中的附加刑，是可以独立适用的，因而其作为非监禁刑的特征更为明显。二是缓刑与假释。缓刑与假释都是自由刑的执行变更措施，缓刑是附条件地不执行原判刑罚，而假释是附条件地提前释放，因而都具有非监禁性。正是通过缓刑与假释，使剥夺自由刑的监禁性在一定程度上得以消解。三是非刑处置。我国《刑法》中有定罪免刑的特殊判决方式，但虽然免刑，仍然应予一定的非刑处置。我国《刑法》第37条规定："对于犯罪情节轻微不需要判处刑罚的，可以免予刑事处罚，但是可以根据案件的不同情况，予以训诫或者责令具结悔过、赔礼道歉、赔偿损失，或者由主管部门予以行政处罚或者行政处分。"这些非刑处置措施成为我国刑法中刑事责任的承担方式，同样是对于犯罪的非监禁化措施。在上述三种非监禁化措施中，有些是即时性的处置，例如罚金，只要收缴即无其他法律后果。但有五种措施存在非监禁刑的执行问题或者非监禁化处遇的考察问题，这就是管制、剥夺政治权利、缓刑、假释，此外还有保外就医。以往，非监禁刑的执行和非监禁处遇的考察都流于形式，因而极大制约了刑罚的非监禁化。以管制为例，它是我国刑法中唯一的限制自由刑。但在1997年《刑法》修订中对于管制刑却出现了存废之争，主废的理由是管制刑难以执行。因为管制的执行离不开广大群众的支持、配合。在改革开放的新形势下，公民的生产、生活和人员流动等都发生了很大的变化。特别是在范围广大的农村地区，基层组织在群众生产、生活中所起的作用，与过去相比较，被极大地削弱了。在这种情况

① 参见吴宗宪等：《非监禁刑研究》，24页，北京，中国人民公安大学出版社，2003。

下，如果不谋求管制行刑方式的变革，最终不可避免地会导致“不管不制”的现象。[①] 如何解决非监禁刑的执行和非监禁化措施的考察问题，就成为实现非监禁化的一个重要前提。我国从2003年开始试行的社区矫正试点，就是解决上述问题的有益探索。2003年7月10日最高人民法院、最高人民检察院、公安部、司法部发出《关于开展社区矫正试点工作的通知》（以下简称《通知》），该《通知》明确规定：“社区矫正是与监禁矫正相对的行刑方式，是指将符合社区矫正条件的罪犯置于社区内，由专门的国家机关在相关社会团体和民间组织以及社会志愿者的协助下，在判决、裁定或决定确定的期限内，矫正其犯罪心理和行为恶习，并促进其顺利回归社会的非监禁刑罚执行活动。”根据这一规定，社区矫正具有以下特征：（1）社区矫正的对象是以下五种罪犯：1）被判处管制的；2）被宣告缓刑的；3）被暂予监外执行的；4）被裁定假释的；5）被剥夺政治权利，并在社会上服刑的。这五种人都因犯罪而受到刑罚处罚，但或者被适用非监禁刑，或者受非监禁化处遇，将其纳入社区矫正的对象范围，有利于对这些犯罪人进行矫正。（2）社区矫正的主体是国家专门的社区矫正机构，以及相关社会团体和民间组织及社会志愿者。根据2004年5月9日颁发的《司法行政机关社区矫正工作暂行办法》（以下简称《暂行办法》）第9条的规定，乡镇、街道司法所具体负责实施社区矫正，并履行相应的职责。除此以外，社区矫正还充分利用社会力量，包括社会团体、民间组织和社区矫正工作志愿者，对社区服刑人员开展各种形式的教育，帮助其解决遇到的困难和问题。（3）社区矫正的性质是非监禁刑的执行以及非监禁处遇的考察。就目前我国的社区矫正而言，主要是在社区实施的非监禁刑的执行活动。但缓刑和假释则是非监禁处遇的考察，它与刑罚执行还是有所不同的。社区矫正可以矫正服刑人员的犯罪心理和行为恶习，促进其顺利回归社会。社区矫正是我国在借鉴外国经验基础上形成的具有中国特色的非监禁化措施。刑罚执行模式是刑罚变革的必然结果，因为刑罚本体与行刑活动具有密切相关性。一般认为，刑罚史上的刑罚执行模式经历了从野蛮到文明的三个发展阶段：第一阶段是以死刑、肉刑等身体刑为主，几乎没有监禁刑。第二阶段是以监

① 参见周道鸾等主编：《刑法的修改与适用》，136页，北京，人民法院出版社，1997。

禁刑为主。第三阶段是以非监禁刑为主。个别学者甚至认为，目前世界上的刑罚执行模式已经进入第四个阶段，即恢复性司法阶段。[①] 社区矫正对于我国来说，还是新生事物，同时是一种刑罚观念的更新。在宽严相济刑事政策中，社区矫正主要体现的是刑罚轻缓的一面，它有利于对罪行较轻的犯罪人的教育矫正，在试点取得成功的基础上，应当在全国推广。当然，社区矫正作为一种非监禁化制度在我国的确立，涉及对《刑法》与《刑事诉讼法》的修改，甚至涉及对行刑权的重新配置。凡此种种，都需要在当前的司法改革中得以全盘考虑。

（本文原载《法学杂志》，2006（1）（2））

① 参见刘强：《社区矫正：借鉴与创新》，载陈兴良主编：《刑事法评论》，第 14 卷，328－329 页，北京，中国政法大学出版社，2004。

宽严相济刑事政策与刑罚规制

在贯彻宽严相济政策的过程中，死刑是一个非常突出的问题。我有一个观点：不能就死刑问题谈死刑，必须要把死刑放到我们国家整个刑罚体系当中去考虑。我们要从这个角度，从宽严相济的角度对死刑问题，乃至对我国整个刑罚结构的问题进行一次理性的检讨。

宽严相济包含两个方面：一方面是宽。这个宽包含两个方面：第一个是该轻则轻，第二个是该重则轻。该轻则轻是罪刑均衡的本有之意。但是，宽严相济包含的不仅仅是该轻则轻，还包括该重则轻。也就是这个罪比较重，但是由于犯罪人有一些自首、坦白或者其他方面的表现，因此在法律上予以宽大的处理，从而体现了我们刑事政策的一个侧面。另一方面是严，包括严格和严厉两个方面。所谓严格是指在立法上、在司法上要作为犯罪来处理。所谓严厉，指在刑罚的分类适用上，该从严的一定要从严。如果该严而宽显然不符合我们宽严相济的政策精神。就宽严相济政策而言，不仅仅体现在宽和严两方面，更为重要的是在宽和严两者之间应当保持一种均衡的关系，也就是所谓的宽严相济。济有救治的意思。只有把宽和严两方面有机地结合起来，才能体现一个完整的刑事政策。

这里体现一个基本的思想，这就是宽和严的相对性。任何一种宽和严都是相对而言的。基于这样一种考量，我们目前在贯彻宽严相济刑事政策当中，首先需要解决的就是我国的刑罚结构性的调整问题。目前在经济领域里面存在一个概念：经济结构的某种调整是为了避免某些行业经济增长过快导致整个国民经济发展过快。在刑罚当中也存在结构性的问题，因此，需要对刑罚进行结构性的调整。完成刑罚的这种结构性调整，才能弥补刑罚的结构性缺陷，才能真正实现宽严相济。

这里所谓的刑罚结构性缺陷是指死刑过重，生刑过轻。这里的死刑指的是死刑立即执行，而不包括死缓。而我把死缓放到生刑当中去，是因为根据我国司法实践的情况发展来看，一般的犯罪分子只要被判死缓，一般就不会被执行死刑了。死刑过重，从立法上来看，体现为我国的《刑法》当中有 68 个死刑罪名。死刑罪名之多在世界各国当中也是名列前茅的。在我国的司法实践当中，判处死刑的案件数量太多。我国目前适用死刑的数量，大概占到全世界的 90%。

生刑过轻首先体现为死缓的执行。按照我国《刑法》的规定，死缓实际上相当于有期徒刑 24 年，不包括审判前羁押的时间，实际被关押的年限大概是在 18 年。无期徒刑实际上相当于有期徒刑 22 年，也不包括审判前羁押的时间，实际被关押的年限大概在 15 年。有期徒刑最高可以达到 15 年，实际执行年限在 10 年左右。数罪并罚最高不超过 20 年，实际执行年限是 13 年左右。

这种状况表明，生刑和死刑相比较是不协调的，两者之间存在巨大的悬殊。也就是说，一个人如果犯罪极其严重，要么是执行死刑，使其丧生，要么判处死缓，最后被关押 18 年左右，如果加上审判期间的羁押，顶多不超过 20 年。以犯罪的实际年龄 30 岁来计算，一个人犯罪再严重，只要不被判处死刑立即执行，在 50 岁之前都有可能回到社会当中来。因此，生刑和死刑之间差距过大，极不协调。正是这种不协调导致了大量案件被判处死刑立即执行。这种死刑的大量适用是由于生刑过轻造成的。因此我们要为减少死刑创造条件，必须要改变这种不合理的刑罚结构。我认为，在贯彻宽严相济的刑事政策当中，首先要对这样一种刑罚结构进行调整。刑罚结构调整的基本思路可以归结为以下三点。

第一点是减少、限制死刑。这一点是刑法界的共识。当然，目前社会上确实还存在对于死刑的迷信，对重刑的迷信。一旦社会秩序比较混乱，犯罪率比较高，人们往往想到要重判多杀。总以为采用重刑、采用死刑就可以把犯罪弹压下去。人们认为，在犯罪率的高低和刑罚轻重之间有一种正比例关系。实际上这种想法是建立在一种错觉之上的。在某种意义上，我个人认为，刑罚的轻重与犯罪率高低本身没有必然联系，两者之间可能存在某种联系，但是没有一种正比例的关系。我记得在1997年新《刑法》制定当中，对于盗窃罪的死刑适用条件做了严格限制。因为在此之前，盗窃罪被判处死刑的比例是很大的，占到所有判处死刑案件的1/5左右。在《刑法》修订时，将盗窃罪的死刑限制在两种情况下：第一种情况是盗窃金融机构，数额特别巨大的；第二种情况是盗窃珍贵文物、情节严重的。这两种情况在整个盗窃案件当中所占比例是非常非常之少的。因此，经过《刑法》修订，以后盗窃罪的死刑实际上是虽存犹废。这个规定出来以后，当时在司法实践当中有相当一批同志非常担忧。记得有一个检察长和我交换过意见，他认为这次《刑法》的修改对盗窃罪做了如此严格的限制是一个最大的败笔，他并且预言将来盗窃罪是造成我们国家混乱的一大祸根。但是，《刑法》修订将近10年过去了，盗窃罪的案件并没有像有些人预想的那样，由于它的死刑受到严格限制而大幅度地增加。从另一个意义来说，盗窃罪的发案率和《刑法》规定盗窃罪死刑到底有多大关系？实际上没有多大关系。有些人往往会认为，在所有死刑案件当中，杀人罪是一个最后的堡垒。于是有人就认为：如果废除死刑，杀人就会泛滥。实际上即使废除死刑，杀人罪也不会大量发生。一个不想杀人的人，没有杀人犯罪意图的人，绝对不会因为《刑法》没有规定死刑而去杀人；而一个真正想要去杀人的人，也不会因为《刑法》规定了死刑而不去杀人。这说明一个人去犯罪和不去犯罪并不完全取决于《刑法》的规定，而是有着《刑法》之外的其他原因。我们每个正常的守法公民之所以不去犯罪不是因为害怕法律的制裁，而是因为道德以及其他的社会行为规范以及觉悟、良心在支配着我们的行为。对于这一点我们必须要明确，要消除对重刑、对死刑的迷信。这是我的出发点。因此，要对死刑加以严格限制。这种限制当然包括司法的限制、立法的限制。关于这一点我完全同意刘家琛院长所讲的观点，也就是：我们不能过分地依赖或者过分地迷信对死刑的立法限制。立法上对死刑的限制当然是一劳永逸的办法。但是，立法的限制有一定的难度，有严格的立法程序要求。从世界各国限制死刑、废除死刑的发展趋势来看，也往往先从司法上对死刑进行严格限制，最后条件具备才立法，最终废除死刑。也就是先从事实上废除死刑再发展到法律上废除死刑。因此，我们现在更应该寄希望于司法机关，从司法适用上严格限制死刑。

第二点是加重生刑。加重生刑是不是一定要判到几十年才好？从目前的情况来看，在死刑和生刑之间轻重过于悬殊，为了把死刑减下来，我们就要适当地提高生刑，把有期徒刑的上限从现在的 15 年提高到 20 年。因为 15 年就目前世界各国的情况来说也是轻的，应该至少是 20 年。数罪并罚提高到 25 年。无期徒刑按照我国《刑法》规定不能少于 10 年，可以把它提高到 20 年。相应的死缓应至少提高到 25 年到 30 年。提高生刑的主要目的是减少对死刑的压力。犯罪很严重，判死缓十几年就出来了，被害人不认同，社会不认同，因此，要求判处死刑立即执行，这样就对死刑造成很大压力。现在我们把生刑提高了，尽管不执行死刑，但执行关押至少在 25 年以上，甚至 30 年，这样，社会就会认同死刑的减少。这是一种彻底的解决办法，也是一种当务之急。这既是当前所采取的一种救急措施，亦是长久之计。

第三点是对那些轻微的犯罪要做到轻者更轻，也就是说对犯罪比较轻的，即对判处有期徒刑 3 年以下的犯罪尽量采取非监禁化措施。我国现在正在进行社区矫正的试点，通过社区对犯罪人进行矫正，不一定把犯罪人都放到监狱里面，而是放到社区里面、放到家庭里面来进行管教，使他们成为对社会有用的人。这里面也有一些政策可以采取，比如说缓刑的问题。我国过去缓刑的适用率是比较低的。《刑法》规定缓刑只适用于 3 年以下有期徒刑的犯罪，能否考虑把缓刑适用对象的年限提高到 5 年。这样，通过适用缓刑对犯罪人进行非监禁化矫正，就可以对轻微犯罪予以有效处理。

目前每个罪犯的间接监禁成本大概在 1.5 万元，那么，加重生刑就会提高监禁成本。这个监禁成本的提高我认为应当通过轻者更轻来化解。对那些犯罪比较轻的犯罪人实行非监禁化，会节省监禁成本。这两个方面可以抵消，不至于使监禁的负担过重。通过这样的一种刑罚结构的调整，会使我国的刑罚结构相对比较合理，使整个刑罚资源进行合理的配置。从总体上看，它并没有减少刑罚的威慑力，只是刑罚结构调整以后，生刑与死刑对刑罚威慑力的贡献不一样了。比如说我们用 100 分来形容目前的刑罚威慑力，有 80 分是靠死刑贡献的，刑罚威慑力主要是靠死刑，生刑才贡献 20 分。这种刑罚结构是不合理的，是过分以死刑为中心、依赖死刑的刑罚结构。通过调整以后，刑罚威慑力生刑贡献 80 分，而死刑只贡献 20 分。在这种情况下，刑罚的整个威慑力并没有改变，却使得刑罚结构更加合理。随着我们社会的进步发展，尤其是建设和谐社会这样一种理念逐渐地深入人心，我国的刑罚会逐渐地轻缓化。我认为，刑罚的轻缓不是一蹴而就的，只有社会治理能力提高了，我们的社会管制能够减少对刑罚的依赖，尤其是减少对重刑的依赖时，刑罚才能够真正实现轻缓化。

我们是在和谐社会的背景下来讨论宽严相济这样一个刑事政策问题，这意味着我们国家刑事政策的某种调整。我认为宽严相济刑事政策并不是从根本上否定“严打”，严打有它的历史作用。宽严相济刑事政策实际上一方面包含了对严重犯罪就要给予严厉处罚的意蕴。另一方面，宽严相济恰恰是刑事政策的改变，而且我们的刑事政策主要是对犯罪来实施的。犯罪的问题是一个法律问题，应该在法律范围之内来解决。

我认为，影响我们社会稳定的因素主要的不是犯罪。没有哪一个社会是由于犯罪被瓦解的。如果犯罪很严重，国家想控制就能够控制，这是可控的。而现在影响社会稳定的恰恰是那些非犯罪因素，如失业下岗、房屋拆迁、农村土地承包等问题，处理不当才会真正影响社会稳定。法律在维护社会稳定当中，尤其是刑法在维护社会稳定当中，到底能够发挥何种作用，我们应当有一个正确的理解，而不能形成对刑法的过分依赖，把刑法当作某种社会治理的工具。

（本文原载《法学杂志》，2006（4））

“严打”利弊之议

“严打”，已经成为众所周知的缩略语，乃“依法从重从快严厉打击严重刑事犯罪活动”之简称也。现在，某些较为正规的出版物或者文本中，还对“严打”一词打上引号，我看似无此必要。因为“严打”之俗语化，正说明“严打”已经深入人心。

“严打”是一种镇压犯罪的刑事举措，表明国家对犯罪的严惩不贷的高压态势及严正立场。因此，学者往往从刑事政策意义上解读“严打”，为“严打”辩护者有之，对“严打”反思者有之，不一而足。当然，理论上的检讨并不影响官方的立场，这是毋庸置疑的。我个人认为，对于“严打”应当有一种辩证的观点，既要看到“严打”发动的犯罪背景，“严打”具有一种现实上的合理性，并且也确实收获了压制犯罪的成效，同时，也要看到“严打”的局限性以及可能对刑事法治带来的消极影响。唯有如此，才能正确地评价“严打”。

“严打”的发动是有其现实背景的，我国的“严打”开始于 1983 年。1983 年是我国酝酿改革开放的初期，当时社会的经济体制处于变革的前夜。这个时期的社会特点是：在经历了“文化大革命”以后，法制极不健全的状态结束不久，国家正在走向民主与法制的正途，所谓拨乱反正是也。在这种情况下，社会对个人的控制逐渐松弛，个人的权利和自由也正在受到重视与强调。尤其是 1979 年 7 月 1 日颁布了我国第一部刑法与刑事诉讼法，通称两法。两法从 1980 年 1 月 1 日开始施行，表明我国的刑事司法进入了一个有法可依的新时代。当时，严格执法①是一再受到肯定的。与此同时，犯罪现象在我国社会也出现了一些新动向，尤其是一些街头犯罪，犯罪人结伙成帮，对社会治安造成严重危害。此类犯罪情形，经常见诸报端，例如唐山的斧头帮为非作歹等。在这种情况下，社会治安成为一个全社会关注的问题。1981 年中央召开了五大城市治安座谈会，并发布了第 21 号文件。该文件第一次提出了“打击不力”的问题，指出：“目前群众意见最大，认为我们打击不力的，就是这百分之六左右的重大恶性案件的首要分子，我们要依法从重从快打击的，也就是这些人。”这些人，指的就是杀人犯、放火犯、抢劫犯、强奸犯、爆炸犯以及其他严重危害社会的现行犯罪分子。针对“打击不力”，提出的对策是“依法从重从快”。因此，在 1981 年中央第 21 号文件中，“严打”的方针实际上已经形成。及至 1983 年 8 月党中央正式作出“严打”的决定，全国人大常委会于 1983 年 9 月作出《关于严惩严重危害社会治安的犯罪分子的决定》，由此拉开了“严打”的序幕。此后，“严打”成为我国刑事司法的主题，一直持续至今，分为若干次战役，主导着我国刑事司法活动。

“严打”是在专政的话语下展开其逻辑的，因而“严打”是一种政治斗争的继续，可以追溯到新中国成立初期的“镇反”活动，并与之相类比。例如，1983 年“严打”发动之际，主持公安工作的刘复之同志指出：“以我看，‘严打’战役，意义极为深远，就其指导思想、气势、规模和效果等方面来说，是继 1950 年至 1952 年镇压反革命运动之后，坚持人民民主专政的又一具有历史意义的里程碑。”从坚持人民民主专政的高度来认识“严打”的意义，使“严打”获得了政治上的正确性。邓小平同志是“严打”斗争的直接决策者，他从专政的意义上阐述“严打”的重要性及内涵，并且认为可以直接把“严打”等同于专政，遂有

① 当时执法与司法的区分还不像现在这么明确，因而执法是广义的，包含司法在内。

“‘严打’就是专政”的命题之提出。[①] 小平同志在1990年曾经提出过“两手硬”的说法：“……一定要有两手……一手抓建设，一手抓法制。”[②] 抓法制被视为与抓建设具有同等重要性的大事，表明小平同志对法制的充分重视。那么，抓法制何以硬以及如何硬？原来，小平同志所说的法制，实际上是指刑事法制，也就是打击犯罪。“硬”是相对于“软”而言的，正是有感于打击犯罪过软，因而提出打击犯罪要硬。小平同志指出：“中央早就讲过，对各种反革命分子、反党反社会主义分子、刑事犯罪分子的活动，从来都没有什么‘放’的问题，从来主张不能放纵他们，不能听任他们胡作非为。从中华人民共和国成立，直到最近这几年来，除了十年动乱不算以外，我们一直坚持对各种敌对势力、反革命分子、严重危害社会秩序的刑事犯罪分子实行专政，决不对他们心慈手软。”[③] 在专政名义下的“严打”，其政治性、意识形态性都是十分明显的，这也是“严打”之政治上的正当性根据。

中国古代历来有“刑罚世轻世重”的说法，主张刑罚的轻重应当因时而异，并且因地制宜。中国古代将“刑罚世轻世重”进一步地具体化为：“治平世用轻典，治乱世用重典。”[④] 典之轻重取决于世之平乱也。这种“刑罚世轻世重”的用刑之道，体现了一种辩证精神，当然是有其合理性的，它为在某一特定社会条件下采用重刑提供了逻辑上的正当性根据。当然，在此存在一个难以回避的问题：为了采用重刑，就不得不承认处于乱世，而鲜有当权者愿意承认这一点。在“严打”当中，我们的官方文件从来没有采用“治乱世用重典”之类的说法，但在思想深处，这一古训的影响是不可否认的。尤其是在改革开放初期，犯罪态势骤然严峻的情形之下，重典呼之欲出。例如，小平同志就明确指出：“解决刑事犯罪问题，是长期的斗争，需要从各方面做工作。现在是非常状态，必须依法从

---

① 参见刘复之：《“严打”就是专政》，载《中国检察报》，1992-01-13。

② 《邓小平文选》，第3卷，154页，北京，人民出版社，1993。

③ 《邓小平文选》，2版，第2卷，372页，北京，人民出版社，1994。

④ 《周礼·秋官司寇·大司寇》的提法是“一曰，刑新国用轻典；二曰，刑平国用中典，三曰，刑乱国用重典”，此谓“三典”。

重从快集中打击，严才能治住。搞得不疼不痒，不得人心。”[①] 这里所讲的“非常状态”就是指犯罪高发的特定社会环境。在这种社会环境下，选择“严打”是理所当然的。因此，“严打”成为一种非常手段。在这个意义上说，“严打”是解决非常犯罪问题的非常斗争手段。[②] 正是犯罪的非常性决定了“严打”的非常性，它与常规性的刑事司法是有区别的。这是在理解“严打”时不能不注意的。

“严打”在我国社会是有民意基础的，并且在“严打”中强调动员人民群众广泛参与。例如，我国学者认为，动员人民群众广泛参与是“严打”政策产生的群众基础，指出：我国作为人民民主专政的国家，对人民实行了广泛的民主，代表的是全体人民群众的利益。犯罪一旦发生，它首先侵犯的便是整个社会主义的社会关系，其中自然包含对人民群众利益的损害。广大人民群众由于利益的一致性，在同刑事犯罪的斗争上，有相同的愿望和要求。国家有动员人民群众广泛参与的切实理由，人民群众也有广泛参与的主动性和积极性。[③] 社会治安是人民群众所关切的，“严打”能够在一定程度上使人民群众获得安全感。因此，“严打”获得了广泛的社会认同。为使“严打”产生更大的社会影响，“严打”体现出走群众路线的特征，尤其是某些公开化的“严打”形式，如公捕公判大会、个别地方的游街示众甚至公开处死等，既对于犯罪具有震慑性，又吸引了广大群众的参与，使“严打”以一种轰轰烈烈、有声有色的方式开展。还有“严打”成果展览等形式，也是吸引人民群众参与的常见方式。中央对于社会稳定的强调与人民群众对于自身安全的关注，在“严打”这一点上取得了惊人的一致。尤其是中国世代相传的报应心理，要求重判多杀的期望，都在“严打”中得到了满足。

“严打”之所以从1983年发动至今，在长达20年的时间内长期得以坚持，并以战役形式不断掀起高潮，打击重点也随着犯罪变动而及时调整，当然不是偶然的，它已经成为我国在刑事法运作中的一项常规性的刑事政策。尽管“严打”对于遏制犯罪发挥了一定的作用，但它绝非对付犯罪的灵丹妙药。“严打”当然

① 《邓小平文选》，第3卷，34页，北京，人民出版社，1993。

② 参见肖扬主编：《中国刑事政策和策略问题》，48页，北京，法律出版社，1996。

③ 参见张穹主编：《严打政策的理论与实务》，35-36页，北京，中国检察出版社，2002。

有其局限性与消极性，对此不可不察。当然，“严打”的这种局限性与消极性，有些是其自身所具有的，有些则是运行中出现的。无论何种原因，我认为对于“严打”都应当具有理性的评判，尤其应当从刑事法治的高度正确对待“严打”。

首先，如何处理好“严打”与法治建设的关系，是一个不容回避的问题。也许，这个问题在更大程度上是在“严打”操作中凸现的，而非“严打”刑事政策本身的问题。“严打”，更确切地说是依法从重从快。因此，“严打”是以依法为前提的，是在法律范围内与法律幅度内的从重从快。这在理论上并不成其为问题，也是“严打”政策本身的题中之意。正如我国学者指出：贯彻从重从快原则，依法是前提，也是“严打”方针的重要组成部分。依法与从重从快是不可分割的整体。中央在部署“严打”整治斗争的开始，就明确指出：“要在法律规定的量刑幅度内从重，在法定期限内从快进行打击。”这是实施依法治国方略，建设社会主义法治国家的必然要求。依法是“严打”整治斗争取得较好社会效果的保障，只有严格依照刑法规定定罪处罚，严格按照法定程序办案，才能使“严打”案件经得起历史检验，群众才会真正拥护和支持，受惩处者也才会心服口服，从而最大限度发挥刑罚惩治和预防犯罪的功能。[①] 尽管在理论上对“严打”之依法一再强调，但“严打”以急风骤雨之势席卷而来的时候，必然形成对法治的冲击，这是毋庸讳言的。以从重而言，把“严打”理解为满贯顶格判刑的情形有之，更有可判可不判的判，可轻判可重判的重判，可杀可不杀的杀的情形。以从快而言，最快的曾经有从犯杀人罪到杀人犯被处决只用了 6 天时间的纪录。至于公、检、法联合办公、联合办案，一竿子插到底等违背程序的做法对刑事程序的破坏更是不容低估。在这种情况下，正如我国学者指出：在我国目前的权力框架下，在执行“严打”决策的同时，如果法治不能获得同等的推进，就会自然而然地导致国家刑罚权与法治的紧张关系，在刑罚权与法治原本就存在紧张关系的情况下，问题就会更加突出。[②] 我们可以看到，20 世纪 80 年代初期，“严打”刚

① 参见张穹主编：《严打政策的理解与实务》，78 页，北京，中国检察出版社，2002。

② 参见曲新久：《刑事政策的权力分析》，268－269 页，北京，中国政法大学出版社，2002。

刚发动时，我国法治是在一个低水平的起点上。20年过去了，尤其是依国治国方略入宪、确立了建设法治国家的任务以后，"严打"政策如果不能与时俱进，以适应法治水平的提高，那么必然会成为法治建设的阻碍。因此，我认为，应当对20年来"严打"政策贯彻的经验教训进行总结，尤其是如何形成"严打"与法治的良性互动关系，严格将"严打"限定在法律范围之内，这是"严打"斗争能否适应法治发展的当务之急。

其次，如何处理好"严打"与人权保障的关系，是一个值得重视的问题。"严打"是以社会保护为使命的，对此没有异议。通过"严打"斗争，使犯罪分子受到有效惩治，以保护被害人、保护人民利益。因而"严打"是以保护社会绝大多数人的利益为诉求的，对此也没有怀疑。但是，在"严打"斗争中，如何保护被告人的合法权益，这是需要正确对待的问题。基于"严打"即专政的思维模式，我们往往把犯罪分子视为阶级敌人，把"严打"看作解决敌我矛盾的手段。这也是从"'严打'即是专政"的命题中引申出来的必然结论。其实，打击犯罪是一种法律行为，打击敌人是政治行为，这两者是有所不同的。在一个法治社会里，打击犯罪是受到罪刑法定和无罪推定等法治原则的限制与规范的，并且以对被告人的合法权利予以保护为前提。这里存在一个如何正确理解人权保障之"人权"的问题。我国学者往往在一般意义上理解刑事法中的人权，将人权泛化，将其主要理解为广大人民群众的权利或者被害人的权利，因而一般地肯定"严打"与人权保障并不矛盾。实际上，刑事法中人权保障之人权应当是被告人的权利。就此而言，不能认为打击犯罪与人权保障并不矛盾，实际上这两者之间存在一种紧张的对立关系：在某些情况下，强调打击犯罪可能会以削弱甚至牺牲人权保障为代价；反之亦然，在某些情况下，强调人权保障可能会影响打击犯罪。在打击犯罪与人权保障的价值相冲突的情况下应当如何选择？在一个法治社会，正确的选择应当是将人权保障放在第一位，打击犯罪不能以牺牲人权保障为代价。"严打"是强调对犯罪的严厉惩治的，它把打击犯罪放在一个重要的位置上。但是，如果我们忽视人权保障，"严打"就会出现偏差，这是我们必须警惕的。

最后，如何处理好"严打"与司法公正的关系，也是一个需要认真对待的问题。司法公正要求罪刑均衡、刑罚适度，不可畸重，当然也不应畸轻。而要做到这一点，并不是那么容易的。毫无疑问，“严打”不能等同于重刑主义，在“严打”中仍然应当强调惩办与宽大相结合的刑事政策的贯彻。但这只是一种应然性，不可否认，在“严打”中是容易导向刑罚趋重的。个别极端的例子，如故意伤害致一人死亡，而判处三人死刑立即执行、一人死刑缓期执行的例子也是客观存在的。“严打”强调的是打击犯罪的效率性，换言之，它是以追求司法效率为目标的。但如果不受限制地过分追求打击犯罪的效率，就会损害司法公正。因此，在“严打”斗争中，仍然应当把司法公正放在第一位，不能为追求司法效率而牺牲司法公正。

任何事物都有利有弊，甚至民主、法治这些美好的事物也概莫能外。无论是制度建构，还是政策贯彻，均是如此。在这种利弊共生的情况下，我们应当进行利弊权衡，扬利弃弊。对于“严打”刑事政策，也应作如是观。“严打”政策伴随着我国刑事立法与刑事司法已经走过了20年的历程，对于“严打”的利弊取舍我们应当有一种理性的立场。我认为，“严打”政策是在社会转型、犯罪剧增的特定历史条件下实施的，并且具有一定的现实合理性。但“严打”本身具有的局限性和运动式的运作方式，确实存在消极的一面。在更加强调法治的今天，我们应当将“严打”纳入法治的轨道，对“严打”政策进行适当的调整。这就是本文的结论。

（本文原载《河南省政法管理干部学院学报》，2004（5））

四、刑法立法

立法理念论

立法是人的一种实践活动，因而不能离开一定的理论指导。只有科学地确立了立法理念，才能正确地界定立法的本质，并有效地指导立法活动。

一、法本源论

立法是创制法律，因而正确地认识法的本源具有十分重要的意义。对于法本源的认识，在人类历史上经历了一个神性到人性的演变过程。

在古代社会，由于宗教神学的影响，往往不能科学地认识法现象，因而把法看作神法，这种神性的法本源观念对于古代立法产生了深远的影响。应该说，这种法的神本源论是当时君权神授观念的必然产物。关于中国古代是否存在神权法思想，在学术上存在不同观点。美国汉学家布迪等人认为中国古代不存在神权法思想，指出：中国的历史理论和哲学理论皆具有一个显著特征，即注重现实的社会生活。这一特征在中国历史的早期即已显露出来。一般说来，中国的理论家们在阐释人世间的现象时，宁可采用理性主义（或在他们看来是合乎理性的）原则，而不借助超自然的学说。早期中国文献中所反映出的中国神话的遭遇，即是一个很好的例证。在我们所接触到的文献中，有一些零碎的史料表明，人们根据“神话即是历史”的原则，将神话中的神、半神半人及妖怪们转虚为实，变成似乎在历史上确实存在过的贤明君主、英雄或者叛逆者。所以，当我们再回到法律领域，而发现法律也完全具有世俗性质的时候，应该不会感到意外。[①] 英国学者梅因也有类似的观点，认为人类社会有一时期，法律规范尚未脱离宗教规范而单独存在，在中国则已超过此点。对此，我国著名学者瞿同祖表示了不同看法，指出：从表面上来观察，我们的确不易见宗教在中国法律史上的地位。根据历史材料，我们实无像汉谟拉比（Hammurabi）、摩奴（Manu）或摩西（Moses）法一类出自神授的法律。在我们祖先的意识形态中，根本没有像希腊人那样以为每一法律皆为神所拟定的观念；同时我们的法律也不曾依赖巫术宗教的力量来维持；没有一条所知的法律是附有诅咒的；握有司法权的人也非具有巫术或是神权的人。在中国法律制裁与宗教制裁或仪式制裁是分开的。但是如果我们作更深的研究，我们会发现巫术、宗教与法律的功能关系是相当密切的。[②]

确如瞿同祖所言，中国古代的法观念虽然世俗化较早，但仍然存在过神权法的思想。中国法律思想史学家张国华曾经把中国古代社会神权法思想的产生、发展和演变过程概括为：形成于夏代，极盛于殷商，动摇于西周。[③] 夏、商、西周的神权法思想，主要表现为为使统治合法化而把体现统治意志的法律说成是神意的体现。当时，以国王为首的奴隶主贵族都异口同声地宣称他们是秉承上帝或皇天的旨意（天命）来统治人民的。如说：“有夏服天命”；“有殷受天命”；“丕显文王，受天有大命”等。这种“受命于天”的“天命”思想不但有利于使他们的统治合法化，而且赋予他们以神圣不可侵犯的绝对权威。因此，只有他们有权发号施令，谁也不许违抗，从而把他们对广大奴隶、平民的镇压和对其他不服从其统治的诸侯、方国等的讨伐说成是“行天之罚”的“天罚”，动辄“天命殛之”。基于这种神权法的思想，法的本源是神意，由此而使法神圣化。由此可见，中国

① 参见［美］D. 布迪、C. 莫里斯：《中华帝国的法律》，8 页，南京，江苏人民出版社，1993。

② 参见瞿同祖：《中国法律与中国社会》，250 页，北京，中华书局，1981。

③ 参见张国华：《中国法律思想史新编》，19 页，北京，北京大学出版社，1991。

古代的法律观念和神权观念的联系是十分密切的。最初的神权就是法律权威甚至法律内容的直接依据。随着历史的发展，神权的主要功能表现为证明法律制度的合理性。①

在西方古代社会，法的神本源论更是盛行。《汉谟拉比法典》序言开宗明义地宣称："我，汉谟拉比，这位光荣的敬畏神的君主，应大阿奴与爰利尔（指天神和主天与地的神——引者注）之召，使正义在国内昌明起来，锄奸去邪，不许强者欺凌弱者，像沙马斯（太阳与司法之神——引者注）一样升临在黔首，普照全国，以求造福人群。"② 这一序言明白地表示君权来自神，因而法也是神意的显示。

可以说，法的神本源论是人类法律文化起源过程中必经的一个阶段。包括希腊人在内的古代各民族的世界观，在其早期发展阶段基本上都带有神话的性质。当时，政治观点和法律观点还没有分化成为相对独立的领域，而是混合为整体的神话世界观的一个组成部分。按照神话的观点，世间的秩序是具有神的起源和意旨的全世界（宇宙）秩序的不可分割部分。有关宇宙起源（宇宙起源论）和神的起源（神统系谱学）的神话说法，既是思想形成的关节，又是解释思想的原则（释义之键）。借助这个关节和原则并在它们的范围之内，人们的世间生活，他们的社会制度与政治法律制度，他们与神的联系以及人与人之间的关系等问题，都在神话中得到阐明。宇宙起源论和神统系谱学关于事件的神话叙述，不是对过去事件的简单叙述，而是人人必须遵循的对待事物的观点。神话作为说明过去的一种独特形式，同时是现在和未来必须无条件遵守的有约束力的规范和准则的本源。③

从法的神本源论到法的人本源论的过渡，经历了一个漫长的历史过程。在西方，神法与人法的分离起源于古希腊。古希腊法哲学史贯穿着两个概念：自然的

① 参见赵旭东：《从神权衍生的法观念》，载《法律科学》，1991（2），14页。

② ［苏］И. М. 季雅柯诺夫等：《巴比伦皇帝与古巴比伦法解说》，152页，北京，中国人民大学出版社，1954。

③ 参见［苏］涅尔谢相茨：《古希腊政治学说》，5－6、15页，北京，商务印书馆，1991。

或天然的法的概念和由人所确立与制定的法律的概念，或者叫自然法与人定法。自然法是从神法演变而来的，体现的是神或上帝的意志，而人定法是由人制定的，体现的是人的意志，并且自然法高于人定法。人定法概念的出现，是法的本源从神性到人性转变的肇始。据美国学者博登海默介绍，这一转变发生于公元前5世纪，当时希腊的哲学和思想发生了一次深刻的变化，哲学从宗教中分离出来，希腊古老的、传统的生活方式受到了彻底的批判。人们渐渐地不再把法律看作不可改变的神授命令，而认为它是一种完全由人类创造的东西，为便利而制定，并且可以随意更改。[①] 但除人定法以外，自然法观念依然存在，形成法的观念的二元论。在中国古代法律思想中，不存在这种法的二元论。自从西周神权法观念破产以后，走上了家族法或称伦理法的发展道路，以礼入法，因而法的本源是礼的一元论。这里的礼是人之礼而非神之礼，因而是法的人本源的一元论。

应该说，西方自然法与人定法二元论的观点，对于西方法文化的发展产生了巨大的影响。在西方中世纪，宗教神学对法观念仍然起着支配作用，神法与人法的观念并存，例如阿奎那指出：法律不外乎是那统治一个完整社会的“君王所体现的”实践理性的某项命令。然而，显然可以看出，如果世界是像我们在第一篇中所论的那样由神治理的话，宇宙的整个社会就是由神的理性支配的。所以上帝对于创造物的合理领导，就像宇宙的君王那样具有法律的性质……这种法律我们称之为永恒法。[②] 阿奎那明确指出：人法只不过是永恒法的体现。这种观念在古罗马法中得到充分反映，古罗马著名法学家查士丁尼指出：各民族一体遵守的自然法则是上帝神意制定的，因此始终是固定不变的。至于每一国家为自身所制定的法律则经常变动，其变动或由于人民的默示同意，或由于以后制定的其他法律。[③] 及至西方启蒙时期，随着人本主义的勃兴，法的人本源论才彻底得以确立。其中以社会契约论所反映的法律观念最为明显。例如，卢梭认为，按照自然法的原则，人们要在完全平等的基础上自愿联合起来建立国家，制定法律，以保

① 参见［美］博登海默：《法理学——法哲学及其方法》，3页，北京，华夏出版社，1987。

② 参见《阿奎那政治著作选》，106页，北京，商务印书馆，1982。

③ 参见［古罗马］查士丁尼：《法学总论——法学阶梯》，11页，北京，商务印书馆，1989。

护每个人的天赋权利——自由、生命和财产。为此，要寻求一种结合的形式，使它能够以全部共同的力量来防御和维护每个结合者的人身和财富；而同时使每一个与全体相联合的个人只不过是在服从自己本人，并且仍然像以往一样的自由。这就是社会契约论所要解决的根本问题。[①] 根据卢梭的意见，社会契约乃是人们自身之间的一种结合行动，由此产生了国家与法律。因此，卢梭把法律看成是人们约定的产物，指出：人民在一切社会关系上，既已把他们每个人的意志结合成为一个单一的意志，所以一切表现这个意志的条款，同时就成为对于国家全体成员无不具有拘束力的根本法。这些根本法一并规定着负责监督执行其他各项法律的官员的选任和权力，这种权力可以包括维持宪法所需要的一切职权，但不能涉及宪法的变更。[②] 卢梭明确地把法视为人的意志，使法彻底世俗化。

二、法本体论

根据法的人本源论，法的本源是人的意志，那么，这种意志又从何而来，其基础又是什么呢？申言之，法律的基础是物质还是精神，这里存在法的唯物论与法的唯心论之间的对立，这也就是法的本体论问题。

法本体的唯心论以黑格尔为代表。黑格尔认为，法的基地一般来说是精神的东西，它们确定的地位和出发点是意志。由于意志是自由的，所以自由就构成了法的实体和规定性，而法的体系则是实现了的自由王国。黑格尔指出：“任何存在，只要是自由意志的存在，就叫作法。所以，一般说来，法就是作为观念的自由。”[③] 申言之，法是自由意志的存在，是自由的实现。按照黑格尔的观点，意志在其发展中经历了绝对普遍的意志、特殊化的意志和真正的意志这样三个环节。法学体系由此分成三个有机组成部分，即客观意志的法，这是抽象法领域，是自由意志借助外物、占有财产来实现自己；主观意志的法，这是道德法的领

① 参见［法］卢梭：《社会契约论》，20页，北京，商务印书馆，1962。

② 参见［法］卢梭：《论人类不平等的起源和基础》，138页，北京，商务印书馆，1962。

③ ［德］黑格尔：《法哲学原理》，36页，北京，商务印书馆，1961。

域，是自由意志在内心的实现，它表现为行为主体的善与恶的内在信念；客观意志的法和主观意志的统一，这是伦理法的领域，是自由意志在更完满、更高级形态上的实现，而最终通过国家这个伦理观念现实化的最高阶段表现出来。这样，自由意志沿着由简单到复杂、由片面到全面、由低级到高级的逻辑行程有序地运动着，它经历了抽象法、道德法和伦理法三个领域，从而使自己成为多种规定性的结合命题。① 由此可见，黑格尔从唯心主义哲学观出发，把法理解为自由意志的存在，从而否定了社会物质经济条件对法的决定作用，得出了法决定社会而不是社会决定法的唯心的法本体论的结论。

马克思在批判黑格尔的本体论的基础上，建立了法本体的唯物论。马克思的法本体的唯物论可以概括为以下这样一个结论：法的关系正像国家的形式一样，既不能从它们本身来理解，也不能从所谓人类精神的一般发展来理解，相反，它们根源于物质的生活关系。② 这里所谓法根源于物质的生活关系，可以从法的产生与创制两方面得以说明。从法的产生来说，它产生于社会经济生活的需要。恩格斯曾经对法的产生的一般规律作了以下生动的描述。在社会发展某个很早的阶段，产生了这样一种需要：把每天重复着的产品生产、分配和交换用一个共同规则约束起来，借以使个人服从生产和交换的共同条件。这个规则首先表现为习惯，不久便成了法律。随着法律的产生，就必然产生出以维护法律为职责的机关——公共权力，即国家。随着社会的进一步的发展，法律进一步发展为或多或少广泛的立法。这种立法越复杂，它的表现方式也就越远离社会日常经济生活条件所借以表现的方式。③ 由此可见，推动法律产生的主要是经济关系的发展。从法的创制来说，马克思明确提出了立法者不是在发明法律而只是在表述法律这样一个论断。马克思指出，只有毫无历史知识的人才不知道：君主们在任何时候都不得不服从经济条件，并且从来不能向经济条件发号施令。无论是政治的立法或

---

① 参见公丕祥：《马克思法哲学思想论述》，15 页，郑州，河南人民出版社，1992。

② 参见《马克思恩格斯选集》，2 版，第 2 卷，32 页，北京，人民出版社，1995。

③ 参见《马克思恩格斯选集》，2 版，第 3 卷，211 页，北京，人民出版社，1995。

市民的立法，都只是表明和记载经济关系的要求而已。① 马克思甚至认为，立法者应该把自己看作一个自然科学家。他不是在制造法律，不是在发明法律，而仅仅是在表述法律，在把精神关系的内在规律表现在有意识的现行法律之中。如果一个立法者用自己的臆想来代替事情的本质，那么我们就应该责备他极端任性。同样，当私人想违反事物的本质任意妄为时，立法者也有权利把这种情况看作是极端任性。② 应该指出，马克思所说的精神关系的内在规律不是像黑格尔所说的那样是一种主观的理念，而应当理解为客观规律。因此，立法者应当把客观事物的内在规律当作自己的认识对象，而这种客观事物是不以立法者的意志为转移的，立法者不能以本人的主观臆断来代表事物的本质，否则就是立法上的极端任性。当然，法本体的唯物论并不是要否定立法的作用。事实上，立法者在表述法律的时候，还存在一个如何确切地表达的问题。恩格斯曾经提出：如果说民法准则只是以法律形式表现了社会的经济生活条件，那么这种准则就可以依情况的不同而把这些条件有时表现得好，有时表现得坏。③ 这里好坏的标准只能是法律与经济发展是否在同一方向上：促进经济发展的是表现得好的法律，而阻碍经济发展的是表现得坏的法律。由此可见，立法是一个十分复杂的主客观互相作用的过程。总之，按照马克思的看法，立法活动是具有一定目的的主观创造活动。

立法活动是立法者（主体）有意识地通过自己有目的的对象性活动而表述法律的过程。立法者作为立法活动的主体，并不是简单地直观客体和适应客体，而是按照本阶级的利益和需要来改造条件，使立法活动成为有目的、有意志的自觉活动。但是，立法活动又不是一般的自觉活动，而是一种特殊的自觉活动。作为一种特殊的自觉活动的立法，是作为统治阶级的主体对法律实践自觉能动性的极其重要的表现。这种特殊性就表现在统治阶级通过创制法律的活动，为建立、维护和发展有利于本阶级的社会关系和社会秩序提供法律根据。立法活动的主观目的性，绝不会满足于自身的主观性，绝不能停留在主观意识的范围之内，而是强

① 参见《马克思恩格斯全集》，第 4 卷，121－122 页，北京，人民出版社，1995。
② 参见《马克思恩格斯全集》，第 1 卷，183 页，北京，人民出版社，1956。
③ 参见《马克思恩格斯全集》，第 21 卷，347 页，北京，人民出版社，1965。

烈地趋向于由主观转化为客观，由关于法律的特定观念物化或对象化为创造法律的现实。毫无疑问，立法者的主观目的，如果不经过自己积极的创制法律的实践活动，那么，就只能以主体的一种愿望和理想的、应然的东西而出现，就仅仅是一种存在于现实实在中的可能的东西。只有经过立法者的自觉能动的创制法律的实践活动，立法目的才能由主观设定的对象变成现实的对象。① 马克思关于法本体的唯物论，对于我们正确地理解法的本质以及法的辩证运动的一般规律具有十分重要的意义。

从法本体的唯物论出发，在法律创制活动中要正确地认识与把握社会经济发展的一般规律，使立法贴近社会、反映社会，并促进社会向前发展。这里，存在一个正确认识立法条件的问题，也就是如何协调法的稳定性与社会的变动性的关系问题。美国法学家庞德指出：法律必须稳定，但又不能静止不变。因此，所有法律思想都力图使有关对稳定性的需要和对变化的需要方面这种相互冲突的要求协调起来。一般安全中的社会利益促使人们为人类行为的绝对秩序寻求某种确定的基础，从而使某种坚实而稳定的社会秩序得以保障。但是，社会生活环境的不断变化，则要求法律根据其他社会利益的压力和危及安全的行为形式不断作出新的调整。这样，法律秩序必须稳定，同时必须灵活。人们必须根据法律所应调整的实际生活的变化，不断对法律进行检查和修改。如果我们探寻原理，那么我们既要探索稳定性原理，又必须探索变化原理。因此，法律思想家所致力于解决的首要问题，就是如何将法律固定化的思想（不允许留有个人任意的空间）与变化、发展和制定新法的思想相协调，如何将法律理论与立法理论相统一，以及如何将司法制度与司法人员执法的事实相统一。② 在我国当前社会转型时期，协调法的稳定性与社会的变动性之间的关系显得尤其重要。我国正在进行经济体制改革，市场经济的发展带来了全方位的社会变动。从法律上来说，我国面临着一个变法的问题，因而立法任务十分繁重。在这种情况下，既要概括社会生活的变

① 参见公丕祥：《马克思法哲学思想论述》，125页，郑州，河南人民出版社，1992。

② 参见［美］庞德：《法律史解释》，1页，北京，华夏出版社，1989。

动，及时地创制法律，又要照顾到法的稳定性的特点，防止朝令夕改。这里的关键是立法要及时正确地反映社会生活的变动。

三、法认识论

法是人的主观对客观事物的内在规律的表达，那么，立法者所表达的对客观事物的这种反映表现在认识上，到底是理性呢还是经验？这是一个值得研究的重要问题。在这个问题上，历来存在理性主义法观念与经验主义法观念的对立。

理性主义法观念把法看作人类理性的表现，称之为理性法。理性法的观念可以追溯到古希腊的自然法思想。在古希腊，最早宣扬自然法思想的是斯多葛派。例如，斯多葛派的创始人芝诺认为，整个宇宙是由一种实体组成的，这种实体就是理性。因此在他看来，自然法就是理性法。人类作为宇宙自然界的一部分，本质上是一种理性动物，服从理性的命令，根据人自己的自然法则安排其生活。古罗马的哲学家西塞罗像斯多葛派一样，倾向于确定自然和自然理性，并设想理性是宇宙的主宰力量。西塞罗指出：事实上有一种真正的法律——即正确的理性——与自然相适应，它适用于所有的人并且是不变而永恒的。通过它的命令，这一法律号召人们履行自己的义务；通过它的禁令，它使人们不去做不正当的事情。它的命令和禁令永远在影响着善良的人们，但是对坏人却不起作用。用人类的立法来抵消这一法律的做法在道义上绝不是正当的，试图废止其中的一部分是不能容许的，而要想完全废除则是不可能的……它不会在罗马立一项法律，而在雅典另立一项法律，也不会今天是一种法律，而明天又是另一种法律。有的只是一种永恒不变的法律，任何时候任何民族都必须遵守它，而且人类也只有一个共同的主人和统治者，这就是上帝，因为它是这一法律的制定者、颁布者和执行法官。[①] 根据古希腊、古罗马哲学家的自然法思想，自然法体现的是自然理性，人定法是按照自然法制定的，因而体现的是人的理性。在近代启蒙学家那里，理性

① 参见［美］博登海默：《法理学——法哲学及其方法》，13－14页，北京，华夏出版社，1987。

思想得到进一步的发扬光大，理性法的观念成为当时占统治地位的法学理论。当时提出理性的概念，根据美国法学家庞德的说法，是为了与中世纪的权威相抗衡，因而建立起一种新权威，这就是理性。这些法学家认为，法是理性的一种表现，法借助于权威性的理性宣言而实现正义，即人们之间的理想关系。[①]

经验主义法观念把法看作人类经验的表现，是经验的条理化。习惯法是在人类漫长生活中积累起来的，是人类法经验的积淀与结晶，因而经验主义法观念重视习惯法。历史法学派可以说是主张经验主义法观念的一个流派。历史法学派的创始人德国法学家萨维尼反对自然法学派的理性主义立法观点，否定自然法的存在，同时否定成文法是立法者的创造物。萨维尼认为，自然法是一个不足为据的超经验的先天假设，它根本不能作为法的渊源；而人定法的形成也不是立法的结果，是在立法者的活动范围以外形成的，所以理性主义的立法观点，即通过人类的普遍理性制定出人类普遍适用的法典这种观点，完全是幻想，是荒诞无稽的。萨维尼认为，法律只能是土生土长和几乎是盲目地发展，不能通过正式、理性的立法手续来创建。萨维尼在反对自然法的同时，主张法是民族精神或民族意识的体现，只有民族精神或民族共同意识才是实在法的真正创造者。从民族精神的法本体论出发，萨维尼坚持以习惯法为法的基础，认为：法的最好来源不是立法，而是习惯，只有在人民中活着的法才是唯一合法的法；习惯法是具有生命力的，其地位远远超过立法；只有习惯法最容易达到法律规范的固定性和明确性。[②] 萨维尼鼓吹民族精神，维护习惯法，以此与自然法的理性主义法观念相抗衡，无不表现出其经验主义的哲学思想。

法所表达的是理性还是经验，这个问题与立法有着直接关系。我认为，在立法过程中，理性和经验是密不可分的。立法是对客观事物内在规律的理性把握，只有在理性的层面上，立法活动才能得以科学地进行。但是，立法活动同样离不开经验，理性的立法认识本身就来自对客观事物的反映。理性主义的法观念强调

---

① 参见［美］庞德：《法律史解释》，5、110页，北京，华夏出版社，1989。

② 参见张宏生主编：《西方法律思想史》，367－372页，北京，北京大学出版社，1983。

立法活动中理性的重要性，这无疑是正确的。但如果完全排斥经验认识，那么人类理性就会成为无源之水、无本之木，因而难免陷入幻想。而经验主义的法观念否认理性在立法活动中的作用，片面地依赖经验，甚至以此作为否定制定法的理由，显然也是十分偏颇的。事实上，制定法与习惯法并非总是矛盾的，立法包括两种情况：一是创制，二是认可。除通过立法活动直接创立法律以外，认可指的就是对习惯法的认可，通过立法机关的认可使之上升为法律。因此，在立法活动中，理性与经验是统一的。从某种意义上来说，立法是将人类对客观事物的经验认识通过理性加工而上升为法律。只有从理性与经验的辩证统一上，才能正确地阐明法的认识论。正如美国法学家庞德指出：哲学派法学家强调的是理性，而历史派法学家所强调的则是经验。这两种思想都有道理。只有能够经受理性考验的法才能坚持下来。只有基于经验或被经验考验过的理性宣言才成为法的永久部分。经验由理性而成，而理性又受经验的考验。舍此之外，在法律体系中没有任何东西能够站得住脚。法是通过理性所组织和发展起来的经验，由政治上有组织社会的造法或颁法机关正式公布，并受到社会强力的支持。[①]

在我国当前的立法活动中，存在关于立法能否超前的争论，在很大程度上涉及理性与经验的关系问题。对此，我国法学界存在三种观点。[②] 第一种观点是滞后性观点，认为法律应当成熟一个制定一个，甚至于有人还进一步表述为成熟一条制定一条。其基本理由是：现在处于改革的时代，我们还没有经验，要先经过社会实践的摸索，取得了经验，当试验性的东西成为成熟的事物时，再把这种成熟的、肯定的经验用法律的形式固定下来。所以法律应该是滞后的，这是一个传统的立法基本原则，也是在我国以前立法实践中占主导地位的立法基本原则。第二种观点是同步性观点，认为立法既不能超前，又不能滞后，而应该与社会发展相同步。其基本理由是：滞后立法不能发挥法律应有的作用，不利于法制建设，超前立法不符合客观实际，法律难以贯彻执行。第三种观点是超前性观点，认为

① 参见［美］庞德：《通过法律的社会控制——法律的任务》，110页，北京，商务印书馆，1984。

② 参见张根大等：《立法学总论》，91－92页，北京，法律出版社，1991。

立法不应仅仅以制定法律时的客观条件为依据，而应对社会作出预测。主要以通过预测获得的未来的社会条件为依据，在法律中充分反映将来法律实施时的社会条件，作出一定程度的超前规定。其基本理由是：社会发展是有规律的，而且这种规律是可知的，所以超前立法是可能的。同时，法律不是施行于制定时的社会，而是施行于制定后的未来社会，所以法律应该以未来社会条件为依据，这说明了超前立法是应该的。在以上三种观点的争论中，存在以下问题值得研究。

第一个问题是如何看待法对社会的作用。以往对法的作用往往有一些消极的认识，认为法只是反映或者确立某种社会关系。现在，人们对法的作用的认识发生很大的变化：法不仅反映社会生活，而且引导和促进社会生活的发展。在这个意义上说，法只不过是促进社会发展的一种工具。尤其是在社会变迁时期，法的促进作用更为明显。现代社会科学认为每一社会都是其成员间的重复性互动所界定的。一个社会的变迁即为那些重复性互动的变迁。这样，社会变迁就能定义为重复性行为方式的变迁，发展是社会变迁的一种形式。重复性行为方式是为规定所限定、制裁所支持的，它表达了社会成员所预期的行为。因此，法可以通过改变重复性行为方式来促进社会的变迁。美国学者安·塞德曼和罗伯特·B. 塞德曼指出，法律以两种方式进入社会发展的进程：首先，今天国家常常有步骤有目的地促进社会变革。一般只有国家才会有足够的能力、资源和合法性去完成这一令人生畏的任务。国家通常是通过改变规定重复性行为方式的规则、让官员以新方式从事——改变法律秩序来促进社会发展的。发展的需要因此就变成了对新法律的需求：土地使用权、市场委员会、计划机器、选举政治、教育制度、货币体制、税制等新规则。其次，国家有时也以剧烈动荡的形式促进社会变迁。在这种情况下，可能会伴随着革命、战争、饥荒、通货膨胀等。因为社会甚至是在法律秩序的逼迫下进行变迁的，通过改革法律来形成新的行为方式却不是要将变革引入另一个静态社会，而是将现存的变迁过程变得更加急迫。总之，在 20 世纪，政府无处不通过法律秩序来谈论社会问题，正如认真地借助某种工具手段来改革行为乃至制度。从一个工具主义者的观点来看，国家和法律的目的在于影响社会行为模式，从而直接或间接地巩固一切重要的社会制度。[①] 由此可见，立法的滞后性与同步性观点都忽视了法的促进作用，对法的作用作了过于消极的理解。

第二个问题是法是否具有预见性。这个问题的确切含义应该是人的理性是否具有对社会发展的预见能力。我的回答是肯定的，因为所谓超前立法并不是完全脱离社会现实。否定超前立法的学者认为，超前的意义，就是超越现实总体，而法恰巧在总体上丝毫不能超越现实，客观实际是一切立法工作的出发点。[②] 我认为，超前立法与从实际出发并不矛盾，超前也只能建立在从实际出发的基础之上。在这个意义上说，立法的超前性与其现实性是统一的，作为立法原则的超前性不能脱离于现实，它必须是在现实中孕育着“应该”与“可能”的超前性。事实上，科学发展到今天，我们完全可能通过对社会发展的趋势和规律加以正确地认识与预见，并将其转化为明确的法律规范，引导并规范人们的行为。正如有的学者指出：立法超前是社会基本矛盾运动和法律规范之社会功能的题中之意，是立法活动整体内容的组成部分，是法律运行的规律之一，也是当代信息社会发展的必然要求。[③]

第三个问题是立法的认识论基础，也就是法反映的到底是理性还是经验。毫无疑问，滞后立法的观念带有强烈的经验主义色彩。那么，能不能说超前立法就是否定经验在立法中的作用而纯然以理性为基础呢？不能这么说。因为上文已经指出，超前立法不是脱离社会现实，而是立足于社会现实对社会发展的前瞻。我同样反对那种完全脱离现实性的超前性。因此，超前立法之超前是有限度的。我国法学界有的学者正确地指出了立法观念的变迁：与早期的立法观念不同，立法已经不是仅仅局限于对经验的总结、对现实社会管理的直接描述了。这种与早期社会发展滞缓、经济形态有限、人际关系简单、社会管理单一的状态相吻合的立法观念，在当今社会发展迅猛、经济形态多样、人际关系日趋复杂、社会管理综

① 参见［美］安·塞德曼等：《法律秩序与社会改革》，20－23页，北京，中国政法大学出版社，1992。

② 参见胡川：《立法可先导不可超前》，载《法学》，1991（4），10页。

③ 参见何勤华：《立法超前——法律运行的规律之一》，载《法学》，1991（4），9页。

合化的历史发展阶段上显得如此苍白无力。人们如果不在法律中对尚未展开但又必然展开和发生的行为事先给予法律界定，提供诉讼手段，那么将在实施法律过程中遇到无数个无法可依的困境。历史呼唤着法律的深层介入，社会的发展需要稳定的法律引导，法律规范本身也要求其具有长久、相对统一的可行性。为此，经验性立法、总结性立法之中逐渐加入了超前性立法的内容，超前性立法在社会总立法中的比重已有长足的增加：从法律个别条款的超前内容到整部法律的超前设定；从注重于过去和当前转变为注重于现在和未来；法律的可行性得到了历史性的扩大。超前立法的观念、移植立法的观念作为经验性立法观念的补充，日益在当代立法实践中得以体现。[1] 因此，随着立法活动的发展，由经验立法向理性立法的发展，是一个必然的趋势。当然，以超前为特征的理性立法也不能离开对现实社会的经验认识。只有正确地认识经验与理性的关系，才能使立法既植根于现实社会，又对社会发展作出科学预测，从而使立法活动在推动社会发展中起到重要作用。

（本文原载《中央政法管理干部学院学报》，1996（1））

① 参见孙潮：《当代立法行为基本走向》，载《法学》，1991（11），17－18页。

立法、司法与学术[①]

——中国刑法二十年回顾与展望

编者按：1997 年 3 月 14 日，第八届全国人民代表大会第五次会议颁定新《刑法》，同年 10 月 1 日正式施行；今年正逢修订后的刑法实施二十周年。这二十年间，先后通过了一个单行刑法和九个刑法修正案，刑法修改变动的条文多达 160 多处。刑事立法与时俱进，进入“立法活性化”时代。刑事司法改革引人注目，各种大案、要案引发社会广泛关注，大数据与人工智能日益挑战法官传统的自由裁量权。刑法理论出现重大知识转型，德日刑法知识在经过半个多世纪的中断之后，又一次大规模地进入国内，各种学术批判和学术争鸣激烈。值此现行刑法颁行二十周年之际，我们特别邀请我国两位著名刑法学家——清华大学法学院张明楷教授与北京大学法学院陈兴良教授展开深度对话，邀请北京大学法学院车浩副教授设问主持。三位做客“中法评·会客厅”，对话中国刑法，就中国刑事立法、刑事司法以及刑法理论的发展与变迁进行回顾、总结和展望。这是中国刑法学界一次难得的思想盛会，对话时长近六个小时。三位刑法学者学术经历有别，各自学有专长，观点既有共识，也有交锋，这将是载入史册的一次学术对话！

① 本文系《中国法律评论》为纪念 1997 年刑法修订二十周年而组织的刑法深度对话的文字整理稿，参加对话的是陈兴良、张明楷和车浩，特此说明。

本期“对话”特别整理对谈完整版，内容精彩，以飨读者。

一、立法篇

车浩： 今天我们邀请到大家都非常熟悉和尊敬的刑法学界的两位领军人物——陈兴良老师和张明楷老师，围绕“刑法二十周年”的主题做一个回顾和展望。我也感到非常荣幸，受《中国法律评论》和两位老师的信任和委托来主持这样一个也许不是“绝后”，但我感觉应该是“空前”的对谈。

今天的谈话包括三个主题：刑事立法、刑事司法和刑法理论。第一部分，我们的谈话主要围绕着刑事立法的重大问题展开。

在这个领域，我想提的第一个问题是，我们今天回过头去看，谈到1997年刑法的时候通常会把它称为新刑法，这个“新”主要是相对于1979年的“旧”刑法来说的。两部刑法出台时间上相差了将近二十年，而且它们之间的法律条文数量也相差很大：1979年刑法出台的时候才192个条文，而到1997年刑法修订的时候变成了452条。但是我们暂时搁置这个时间前后和法条数量多少的比较，从今天的视角来看，两位老师觉得1997年刑法的“新”主要新在何处？1979年旧刑法这个“旧”又旧在哪里？

张明楷： 我觉得可以从不同角度来说这个“新”和“旧”。第一，从时间上来说，1997年刑法比1979年刑法要新。所谓新法优于旧法，就是从时间上来说的。现在用“新刑法”这个词比较少，但是之前我在很长时间都用了新刑法这个词。

第二，是从体例或者是形式上来说的“新”。虽然旧刑法通常只是指1979年的刑法，但实际上1979年刑法之后有很多单行刑法，还有附属刑法，而且是真正意义上的附属刑法。虽然和德国、日本的附属刑法有些不同，但是至少它有很多实质意义的条文。1997年新刑法改变了旧刑法的模式，想制定一部完整的刑法典，于是就把当时的单行刑法和附属刑法全部纳入进来，在这个意义上它也算比较新。当然，新的不一定是好的，这是另外一回事。

第三，是从内容上来讲的“新”。我觉得，肯定要首推“罪刑法定原则”的明确规定，这和旧刑法明文规定“类推”形成了鲜明的对比。严格地说，近现代的刑法必须肯定罪刑法定原则，或者说，如果没有罪刑法定原则就谈不上近现代意义上的刑法。所以从这一点来讲，我觉得新刑法最根本的“新”就是肯定了罪刑法定原则，否定了类推制度。我觉得这个无论从哪个角度讲，意义都是非常重大的。

另外一个内容的“新”，就是比较多地肯定了单位犯罪。旧刑法本身没有规定单位犯罪，只是《海关法》针对走私罪规定对单位要判处罚金；新刑法规定了大量的单位犯罪，而且规定了双罚制度。这在我看来也是比较新的。德国到现在也没有肯定单位犯罪或者法人犯罪，日本的刑法典以及他们的单行刑法也都没有肯定单位犯罪，即使刑法理论上提到单位犯罪，但他们所说的单位犯罪和我们刑法规定的单位犯罪不是一个意思。

从内容上来讲的“新”，还可以说增加了大量的犯罪。1997 年刑法对当时比较新型的犯罪都予以规定。另外，在处罚上有一个特点，就是罚金刑明显增加。旧刑法把罚金刑限制得比较窄，我印象中好像只有二十几个条款，1997 年刑法罚金刑规定得非常多，当然现在修正案之后的罚金刑就越来越多了。

车浩：当年您在发表像《新刑法与客观主义》这类论文时，就常用“新刑法”这个词。

张明楷：因为 1997 年刑法通过不久，此后比较长的一段时间都是用“新刑法”。

车浩：现在不太使用了。

张明楷：现在用的多是“现行刑法”。

车浩：关于新旧刑法之别的问题，陈老师怎么看？

陈兴良：旧刑法是 1979 年刑法，如果说旧刑法是 1.0 版，那么 1997 年刑法就是刑法的 2.0 版，这二者还是存在较大的不同。

我个人感觉，1979 年刑法的出台是较为仓促的。当然从 1950 年刑法大纲开始起草，到 1979 年出台，存在一个非常漫长的过程，这个过程是时断时续的。

从 1978 年我国法制恢复重建，到 1979 年 7 月 6 日颁布第一部刑法，这个时间实际上是极为短暂的。因此，1979 年刑法留下了苏俄刑法的烙印，模仿苏联的痕迹还是较为明显的。在 1979 年刑法从 1980 年 1 月 1 日生效以后，我国紧接着就开始了改革开放的进程。尤其是经济改革对我国社会面貌带来了重大改变，因此，1979 年刑法颁行不久就不能适应当时惩治犯罪的实际需要。在这种背景下，全国人大常委会颁布了 24 个单行刑法和大量的附属刑法，对 1979 年刑法进行修改，以便适应社会生活。

从 20 世纪 80 年代后期，就是 1979 年刑法生效不到十年的时间，就已经启动了刑法修订的进程。我们当然希望一部刑法能够维持比较长时间的效力，但生效不到十年就开始考虑对它进行修订，说明这部刑法本身存在某种先天性的缺陷。经过将近十年左右对刑法修订的研究，直至 1997 年 3 月 14 日，我国正式颁布了新刑法。1997 年刑法应该说已经吸收了人大常委会的单行刑法和附属刑法的有关内容，并且在刑法的本土化方面做了很大努力。因此，1997 年刑法无论是从体例上，还是从内容上来说，相较于 1979 年刑法还是有重大的进步。

这里所谓的“新”，我认为最重要的“新”就是刑法理念的改变之新，也就是 1979 年刑法更多地强调了惩治犯罪，而 1997 年刑法强调较多的是人权保障，把人权保障这一点放到一个较为重要的位置上。最生动的表现就是 1979 年刑法在第 79 条规定了类推制度：对本法分则没有明文规定的犯罪，如果认为社会危害性较大，可以比照本法分则最相类似的条文定罪判刑。类推制度的存在，固然可以在刑法之外惩治对社会具有较大危害性的行为，但这样一种类推制度与人权保障的现代刑法理念是矛盾的，而且类推制度为世界各国刑法所不采。1997 年刑法废除了类推制度，并且在第 3 条明确规定了罪刑法定原则。

在 1997 年刑法修订过程中，对于要不要废除 1979 年刑法的类推而在新刑法当中设置罪刑法定原则，存在一些争议。有些学者认为，考虑到我国当前惩治犯罪的实际需要，刑法又不可能很完善，会有一些严重危害社会的行为在刑法中没有规定，通过类推就可以对这部分犯罪加以惩罚，因此，类推还是具有存在的合理性的。但是主流的观点认为应该在新刑法中规定罪刑法定。这一点我觉得我国老一辈刑法学者做了重要的贡献。在 1979 年刑法明确规定类推的情况下，当时出版的刑法教科书还是把罪刑法定作为刑法基本原则加以叙述，只不过认为这里的罪刑法定是以类推为补充的。实际上，类推和罪刑法定是有矛盾的，但我国老一辈刑法学家还是强调罪刑法定对于现代法治的重要性。在 1997 年刑法修订的时候，高铭暄教授等老一辈刑法学家都主张废除类推。因此 1979 年刑法规定的类推之“旧”与 1997 年刑法规定的罪刑法定原则之“新”形成了鲜明的对照。

在体例上来说，1997 年刑法和 1979 年刑法相比较，应该说有所进步，当然，我个人认为这种进步还没有达到一个令人满意的程度。比如，1979 年刑法对刑法分则罪名的分类采用的是所谓的大章制，只分 8 章，按照大章制的设立主要还是模仿苏俄刑法典，同时在罪名较少的情况下采用大章制具有一定的合理性。在 1997 年刑法修订的时候，对于分则罪名应当如何来排列，当时是存在争议的。主要有两种观点：一种观点是坚持大章制，另一种观点是采用小章制。应该说，大部分国家刑法是采用小章制的，在刑法修订草案中也曾经编制过采用小章制的版本，把分则分成 30 章或者 35 章，就相当于把现在刑法分则第三章的八节和第六章的九节都上升为章。但立法机关在考虑以后，实际上是采折中的办法，大体上维持大章的分类，只不过是增加了二章。在刑法分则第三章和第六章，章下设节，把大章制和小章制融合起来。但现在这种安排还是存在一些缺陷，尤其是各章之间的罪名内容悬殊较大。有些章可能只有十几个罪，但有些章的章下分八节或者九节，罪名有数十个甚至更多，各章之间不是很协调。所以在体例方面，我觉得 1997 年刑法还是存在一定的缺陷。无论如何，我们过了二十年来回顾，1997 年刑法修订我个人觉得还是有历史性的进步。无论是在内容上，还是在体例上，这种进步都为刑事法治建设提供了一个规范基础。

车浩：刚才您提到，1979 年刑法在出台之后不长的时间内就有了修订的需求。从这个角度来看，1997 年刑法出台之后到今天，二十年间已经出台九个刑法修正案，这个修订幅度不可谓不大，修改变动的条文多达 160 多处，可谓进入了一个“立法活性化”的时代。对两位老师来说，能否举出三处你们个人认为意义最重大的修法？同时，能否举出三处在你们眼中，认为属于立法失败或者说修法效用不大的地方？

陈兴良：任何法律都不可能一成不变，法律总是要通过不断的修订来维持自己的生命，以便能够适应社会生活的发展，刑法也是如此。刑法当然有稳定性的要求，但在稳定性和变动性二者之间不断地演变，正是这种演变推动我们的法律向前发展。

在1979年刑法颁布以后很短的时间内，这部刑法就需要进行比较大规模的修订，这说明1979年刑法框架本身是存在问题的。我们现在虽然说，1997年刑法是对1979年刑法的修订，但我认为它是重新颁布了一部刑法典，即1997年刑法和1979年刑法事实上不是同一部刑法典，相当于重新制定了一部刑法典，所以这种修订的规模是非常之大的。从1997年刑法修订完成以后到现在二十年，我国又颁布了九个刑法修正案，所涉及的范围相当之广，尤其是《刑法修正案（八）》和《刑法修正案（九）》相当于一次局部修订。但整体来说，1997年刑法颁布以后采用“刑法修正案”的方式进行修订，还是在法律框架之内的修补，而不是这个法律框架本身存在结构性的问题，需要进行根本性的修订。

另外，对刑法进行修改和补充，事实上可以采取多种方法。对1979年刑法进行修改补充，人大常委会主要是采用制定单行刑法的方法。单行刑法和1979年刑法，这二者是并列关系，是法外有法。单行刑法事实上是取代了原刑法当中的有关条款，但是它又没有融入原刑法当中去，因此，1979年刑法的文本和大量存在的单行刑法、附属性刑法文本处于交错、零乱的状况，没有融为一体。

1997年刑法修订以后，1998年12月颁布了一个人大常委会决定，还是沿袭过去采用单行刑法对刑法典修改的方式，但主要缺陷仍在于和刑法典本身是处于分离状态，不能融入刑法典。于是从1999年开始就采用了刑法修正案方式，前后通过了九个刑法修正案。刑法修正案和单行刑法、附属刑法存在根本的不同，刑法修正案的内容可以融入刑法典文本当中去，有些条文是取代原条款，有些条文是增设条款，在原条文之下增设之一、之二，通过这种方式使刑法文本本身保持内在逻辑的统一性。因此，刑法修正案颁布以后，将刑法修正案的内容和刑法典的内容进行重新编纂，然后刑法修正案就“失效”了，我们应当引用刑法条文而不是引用刑法修正案的条文作为定罪量刑的根据，这一点与单行刑法存在根本的区别。

车浩刚才提到能不能举出三处比较好的立法修订的例子，再举出三处比较失望或者是失败的例子，我觉得比较好的立法还是有的。比如，第一是坦白制度的设立，也就是第 67 条第 3 款规定：犯罪嫌疑人虽不具有自首情节，但是如实供述自己罪行的，可以从轻处罚；避免特别严重后果发生的，可以减轻处罚。实际上坦白从宽、抗拒从严，是我们长期坚持的原则，但是现在看来抗拒从严这一条需要在法律上加以规制，抗拒达到什么程度应当从严。坦白从宽这一点是没有争议的，但坦白从宽这个政策精神，如何在刑法当中体现，这是值得研究的。过去，坦白从宽主要是通过自首得以体现，因为自首中包含了如实供述自己的罪行这样的内容。我国刑法对于自首，在一定情况下可以获得从轻处罚。但是除了符合自首条件以外的其他的坦白，例如不具有自动投案情节的坦白应如何处理，事实上在 1997 年刑法上是没有规定的。有关司法解释做了一些规定，但是规定的并不是很充分。在这种情况下，我们过去事实上是采取不断地通过司法解释扩张"自动投案"的含义来把某些"坦白"强行纳入自首中，以自首的形式获得从轻处罚。我们可以看到司法解释关于自首中自动投案条件的前后规定，越来越扩张，有时候已经背离了"自动投案"这个词可能的语义范围。现在刑法通过《刑法修正案（八）》明确规定了坦白制度，并且把坦白和自首加以区分。在目前情况下，司法解释又对自首范围作了限缩解释，有些可以放到坦白里面。所以，坦白制度的设立，我觉得是一个较为理想的修法。

第二是禁制令制度的设立。根据《刑法修正案（八）》的规定，对于判处管制或者适用缓刑的犯罪分子，可以根据犯罪情况，同时禁止犯罪分子在执行期间或者缓刑考验期间从事特定活动，进入特定区域、场所，接触特定的人。这一禁止令对于某些特定的犯罪人，在特定情况下，预防他们再次犯罪，还是能够起到较大的作用。

第三是刑法分则第 175 条之一骗取贷款罪，这个罪名设置是较为成功的。因为《刑法》第 193 条规定贷款诈骗罪，但在司法实践中发生了大量骗取银行贷款案件，有些骗取银行贷款在主观上非法占有的目的是比较难以认定的，因此，对于这种案件要么判无罪，要么定为贷款诈骗罪，司法机关实际上是处于一种两难的境地。现在设立一个不以非法占有为目的的骗取贷款罪，它和贷款诈骗罪之间形成一个低度犯罪和高度犯罪之间的关系，如果有非法占有目的就认定为贷款诈骗罪，如果没有非法占有目的就认定为骗取贷款罪，使二者能够协调地惩处在银行贷款过程中的犯罪行为。

如果说修改、修订、补充不是特别好的例子，我觉得至少可以举两处：第一处是《刑法》第 49 条第 2 款，关于审判时候已满 75 周岁的人不适用死刑，但以特别残忍的手段致人死亡的除外。这里我觉得设置不太理想，这个规定本来是体现对老年人犯罪，尤其是对老年人死刑适用的宽恕立法。但是这个规定把年龄设置在 75 周岁，并规定了例外，而在现实生活当中，75 周岁的人犯罪并且要适用死刑立即执行这种情况的案件几乎没有。年龄设置得太高，导致这个法条很可能被虚置。这种年龄的设置应该根据实际资料，比如说最高人民法院全年 75 岁以上判处死刑的人有多少个，70 岁以上有多少个、65 岁以上有多少个、60 岁以上有多少个，然后规定一个恰当的年龄。法律规定要有适用性，如果没有适用性就是完全虚置的，所以不是特别合理。第二处是《刑法》第 224 条之一规定的组织、领导传销活动罪，我觉得这个罪名设置的是相当失败的。因为在这个罪名之前，组织、领导传销活动是作为非法经营罪来处理的。国务院曾经专门颁布了禁止传销活动的规定，明确规定传销应该以非法经营罪论处，考虑到当前传销这种违法犯罪活动非常猖獗，要单设一个罪名来处罚它。在一开始人大常委会草案中，当时所表述的组织、领导传销活动，还是属于原先包含在非法经营罪中的那些组织、领导传销活动，按照犯罪来处理。但后来在修改当中，这个罪名变成诈骗罪的特别规定，组织、领导参加传销，诈骗财物依本条处罚。大量的在主观故意上没有诈骗目的，只是组织了一般的传销违法活动，按照现在法律规定不能定组织、领导传销活动罪。同时，司法解释也明确规定，这部分行为也不能回过头去再认定为非法经营罪。实际上，这个立法罪名设置的结果就适得其反，本是想设置一个罪名处罚组织、领导传销活动的行为，最后结果却使这部分行为不能受到刑法处罚，立法目的完全没达到。这可能是在立法的时候对这些罪名，以及这些罪名和其他罪名的逻辑关系没有很好地厘清，所以设置的这个罪名达不到立法者所需要的目的，我觉得这可能是立法失败的一个例子。

车浩：哦，我还以为您是比较赞同把这个罪限定在一种特殊类型的诈骗罪里呢。

陈兴良：我不赞同。如果对组织、领导传销活动的行为不设置罪名，对于那些利用传销活动进行诈骗的行为同样可以定为诈骗罪，而原来按照非法经营罪处理组织、领导传销活动的行为现在是没有罪名处理的。本来是想处理这个一般的组织、领导传销的行为，但最后的结果是这些不具备诈骗特征的组织、领导传销活动的行为在法律上没有明文规定，不能处罚。

车浩：嗯。明白了。关于让人满意的立法和让人失望的立法，张老师心目中有什么选项?

张明楷：我觉得 1997 年刑法之后之所以有大量的修正案，主要原因还是社会发展变化得太快。此外，还因为 1997 年刑法本身有两个方面的问题特别大：第一是刑罚方面的问题。我们的规定并没有基于统计资料，像刚才陈老师提到的，什么样的人犯罪多，在监狱待多少年会丧失犯罪能力，服刑多久后不再重新犯罪等，我们没有任何统计资料。第二就具体犯罪来讲，我们刑法分则条文的类型化不够。人家一个条文表述的，我们需要花二三十个条文去描述，比如背任罪或者背信罪，人家只用一个条文，我们用了几十个条文。

你说要举三个意义重大的，我就想出来两个：第一个是废除了很多罪的死刑。以前，我像他们这个年纪的时候（指在座听对谈的学生——编者注）觉得死刑很管用，但是看了很多资料以后觉得死刑没多大用处。我经常看日本的犯罪白皮书，它会同时把美国、德国、法国、英国四个国家主要的犯罪情况与处罚情况和日本进行对比。美国是有死刑的，而且死刑适用的比日本多。但美国的杀人犯罪率居然是最高的，每 10 万人大概是 5.5 个人犯杀人罪。英国、德国、法国是没有死刑的，但是总体上对杀人罪判处的刑罚比日本重，他们每 10 万人大概是 3 个人犯杀人罪。日本虽然有死刑，但是死刑适用也是比较少的，总体来讲，日本对杀人罪判的刑罚比这些国家都轻，但是日本每10万人只有0.9个人犯杀人罪。我国2000年之前杀人罪犯罪率呈上升趋势，2000年以后逐年下降，到2012年我们每10万人只有1.03个人犯杀人罪。可是2000年以后，尤其是2006年以后，我们对死刑的适用是越来越严格、越来越限制，现在大家都觉得凶杀案每年在减少，虽然犯罪率总体在增加，但是增加的是别的犯罪，这说明死刑是没有多大意义的。我们废除的这部分死刑，实际上尽管平时判得比较少，但意义还是比较重大的。这是我比较认可的。

第二个我认可的是，有些犯罪的增加还是比较重要的，比如说恐怖主义犯罪。《刑法修正案（九）》增加了关于恐怖主义的犯罪，我觉得这是很有必要的。当今世界都在想方设法对付恐怖主义犯罪，因为犯罪后果太严重，于是就在预备阶段开始进行规制。前不久日本就有一个关于处罚共谋的立法。《刑法修正案（九）》也是把一些预备行为实行行为化了，或者把预备行为既遂犯化了。我觉得关于恐怖主义的这部分内容还是值得肯定的。

当然还有一些具体罪，比如妨碍信用卡管理等方面有一些犯罪的增加，是比较及时而且确实有必要的。我看跟日本相关犯罪增加的情况大体差不多，我们虽然稍微晚一点，但总体还是值得肯定的。

要说否定的、意义不大的，甚至问题很多的地方也不少。首先是《刑法修正案（八）》《刑法修正案（九）》关于数罪并罚的两次修改，我觉得是彻底失败的。《刑法修正案（八）》规定数罪并罚不超过25年，但以前是20年，这明显是有问题的。例如，一个人犯罪数罪并罚总和刑期超过35年，法院决定执行25年，行为人执行2年之后又在监狱里犯了一个故意伤害罪，应当判3年徒刑。这时候按照刑法的规定采取“先减后并”的办法，就是25年减2年，还有23年；23年和3年再并罚，你会发现应当是23年以上、20年以下决定应当执行的刑期。因为总和没有超过35年，最高刑不超过20年，于是出现了23年以上、20年以下这个悖论。《刑法修正案（九）》规定，有期徒刑和拘役并罚的时候，拘役被吸收。有期徒刑或者拘役与管制并罚的时候，它们都要同时执行。这个问题就更多了。随便举一个例子，比如被告人被判有期徒刑3年，现在已经执行了2年10个月，发现他以前还有一个危险驾驶罪要判拘役。你会发现，要是尽快处理这个危险驾驶，拘役就被3年有期徒刑吸收了，稍微拖一拖等他出狱再定危险驾驶罪就要单独执行拘役，公法检这时候是抢着办还是拖着办这个案件？他想让你拘役被吸收就尽快办，如果不想拘役被吸收就慢慢办。再如，被告人有一个危险驾驶罪，应当判拘役，还有一个危害国家安全罪，情节很轻应该判管制，同时附加剥夺政治权利。在这种情形下，要先执行拘役，执行拘役的时候不能剥夺政治权利，但是后来执行管制的时候必须要剥夺政治权利。为什么？因为剥夺政治权利的期限和管制期限相同，同等执行，你会觉得怪怪的。还有很多问题，我在《法学评论》2016年第2期上发过一篇文章，专门讲数罪并罚的新问题，针对《刑法修正案（九)》关于数罪并罚的规定，我举了26个例子，被告人的名字从A到Z，实际上还有很多需要讨论的例子，但是没有更多的英文字母就没有列举了。这个问题会慢慢暴露出来，这是我认为很失败的一个地方。

其次，关于死缓、限制减刑以及终身监禁的问题，这是在没有实证研究作为基础的情况下所作的一个修改。当然陈老师不一定赞成我的观点，比如说死缓，以前缓刑期没有故意犯罪可以减到20年以下，现在只能减到25年，加上缓刑的2年至少是27年，当然限制减刑是另外一回事。虽然整个国家没有统计资料，但是有一些省做过统计，以前被判处死缓的人一般是执行15年左右就放出去了，但实际上再犯罪率是很低的，有一个省的再犯率是0，有一个省的再犯率是0.4，这已经很理想了，完全没有必要延长服刑时间。而且由于年纪的缘故，很多罪犯出狱后几乎丧失了犯罪能力，我们现在把服刑时间延长实际上是给国家增添负担。

与此相关的终身监禁是我更加反对的。因为刑罚的执行要以刑罚的正当化根据为指导，执行刑罚的目的主要是特殊预防。我们不能断定有的人一辈子都不悔改；只要他悔改不会犯罪了，就应该通过减刑或假释放出去，所以，终身监禁在我看来是失败的。现在刚开始适用终身监禁还看不出明显的问题，但如果大量适用的话，我觉得问题会很严重。尤其是这些人老了、不能动了、瘫在床上了，监狱怎么办？这都是问题。如果从现在开始就少判、再少判，每年整个国家就只有一两个人被判终身监禁可能问题会小一点，如果判得多就会是个大问题。

最后，有些犯罪的增加我觉得完全没必要，比如《刑法修正案（九）》增加的帮助信息网络犯罪活动罪。我觉得只要把传统的共犯理论改一改，知道共犯是一种不法形态的话，这个罪没有任何必要。我经常举这样的例子，比如说国内的一个人从国外租了几台服务器，为泰国电信诈骗犯提供服务，由泰国人向中国人打电话进行电信诈骗。我觉得不需要把泰国人抓到，只要有证据证明泰国人确实实施了电信诈骗行为，我们对国内的这个人就可以直接定诈骗的共犯。我想了想，只有一种情况可以定帮助信息网络犯罪活动罪，就是行为人为人家提供各种技术支持服务，以为人家是要进行电信诈骗，结果人家根本不是电信诈骗，而是传播淫秽物品。我想到的只有这种情况才能适用帮助信息网络犯罪活动罪。可是这种情况多吗？我觉得太罕见了。

再比如泄露不应当公开的信息案件罪，我觉得也没有必要。如果是国家秘密、商业秘密，你泄露出去有相应的罪名，如果你泄露出去涉及对人家的侮辱或者诽谤，或者泄露出去构成传播淫秽物品罪，等等，直接定相关罪名就行了。除此以外的公开有什么问题？我觉得没什么问题，完全没有必要增加这个罪名。不仅如此，有些罪的增加反而可能导致歧义，导致原本可以很正当地去认定的罪反而不能正当去认定。比如，明明是向电信诈骗提供技术服务要定诈骗罪的，人家就说刑法有了新罪名，要定帮助信息网络犯罪活动罪，这是一个特别法条呀！有时候增加一个罪好像更有利于打击犯罪，实际不是这样的；有些罪名的增加不利于真正处罚犯罪。

总体来讲，我们每一次的修订还是太仓促了。比如在日本，好像是一年刑法典修几次，但是每次修的幅度都没我们的大。而且每次修订之前都是准备了好几年，不像我们时间太短，时间一短有时候想不出这个条文制定出来或者是修改出来会出现什么问题。你说把学者们叫去，现场看修正草案提意见是提不出来的，除非错误太大、漏洞太明显。比如说关于数罪并罚的问题，《刑法修正案（八）》把最高刑从 20 年改到 25 年，当时参加讨论就没想到这个问题。《刑法修正案（九）》倒是能想到一些问题，但是立法机关也没有采纳。

陈兴良：我来回应一下张老师讲的过程当中值得进一步讨论的问题。

刚才张老师讲到数罪并罚，总和刑期超过35年的，实际执行的最高刑罚从20年提高到25年，提高以后可能会存在对数罪并罚，尤其是发现漏罪、再犯新罪如何处罚的问题，可能会出现法律上的漏洞。另外对于死缓的限制减刑，通过限制减刑将一部分被判死缓的犯罪分子实际执行的刑期延长了。还有是终身监禁的问题，对贪污受贿罪规定终身监禁，对此如何来进行评价。我看张老师的意思是基本否定的，主要理由是认为犯罪人经过15年以上，甚至20年的关押，人身危险性消失，出来以后犯罪的很少，甚至几乎没有。怎么来考虑这个问题？这三个问题，我觉得基本上可以归纳为加重生刑的范畴。加重生刑的确是需要非常谨慎的，如果能够用比较轻的刑罚来使犯罪得到有效的处罚，并且这些人经过一定的刑罚回到社会上也不至于犯罪，维持这样一种轻缓的刑罚对犯罪人、对社会都是有好处的。我国当前之所以提出要加重生刑，主要是为了减少死刑，它与减少死刑紧密联系在一起。如果我国没有死刑，那就不需要再加重生刑，这一点我是完全赞成的。或者是我国刑法将来死刑废除了以后，我们再把生刑逐渐降低，这是没问题的。

但在目前整个刑法当中，我始终认为存在一个结构性的缺陷，就是生刑和死刑之间的不协调。现在之所以提出要对某些严重的犯罪加重其刑，主要是作为一种减少死刑的条件，作为替代措施。为什么为了达到减少死刑的目的，我们在一定程度上要以加重生刑为替代？如果不加重生刑也可以减少死刑，那我也赞同不加重生刑，直接减少死刑就可以了。但事实上在我国刑法中，最重要、最困难的问题是减少死刑。因为现在减少死刑面临着社会的很大压力，社会公众基本上对死刑还是持肯定的看法，当政者也希望利用死刑来解决犯罪问题。也就是说，死刑在我国目前还是有它存在的顽强的一种力量，要减少死刑是十分困难的。

我国刑法之所以死刑那么多，原因是多方面的，其中有一个原因就是我国刑法的生刑过轻。比如说死缓，刚才张老师说有些是实际执行15年，即使15年出不来，18年左右也出来了。如果适用死刑立即执行，那么生命就丧失了，所以这两者悬殊太大。正因如此，在司法实践中，有些人本来是满足死缓条件，判了死缓，但是他在监狱中待个十多年就出来了，被害人不答应，法官、司法人员可能对这种现象也有看法。在这种情况下，就会把一部分本来应当适用死缓的案件，在被害人的压力下适用了死刑立即执行，由此导致死刑的数量居高不下，具有一种挤压作用。

现在为了减少死刑而加重生刑，比如说死缓按照限制减刑的规定，提高了死缓期满减刑以后的实际关押期限，如果是终身监禁还要关押一辈子。在这种情况下，我们就提供了一个说服被害人、说服社会公众的理由：如果不对被告人适用死刑立即执行，而是判处死缓但终身监禁，或者是关 25 年甚至更长。在这种情况下，加重生刑是减少死刑的一种替代、一种便宜的做法，是暂时性的、临时性的做法。在这种情况下，我觉得加重生刑还是有它的合理性，因为像数罪并罚有些国家是 30 年、40 年，这是较为普遍的；无期徒刑有很多国家都是名副其实，就是关押终身、终身监禁；但是我国的无期徒刑也就是相当于有期徒刑 20 年，名和实不相符。这种情况的出现都使死刑立即执行的界限难以严格把握，所以就容易扩大死刑立即执行的适用范围。我个人觉得，加重生刑是为了达到限制死刑的目的所采取的不得已的替代性的做法。如果死刑能够减下来，我们当然要考虑把生刑的刑期也降下来，这一点我觉得并不是矛盾的。

有了终身监禁以后，贪污受贿罪的死刑可以说就名存实亡了。我国司法实践现在对受贿罪适用了 4 例终身监禁，每例受贿数额都达到 2 亿元以上。按照过去都应该判死刑立即执行但现在判终身监禁，终身监禁的“好处”被贪官先“享受”了。而那些处于社会底层的犯罪人，像贾敬龙是求终身监禁而不得，被判死刑立即执行。由于我国刑法规定现在终身监禁只适用于贪污受贿这样的犯罪，普通的犯罪还没有终身监禁，所以我的观点是要逐渐扩大终身监禁。现在对贪污受贿设置了终身监禁以后，从实际适用的情况来看，主要针对过去判处死刑立即执行的犯罪分子。如果把终身监禁扩大到杀人、伤害等其他案件，对这些案件中情节特别严重，按照过去法律规定应该适用死刑立即执行的，现在改为终身监禁，就能够使死刑立即执行的案件有一个较大幅度的减少，对被害人也有一个交代。虽然被告人犯了杀人罪，但现在受到终身监禁的惩罚，使被害人能够接受这个判决，不再去向法院施加压力，非要判被告人死刑立即执行。在这种情况下，我对终身监禁还是持一个比较肯定的积极的看法。当然，我个人觉得终身监禁还是要严格限制，不能普遍适用。原来判死缓的犯罪分子都适用终身监禁那是不合适的。我们把终身监禁与加重生刑的相关问题，放到整个减少死刑的背景下去讨论其正当性和必要性，我觉得还是能够成立的。如果脱离这样一个背景，不和减少适用死刑挂钩，一般性的讨论我觉得是无的放矢。

车浩：我觉得我们的讨论已经迅速进入白热化状态，迎来了我们对话的第一个焦点，即死刑和终身监禁的关系。按照陈老师刚才的阐述，他觉得终身监禁是对死刑的替代措施，两者是此消彼长的关系。原因是之前的刑罚结构是不合理的，生刑和死刑之间差距过大，从这个角度来讲，陈老师主张为了削减死刑因此有必要设置终身监禁。而我记得，张老师很多年前就有一篇文章，题目是《死刑的废止不需要终身刑替代》，跟陈老师的观点正好相反。

陈兴良：我的意思是如果减少死刑不需要终身监禁，我也赞成。但问题是减少死刑要不要终身监禁，在不需要终身监禁的情况下能不能一下子减少死刑？这一点我是质疑的。

张明楷：减少死刑是否需要终身监禁？现在都是根据自己的观点得出的结论，因为没有统计资料。但是跟国外去比就会发现死刑的减少真的不需要终身监禁。关于生刑与死刑的协调问题，我觉得从刑法规定来讲，附加刑和主刑由轻到重，有期徒刑 15 年，数罪并罚 20 年、25 年，再到无期徒刑、死缓、死刑立即执行，这个刑罚的结构本身是很协调的，不存在生刑过轻、死刑过重的问题。同样从宣告刑来讲，也是协调的。但是现在问题出在哪里呢？是人们把实际执行刑期拿出来与宣告刑比。就执行而言不能考虑所谓是否协调，实际执行要以刑罚的正当性根据作为指导。比如说你抢劫 5 万元，我盗窃 5 万元，判你 8 年、判我 4 年，我在监狱里面不悔改，你在监狱有悔改，结果 4 年后你出来我也出来，但我们不能反问怎么抢劫、盗窃都是执行 4 年？不可以这样来比，就宣告刑来讲，我觉得对两个人都是合理的。

刚才陈老师讲生刑过轻主要是从执行来讲的，比如说被判无期和死缓确实没有再犯罪的，执行不到 20 年就可以出来。陈老师说的我也能理解，因为考虑到一般人的观念，尤其是有些被害人的感受。我觉得有一些问题是我们司法机关多少年来自己执法造成的结果。我们废除的那么多死刑都没有用终身监禁去替代它，贪污受贿没有废除死刑却适用终身监禁，为什么？因为我们现在贪污贿赂罪比较多，腐败犯罪比较严重，突然把死刑废止了老百姓会有意见。但是死刑的减少、重刑的减少涉及的是人权保障问题，不是按少数服从多数来决定的。从立法上来讲，尤其是关于刑罚这部分，说实话我觉得最需要做的事是要研究这么规定的实践依据、实证数据是什么。在国外对犯人的身体状况隔几年会有一个调查，关押多少年之后身体、心理会出现什么样的疾病，关押多少年的罪犯会不会出现犯罪，有大量的统计数据，而我们没有。我们都是从理论上、从逻辑上来争来争去，谁都会说出自己所主张的那种观点的一些理由。

陈兴良：我来补充一点，刚才张老师说对刑罚是根据法律规定来确定刑种，不能考虑实际执行情况。但实际情况是，比如说我国刑法中的无期徒刑，刑法教科书中从来都说无期徒刑是剥夺犯罪分子终身自由的刑罚。但有哪一个被判处无期徒刑的犯罪分子终身被剥夺自由？因此，对无期徒刑的轻重不能光看无期徒刑的规定，还要看减刑的规定。无期徒刑原来最少执行 10 年以上就可以释放，经过一次、几次减刑实际执行的刑期最少不得少于 10 年，现在修改为 13 年，就是无期徒刑原来最少执行 10 年，现在变成 13 年。由此可见，我国刑法中的无期徒刑不是终身监禁。如果变成终身监禁，就要关押终身，它和死缓、死刑立即执行是衔接的。但事实上，由于我们刑法中减刑制度的存在，使刑罚本身打了一个折扣。一种犯罪最高刑是 10 年，相当于是 5 年以上、10 年以下，因为犯罪分子经过一次或者多次减刑不能少于原判刑的二分之一；无期徒刑减为有期徒刑，然后再适用减刑不能少于 13 年。我国刑法中的刑罚虽然前面规定得很重，但有一个折扣，这个折扣一打就相当于打了五折，使生刑总体来说是较为轻缓的。当然生刑本身也不平衡，重罪的生刑过轻，但轻罪的生刑又过重，这二者之间刑罚配置也不合理。死刑立即执行不一样，就直接被执行死刑了，这个中间还是存在较大的差距。

刚才张老师说《刑法修正案（八）》和《刑法修正案（九）》废除多项死刑罪名，因此死刑不需要通过设置终身监禁就可以废除了。死刑的废除一般有两种路径：一种是立法废除路径；另一种是司法废除路径。通常认为立法废除是彻底废除，因此，无论是政治风险还是法律风险都很大。只有那些较小的国家，或者是由于某种特殊原因，例如加入欧盟（欧盟是禁止死刑的），一下子就废除了，这叫“休克”疗法。这种例子是很少的。大部分都是在司法上逐渐限制、减少死刑，最后使死刑废除水到渠成。我国现在死刑罪名的适用情况较为复杂，我觉得它有三种情况：第一种是经常适用，大概有五六个罪名，在整个死刑判决中占到90％～95％；第二种是偶尔适用、个别适用，这些死刑案例较少，全年可能也就几个或者十几个；第三种是备而不用，备而不用的死刑罪名在整个死刑罪名中所占比重很大，有一多半可能是备而不用，或者是设了死刑以后没有案例。现在从立法上废除死刑罪名，主要还是从那些基本上不用的死刑罪名里选择废除，像《刑法修正案（八）》所废除的13个死刑基本上是不用的，对司法实践当中的死刑不会产生实质性的影响。《刑法修正案（九）》有个别是过去偶尔适用的死刑罪名，像集资诈骗罪、组织卖淫罪，过去个别适用过但现在废除了，可能会有一定的影响。

有些从来不用的，比如说对危害国家安全、对于战时的军事犯罪的死刑，这些死刑事实上没有用，但又不好去废除它，因为它有一种宣誓意义。在这种情况下，对经常适用的死刑废除可能有难度，难以从立法上立即全部废除，只能在司法中减少适用，最后使这些死刑名存实亡，到时候水到渠成地取消。这是社会公众能接受的减少死刑的过程，主要是从司法上限制死刑适用，最后在立法上废除死刑，当然这是一个漫长的过程。

车浩：我觉得这个问题讨论得已经很深入了。死刑和终身监禁的问题涉及刑罚的根据和目的、实际的执行情况、民众的影响等各个方面的因素，如果展开讨论的话，内容特别多。

张明楷：我可能侧重于特殊预防，陈老师则侧重报应。在日本没有死缓也没有限制减刑，但是有无期徒刑，无期徒刑执行10年就可以假释，假释普遍适用，假释是服刑人的一种权利。所以，关键是你如何认识刑罚执行的正当化根据，是强调报应，还是强调特殊预防？如果是后者，那么没有再犯罪的必要性时就要放人了。

车浩：两位老师对死刑和终身监禁的关系有不同的观点，但是我注意到，你们对立法上死刑罪名的削减都还是持肯定和支持的态度。死刑是历次刑法修改中最引人瞩目的部分。1997 年刑法修订之前，通过了 25 个单行刑法，死刑罪名多达 71 个。1997 年新刑法修订后，刑法典规定的死刑罪名是 68 个。自此之后，一直到 2011 年《刑法修正案（八）》以前，刑法中的死刑罪名都没有变化。当然在适用程序上，一个重大变化是 2006 年最高院收回死刑核准权。2011 年《刑法修正案（八）》，废除 13 个死刑，这是一个历史性的大动作。到了 2015 年《刑法修正案（九）》，又取消了走私武器、弹药罪和伪造货币罪、集资诈骗罪、组织卖淫罪等 9 个死刑罪名。怎么看待死刑修法的幅度和频率？过快还是过慢？未来会不会沉寂一段时间，长期保留像杀人罪、强奸罪等核心刑法领域的死刑设置？这个问题两位老师怎么看？

张明楷：我觉得预测是比较困难的，是不是还可以减少死刑？我觉得还是可以减少的。比如说危害国家安全罪，实际上是可以减少一些死刑的。另外，怎么认定犯罪也与减少死刑有关，比如说把放火导致人死亡、破坏交通工具导致人死亡都定为杀人罪，那些犯罪的死刑也可以废除。还有一些即使现在用得比较多，像运输毒品实际上也大量判死刑，但现在真正判处死刑的都不是大毒枭，大毒枭不好抓，判的都是小马仔之类的，这样的死刑如果把它废除了问题也不是太大。如果继续用修正案的方式，每次废除一两个也不是没有可能的。因为通过司法实践会发现，某个罪的死刑好像都不用了，或者是几年用一次的，就可以废了。因为法律本身是普遍适用的规范，不能考虑太极端的事情。我们以后想废除死刑，可以通过司法实践适用死刑的现状来判断哪些是该适用的、哪些是不该适用的，应该减少的。总之，死刑应当逐年减少，最后在普通犯罪里就保留故意杀人、抢劫致死、强奸致死，还有绑架杀人，等等，有四五个我觉得差不多也够用了，当然除军事刑罚之外。

陈兴良：我觉得死刑废除如果从立法上来讲，实际有两种：一种是形式废除；另一种是实质废除。实质废除是指这种罪名废除，相应的死刑就不能用了；但形式废除要么是指这种死刑案件没有，要么就是通过技术性的方法对死刑罪名进行合并处理，形式上减少死刑罪名，又不影响死刑的适用。例如，故意杀人罪被分散在好多罪当中，像《刑法》第239条绑架罪，杀害被绑架人适用死刑，如果杀害被绑架人以故意杀人罪论处，就可以归到故意杀人罪判处死刑，而取消绑架罪的死刑。故意杀人罪被其他犯罪所包含的这种罪名，我觉得都不下十个。像放火罪也有故意放火致人死亡，如果把故意放火致人死亡定杀人罪，不定放火罪，放火罪的死刑也可以取消。此外，还有其他的如危害公共安全罪，里面都有死刑，都是由于杀人而规定死刑。本来是一个杀人罪可以管辖的死刑，结果在立法上把杀人罪给“肢解”了。如果通过这样一种立法技术，我觉得至少可以减少十个八个死刑，对于这类案件死刑适用不会产生根本性的影响。

车浩：像刚才我们讨论的死刑、终身监禁等，基本上是刑法典总则部分的刑罚论条文的修改，此外，修法的大部分内容都集中在分则，但是总则中的犯罪论部分的条文，以往很少在修法当中得到集中关注。我个人的看法是，总则条文规定的内容，都是非常基础性的东西，是可以统摄和指导分则条文的适用的，因此无论分则条文怎么改，但是作为基础法理的一般性规定的总则条文，的确不能轻易地修改变动。不过，另外，这些年随着司法实践的经验积累和学术研究的进步，刑法总则规定涉及很多问题，存在进一步完善的空间，包括故意过失的规定、正当化事由、共同犯罪，等等。还有像随着法定犯数量的剧增，涉及法律认识错误的影响性案件越来越多，但是立法者在这方面始终保持沉默。没有关于违法性认识错误的明确规定，司法实践中也畏首畏尾，出现了诸多在刑事政策上不合理的判决。从国外的情况来看，像德国刑法修订时，都会把一些在学术研究上比较成熟的观念吸收进总则规定中，比如像阻却不法的紧急避险与阻却责任的紧急避险之分，以及禁止错误，等等。

因此，我的问题是，在刑法典总则的修订方面，如何看待司法实践和学术研究形成的经验和成果？未来有哪些刑法总则条文，特别是在犯罪论领域，需要在立法上进一步修改和完善?

张明楷: 我觉得这可能是两方面的问题。第一是有一些不需要立法，只要我们法官去运用这种刑法理论上的成果，也是可以解决一些问题的，比如你刚才提到违法性认识。像韩国、日本刑法上也没有规定，但是他们法官承认违法性认识的可能性是一种责任要素，这就说明法官在某种意义上将理论成果已经吸收到、运用到自己的司法实践中。我们的法官总体上还不能做到这一点，当然也可能有各种各样的原因。我前不久查了一下有关违法性认识可能性的判决，怎么查就查到两个提到违法性认识的判断，而且都否认了违法性认识的可能性是责任要素。

第二是需要用立法去解决的问题。比如罪数的处理，不管德国还是日本，在总则里面都有关于罪数的处理规定，如牵连犯、想象竞合等，我们刑法总则对罪数没有任何规定。我们虽然把日本、德国关于牵连犯、想象竞合的理论拿过来，但用的过程会出现标准不一的局面。另外有一些是靠归纳分则的规定去总结一些规则出来，但是，例如关于牵连犯的认定和处罚，会发现分则里面有各种不同的处理规定，有时候会相互矛盾。我们刑法总则是完全缺乏罪数规定的；还有一些是规定不完整的，像正当化事由，我们就有一个正当防卫、紧急避险，而其他国家有很多明文的规定。还想说的是，如果没有刑法的规定，只是理论的归纳，司法人员就不一定接受。我有一次讲座讲到被害人承诺，我说被害人同意别人砍掉自己一节小手指，免除自己的债务，对方说可以，这个人就把自己的小手指砍了一节，这个行为不可以被认定为犯罪。听讲座的公安人员立即说，“我们还是要抓人的”。可是，每个人都是自己利益的最佳判断者，每个人在为自己利益考虑时都是最聪明的。既然人家愿意砍掉一节小手指，而不愿意天天被逼着还债，你凭什么像家长一样说人家的承诺无效呢？这只是道理，但是如果法律在伤害罪中有关于被害人承诺的明文规定，就可能不一样了。

但是，关于犯罪的一般规定的确是一个比较难的问题。像共同犯罪，究竟该怎么规定？一方面我们可能要借鉴国外有一些规定；另一方面要考虑中国的一些传统。站在立法机关的角度考虑，一方面会觉得现在关于犯罪的一般规定总体上可以解决问题；另一方面觉得改起来太难了，所以多年来就一直没有改。如果说以后要重新再修订刑法典，或者是要起草一部新的刑法典，我觉得就犯罪的一般规定而言，每一条都可以再斟酌。比如《刑法》第 13 条要不要保留都可以考虑。此外也要注意，是不是说只要规定就要有一个定义。1975 年德国在修改刑法的时候，一部分人主张要对故意和过失下定义，但是很多人都反对，说不可以下定义，下了定义就把故意和过失的含义固定化了，不利于学术的发展，也不利于司法机关认定什么是故意、什么是过失。法律的定义太危险。即使是作出规定也要让这个规定有解释的空间，不要以为一个规定没有解释的空间就是最好的规定，不一定是这样的。因为社会发展变化有很多我们根本认识不到，只有留一定的解释空间，给法官一定的自由裁量权，它才可能是一种最好的规定。

此外，我觉得刑法理论的观点能不能反映到刑事立法中，还涉及起草人是谁的问题，这个问题很重要。像国外尤其是日本，起草都有一个小组，由教授牵头，有很多教授在这个小组里面，召集一些人经常开会，里面有学者、有我们所说的司法人员等。学者主导起草的和一般立法机关起草的，可能会不一样。我估计，如果是学者主导起草，理论上的成果吸收起来就相对容易一点；由立法机关主导起草，要吸收理论上的成果可能会难一点。

车浩：像德国刑法修订的时候，很多著名学者如李斯特等都发挥了很重要的作用，特别是在总则部分。我国台湾地区也是这样的，刑法总则条文修改的时候特别能体现学者的专业智慧和学术成果。相对于分则反映民意代表的声音，总则条文恰恰反映学者的智慧。

陈兴良：在刑法典中，总则部分是相对稳定的，而分则部分是变动性较大的。因此，一部刑法制定以后，对刑法的修改补充，主要是针对分则部分，增设一些罪名，或者是对极个别罪名废止。在 1997 年刑法颁布以后，我国刑法修正案主要的内容也是针对刑法分则罪名的增加，或者是个别罪名的废除。

当然从刑法学的情况来看，也涉及对刑法总则一些制度的修改或者补充，这种修改或补充主要集中在刑罚论部分，而涉及犯罪论的比较少。在刑法总则中，关于犯罪的规定比较简约、条文比较少；而对刑罚的适用部分，条文比较多、规定比较详细。刑法总则关于犯罪部分的规定，是不是尽可能吸收学术研究成果，把有关内容都规定下来，这一点还是值得商榷的。刚才张老师也提到，事实上德国刑法典和日本刑法典，关于犯罪的规定主要是指犯罪成立条件的规定以及一些处罚的规定，条文很精简，有些方面甚至不如我国刑法规定得详细。

关于犯罪，尤其是犯罪成立条件和处罚的规定，对于司法实践来说当然是非常重要的。但如果这部分内容规定得过于详尽，可能会很大程度上压缩理论研究的空间。现在我们可以看到，刑法总则部分关于犯罪部分规定得较少，因而为我们的犯罪体系理论发展提供了较大的空间。像刑法总论主要是犯罪论，条文较少，但刑法理论较为发达，这些刑法理论对司法实践会有重大影响。

我国刑法总则关于刑罚的规定是非常完备的，条文内容有很多。但我们在刑法课里面基本不讲刑罚论，因为那些内容刑法规定得很清楚，看一下就可以了，可讲解、理论可发挥的余地反而少。我个人觉得，关于犯罪论部分的条文规定比较少，还是有它的合理性的。有些法律规定，像刚才张老师说的，除正当防卫、紧急避险以外的违法阻却事由主要是由理论来提供的，在司法实践中也是要排除它的违法性。对于责任主体、责任能力不可避免的违法性认识错误等，这些在我们的刑法里没有规定，但刑法理论都有较多的阐述，这些阐述也可以给司法机关认定犯罪提供理论指导。这里面涉及一个问题，就是法律规定和刑法教义学之间的关系。刑法教义学是在法律现有规定基础上，对它进行体系化的处理，提供一个综合性的解决方案。所以，这里既将法律现有的规定作为一个逻辑的基本框架，又把一些理论上的东西填补进去，使它形成一个教义学的体系。这其中有些内容是纯粹的法律规定，有些是教义学的规则，这些规则虽然不是法律，但是它是从法律中引申出来的，或者说是世界各国所遵循的。在这种情况下，教义学规则通过研究和实践当中的不断普及，也能够对司法机关正确认定犯罪起到重要的作用。

这里面涉及一个问题，这些教义学的规则，像刑法总论中不可避免的认识错误、期待可能性等免责事由，理论本身可能是德国学者根据德国的法律规定创制出来的一些规则。我国刑法把这些规则引进来，但我国没有相应的法律规定，没有这个法律规定不等于这个规则不能在我国司法实践中适用，这些教义学规则能起到一个补充作用。我国在司法实践当中适用法律是以我国现行法律为基础的，在解释的时候参照其他国家的法律规定，从它的法律规定引申出来的有关教义学规则。例如，我国《刑法》第239条规定的绑架罪，第二种情况以勒索财物为目的，如果从刑法本身规定是勒索财物而绑架他人，但我们解释的时候，这种绑架所侵害的法益包括被绑架人的亲友对被绑架人生命安危的担忧而不得已交付财物，不仅侵犯了被绑架人的人身权，而且侵害了第三人的所谓自决权。再如，绑架了一个人，然后让他找亲属来交钱，但是他的亲属并不知道交的是赎金，以为是要做生意交的，这类案件是定抢劫还是定绑架？如果仅仅从字面上来看，这些犯罪好像可以定绑架。但如果以勒索财物为目的的绑架罪不仅仅侵犯了被绑架人的人身自由权，而且侵害了第三者的自决权，那么，在这种情况下就不能认定为绑架。这样一种教义学的规则如果被社会公众所接受，被我们的司法人员所接受，司法人员就会按照这样的教义学规则来处理案件。这些教义学规则在国外就是一种法律规定，我国法律上没有这样的文字，但是我们已经把内容吸收过来，用来对我国刑法的绑架罪作解释。我觉得教义学无论是在总则、还是在分则，它对司法活动都会起到很大的作用。

车浩：现在我们进入这个环节的最后一个问题，在两位老师的心目中，有没有一部理想的刑法典模型？比如说，在德国，法兰克福的刑法学者经常写批判文章，认为德国的刑法典立法背离古典自由主义的、旨在保护个人权利的刑法模式，而总是想着向新的领域延展，如环境、毒品、有组织犯罪、恐怖主义、高科技犯罪和产品责任等。也就是说，相对于一个古典的自由主义的刑法典模式，现在的德国刑法典是偏离的，已经违反了谦抑的要求。但是，也有相反的观点认为，实际上从未存在一部纯粹的自由主义的刑法典。当然，这个反驳是缺乏意义的。因为，在这里恰恰不是历史存在，而是理想类型，作为批判的标准。不过话又说回来，反对声音中值得重视的理由是，刑法典应当是与时俱进的，今天毕竟也不是古典时代了。

那么，我的问题是，在这样一个全球化的时代，互联网和人工智能等科技迅猛发展，环境保护、恐怖主义等新的社会问题层出不穷，社会治理需求在不断加深刑法工具化程度。另外，中国社会处在这样一个转型时期，价值观处在激烈碰撞的时代，我们面对的很多问题仍然是前现代的。对于中国的刑事立法者来说，他有哪些理念是需要坚守的？又有什么观念是需要解放和革新的？两位老师怎么看这个问题。刑法典在你们心中，有没有一个理想的模式，然后用它来检验和批判新的刑事立法？还是说，这样一个预设的理想化的法典既不可能也无必要，法典都是所在时代的产物，并不承载什么恒定的价值体系？

张明楷：如果要有一个理想的刑法典的模式，一定是它制定了很久，我们只是通过解释，这个刑法典就依然够用的这种法典。这种法典应该是最理想的。要做到这一点，不能够像我们现在这样，一部刑法典要把所有犯罪规定下来。如果是采取这种模式，我们这个刑法典永远都不可能是理想的，以后必然要经常改，因为社会发展得太快。如果我们的刑法典只是规定针对普通人的一般犯罪，例如一个特殊行业的从业人员，在从业过程中犯了什么罪是由特别法规定，而不用普通刑法来规定，那么这个法典才可能在很长时间之后依然适用。

另外，实际上 20 世纪以来，我们会发现刑法典的内容越来越一般化、抽象化，而不像十八九世纪规定得那么详细。但 1997 年刑法，包括现在的刑法修正案，你会发现越来越详细、越来越具体。如果是这样，这个法典的生命力也不会强。因为规定得越详细、越具体就没有解释的空间，法典的生命力就越弱。

你所说的我们应当用什么理念去指导刑法典的制定、修改，这也是我们国家立法机关需要特别重视的问题。现代社会发展变化太快了，有时候都想不到会发生什么事情。前几天坐高铁突然想到一个问题，身份证真的就只值 20 元钱吗？其实身份证有时候值好几千，有时候不值钱。我买了去深圳的高铁商务座，买完之后坐高铁之前，我的身份证被偷走了。像这样的情形以后会不断出现，好像一个不值钱的东西就突然特别值钱了。在这种场合，如果说刑法规定不抽象一点、不简约一点，反而导致有些问题不好处理。我觉得制定刑法、修改刑法，有几点始终需要特别注意。

第一，我们究竟该怎么处理法益保护和人权保障之间的关系。比如，现在刑法规定保护公民个人信息，我们究竟在什么范围内处罚侵犯公民个人信息的行为。一方面要考虑个人信息对大数据时代所起到的作用，另一方面要保护个人信息、个人隐私等，二者之间究竟该怎么权衡？增加新罪时，尤其要考虑是不是真正在保护一种利益，如果不是在保护一种利益，无论如何也不能规定新罪。有些法条未必是在保护某种利益，可能只是在想当然。你要保护某种利益，就必须知道某种行为究竟危害在什么地方，这是需要论证的。另外从保障人权的角度来考虑，究竟要不要采用刑罚这种方法，采用别的方法是否可以保护法益。以前在欧洲一些国家，不履行债务就要动用刑罚，后来民事诉讼手段强化之后，不履行债务再也不当犯罪处理。我觉得这是一个特别重要的问题。

第二，刑罚的正当化根据究竟是什么？我们怎么把它运用到刑法中去，包括总则、分则，这个也特别重要。如果不考虑刑罚的正当化根据，把报复也当成报应，把一些人在某些情况下的一种冲动话语也当作刑罚的正当化根据，这也是有问题的。我们现在讲比例原则，这不单纯是罪刑相适应的问题。宪法上、行政法讲比例原则，它对什么样的行为要制裁、要禁止，第一步考虑什么、而后考虑什么、最后考虑什么有一种程序上的、方法上的意义，完全可以应用到刑法的制定和修改过程中。我前不久在《中国社会科学》期刊上发表了一篇文章，其中讲了比例原则的方法论意义，怎么把它运用到刑事立法上来，这对我们立法质量的提高还是会起到很重要的作用的。

陈兴良：我认为如果要有一部理想刑法，可能还是要处理好打击犯罪和保障人权之间的关系。打击犯罪和保障人权是一对矛盾，刑法到底是偏重于打击犯罪，还是偏重于人权保障？或者在什么程度上体现打击犯罪，在什么程度上强调保障人权？这二者的比重如何拿捏，对于刑法我觉得是非常重要的问题。

从 1979 年刑法到 1997 年刑法，在打击犯罪和保障人权方面有明显的转变。1979 年刑法强调打击犯罪，1997 年刑法更多的是强调人权保障。只有在人权保障方面加重分量，才能使我们的刑法真正成为一部法治社会的刑法。

刑法学者与刑事立法、刑法典之间到底是什么关系，这是我思考的一个问题。刑法学者对刑法进行深入研究，当然希望自己的研究成果在刑事立法当中能够有所体现，这是他所追求的。但我个人认为，刑事立法本身是不以学者的意志为转移的，它有其自身的规律。在一个民主社会，刑事的立法过程可能会体现民意，并且也是各种力量进行博弈而形成的结果。当然，在权力垄断的社会，刑法典的内容更多是长官意志的体现。我国刑法的制定过程，也是多方面力量的博弈，更多的可能是考虑相关的国家机关，或者是有关领导的意图。学者要想把自己的想法在刑法典中得以体现，事实上是不太可能的。

我现在的看法是：并不特别去关注刑事立法的过程，刑法典对我们来说不是一个学者所能够影响的。刑法典只是我们的研究对象，我们还是要发挥理论的专长，对刑法典进行比较深入的研究，为刑法规范在司法实践当中的运用提供一些教义学的引导，在这方面学者是能够发挥一定作用的。

所以，我曾经说过，一个刑法学者，他的理论是不应该以立法和司法为转移的。如果刑法研究是以立法和司法为转移的，就缺乏理论的自主性。我们确实有这样一批学者，他缺乏自己体系性的研究计划，他的研究完全是随着立法和司法来转。一个法律修改或者是频繁颁布相关法律就研究这个法律，新出来一个司法解释就研究司法解释。当然我并不是说对立法、司法不需要研究，而是说有些学者的研究完全是围绕立法、司法来转，他自己就缺乏一种理论的自觉和理论的自主。我认为学者还应该有自己的学术立场，这种学术立场和立法立场、司法立场是不完全一致的。我还是比较强调学者的独立性，一个法典对于学者来说只是一个研究对象，学者和法之间应该有一定的疏离，这样可以使学者站在比较高的高度来审视，而不是完全被它所约束。

张明楷：我稍微补充一下，刚才陈兴良教授讲的我很赞成，一个学者应该有自己的立场，不会因为法律的修改或者司法变动而改变。我觉得对一些条文的制定或修改，社会上应该有不同的人发出不同的声音，至少有两种声音。例如，《刑法修正案（九）》在制定帮助信息网络犯罪活动等罪时，有一些网络公司就提出不同意见向人大反映。在这样的情况下，立法机关就可能会权衡双方不同的观点、立场，做出一个比较合理的规定。但是有些条文是没有另外一方出来说话的，我觉得在没有另外一方出来说话的时候，最好刑法学者能够站出来，为缺失的那一方说说话，这样使力量有一个平衡、有一个对比，立法机关可以听到正反不同的意见。如果在这种场合下，只有一方在讲，规定要增加什么犯罪，没有任何一个人站出来反对，这种犯罪规定出来往往会有问题。我的想法是，在这个社会中有力量对比的时候，学者当然可以选择站在哪个立场；如果只有一方声音的时候，希望学者能够站在另外一方考虑一些问题，提出一些疑问，这样这个法条就经得起推敲。

二、司法篇

车浩：谢谢两位老师在第一部分的精彩发言。接下来我们进入第二个部分，即关于二十年来刑事司法重大问题的回顾与展望。近年来，刑事司法改革中引人注目的两件大事：一个是一系列影响重大的刑事案件被媒体追踪报道，其中包括聂树斌案、呼格吉勒图案等重大冤假错案得到司法机关纠正；另一个是认罪认罚从宽制度在司法实践中开始推行，比较轻微的刑事案件可以依法从简、从快、从宽处理。我个人认为这两个看似无关的制度改革之间，存在一种内在的关联。那就是在司法资源有限的情况下，如何集中资源应对重大的刑事案件，避免严重后果的出现，而不在轻微案件中过度耗费资源。我认为，这标志着刑事司法的一种理性化，特别是以对最基本的生命、自由的重大人权的慎重处遇的观念为指引，意味着司法资源按照合理性重新调整和分配。当然，两位老师可能会有不同的看法，你们如何看待这些年的冤假错案和认罪认罚从宽这两个问题?

陈兴良：刚才车浩讲的两个问题，互相之间可能不具有关联性，是两个独立的问题。首先就冤假错案而言，这些年来我们的媒体确实披露了一些冤假错案，有些冤假错案已经得到比较好的解决，比如说聂树斌案，最后作出了无罪判决。应该说在任何一个司法体制下，冤假错案都不能完全避免，因为人的司法认知能力是有限的，司法资源也有限，所以某些个别错案的发生也是不能完全避免的。但是在过去相当长一段时间里，较为密集地出现一些冤假错案，主要是由于以下这些原因所造成的。

第一，刑法理念上的原因。因为过去我国刑法往往强调打击犯罪，但是在人权保障方面有所疏忽；为了打击犯罪，一些法律限制、一些证据的标准都被突破了，导致出现了一些冤假错案，这是非常不应该的。我也接触过一些冤假错案，有些冤假错案错得非常离谱。杭州曾经发生过一起错案，有5个年轻人以抢劫杀人罪被判刑，其中有2个人被判死缓、1个被判无期、1个被判15年。一审的判决书居然只有简单的几页纸，在事实把握、证据把握方面都很离谱。所以这些错误的发生还是跟我们相关人员强调打击犯罪，根本不考虑人权保障有关。这些年之所以纠正了一些冤假错案，是因为司法理念变化了，越来越强调人权保障，在这种情况下刑事司法制度安排有助于减少冤假错案。

第二，司法体制上的原因。我国的司法体制是公、检、法三者之间的关系，有一种说法，说公安局是做饭的，检察院是端饭的，法院是吃饭的，用刑事诉讼术语就是侦查中心主义。侦查机关说有罪就有罪，在检察环节和审判环节不能够对有关案件进行有效的审查，也是导致冤假错案发生的一个重要原因。

第三，刑事司法人员的认知水平上的原因。有些冤案由于当时对证据把握，或者对证据的固定、证据收集等方面的技术手段、法律手段没有得到规范化的使用，由此而导致了一些冤假错案的发生。现在对过去的冤假错案进行平反、昭雪、纠正，我认为是一种负责任的态度。

其次就认罪认罚从宽制度而言，这个制度是车浩所讲的司法资源合理分配的问题。现在我国的刑事案件很多，司法人员压力很大，在这种情况下对轻重不同的案件就不能平均配置司法资源。要把主要的司法资源用于那些重大的或者是会判处重刑的案件，对于事实比较清楚、证据比较充分，甚至被告人认罪的案件就可以采取非常简易的程序来加以解决。所以认罪认罚从宽制度这种安排可以节省司法资源，对于解决当前案多人少的矛盾，我觉得是非常有必要的。

张明楷：陈老师关于冤假错案的看法我完全赞成。重大的冤假错案，主要出在证据上，而不是出在法律适用上。一般的冤假错案，既有证据的问题，也有法律适用的问题。

陈老师说最关键的是观念，现在虽然有一些改变，但是在一般的办案当中未必完全改过来了。比如说，我们有些口号是值得推敲的，“不放过一个坏人、不冤枉一个好人”，但这是做不到的。如果不冤枉一个好人就必须放过一些坏人；况且有些坏人是我们想象的——既然你不能证明人家犯了罪，凭什么说人家是坏人？再比如说“违法必究”，作为一种口号宣示是可以的，但真正想把社会中所有的违法都追究责任，这是不可能的。我们没有这个能力，古今中外都没有这种能力，我们这种观念要改一改。

我对认罪认罚从宽这个制度一直有点质疑。第一是制度本身，第二是这个制度的可行性。我赞成“认罪悔罪从宽”制度，这样比较好一点。认罪是承认犯罪这个事实；悔罪是犯罪了会悔罪，承认我做错了。特别是罪行比较轻的情况下，再犯罪的可能性是比较小的，从宽是没有任何问题的。从内容上来讲，我觉得不应当把“认罚”纳入进来，因为作为一个从宽的条件，认罪悔罪就够了。但是把“认罚”纳入进去就有一些问题，尤其是联系它的可行性来讲。我认了罪、也悔罪，但你依然判我这么重，这就是一个问题。因为最终的裁定全是在检察院、法院，我不认罚，法院处罚就重一点。在这种情况下，不排除在某些场合，被告觉得如果我不认罚就会判得更重；我本来是没有罪的，我不认罚就判得更重，我只好认罚，因为认了罚就会判得轻一些。这就造成原来不构成犯罪的被告人，因为认罪认罚从宽承认自己犯罪，通过认罚获得一个比较轻的处罚的局面。如果制度实施结果确实有这样的情况，这个制度设计就有问题。这个需要通过以后的实证材料来证明，这个制度在实施过程中究竟走样了没有，刑法、刑事诉讼法学者和司法人员以后要关注这个制度落实的真实现状。

车浩：相对于认罪认罚从宽制度这一新近几年才开始的改革措施，过去二十年，我们普遍讨论的是司法解释这个长期存在的基础性制度。司法解释制度可以说是我们国家司法体制相对于国外一个很大的特色，从 1997 年刑法到今天，特别是刑事法领域，司法解释的数目是非常庞大的，而且不断增加。学术界对这样一个现象多持批评态度，主要是考虑有些司法解释的规定已经“僭越”了立法权；而且从效果来讲，基层法院法官过分依赖司法解释会压抑他们独立的审判意识和能力，压抑了基层司法的活力。当然也有支持的理由，对于中国这样一个大国，各个地区的经济、文化、法治程度还有很大的差异性。所以在这种情况下，如果没有统一的司法文件辅助刑法典的实施，加之各地法官的司法水平参差不齐，可能会出现法治不统一的局面，会严重影响到法的安定性，特别是有些情况下老百姓会觉得是同案不同判。司法解释这个问题可谓是二十年来中国刑法的重大问题，两位老师对这个问题怎么看?

陈兴良：正如刚才车浩所讲的，司法解释是中国特色的一种制度。国外没有司法解释，法院只是通过判案来创制规则，但是我国存在司法解释制度，而且人大常委会授权最高人民法院和最高人民检察院都具有司法解释权。这种司法解释权在我国司法活动中存在，主要因为我国现在的立法是框架性的立法。法律制定出来以后，它非常抽象，有大量概括性的规定或者空白性的规定，例如刑法中数额较大、情节严重等，到底达到多少数额算数额较大，这部分事实上由立法机关授权司法机关做规定。在立法本身是比较抽象的情况下，就为司法解释提供了很大的空间。我国司法解释名义上是解释，实际上是二次立法或者是细则性的立法。

在我国司法实践中，与其说在按照刑法来定罪量刑，不如说按照司法解释来定罪量刑。一方面，司法解释填补了法律的空隙，为司法机关定罪量刑提供了更加细致的规定；另一方面，确实存在刚才车浩所说“僭越”立法的可能性。尤其是在现实中，不仅最高人民法院进行司法解释，省高级人民法院也进行司法解释，即所谓地方性的司法解释，也是比较普遍的。这种司法解释的存在有利有弊：利在于在刑法规定比较抽象的情况下，对统一法律的实施是有利的；在对于刑法没有规定、各自理解不同的情况下能够提供一个统一的规范。但是弊端就在于刚才车浩提到的，导致司法人员离开了司法解释就无法办案，司法人员对于法律解释的能动性丧失了。我们现在只有司法解释，没有法官的个案解释，法官只是按照司法解释机械地办案。

我国的司法解释可以分为两类：一类是抽象性的司法解释，对相关事项作出一般性的规定；还有大量个案性的司法解释，是针对个别案件的答复或者批示，这种个案性的司法解释又和请示制度联系在一起。

我印象当中最典型的是前些年发生在辽宁鞍山的一起奸淫幼女案。被害人徐某，女，13岁，被7个男青年奸淫。这个案件是否构成奸淫幼女罪，基层人民法院拿不准就请示到中级人民法院，中级人民法院拿不准请示了高级人民法院，高级人民法院拿不准请示了最高人民法院。最高人民法院在2003年作出一个《关于行为人不明知是不满十四周岁的幼女双方自愿发生性关系是否构成强奸罪问题的批复》，批复也是一种司法解释，这个批复实际就是请示、解释的结果，是和请示制度联系在一起的。当然，后来这个司法解释被废止了。但在这个批复下达以后，过了一段时间，最高法院刑一庭请我们专家进行讨论，因为涉案有7个男青年、7个案件，对每个案件到底怎么进行处理，又需要根据这个批复进行认定，又要分案处理。像这种做法，我觉得非常浪费司法资源，而且导致一些案件的犯罪嫌疑人羁押时间很长。因为请示的时间很长，在请示期间犯罪嫌疑人还处于自由被剥夺的羁押状态，等批复下来再解决，这种做法对案件的解决是不利的。这种案件为什么最高人民法院不提审呢？提审后，最高人民法院把司法解释的精神体现在判决的裁判理由当中，作为典型案例下发。这样就不需要通过制定专门的司法解释，而是通过审判活动把规则体现出来，一举两得，既解决了个案，又体现一般性的司法规则，这个做法是非常经济的。

由此可见，司法解释确实存在一些弊端。当然，从目前的情况来看，要想在短时间内废除司法解释的可能性还是比较小的。我个人的看法是至少要限制或者取消个案性的司法解释。这个问题和指导性案例制度可能有关系，个案性司法解释让位于指导性案例，通过指导性案例来替补、弥补个案性司法解释所具有的功能。对于一般性的司法解释在目前法律规定比较抽象的情况下仍然具有存在的必要性，但是这些规定还是要体现对法律的解释，而不能对法律没有规定的情形作出一般性的规定。

车浩：张老师在很多著作和论文中，都对司法解释持一种批评态度。

张明楷：对，但我也不是说不能有任何司法解释。国外偶尔也能看到“司法解释”这个词，是指法官在判决书中对一个法律条文的阐释、一个解释。总的来说，司法解释是弊大于利。司法解释在很多场合是很具体化的，但是越具体化会发现有些案件就越不能处理。有的司法解释规定，重伤3人以上或者轻伤10人以上就要定罪，那么重伤1个、轻伤6个怎么办呢？你找不到规定，因为它只是说的重伤3人以上、轻伤10人以上，你就会发现漏洞来了。司法解释越具体，漏洞越多。以前司法解释还下定义，如盗窃是指秘密窃取等，法条都不定义，如果司法解释来一个定义，法条的含义就封闭化、固定化，就不能适应社会生活的变化，就丧失了生命力。我发现，现在实践中司法解释的效力高于刑法，下级司法人员最关注的是司法解释是怎么说的，而不是关注刑法怎么说的。

另外，越来越多的司法解释基本上只是规定构罪的标准，如情节严重（情节特别严重）的标准，真正对构成要件等的解释也不敢做出来。比如，最新的2017年7月21日《关于办理组织、强迫、引诱、容留、介绍卖淫刑事案件适用法律若干问题的解释》就是如此。下级司法机关都希望这个解释能够把什么叫卖淫、什么叫嫖娼解释出来，但是他们还是没解释。这一方面是跟我们的立法有关，另一方面跟我们的司法经验积累得少，或者法官的法律适用能力不像国外的那么高有关。在日本，窃取他人的财物处10年以下有期徒刑或者50万日元以下的罚金，没有像我们分情节严重、情节特别严重，诈骗、敲诈勒索等都只有一个幅度的法定刑。在其他一些犯罪中，只有结果加重犯的规定，都限定在致人伤亡的才会加重法定刑，没有像我们分两三个档次的。日本的法定刑幅度这么大，靠什么判断呢？一方面是法官的素质比较高，另一方面是有案例的积累，以前怎么判的，另外一个地方怎么判的，所有的判例都能够看到。我们刚好两个都缺少，第一，判例的积累在1949年之前根本就没有，甚至20世纪80年代以前都没有，“文革”之前的找到也没有用，后来大部分的也找不到，不像人家有判例汇编，那时候判决也没上网，现在上网也只是一部分。第二，我们的法官又因为各种考核指标不敢轻举妄动，越来越依赖司法解释，不利于法官素质的提高，现在是一种恶性循环的局面。我觉得我们不要动不动就来一个司法解释。

我们总觉得同案不同判是个很大的问题，但从我接触的一些材料来看，即使是那些小国家，那里的法官、检察官在我们看来判的也未必一样。实际上也没有完全相同的案件，为什么他们觉得不是一个很大的问题？因为他们在判决书里把理由讲得很清楚，这么判的理由是什么，所以读者会发现，他讲的好像不是同类案件，所以判的不一样。我们现在，比如说盗窃只看一个指标，即数额是不是一样的，可实际上影响量刑的因素太多了。所以我的主张是，现在不可能不要司法解释，但是要慢慢地减少；同时通过提高法官适用法律的能力，正确行使裁量权，才能真正让我们的刑事司法走向正轨。

而且我从司法机关工作人员那里了解到，没有司法解释的时候他们迫切希望有一个司法解释，有了司法解释之后，他们又感到这种解释让他们不好办案，下级司法人员此时也很纠结，需要灵活处理的案件会发现司法解释在束缚他的手脚，导致结果处理不正义。问题总是会不断地冒出来，只能是慢慢减少司法解释、慢慢提高我们法官的司法适用能力，这样局面才能会好转，这可能需要一个很长的过程。

车浩：世界上没有完全相同的两个个案，处理的结果是各种因素的综合考虑，想通过一般性的、抽象的规定把所有个案做同样处理，最后效果可能是适得其反。这里面就涉及通常我们所说的作为法律人基本素质的区别技术，能区别此案与彼案的不同情形和理由，这与我们接下来要讨论的指导性案例的问题关系密切。指导性案例，其实它试图要解决的，或者说初衷其实也是要给下级法院提供一个在个案当中遇到具体情形的参考，在一定程度上削减司法解释的一般性制度与具体个案之间的张力。如果把司法解释看作最高司法机关的一个“旧爱”，指导性案例相当于是一个“新宠”，因为它是从 2011 年才开始实施的一项制度，迄今为止，刚刚发布了 16 批指导性案例。

指导性案例制度从问世伊始，就面对很多争议，包括案例汇集的来源，以及在实际判决书当中如何引用以及怎样发挥效力，等等。我观察到最近两年学界对指导性案件的关注度有很大程度的下降，因为社会舆论普遍关注的重大疑难案件中的问题，并没有在最高人民法院发布的指导性案例中显示出来，而最高人民法院发布的指导性案例的裁判要旨，常常是一些在司法实践和理论中已经基本形成共识的重复。在这种情况下，指导性案例制度还能走多远？它的生命力和前景如何？陈老师近些年来一直研究判例刑法学，特别是指导性案例发布之后也就很多个案写了文章，您对这个问题怎么看？

陈兴良： 指导性案例也是具有中国特色的判例制度，相当于判例；但我国不采用判例这个词，而是采用指导性案例这个词。讲到判例，应该区分英美法系的判例和大陆法系的判例。英美法系是判例法，判例是法律规范的载体，法官根据判例中引申出来的先例规则作为处理案件的规范根据。而大陆法系国家是成文法国家，都有法典，像刑法典。在这种情况下，定罪量刑的法律根据主要来自法典，但是在大陆法系国家仍然有判例；这里的判例主要是指最高法院所做的判决。这种判例里面有一些规则，对于下级法院处理同类案件能够起到参照作用。

我国现在所创制的案例指导制度，不仅和英美法系的判例不同，和大陆法系国家的判例也是完全不同的。因为我国的指导性案例绝大部分都不是最高人民法院判的，而是下级法院判的，是采取一定的程序报送到最高人民法院，由最高人民法院设置专门机构对这些案例进行审查，通过审查以后发布。这种案例就称为指导性案例。

因此，指导性案例的创制过程实际是一个行政化、权力化的运作过程，而不是判例自动形成的过程。在这种情况下，这种所谓的指导性案例在功能上和司法解释是非常相类似的。而且，目前发布的指导性案例，它的裁判规则大部分都是过去司法解释已经有规定的，它做了重复。这样指导性案例的作用就不是很大，因为并没有提供新的规则，只是重复了原有司法解释的规则。但是我们也看到，新近发布的指导性案例创制了一些规则，比如说我关注到最近发布的一个指导性案例，涉及在网络上如何区分盗窃罪和诈骗罪。那个案件是被告人知道被害人卡上有 10 万元，但是用木马病毒更改了一个信息，给被害人显示是支付 1 元，被害人就以支付 1 元钱的意思点击了按键，实际上却支付了 10 万元，被告人占有了这 10 万元。这种案件是构成盗窃罪还是诈骗罪，在司法实践和刑法理论中确实有争议。这个指导性案例确认，在这种情况下，被害人以为是支付 1 元，并没有意识到是支付 10 万元，因此主观上没有处分 10 万元的意思，由此认定为构成盗窃罪而不是诈骗罪。这个案例不仅为司法机关处理此类案件，即如何区分盗窃罪和诈骗罪提供了司法规则，而且在刑法教义学上也有意义。刑法教义学也涉及诈骗罪中的有意识处分和无意识处分的理解，按照这个规则就要求诈骗罪对财物的处分是有意识处分，如果是无意识处分应该定盗窃罪而不是诈骗罪。这个裁判要旨就有理论上的研究价值，是值得肯定的。当然，由于我国现在指导性案例是通过行政性的程序来发布的，而不是自发形成的，所以带有较强的行政性。尤其是现在司法实践中判决书基本上不怎么讲道理，没有对裁判理由进行充分的阐述，使裁判结论都显得比较武断，这是一个非常大的缺陷。

指导性案例的发布，我觉得还是有一定的可参考性的，为后来处理同类案件还是会起到较大的作用。比如前段时间讨论的于欢案，涉及正当防卫的正确适用，以及防卫前提等正当防卫制度中的核心问题。所以我当时就说，如果把于欢这个案件认定为正当防卫没有超过必要限度，在裁判理由中加以说明，把于欢案作为正当防卫的指导性案例颁布，比颁布10个、100个司法解释还有用，就能够彻底解释正当防卫的司法适用问题。因为大家都很清楚此案是正当防卫，以后碰到同类案件对比就行了，这对于推动正当防卫的司法适用就能够起到非常大的作用。可惜，于欢案的二审没有作出认定正当防卫的判决，而认为是防卫过当。我想说的是，即使在我国目前这种行政性较强的指导性案例制度下，如果指导性案例选择得好，还是能够发挥它应有的作用的。

因此，我认为随着指导性案例的发展，它会取代我前面所讲的个案性司法解释的那些功能，发挥较好的参照作用。总体来说，我对指导性案例的发展前景还是持一种乐观和积极的态度。

张明楷：我在这个问题上跟陈老师的看法有点不一样，这完全是个人的看法，也没必要去进行争论。

我觉得指导性案例是一种变相的司法解释，只是表述不同，另外加了一个案例证明。刚才陈老师讲的都是下级法院、检察院判案，最后还是由最高人民法院、最高人民检察院来决定哪个成为指导性案例。而且一旦发布，跟司法解释效力一样，多少要比较慎重。但我们发现大部分的指导性案例好像类似于我们讲课时讲的典型案例。一旦是典型案例，就会觉得本来就是该这么做的，没有这个指导性案例我也是这么去做的，而下级司法机关恰恰期待的是疑难的争议；另外，司法解释是一条条的，而指导性案例无非加了裁判要旨，说理太少，不利于下级司法机关通过指导性案例真正对法律条文的精髓、精神进行全面把握。

我还是主张最高人民法院、高级人民法院多开庭审理案件，尤其是对于长期以来认为是各个地方判的不一样，或者虽然大家都判的一样，但是觉得需要扭转的案件，进行提审，要主动做一些判决；同时在说理的时候，要把理由说清楚，让下级的司法机关真正领会这类案件该怎么去判。

如果最高人民法院、高级人民法院对相关案件都去开庭、都去做很充分的说理，然后再一公布，我觉得比指导性案例所起的作用更大。这样就可以像德国、日本那样，作为判例指导下级。现在这样的判例数量很少，而且没有说理、只有结论，所以起的作用就很小，我一直以来都是主张我们最高人民法院、高级人民法院多开庭，写真正有意义的、说理性很强的判决，这是我一直所提倡的。

陈兴良：我这里补充一点，刚才讲法院的判决不怎么说理，这确实是一个很大的问题。这不仅是对判决的公众接受和当事人接受造成很大障碍，也使刑法学者对判例进行研究带来很大的不便。最近这些年，最高人民法院一直强调裁判理由说理，但是这个问题没有从根本上得到解决。

我记得去年到最高人民法院参加优秀裁判文书的评审，最高人民法院的刑事文书主要是死刑复核的裁定书，就一两页，也没什么说理。关于不说理，值得注意的是，并不是说法官在审理案件的时候没有进行说理，只是说理的这部分文字没有对外公布。现在法院的司法文书是“两张皮”，内部有一个审结报告，有的审结报告甚至长达几万字，对证据的分析、对定罪理由的阐述等，都是十分详尽的，但是审结报告是内部材料，是审判委员会讨论的时候用于汇报的。一旦得出有罪或无罪结论，落到判决书或者是裁定书上就变得极为简单。也就是说，审结报告的主要内容并没有反映在裁判文书上。这种现象还是反映了我们的司法不公开，也就是“对内一套、对外一套”；内部有一套东西不愿意公开给公众，这样公众就不能通过裁判文书来了解裁判根据和裁判理由。现在如果想通过判决书来了解这个案件的真实情况，几乎是不可能的，因为一看判决书都是犯罪，但听律师说是另外一回事，判决书没有说理。一旦有罪，审结报告中无罪证据、律师的辩护等都省略了，我们根本没办法通过裁判文书来了解整个案件情况。所以不是我国司法人员不会说理，或者是说理能力低，而是司法体制问题，根本还是司法公开的问题。司法活动应该公开，而不是内部运作、内外有别。这是一个根本性的问题。

车浩：陈老师的分析确实让我们的讨论越来越深入。我们可以称这种现象为一种“司法神秘主义”。这个神秘主义是一个体制性的问题，它不仅存在于司法领域，而且在整个社会治理各个方面都不同程度地存在。

陈兴良：我再举个例子。有律师把一个起诉意见书复印给家属看，被判了刑，这太不应该了。起诉意见书属于什么机密文件，给家属看属于泄露什么机密？这还是非常传统的、落后的司法理念在起作用。

车浩：为了去除司法神秘主义色彩，本轮司法改革一个重点是司法公开，这是值得肯定的。当然，我们还是很期待各种形式上的公开，能够逐渐走向更加实质性的公开。公开的不能都是没有争议的东西，应该把有争议的、全面的情况公开出来，这才是实质性的公开，而避免成为一种表面上的权力宣示。这也涉及刚才我们讨论的，就是指导性案例的案情和法律规则，在社会生活当中没有那么大的争议，舆论也不是那么关注；相反，现在对司法形成重大挑战的，往往是一些我们称为“影响性”的案例。在这些影响性案例当中，包括刚才两位老师提到的于欢案、快播案、贾敬龙案等，里面有很多比较复杂疑难的问题，包括证据、事实的认定，以及法律条文的适用，这些案件吸引了媒体的报道和公众的广泛关注。客观上讲，也是前面提到的司法神秘主义在新情况下受到了冲击，使法官不像以前可以在一个完全封闭的环境下简单给出一个判决和结论，而是要承担很大的裁判压力，把案子的来龙去脉和具体判决理由给社会一个交代。这就形成了对立的观点：一方面认为公众的声音和媒体的报道会对法院独立行使审判权造成干扰；但另一方面，我们现在讲让公众在每一个案件中感受到公平正义，而要感受到公平正义首先就要知情，还要表达意见。如果不让公众了解，或者只给出一个结论，那就很难感受到正义。对于独立审判与让普通公众感受到公平正义之间可能存在的潜在冲突这个问题，两位老师怎么看？

陈兴良：媒体或者公众的舆论和司法独立的关系的问题确实是一个非常古老

的话题，因为媒体舆论反映的是公民的知情权、舆论的监督权，但是审判独立是一个宪法确定的原则，也是为了保障司法机关在处理案件的时候，在确保充分意志自由、排除外来干扰的情况下作出准确的判断。因为有罪还是无罪是一个非常专业的判断，而一般的社会公众对技术性很强的专业问题难以作出正确的判断，他的认知停留在情感或者情绪上。如果盲从这种舆论可能与严格地依法审理案件之间发生冲突。

如何处理好这二者之间的关系，首先还是要肯定公众舆论对于司法活动的正当监督，通过这种监督还是要让司法机关对刑事案件的处理严格按照法律规定，这方面应该发挥积极作用。没有舆论监督，有些案件确实会非常肆意地作出错误的判决，可能会侵害有关当事人的合法权利。前段时间媒体披露了一些引起社会公众关注的案件，其中一个案件发生在河北某地，有位老大爷以非法储藏爆炸物被判了 4 年有期徒刑，这个被告人年龄很大，七八十岁，是一项非遗项目的传承人，春节要打社火，这项民俗需要火药，可能他没经过批准就去购买了火药用作春节期间表演非遗项目，就被公安抓了，最后被法院判了。这个案件被媒体披露，认为把民间娱乐活动作为犯罪，而且判得这么重，不合理。然后这个案件上诉到二审法院，有些网友发现二审判决书已经上传到裁判文书网了，舆论出来以后，二审法院说上传错了，那是判决书草稿。如果这个案件没有被媒体披露出来，那就是维持原判，但是被媒体披露出来之后，法院就否认判完了，说还没审结，正在二审，目前还没有结果。像这些案件如果没有舆论的监督，司法机关自己在封闭的情况下审判，就会造成错案。但不可否认，舆论对一些案件的关注会使司法机关无法作出独立判决，可能影响判决的公正，这样的情况也确实存在。

因此，我们要对公众舆论和审判独立之间进行某些规范，要能够使二者之间的关系得到妥善处理，一方面要满足公众的知情权，另一方面要保证审判的独立，不受外在干预，使二者不是互相损害，而是互相促进、互相推动。在这方面需要制定一些规则，比如说对于媒体在披露案件的时候，应当把案件事实清楚全面地披露出来，并且要请有关专业人士进行解读而不是做过度的渲染，只有这样才能保障舆论监督的有效性；另外，司法人员要严格依照法律规定处理案件，而不是完全以舆论的风向为转移，这样会损害职业的中立性。

张明楷： 长期以来，我们的学者与实务部门对法院依法独立行使审判权的理解出现了偏差。我们老是强调，一般人和国家机关等不能对司法机关办案提出质疑等，我觉得不是这个意思。我是从另外一个角度来理解依法独立审判的，不是所谓别人不能干涉，而是说司法机关自己要做到：第一要依法，第二自己不受外界的指使、不受外界的支配。在现代社会怎么可能做到大家对这个案件不发表看法？这是不可能的。老百姓凭着自己的正义感，有权对这个案件怎么处理发表看法；学者也可以说话，不能要求学者只能在二审判决之后才能发表看法。另外，如果自己不是“依法”独立行使审判权、检察权，我们凭什么不可以干预和干涉？难道你胡作非为人家也不能干涉吗？

我在这里要特别说明一下美国联邦法院大法官讲的司法独立是什么意思，他讲到三点：第一，法官判案时不受任何人指使，既不受明示的指使，也不受暗示或者是潜在威胁的指使；第二，法官解释法律不受任何人指使，只遵循真理及正义；第三，法官有责任保证自己不做任意性或者压制性的裁决。你们看，人家法官是针对自己提出司法独立的。我觉得如果一个法官在处理案件的时候，面对大家评论这个案件怎么处理、发表不同看法的时候，都不知道该怎么办，这个法官就不称职。大家发表不同的看法，反而是有利于你正确处理这个案件。当然前提是案件事实是一样的，如果人家发表的看法有问题，你不听他的；如果你觉得很有道理，当然可以在判决的时候去考虑。美国大法官也不是不听取别人的意见，对美国法官的判决提批评意见的很多，但是人家不是完全不理，而认为是一个参考。所以，关键的是这个独立是讲内部自我独立：别人说得好，我要听取；别人说得不好，不听就可以了。不能老是讲不让这个说话、不让那个说话，只能让法官安安静静办案。这是对依法独立审判的一个误解。

另外，陈老师讲得对，不可能没有监督，如果没有监督，不知道会是什么样的局面。于欢案没有监督就会被判无期，很多案件就是需要监督的。我觉得，关键不是大家能否对判决发表看法，而是法官自己第一要依法，第二要合理听取不同的声音，这样的判决反而是合理的。让大家都不说话、安安静静，就能保证你的判决是正当的吗？我觉得反而可能是不正当的。

车浩： 的确，法官的形象并不是温室里的花朵，惧怕任何风雨的打扰。独立审判的要求是面向法官提出来的，而不是向外部提出来的。

张明楷： 对！

陈兴良： 这里还存在一个权力的傲慢，认为这是我的权力，你凭什么说三道四？现在有权力的人对监督、对外界的评论特别反感，而且会有一种莫名其妙的恼火。

前段时间在媒体上看到一个消息，觉得很可笑。有一个人的车被他人划了，产生矛盾，他就到派出所报案。派出所调解说对方赔偿 5 000 元就可以了，他不答应，要让派出所将对方行政拘留，派出所没答应。后来这个人的一个朋友也是当警察的，懂法律，就穿便衣到派出所说这个事，派出所坚持说不能拘留。便衣警察说如果损失 5 000 元以上，可以根据《治安处罚法》某条拘留几天；派出所这个警察就特别恼火，当场派出所几个警察就把便衣警察打了一顿，结果他到处投诉无门，没人管。派出所警察认为我在办案，你凭什么说三道四，不接受有人来监督、评论他，这种典型的官僚作风，体现了一种权力的傲慢。

另外，在现实生活中有些当事人或者律师，利用舆论，甚至操纵舆论来追求对案件的有利效果的情况也有。媒体本身要有专业性、中立性，报道不能听一面之词，要对另外一方进行调查，发表不同的意见，所以媒体运作的一般规则也是要遵循的。这里既有司法工作规律，又有媒体的规律，二者要结合起来考察。

车浩： 整体上来讲，司法还是应该在阳光之下运行，监督有时候会有一些问题，但就算是不符合事实的报道在这个过程当中也会被淘汰，大家了解的信息越来越多，对当事人的权益各方面都有好处。刚才两位老师谈到了理想的司法者的人格和对司法权力的态度，这就引出了我们第二部分的最后一个问题。在今天这个时代里，法官面对很多新的问题，这些新的问题也影响到司法权力的行使和职业角色的定位。我们今天进入一个互联网、大数据、人工智能等科技高速发展的时代，在这些高科技的辅助下，越来越多的声音认为，未来法官可能回到像孟德斯鸠以前所说的那种情形——把案情扔到自动售货机，判决自动就能吐出来。在大数据和人工智能的帮助下，需要法官的自由裁量和洞察力的可能空间就很小了。两位老师如何看待未来科技发展对司法的影响？过去附着在法官身上的那种专业智慧的光环，或者对法官的期待和法官的一种人格想象，在科技时代会有哪些改变？未来的法官会面对哪些挑战，会迎来哪些机遇？

张明楷：我是这么看的：智能化之后法官完全没有裁量余地，这是不可能的。现在这种大数据、智能化的发展，给法官创造了很多有利的条件，比如说很快就知道一些案件究竟怎么判决，对将要判的案件跟别的案件进行比较，可能会给你提供很多参考资料。像你刚才讲的有某种模型，把这个案件输进去，电脑自动出来一个结果，我觉得也是有这种可能，但是我觉得它还只是一种参考。

为什么这么说呢？因为机器人不是人，机器人是没有直觉的，我们一般人是有直觉的。罗尔斯将正义分为功利正义与直觉正义，机器人最多能做到一种功利的正义，这种直觉的正义是做不到的。但是直觉在案件中所起的作用是很大的。作为法官，首先是有一个直觉指引这个案件，而且经验越丰富的法官直觉是越好的。很多场合我们不是靠一个仔细的思考而是靠直觉，就像当你开车的时候前面遇到一个小孩是凭直觉踩急刹车或者猛打方向盘，完全凭直觉，来不及思考。越是优秀的法官越有一个敏锐的直觉，而这个直觉在很多场合没办法通过讲理讲出来，里面的理由是很难表述的，尤其是影响量刑的因素太多。如果我是一个法官，在某些场合被告人的眼神都会影响我对他的判决，有些眼神一看就是很邪恶的眼神，尽管判决不会写出来。随着科技的发展，给法官提供的这种可以参考的、可以利用的资料、数据等会越来越多，我觉得对法官来讲是一个很好的事情，说是机遇也是可以的。

如果说挑战，站在刑法的角度，我觉得主要是科技的发展导致很多具体案件在刑法上的确提出了一些挑战。总体来说，机器代替法官，或者完全由机器人审判案件，我觉得永远不可能。当你参考的东西很多时，对你自由裁量权会有一种限制，这个限制是无形的。在这种情况下，法官的自由裁量权减少是可能的，但说以后不要法官是不可能的，即使是普通的案件、典型的案件也需要法官一定的裁量。像我们以前讲的所谓电脑量刑也行不通，还是需要法官进行裁量。尽管有时候说不出道理来，但是人的直觉还是很有用的。因为我们很多人都是凭直觉去做事，所以法官也要讲直觉。

车浩：张老师提到一个很重要的概念“正义的直觉”。我对这个问题也有过考虑，包括行为经济学和脑科学的发展，其实也在探讨人的直觉是如何形成的。它很大程度上来自过往的行为习惯和对周遭经验世界的认知，直觉是有别于逻辑思考和纯粹理性的判断。所以未来可能出现的问题是，大数据或者人工智能在很大程度上可能会改变人对周遭世界的直觉。因为我们以往直觉是建立在个体经验有限的认知范围内，如果未来有更好的工具能够辅助，像有人提出芯片未来几年可以植入人脑，人就不需要自己去记忆了；对周遭世界的理解，包括直觉这部分都可能会发生改变。这是很有意思的可以无限延展的话题。陈老师对这个问题怎么看？

陈兴良：我们刑法学界对电脑量刑的研究很早就开始了，1987 年华东政法大学苏惠渔老师专门研究电脑量刑，出版了著作，我们也看了他的演示；到了 90 年代武汉大学赵廷光教授团队也进行了研究。他们主要是讲电脑量刑而不是定罪，基本原理是把影响量刑的各种要素进行打分，然后把影响因素统计出来，输入电脑最后得出一个刑期。基本是这样一个模式。

电脑量刑只是一个辅助系统，不能取代人的量刑。现在随着互联网、大数据等一些科技的普及，它不仅对社会生活带来巨大的影响，而且对司法活动也带来巨大影响，这是毫无疑问的。但是司法活动对人的审判是人对人的审判，而不是机器对人的审判。机器只能为审判提供一种便利，是一种手段。机器如果代替人来进行审判，这是不可行的。机器只是在一定程度上为定罪量刑提供一些辅助，使法官更便于查找法律、查找判例等，有助于对案件做出一个比较准确的判断。

所以，我认为司法活动永远不会像有些古典学者所讲的那样，它只是一个法律的传声筒，在法律当中存在价值判断，这种价值判断是机器所不能替代的。

前几天我接触到一个法官，他说他在判案的时候，在查清事实的情况下如果是坏人可能会判重一些，如果是好人可能会判轻一些，这个说法是成立的。犯罪由于某种偶然的原因犯了罪，对于这种人在法律允许的范围内可轻判；有些人做的事情、经历、说话，一看就是一个坏人，对这种人就应当在法律范围内判重一点。不能简单根据好人、坏人来定罪，但是好人、坏人的判断在量刑中，又是能够起到参考作用的，是一个直觉。当然法官要有这种经验、专业知识，这样的法官做好人坏人的判断，它的准确性是比较高的。有时候直觉对审判结果是有影响的，而不是完全写在字面上或者依据客观的事实做判断的。

我的一个简单的结论是，即使在互联网、大数据、人工智能充分发展的情况下，司法活动的本质还是不会改变的。这些科技成果只会为司法活动提供一种辅助性的功能，但是它不能取代法官的判断。

张明楷：我补充两句。大数据、人工智能建立出模型是根据过去的判决等建立起来的，但是社会生活是不断变化的，法律含义在不断地变化，这是依靠科技手段做不到的，这个只有靠人。国外经常有判例的变更，最高人民法院现在也会变更以前的判例。这是机器做不到的，必须由人来做。像刚才我们讨论的以借打手机为名拿走他人手机的案件，以前大多是定诈骗罪，现在大多是定盗窃罪，这是只有人才能做到的。

三、学术篇

车浩：谢谢两位老师就刑事司法领域的一些问题发表的真知灼见。接下来，我们从学术研究的角度回顾刑法二十年。1997 年刑法的出台是我们国家刑法理论发展一个非常重要的时点。1979 年刑法的出台意味着我们国家刑法理论在废墟上的重建，到 1997 年刑法大修的时候，社会发展了将近二十年，刑法理论同时也发展了近二十年。自 1979 年到 1997 年，两位老师从踏进刑法之门的学习者变成非常重要的刑法理论的生产者，我的问题是，两位老师如何评价 1997 年之前的那二十年刑法理论的发展？它们为 1997 年新刑法的出台提供了哪些理论准备，又有哪些准备不足的遗憾？

陈兴良：1997 年之前的二十年，就是 1977 年。我是 1977 年考上大学，真正入学是在 1978 年 2 月，1979 年刑法于 1979 年 7 月 6 日颁布，生效是在 1980 年 1

月 1 日。我是在 1979 年 9 月开始上刑法这门课，所以我开始学刑法的时候，1979 年刑法刚颁布两个月，还没有生效。在这样一个很特殊的背景下，我开始了刑法的学习。我们的刑法课持续一年的时间，到 1979 年年底是一个学期，第二学期是 1980 年上半年，所以我们学习刑法是经历了从刑法没有生效到生效，跨了一年的时间。

因此，正如车浩刚才所讲的，我们对于 1979 年刑法来说是一个被动的接受者，1979 年刑法的创制过程，我们是没有参与的。老一辈的刑法学者参与了这项工作，像高铭暄老师。我后来到中国人民大学读刑法专业的研究生，再后来成为一名博士生。这期间我做学生就十年，这在 1997 年之前的二十年时间里占据了一半的时间。后来，我从刑法学习者慢慢成为刑法的研究者。1979 年刑法只有 182 条条文，是一部简单的刑法典，当我刚接触到这部刑法的时候，并没有体会到刑法理论的博大精深。当时读硕士，就想这 182 条要学习三年，感觉难以想象。但后来入门之后感觉刑法理论博大精深，需要不断地研究。1979 年刑法颁布后，一开始是普法，然后是司法适用，在适用当中出现了一些疑难问题。1983 年的“严打”冲击了 1979 年刑法的实施，这说明刑事政策和刑法适用二者之间存在一定的矛盾。到 80 年代后期开始以立法论为中心进行研究，当时提出了对刑法进行修改，需要对刑法的有关问题进行研究。可以说在 1997 年刑法之前的二十年，对我来说是开始入门接触刑法，并且对 1979 年刑法进行初步研究的这样一个过程。

当然，在那个阶段由于刑法刚刚颁布，刑法适用的司法活动刚展开，我国刑法理论总体上来看还是比较浅显，我们可借鉴的资料主要是 20 世纪 30 年代的一些资料，以及 50 年代初从苏联翻译引进的一些刑法理论资料。因此，规范刑法学对我的吸引力不是特别大。在这种情况下，事实上我对刑法做了一种超法规的研究，就是刑法哲学的研究。从 1992 年出版《刑法哲学》，1996 年出版《刑法人性基础》，到 1998 年出版《刑法价值构造》（《刑法价值构造》是在 1997 年刑法出台之前就写完了），这三本书都是在 1997 年刑法修订之前就完成了。这样一个研究的经历是非常独特的。对于我来说，主要的动因是所谓的刑法解释学的研究缺乏必要的参考资料，而刑法适用的司法实践又刚刚开始，所以感觉这方面的研究很难深入下去。在此之前，我看了很多人文社会科学的书籍，同时由于对法理的喜爱，在这种情况下我所做的研究在我看来是一个刑法的法理学研究，把刑法作为一种价值、一种抽象的法理念进行研究，而不是去研究具体的法律适用，所以就完成了刑法哲学研究的三部曲。

这个研究是我研究生涯中的一个重要组成部分，现在回过头来看，这部分研究虽然不能说走了弯路，却是在一种很偶然的背景下走上了这条路，也就成为1997年刑法之前二十年里面我所做得比较重要的学术工作。事实上，以1997年刑法修订开始作为一个起点，我的学术兴趣又转移到刑法规范上，所以才有了后来二十年的研究。

张明楷：1997年之前的刑法学，从整体来看，基本上就是刑事立法学。当然也有注释，但是那时候的注释像刚才陈老师讲的，因为我们参考的资料太少，基本是一种文字性的解释。实际上很多内容我们都没有定义，比如说“暴力”“毁坏”，我们的教科书是没有定义的，都是举举例而已，即使有定义，很多定义也经不起推敲，这是没办法的事情，因为没有积累。另外，刑法典虽然是1979年通过，但实际上草案基本上在60年代初已经形成，改革开放之后变化那么快，我觉得当时大量讨论在刑法典里面增加一些犯罪是可以理解的。总的来讲，那二十年的刑法学主体是刑事立法学，而不是刑法解释学。正因如此，1997年刑法的分则比较庞大，因为各种建议都是关于要增加这个罪或者那个罪的。但是对基本理论的研究，在那二十年里的确比较少，或者是不够深入的。此外，比如像罪刑法定，尤其是到1997年之前那一段时间，对罪刑法定的研究还是比较多的，这对1997年刑法肯定罪刑法定原则还是起了很大的作用。

如果讲有哪些理论准备不足或者说有遗憾的，比如关于刑法体例，究竟是制定一部完备的刑法典，还是像国外那样，刑法典、单行刑法和附属刑法并列，在当时就没有提供一个很好的理论基础。再如，对犯罪论也没有提供一个很好的理论基础，导致1997年刑法在犯罪论方面没有什么变化。

车浩：1997年刑法出台的时候，两位老师都出版了自己非常重要的著作，陈老师是《刑法疏议》，张老师是《刑法学》。这两本书无论是当时的学术评价，还是后来放到学术史来看，都是非常重要的。它们出版至今也有二十年了，相信这两部著作对两位老师都有非常独特的意义。如果站在今天的角度回看，两位老师如何评价自己在1997年出版的著作？以及以这两本书为起点，回看自己过去二十年的学术工作，会对自己的学术发展轨迹如何评价？

陈兴良：1997年新的刑法通过，为了解释这个新刑法，我出版了《刑法疏议》。《刑法疏议》本身我觉得是缺乏学术含量的，也没有教义学的成分，可以说就是一个单纯的对法条进行文字性解释的书。但是这本著作，对我的意义而言，是我的学术关注力发生转移的标志，从过去的所谓刑法哲学，好像是悬在空中，非常虚幻缥缈，形而上的，回到法条、关注法条，就像从天上回到人间。这本书的写作使我对刑法条文本身产生了兴趣。原来我非常排斥刑法条文，现在我的兴趣回到刑法条文，在对条文进行解释的情况下写作了《刑法疏议》这本书。之所以取“疏议”主要是模仿《唐律疏议》。这个书是“急就章”，在刑法修订公布的时候已经写完，很快出版了，它对于宣传、解释、理解1997年刑法发挥了一定的作用。但事实上它本身并不具有很高的学术价值，因为完全是对法律的法条解释，而且这种解释当时未必是很准确的。所以，随着时间推移，这种解释本身就过时了。

这本书在我所有的著作当中是唯一一本没有再版的书，也没有必要再版，这本书对我仅有象征意义，而不是学术代表性的著作。

车浩：是一个拐点。

陈兴良：一个拐点，学术转向的一个标志。

车浩：那么您怎么评价自己在1997年这本书出版之后的学术发展轨迹？

陈兴良：我之后就开始关注规范刑法学，就是以刑法规范为研究对象。1999年，我开始写《本体刑法学》一书，2000年商务印书馆出版。这次我没有单纯解释法律条文，而是想把法律条文背后的理论阐释出来，但是这种理论和前面所研究的形而上的理论显然又是不一样的，转到法条背后的一些基本原理上来。《本体刑法学》是原理性的、知识性的东西，背后有我的理论假设，把法分为法规范现象和支配法规范现象、处于法规范背后的法理。康德有本体和现象两分法，我是模仿康德，将法规范和法本体进行二元区分。我觉得这本书也很难说有什么学术上的创新性，它带有一种综述性、知识梳理性，对当时从国外流传到我国的各种知识，经过学者研究后，做了一个彻底的清理。就我自己来说，那时学术创造能力还不是那么强。我的擅长是做学术性的综述、学术的归纳总结，通过一本书把当时的刑法理论研究现状都能够反映出来，所以这本书对我来说很有意义。

在这个书之后，我在2003年出版了《规范刑法学》。这本书类似教科书，是把刑法的原理和刑法总则、分则的规定结合起来，对刑法做了一个系统的阐述。当时我把它叫作“规范刑法学”，而没有用现在的“刑法教义学”这些概念和理论。一直到2007年以后，德国一些刑法教科书、刑法著作慢慢翻译进来，我才逐渐接受了刑法教义学这样一些概念，来概括这样一种理论。当然在这一点上，我和张老师有不同的理解，张老师受日本影响，日本是用“刑法解释学”。我还是比较倾向于采用刑法教义学的概念，但是就内容而言，它们基本是指同一种知识形态。

所以回顾这段理论研究经历，我觉得是以法规范为中心，逐渐向前推进的一种理论研究，也就形成了近二十年来我自身的一个理论研究过程。

车浩：您刚才提到1997年之前的“刑法哲学三部曲”，是您的成名作。那么，1997年之后到今天为止，您自己觉得比较满意的代表性作品是哪些？

陈兴良：1997年刑法以后，我出的书比较多的是以刑法学命名的，像本体刑法学、规范刑法学、教义刑法学、判例刑法学、口授刑法学等，这些书都是体系性的研究，并不是严格意义上的专著。我个人比较满意的可能还是《刑法的知识转型（学术史）》和《刑法的知识转型（方法论）》这两本。尤其《刑法的知识转型（学术史）》这一本，之前我们国家还没有其他人做学术史研究，我以专题的方式对某一个学术演变过程进行了梳理。《刑法的知识转型（方法论）》则是对以往的刑法理论进行反思性、批判性的研究。所以这两本书实际上是对过去的回顾、总结和归纳。我觉得我们这一代刑法学者的主要使命可能是要“清理地基”，将刑法的研究方向做某种程度上的调整，以便为后人继续从事刑法理论研究打开一条道路。真正的刑法学研究，尤其是提出具有中国特色的刑法学术观点，可能还有待于后一代人，所以我始终认为我们这一代人还是发挥一个承前启后的作用。

车浩：张老师1997年出版《刑法学》，当时是第一版教科书，这本书是我们最熟悉的您的作品，而且我感觉，您这二十多年来不管是论文，还是其他的著作，里面很多重要观点，最后都会被吸纳到您的这本教科书里，您在序言里面提到希望这本书成为您的“得意之作”，现在它已经出版到第五版了。

张明楷：1997年《刑法学》的出版对我的意义是很大的。首先，它逼着我对刑法学所有的问题都要做研究，当然有的地方研究多一点、有的地方研究少一点。其次，它促使我以后要不停地研究。《刑法学》教材是我的一个精神乐园。以前，几乎很难见到一个人写教材，我1989年到日本发现那里教材都是一个人写，所以我一个人写教材基本是受国外的研究方法和现状的影响。

1997年《刑法学》在当时来讲自己还算是满意的，现在来看当然问题是很多的。二十年以来，我一直想到《刑法学》肯定要再版。说实话，前四版我都是走到哪儿带到哪儿的，有点什么想法立马记在书上，改起来很顺手。我的想法是，这个教材不只是供学生学习用，还希望能够对司法实践起到比较好的作用。从第一版到第五版，我都是一步一步地推进它，因为我不认为刑法学存在所谓的真理，都是一种价值判断。任何一种理论都有其合理性，否则也不可能提出来。我在每一版都会考虑改到什么样的程度，可以被尽可能多的刑法学者接受，可以尽可能多地被司法机关采纳。

比如像第一版的时候，我不主张四要件，但还是按四要件写的，只是有些地方我提出疑问，我不赞成。第二版是三个要件，删掉了一个，但这也不是自己真正想做的，主要是想慢慢地去改。说实话，教材写了之后每过一段时间就觉得不满意的地方有很多，尤其是第二版。再比如像犯罪论体系，我现在觉得三阶层是最合理的，我说的三阶层和二阶层没有什么实质区别，当然我的二阶层与所谓消极的构成要件要素理论不太一样，我只是把前面两个阶层合在一起，变成“不法”。又比如说共同犯罪的“共同”含义，因为当初司法实践采取完全犯罪共同说，我就在中间提出来部分犯罪共同说，主要是考虑司法机关接受的一种程度，现在则采取了行为共同说。

“学无止境”，我自己觉得刑法越学越难、越研究越难，需要研究的问题太多，难以解决的问题太多。一方面，始终要知道我们的立法现状，我们的刑法是怎么规定的，我们的司法现状，我们普通国民的价值观。另一方面，国外的东西需要借鉴。怎么样把它们很好地融合起来，这也是我这些年来一直在做的事情。我不喜欢说国外的理论都是对的，或者因为国外哪个学者很权威，就按照人家的解释完全搬到我们刑法中来，我觉得这是不可取的。反之，一概拒绝借鉴国外的理论也不可取。

刚才你问到陈老师写的最满意的书，我认为满意只能是相对而言的。我觉得《刑法学》（第五版）还可以吧，《刑法分则的解释原理》也还算是我比较满意的。就分则来讲，《诈骗罪与金融诈骗罪研究》这本书我觉得还是写得比较具体，各种方面都考虑到了，当然里面还有一些问题。

车浩：谢谢两位老师这段的分享，我自己听得很入迷，感触很多。相信这段学术经历的回顾会影响很多研习刑法的人。

我们再往下讨论，1997 年刑法对 1979 年刑法进行了大规模的修订，由此引发带动了学界立法论的研究风气。在 1997 年刑法修订时激起的“如何制定一部良法”的学术热情和风潮，一直延续到 1997 年刑法出台之后相当长一段时间。学者们热衷于批评法律，却疏于给司法实践提供切实有效的指导。但是近年来，刑法学界的主流研究范式，已经逐渐从立法论转换为解释论。其中，张明楷老师特别提出“法律不是嘲笑的对象”，对学界影响很大。陈老师早年从事刑法哲学的批判性、思想性研究，近年来也高举刑法教义学的大旗，甚至展开对判例的研究。可以说，两位老师如今的学术立场都是解释论的。但是，也会有这样的疑问，教义学和解释论都是以对现行法律的承认和尊重为前提的，解释论走到极致，是否会导致刑法理论在立法面前沉默，逐渐丧失对立法的引领和批判的功能？特别是在中国现阶段的立法程序、立法水平、立法观念都未尽如人意的情况下。我的问题是，两位老师如何看待上述情况，一个刑法学者应当如何处理在解释与批判之间的学术权衡和担当？

陈兴良：学者对立法有没有引导和批判的功能，以及如何来实现这个功能？这个问题是值得思考的。这里涉及前段时间比较热门的一个讨论话题，就是所谓的社科法学和法教义学之间的关系问题，当然这个讨论是在法理学界展开讨论的，而且意义限于法理学。法理学是重点研究法价值、法的社会意义、对法律进行批判，还是重点研究法的教义学的方法？这二者存在立场上的对峙。社科法学的学术传统主要来自美国，而法教义学的渊源来自德国，因此，有些学者评论说，社科法学和法教义学在我国的争论是美国的法律理论和德国的法律理论在中国代理人之间的争论，上升到这样一个高度。

我个人认为，法学的研究有不同的维度，刑法学研究也是这样的。北大的储槐植教授曾经提到在法律之上研究法律、在法律之外研究法律、在法律之中研究法律。像在法律之上研究法律就是类似法哲学；在法律之外研究法律就相当于社科法学、法社会学、法经济学、法心理学等；还有在法律之中研究法律就是法教义学。刑法也可以分为不同的知识形态，但都是法学不可或缺的组成部分。社科法学和法教义学只是研究重点不同，学者的偏好不同，而不能认为二者之间存在互不两立的关系，所以这场争论本身我觉得意义不是特别大，不是说互相立场的不同，而只是兴趣点不同。法学知识的主体部分，永远是法教义学，刑法也是如此，部门法更是如此。因为在部门法当中，像刑法哲学或者刑法社会学的研究是比较边缘的，主体部分还是法教义学。研究目的是通过对法律条文作解释，为司法人员正确适用刑法提供一种理论的引导，这是法教义学的一个基本功用。所以，我从刑法哲学的研究转向以刑法规范为中心的刑法教义学的研究，这是我对刑法知识形态的一个重新认识。

这里顺便要谈到一个问题，教义学和解释学（解释论），二者到底有没有区分？我认为二者立场是一样的，都是以现行的法规范为前提，对其进行解释，从中引申一些规范，以便为司法人员适用法律提供一种理论上的指导。但我觉得二者还是存在区分的。法教义学不仅仅是一种研究法律的方法，而且是一种话语体系，因为刑法教义学中的“教义”是宗教的概念，王世洲教授翻译成“信条”，是来自宗教。我们知道，宗教不仅是一种信仰，而且是一种话语体系，宗教内部有不同的教派，不同的宗教之间又有不同的话语体系。宗教的教义自成一体，要接受这套东西就要完整地接受下来。法教义学的概念具有神圣性、逻辑性、话语体系性，我觉得这种特征、特色体现得更为明显。而解释学（解释论）强调对法律作解释，但是采用什么方法来进行解释，采用什么立场来解释，它并没有限定，所以解释学、解释论或阐释学这些概念相对是比较中性的，没有特殊的背后的知识、话语体系的支撑。所以，二者还是有点不同的，我更多地采用刑法教义学的用语。

刚才车浩提到把刑法解释学、教义学推到极致，是不是就丧失对立法的引领和批判功能？对于这个问题要进行具体的讨论，因为刑法教义学是把现行的法规范作为一个逻辑起点进行演绎推理，由此推导出一些教义规则，而不是对法律进行指责、批判，所以它的批判性显然是不存在的。像宗教，教义是信仰对象，而不是批判对象，但这并不是说在刑法教义学研究当中，就不存在解释者或者研究者个人的价值判断。个人价值判断也可以通过解释方法的运用体现出来，但是它确实又受到法规范的局限，所以有一句很形象的话形容——“戴着脚镣跳舞”。首先要戴上脚镣，法条就是脚镣、是限制，要在法规范范围内进行研究，但是跳舞又能表现舞者的自主性、精神的创造性。中国古代的律诗、绝句，有押韵的要求，对诗人来说是一种限制，诗人要掌握这个游戏规则，然后把这种情感放到里面去进行游戏，而不是像现在的现代诗完全不要韵律，自由、奔放。但这里面还是不能否定主体的价值判断、喜好，这一点上我同意张老师说的，可以规定得不好，但是解释得好。解释得好不能违背罪刑法定，罪刑法定是刑法解释学或者刑法教义学最大的公约数，这里面的余地还是很大的，可以有所作为。通过教义学的方法，可以对法律通过解释来进行某种程度的塑造，一种理论塑造，这种作用是非常大的。

除教义学以外，刑法学者可以对刑法理念进行研究，对死刑进行研究，继而影响立法者、司法者，这或多或少对立法有一种引导、思想上的启蒙作用。这二者并不是矛盾的。但是我的一个基本观点是，我们学者不要试图去干预立法，不要试图影响立法或者控制立法，如果学者有这种想法是自不量力，学者要做自己的事情，能做到什么就做到什么，而不要追求自己做不到的事情。学者的使命、立法者的使命、司法者的使命之间有区隔，不要把三者混淆在一起，学者就做学者，有自己的手艺、专业，这是他一个赖以生存的基础。

车浩：我的疑问是，学者、立法者、司法者各有其使命，那么，如果法律出现“恶法”，谁来批判它？不可能完全指望立法者自我纠正。学者如果把这个角色和功能让位出去的话，那么在社会分工当中，谁来负责纠正和避免社会最终走向恶法统治下的灾难？

陈兴良：学者之间有专业分工，有专业知识分子和公共知识分子的区别，大部分人只能当专业知识分子，只有少部分人能当公共知识分子，公共知识分子才是社会的良心，专业知识分子是一个手艺人，是凭手艺吃饭的，经过很深的研究，有很深的造诣，大部分学者就是手艺人，而不是公共知识分子。

车浩：我理解一般的公共知识分子往往表现在对重大的公共事件的态度上，但是法律不是一个事件，而是一种制度，要想要对恶法作出批判，一定也需要专业基础。

陈兴良：在这一点上可以谈一下我个人思想的转变和经历，大概在十年前我们提出依法治国、建设法治国家，有一阵子我对此非常热衷，搞了好多论坛、出了好多书，对一些案件也做了评论，那时往往愿意对国家的法治建设发表自己的见解。但是后来我慢慢转变了，发现那些工作是不可能达到你的愿望的，不可能有影响的，是不是搞法治不是我们说了算，而是当权者说了算，我们没办法影响当权者。要干那个事情就荒废了自己的学业，所以后来我就转过来了。当然这也和一些特殊的事件、一些外在的刺激可能有关系。我现在拒绝对公共事件发出任何有影响的回应，不接受采访，也不对案件发声，愿意多做一点专业的事情。当然我对那些做公共知识分子，承担社会良心角色的人，一直很尊重。他们承担很大的压力，也是很不容易的，我非常理解，同时我也觉得做专业知识分子更符合自己的角色和性格。

张明楷： 还是从刑法学说起，刚才陈老师讲到教义学和解释学有一些区别。日本的学者都是把德国的刑法教义学翻译成刑法解释学。刑法教义学也好，刑法解释学也好，就是刑法学，刑法学的本体就是解释。解释学与对立法的批判不矛盾。对立法的批判实际上分两种：其中一种就是通过解释进行批判。比如说，有时候这个条文是多余的，就通过解释把它解释掉。如说受贿罪的“为他人谋取利益”，现在就把它解释掉了，只要他人有请托事情，你国家工作人员收受财物就是“为他人谋取利益”了。而如果内容不够的话，也可以通过解释添加。从技巧上来讲，扩大解释、缩小解释等，在某种意义上也是一种批判。意思就是说，这个词用得不好，我们要把它扩大，或者那个词不好，要缩小。我不认为教义学、解释学只能对立法完全肯定，它实际上包含了太多的批判，只不过这个批判是隐性的，在不需要修改刑法的时候，我们也可以按照我们的解释去适用它。

1995年之前的《日本刑法》第109条里面用了“或者”这个词，但是所有的理论都说这个“或者”应当解释成“并且”。1995年立法机关把这个“或者”改成了“并且”。可见，当一个法条规定得有问题的时候就把它解释好，后面的立法就按照合理的解释再重新表述法条，我们再进行解释，再把个法条表述得更好。解释可以和立法形成一个良性互动的关系。但是有时候我们做得不好，比如说《刑法》第237条以前规定的是强制猥亵妇女、侮辱妇女，刑法理论通常都是强调猥亵和侮辱的区别，强调的结果是到了《刑法修正案（九）》出现了强制猥亵他人和侮辱妇女的并列规定。这个规定很奇怪。如果刑法理论将猥亵与侮辱解释成一个意思，《刑法修正案（九）》完全可以只规定以暴力、胁迫或者是其他方法强制猥亵他人就够了。《刑法修正案（九）》对第237条的修改不理想，一个重要原因是理论上没有很好的解释“强制猥亵和侮辱妇女”，一定要说二者的区别。可见，有时候解释得不好就导致立法不能进行很好的改进，解释和立法就没有一个良性的互动关系。我觉得这一点还是很重要的。

车浩： 刚才我们讨论了解释和批判的关系。现在解释论中最大的问题就是刑法的知识转型。1997年刑法出台特别是进入2000年之后，中国刑法理论出现了重大的知识转型。德、日知识在经过半个多世纪的中断之后，又一次大规模地进入国内，接续上了民国时期开始的大陆法系的知识传统。在这个过程中，两位老师是当仁不让的领军人物，对这场知识转型和理论更新起到了引领作用，作出了重大贡献。这其中，犯罪论体系作为刑法学理论的核心领域，围绕着它展开的学术争议，突出地表现了这场知识转型的深远影响。站在现在这个时点上，两位老师如何评价犯罪论体系的争鸣和更新对于整个刑法学发展的意义？它们对于司法实践又会有哪些长远影响？

陈兴良： 我国的刑法理论确实有一个演变的过程。20 世纪 30 年代，我们的立法从清末沈家本变法、制定大清新刑律开始，出现了中国近代的刑事立法，这在很大程度上是借鉴了日本和德国的这套大陆法系的体制。应该说选择大陆法系的法典化体制和中华法系的传统是具有一定的契合性的。因此，德国理论和日本理论在 20 世纪 30 年代就传入我国，当时处于刑法理论的草创时期，这种理论建构是初步的，没有形成完备的一套理论。1949 年中华人民共和国成立以后，以废除国民党“六法全书”为标志，否定旧法统，建立新中国的法制。在这个阶段引进了苏俄理论，也包括苏俄刑法知识，事实上当时整个刑法理论都是由苏联学者来传授的，不仅刑法，刑事诉讼法、法理、宪法、民法全部是用苏俄这一套。

1957 年开始反右，后来政治斗争、“文化大革命”，一直到 1976 年“文化大革命”结束。因此，学习苏联的时间也很短暂，有一些基本的教科书、极个别的专著翻译过来。1978 年恢复法制，1979 年颁布刑法，我们开始恢复了刑法理论研究，这时候研究的基础还是 20 世纪 50 年代从苏俄引进的那些知识。这是我国新时期刑法学理论发展的一个起点。

通过对比可以发现一个有趣的现象，20 世纪 50 年代我们各个部门法学都是引进苏俄的理论，但是经过一段时间，各部门法中苏俄法的痕迹荡然无存，唯独刑法学至今仍有苏俄刑法学的深深烙印，这主要是指四要件的犯罪论体系。我们讲刑法学，或者狭义刑法学，就是指犯罪论体系。现在四要件的犯罪论体系还是我们建构犯罪论的一个基础。所以说苏俄刑法学的深刻影响一直持续到现在。

过去十年来，随着德国、日本刑法学知识的传入，三阶层理论也传入我国。有些学者认识到德国、日本三阶层理论的有效性、科学性，开始提倡和宣传三阶层。这就和传统的四要件理论形成理论上的碰撞，四要件理论仍然具有持续性、稳定性，同时三阶层也逐渐被少数人接受，逐渐成为刑法理论研究一股有生力量。现在仍处于两种不同的刑法话语互相对峙、相互力量此消彼长的过程当中。应该说，四要件理论目前无论是在学术界，还是在司法实践当中还是有很大的影响力。绝大部分司法工作者在学校学的是四要件理论，所以他们还是用四要件的理论来思考、来办案，这一点是不可否认的。所以，我们要充分看到，知识转型是一个非常漫长的过程，不可能在短时间内完成。我们引入德国和日本的刑法知识，是作为一种分析工具来研究我国的刑法，由此提升我国的刑法学术水平。

如何看待引入德国、日本的刑法知识和刑法知识的本土化之间的矛盾？有些学者认为，不能言必称德、日，中国应该有自己独创的一套刑法理论。刚才张老师也提到，我们在刑法研究当中是不能拒绝德国、日本的理论和分析工具的。我们能不能独自创立一套刑法的话语系统？我认为是完全不可能的，也没有必要。刑法知识是人类文明、文化的一个组成部分，本身是具有一种承继性的。我们看待它非常类似于我们看待科学技术。我们过去很长时间里面受到闭关锁国的思想影响，总是说要自力更生，自己发明创造，但事实上看来，成效甚微。后来改革开放，引进了外国的先进科学技术。尽管德国、日本的汽车特别好，但是不能引进，非要发明中国的汽车，这是完全没必要的，我们可以引进先进国家的科学技术来发展中国的汽车工业。在刑法知识的问题上也如此，我们完全可以用德日的这套刑法教义学理论来研究中国的刑法。关于这一点，我记得中国人民大学的宪法学教授张翔在谈到宪法教义学时说，不要一提教义学就是研究国外的法律，它就是一种方法和工具，我们研究的还是中国的法律。用外国的工具研究中国的法律，结果必然是中国的。所以，我有这样一个看法：中国是幅员辽阔的文明古国，中国人的本土化能力非常强。不像那些仅有几百万人口的小国家，对于那些国家，买汽车就行了，没必要造汽车，因为它的市场很小。对于刑法知识也是一样，小国直接引用就够了，本土化、转化能力是非常低的。这些国家的刑法学教授可能就几十个，哪有那么多的学术创新？但是中国不一样，中国有这么广阔的学术市场，我们有这么多研究者，完全可以把外国的理论拿过来，结合中国的司法、刑法情况进行重新的构造，进行本土化，逐渐发展出一套适合中国的理论体系。在这一点上，我认为知识的转型是非常必要的，我们要推动它。

事实上，苏俄的四要件这套理论，只是在教科书里面还存活着，而在比较深入的理论研究当中，我们已经完全采用三阶层的理论分析工具和理论话语。一个硕士生写一篇硕士论文，如果仅根据四要件没办法完成论文，必须要用三阶层的理论话语完成分析。更不要说博士论文，博士论文的话语体系完全是用德国、日本的话语来解释中国的问题。所以，四要件的理论具有某种象征性，像是一个框架，实际我们已经突破这个框架，但是这个框架始终存在，对于理论的发展有一定的影响。所以，对于四要件和三阶层理论上的争论，我觉得这正是中国刑法理论向前发展的一个动力。

张明楷：如果从四要件到三阶层是一种知识转型，那么也只是部分人转了，并不是所有人都转了，因为并不是所有人都赞成三阶层理论。我觉得完全转变还需要很长一段时间，转不转也是要一直争论下去的。

理论就是一个技术、一个工具，你不放弃四要件的时候也可以把三阶层拿起来用，这个不矛盾。我在跟法官、检察官讲课的时候和他们说，如果遇到疑难案件，可以先用三阶层或者先用四要件分析一下，如果两者分析的结论一样，那么你可以放心，如果不一样你就要思考了。就我本人来看，四要件最突出的问题是不区分违法和责任，一旦不区分违法和责任，判断的顺序就可以任意改变，比如有的是从客体开始，有的是从主体开始。不区分违法和责任，就容易习惯于整体判断，社会危害性是不是达到了应受刑罚处罚的程度。整体判断就避免不了恣意性、随意性。为了使犯罪的认定安定化，你一定要一个一个地进行分析，而且要明确先分析什么、后分析什么。三阶层在这一点上确实有它的优势，它区分违法和责任，一定是有了违法之后才讨论责任。即使将故意作为构成要件的要素，也是要从客观到主观。从客观到主观有一个好处，客观是好认定的，一个什么样的行为造成一个什么样的结果是好认定的。客观事实固定下来，再判断行为人在主观上对客观事实有没有认识。一旦从主观到客观，刑讯逼供就永远避免不了。

三阶层这个平台很大，比如说责任里面的问题，远远不只主观要件的问题。

违法性层面完全是敞开的，有超法规的违法阻却事由。责任层面也有超法规的责任阻却事由。因为我们只要知道违法的实质是什么，责任的实质是什么，不具备这个实质的东西，即使是法律没有规定的，我们也可以承认违法阻却事由与责任阻却事由，从而把行为排除在犯罪之外。刑法理论所有的问题，都可以放到三阶层中去讨论，这个平台比四要件要宽广得多。

我在读研究生的时候，很无知地想以后提出一种中国特色刑法学体系。实际上关键不在于有没有中国特色，而在于在中国是否合适，能否解决中国的问题。各国刑法的共同点是很多的，后来接触了国外的学术，看的书越来越多，发现什么样的体系国外都有了，你再想提出一个国外没有的体系几乎不可能。所以，既不要四要件也不要三阶层，来一个中国式的，至少在我看来是很困难的。如果说有人能提出更好的，当然太理想不过了，我也拭目以待，但是至少对我来讲这是一个太难的事情。我还是觉得，三阶层的引进让越来越多的人知道它、了解它、接受它，不管是对我们的刑法理论研究，还是对司法实务来讲都是很有好处的。

车浩：就像两位老师提到的，学术争论对刑法理论发展是非常重要的。在过去二十年中，刑法学界风气一个可喜的变化是，学者们之间的争论越来越去政治化，也去人身意气之争，进入应有的学术自由争鸣的轨道中。陈老师从早年的刑法哲学开始，一直到后来的社会危害性批判，都是在身体力行这样的学术批判和争鸣。张老师更是明确提出了“学术之盛需要学派之争”的命题。除像四要件与三阶层这样的影响巨大的争论之外，包括在两位老师之间，也展开了关于形式解释论与实质解释论的深入争鸣。这场争论涉及包括罪刑法定原则在内的对一系列刑法理论和观念的不同看法，可谓是一场影响深远的学术争论。在两位老师看来，在未来的刑法理论发展中，可能还会出现哪些重大的基本理论的争鸣？

陈兴良：我觉得学术争论，乃至于学派之争，对一个学科的理论发展是非常重要的，能够起到一种推动作用。但是这种学术的争论并不是学者之间的混战，它的前提有一些学派之争，没有学派之争哪有学术之争呢？从历史来看，有两种所谓的学术之争，一种是新旧学术的更替争论，像犯罪学体系从古典学派到后来的新古典学派，再到后来威尔茨尔的目的行为论，这些争论是伴随着理论的发展而展开的；另外一种学术争论，是在同一个时期站在不同的立场上来对某些理论展开互相的争论，类似于日本的行为无价值和结果无价值的争论，严格来讲，这是真正意义上的学派之争，是不同的学派站在不同的立场上对刑法进行讨论。这里面一个很有意思的问题，就是学派之争是不是非要分出你对我错、你是我非、谁对谁错？能不能用这个衡量？前几年我和高雄大学的陈子平教授有比较多的接触，我和他共同在北大开过一门课，比如他在讲课的时候说这个问题有几种观点，他的导师是早稻田大学的曾根威彦教授，他的导师是什么观点，他也同意导师的观点。他老是这样说。后来我就很纳闷，我想，你都同意你导师的观点，那么你自己的学术见解在哪里？如果导师是错的，你也就跟着错了。后来我发现，其实行为无价值和结果无价值两种学派不存在对错之分，它们是两种刑法理论的演绎，逻辑起点不同，比如说对"不法"理解不一样，所以演绎出一套自成体系的刑法理论。在行为无价值和结果无价值内部保持逻辑一致性，自成一派。在这种情况下，没有哪一种观点是错的，但是这两种观点是不一样的。两个学派都提供了一个基本的思路、基本的理论脉络，每个研究者都要做一个选择、站队。这种站队有一个最大的好处，就是从一开始接受的东西是逻辑一致的理论，从一个出发点逐渐演绎，能够自成一体，就避免了观点选择的困难。经过这样一套训练，基本方法就可以掌握得很好。

在我国，严格来说还没有学派，因此我们也很难说有学派之争。学派之争是理论充分发达、理论成熟的产物，但我们还达不到这个阶段。我们要提倡学派之争，要推动学派之争。刚才车浩也提到解释论等一些争论，只是观点的争论，这里面还有很多误解，等等，远远达不到学派之争的程度。至于车浩说会出现哪些重大的基本理论的争鸣，我觉得还没办法来预见。现在三阶层、四要件是最热闹的一个理论上的站队，是一个学术热点问题，其他方面可能只是不同观点的争论。

张明楷：我觉得刑法理论要向前发展一定离不开学术批判，但是学术批判不是单纯批判别人，也包括自己的反思和反省。一个理论有价值常常是因为具有被批判的价值，如果大家觉得它连被批判的价值都没有，那么这个理论是最失败的。我提出要有学派之争，并不是说我们学术没有批评，而是觉得在很长时间内我们的批评太杂乱。你仔细观察一个学者，就会发现他在不同的文章，或者在不同的场合说的内容本身就是自相矛盾的。原因就是背后缺乏一个理论根基，缺乏一个基本的立场。你要讲学派，就要讲你的基本立场是什么，你所有的观点都不能跟你的基本立场相矛盾。这样，你自己就从基本立场到具体观点很一致。学者和法官不一样，法官是重视个案的处理结论的妥当性，而学者要注意自己的理论体系性。正因为如此，不可能一个学者提出了观点就被司法接受，不管它多么权威，因为照顾到体系性的时候，有些个案结论就可能难以被一般人接受。

观察国外的理论会发现，刑法理论要发展，除批评之外，一定要有人把弱势理论做强大。如果只有一个理论老是处在最权威的位置，一直是通说，不动摇，就意味着这个学科没有发展。理论的发展是这样一个过程：通说原本很强大，但是有人把一个弱势理论做强，做到比通说还强大，把通说推翻，变弱势为强势，再过一段时间它又被别的理论推翻。所以在德国刑法理论上，一种通说的历史就是二十年、三十年，不可能再长了。把弱势理论做大去推翻强势理论，其中必然要有争论、要有批判。

现在至少我自己提倡，不能因为观点不同就导致人际关系恶化，我是最反对这一点的。我很欣赏的状态是，两个人的观点相反，但是两个人的关系非常密切。观点会有争论，也会有很多不同，但是不能因此就影响人与人之间的关系。我听说很多人在背后打听清华刑法老师之间的关系。（陈兴良：还有很多人打听我们两个人之间的关系。）

我们可以向外宣布，我们的关系很好。尽管观点不同，关系是很好的。我也建议，自己的观点受到批评时要感到高兴，不要因为人家批判我了就不高兴，人家批判你一定是对你观点的尊重。我经常会问我的学生，哪些人对我提出了什么批评，我就找来看。如果确实觉得人家说的有道理，我肯定要改，如果觉得没有道理，也要分清楚什么时候需要反驳，什么时候不需要反驳。但是不可以说一个人什么都能拿得准，什么都是对的，况且也很难说谁对、谁错，本来就是价值判断。

我还经常跟我的学生讲，不要老是想把人家推倒，你站在那个地方，你一定要站在别人的肩膀上看问题。任何一种观点都可能有它合理的地方。看一篇文章、看一本书，首先要想到这篇文章、这本书有什么可取的地方，再看有哪些是我不同意的，不能说见到别人的观点都去反对。我觉得这一点很重要。

至于预测今后刑法学还会有什么很重大的争论，和陈老师一样，我感觉这个很难说。一方面是取决于社会发展的状况，另一方面是取决于学术发展的进程。三阶层、四要件究竟用哪一个，肯定会有争论。同时，我觉得刑罚正当化根据是一个很重大的问题，以及怎么把刑罚正当化的根据应用到具体的刑罚制度和量刑中去，这方面我们做得不够。另外，刑罚正当化根据对犯罪产生什么样的影响，我期待这方面能有更深入的研究。

从基本理论来讲，对责任论和超法规的违法阻却事由的研究相对比较薄弱一点，我觉得在这方面应该多有一些争论，进而使理论更加完善，对司法机关能够产生更积极的作用。至少这是我期待的。

车浩：经过将近六小时的长谈，我们从立法、司法、刑法理论三个层面回顾过去刑法二十周年，谈到了过去、现状和对未来的展望。两位老师可以说为我们提供了一场让人回味无穷的精神盛宴。在长谈即将结束的时候，请两位老师用比较简短的话语总结一下过去二十年间刑事立法、刑事司法和刑法理论的关系，以及对下一个二十年做简短的展望。

陈兴良：过去有一句话，叫作“国家不幸诗家幸”，这句话就揭示了国家命运和从事某种特定职业人命运之间的反向关系。因为只有当一个国家处于一种战乱、动乱当中，才可能产生很伟大的诗人，像杜甫、李白，这确实是有道理的。但是对于我们从事法学研究的人来说，却不是这样的。因为我们从事刑法理论的研究，刑法理论的命运是与一个国家的刑事立法的命运和刑事司法的命运紧密相连。只有当一个国家的刑事立法发展、刑事司法发展比较好时，刑法理论才会有一个比较好的前景，它们的命运是息息相关的。过去二十年的发展充分证明了这一点。所以，我们总是可以看到，非常伟大的刑法理论总是在那些刑事法律发达的国家生产出来的。刑法理论的成熟程度、发展程度往往是一个国家的刑事立法和刑事司法的发展、发达程度的一个“晴雨表”。因此，还是要寄希望于我们国家的刑事立法、刑事司法的顺利发展，只有这样才能为我们刑法理论的发展提供更大的空间。

下一个二十年，我期望我们刑法的发展还是在法治的轨道上顺利地推进。我们的立法现在已经采取刑法修正案的方式，不断对刑法典进行修订，使刑法典适应社会生活的发展。我们的司法体制目前来看存在很多问题，现在正在进行司法体制改革，通过司法体制改革理顺很多关系，使我们司法机关能够正确适用法律，尤其是在人权保障方面作出更大的努力。刑法理论也会伴随刑事立法和刑事司法的发展有很大的成长，希望后一代的刑法学家能够在学术研究道路上继续向前，相信后来学者一定会作出能够代表中国水平的学术成就。

张明楷：过去二十年，虽然在一般意义上讲是刑事立法规制着刑事司法，但是应当说更多的是司法解释在规制着刑事司法。刑法有些条文，如果没有司法解释，司法机关基本上不会适用。

过去这么多年来，尤其是 1997 年以后，我觉得刑法理论对刑事立法的影响不大。刑法理论对刑事司法的影响也不大，影响仅仅局限于没有司法解释的地方的一部分。凡是有了司法解释的地方，刑法理论都没办法产生影响。在这个意义上来讲，刑法学事实上面临着很深刻的危机。我们自娱自乐好像很开心，实际上对刑事立法、刑事司法的影响并不是很大。

未来，当然希望刑事立法能够更加合理化、理性化，但是我不太主张马上就诞生一部新的刑法典，我觉得时机并不成熟。是像国外那样刑法典、单行刑法和附属刑法并存，还是像现在这样由一部刑法典把所有的犯罪规定下来，我觉得还需要讨论。当然，在采取修正案修改刑法的时候，我希望立法机关多倾听刑法理论的不同声音，这样才能使立法更加合理。我也希望刑法理论能够对刑事司法产生更好的积极影响。在国外，刑法学是一门控制司法的学问，刑法学应当是能够对司法产生一个很重大、很全面的积极影响的学科，但是我们在这方面做得还很不够，我们的刑法理论需要发展，还有很多需要研究的问题。不可以认为我们的刑法理论很完善、不需要往前走。虽然德国有一些人讲，他们的理论太细致、好像不太符合司法实践的需要，但那是在德国，千万不要认为我们的理论已经达到那种程度，不同的国家在不同的时代情况不一样。我们应当知道我们刑法理论所处的水准，只有对我们的立法、司法和刑法理论有一个很清醒的认识，才能使立法、司法、理论不断向前发展。

车浩： 谢谢两位老师内容丰富而且非常精彩的谈话。我今天下午近距离地聆听，受益匪浅。我们期待下一个二十年刑法理论、刑事立法和刑事司法的蓬勃发展。

（本文原载《中国法律评论》，2017（5））

回顾与展望：中国刑法立法四十年

1978 年对于当代中国来说，是值得铭记的一个年份。这一年 12 月，在中国共产党的历史上具有转折意义的十一届三中全会在北京召开，它宣告我国进入了改革开放的新时期。十一届三中全会公报庄严宣告："为了保障人民民主，必须加强社会主义法制，使民主制度化、法律化，使这种制度和法律具有稳定性、连续性和极大的权威，做到有法可依，有法必依，执法必严，违法必究。"健全社会主义民主和加强社会主义法制这一任务的提出和确立，表明党的社会治理模式的重大改变，这就是以法治取代人治。值得注意的是，当时未采用"法治"一词，而是采用"法制"一词，到了十多年以后才正式出现"法治"一词，并把建设社会主义法治国家载入《宪法》。十一届三中全会把加强社会主义法制放在与健全社会主义民主同等重要的地位，表明中国共产党从革命党向执政党的转变。由此，法治建设成为主旋律，而 1979 年 7 月 1 日《刑法》《刑事诉讼法》等 7 个法律的通过，标志着我国法治建设的扬帆起航。时至今日，四十年过去了。回望我国刑法走过的艰难历程，令人感慨万分。

一、刑法立法的进程启动

刑法是治国安邦的基本法之一，对于惩治犯罪和保障犯罪人权具有十分重要的意义。刑法是最古老的法律之一，因为随着人类的进化，国家的产生，人类生活以有组织的制度性安排代替了原始野蛮的丛林生活状态。在这种情况下，国家对违反共同生活规则的个人行使具有公共性质的惩罚权，而建立在恃强凌弱基础之上的自力救济或者团体制裁退出了历史舞台。在相当长的一个历史时期，刑法都是维护社会秩序、保障公民权利的不可或缺的基本法律。然而，从 1949 年建立中华人民共和国一直到 1979 年颁布《刑法》，这 30 年刑法处于空白状态，这是古今中外所罕见的。

当然，这个时期虽然没有刑法，并不等于没有任何规范性治理，社会也并没有完全处在混乱状态。这种规范性治理主要依赖于政策，对此，我国学者武树臣称之为政策法，指出：所谓“政策法”，是指这样一种不稳定的法律实践状态，即在管理国家和社会生活的过程中，重视党和国家的政策，相对轻视法律的职能；视政策为灵魂，以法律为政策的表现形式和辅助手段；以政策为最高的行为准则，以法律为次要的行为准则；当法律与政策发生矛盾与冲突时，则完全依政策办事；在执法的过程中还要参照一系列政策。由于政策是党的领导机关所创制的，又是靠党和国家的各级干部来施行的，因此，在实践中形成了“人”的作用高于“法”的普遍见解。[①] 这种政策法的治理，实际上可以分为以下三种不同的情形：第一种是以政策填补法律空白。在诸多领域，当时并没有制定法律，在这种情况下，政策具有弥补立法空白的功能。第二种是以政策代替法律。在某些领域虽然存在法律，但如果认为法律不合时宜，就以政策代替法律。第三种是以政策指导司法活动。对于已经有法律规范的领域，法律规范的适用应当以政策为指导。由此可见，在特定的历史时期，政策在社会治理中发挥了主要作用。

在刑事领域也是如此。当时我国没有制定刑法，但颁布了若干单行刑法，例如《惩治反革命条例》（1951 年）、《妨碍国家货币治罪暂行条例》（1951 年）和《惩治贪污条例》（1952 年）。这些单行刑法只是就某个特定领域的犯罪进行规

① 参见武树臣：《三十年的评说：“阶级本位·政策法”时代的法律文化》，载《法律科学》，1993 (5)。

制，具有专门法的性质。反而是那些普通刑事犯罪，如杀人、放火、强奸、抢劫等，缺乏应有的刑法规范。在进入“文化大革命”运动以后，政治治理甚至直接代替了政策治理，社会处在一种“无法无天”的状态。在这种情况下，正如高铭暄教授所说：“办案主要靠政策。”① 政策虽然具有一定的规范特征，但它与政治的关联性更加密切，而与法律存在相当程度的疏离与背反。例如政策的变动性和原则性，相对于法律的稳定性和规则性来说，在性质上完全不同。可以说，政策更多地与人治相联系，而只有法律才能成为法治的载体。

现在我们已经很难想象在没有刑法的情况下，司法机关是如何认定犯罪的。也就是说，认定犯罪的根据究竟是什么？对此，我们从当时出版的刑法教科书中可以发现一些线索。例如，在论及犯罪的法律特征时，1957 年出版的《刑法总则讲义》指出：“什么样的危害社会的行为应当受到刑罚处罚，是由我国刑法来规定的。只有当危害社会的行为得到刑法的确认的时候，才能被认为是犯罪行为。在我们国家里，行为的社会危害性和违法性是统一的。因此，犯罪一方面是危害社会的行为，同时也是违反刑法的行为。在这里必须指出的是：不能把违法行为仅只理解为违反刑事立法，在法律还不完备的情况下，党和国家的有关决议、决定、命令、指示和政策，也是认定是否犯罪的根据。”② 在没有刑法的情况下，上述这段论述的前半段在社会危害性与违法性统一的意义上定义犯罪，不能不说是虚幻的。该刑法教科书出版于 1957 年，当时没有人预见到刑法直至 22 年以后的 1979 年才颁布。而上述这段论述的后半段才是在没有刑法的情况下认定犯罪依据的实际状态，即以政策作为认定犯罪的根据。当然，在认定犯罪中起到主要作用的还有逐渐累积的司法实践经验，例如最高人民法院的指导意见或者经验总结等。例如，1976 年发行的《刑事政策讲义》指出：“精神病人（主要是指患精神分裂症等）在其由于患精神病而丧失认识和控制自己希望的能力的情况

① 高铭暄：《中华人民共和国刑法的孕育诞生和发展完善》，“前言”第 1 页，北京，北京大学出版社，2012。

② 中央政法干部学校刑法教研室编著：《中华人民共和国刑法总则讲义》，58 页，北京，法律出版社，1957。

下，可能发生杀人、伤害、破坏公私财物、呼喊反动口号等情况。对于这种人，是否能作为犯罪者依法判刑，我国法律上未作明确规定。但是，最高人民法院1955年对河北省高级人民法院的批复中，曾对这个问题提出以下意见：'精神病人在不能辨认或者不能控制自己希望的时候实行对于社会有危险性的行为，不负刑事责任。'过去，在审判实践中，基本上也是这样做的。"[①] 在此，最高人民法院的批复实际上起到了法律的作用。此外，在刑法没有颁布的情况下，刑罚种类也是缺乏规范根据的，因而出现了各种混乱状态。我国学者在论及这段历史时指出："由于当时还没有统一的刑法典来规定刑罚体系，各地人民法院使用的刑罚名称很不一致，有的是同种异名，有的是同名异种。据1956年最高人民法院根据5 500余个刑事判决的统计，使用的刑罚名称有132个之多。在这种情况下，1956年最高人民法院对刑事案件的罪名、刑种进行了研究总结，把各地使用过的刑种加以整理，初步归纳为10种刑罚方法：（1）死刑；（2）无期徒刑；（3）有期徒刑；（4）劳役；（5）管制；（6）逐出国境；（7）剥夺政治权利；（8）没收财产；（9）罚金；（10）公开训诫。它对我国现行刑法实施以前统一各地人民法院的刑罚方法起到了重要作用。"[②] 由此可见，在没有颁布刑法的特殊背景下，我国司法机关实际上起到了制定法律规则和适用法律规则的双重职责，这在一定意义上可以说是一种规则自足型的司法。

1976年10月粉碎"四人帮"，宣告"文化大革命"运动结束，由此我国进入了一个缓慢的恢复期。随着对"文化大革命""无法无天"的混乱状态的深刻反思，以及广大干部群众遭受的切骨之痛，执政党的社会治理思路发生了重大转变，由此，立法工作提上了议事日程。

二、1979年《刑法》：急就章

我国第一部《刑法》虽然是1979年颁布的，但其立法准备起始于1978年，

---

① 北京大学法律系刑法教研室：《刑事政策讲义》（讨论稿），1976年印行。

② 高铭暄主编：《刑法学原理》，第3卷，104页，北京，中国人民大学出版社，1994。

至于刑法草案则可以追溯到1950年。从1950年到1963年，刑法已经起草了33稿。之后，刑法起草工作长期处于停滞状态。1978年才旧事重提，该年对宪法进行了修改，同时提及其他法律的立法工作。例如，受中共中央的委托，叶剑英在1978年3月召开的第五届全国人民代表大会第一次会议上所作的《关于修改宪法的报告》中指出："我们还要依据新宪法，修改和制定各种法律、法令和各方面的工作条例、规章制度。"宪法的修改可以说是刑法制定的序幕，刑法立法工作由此启动。

高铭暄教授在谈及当时刑法起草工作时指出："1979年2月中旬，全国人大常委会法制委员会宣告成立，在彭真同志的主持下，从3月中旬开始，抓紧进行立法工作。刑法典草案以第33稿为基础，结合新情况、新经验和新问题，征求了中央有关部门的意见，作了较大的修改。先后拟了三个稿子。第二个稿子于5月29日获得中共中央政治局原则通过，接着又在法制委员会全体会议和第五届全国人大常委会第八次会议上进行审议，之后提交第五届全国人民代表大会第二次会议审议，审议中又作了一些修改和补充，最后于7月1日获得一致通过。7月6日正式公布，并规定自1980年1月1日起施行。"① 从高铭暄教授的描述中可以看到，从1979年3月启动刑法立法，到1979年7月1日正式通过，前后只有4个月的时间。虽然在此期间对第33稿进行了修改，形成了第34、35、36稿，最后提交大会通过的刑法是第37稿，几乎是每月一稿。在这个意义上，将1979年《刑法》称为急就章，并不过分。

1979年6月7日彭真副委员长在第五届全国人大常委会第八次会议上所作的《关于刑法（草案）刑事诉讼法（草案）的说明》（以下简称《说明》）和1979年6月26日在第五届全国人民代表大会第二次会议上所作的《关于七个法律草案的说明》[以下称《说明（二）》]，1979年《刑法》对1963年刑法草案第33稿主要作了如下修改。

① 高铭暄：《中华人民共和国刑法的孕育诞生和发展完善》，"前言"第2页，北京，北京大学出版社，2012。

（一）关于刑法指导思想

1963年刑法草案第33稿的第1章章名是“刑法的任务和适用范围”，其中第1条规定：“中华人民共和国刑法，以宪法为根据。依照严格区分敌我矛盾性质的犯罪和人民内部矛盾性质的犯罪的原则和惩办与宽大相结合的政策制定。”在此，区分敌我矛盾性质的犯罪和人民内部矛盾性质的犯罪的原则是毛泽东区分两类不同性质的矛盾这一思想在刑法中的具体落实。1979年《刑法》第1章的章名修改为“刑法的指导思想、任务和适用范围”，增加了刑法指导思想的内容，体现在第1条中，表述为“以马克思列宁主义毛泽东思想为指针”，并删去了区分两类不同性质的犯罪的内容。这种将政治指导思想写入刑法的做法前所未见，我国其他部门法中也极为罕见。值得注意的是，在1997年《刑法》修订中，删去了以上具有明显政治意识形态色彩的内容，修改为：“为了惩罚犯罪，保护人民，根据宪法，结合我国同犯罪作斗争的具体经验及实际情况，制定本法。”这一修改表明，刑法指导思想载入刑法文本，只是在“文化大革命”刚刚结束的时候，是基于政治正确的思维定势的反映。

（二）关于保护公民私人财产

彭真副委员长在《说明》中强调了刑法对公民个人所有的合法财产的保护。从第33稿和1979年《刑法》对此的规定来看，后者只是对前者规定的具体化，并没有实质内容的增补。例如，第33稿第89条规定：“本法所说的公民所有的合法财产是指下列财产：（一）公民个人或者家庭所有的生活资料；（二）依法归个人所有或者家庭所有的生产资料。”1979年《刑法》第82条规定：“本法所说的公民私人所有的合法财产是指下列财产：（一）公民的合法收入、储蓄、房屋和其他生活资料；（二）依法归个人、家庭所有或者使用的自留地、自留畜、自留树等生产资料。”以上两个条文的规定都是将公民个人的合法财产界定为生活资料和生产资料，只不过1979年《刑法》进行了列举而已，并没有根本不同。

（三）关于增加禁止性条款

彭真副委员长在《说明（二）》中指出：“在‘文化大革命’中，由于林彪、‘四人帮’大搞刑讯逼供、打砸抢、非法拘禁和诬陷、迫害，造成了大批冤案、假案、错案，后果极为严重。因此，在刑法中规定了‘严禁’这些罪行是符合群众愿望的，也是完全必要的。”① 在1979年《刑法》中，增加了数个严禁的条款，主要有以下条款。（1）第131条：“保护公民的人身权利、民主权利和其他权利，不受任何人、任何机关非法侵犯。违法侵犯情节严重的，对直接责任人员予以刑事处分。”（2）第136条：“严禁刑讯逼供。”（3）第137条：“严禁聚众‘打砸抢’。”（4）第143条：“严禁非法拘禁他人，或者以其他方法非法剥夺他人人身自由。”（5）第158条：“禁止任何人利用任何手段扰乱社会秩序。”这些条款虽然具有其现实意义，但并不符合刑法立法的科学规律，正确的立法方式是应当将这些禁止的内容转化为具体犯罪的构成要件，以罪状的形式加以表述。在1997年《刑法》修订时，原《刑法》第131条宣言式的禁止条款被删去。其他严禁的规定也被修改，例如对原《刑法》第143条，最高人民法院刑法修改小组提出，司法实践表明，该条规定在适用过程中存在问题，对罪状的表述不规范。在刑法分则具体规定犯罪与刑罚的条文中，使用“禁止……违反……”的文字表述形式是不符合立法语言应当科学、规范的要求的，也与刑法分则条文的体例不相协调。②

（四）关于死刑罪名

相对于第33稿的规定，1979年《刑法》减少了死刑罪名。对此，彭真副委员长在《说明（二）》论及死刑时指出：“我国现在还不能也不应废除死刑，但应当尽量减少使用。早在1951年，中共中央和毛泽东同志就再三提出要尽量减少死刑。现在，建国将近三十年，特别在粉碎‘四人帮’以后，全国形势日益安定，因此刑法（草案）减少了判处死刑的条款。”③ 1979年《刑法》规定了28个死刑罪名，相对来说是比较少的。当然，在1979年《刑法》实施后不久，我国立法机关在“严打”的背景下，开始大规模地增加死刑罪名。此是后话，将在下文论及。

从以上这四个方面来看，1979年《刑法》对1963年刑法草案第33稿的修改还是较为有限的，绝大部分内容都承袭了刑法草案第33稿的规定。刑法草案第33稿

① 高铭暄、赵秉志编：《中国刑法立法文献资料精选》，361页，北京，法律出版社，2007。

② 参见周道鸾等主编：《刑法的修改与适用》，507页，北京，人民法院出版社，1997。

③ 高铭暄、赵秉志编：《中国刑法立法文献资料精选》，362页，北京，法律出版社，2007。

成稿至1979年，已经过去了16年。在这16年间，虽然发生了“文化大革命”这样具有重大社会影响的政治运动，但从经济和社会这两个层面来看，没有根本性的变化。这也决定了在没有其他选择的情况下，16年前的刑法草案还具有其可采用性。而且，由于刑法制定的时间紧迫，因此，1979年《刑法》在这样一种背景下仓促出台。其中，临时添加进刑法的某些内容，被后来的事实证明是没有生命力的。

三、1979年《刑法》的修改补充：24个单行刑法

我国1979年《刑法》是1980年1月1日正式生效的。如前所述，该《刑法》是在较短时间内对1963年刑法草案第33稿进行删改以后形成的。在一定意义上说，1979年《刑法》存在先天不足。当然，更主要的原因在于：自20世纪80年代初期开始，我国进入了一个改革开放的年代，因而犯罪形势发生了重大的变化，尤其是在经济领域的体制改革，经济关系与经济格局已经从单一的计划经济体制向着市场经济体制转换，因而1979年《刑法》已经明显不能适应社会治理和经济发展的客观要求。正是在这种背景下，我国司法进入了“严打”的刑事周期。我国学者在论述1983年“严打”的背景时指出：“中国自1976年至1983年严打以前，各种刑事犯罪大量滋长，发展迅猛，其中，杀人、抢劫、强奸、爆炸等严重犯罪对人民群众的生命和财产安全构成了极大威胁，特别是大量出现的流氓团伙犯罪、街头犯罪，光天化日之下肆无忌惮、为非作歹、残害无辜，对社会治安造成了严重的危害。犯罪浪潮滚滚而来，形成了新中国历史上的第三次犯罪高潮，也是结束‘文化大革命’后的第一次犯罪高潮。这次犯罪高峰与当时动荡的社会局势纠缠在一起，互相激荡和催化，对社会稳定已经造成严重的破坏，使社会整体性地陷入了非正常状态，如果任其发展，必将对整个国家和社会的安全构成极大的威胁。犯罪已经严重到了非解决不可的程度。”[①] 就是在

① 贾东军、国章成：《严打刑事政策：反犯罪的中国经验》，93－94页，北京，中国人民公安大学出版社，2008。

这种犯罪猖獗、治安形势严重恶化的背景下，在 1979 年《刑法》实施不久，我国就展开了“严打”的立法与司法活动。“严打”对我国的刑法立法和刑法司法都造成了重大影响，除 1983 年“严打”以外，我国还在 1996 年、2001 年发动了两次“严打”。可以说，“严打”贯穿了 1979 年《刑法》和 1997 年《刑法》。1979 年《刑法》的修改补充，正是在 1983 年“严打”的背景下展开的。

（一）“严打”背景下的刑法修改补充

“严打”虽然是从 1983 年正式开始，以全国人大常委会 1983 年 9 月 2 日《关于严惩严重危害社会治安的犯罪分子的决定》（以下简称《决定》）为标志的，但前兆出现在 1981 年。这就是 1981 年 6 月 10 日第五届全国人民代表大会常务委员会第十九次会议通过的《关于死刑案件核准问题的决定》［以下称《决定（二）》］。关于死刑案件的核准权问题，刑法草案第 33 稿第 47 条第 2 款规定：“死刑案件由最高人民法院判决或者报请最高人民法院核准。”而且，在当时的司法实践中，死刑案件的核准权由最高人民法院行使。但在“文化大革命”运动中，砸烂公检法以后，死刑案件的核准制度也受到冲击。[①] 因此，在 1979 年《刑法》制定时，彭真副委员长在《说明（二）》中指出：“为了贯彻少杀的方针和力求避免发生不可挽救的冤案、假案、错案，这次恢复了死刑一律由最高人民法院判决或者核准的规定。”因此，1979 年《刑法》第 43 条第 2 款明确规定：“死刑除依法由最高人民法院判决的以外，都应当报请最高人民法院核准。”但在 1979 年《刑法》生效 1 年以后，1981 年 6 月 10 日全国人大常委会就通过了下放部分犯罪死刑核准权的规定。《决定（二）》指出，为了及时打击现行的杀人、抢劫、强奸、爆炸、放火等严重破坏社会治安的犯罪分子，在 1981 年至 1983 年内，对犯有杀人、抢劫、强奸、爆炸、放火、投毒、决水和破坏交通、电力等设备的罪行，由省、自治区、直辖市高级人民法院终审判处死刑的，或者中级人民法院一审判处死刑，被告人不上诉，经高级人民法院核准的，以及高级人民法院一审判处死刑，被告人不上诉的，都不必报最高人民法院核准。这是 1979 年《刑法》

① 参见高铭暄、赵秉志编：《中国刑法立法文献资料精选》，362 页，北京，法律出版社，2007。

实施后第一次对刑法的修改。该决定对死刑核准权的下放虽然以 3 年为限，但事实上，此后一直到 1997 年，这部分死刑案件的核准权再也没有被收回来。因此，该决定所规定的两年之限也就成为一纸具文。此后，最高人民法院又陆续将毒品案件的死刑核准权下放，最高人民法院自己行使核准权的死刑案件范围越来越小。

在通过上述《决定（二）》的同一天，全国人大常委会还通过了《关于处理逃跑或者重新犯罪的劳改犯和劳教人员的决定》[以下称《决定（三）》]。《决定（三）》规定："劳教人员解除教养后三年内犯罪、逃跑后五年内犯罪的，从重处罚，并且注销本人城市户口，期满后除确实改造好的以外，一律留场就业，不得回原大中城市。……劳改犯逃跑的，除按原判刑期执行外，加处五年以下有期徒刑；以暴力、威胁方法逃跑的，加处二年以上七年以下有期徒刑。劳改犯逃跑后又犯罪的，从重或者加重处罚。刑满释放后又犯罪的，从重处罚。刑满后一律留场就业，不得回原大中城市。"以上规定对劳教人员、劳改人员逃跑或者重新犯罪的，规定了十分严厉的处罚措施，包括刑罚和保安处分，体现了对两劳人员严惩不贷的政策。

时隔不到一年，1982 年 3 月 8 日全国人大常委会又通过并颁布了《关于严惩严重破坏经济的罪犯的决定》[以下称《决定（四）》]。《决定（四）》在论及制定背景时指出："鉴于当前走私、套汇、投机倒把牟取暴利、盗窃公共财物、盗卖珍贵文物和索贿受贿等经济犯罪活动猖獗，对国家社会主义建设事业和人民利益危害严重，为了坚决打击这些犯罪活动，严厉惩处这些犯罪分子和参与、包庇或者纵容这些犯罪活动的国家工作人员，有必要对《中华人民共和国刑法》的一些条款作相应的补充和修改。"从《决定（四）》的具体内容来看，主要还是提高了某些经济犯罪的法定刑，尤其是将走私、套汇、投机倒把罪、盗窃罪、贩毒罪、盗运珍贵文物出口罪、受贿罪的法定最高刑提高到死刑，从而开启了增设死刑的立法进程。

1983 年 9 月 2 日全国人大常委会通过并颁布的《决定》，是"严打"的标志性立法。《决定》对 6 类严重危害社会治安的犯罪设立了死刑：（1）流氓罪；（2）故意伤害罪；（3）拐卖人口罪；（4）非法制造、买卖、运输或者盗窃、抢夺枪支、弹药、爆炸物罪；（5）组织反动会道门，利用封建迷信，进行反革命活动罪；（6）引诱、容留、强迫妇女卖淫罪。由此可见，《决定》也是以增设死刑，加重对严重危害社会治安的犯罪的刑罚惩治力度为内容的，体现了严厉打击的政策精神。尤其值得注意的是，在上述《决定》通过的大会上，时任全国人大常委会秘书长、法制委员会副主任的王汉斌同志在《关于修改“人民法院组织法”、“人民检察院组织法”的决定和“关于严惩严重危害社会治安的犯罪分子的决定”等几个法律案的说明》［以下称《说明（三）》］中谈到了刑法的修改补充问题，指出：“‘刑法’公布已经四年多，实践中发现有的规定不够完善，有的规定由于情况的发展变化，已经不能适应或者不能完全适应，需要修改、补充。去年全国人大常委会已经通过了关于严惩严重破坏经济的罪犯的决定，这次主要对当前需要严惩的几种严重危害社会治安的罪犯做出修改补充决定。今后还需要进一步研究修改补充。”① 这是立法机关负责人首次谈及对 1979 年《刑法》的修改补充的话题，此时距离《刑法》的正式实施正好 4 年。就是在这样一种“严打”的背景下，开启了对 1979 年《刑法》修改、补充的大幕。

（二）普通刑事犯罪的修改补充

对 1979 年《刑法》的修改补充主要采取了单行刑法的方式，立法机关先后颁布了 24 个决定或者补充规定。在这些决定或者补充规定中，涉及普通刑事犯罪的主要有：（1）1988 年 9 月 5 日《关于惩治泄露国家秘密犯罪的补充规定》；（2）1988 年 11 月 8 日《关于惩治捕杀国家重点保护的珍贵、濒危野生动物犯罪的补充规定》；（3）1990 年 6 月 28 日《关于惩治侮辱中华人民共和国国旗国徽罪的决定》；（4）1990 年 12 月 28 日《关于惩治走私、制作、贩卖、传播淫秽物品的犯罪分子的决定》；（5）1990 年 12 月 28 日《关于禁毒的决定》；（6）1991 年 6 月 29 日《关于惩治盗掘古文化遗址古墓葬犯罪的补充规定》；（7）1991 年 9 月 4 日《关于严惩拐卖、绑架妇女、儿童的犯罪分子的决定》；（8）1991 年 9 月 4 日

① 高铭暄、赵秉志编：《中国刑法立法文献资料精选》，378 页，北京，法律出版社，2007。

《关于严禁卖淫嫖娼的决定》；（9）1992年12月28日《关于惩治劫持航空器犯罪分子的决定》；（10）1994年3月5日《关于严惩组织、运送他人偷越国（边）境犯罪的补充规定》。以上全国人大常委会的决定或者补充规定主要涉及对1979年《刑法》中普通刑事犯罪的修改和补充。其中，有些是对刑法已有规定但已过时的内容的修改，有些是对刑法没有规定但需要规定的内容的补充。

普通刑事犯罪主要是指危害社会治安的犯罪，从修改补充的内容来看，主要是淫秽物品犯罪，毒品犯罪，拐卖、绑架妇女、儿童犯罪，卖淫嫖娼犯罪和组织、运送他人偷越国（边）境犯罪。这些犯罪在1979年《刑法》颁布之前极少发生，或者根本就不存在，是随着改革开放而出现的犯罪类型。以妨碍国（边）境管理犯罪为例，在改革开放之前，我国的国门处于紧闭的状态，除了公务出入境以外，公民个人只有极为个别的探亲等出入境的情况。除在20世纪70年代毗邻香港、澳门地区的公民因向往港澳地区的富裕生活而偷渡以外，其他地区偷渡现象还是较少的。因此，在1979年《刑法》中，只规定了偷越国（边）境罪和组织、运输他人偷越国（边）境罪，而且法定刑较低。其中，偷越国（边）境罪的法定最高刑只有1年，组织、运输他人偷越国（边）境罪的法定最高刑是5年。改革开放以后，国门逐渐打开，公民出国探亲、留学、旅游等情况大量增加，以至于出现了出国潮。其中大部分公民都是合法出境，但同时出现了非法偷渡的现象，尤其是在蛇头组织下的大规模的偷渡，对我国出入境管理秩序造成了破坏。[①] 据有关部门统计，1988年前的10年间，全国边防部门共查获偷渡人员58 000余名，而1990年全国边防部门查获偷渡人员13 000余名，1992年查获偷渡人员20 000余名，平均每年查获案件数增加14.6%，查获偷渡人数增加16.8%。上述偷渡活动不仅严重破坏了国家的出入境管理秩序，而且直接损害了我国的国际声誉和对外形象，造成了极坏的影响。[②] 从以上查获偷渡案件和偷渡人员数量的增长情况来看，确实是触目惊心的。显然，1979年《刑法》对妨碍

① 参见但伟：《偷渡犯罪比较研究》，54页，北京，法律出版社，2004。

② 参见高西江主编：《中华人民共和国刑法的修订与适用》，680页，北京，方正出版社，1997。

国（边）境管理犯罪的规定不能适应惩治偷渡犯罪的需要。为此，中共中央于1993年8月在北京召开了反偷渡工作座谈会。会议指出，为了维护中国改革开放和经济发展的大局、巩固和提高中国的国际威望、保障和发展经济建设的成果，必须下大决心，尽快从根本上制止偷渡活动。会议要求一切有关部门严格把关、堵塞各种漏洞、严厉打击偷渡活动的组织者；对蛇头要依法从重判处，有的要根据其罪行实行数罪并罚，处以重刑直至死刑。[①] 在这一背景下，全国人大常委会于1994年3月5日通过了《关于严惩组织、运送他人偷越国（边）境犯罪的补充规定》［以下称《补充规定（一）》］，为惩治偷渡犯罪提供了法律根据。《补充规定（一）》对已有的犯罪提高了法定刑，将偷越国（边）境罪的法定最高刑从1年提高到2年，将组织、运输他人偷越国（边）境罪分立为两个独立的罪名，将这两种犯罪的法定最高刑从5年提高到死刑，并且对死刑适用的情节作了具体规定，即对被组织人有杀害、伤害、强奸、拐卖等犯罪行为，或者对检查人员有杀害、伤害等犯罪行为的，可以依照法律规定判处死刑。在运送他人偷越国（边）境中造成被运送人重伤、死亡，或者以暴力、威胁方法抗拒检查的，处7年以上有期徒刑，并处罚金。对被运送人有杀害、伤害、强奸、拐卖等犯罪行为，或者对检查人员有杀害、伤害等犯罪行为的，可以依照法律规定判处死刑。此外，《补充规定（一）》还设立了相关罪名，包括骗取出境证件罪，提供伪造、变造的出入境证件罪，倒卖出入境证件罪，非法办理出入境证件罪，放行偷越国（边）境的人员罪等。通过以上修改，完善了对妨碍国（边）境管理秩序犯罪的立法，也为1997年《刑法》的修订创造了条件。

（三）经济犯罪的修改补充

除对普通刑事犯罪的修改补充以外，单行刑法还对经济犯罪作了大量的修改补充。相对于普通刑事犯罪，1979年《刑法》对经济犯罪的规定更是欠缺。因为1979年《刑法》是在计划经济体制下制定的，就关于经济犯罪的规定而言，可以说1979年《刑法》是一部保护计划经济的法律。1979年《刑法》关于经济

① 参见赵秉志等：《跨国跨地区犯罪的惩治与防范》，207页，北京，中国方正出版社，1996。

犯罪的规定，主要集中在《刑法》分则第3章破坏社会主义经济秩序罪当中，共计15个条文，规定了13个罪名。这些罪名涉及海关、市场管理、税收、货币、有价证券、车船票、商标、自然资源等内容，法定刑较轻。其中，最为突出的是关于投机倒把罪的规定："违反金融、外汇、金银、工商管理法规，投机倒把，情节严重的，处三年以下有期徒刑或者拘役，可以并处、单处罚金或者没收财产。"这一规定采取了空白罪状的方式，而在金融、外汇、金银、工商实行严格管制的计划经济之下，投机倒把罪就是维护这种管制的有效法律工具。例如，根据1981年国务院《关于加强市场管理打击投机倒把和走私活动的指示》，当时的投机倒把行为包括坐地转手批发、黑市经纪、买空卖空、转包渔利等市场经济条件下被认为是正当的经济行为。随着市场经济的发展，投机倒把行为的内容也不断发生变化，这主要是通过司法解释的修改而完成的。例如，我国学者指出："在党的十一届三中全会以前，多年被禁止的私商长途贩运活动，在三中全会以后由于放宽政策变为合法的了。1981年国务院《关于加强市场管理打击投机倒把和走私活动的指示》中，列举了十二种投机倒把活动的表现形式。但是，今天有些情况又发生了变化，几年前的规定又有些被突破，不能适用了。例如，原来说转包渔利是投机倒把，现在认为，承包转包是经济改革的一个内容，不能笼统说转包渔利是投机倒把。过去认为买空卖空是投机倒把行为，现在看来也不能一概而论。因为，现在国家允许期货交易，这里就有一定的买空卖空的性质，然而这是有利于搞活经济的交易方式。"[①] 由此可见，1979年《刑法》关于经济犯罪的规定随着经济体制改革、市场经济的发展，很快就不能适应惩治犯罪的需要。

正是在这一背景下，全国人大常委会以单行刑法的方式对经济犯罪作了较大幅度的修改补充。在24个单行刑法中，涉及普通刑事犯罪的主要有：（1）1988年1月21日《关于惩治贪污罪贿赂罪的补充规定》；（2）1988年1月21日《关于惩治走私罪的补充规定》；（3）1992年9月4日《关于惩治偷税、抗税犯罪的补充规定》；（4）1993年2月22日《关于惩治假冒注册商标犯罪的补充规定》；（5）1993

① 王作富主编：《中国刑法适用》，368页，北京，中国人民公安大学出版社，1987。

年 7 月 2 日《关于惩治生产、销售伪劣商品犯罪的决定》；（6）1994 年 7 月 5 日《关于惩治侵犯著作权的犯罪的决定》；（7）1995 年 2 月 28 日《关于惩治违反公司法的犯罪的决定》；（8）1995 年 6 月 30 日《关于惩治破坏金融秩序犯罪的决定》；（9）1995 年 10 月 30 日《关于惩治虚开、伪造和非法出售增值税专用发票犯罪的决定》。以上单行刑法分为补充规定和决定两种形式。其中，补充规定是对 1979 年《刑法》中原有罪名的修改补充，如《关于惩治贪污罪贿赂罪的补充规定》。在 1979 年《刑法》中本来就已有关于贪污贿赂罪的规定，该单行刑法对此作了修改，同时补充规定了相关罪名，如挪用公款罪等。而决定是指对 1979 年《刑法》中原来没有规定的内容所作的补充规定，如《关于惩治虚开、伪造和非法出售增值税专用发票犯罪的决定》。虚开增值税专用发票的犯罪是随着 1994 年我国税制改革新出现的犯罪。增值税专用发票使用以后，在现实生活中出现了大量虚开增值税专用发票骗取国家税款的案件，称为税案。这些税案的涉案金额动辄数亿，数十亿，甚至上百亿。在这种情况下，全国人大常委会颁布了《关于惩治虚开、伪造和非法出售增值税专用发票犯罪的决定》，设立了虚开增值税专用发票等罪名，并且规定了死刑。当然，考虑到该罪具有诈骗罪的性质，实际上是对特殊的诈骗罪规定死刑。

经济犯罪与经济体制改革具有重大的关联性，经济犯罪的罪名存废与新旧体制的转换是密切相关的。随着我国从计划经济向市场经济的转型，经济犯罪的形式与内容也发生了翻天覆地的变化，尤其是随着各种新型的经济形态的出现，如公司、证券、期货、知识产权、金融凭证等，随之出现了公司犯罪、证券犯罪、期货犯罪、知识产权犯罪、金融票证犯罪等各种新型的经济犯罪形态。而单行刑法的及时颁布弥补了 1979 年《刑法》的不足，为惩治新型经济犯罪提供了明确的法律根据。

（四）单行刑法修订方式的反思

采用单行刑法对 1979 年《刑法》进行修改补充，这是立法机关当时的一种选择。当然，除单行刑法以外，立法机关还在附属刑法中以照应性或者类推立法的方式对刑法某些内容进行了补充规定。例如，玩忽职守罪是 1979 年《刑法》

规定的一个渎职罪的罪名，但该罪名具有一定的口袋罪的性质，其内容缺乏明确性。在这种情况下，全国人大常委会在有关经济、行政法律中对某些具体的玩忽职守行为规定参照或者比照 1979 年《刑法》的玩忽职守罪定罪量刑，以此起到立法补充的功能。例如，1985 年 9 月 6 日《中华人民共和国计量法》（以下简称《计量法》）第 29 条规定："违反本法规定，制造、修理、销售的计量器具不合格，造成人身伤亡或者重大财产损失的，比照《刑法》第一百八十七条的规定，对个人或者单位直接责任人员追究刑事责任。"这里的《刑法》第 187 条的规定就是关于玩忽职守罪的规定，对此，《计量法》以"比照"的立法类推方式，规定以玩忽职守罪论处。因此，附属刑法在对 1979 年《刑法》的发展完善方面也发挥了一定的作用。当然，囿于附属刑法本身的局限性，它在对 1979 年《刑法》修改方面发挥的作用还是有限的，而单行刑法则发挥了主要的作用。

单行刑法的修订方式虽然具有一定的合理性，但存在与刑法典之间的疏离性，由此引发了单行刑法与刑法典之间的紧张关系。这种紧张关系主要表现为单行刑法存在于刑法典之外，两者之间形成刑法规范的"两张皮"现象，由此导致单行刑法对刑法典内容的切割与架空。

从刑法形式上来说，单行刑法是与刑法典和附属刑法并存的三种刑法规范的载体。其中，刑法典是集中规定犯罪与刑罚的法律，而单行刑法是对犯罪与刑罚的特别规定或者例外规定，附属刑法则是栖身于其他法律中的刑法规范。因此，刑法典是刑法规范的基本载体，单行刑法只是那些不便于放置在刑法典中的刑法规范的存在形式，通常表现为特别刑法，对刑法典起到补充作用。附属刑法则是在其他法律中附带地将那些具有专业性或者专门性的刑法规范加以规定。当然，在某些情况下，单行刑法也具有对刑法典的修改补充功能，但这是例外情形。如果按照以上标准处理刑法典、单行刑法和附属刑法之间的关系，那么则可以保持三者之间的合理关系。但我国对 1979 年《刑法》广泛地采取了单行刑法作为修改补充的方式，在刑法典之外创设了大量刑法规范。从立法形式上看，大量单行刑法在刑法典之外的积存，形成对刑法典的侵蚀与破坏。

从刑法内容上看，如前所述，单行刑法对刑法典的修改补充分为两种情形：

第一种是对刑法典的补充，采取决定的方式；第二种是对刑法典的修改，采取补充规定的方式。如果决定规定的内容对于刑法典来说是全新的内容，那么与刑法原有的规定之间并不存在重合或者冲突。例如《关于惩治侵犯著作权的犯罪的决定》增设了侵犯著作权罪和销售侵权复制品罪，这两个罪名是 1979 年《刑法》中所没有的。新罪的设立对于惩治侵犯著作权的犯罪起到了重要作用，对于《刑法》也是一种补充，就其内容而言，并不存在与 1979 年《刑法》的抵牾。而补充规定的内容则与 1979 年《刑法》有着一定的关联，在一定程度上取代了原《刑法》的内容。例如，《关于惩治偷税、抗税犯罪的补充规定》［以下称《补充规定（二）》］是对税收犯罪的规定，在 1979 年《刑法》中，原来规定了偷税罪和抗税罪两个罪名，上述《补充规定（二）》对这两个罪名的内容作了修改，同时又增设了骗取国家出口退税罪。就骗取国家出口退税罪而言，因为 1979 年《刑法》中没有这个罪名，因此，在《补充规定（二）》颁布以后，应当按照该规定定罪量刑，这当然是没有问题的。而《补充规定（二）》关于偷税罪和抗税罪的修改，基于新法优于旧法的法律适用原则，在《补充规定（二）》颁布以后，对于偷税罪和抗税罪都应当按照《补充规定（二）》定罪量刑，而 1979 年《刑法》关于偷税罪和抗税罪的规定实际上失效了。在这个意义上说，单行刑法的大量颁布必然架空 1979 年《刑法》，使其部分内容作废。

作为一种刑法的立法方式，单行刑法具有其存在的根据与边界，只有妥当地运用才能合理地发挥其功能。如果广泛地动用对刑法典修改补充的方式，则会产生负面的效果。可以说，正是单行刑法对 1979 年《刑法》不断修改补充所累积的处于刑法典之外的刑法规范的大量增加，推动了 1979 年《刑法》全面修改的进程。

四、1997 年《刑法》：十年磨一剑

1979 年《刑法》从 1980 年 1 月 1 日生效到 1997 年 10 月 1 日被 1997 年《刑法》所取代，前后存续了 17 年零 9 个月。与那些存续了百年甚至数百年的刑法

典相比，1979年《刑法》可谓短命。当然，这也不完全是1979年《刑法》本身的问题，而是社会剧烈变动所造成的后果。根据有关资料，早在1982年，立法机关就决定要修改刑法，于1988年提出了初步修改方案。[①] 如果以1988年作为刑法修改正式启动的时间，那么到1997年《刑法》修改完成，正好是十年。在这个意义上说，我国刑法的修改可谓十年磨一剑。

（一）刑法修订的过程

我国学者把刑法修订分为三个阶段：第一，酝酿准备阶段；第二，修订草案起草阶段；第三，立法机关的审议阶段。[②]

1. 酝酿准备阶段

如前所述，在1982年，也就是1979年《刑法》生效的第三年，我国立法机关就已经有了修改刑法的计划。但刑法修订的正式启动还是要追溯到1988年。因为，这一年第七届全国人大常委会将刑法修改列入立法计划。此后，全国人大常委会法制工作委员会经过大量的调查研究拟出了修改意见，并形成了1988年12月25日《中华人民共和国刑法（修改稿）》。[③] 1989年5月，全国人大法律委员会和法制工作委员会对刑法修改问题进行了讨论。后来由于种种原因，刑法修改工作被搁置。及至1993年第八届全国人大常委会再次将修改刑法列入立法规划。为修改刑法，全国人大常委会法制工作委员会组织了刑法修改小组，并且委托中国人民大学法学院刑法专业修改刑法总则。在接受该项委托任务后，中国人民大学法学院刑法专业成立了刑法总则修改小组，我亦参与其中。刑法总则修改小组从1993年12月到1994年9月，进行了为期10个月的较为集中的研讨和起草工作，其间集会数次，先后起草了刑法典总则的一个大纲和四个稿本。[④] 该刑

① 参见周道鸾等主编：《刑法的修改与适用》，6页，北京，人民法院出版社，1997。

② 参见王汉斌：《关于中华人民共和国刑法（修订草案）的说明》（1996年12月24日），载高铭暄、赵秉志编：《中国刑法立法文献资料精选》，680页，北京，法律出版社，2007。

③ 参见高铭暄、赵秉志编：《中国刑法立法文献资料精选》，496页以下，北京，法律出版社，2007。

④ 中国人民大学法学院刑法专业刑法总则修改小组起草的刑法总则一个大纲、四个刑法总则稿本，参见高铭暄、赵秉志编：《新中国刑法立法文献资料总览》（下），2877页以下，北京，中国人民公安大学出版社，1998。

法总则草案对刑法总则的规定作了较大幅度的修改，尤其是吸收了刑法学界的理论研究成果。例如我撰写的共同犯罪、罪数、正当行为等节，与1979年《刑法》存在相当大的差异。后来，由于刑法修改的指导思想改变为能不改的不改，非改不可的才改，刑法总则的修改幅度甚小，因而学者的草案并未被吸收。

2. 修订草案起草阶段

刑法修订草案的正式起草是在1996年，这一年完成了我国刑事诉讼法的修改，全国人大常委会法制工作委员会转而将立法工作重心转向刑法修改。1996年6月在过去准备的基础上，草拟出了刑法修订草案，并召开座谈会和广泛征求意见，要求各单位就刑法修改中的以下10个问题提出意见：（1）是否明确规定罪刑法定原则的问题；（2）我国公民在境外犯罪适用刑法的范围问题；（3）如何强化对公民正当防卫权利的保护问题；（4）刑种的调整与适用的问题；（5）如何强化对累犯的打击，是否增加加重处罚原则的问题；（6）是否专章或者专节规定保安处分和劳动教养是否纳入保安处分制度的问题；（7）如何确立单位犯罪的刑事责任的问题；（8）增设新罪名的问题；（9）分则条文的具体化，包括投机倒把罪、流氓罪和玩忽职守罪三个口袋罪是否分解和如何分解的问题，罪与非罪、重罪与轻罪如何区分的问题；（10）死刑的适用范围问题。[①] 围绕上述问题，全国人大常委会法制工作委员会分别邀请了中央有关单位和学者进行了专题讨论，最终形成了正式的《中华人民共和国刑法（修订草案）》，提交立法机关进行审议。

3. 立法机关的审议阶段

我国法律草案需要经过三读才能通过，《中华人民共和国刑法（修订草案）》首先提交给1996年12月下旬召开的第八届全国人大常委会第二十三次会议进行初步审议；此后，又对修订草案中涉及的重大、有争议的问题，组织高层次协调会议进行讨论，形成了《中华人民共和国刑法（修订草案）》（修改稿），提交给1997年2月19日召开的第八届全国人大常委会第二十四次会议进行第二次审议。按照立法程序，刑法修订草案（修改稿）经全国人大常委会两次审议后，于

① 参见周道鸾等主编：《刑法的修改与适用》，7页，北京，人民法院出版社，1997。

1997年3月1日将《中华人民共和国刑法（修订草案）》提交第八届全国人大第五次会议审议。1997年3月14日，第八届全国人大第五次会议表决通过了《中华人民共和国刑法（修订草案）》，由此完成了长达十年的刑法修改活动，标志着1997年《刑法》正式诞生。

（二）刑法的体例修订

在刑法的修改过程中，立法机关力图制定一部统一的、比较完备的刑法典。例如，1997年3月6日王汉斌副委员长在第八届全国人民代表大会第五次会议上所作的《关于〈中华人民共和国刑法（修订草案）〉的说明》中指出，这次修订刑法，要制定一部统一的、比较完备的刑法典。制定一部统一的、比较完备的刑法典，是继1996年3月全国人大通过修改刑事诉讼法以后，进一步完善我国刑事法律制度和司法制度的重大步骤，对于进一步实行依法治国，建设社会主义法治国家，具有重要意义。[①] 因此，如何调整刑法分则的框架结构是一个争议较大的问题。1979年《刑法》将罪名分为八类，因此，刑法分则由八章组成，属于大章制的立法体例。随着24个单行刑法的颁布，我国刑法中的罪名越来越多，八章的篇幅难以容纳。在这种情况下，如何设置刑法分则的框架结构，是一个值得重视的问题。换言之，即刑法分则是否改为小章制的问题。因此，大章制与小章制之争，就成为一个刑法修改中的焦点问题。[②]

小章制与大章制不只是罪名的排列问题，也涉及犯罪分类的标准问题，因此，其不仅仅是一个立法技术问题。这个问题之所以提出与单行刑法的大量新罪增设相关。小章制是将单行刑法独立作为一章纳入刑法分则的体系之中，如此，既保留了单行刑法的相对完整性，又扩大了刑法分则的框架结构，并且与大陆法系各国刑法的分则立法体例接轨。应该说，这是一种较好的选择。大章制则体现了刑法分则体例的延续性，在罪名大量增加的情况下，将相关内容以章下设节的方式融入到各大章之中。例如，刑法分则第3章下设8节，刑法分则第6章下设

① 参见高铭暄、赵秉志编：《中国刑法立法文献资料精选》，864页，北京，法律出版社，2007。

② 关于小章制与大章制之争，参见周道鸾等主编：《刑法的修改与适用》，10－11页，北京，人民法院出版社，1997。

9 节，以此容纳单行刑法增加的罪名。最终，立法机关采纳了大章制。尽管大章制在各章的条文数量上不协调，章下设节的第 3 章和第 6 章，在其内容上显得有些臃肿，但大章制还是基本上解决了刑法分则框架结构的调整问题。

（三）刑法的内容修订

在刑法的修改过程中，还涉及对刑法中一些重大问题的修订。如前所述，这些问题共有 10 个，其中，最为重要的是以下三个。

1. 罪刑法定问题

罪刑法定原则是在刑法修改过程中刑法学界争论较为激烈的一个问题，但对于立法机关来说，这并不是一个太难的选择。确实，1979 年《刑法》规定了类推制度，但在参与立法的相关人员的观念中，还是认为我们的立法是倾向于罪刑法定主义的。例如，时任全国人大常委会法制工作委员会副主任的陶西晋同志指出，过去“四人帮”横行霸道，无法无天，以言代法，搞得乱七八糟十多年，现在要彻底拨乱反正，肃清流毒，所以强调一下罪刑法定是很有必要的。只是因为我们国家大，情况复杂，法定罪行不宜规定得过细、过死，所以采取必要的类推。[①] 由于 1979 年《刑法》对类推作了严格限制，并且要报经最高人民法院核准，因此，在司法实践中类推定罪的案件数量十分有限。在刑法修改过程中，立法机关秉承了以上思路，主张废除类推，规定罪刑法定原则。例如，时任全国人大常委会副委员长的王汉斌同志 1996 年 12 月 24 日在《关于中华人民共和国刑法（修订草案）的说明》中指出，这次修订，刑法分则的条文从原来的 103 条增加到 281 条，对各种犯罪进一步作了明确、具体的规定。事实上，1979 年《刑法》虽然规定了类推，但是实际办案中使用得很少，现在已有必要也有条件取消类推的规定。因此，草案明确规定了罪刑法定原则。[②] 由此可见，罪刑法定原则入法并不是突然的决定，而是具有其一定立法思想的传承的。

2. 死刑问题

死刑问题在刑法修改中是一个争议较大的问题。应该说，1979 年《刑法》

---

① 参见陶西晋：《学习刑法中的几个问题》，载《法学研究》，1979（5）。

② 参见高铭暄、赵秉志编：《中国刑法立法文献资料精选》，681 页，北京，法律出版社，2007。

只规定了28个死刑罪名，是一部较为轻缓的刑法。然而，从1983年开始“严打”，立法机关通过单行刑法的方式不断增加死刑罪名。及至1997年《刑法》修订之时，我国刑法中的死刑罪名已经达到75个。与此同时，随着我国刑法学界死刑问题研究的深入，尤其是了解废除死刑的国际性趋势，刑法学者主张对我国刑法中死刑进行限制的呼声越来越高。例如，1996年11月5日至10日召开的中国法学会刑法学研究会年会上对刑法修改问题进行了专门讨论，其中就涉及死刑问题。在讨论中，绝大多数同志认为，应减少和限制死刑的适用，删除不必要的死刑条文和罪名。此外，还提出明确死刑适用条件，完善死缓制度，将死刑复核权收回最高人民法院统一行使。① 最终，立法机关对死刑还是采取了既不增加也不减少的态度，维持死刑罪名的现状，只是作了个别的调整，将死刑罪名保持在68个。

3. 口袋罪问题

在1979年《刑法》中存在三个口袋罪，这就是投机倒把罪、流氓罪和玩忽职守罪。口袋罪的特征是采取了空白罪状或者兜底式条款的规定方式，使其行为和其他构成要件要素处于一种开放的状态。口袋罪是典型的立法粗疏的表现，因此，在刑法修改中也是立法机关着力解决的问题。在1979年制定《刑法》时，采取的是宜粗不宜细的立法指导思想。刑法修改中对条文是规定得粗一些还是细一些的问题进行了讨论，最终达成的共识是：我国刑法分则对犯罪、处刑的规定比较原则，不便于适用。因此，应当尽量改得细一些，特别是对多发性的犯罪，如盗窃罪、投机倒把罪等，原刑法太简单，适用中任意性很大，应当具体化。② 基于以上指导思想，在刑法修改中，对三个口袋罪分别作了以下不同的处理：(1) 废除投机倒把罪的罪名，将其中非法倒卖行为规定为非法经营罪；(2) 废除流氓罪的罪名，将较为定型的行为分解为四个罪名，即侮辱、猥亵妇女罪，聚众淫乱罪，聚众斗殴罪，寻衅滋事罪；(3) 保留玩忽职守罪的罪名，将十几年来民

① 参见高铭暄、赵秉志编：《新中国刑法立法文献资料总览》（下），3036页，北京，中国人民公安大学出版社，1998。

② 参见1988年全国人大常委会法制工作委员会刑法室：《关于修改刑法的初步设想（初稿）》，载高铭、赵秉志编：《新中国刑法立法文献资料总览》（下），2106页，北京，中国人民公安大学出版社，1998。

事、经济、行政法律中依照、比照玩忽职守罪追究刑事责任的条文改为刑法的具体条款。经过以上修改，基本上解决了三个口袋罪的问题。但从目前司法实践的情况来看，非法经营罪和寻衅滋事罪再次沦为口袋罪，这对罪刑法定原则是严峻的挑战。

五、1997年《刑法》的修改补充：10个刑法修正案

1997年《刑法》的诞生是立法机关和参与立法的其他部门以及刑法学者共同努力的结果。相对于1979年《刑法》，修订后的刑法更为完整和完善，并为我国刑法在将来数十年的发展预留了空间。至此，我国的刑法立法进入到一个后刑法典的时代。

（一）修正案的刑法修改方式的确立

1997年《刑法》的颁布标志着我国刑法立法取得了重大成果，它为司法活动提供了规范根据。当然，立法绝不是可以停滞的，因为社会生活是不断发展的，犯罪现象是不断变动的。就在1997年《刑法》生效一年多时间，突发亚洲金融危机，在外汇领域出现了大量的违法犯罪现象。事实上，在以往计划经济体制下，我国实行严格的外汇管制。随着经济体制改革，我国对外汇管理体制也进行了改革。因此，在刑法修改的时候，取消了套汇罪，只保留了逃汇罪。但在亚洲金融危机中，骗购外汇、非法截留外汇、转移和买卖外汇的活动十分猖獗，发案量急剧增加。为了有力地打击骗购外汇、逃汇、非法买卖外汇的违法犯罪行为，1998年12月29日第九届全国人大常委会第六次会议通过了《关于惩治骗购外汇、逃汇和非法买卖外汇犯罪的决定》（以下简称《决定》）。该《决定》增设了骗购外汇罪，同时对逃汇罪的主体作了修改，并提高了法定刑。此外，还对非法买卖外汇行为的定罪问题作了规定。

值得注意的是，立法机关对刑法采取决定的方式进行修改补充，属于单行刑法。因此，立法机关实际上是延续了在1997年《刑法》修订之前的习惯。在刑法修改的时候，立法机关强调要制定一部统一的刑法典。但刑法修订完成不过一

年，其完整的框架结构就被打破，这是十分遗憾的。如果按照这个立法思路往前走，必然会重蹈1979年《刑法》的覆辙，即在刑法典之外，淤积着大量单行刑法，由此形成对刑法典的冲击。果真如此，刑法修改的希望就会落空。

好在单行刑法的修改方式很快就被修正案的修改方式所取代。在我国立法中，最早采取修正案方式对法律进行修改补充的是宪法。而修正案立法方式最为成功的还是刑法的修改补充。论及采用修正案的立法方式对刑法进行修订，还具有一定的偶然性。1999年6月，国务院在第九届全国人大常委会第十次会议上提出了《关于惩治违反会计法犯罪的决定（草案）》和《关于惩治期货犯罪的决定（草案）》，全国人大常委会法律委员会在审议后指出，鉴于现行刑法中对大多数做假账构成犯罪的行为已有不少规定，如再做一个惩治违反会计法犯罪的决定，困难很多。《关于惩治期货犯罪的决定（草案）》中规定的犯罪行为，许多与刑法中已有规定的证券犯罪行为相类似。一些委员、部门和专家提出，考虑到刑法的统一和执行的方便，不宜再单独搞两个决定，认为采取修改刑法的方式比较合适。同时，根据惩治犯罪的需要，对刑法中有关国有公司、企业工作人员严重不负责任、滥用职权方面的犯罪也需要扩大规定。因此，法律委员会建议将上述三项内容合并规定为《刑法修正案》，10月18日委员长会议同意采用修正案方式修改刑法。[①] 至此，我国正式确立了通过修正案的方式对刑法进行修改补充。全国人大常委会法制工作委员会的郎胜在论及我国修正案的刑法修改方式时指出，在修改刑法的立法形式上，从采用决定、补充规定这种制定单行刑法或者附属刑法的形式对刑法进行修改，过渡到采用刑法修正案修改刑法，从而使刑法更便于引用和今后的编纂。郎胜认为，立法机关在立法形式上进行积极探索，有所创新，取得了巨大进展。[②] 此言不虚。

---

① 参见全国人大常委会法律委员会主任顾昂然1999年9月25日在第九届全国人民代表大会常务委员会第十二次会议上《关于〈中华人民共和国刑法修正案〉（草案）的说明》，载高铭暄、赵秉志主编：《中国刑法立法文献资料榭选》，95－96页，北京，法律出版社，2007。

② 参见胡康生、郎胜主编：《中华人民共和国刑法释义》，3版，“序”第2页，北京，法律出版社，2006。

（二）刑法总则的修改补充

从1999年开始，我国先后颁布了10个刑法修正案。其中，《刑法修正案（八）》和《刑法修正案（九）》对刑法的修改补充的幅度最大，相当于一次小规模的刑法修订。在通常情况下，刑法总则是相对稳定的，除非进行正式的刑法修改，一般都不会对总则进行修订。但《刑法修正案（八）》和《刑法修正案（九）》则涉及对刑法总则规范较为重大的修改。就修改的内容而言，我认为主要是对刑罚结构进行了调整。这种调整表现为减少死刑和加重生刑这两个方面。

减少死刑主要是废除了部分死刑罪名，其中，《刑法修正案（八）》废除了13个死刑罪名，《刑法修正案（九）》又废除了9个死刑罪名。虽然这些废除的死刑罪名大多是很少适用的，但其宣示意义不容小觑。这是在1983年“严打”开始大规模增加死刑罪名以后，第一次减少死刑罪名。

加重生刑主要是指提高死缓和无期徒刑的实际执行期限，加大对这两种刑罚的惩治力度，尤其是对于死缓，通过限制减刑和设置终身监禁的方法，延长了实际执行期限。例如，根据《刑法修正案（八）》规定的限制减刑制度，对被判处死刑缓期执行的累犯以及因故意杀人、强奸、抢劫、绑架、放火、爆炸、投放危险物质或者有组织的暴力性犯罪被判处死刑缓期执行的犯罪分子，人民法院根据犯罪情节等情况可以同时决定对其限制减刑。人民法院对适用限制减刑的死刑缓期执行的犯罪分子，缓期执行期满后依法减为无期徒刑的，实际执行的刑期不能少于25年，缓期执行期满后依法减为25年有期徒刑的，实际执行的刑期不能少于20年。根据上述规定，死缓的实际执行的最高期限大幅提高到25年。而《刑法修正案（九）》对贪污罪和受贿罪规定终身监禁制度，则使这两种犯罪的死缓的实际执行期限达到无期的程度。应当指出，终身监禁虽然规定在刑法分则条文中，但其内容是对死缓执行方法的规定，因而在性质上属于刑法总则规范。经过以上修改，我国刑法中的死缓，根据执行方法的不同，可以区分为三种情形：一是普通的死缓；二是限制减刑的死缓；三是终身监禁的死缓。我国刑法加重生刑的目的并不是单纯的提高处罚的严厉性，而是为减少死刑的适用创造条件。

（三）刑法分则的修改补充

刑法修正案对刑法分则的修改表现为修改旧罪和增设新罪这两方面，其中以增设新罪为主。修改旧罪是指对原有罪名的构成要件进行修改，通常是由此而扩张犯罪的外延。而增设新罪是指根据惩治犯罪的实际需要，设置新罪，使更多的行为入刑。增设新罪可以分为两种情形：一是随着劳动教养制度的废除，某些以往按照劳动教养处罚的违法行为丧失了处罚根据。在这种情况下，除对某些犯罪通过司法解释的方法降低入罪门槛以外，还需要设立某些轻罪。二是随着社会的发展出现了大量新型犯罪，需要在刑法中加以规定，例如网络犯罪、侵犯公民个人信息犯罪、考试作弊犯罪等。新设罪名对于完善我国刑法分则的罪名体系具有重要意义。有些罪名新增以后，又作了补充。例如《刑法修正案（八）》增设危险驾驶罪，规定了追逐竞驶和醉酒驾驶机动车这两种行为方式，而《刑法修正案（九）》又增加了从事校车业务或者旅客运输，严重超过额定乘员载客，或者严重超过规定时速行驶的和违反危险化学品安全管理规定运输危险化学品，危及公共安全这两种行为方式，从而扩大了危险驾驶罪的罪体范围。

六、结语

从 1979 年《刑法》到现在，近四十年过去了，即使是 1997 年《刑法》修订至今也已经过去了二十年。前后两个二十年是我国刑法立法迅猛发展的时期，其间的变化可以说是翻天覆地的：我国刑法经历了从无法可依到有法可依的巨大转变，并且通过刑法的不断修改而日趋完善。

刑法立法四十年的历史表明，刑法是社会治理的主要手段。刑法具有双重性：一方面它是打击犯罪的有效工具，刑法载明犯罪行为以及应当受到的刑罚处罚，对于犯罪分子具有一定的威慑力。司法机关根据刑法规定认定犯罪和惩治犯罪，因而使刑法在打击犯罪中发挥着重要作用。另一方面刑法又是保障公民不受非法追诉的法律武器，它具有对刑罚权的限制机能。只有刑法明文规定的行为，才能依照法律规定定罪处罚；对于刑法没有明文规定的行为，不得定罪处罚。这是罪刑法定原则的含义，它勘定了司法机关惩治犯罪活动的边界，对于公民来说是一种法律保障。因此，在一个没有刑法的社会，惩治犯罪的国家活动也就缺乏规范限制，公民权利也就不能得到有效保障。从 1979 年《刑法》的类推到 1997 年《刑法》的罪刑法定，这是我国刑法的历史性进步，对此应当充分肯定。当然，我国刑法立法无论是形式还是内容，都还存在需要完善之处。

从刑法规定的外在形式上来说，目前这种统一刑法典的立法体例能够维系多久，是一个值得观察的问题。以刑法典的方式将所有犯罪囊括其中，这当然具有便利性。而且，随着修正案的刑法修改方式的确立，能够通过刑法修改保持刑法典的体例不变，而又使刑法规范内容得以更新。然而，随着刑法不断修改，增补的罪名日积月累、越来越多，刑法典规模越来越大，总有难以容纳之时。根据各国刑法立法的经验，一般都将刑法分为刑法典、单行刑法和附属刑法三部分。其中，刑法典规定普通犯罪，这里的普通犯罪是指与公民日常生活具有直接影响的犯罪。而单行刑法规定特殊犯罪，具有特别法的性质。至于附属刑法则规定与普通公民关系不大、具有专业或者职业性质的犯罪。这些犯罪即使规定在民事、行政或者经济犯罪中，也不会影响对这些犯罪的定罪处罚。以上三种刑法形式以集中与分散的方式各自独立存在，而单行刑法和附属刑法又都受刑法总则一般原则和制度的制约，由此形成具有内在联系的刑法体系。对于我国刑法来说，目前这种统一刑法典的方式如果能够维系当然可以继续保留，如果将来立法突破了目前的刑法框架结构，则另外开辟单行刑法和附属刑法的形式，不失为一种合理的选择。

从刑法规范的价值内容上说，我国刑法在犯罪规定和刑罚设置这两个方面都还存在较大的调整空间。以犯罪规定而言，目前我国刑法中的犯罪圈较小，因此在将来很长一个时期，立法上的犯罪化是刑法立法的主旋律。当然，犯罪内部的结构还需要进行适当的调整，尤其是应当通过增设轻罪，建立轻罪体系。以刑罚结构而言，目前还存在失调之处。死刑罪名仍然需要大幅度减少，而生刑内部的轻重也需要进行调整。只有这样，才能建立起合理的刑罚体系。

（本文原载《法学》，2018（6））

我国刑事立法指导思想的反思

刑事立法不是盲目的，而是在一定思想指导下进行的，因而是有目的的。刑事立法的指导思想，对于刑事立法具有重要意义。本文拟通过对传统的刑事立法指导思想的反思，对确立我国刑事立法的科学的指导思想做一探索。

一、刑事立法的粗疏与细密

刑事立法是粗疏还是细密？对此，我国刑事立法历来坚持的是“宁疏勿密”，即所谓“宜粗不宜细”。其主要理由无非有二：一曰适应实际需要；二曰方便劳动人民。下面分别加以辨析，以明是非。

（一）适应实际需要作为刑事立法的方针，本来是无可非议的

任何一个国家的刑事立法，都必须从本国国情出发，立足于本国的实际情况制定刑法。然而，作为宁疏勿密理由的“适应实际需要”则并非如此，它是指将刑法条文规定得粗一些，给司法机关留下较大的活动余地，以便适应斗争的需要。例如关于罚金的数额，各国刑法一般都作了明文规定，我国刑法对罚金没作数额幅度的规定。在刑法起草过程中，第 22 稿曾在总则中规定罚金的一般原则，

在分则有关条文中规定罚金的数额，以后修改中考虑到我国地大人多、情况复杂，把数额规定死了，未必适合斗争需要，故又把分则条文中具体数额予以删除。[①] 这样的例子在我国刑法中不胜枚举。显然，这一指导思想是值得商榷的。我认为，以适应实际需要为理由将刑法条文规定得粗疏一些存在以下弊端：其一，为司法机关擅断提供了客观基础，不利于有效地保障公民的自由与权益。立法的目的在很大程度上是限制司法机关的权力，使司法机关有法可依，在法律提供的范围内活动，从而使公民的合法权益得以保障，真正使刑法典成为“人民自由的圣经”。如果法律规定得粗疏，尤其是刑法这样关系到对公民生杀予夺的重要法律规定得不够细密，赋予司法机关过大的自由裁量权，应该说，我国司法人员大多数是能够依法办事的，但也不能否认个别的人徇私枉法。如果法律规定得细密，那么，以法谋私的现象就难以得逞，或者即使出现也容易发现。而由于法律给予司法人员的自由裁量余地过大，就很可能使以法谋私活动合法化，即在法律允许的范围之内以法谋私，难以实行切实有效的监督。其二，由于法律规定得粗疏，发生了有法难依，乃至于法律虚置的现象，使法律自动无效，结果不仅起不到打击犯罪的目的，而且严重损害法律的严肃性与权威性。仍以罚金为例，立法上对数额不予规定，意在有利于运用罚金的法律武器同犯罪作斗争。但实际效果如何呢？罚金适用率之低堪称各刑种之最，在许多地方适用率只有 0.5％，有些法院甚至从刑法实施以来没有一个案例适用过。事实证明，对罚金不规定具体数额，并非有利于运用罚金与犯罪作斗争，而是不利于与犯罪作斗争，这样相反的效果是立法者始料未及的。

（二）方便劳动人民，这又是一个堂而皇之的理由

法律是应该方便民众，但这里存在一个思想上的误区：立法者以为刑法规定越粗疏，条文越少，越有利于民众熟悉法律。但立法的目的到底是什么？是光写在纸面上给民众看的还是给司法机关适用的？显然是后者而非前者。但是，在对刑法功能理解上却存在一个重大失误，即将刑法的谕示功能凌驾于操作功能之

① 参见高铭暄：《中华人民共和国刑法的孕育和诞生》，78 页，北京，法律出版社，1981。

上。我认为，制定刑法，主要目的在于为司法机关定罪量刑提供法律规格，这种法律规格应该是明确而细密的，具有可操作性。如果离开了这一点，过分强调刑法的谕示功能，从法制宣传的效果出发，将刑法规定得过于粗疏，可以说是“捡了芝麻丢了西瓜”。这样做，表面上看是为民众的利益，实际上恰恰使民众的利益得不到切实有效的保障。这就是我们前面所说的，粗疏的法律使某些以法谋私者有孔可钻，从而发生侵犯公民自由的现象。

更为重要的是，立法者以“宁疏勿密”作为刑事立法指导思想，追求法律的粗疏，其结果却适得其反，形成“欲疏益密”的状况。我国刑法条文确实是粗疏，但由于缺乏可操作性，司法机关为了适用刑法，不得不颁布大量的司法解释。所有司法解释的篇幅加起来，超过刑法篇幅的数十倍还要多。现在的刑法条文基本上成了原则性规定，离开了大量的司法解释，司法机关根本无法办案。因此，某种意义上说，现在不是在适用刑法，而是在适用司法解释。这种现象难道正常吗？有些刑法著作中提到立法者定义权的旁落问题。[①] 而现在的问题岂止是定义权的旁落，一定程度上可以说是立法权的旁落。立法者宁疏勿密的理由之一原本是让民众便于熟悉刑法，但现在大量的司法解释是以内部文件的形式出现的，不要说广大民众无从了解，即使是刑法理论工作者对个别司法解释也难以寻见。把这种现象与“法不可测，威莫大焉”的传统观念相联系或许言之过重，但说它不利于公民法律意识的增强，不符合法制进步和完善的要求，似乎尚属公允。这种立法动机与实践效果的矛盾难道还不令人深省吗？结论不言自明：宁疏勿密，可以休矣。

应该说，在刑事立法上出现宁粗勿细的思想，绝不是偶然的，而是有一定的历史背景的。对此，我国刑法学界有人曾作了精湛的分析，主要是：第一，在长期的内忧外患、战乱频繁的历史条件下，新中国的缔造者强调的是组织纪律性，集中统一的领导。在这种情况下，即使作为正式法律制定出来，也难免有随意、粗略、疏漏的弊端。第二，新中国脱胎于半封建、半殖民地的旧中国，两千多年形成的封建的传统、习惯深深地渗透到各个方面，在法律的制定工作中也不例

① 参见郑伟：《刑法个罪比较研究》，7 页，郑州，河南人民出版社，1990。

外。第三，新中国建立后经历的政治、经济、文化等许多方面的剧烈变革，对立法工作产生了直接的影响，使得“宜粗不宜细”原则有着广阔的市场。[①] 随着社会主义民主与法制的进一步健全，社会主义商品经济的迅速发展，立法上宁疏勿密的思想的社会基础必将逐渐瓦解与消失，因而宁疏勿密的立法指导思想也会失去其存在的客观条件。

我反对刑事立法上的宁疏勿密，但也并非主张制定法律必须冗长细致，搞立法上的烦琐哲学，而是主张疏密有致、粗细得当。也就是说，在刑事立法上，应当从实际需要出发，应粗则粗，应细则细；该疏则疏，该密则密，使得刑事立法具有较强的可操作性。

二、刑事立法的超前与滞后

刑事立法应当超前还是滞后？这也是一个关于刑事立法指导思想的问题。在这个问题上，我国刑事立法历来主张“成熟一条制定一条”，即所谓经验型立法。在刑法制定过程中，这种指导思想也反映得十分明显。例如，在刑法分则第三章破坏社会主义经济秩序罪的讨论过程中，有的同志主张增加一些罪名，如明知是劣质品、废品而冒充合格产品出厂发售；以假冒真，以坏充好，以少充多，欺骗顾客；任意压低、提高购销价格，破坏物价管理；巧立名目，铺张浪费，破坏财经制度；挪用专款专料搞非法工程（楼堂馆所）；非法无偿占用土地或抗拒依法征用土地；等等。后来考虑到这些问题情况和原因很复杂，加之我国经济管理体制正在调整改革之中，对这些经验不成熟、政纪法纪责任界限一时还难以划清的问题，不必匆忙在刑法中加以规定。否则，不仅执行起来有困难，还会给工作带来不应有的损失。因此，大家倾向于先由有关部门加以考虑，必要时制定单行条例之类的东西，待实行一个时期以后再来总结经验，以后认为需要补充到刑法中

① 参见刘守芬：《反思“宜粗不宜细”原则，完善刑事立法》，载《刑法发展与司法完善》，98页，北京，中国人民公安大学出版社，1989。

去，再补充进去也不迟，基于此种考虑，所以刑法中没有规定这些罪名。[①] 这里虽然只是涉及个别罪名的取舍问题，但还是反映出立法者的经验型立法的痕迹。

经验型立法，它是以以往已有的经验为基础的。因此，这样的立法大多较为消极被动，主要表现为对于已经成熟的经验做法的一种法律认可。因此，这样的立法必然是滞后的。经验型立法当然比较保险，但却落后于社会生活的需要，尤其是在社会生活发生剧烈变动的情况下，更是如此。社会生活发展了，迫切需要法律调整，而按照经验型立法，在没有经验的情况下不能贸然立法，因而出现法律的盲区。立法上可以不予过问，但司法上对于一起起被提起的诉讼案件，不能无动于衷，因而司法机关只能根据自己的理解去做，无法可依一旦长久延续，必然形成一种惯性的力量，从而侵蚀有法必依的原则。例如，立法者认为规定重大医疗事故罪的条件不成熟，因而未予规定。但在司法实践中，医疗责任事故构成犯罪的案件需要处理，因而只能各行其是，定重大责任事故罪者有之，定过失杀人罪者有之，定玩忽职守罪者也有之，严重损害法制的严肃性与统一性。

经验型立法的不足之处十分明显，尤其是在当前经济体制改革的情况下，刑事立法滞后更加突出。在这种情况下，超前立法的问题便被提出了。比如法学界有人认为，立法超前是一种社会客观存在，它是指社会统治阶级通过将社会发展的趋势和规律以及自己依此要达到的社会秩序的愿望，转化为明确的法律规范，以引导、规范人们行为的活动。立法超前是社会基本矛盾运动和法律规范之社会功能的题中之意，是立法活动整体内容的组成部分，是法律运行的规律之一，也是当代信息社会发展的必然要求。[②] 还有些学者不同意立法超前的提法，而主张立法先导，认为立法先导是指立法在顺应客观规律的基础上，对现实起一种指导作用，是因势利导，而不是不顾现实国情而硬性地超前立法。[③] 我认为，立法之超前与先导这两个词并无实质性的区别，都是强调立法不能滞后，而是要超前，对社会生活起到一种引导的作用。因此，我赞同超前立法。

---

① 参见高铭暄：《中华人民共和国刑法的孕育和诞生》，178 页，北京，法律出版社，1981。

② 参见何勤华：《立法超前——法律运行的规律之一》，载《法学》，1991（4）。

③ 参见胡川：《立法可先导不可超前》，载《法学》，1991（4）。

在刑事立法中，所谓超前立法是指刑事立法应当充分地反映社会未来的发展趋势和未来的犯罪变化特点，从而使其能够适应历史发展的要求，以保证刑事立法的相对稳定性。上述否定超前立法的学者认为，超前的字义，就是超越现实总体，而法恰恰在总体上丝毫不能超越现实。客观实际是一切立法工作的出发点。我认为，刑事立法之超前与从实际出发并不矛盾。超前也只能建立在从实际出发的基础之上。在这个意义上说，刑事立法的超前性与其现实性是统一的：作为刑事立法指导思想的超前性不能脱离现实，它必须是在现实中孕育着的“应该”与“可能”的超前性。正如有的学者所说：应然之法律根源于实然之生活。[①] 但是，如果否认立法的超前性，过于强调对于现实生活的简单重复与认可，那么，法律就不会有生命力。

我强调刑事立法的超前，同样并非不顾刑法的可行性。任何超前的立法，都必须具有可行性。完全脱离现实性的超前性，必然不可行。因为完全脱离现实的超前刑事立法，不可避免地会将现实中根本不存在的或者司法机关根本无力查处的危害行为规定为犯罪，出现法律的虚置现象。例如，《关于惩治贪污罪贿赂罪的补充规定》第 11 条第 2 款所规定的隐瞒境外存款罪，从目前情况来看，我国同很少的几个国家有司法协助关系，而同西方发达国家则没有任何司法协助关系（境外存款主要是在这些国家的银行中的存款），而且短时间内也不可能同这些国家建立起司法协助关系。即使以后的某一天建立起来了，对该类犯罪的调查还将受到西方银行界的抵制。在这种情况下，我国司法机关要侦查、起诉和审判该类案件，可以说几乎完全不可能。诸如此类过于“超前”而不可行的刑事立法内容当然是要力求避免的。因此，超前立法向立法者提出了更高的要求，即要在对社会发展趋势与犯罪发生趋势作出科学的审视与预测的基础上，制定出切实可行的刑法规范。

（本文原载《法学》，1992（7））

① 参见冯亚东：《立法只能是一种超前的活动》，载《法学》，1991（4）。

从政治刑法到市民刑法

——二元社会建构中的刑法修改

本文建立在这样一个逻辑前提之上：一定的社会结构形态对刑法具有决定作用。换言之，社会结构形态的变迁，必然引起刑法功能、观念与文化的嬗变。本文试图从这一逻辑出发，在提供社会结构的一般形态及其演进模式的基础上，分析当前中国正在建构的政治国家与市民社会的二元社会结构，并在二元社会结构的视野中审视正在进行的刑法修改。

一、社会的形态及特征

社会是由人构成的，但它又不是个人的简单聚合，而有其特殊的结构与机制。因此，对社会的理解，不能只着眼于个人，而必须从社会所存在的物质生活与精神生活出发。为了科学地揭示社会的本质，现在我对历史上存在的各种社会形态加以描述。

（一）民族社会

社会先于国家而存在，氏族社会就是国家产生之前人类原始的生活共同体。美国著名学者摩尔根认为，政治的萌芽必须从蒙昧社会状态中的氏族组织中寻找，然后，顺着政治制度的各种演进形态，下推到政治社会的建立。摩尔根提出这样一个观点，即一切政治形态都可归纳为两种基本方式，此处使用方式（plan）一词，系就其科学意义而言。摩尔根所说的这种方式的基础有着根本的区别。按时间顺序说，先出现的第一种方式以人身、纯人身关系为基础，我们可以名之为社会。这种组织的基本单位是氏族。在古代，构成民族（populus）的有氏族、胞族、部落以及部落联盟，它们是顺序相承的几个阶段。后来，同一地域的部落组成一个民族，从而取代了各自独立一方的几个部落的联合。这就是古代社会自从氏族出现以后长期保持的组织形式，它在古代社会中基本上是普遍流行的。第二种方式以地域和财产为基础，我们可以名之为国家。这种组织的基础或基本单位是用界碑划定范围的乡或区及其所辖之财产，政治社会即由此而产生。政治社会是按地域组织起来的，它通过地域关系来处理财产和处理个人的问题。① 在此，摩尔根以血缘关系与地域组织作为区分氏族与国家的界线，是完全正确的。但摩尔根把氏族与国家的区别称为社会与国家的区别，似乎只有在原始社会才存在社会，并且把社会定义为以人身关系为基础的组织，这又是值得商榷的。

氏族社会是以血缘关系为基础的一种具有特殊性质的社会组织。在氏族社会，个人完全依附于社会而存在，没有独立性。在个人与社会的关系上，呈现出一种未开化的混沌状态。氏族社会也存在秩序与控制，这种秩序是通过原始习惯表现出来的，它对社会起着控制的作用。公共事务由氏族成员共同承担，个人之间的纠纷，都由当事人自己解决。虽然氏族社会具有单纯质朴的特点，但它是生产极不发达的产物。恩格斯指出，在氏族社会，人类差不多完全受着同他异己地对立着的、不可理解的外部大自然的支配，这也就反映在幼稚的宗教观念中，部落始终是人们的界限，无论对另一部落的人来说或者对他们自己来说都是如此：部落、氏族及其制度，都是神圣而不可侵犯的，都是自然所赋予的最高权力，个人在感情、思想和行动上始终是无条件地服从。这个时代的人们，虽然使人感到

① 参见［美］摩尔根：《古代社会》，上册，3、6页，北京，商务印书馆，1977。

值得赞叹，他们彼此并没有差别，他们都依存于——用马克思的话说——自然形成的共同体的脐带。[①] 因此，氏族社会只是人类社会的原始形态，历史发展必然会突破这种原始共同体。

（二）城邦社会

城邦（polis）是以一个城市为中心的独立主权国家，因此，城邦社会实际上就是以城邦为基础的国家。城邦国家（citystate）用以指称古希腊的波里斯（polis），并由此而泛指其他相似的政治社会，如迦太基、罗马共和国以及中世纪的一些城市，特别是佛兰德和意大利的城市。[②] 古希腊的雅典是城邦社会的典型，由此可以发现城邦社会存在的一般规律。

雅典位于希腊半岛东北部的阿提卡半岛上，面临萨罗斯湾，具有天然良好的海上贸易条件，它对于雅典工商业的发展起到了极大的推动作用。在英雄时代，雅典还处于氏族部落社会，共有四个氏族部落。当时，实行原始的民主制度：人民大会、人民议事会和王（巴赛勒斯）。此后，由于氏族、部落内部的经济发展和进一步分工，氏族、胞族和部落成员很快杂居起来，这就扰乱了氏族机关的正常活动。因为原来的氏族机关只处理本氏族和本部落的事务，对别的氏族和部落的事务不予受理。而不同氏族和部落成员的杂居，引起了氏族管理上的空白和危机。在这种情况下，实行了提修斯改革。这一改革的主要内容，是在雅典设立一个中央管理机关，以前由各部落独立处理的一部分事务，被宣布为共同的事务而移交给设在雅典的总议事会管辖。这样，就产生了凌驾于各个部落和氏族的法权，习惯之上的一般的雅典民族法，最后导致雅典国家的产生。

城邦实行民主制，这种民主制被我国学者顾准称为“民主集体主义”。我国学者顾准指出：城邦既然是“轮番为治”的公民团体，它当然高于它每一个个别的公民，也高于它的一切统治者，这是城邦的“民主集体主义”——一种以公民最高主权为基础的民主集体主义。[③] 在这种民主集体主义的制度之下，实际上并

① 参见《马克思恩格斯选集》，2版，第4卷，96页，北京，人民出版社，1995。

② 参见《布莱克维尔政治学百科全书》，118页，北京，中国政法大学出版社，1992。

③ 参见顾准：《希腊城邦制度》，2版，19页，北京，中国社会科学出版社，1986。

不存在个人自由。美国学者萨托利指出：为了充分揭示直接型希腊民主的实质，可假设其定义如下：民主制度就是一种进行集体决策的（城邦）统治体系。这就意味着，根据这一古典民主公式，社会不允许给独立性留出余地，也不允许个人得到保护，它完全吞没了个人。城邦是至高无上的，因为组成城邦的每个人都要彻底服从城邦。[①] 因此，在城邦社会，城邦的整体利益远远高于个人利益。

（三）宗法社会

宗法社会是指根据宗法制度建立起来的中国古代社会。所谓宗法，是指以血缘为纽带调整家族内部关系，维护家长、族长的统治地位和世袭特权的行为规范，它源于氏族社会末期父系家长制的传统习惯。[②] 宗法社会的特征是实行等级制、分封制和世袭制。等级制是由血缘上的亲疏远近所决定的，由此表明其在社会上的地位。宗法社会是由许多由系谱上真正有血缘关系的宗族组成的，这些宗族经过一定的世代后分枝成为大宗和小宗，各据它们距宗族远祖的系谱上的距离而具有大小不等的政治与经济上的权力。分封是指国王把土地连同居住在土地上的居民分封给诸侯，诸侯再分封给其下属，由此层层分封，形成一个宝塔式的等级。这种分封，不仅是经济上的土地所有权的分配，而且是政治上的统治权的分配。各级受封的贵族，不仅对受封的土地享有所有权，而且对受封土地上的所有居民享有政治上的统治权。而在分封与受封的上下级贵族之间，又形成了一定的权利与义务关系，在经济上与政治上都接受国王的统治。世袭制则是为了维护这种宗法制度而设立的，不仅国王世袭，而且各级贵族也都实行世袭，从而保持宗法制的稳定性。中国古代夏、商、周都是典型的奴隶制宗法社会。中国封建社会，仍然继承了宗法制的传统。我国学者指出：周朝是沿袭氏族关系的宗法制度和等级分封制的产物。废封建后，国家二字联用，但仍然包含着等级和宗法关系。在儒家的国家学说中，把宗法制家庭与封建国家高度地协调起来了。从社会组织原理上看，这有点悖于常理。因为宗法血缘关系是把人组织在一起的天然组

① 参见萨托利：《民主新论》，291 页，北京，东方出版社，1993。

② 参见张国华：《中国法律思想史新编》，25－26 页，北京，北京大学出版社，1991。

带，但它又具有强烈的自闭性。氏族、部落组织的大小有其天然界限，有着难以扩展的坚硬外壳。一旦宗法氏族关系成为人与人之间的主要组织纽带，那就必然会对组织广大地域性国家构成巨大障碍。但是在宗法氏族与国家关系上，中国封建大国又是一个例外。中国封建社会不但承袭了宗法观念，并且在封建大国建立以后，随着一体化结构的不断完善，宗法制度不但没有减弱，反而不断强化，到宋明以后则愈加巩固了。[①]

中国宗法社会之所以能够一脉相承，就在于它利用儒家学说协调宗法组织与国家组织之间的关系。儒家主张礼治，这里的礼，就是宗法等级制。宗法制成为封建国家与个人之间的一个强大而稳固的中间层次，由此扩充了国家对个人的控制能力。在中国封建社会里，法律往往要借助于宗法组织的力量来约束个人行为，甚至赋予家族一定的司法权，尽管这种权力此后逐渐受到限制。例如，我国著名学者瞿同祖指出：中国的家族是父权家长制的，父祖是统治的首脑，一切权力都集中在他的手中，家族中所有人口——包括他的妻妾子孙和他们的妻妾、未婚的女儿即孙女、同居的旁系卑亲属以及家族中的奴婢，都在他的权力之下，经济权、法律权、宗教权都在他的手里。[②] 由于宗法权力的存在，在一定程度上维持了国家权力对社会的渗透，从而使中国宗法社会具有稳定的组织结构与强大的复制再生能力，虽然屡经改朝换代，然而宗法社会的性质不变。

在宗法社会，强大的国家组织通过宗法制度对个人实行思想上与行动上的有力控制，因而使个体消弭。在中国宗法社会中，个体不仅在经济、政治生活中，而且在精神生活中与血缘宗族群体不可分割地联系在一起。从氏族组织到国家的蜕变过程中，古代氏族的“集体表象”，直接升华为体现宗法意识的伦理化世界观。这种宗法意识渗透到个体生活的一切方面，个体的一切价值需求，只有在国或家的整体中，才具有现实性。社会构成的基本要素，不是独立的“个人”，而是“家”，并且在家与国之间，又复现了人与家庭的整合关系。只有通过国家为

① 参见金观涛、刘青峰：《兴盛与危机——论中国封建社会的超稳定结构》，47页，长沙，湖南人民出版社，1984。

② 参见瞿同祖：《中国法律与中国社会》，5页，北京，商务印书馆，1981。

主体的价值需求，才能从整体中实现部分的个体价值。因此，人的个性完全消弭在整体性之中，个人的存在以履行宗族义务和国家法律义务为前提，所有的“权利”，实质上仅仅为官府国家的“容许”，不存在法权对人权的权力极限。[①] 因此，在这种宗法社会里，个人是十分渺小的，而宗法制度对个人则具有强大的约束力。

（四）市民社会

市民社会，英文为“civil society”，源自拉丁文“civilis societas”，该词约在14世纪开始为欧洲人采用，其含义是西塞罗于公元1世纪便提出的，它不仅指单个国家，而且指业已发达到出现城市的文明政治共同体的生活状况。此后，市民社会逐渐演变成国家控制之外的社会和经济安排、规则、制度。在这个意义上，市民社会是与政治国家相对立的。在此，我主要在与政治国家对立的意义上使用市民社会这个概念。

“市民社会”一词的最早含义可上溯至古希腊亚里士多德。在亚氏那里，所谓“civil society”（即“koinōnia Politiké”）一词，系指一种“城邦”（即“polis”）。我国学者徐国栋认为，在希腊、意大利的城邦生活中，一个自由人同时具有两种身份。首先，他是特定城市国家的市民，在这个意义上，他属于他自己，是一个私人，谋求自己的利益。其次，他是特定国家的公民，在这个意义上，他不属于自己而属于国家，是一个“公人”，必须在必要时牺牲自己的个人利益去维护公益。罗马人也对公私作了区分，把调整私人利益关系的法律称为私法，把调整公共利益关系的法律称为公法。所谓私人利益关系，就是市民社会；所谓公共利益关系，就是政治国家。由此可见，在西方的古代文明时期，就有了市民社会与政治国家的分野。[②] 无疑，公私划分是市民社会与政治国家分野的前提，但距离市民社会的产生还十分遥远。更何况，在古希腊城邦社会，公共生活是个人生活的全部。美国学者萨托利指出：对于希腊政治来说，将公共生活与私生活区分开来

① 参见陈晓枫主编：《中国法律文化研究》，177页，郑州，河南人民出版社，1993。

② 参见徐国栋：《市民社会与市民法——民法的调整对象研究》，载《法学研究》，1994（4），2页。

是闻所未闻的，甚至还会感到不可思议。对希腊人来说，“人”和“公民”的意思毫无二致，正如参与城邦的生活，即参与他们城市的生活就等于“生活”一样。[①] 显然，市民社会是以独立自主的个体——市民存在为基础的，而这种市民主要来源于11世纪至12世纪兴起的城市社会。市民与城市有着密切的联系，而当时的城市主要是指城堡。

公元10世纪上半叶，西欧遍布着设防的城堡，都是由封建诸侯所建立，作为他们臣民安身之处。这些城堡照一般的称呼就是“堡”，通常是由泥土或石头筑成的堡垒，外面围以壕沟，并且开有许多城门。当时的城堡依靠土地为生，完全适合于农业文明。但是，商业复兴迅速地完全改变了它们的性质。10世纪下半叶，商人开始寻求城堡的保护。城堡分布在商人旅行所经过的河流沿岸或自然的道路上，这些城堡就成了商人和商品经过或寄寓的地方。随着商业的发展，新来的人不断增多，这些城市与城堡向他们提供的地方日益不敷。他们被迫在城外定居，在旧的城堡外面建造新的城堡，且有的还给它起名为外堡。这样，在教会城市或封建城堡的附近，就兴起了商人的居住地，这里的居民所过的生活与城市里面的居民所过的生活迥然不同。在10世纪与11世纪的文件中，常用“商埠”一词来称呼这些居住地，十分确切地说明了它们的性质。事实上，它们并不是现代意义上的商埠，它们只是商品通过的地方，是极其活跃的转运地。在英格兰与法兰德斯，居住在这种商埠的人，就被称为“商埠人”。长久以来，“商埠人”一词被解释为市民或城堡居民的同义语。的确，用“商埠人”一词来形容居住在商埠的人比用市民一词更为恰当，因为最初的市民完全是依靠商业为生的。11世纪末期以前，商埠人也被称为市民，而市民一词本来是指居住在旧城堡的人，商埠人定居在城堡之外，为什么也被称为市民呢？这是因为商人集团筑起了城墙或栅栏来保护自己，他们居住的地方也变成了城堡。新城堡立即使旧城堡黯然失色，因此市民一词的引申是不难理解的。[②]

---

① 参见［美］萨托利：《民主新论》，288－289页，北京，东方出版社，1993。

② 参见［比］亨利·皮朗：《中世纪欧洲经济社会史》，37－39页，上海，上海人民出版社，1964。

随着中世纪欧洲城市工业的发展，商业贸易也进一步扩大，甚至出现了出口贸易与海上贸易，这样就形成了一个以商人为主体的市民阶级。例如，历史学家雅克·勒戈夫在考察中世纪1200年至1500年的城市时指出：中世纪早期城市曾一度衰落。由于手工业阶级和商业的发展，从11世纪初起城市有所复兴，但一般来说，在13世纪之前，城市的精神状态主要还是否定和消极的。对照封建世界的不安全，城市建立起和平的环境；它欢迎外界货物，不论从农村庄园来的还是从拜占庭和穆斯林东方来的。从12世纪中期以后在某些地方和13世纪起在所有地方，上述情况完全改变了。虽然城市继续是交换中心，但现在更主要的是生产中心：它生产货物，生产思想，生产物质和文化的模式。城市居于创导地位，在城市与农村之间现在开始了赚钱者与花钱者的对话。①

中世纪城市的兴起，为市民阶级的活动提供了广阔的舞台。在城市，形成了一种不同于农村的文明模式与生活方式，并产生了特别的法权和特殊的政治地位。城市首先使市民享有自由，市民阶级最不可少的需要就是个人自由。没有自由，那就是说没有行动、营业与销售货物的权利；没有自由，贸易就无法进行。他们要求自由，仅仅是由于获得自由以后的利益。在市民阶级的思想里，根本没有把自由视为天赋权利。在他们看来，自由不过是一种很方便的事情。自由成为市民阶级的合法身份，它不仅是一种个人的特权，也是城市土地所具有的地区特权。除自由以外，城市还形成了自己的法律。传统的法律，程序拘泥而狭隘，适用的是神判法、司法决斗，其法官则是从农村居民中选拔出来的，这种法律只是一些逐渐形成的惯例，其作用是处理以耕种土地或以土地所有权为生的人们的关系，根本不能适应以工商业为生计的人们的需要。后者需要有一种更为灵活的法律，一种更为迅速且不依赖于偶然性的证明方法；需要熟悉受审者的职业情况，能够凭借对案情的知识迅速结束争论的法官。在较早时期，或最迟在11世纪初，由于环境的需要，产生了一种萌芽的商法。这是商业活动所形成的一些常规的汇

① 参见［意］奇波拉主编：《欧洲经济史·第一卷·中世纪时期》，64页，北京，商务印书馆，1988。

编，是商人们在交易中所通用的一种国际惯例。

市民阶级不仅提出了法律上的要求，还提出了政治上的要求，这就是行政自治。由于城市集团没有传统的统治者，而且传统的统治者既缺乏手段，又没有帮助他们的意图，于是城市集团不得不为自己提供一系列的防御措施。市民阶级凭着自己的努力，在11世纪时期，已经使市政组织初具规模。12世纪时，他们已经掌握了一切主要的市政机构。①

中世纪的市民阶级以及其所赖以存在的市民社会，在历史发展进程中曾经起到过主要作用。市民阶级在工场手工业时期，是等级制君主国或专制君主国中同贵族抗衡的势力，甚至是大君主国的主要基础。正如我国学者顾准指出的：14、15世纪，欧洲在彻底的分裂中兴起民族国家的时候，民族国家大半经过一段专制主义或开明专制主义的时期。可是，这种专制主义国家的王权，是依靠了城市来同分散主义的封建贵族作斗争，才做到了国家的统一的。② 由此可见，市民社会是先于并独立于国家的。在市民社会基础上建立起来的国家，也不得不保障市民个人的权利，不能随便对之加以侵犯。

（五）政治社会

这里的政治社会主要是指国家，尤其是指近代国家。例如，洛克指出：真正的和唯一的政治社会是，在这个社会中，每一成员都放弃了这一自然权力，把所有不排斥他可以向社会所建立的法律请求保护的事项都交由社会处理。③ 洛克这里所说的政治社会就是国家，它与自然状态是相对应的，自然状态是前国家的社会状态。国家是在氏族社会的废墟上出现的，是阶级矛盾不可调和的产物。美国学者乔纳森·哈斯指出：我把国家看作一种社会类型，它和它的所属各部分都具有一定的特征。国家可以定义为：具有实行中央集权的专门化政府的社会。④ 因此，在一定意义上说，国家也是一种社会形态，是政治社会。

---

① 参见［比］亨利·皮朗：《中世纪欧洲经济社会史》，46－50页，上海，上海人民出版社，1964。

② 参见《顾准文集》，317页，贵阳，贵州人民出版社，1994。

③ 参见［英］洛克：《政府论》，下篇，53页，北京，商务印书馆，1961。

④ 参见［美］乔纳森·哈斯：《史前国家的演进》，3页，北京，求实出版社，1988。

自从原始社会末期国家产生以后，它在社会生活中就发挥了巨大的作用。但由于古代及中世纪国家尚不具备像现代国家这样强大的权力，而且受到当时的社会经济条件的制约，因而国家在社会生活中的作用还是有限的。近代民族国家的产生，使国家主宰了社会，对人的物质生活与精神生活发生了不可估量的影响。当然，国家在社会中的作用是与当时的社会物质生活条件相适应的。在18世纪自由竞争时期，当时的古典思想家对国家的作用都持一种消极的观点，而主张顺应自然，反对国家对社会生活的过分干预，尤其反对政府干预经济，从而提出了"管事最少的政府是最好的政府"这样一个口号，将国家喻为"守夜人"。例如，英国著名学者亚当·斯密认为，每个人只要不触犯法律，就完全可以自由地依照自己的方式去追求个人的利益，用自己的劳动和资本与别人或别个阶级竞争。至于政府，则完全被解除了一项义务，因为它履行这项义务时，经常犯错误，而且任何人类的智慧和组织都不足以恰当地履行这项义务，而这项义务就是监督私人的劳动并指导这种劳动去从事最符合社会利益的工作。斯密认为政府不适应行使管理经济的职能。国家的管理只是一种权宜之计，干涉应严格地限于个人无法采取行动的场合。①

进入19世纪下半叶以后，随着从自由竞争向垄断的发展，资本主义社会结构发生了重大变化，因而国家的作用得以更加强调，这就从个人本位向国家本位过渡。例如，英国学者指出：在18世纪，得到人们普遍承认的国家的目的，除维护社会内部公共秩序和抵御外来侵略之外，就没有什么更多的内容了。而如今，人们要求国家为其公民做更多的事情。国家不应仅仅保证公民享有最起码的生存条件，它还应当以提供福利设施、防止压榨个人资源、防止破坏社会整体利益等，来提高人民的生活质量。除保持公共秩序之外，人们要求国家所做的事情越多，实现这些目标所必需的、对个人自由的限制也就越大。② 显然，国家权力与个人权利是一种反比关系。国家权力的过分膨胀，必然侵越个人自由空间，甚

① 参见胡平主编：《中国市场经济全书》，17－18页，北京，华夏出版社，1993。

② 参见［英］彼得·斯坦、约翰·香德：《西方社会的法律价值》，176页，北京，中国人民公安大学出版社，1990。

至异化为压迫个人的异己力量。例如，德国学者麦克斯·施蒂纳指出：国家总是只把限制个人、束缚个人和使其服从，使个人臣服于任何一种普遍的东西作为它的目标。只有个人并非一切中的一切时，国家才存在，并且只是明确的是我作出的限制、我的局限、我的隶属。国家从来不会是旨在使个人自由行动，而是把这种行动与国家的目标联系起来，通过国家从没有共同的东西产生出来。就像人们不能称一个织物为一部机器的所有个别部分的共同劳动那样：它毋宁是作为一个整体的整个机器的劳动，是机器劳动。所有一切也以同样的方式通过国家机器而动作，因为国家机器推动各种精神的传动装置，没有任何精神遵循它自己的冲动。国家试图来阻止任何自由行动，并且把这种阻挡看作国家的义务，因为这在实际上是自我维持的义务。[①] 施蒂纳对资本主义国家的抨击虽然有些过激，却也在一定程度上揭示出资本主义国家对个人的压迫。

社会以不同的形态而存在，它可以是氏族、城邦、家族、国家，等等。那么，社会的本质特征到底是什么呢？我认为，社会是与个人相对立的，它具有以下特征。

1. 社会的秩序性

社会是由个人构成的，个人之间的关系必然产生一定的秩序。人类社会秩序是人与人之间关系的制度化和规范化。因此，一定的社会秩序必然意味着对个人自由的适当限制，将个人行为纳入法律的调整范围。

我国学者将社会秩序分为以下四种形态：（1）原始形态。它表现在一定的风俗习惯之中，可简称为“习俗秩序”。这是人类社会最初的秩序形态，曾是维系原始人群共同生活的主要纽带。同时，习俗秩序也是各个历史时期秩序系统的基本组成部分之一。（2）次发展形态。随着社会生产力的发展，人类逐渐摆脱了蒙昧状态，形成了一定的是非善恶标准，并由此产生了以道德信念为基础的“道德秩序”。（3）发展形态。随着社会关系的发展和社会生活的不断进化，群体生活又取得了它的更为发达的形式，即产生了具有特定目的和功能的社会组织实体。

① 参见［德］麦克斯·施蒂纳：《唯一者及其所有物》，246页，北京，商务印书馆，1989。

各种社会组织实体不仅有着一定的分工和权力结构关系，有着清晰的组织边界，而且，有着一种明确的和正式的规章制度。这种规章制度或组织纪律制约着组织中每一角色的行为及相互关系，使组织进入一种特定的有序状态。这种存在于社会组织实体中的，用来保证组织实体正常有序运转的规章制度，简称为“制度秩序”。（4）发达形态。迄今为止，在所有的秩序形态中，“法律秩序”是最为发达的形式。法律秩序的核心是法律规范。法律秩序的最显著特征表现在它是经国家制定或认可，体现统治阶级意志，并以国家强制力为支撑，因而是统治阶级巩固和发展有利于自身的社会关系的重要工具，也是维护社会秩序的强制手段。① 人类社会的这四种秩序形态，反映出一个由初级到高级的发展过程。

一定的社会秩序是建立在人与人之间的交往关系之上的。人的本质在其现实性上是一切社会关系的总和，而这种社会关系的基础，就是人们之间的物质关系。社会关系是人们从物质活动开始的任何一种活动存在的必然形式。正如马克思指出的：“这种物质关系不过是他们的物质的和个体的活动所借以实现的必然形式罢了。”② 因此，人的物质活动及其物质关系，决定着社会关系，从而最终决定着一定的社会秩序。在这个意义上说，社会秩序具有客观实在性。不仅如此，社会秩序还具有可控制性。社会秩序有两种：一是自发秩序；二是人为秩序。自发秩序一般是历史地形成的，主要表现为一定的风俗习惯。这种风俗习惯作为一种自动机制，对人的行为起着导向和调控的作用，从而保持一定社会秩序的稳定性。人为秩序是由人们自觉地建立的，主要通过法律制度与法律规范加以维持。在人为秩序的情况下，社会秩序表现出更为明显的可控制性。这里的社会控制主要是指社会秩序的确立和维持的过程。社会控制观念的产生，是人类对于社会的认识达到一定程度的表现。社会控制概念最初源于生物学。生物进化论认为，自然界存在一种对生物个体的控制机制，通过自然选择，使生物物种不断变化和进化。这一思想对社会学产生了重要影响，从而导致社会控制思想的提出。早期的社会控制概念，是以这

① 参见邢建国等：《秩序论》，10－12页，北京，人民出版社，1993。

② 《马克思恩格斯选集》，2版，第4卷，532页，北京，人民出版社，1995。

样一种假设为前提的：人具有动物性，只知道追求个体利益，社会必须控制人的这种动物性，才能避免陷入一切人反对一切人的深渊，形成社会存在和发展所必需的秩序。美国学者罗斯认为，人的天性中有一种自然秩序，它包括同情心、互助情和正义感，它使社会成员相互同情、相互帮助、相互约束，彼此相安无事，处于自然有序的状态。但 19 世纪末 20 世纪初美国社会的迅速城市化和大量移民运动，使这种自然秩序遭到破坏，贫穷、失业、越轨、犯罪等社会问题日益严重，必须建立一种新的社会控制机制，以便维持社会秩序。① 社会控制论将人的行为纳入规制范围，从而根据社会需要建立起一套可控制的社会秩序。应该指出，社会控制并不能脱离社会现实。因为社会的发展是不以人的意志为转移的，社会控制也是有限度的，只是在社会物质生活的基础之上，社会的控制才有效。

2. 社会的集权性

社会的存在，尤其是在国家的统治中，权力是不可缺少的。英国著名学者罗素指出：在社会科学上权力是基本的概念，犹如在物理学上能是基本概念一样。权力也和能一样，具有许多形态，例如财富、武装力量、民政当局以及影响舆论的势力。② 在此，罗素对于权力在社会生活中的作用不无夸大之处，但还是在一定程度上揭示出权力的重要性。在一定意义上可以说权力是国家的本性，也是社会存在的一个必要条件。例如，法国著名学者狄骥指出：我们可以说，几乎在一切人类的社会中，不论是大的还是小的，原始的还是文明的，都有一种统治者和被统治者之间的分化，不过这种分化，在实质上归结为人们所称的政治权力。按最普通的字义看来，我们可以说，每当某一个社会存在一种政治分化的时候，不论这种分化是初级的，还是复杂和发展的，都有国家产生。国家一词要么指统治者或政治权力，要么指统治者和被统治者之间所存在的这种分化，从而存在有一种政治权力的社会本身。无论在任何地方，如果我们证明某个共同体内存在一种强制的权力，我们就可以说也应当说已经有一个国家了。③ 社会及国家与权力的

---

① 参见［美］罗斯：《社会控制》，北京，华夏出版社，1989。

② 参见［英］罗素：《权力论——新社会分析》，4 页，北京，商务印书馆，1991。

③ 参见［法］狄骥：《宪法论·第一卷·法律规则和国家问题》，2 版，382 页，北京，商务印书馆，1959。

这种不可分割性，表明权力是对社会理解的一个起点。

关于社会公共权力，尤其是国家权力的起源与本质，存在各种学说，其中较有影响的是神授论与契约论。神授论认为，社会的公共权力，主要是指君主的权力，是上帝授予的，表现为一种神权法的观念。神权论主要盛行于中世纪，是以宗教神学为封建社会的各种制度、关系和秩序辩护的一种理论。例如，阿奎那用宗教教义重新解释了亚里士多德关于“人生来就是政治动物”这一命题，认为社会和国家产生于人性的需要，人注定要过社会生活，这是由人性所决定的。那么，人性又从何来呢？阿奎那说，从上帝那里来，它是上帝赋予人的。当然，社会权力的神授，是从终极意义上而言的。在论述这种权力的实际产生上，阿奎那还是作了世俗的说明，指出：一个人对另一个仍然自由的人的管理，当前者为了后者自身的幸福或公共幸福而指导后者时，是能够发生的。由于两种缘故，这种统治权可以在无罪状态下的人与人之间存在。首先，因为人天然是个社会的动物，人即使在无罪状态下也宁愿生活在社会中。可是，许多人在一起生活，除非其中有一个人被赋予权力来照管公共幸福，否则是不可能有社会生活的。其次，如果有一个人比其余的人聪明和正直，那就不应当不让这种天赋为其余的人发挥作用。[①]

契约论则认为，社会权力来自公民之间互相签订的转让权利的社会契约。这是自然法学派的观点，在 17、18 世纪曾经盛行一时。例如自然法学家斯宾诺莎认为，国家的建立是基于人的本性的要求，而人就其本性而言是一个功利主义者。在斯宾诺莎看来，功利主义是衡量一切的原则。人们放弃部分权利，将其交给社会，就是要借助社会的力量保护每个结合者的共同利益，这就导致转让公民权利建立国家的社会契约的签订。斯宾诺莎指出：“一个社会就可以这样形成而不违反天赋人权，契约能永远严格地遵守，就是说，若是每个个人把他的权利全部交付国家，国家就有统御一切事物的天然之权，每个人必须服从，否则就要最严厉地处罚，这样的一个政体就是一个民主政体。”[②] 因此，人们的自然权利集

① 参见《阿奎那政治著作选》，102 页，北京，商务印书馆，1963。

② ［荷］斯宾诺莎：《神学政治论》，216 页，北京，商务印书馆，1982。

中到社会手中，也就产生了最高统治权，即国家主权。

应该说，关于社会权力起源的理论，无论是神授论还是契约论，都具有一定的虚幻性或虚构性，缺乏深刻的社会根基。对此，法国学者狄骥曾经作过这样的批评：国家这种公共权力之所以绝对能把它的意志强加于人，是因为这种意志具有高于人民意志的性质的这种概念是想象的，丝毫没有根据的，而且这种所谓国家主权既不能以神权来说明，也不能用人民的意志来解释，因为前者是一种超自然的信仰，后者则是毫无根据、未经证明、也不可能的假设。狄骥认为，国家只不过是同一个社会集团的人们中间的一种自然分化的产物，有时很简单，有时又很复杂，由此才产生出人们所称的公共权力，这种公共权力绝不能因它的起源而被认为合法，而只能因它依照法律规则所做的服务而被认为合法。从而近代国家就逐渐成为在统治者领导和监督下共同工作的一种个人团体，来实现各成员的物质和精神的需要；所以公务概念就代替了公共权力的概念；国家变成一个劳动集团，不复是一种发号施令的权力。而握有公共权力的人们，只有为了确保共同的合作，才能使这种权力合法地动作起来。① 应该说，狄骥从国家的功能在于满足社会成员的物质和精神的需要的角度，论证了公共权力存在的合法性，较之以往的国家理论具有一定的进步意义。但这一理论仍然没有能够揭示国家权力存在的客观基础。

根据马克思主义的观点，国家权力不是社会的终极决定力量，它本身是为一定的物质生活条件所决定的。恩格斯指出：一切政治权力起先都是以某种经济的、社会的职能为基础的，随着社会成员由于原始公社的瓦解而变为私人生产者，因而和社会公共职能的执行者更加疏远，这种权力不断得到加强。政治权力在对社会独立起来并且从公仆变为主人以后，可以朝两个方向起作用。或者按照合乎规律的经济发展的精神和方向去起作用，在这种情况下，它和经济发展之间没有任何冲突，经济发展加快速度。或者违反经济发展而起作用，在这种情况

① 参见［法］狄骥：《宪法论·第一卷·法律规则和国家问题》，2版，序言，7页，北京，商务印书馆，1959。

下，除去少数例外，它照例总是在经济发展的压力下陷于崩溃。由此，恩格斯得出结论：当某一个国家内部的国家政权同它的经济发展处于对立地位的时候——直到现在，几乎一切政治权力在一定的发展阶段上都是这样——斗争每次总是以政治权力被推翻而告终。[①] 因此，一切政治权力，包括社会权力与国家权力，都决定于一定的物质生活条件。

3. 社会的公共性

社会在与个人相对应的意义上，具有公共性。这种公共性表明，社会虽然是个人构成的，但又不是个人的简单相加，而是人的有机结合。

人们在相互交往结合成一定的社会关系的时候，必然产生超越个人的共同利益，这种共同利益就是社会存在的基础。例如，法国哲学家马里旦指出：社会的目的实质上是社会自身的公共利益，即社会整体的利益。但是如果我们不能掌握社会整体的利益是人类的公共利益这个事实，像社会团体实质上是由人类组成的整体这种事实，这个公式就会依次导致一个集体型的或国家专制主义型的其他错误。社会公共利益既不是私人利益简单的合成，也不是整体特有的利益。整体（如社会各个成员组成的人类，或如蜜蜂的聚居一样）把各个部分引为一体，又把部分贡献给整体。社会公共利益是大众完美的人类生活。这完美的人类生活，是物质上的，又是精神上的，并且主要是精神上的，虽然人们靠物质生活比靠精神生活更经常。社会的公共利益是他们美好的共享；既然人这个概念指整体，所以社会公共利益是整体和各个部分所公有的，至于各个部分，它们本身就是整体；社会公共利益对整体和各部分是公共的，相辅相成，两者都从中受益。[②] 以公共利益为基础的社会事务具有公共性，执行这种公共事务的机构就是国家。恩格斯曾经指出了公共事务的普遍性与专门性：在原始农业公社中，一开始就存在一定的共同利益，维护这种利益的工作，虽然是在全社会的监督之下，却不能不由个别成员来担当。这些职位被赋予了某种全权，这是国家权力的萌芽。生产力

① 参见《马克思恩格斯选集》，2版，第3卷，526－527页，北京，人民出版社，1995。

② 参见［法］马里旦：《人权和自然法》，载《西方法律思想史资料选编》，670－671页，北京，北京大学出版社，1983。

逐渐提高，较密的人口在一些场合形成了各个公社之间的共同利益，在另一些场合又形成了各个公社之间的相抵触的利益，而这些公社集合为更大的整体又引起新的分工，建立保护共同利益和防止相抵触的利益的机构。这些机构，作为整个集体的共同利益的代表，在对每个单个的公社的关系上已经处于特别的、在一定情况下甚至是对立的地位，它们很快就变为更加独立的了。这种情况的造成，部分地是由于社会职位的世袭，部分地则是由于同别的集团的冲突的增多，使得这种机构越来越必不可少了。在这里我们没有必要来深入研究：社会职能对社会的这种独立化怎样逐渐上升为对社会的统治。在这里，问题仅仅在于确定这样的事实：政治统治到处都是以执行某种社会职能为基础，而且政治统治只有在它执行了它的这种社会职能时才能持续下去。[①] 在阶级社会里，尽管这种维护公共利益的社会职能往往蜕变为维护统治阶级利益的职能，但在任何一个社会，公共利益的维护都是社会及其国家的基本职能。

二、市民社会与政治国家的二元分立

市民社会与政治国家的分化，是生产力发展到一定阶段的产物。根据马克思主义的观点，自从私人利益和阶级利益产生后，社会就分裂为市民社会和政治国家两个领域。但是市民社会和政治国家这种在逻辑上的分离并不意味着它们在现实中也始终是分离的。恰恰相反，在前资本主义社会中，政治国家与市民社会在现实中是重合的，表现为一元的社会结构：国家从市民社会中夺走了全部权力，整个社会高度政治化，政治权力的影响无所不及，政治国家与市民社会之间不存在明确的边线，政治等级与市民等级合而为一，市民社会淹没于政治国家之中。市民社会与政治国家在现实中的分离是在资本主义时代完成的，这种分离是资本主义市场经济的产物。市场经济要求：从事经济活动的人都是自由平等的主体，反对国家对经济的干预，使经济成为一个纯私人的领域。而且，政治国家是建立

① 参见《马克思恩格斯选集》，2版，第3卷，522-523页，北京，人民出版社，1995。

在市民社会基础之上的，并且为市民社会服务。个人利益与个人自由只有在市民社会中得以满足，并形成对政治国家的限制。

市民社会作为一种理论，是17、18世纪启蒙运动的产物。在当时流行的社会契约论中，已经包含市民社会与政治国家的二元对立。最为典型的是洛克的思想，他将人类以往的状态划分为相继的两种状态：自然状态与社会状态。自然状态是指国家产生以前，人们不受公共权力的约束，完全按照自己的本性而生活的状态。社会状态也就是公民社会或政治社会，它与自然状态相对立，是人们通过共同订立社会契约而摆脱了自然状态，规定了君主与臣民互相之间的权利和义务，由此而建立起来的国家。在此，洛克虽然没有使用市民社会一词，但其关于自然状态的假定，却类似于市民社会。例如我国学者邓正来认为，洛克的理论中包含着“市民社会先于或外于国家”的架构。虽说洛克的“市民社会”是一种比较完满的状态，但毕竟因其间个人私欲间的冲突以及存在的缺陷，而使人们愿意放弃一种尽管自由却是充满着恐惧和经常危险的状况，建立政治社会，即国家。国家通过社会委托于它的立法权和司法权，一方面对公益负责，保护市民社会中的个人财产权；另一方面，国家还需要对各大利益集团（诸如王室、贵族、教会和平民）加以平衡和协调。在这里，国家之于市民社会，只具工具性的功用，是手段而非目的。这就意味着，作为手段的国家原则上不能渗透市民社会。从反面来讲，是市民社会决定国家，因为国家的权力源是人民。一方面，人民为了保护自身而通过多数同意的社会契约让渡给国家的只是其部分权力，国家只享有这部分权力，而主权则依然在民。倘若国家违背契约而滥用权力侵害市民社会，后者就可以凭主权收回曾让渡的权力，可以不再服从国家，直到推翻它，建立新的政权。因此，洛克式的架构，实质是市民社会决定国家，是市民社会对国家享有最高裁判权。[①] 应该说，洛克虽然没有使用市民社会这个概念，而是称它为自然状态，但它确是在与国家相对应的意义上使用的。

---

① 参见邓正来：《市民社会与国家——学理上的分野与两种架构》，载（香港）《中国社会科学季刊》，第2卷，66-67页，1993。

在通过订立社会契约进入公民社会，也即建立国家以后，自然状态是宣告结束，还是仍然潜在着，洛克没有明确说明。不过按照洛克的观点，公民除转让给国家一部分权力以外，还保留一部分自然权利。就此而言，政治社会又不能涵盖公民的全部社会生活，因而仍有市民社会存在的逻辑基础。当然，自然法学派是一种非历史的历史建构，因而表面上的自然社会与公民社会的历史描述不能完全从时间的相续关系上理解，也可以从空间的依存关系上作逻辑分析。

在德国古典哲学家中，康德是第一个明确使用市民社会（bürgerliche Gesellschaft）这个概念，并把它当作一个重要问题加以讨论的思想家。康德接受了自然法学派关于社会契约的思想，其出发点是一种假设的没有任何法律保障的自然状态。在人类未成立社会国家之前，确实存在过个人对全体搏斗的野蛮状态，这是因为人们具有一种非社会的社会性（The unsocial sociability of men）。所谓非社会的社会性，是指社会性（合群性）与反社会性（非群性）的混合体。非社会性产生竞争，社会性产生限制。为了离开自然状态，所有那些不免要互相来往的人组成一个联合体，大家共同服从由公共强制性法律所规定的外部限制。办法是，相互隔绝的单个人，通过一种决定即契约，康德称之为原始契约，组成民族国家。康德指出：人民和各民族，由于他们彼此间的相互影响，需要有一个法律的社会组织，把他们联合起来服从一个意志，他们可以分享什么是权利。就一个民族中每个人的彼此关系而言，在这个社会状态中构成公民的联合体，就此联合体的组织成员作为一个整体关系而言，便组成一个国家。① 应该说，康德基本上继承了自然法学派的思想，并由此阐述国家的起源。但像洛克一样，康德还没有明显的市民社会与政治国家相对立的理论建构。

市民社会与政治国家的二元对立，在费希特那里初步确定。人民是否有权改变自己的国家，这是当时讨论的一个问题。保守主义者雷贝格认为，市民社会确实可以在一定程度上被视为各个社会成员的自愿社团。市民社会的一个业已提到而特别值得注意的重要特点在于，它容纳了它未曾吸收过的许多成员，也不问他

① 参见［德］康德：《法的形而上学原理——权利的科学》，136页，北京，商务印书馆，1991。

们是否愿意接受由他们承担的义务。它是由一些逐渐加入、死后退出的成员组成的。因此，在国家中生活的一切个人，从来都不能又同时缔结一项包容无遗地规定他们的相互关系的契约。这种观点的要害在于：首先歪曲作为一般契约领域的市民社会的本质，认为它不能解体；然后把市民社会与作为特殊契约领域的国家组织直接等同起来，认为国家组织也不能解体；最后得出了国家组织及其依据的宪法都是不可改变的结论。费希特批判了雷贝格的这种观点，尤其是论述了市民社会与国家的区别。在他看来，尽管市民社会与国家组织都属于契约领域，都以法律和权利构成其特性，但是，前者是一般契约领域，这种契约涉及的是人与人的经济关系中的可以出让的权利，后者是特殊契约领域，这种契约就是宪法，它涉及的是人与人的政治关系中的可以出让的权利。人既可以转让这种权利而生活在国家中，也可以不转让这种权利而生活在市民社会中。费希特论述了市民社会与国家哪一个更基本的问题，指出：国家本身是靠社会才存在的。国家本身应该向社会表示自己应有的感谢。我们即使没有国家作中介，也会对社会心满意足。而国家之所以是靠社会才存在的，是因为人即使不生活在国家中，也能生活在市民社会中。如果国家既不能拿走，也不能给予我们原来属于我们的权利，这一切关系实际上就必定会在市民社会中继续下去。我作为人拥有的权利，我是绝不能作为市民拥有的，因为我是市民；我作为市民拥有的权利，我是不能作为人就已经拥有的。这就是说，生活在市民社会中的人们具有更基本的权利和义务关系，他们在进入国家生活时，虽然又拥有了一些特定的权利和义务关系，但前一种更基本的关系并未消灭。在这里，尽管费希特使用的术语不十分准确，但他的意思还是很清楚的，那就是：不是社会以国家为自己存在的前提，而是国家以社会为自己存在的前提。① 我们看到，费希特在一定程度上揭示了市民社会与政治国家的二元对立结构。尤其是费希特关于市民社会决定政治国家的观点，具有一定的革命意义。当然，费希特把社会理解为“理性生物的相互关系”，从抽象的人性

① 参见梁志学：《费希特青年时期的哲学创作》，81－82、99页，北京，中国社会科学出版社，1991。

中引申出市民社会的概念，而不是从人们的物质生活中寻找市民社会的根据，因此还是不能科学地说明市民社会与政治国家的关系。

市民社会的概念在黑格尔的法哲学中发展成为一个重要的范畴。黑格尔认为，市民社会是处于家庭和国家之间的伦理发展阶段。它是现代的产物，即资本主义制度的产物。市民社会是由每个特殊人的满足自己需要和由这些需要的整体所构成的混合体，亦即任性和普遍性的混合体。在这里，普遍性以任性（利己目的）为基础，但它又依赖普遍性、受普遍性的控制。所以，市民社会是需要和理智（对需要的意识）、利己及利他相统一的外部国家或物质国家，即纯粹以伦理为实体的国家的物质关系形式。假若一个人只管满足自己的需要而不顾及普遍性的需要，就会破坏自身的伦理性。国家是社会正当防卫的调节器，使个人的任性和普遍性统一起来。但是，对于市民个人来说，普遍性仅是一种手段。

黑格尔认为，市民社会的发展包括三个环节：（1）需要的体系。黑格尔指出，市民社会，这是各个成员作为独立的单个人的联合。人作为独立的单个人，这是市民社会与以往一切社会最重要的区别。人有居住和穿衣等需要，为这类需要服务的手段和满足这些需要的方法本身又产生抽象的需要。作为生物，人有权把他的需要作为他的目的，市民各自有权把本身利益作为自己的目的。但是，在市民社会中，利己的目的，就在它的受普遍性制约的实现中建立起在一切方面相互依赖的制度。不然，个人的生活、福利以及他的权利的定位，就无法得到肯定。如果他不同别人发生关系，他就不能达到他的全部目的，因此，其他人便成为特殊的人达到目的的手段。也就是说，我既从别人那里取得满足的手段，我就得接受别人的意见，而我也不得不生产满足别人的手段。所以，市民社会是物质生活的领域。那么，如何满足人的需要呢？黑格尔指出，劳动是大家彼此满足的条件。需要有自然的需要和观念的需要两种，所以要满足需要，不仅要有一般意义上的生产劳动，而且要有教育这种劳动。黑格尔在一定程度上科学地阐明了市民社会的本质特征，即它是一个以满足需要为目的、以生产劳动为手段的物质生活领域，具有经济性与私人性。（2）司法，是法的现实化。需要体系的原则所体现的，仅仅是抽象的所有权的法。就是说，人人都有权获得财富和占有财富，它只是内在地起作用，即自在的。这时，法尚未表现出其效力。所有权的法一旦经过司法来加以保护，才达到其有效的现实性，成为自为的。当人们感到法是保护需要体系的外部条件的时候，便具有了法的思想，并开始为自己制定法律。法律是指导人按照某种普遍物来行事，它要成为有效的东西，就必须为人们所知道。作为法律的法，是自在的法的一种客观实在的形式，即实定法。（3）警察和同业公会。它们是增进个人特殊福利的组织，因此与一般地保护所有权和人身的司法不同，警察是一种保安权力。它通过对私人行为的偶然性的控制，而造成市民社会的外部秩序。警察要监督和管理普遍事务和公共设施，包括：调整生产与消费之间的不同利益，照料路灯、桥梁、日常必需品价格、卫生保健等设备，保证人们分享普遍财富，实行强制教育。要防止挥霍，督促市民自谋生路，解决贫困的问题。要进行国际贸易，开拓殖民事业。如果说警察主要地以外部的方式保护和保全特殊利益的话，那么，同业公会则主要是以社会成员的内部方式实现和促进特殊利益。同业公会是产业等级特有的。它是劳动组织，依据市民社会成员的特殊技能吸收其为会员。同业公会的权利是：照顾其内部的自身利益；接纳会员；关心所属成员，防止特殊偶然性，对成员加以教育培养。

应该指出，黑格尔对市民社会的描述，大体上把握了市民社会的一般性特征。例如，黑格尔把市民社会视为个人所有权得到法律确认与保护的、建立在契约性基础上的、追求个人利益的经济活动的领域，并对它的构成要素，即等级、社会组织等进行了分析，指出了中间组织作为联系个人与国家的政治中介的重要性。这些规定与分析基本上是准确的，虽然它们在一些方面还是相当粗线条的，如等级概念，实际上，在他的等级概念中，还有不同的阶级与阶层之分，等等。① 当然，黑格尔在关于市民社会的描述中，也存在一些我们不易理解的地方，例如司法和警察都应当是一种公共权力，应该属于国家的范畴而不是市民社会范围内的东西。但黑格尔这里讲的司法，主要是指私法，它仅仅与所有权的保

① 参见陈嘉明：《黑格尔的市民社会及其与国家的关系》，载（香港）《中国社会科学季刊》，第3卷，25页，1993。

护有关，是以保护市民个人利益为目的，与公法不同。这里涉及西方国家关于私法与公法的分类。私法被认为是自治法，调整私人之间的关系，而公法属于强行法，是国家公共权力的体现。应该说，黑格尔这种司法观念是建立在私法与公法划分基础之上的，尤其是关于物质生活决定私法的观点，有一定的合理性。至于警察，本来也属于国家机构的范畴，黑格尔之所以把它划归市民社会，主要是因为警察是为了保护和保全大量的特殊目的和特殊利益，是为了保障人身和所有权的安全和不受妨害，使单个人的生活和福利得到保证。当然，黑格尔的这种划分是否科学，还有值得商榷之处。

黑格尔认为，市民社会是独立的单个人的联合，也即在普遍性形式中的联合。这种联合是通过成员的需要，通过保障人身和财产的法律制度，以及维护他们的特殊利益和公共利益的外部秩序而建立起来的。在这里，普遍性是以特殊性的独立性为出发点的，是被当作满足特殊利益的手段的，伦理丧失了，伦理性被扬弃了，就无法实现特殊性和普遍性的统一。但是，伦理性和普遍性终究是支配市民社会的，终究是可以使特殊性与普遍性达到统一的，国家就是这样的领域。由此，就从市民社会过渡到国家。黑格尔认为，国家是普遍性的领域，它与市民社会不同。国家的目的就是普遍的利益本身，而这种普遍利益又包含着特殊的利益，它是特殊利益的实体。国家这种普遍性并不排斥特殊性，恰恰相反，在国家中，一切系于普遍性和特殊性的统一。国家是绝对自在自为的理性东西，它对个人具有最高权力，成为国家成员是单个人的最高义务。这种自在自为的国家就是伦理性的整体，是自由的现实化。所以，国家是理性的东西，国家是伦理理念的现实——普遍与特殊的统一。国家的这种普遍性是特殊性得以生存的根据，它凌驾于特殊性之上，它既是特殊性的基础和必要形式，又是特殊性的控制力量和最后目的的权利，这就使国家作为社会正当防卫调节器，调节市民社会中个人利益之间的冲突和贫富之间的种种矛盾。由此可见，在黑格尔的心目中，市民社会是充满争斗的私人利益的决战场，并对它持一种贬抑的态度，而对国家则持一种赞美的态度，甚至认为是地上行进的神。

我国学者邓正来认为，黑格尔的理论是“国家高于市民社会”的架构，这种架构肯定了国家与市民社会关系间国家及其建制对于架构市民社会的积极作用。但是反面观之，由于它在原则上承认国家对市民社会的渗透甚或统合的政治性，以及确认市民社会在道德层面的低下地位，从而也就在某种意义上否定了市民社会之于国家建构的正面意义。邓正来认为，黑格尔“国家高于市民社会”架构的最大误导在于：认定国家或政治的至上地位以及一切问题都可最终诉求国家或依凭政治而获致解决的观点，实际上隐含着国家权力可以无所不及和社会可以被完全政治化的逻辑；而这种观点及其隐含的逻辑往往趋于被用来为极权或集权的统治张目。[①] 应该说，这种批评是有一定道理的，但又绝不能将这一点绝对化。事实上，黑格尔所说的国家是一种伦理实体，因而是一种理想国家，这是一种价值判断而不是事实判断。当然，黑格尔的观点中包含着导出国家至上结论的危险性，因而容易被人误解乃至于歪曲。对此，美国著名学者博登海默曾经作过中肯的分析：人们常常提出这样一种论点，即黑格尔是强权国家的吹鼓手和现代法西斯极权主义的哲学先驱。毋庸置疑，法西斯的法学理论家有时在很大的程度上倾向于依赖黑格尔的国家哲学，而黑格尔的著作中也可以发现一些似乎是支持这种观点的言论。这在黑格尔关于国家对外关系的讨论中更是如此。但是，如果认为黑格尔主张在国内关系，特别是对待公民或国民方面应当采用极权主义的统治方法，那就不正确了。因为，他并没有认为国家所追求的最高目标是扩张统治者的权力。相反，黑格尔认为，国家应该为人的精神利益服务，国家最深刻的本质是精神力量的体现。黑格尔明确指出，国家应当赋予其公民以拥有私人财产的权利。他要求用法律来确定和固定公民的权利与义务以及国家的权利与义务。他给予个人以过私人生活、培养个性、促进其特殊利益的权利，只要他们在行使上述权利时没有忽视整个社会的利益。黑格尔赞誉的国家是符合伦理的国家，而不是贬低个人、奴役个人、不顾个人正当要求的国家。黑格尔的哲学因而包含大量的个人自由主义，尽管他的思想的这一方面有时被他那些（从孤立的角度看）以牺牲个人而抬高国家的言论理得模糊不清了。[②] 毫无疑问。博登海默的这些评价是

① 参见邓正来：《市民社会与国家——学理上的分野与两种架构》，载（香港）《中国社会科学季刊》，第2卷，68－69页，1993。

② 参见［美］博登海默：《法理学——法哲学及其方法》，78－80页，北京，华夏出版社，1987。

比较全面的。尽管黑格尔反对启蒙学者所主张的个人主义，但他同样反对极权主义，而是主张个人与社会有机统一，把国家看作这种统一的结合体。

在关于市民社会与国家的关系上，黑格尔主张国家决定市民社会，这无疑是一种唯心主义的观点。对此，马克思作了深刻的批判：实际上，家庭和市民社会是国家的前提，它们才是真正的活动者；而思辨的思维却把这一切头足倒置。如果理念变为独立的主体，那么现实的主体（市民社会、家庭、“情势、任性等等”）在这里就会变成和它们自身不同的、非现实的、理念的客观要素。家庭和市民社会本身把自己变成国家。它们才是原动力。可是在黑格尔看来却正好相反，它们是由现实的理念产生的。它们结合成国家，不是它们自己的生存过程的结果；相反地，是理念在自己的生存过程中从自身中把它们分离出来。①

马克思在批判黑格尔关于市民社会与国家关系上的唯心主义观点的基础上，对市民社会与国家的关系作了科学论述。根据马克思的观点，市民社会与政治国家的分离是相对的而不是绝对的，是表面的而不是根本的。从最终意义上说，政治国家将统一于市民社会。市民社会与政治国家之间的实质性统一主要表现在以下三个方面。②

第一，市民社会的成员与政治国家的成员是同一个人。作为市民社会成员的个人是带有自我利益的、活生生的、现实的人，而作为政治国家成员的公民则是抽象的、人为的、虚幻的人。市民社会的成员是非政治的自然人，它是政治社会的公民的自然基础，而后者则是前者的政治抽象。作为市民社会成员的利己主义的个人才是目的，政治社会的公民只是自私的个人的奴仆。作为市民社会成员的个人才是直接的存在，政治社会的公民不过是寓言般的存在。简言之，“……不是身为 citoyen〔公民〕的人，而是身为 bourgeois〔市民社会的一分子〕的人，才是本来的人，真正的人”③。

---

① 参见《马克思恩格斯全集》，第 1 卷，250－252 页，北京，人民出版社，1956。

② 参见俞可平：《马克思的市民社会理论及其历史地位》，载《中国社会科学》，1993（4），64－65 页。

③ 《马克思恩格斯全集》，第 1 卷，440 页，北京，人民出版社，1956。

第二，市民社会是政治国家的基础。在马克思看来，政治国家的公民首先是市民社会中活生生的个人，作为市民社会成员的个人是政治国家的自然基础；家庭和市民社会也是国家的构成部分，它们是国家的前提条件和必要条件，没有它们，政治国家就不复存在；市民社会还是政治国家的全部活动和全部历史的真正发源地和舞台。

第三，市民社会决定政治国家。马克思指出，市民社会对于政治国家来说是原动力，市民社会本身在发展进程中把自己变成了国家，现代的政治国家是市民社会粉碎旧的政治形式的产物；市民社会对于政治国家来说是内容，而政治国家则是市民社会的正式表现，是该时代的整个市民社会的要求的手段。因此，正如恩格斯所说，至少在这里，国家、政治制度是从属的东西，而市民社会、经济关系的领域是决定性的因素。[①] 马克思主义关于市民社会与政治国家的上述观点，坚持了唯物主义，以区别于黑格尔的唯心主义。尤其是在此后的著作中，马克思进一步将市民社会抽象为经济基础或者经济结构，并将政治国家归于上层建筑，从而确定了经济基础决定上层建筑的著名观点。而且，马克思还主张市民社会与政治国家分立的相对性，最终必将统一于市民社会，而不像黑格尔认为的那样统一于国家。应该指出，马克思主义关于市民社会与政治国家关系的论述具有重大意义，尤其是市民社会决定政治国家、政治国家必将统一于市民社会的观点，科学地揭示了社会发展规律。

在社会主义社会，如何理解市民社会与政治国家的关系，是一个还没有解决的问题。在公有制的条件下，尤其是实行计划经济，国家对经济直接进行规制，国家权力渗透到整个社会，其结果是国家吞没了市民社会。中国是一个具有悠久的封建传统的社会，自周秦以来就建立了以家族宗法制度为基础、政治国家为根本的一元社会结构。在这个社会结构之中，封建国家不仅成为社会的统治者，而且完全取代了社会，使社会丧失了独立的品格，也没有发展起市民社会。新中国成立以后，从苏联引进的计划经济模式进一步强化了政治国家的职能，市民社会

① 参见《马克思恩格斯全集》，第21卷，345页，北京，人民出版社，1965。

受到了很大压抑。市民社会不仅没有培育起来，反而被政治国家全面取代。政治国家不仅管理政治事务，而且管理经营几乎所有经济事业、文化事业；管理几乎所有社会事务，以致个人、家庭的生活事务。市民社会的所有特殊利益形式，几乎都失去了存在的人格权利。事实已经证明，这种以政治国家为核心的一元社会结构已经成为现代化的障碍。在经济体制改革，实行市场经济的历史条件下，以政治国家为核心的一元社会结构开始衰亡，政治国家与市民社会相对分离的二元社会结构开始悄然崛起。① 可以说，对于当前中国社会来说，当务之急是培育市民社会，逐渐完成从市民社会与政治国家合一的一元社会结构向市民社会与政治国家分立的二元社会结构转型。

三、社会形态与刑法的相关考察

刑法是一种社会现象，它植根于一定社会的物质生活并在此基础上实现其存在的价值。在不同的社会结构形态中，刑法具有各自不同的使命。因此，对刑法性质的考察，不能离开一定的社会结构形态。

在前资本主义社会，市民社会与政治国家并未分化，两者具有高度的同一性，没有明确的界限，政治国家就是市民社会，反之亦然。市民社会的每一个领域，都带有浓厚的政治性质，一切私人活动与事务都打上鲜明的政治烙印。马克思曾经指出，中世纪的精神可以表述如下：市民社会的等级和政治意义上的等级是同一的，因为市民社会就是政治社会，因为市民社会的有机原则就是国家的原则。② 在这种社会结构中，刑法以保护国家利益、社会利益为己任，人权保障机能则完全被忽视。其结果是，为了保护国家利益，不惜采用严刑苛罚。例如，我国学者黄风认为，在罗马刑法中存在国家至上原则。根据这一原则，为了国家利益可以对任何有害行为包括具有侵害危险的行为处以严厉刑罚，个人没有任何权

① 参见杜万华：《二元社会结构体系及其法理学思考》，载《现代法学》，1996（1），6页。

② 参见《马克思恩格斯全集》，第1卷，334页，北京，人民出版社，1956。

利值得国家尊重。除此以外，再无其他限制国家刑罚权的基本原则。刑法成为维护罗马皇帝专制统治的工具，含义模糊的叛逆罪（laesa majestas）成为刑事追究的重点，一切有损皇帝人身、尊严和权力的行为，都可以在此罪名下被处以极刑。在罗马共和国时期曾一度被限制适用的死刑，不但被广泛适用，而且不断翻新着花样，出现了砍头、烧死、钉十字架、绞刑、把人装进皮口袋投入海中、送进角斗场等残酷的执行方式；鞭刑、杖刑、裂肢等肉刑也成了普遍的刑种。由罗马帝国的皇帝查士丁尼在公元528年组织编纂的《查士丁尼法典》，把这些残酷而混乱的刑法加以汇集而成的第47编和第48编，被后人称为“恐怖之编”[①]。因此，在罗马社会，刑法成为维护国家权力的专横工具。

在中世纪，刑法不仅成为政治压迫的工具，而且成为宗教迫害的手段。在漫长和极端黑暗的欧洲中世纪封建社会中，愚昧和野蛮的刑法制度，以天主教的多米尼各派把持的“宗教裁判所”为顶点。黑格尔对此进行了深刻的批判，揭露了它对异教徒的残酷迫害。[②] 直到法国大革命之前，欧洲大陆的刑法制度一直以残暴而著称。对此，著名德国刑法史专家冯·巴尔曾经指出：当我们研究旧制度的刑法并把它同罗马帝国后期和中世纪前期的刑法加以对照时，我们将会发现，文明的发展并未给刑法带来任何进步——它实际上处于停滞状态，完全带有在这些时期中所具有的缺陷。刑罚是不平等的，它们不是根据犯罪的性质而是根据犯罪人的地位或等级而发生变化；刑罚的执行方式也是残酷和野蛮的，刑罚体系的基础是死刑和滥用的肢体刑；犯罪没有确切的定义；个人没有丝毫的安全保障足以避免国家在镇压犯罪时的过失行动。最后，愚昧、偏见和感情上的狂暴制造着臆想中的犯罪；刑法的适用范围扩展到了调整社会关系之外，甚至超越了对意识的统治。[③] 因此，在西方中世纪，刑法完全蜕化为国家的镇压工具。

在使人不成其为人的专制社会里，刑法成为社会控制个人的唯一手段。刑法的这种社会对个人的控制性，在中国封建社会表现得更为明显。我国学者张中秋

① 黄风：《贝卡里亚及其刑法思想》，4－5页，北京，中国政法大学出版社，1987。

② 参见吕世伦：《黑格尔法律思想研究》，92页，北京，中国人民公安大学出版社，1989。

③ 参见［德］冯·巴尔：《欧陆刑法史》，英译本，315页，波士顿，1916。

指出：传统中国是一个国家权力和观念高度发达的社会，早在青铜时代这种情况就有了相当的发展，秦、汉以后更是有增无减，专制主义集权日趋加强，家国一体，融家于国的情形和观念可谓举世罕见。这种社会情形势必形成一切以国家利益和社会秩序的稳定为最高价值，也必然造成这种价值观的无限扩散，以至渗透到包括纯私人事务在内的一切领域。为此，以维护最高价值为目的的国法，只可能是废私的公法。废私立公就意味着国家使用强力来干涉私人事务，确保国家利益，并视一切行为都和国家有关，一切不法、侵权行为都是犯罪，这就奠定了一切法律刑法化、国家化的可能性，加上国家权力的强大，可能性遂转变成了现实。由此，张中秋揭示了刑法与国家的相关关系，指出：一个社会的国家集权和观念愈发达，其刑事立法也必然发达。如果一个社会的国家集权和观念发达到使个人独立存在的价值与利益变得无足轻重甚至基本丧失，国家代表了个人（个人完全消融在国家之中），侵犯私人权益就是侵犯国家利益、破坏社会秩序，那么，这个社会的全部法律必然表现为刑法和刑法化的法律。[①] 因此，在国家与社会合为一体的情况下，个人尚没有独立性，刑法机能只能是社会保护，追求社会整体的安全与稳定，而这又往往以牺牲个人为代价。

随着市民社会与国家的分化，形成二元的社会结构。在这种二元社会结构中，人的本质具有二重性，这就是市民与公民的对立。马克思指出：作为一个真正的市民，他处在双重的组织中，即处在官僚组织（这种官僚组织是彼岸国家的，即不能触及市民及其独立活动的行政权在外表上和形式上的规定）和社会组织即市民社会的组织中。但是在后一种组织中，他是作为一个私人处在国家之外的；这种组织和政治国家本身没有关系。第一种组织是国家组织，它的物质总是由市民构成的。第二种组织是市民组织，它的物质并不是国家。在第一种组织中，国家对市民来说是形式的对立面，在第二种组织中，市民本身对国家来说是物质的对立面。[②] 国家是一个政治组织，人作为公民，过着政治生活，这种政治

---

① 参见张中秋：《中西法律文化比较研究》，96－97页，南京，南京大学出版社，1991。

② 参见《马克思恩格斯全集》，第1卷，340－341页，北京，人民出版社，1956。

生活也被称为一种类生活；而市民社会是一个经济组织，人作为市民，过着物质生活，这种物质生活也被称为一种私人生活。由于社会分化为政治国家与市民社会这两个组成部分，人的社会生活也分为政治生活与物质生活两种。按照马克思的观点，市民社会决定国家，物质生活决定政治生活。刑法是国家权力的体现，它属于政治国家的范畴，是一种公法。因此，刑法只能限于调整公共关系。这里的公共关系是指发生在政治社会中的个人与国家、个人与社会的关系。个人与个人之间的关系只有涉及社会时，才进入刑法的视野。而市民社会是一个私人领域，不属于刑法调整的范围，只能是私法（这里主要是指民法）的调整范围。孟德斯鸠指出：社会是应该加以维持的，作为社会的生活者，人类在治者与被治者的关系上是有法律的，这就是政治法。此外，人类在一切公民间的关系上也有法律，这就是民法。[①] 这里的政治法，就是指公法，包括刑法，它是治者与被治者之间的法律；而民法，指的是私法，是平等主体（公民，实际上应当指市民）之间的法律。人作为公民，生活在政治社会里，因而没有自由，受到国家权力的强制。人作为市民，生活在市民社会里，因而又有自由，这种自由是国家法律所不可侵夺的。因此，市民社会的存在，在一定程度上限制了政治国家的权力，从而也限定了刑法的调整范围。刑法由以往的无所不及，被从私人领域中驱逐出来，限定在调整公共关系，成为与私法相对立的公法的组成部分。因此，只有在市民社会与政治国家二元分立的社会结构中，刑法才不至于单纯地成为保护社会的工具，也具有了保障人权的使命。

权利是个人所拥有的，马克思曾经揭示了资本主义社会中人权与公民权的二元对立。在他看来，公民权就是政治权利，是只有同别人一起才能行使的权利。正如马克思所说：这种权利的内容就是参加这个共同体，而且是参加政治共同体，参加国家。这些权利属于政治自由的范畴，属于公民权利的范畴。[②] 人权则不同于公民权，它无非市民社会的成员的权利，即脱离了人的本质和共同体的利

① 参见［法］孟德斯鸠：《论法的精神》，上卷，5页，北京，商务印书馆，1961。

② 参见《马克思恩格斯全集》，第1卷，436页，北京，人民出版社，1956。

己主义的人的权利。[①] 这种人权与公民权的二元对立，是以市民社会与政治国家的二元对立为前提的，并且是这种对立的必然结果。随着社会进步，人必将获得彻底解放。而要想真正使人得到解放，必须越出政治解放的狭隘框架，必须清除政治国家与市民社会之间的二元性。只有当公民在改造利己主义生活之后成为现实的人的时候，只有当现实的人在自己的经验的、具体的生活中成为政治的“类存在物”的时候，只有当政治国家作为人类本质异化的表现而被扬弃，并且社会将变成社会整体的时候，真正的人类解放才能实现。而人类解放的完成，同时意味着人权与公民权之间的一致性。[②] 这种情况只有在共产主义社会才能实现，而在社会主义社会，市民社会与政治国家的二元对立仍然存在，只是性质有所不同而已。[③] 因此，在社会主义社会，权利之分离为人权与公民权也是不可避免的。当然，随着法制的加强，人权不断地转化为公民权或者说以公民权的形式表现出来。从刑法的意义上来说，人权是基本的、不可侵犯的，而公民权是维护人权的基本手段。为了更好地防止个人的人格受到侵害，人们通过政治联合组成国家，国家享有刑罚权。由于刑罚权来自公民的授予，因此，它受制于权利。

刑罚权对于犯罪人来说虽然是一种外力的强制，但由于刑罚权来自权利，它是为了保护社会的生存条件，因而仍然包含着自律的性质。这里涉及对犯罪人的看法。我认为，犯罪人仍然是人，是一定社会的成员。理论上存在这样一种观点：简单地把犯罪人视为敌人，将其从社会中分离出去。例如卢梭就曾经指出，对罪犯处以死刑，也可以用大致同样的观点来观察：正是为了不至于成为凶手的牺牲品，所以人们才同意——假如自己做了凶手的话，自己也得死。在这一社会条约里，人们所想的只是要保障自己的生命，而远不是要了结自己的生命；绝不能设想缔约者的任何一个人，当初就预想着自己要被绞死的。而且，一个为非作恶的人，既然他是在攻击社会权利，于是便由于他的罪行而成为祖国的叛逆；他

① 参见《马克思恩格斯全集》，第1卷，437页，北京，人民出版社，1956。

② 参见公丕祥：《市民社会与政治国家：社会主体权利的理论逻辑》，载《法制现代化研究》，第1卷，86页，南京，南京师范大学出版社，1995。

③ 参见左羽、书生：《人权的基本内涵：人权与公民权》，载《中国法学》，1991（6），20页。

破坏了祖国的法律，所以就不再是国家的成员，他甚至是在向国家开战。这时保全国家就和保全他自身不能相容，两者之中就有一个必须毁灭。对罪犯处以死刑，这与其说是把他当作公民，不如说是把他当作敌人。起诉和判决就是对他已经破坏了社会条约的证明和宣告，因此他就不再是国家的成员了。而且既然他至少也曾因为他的居留而自认为是国家的成员，所以就应该把他当作公约的破坏者而流放出境，或者当作一个公共敌人而处以死刑。因为这样的一个敌人并不是一个道德人，而只是一个个人罢了；并且唯有这时候，战争的权利才能是杀死被征服者。① 在这里，卢梭以一种政治逻辑来对待犯罪人，并以战争的权利来论证国家所具有的死刑权。因为犯罪人是敌人，而对敌人，则具有处死的权力。我认为，卢梭的这种逻辑是危险的，因为犯罪人与社会是不可分离的，犯罪也不单是个人的问题，而是与社会有着不可分割的联系。简单地把犯罪人视为敌人，由此论证刑罚，尤其是死刑的合理性，就潜藏着这样一种危险性：只要将一个人宣布为敌人，那么对其精神与肉体就可以任意处置，因为他已经不再是公民。按照这种逻辑推演下去，刑罚就会蜕化为政治镇压的工具，人权也就难以得到有效的保障。

在一个法治社会，国家权力受到公民权利的制约，保障人权应当是国家权力存在的根据。同时，公民权利的行使又受到法律的限制，是在一定范围内的自由。因而，权力与权利具有一种内在的关系。在刑法意义上，国家为了保护社会，就有必要设置刑罚，刑罚权就有存在的理由。但对刑罚权又必须加以限制，否则就会侵犯人权。我国由于新中国成立以来实行计划经济，加上传统的封建观念还具有一定的影响，在相当一段时间里只注意权力而轻视权利，只注意社会而轻视个人。表现在刑法上，就是强调刑法的社会保护机能，而轻视刑法的人权保障机能，至少是未将人权保障机能同社会保护机能放在一个同等重要的位置上。在市场经济体制下，个人的权利日益受到重视与保护。因此，刑法机能应当从社会保护机能向人权保障机能倾斜，加重刑法的人权蕴含。这就是说，应当调整刑

① 参见［法］卢梭：《社会契约论》，修订2版，46-47页，北京，商务印书馆，1980。

法的社会保护机能与人权保障机能之间的关系与比重，对人权保障机能予以适当的强调。只有这样，才能在刑法中科学地确定权力与权利的关系，避免权力侵夺权利。

在西方近代刑法史上，从政治刑法向市民刑法的划时代转变，是刑事古典学派完成的，其代表人物首推意大利著名刑法学家贝卡里亚和德国著名刑法学家费尔巴哈。贝卡里亚猛烈地抨击了以罪刑擅断为特征的封建专制刑法，确立了以罪刑法定为中心的市民社会的刑法原则。贝卡里亚指出："为了不使刑罚成为某人或某些人对其他公民施加的暴行，从本质上来说，刑罚应该是公开的、及时的、必需的，在既定条件下尽量轻微的、同犯罪相对称的并由法律规定的。"[①] 此后，费尔巴哈正式提出了市民刑法的概念。应该指出，18 世纪以来，近代市民刑法的思想是由启蒙思想发展而来的，人身自由、人格尊严、权利平等、权力均衡、契约自由等市民刑法思想形成并奠定了基础。在这种近代市民刑法思想特色的基础上，奠定了刑法的近代合理化，其终极不外是罪刑法定主义的所谓"形式的合理化"[②]。因此，以形式上的合理性、确定性和可预测性为特征的罪刑法定主义就成为市民刑法的精神实质。

四、社会转型中的中国刑法走向

当前，中国正面临着社会转型。这里所谓社会转型，是指社会结构和社会运行机制从一种型式向另一种型式转换的过程。[③] 在此，我们需要重点考察的是社会结构的转换。这种社会结构转换，在很大程度上就是从政治国家的一元结构向政治国家与市民社会二元分立的社会结构的嬗进。在此基础上，我们可以看到从政治刑法向市民刑法的功能性转换。只有在这样一个理论高度，我们才能科学地把握我国刑法的走向，并作为对刑法修改的评价尺度。

---

① [意] 贝卡里亚：《论犯罪与刑罚》，109 页，北京，中国大百科全书出版社，1993。

② 甘雨沛、何鹏：《外国刑法学》，上册，221 页，北京，北京大学出版社，1984。

③ 参见郑杭生等：《社会运行导论》，306 页，北京，中国人民大学出版社，1993。

一个社会的面貌，主要是由经济结构塑造的。经济体制改革前，我国社会结构是建立在计划经济体制之上的以集中垄断大一统为特征的政治社会。国家所有制模式赋予政府（在一定意义上也就是国家）无限的权力，将政府推到社会结构中至高无上的地位，使国家有可能凭借所控制的全部社会资源，在非经济领域实行全面和直接的控制，使经济领域之外其他维度上的社会结构深深地烙上这种所有制模式的印迹。[①] 在这种一元社会结构中，刑法成为国家推行其意志的暴力工具。因此，工具性就成为刑法的根本特征。正如我国学者指出的：工具主义的刑法观在社会生活中的典型表现，是把刑法作为推行社会政策的工具。历史上每一次社会变革和某项社会政策的实行，无一不是以刑法作为最有力的法律后盾。而在一个法制不健全，尤其是缺乏把法律神圣化传统的国家中，刑法就极易沦为政治斗争的附属物，而丧失其作为法律规范的独立性。这样，由于某一时期政治形势的变化，刑法的职能将随之转变；为了配合形势的需要，司法机关不得不打乱正常的工作秩序，来开展一项又一项的专门斗争。而当刑法的规定不能适应特殊需要时，就会出现超越法律规定的裁判。[②] 因此，工具性的刑法不仅丧失了法律的独立品格，成为政治的附庸，而且丧失了确定性的特征，牺牲了法定性的原则，随着政治斗争的需要而随时可以超越法律规定。甚至，在长达 30 年的时间里，居然可以没有一部统一的刑法典。在这种情况下，刑法的功能被形象地称为“刀把子”。例如，刑法是阶级专政的工具，刑罚是掌握在统治阶级手中的“刀把子”，是统治阶级用以镇压被统治阶级的武器。[③] 诸如此类的说法，最为生动地表达了刑法在一元社会结构中的作用。毫无疑问，刑法在这种社会结构中的意义是不可低估的，它为当时的社会稳定、经济发展与政治建设也确实起到了重要的作用。但是，这种一元社会结构中的刑法缺乏应有的制约，它虽然对于保护社会是十分有用的，却往往以牺牲公民个人的权利与自由为代价。

---

① 参见陆学艺、景天魁主编：《转型中的中国社会》，190 页，哈尔滨，黑龙江人民出版社，1994。

② 参见陈晓枫主编：《中国法律文化研究》，313 页，郑州，河南人民出版社，1993。

③ 参见中国人民大学法学系刑法教研室：《中华人民共和国刑法是无产阶级专政的工具》，51 页，北京，中国人民大学出版社，1958。

1979年制定的刑法典，在我国法制史上具有划时代的意义，它是新中国成立30年来的第一部社会主义刑法典。1979年刑法典的颁布，标志着我国法制建设进入了一个新的历史时期。当然，1979年刑法典仍然是建立在计划经济体制之上的，仍然具有政治刑法的特征。重要表现之一，是1979年刑法典确认了刑事类推制度——对于法无明文规定的犯罪，可以比照该法分则最相类似的条文定罪量刑。刑事类推，虽然在性质上有别于罪刑擅断，但与市民刑法所要求的罪刑法定主义还有相当距离。值得注意的是，虽然1979年刑法典确认了刑事类推制度，但我国刑法理论除个别观点以外，大都将罪刑法定视为我国刑法的基本原则。在我看来，这与其说是对刑法的实然描述，不如说是对刑法的应然期望。尽管将罪刑法定确认为我国刑法的基本原则并不符合刑法的实际状况，具有一定程度的超前性，但对这一理论自觉的价值无论怎么肯定都是不过分，它恰恰表现出我国学者对于刑法发展的热切期望。

从20世纪80年代初期开始，我国实行经济体制改革，这场改革的主要内容是从计划经济体制向市场经济体制的转轨。经济体制的改革引发了我国社会结构的整体变革。以转变政府职能为中心的政治体制改革，以促进科技与经济相结合为目标的科技体制改革，以适应社会现代化需要为方向的教育体制改革和以保证经济与社会协调发展为内容的社会体制改革全面展开，将中国推入了一个整体变革的时代。[①] 随着社会改革的全面启动，新旧社会结构逐渐交替，由于这种交替的不平衡性，出现了社会的结构性缺陷，表现为一种所谓综合性的失范效应。在刑法领域中，主要是大量犯罪，尤其是经济领域中的犯罪迅速滋生蔓延，形成一个严重的社会问题。在这种情况下，对刑法的社会需要增长了：为克服刑法短缺，大量的单行刑法与附属刑法得以制定并付诸实施；为遏制犯罪势头，重刑乃至于死刑大量出台。现在的状况是，单行刑法与附属刑法的篇幅大大超过刑法典，并淹没了刑法典。在这种情况下，基于制定一部统一的刑法典的考虑，刑法的修改迫在眉睫。当然，从体例上健全并完善刑法典是十分必要的，也是这次刑

① 参见陆学艺、景天魁主编：《转型中的中国社会》，217页，哈尔滨，黑龙江人民出版社，1994。

法修改的目标之一。但是，对于刑法修改的意义不能仅仅从形式的完备上去考虑。更为重要的是，应当从社会结构的转变所带来的刑法性质、机能与观念的重大变革上去审视刑法修改，并从深层次上认识刑法修改的意义。我认为，这次刑法修改实质上是刑法改革的外在表现形式，而这场刑法改革的历史使命是要完成从政治刑法到市民刑法的转换。

（一）从追求刑法的实质合理性到追求刑法的形式合理性

政治刑法以追求实质合理性为特点，这种实质合理性是根据统治阶级意志确认的，因此刑法也就成为推行统治阶级意志的工具。凡是违背统治阶级意志并具有社会危害性的行为，就被确认为犯罪，并以刑罚为手段予以惩治。在这种观念的指导下，刑事类推就具有了其存在的现实根据。而市民刑法则追求刑法的形式合理性，将罪刑法定主义确认为刑法的至高无上的原则、刑法的内在生命，彻底摒弃刑事类推。

应当指出，形式合理性与实质合理性，是德国著名学者韦伯提出的，它来自合理性（rationality）这一概念。韦伯在强调现代社会秩序的合理性时，认为这种合理性是纯粹形式的，是因为这种合理性指引的行动的后果具有最大限度的可计算性，这种行动可以达到任何一个不确定的（非决定论的）、可能的（概率的）实质目标。韦伯认为，这种纯粹形式的合理性是现代社会结构具有的一种客观属性，当人们在评价清晰、缜密的计算在社会生活中日益增长的重要作用时，其重要性就必然被得到承认。而实质合理性是一切前资本主义社会秩序的本质特征，这种合理性依据的是人们的观点，亦即依据被人们视为合理性尺度的目的、价值或信仰。[①] 在韦伯看来，实质合理性是主观的，而形式合理性是客观的。前者的追求可能导致无序，合理会转化成为不合理，或者个别合理的实现可能会导致对一般合理的否定。而后者虽然是以牺牲个别合理为代价，但能够建立一种可以预测行为后果的社会秩序。在政治刑法的框架下，一切犯罪都应当受到惩罚这样一

① 参见苏国勋：《理性化及其限制——韦伯思想引论》，228－229页，上海，上海人民出版社，1988。

种绝对正义观念占主导地位，因而刑事类推得以存在。因为“法有限，情无穷”，不可能以有限之法规范无穷之情。法内之情以法规范，法外之情则无法规范，只能借助于刑事类推。刑事类推扩展了法的涵括面，使那些法无明文规定的危害社会行为受到了刑事追究，这似乎实现了“天网恢恢，疏而不漏”的法律格言，但在正确地惩罚了法无明文规定的危害社会的行为的同时，也潜藏着滥用刑法的可能性。司法权一旦不受到立法权的严格限制，其滥用的后果是十分可怕的，它不仅使无罪的人受到刑事追究，最后也必将使法治本身遭受严重的破坏。在市民刑法的建构中，刑法的形式合理性受到一再强调，这将使刑法从国家的单方面的专横中解放出来。罪刑法定化，就使刑法成为国家与公民之间的一种契约：国家不得逾越法律的界限对无罪的公民进行非法追究，公民也应当在法定的自由境域之内活动。因此，罪刑法定主义就成为市民刑法的题中之意。

市民刑法的形式合理性的根据，来自市场经济对秩序的要求。市场经济与法治具有一种天然的亲缘力，正是在这一点上它与计划经济全然有别。计划经济的特点是建立一种集权管理的机制，因而奠基于计划经济的社会不是一种自发的社会，而是一个有组织的社会，这种组织可以通过行政手段加以管理与控制。在这样一个社会，对行政的亲近与对法律的疏远甚至排斥，都是十分自然的。由于行政替代法律在社会中起作用，虽然无法却不至于无序。行政是人操作的，更能体现长官意志，因而行政治国更具人治的性质。而市场最大的特点是分散性，根据英国著名学者哈耶克的分析，市场是一个分散系统，其中每个个人都是根据他所拥有的独一无二的信息来进行活动的。任何人都不可能全面掌握资源的有效分配赖以实现的所有那些信息。[①] 在这种情况下，为了实现交易活动，就必须要求有一种建立在平等基础之上维系自由交易的行为规则，这种行为规则的最高表现形式就是法律。因此，法律成为市场经济的基本载体。正是在这个意义上，才导致成立了市场经济是法治经济这个命题。正如我国学者指出的：市场经济对法治的

① 参见［美］霍伊：《自由主义政治哲学——哈耶克的政治思想》，59页，北京，生活·读书·新知三联书店，1992。

需求是由市场经济自身的性质决定的。市场经济内在地需要规则和秩序，没有规则便不可能有市场经济的正常运行。而使这些规则和相应的经济规律要求获得法律的形式，通过法律的语言表达出来，这正是法治经济的基本要求。① 在市场经济条件下，个人的自由与个人之间的平等都是作为市场主体所必备的个人要素。这些平等与自由的权利不容任意侵犯，而是需要由法律确认并受到法律的有力保障。凡是侵犯公民权利、破坏社会秩序的行为，就在刑法上明文规定为犯罪，受到不可避免的刑事追究。因此，就产生了对刑法的形式合理性的内在冲动，罪刑法定主义也就成为市民刑法的铁则。

（二）从追求刑法的社会保护机能到追求刑法的人权保障机能

政治刑法是以保护社会为己任的，是一种社会本位的刑法。对于刑法的社会保护机能，日本刑法学家庄子邦雄指出：刑法是基于国家维护其所建立的社会秩序的意志制定的，根据国家的意志，专门选择了那些有必要用刑罚制裁加以保护的法益。侵害或者威胁这种法益的行为就是犯罪，是科处刑罚的根据。刑法具有保护国家所关切的重大法益的功能。② 应该说，刑法作为国家制定的法律，必然具有维护国家利益、推行国家意志的机能。问题只是在于，刑法的这种社会保护机能是否受到一定的限制。在专制社会里，刑法的这种社会保护机能是不受限制的，一切危害统治秩序的行为都被认为是犯罪而受到刑罚的惩治。而在一个民主社会，由于社会性质所决定，刑法的人权保障机能得以强调并成为刑法的首要机能。因此，市民刑法在一定意义上也可以说是个人本位的刑法。在法律体系中，刑法的限制性是最为明显的，它是其他法律的制裁力量。刑法涉及对公民的生杀予夺，其存在的必要性在于保护社会，使社会免遭犯罪的侵害。但这种刑罚权如果不加限制，任其扩张，又势必侵夺公民个人的自由权利。正是在刑法存在的这一特殊矛盾中，刑法中的人权保障的重要性才得以凸现并受到充分的重视。

刑法中的人权首先是指被告人的实体权利（以下简称被告人权利）。被告人

① 参见孙国华主编：《市场经济是法治经济》，72页，天津，天津人民出版社，1995。

② 参见［日］木村龟二主编：《刑法学词典》，9-10页，上海，上海翻译出版公司，1991。

是指被指控为有罪的人，又叫犯罪嫌疑人。刑法中的人权保障，最表层的分析涉及对被告人权利的保护。在这个意义上，可以把刑法称为犯人（应当是指被告人）的大宪章。在刑法中，存在一种刑事法律关系或刑法关系。这种刑事法律关系是犯罪人与国家之间的一种权利义务关系，它以刑事责任的形式得以表现。从以有关机关为代表的国家这方面来看，这些权利和义务是：根据犯罪行为和犯罪人危害社会的程度对罪犯进行惩处，适用和执行刑罚，进行改造和再教育，以及保障判刑和服刑的法律措施。从犯罪人这方面来看，他们的权利和义务则是对所实施的行为及由此产生的一切后果接受和承担刑罚或其他影响方法，同时有权要求严格按照刑法、刑事诉讼法和劳动改造规范的规定，适用、确定和执行刑罚影响方法。[①] 在这种刑事法律关系中，被指控为有罪的公民与国家司法机关之间存在的这种权利义务关系表明：被告人尽管被指控为有罪，但并不因此而处于完全丧失权利简单地成为司法客体的地位，被告人的人权仍然受到法律的保障。这也正是现代法治区别于专制社会刑事制度的重要特征之一。

在专制社会里，公民一旦被指控为有罪，便丧失了一切权利，处于被折磨与被刑讯的地位，甚至受到非人的待遇。在这种情况下，被告人就根本谈不上人权。例如，美国学者指出：18 世纪刑法规定的惩罚是野蛮的，它允许实行刑讯逼供以获取犯罪事实和同案犯，对数百种罪行几乎都适用死刑。法律通常不公布，市民很难判断他们的行为是否违法。那种完全没有“正当的法律程序”的逮捕常常是随意和任性的。因此，美国学者认为，“不确定”是 18 世纪刑法的最典型特征。[②] 这里的“不确定”意味着被告人与国家之间的关系不受法律制约，被告人处于一种消极被动而无人权可言的地位。随着启蒙思想的传播，社会契约论的影响，个人与国家的关系，包括被告人与国家的关系被重新在理性的观念下进行审视。社会契约的观念成为社会秩序的基础，并确认过分严厉和任意的刑法违反了社会契约。对破坏社会秩序的人适用刑罚是保护社会契约的需要。但是，公

① 参见［苏］巴格里沙赫马托夫：《刑事责任与刑罚》，55－56 页，北京，法律出版社，1984。

② 参见［美］理查德·霍金斯等：《美国监狱制度——刑罚与正义》，29 页，北京，中国人民大学出版社，1991。

民也必须保护自己不受专制国家权力的侵犯。在这种情况下，被告人的权利开始受到重视。尤其是随着罪刑法定与无罪推定原则的确立，被告人的权利（包括实体性权利与程序性权利）在法律上受到承认并得到保障。因此，刑法中的人权保障，首先就意味着对被告人权利的保障。对此，日本刑法学家西原春夫曾经指出：刑法还有保障机能，即行使保护犯罪行为者的权利及利益，避免因国家权力的滥用而使其受害的机能。对司法有关者来说，刑法作为一种制裁的规范是妥当的，这就意味着当一定的条件具备时，才可命令科刑；同时当其条件不具备时，就禁止科刑。虽然刑法是为处罚人而设立的规范，但国家没有刑法而要科以刑罚，照样可行。从这一点看，可以说刑法是无用的，是一种为不处罚人而设立的规范。人们之所以把刑法称为犯人的大宪章，其原因就在此。①

由上可知，被告人权利的保障是刑法的人权保障的题中应有之义，但如果把它视为刑法的人权保障的全部内容，那就大错特错了。可以说，刑法的人权保障的更深层次的含义在于对全体公民的个人权利的保障。正是在这个意义上，刑法不仅是被告人的大宪章，更是公民自由的大宪章。应该说，刑法是公民自由的大宪章这一思想是现代法治国家的刑法的灵魂与精髓，也是现代刑法与以往专制刑法的最根本区别之一。在专制社会里，刑法被认为是驭民之术，其基本点在于用刑法来镇压反抗统治的行为，被认为是“刀把子”。在这种情况下，公民个人与国家的关系处于一种紧张的对立之中。统治阶级为了维护其社会统治，可以随意地限制乃至于剥夺公民的自由。因此，公民的自由范围是十分有限的，而国家权力，包括刑罚权却恶性地膨胀。例如，在宗教的统治下，欧洲大陆法系国家的刑法完全成了统治阶级禁锢人们思想、限制人的言论和行动自由、强制推行禁欲主义的工具。刑法规范制约着人们生活的各个细节，它同统治阶级的道德规范混淆在一起，没有一个确切的法定标准，人们可以根据占统治地位的道德信条来判定一个人是否有罪、罪轻还是罪重。② 在这种罪刑擅断的刑法制度下，公民的个人

① 参见［日］西原春夫：《刑法的根基与哲学》，33页，上海，上海三联书店，1991。

② 参见黄风：《贝卡里亚及其刑法思想》，17页，北京，中国政法大学出版社，1987。

自由得不到保障，往往成为专制刑法的牺牲品。在17、18世纪的启蒙运动中，专制的刑法制度受到猛烈抨击，刑法机能从简单地镇压犯罪转换为对公民自由的保障，这是一个历史性的转变，由此展开了一场刑法改革运动。美国学者认为，在早期的刑法改革中，具有双重的内容，即使法律及刑罚具有更大的控制、预防犯罪的功能（防止一般公民受罪犯侵害）和保证国家权力在某种控制之下并负有保护社会契约的义务（保护公民不受国王侵犯）。米歇尔·福考特（1977年）认为：刑罚改革源于反抗专制权力的斗争和与犯罪作斗争二者之间的要求及对非法行为之可容忍度的交会点。① 可以说，在刑事古典学派所倡导的早期刑法改革运动中，将公民个人权利的保障放到了首要的地位。罪刑法定就是这场刑法改革运动的产物，它以限制刑罚权、保障公民的人权为己任。因此，人权保障的刑法意义，只有从保障所有公民不受国家权力的非法侵害这一思想出发，才能得以昭示。唯此，才能对刑法的人权保障机能予以全面的把握。正如日本刑法学家庄子邦雄所指出的：刑法的人权保障机能由于保障的个人不同，实际机能有异，具有作为善良公民的大宪章和犯罪人的大宪章两种机能。只要公民没有实施刑法所规定的犯罪行为，就不能对该公民处以刑罚。在此意义上，刑法就是善良公民的大宪章。刑法作为犯罪人的大宪章，是指在行为人实施犯罪的情况下，保障罪犯免受刑法规定以外的不正当刑罚。② 因此，刑法的人权保障机能体现的是刑法对公民个人（包括被告人与其他公民）的权利的有力保障。

（三）从追求刑法的惩治性到追求刑法的有效性

政治刑法是以暴力直接推行的，因而其惩罚具有野蛮、威吓与恐怖的特点，镇压就成为政治刑法的这种惩治性的基本蕴含。无节制的刑事镇压虽然能够维持社会的生存，但个人的自由与权利不复存在。因此，只有在专制社会里，刑法才是唯一的统治形式，专制统治在腥风血雨中苟延残喘。意大利刑法学家贝卡里亚猛烈地抨击了专制刑法的野蛮性，指出：纵观历史，目睹由那些自命不凡、冷酷

① 参见［美］理查德·霍金斯等：《美国监狱制度——刑罚与正义》，29-30页，北京，中国人民公安大学出版社，1991。

② 参见［日］木村龟二主编：《刑法学词典》，10页，上海，上海翻译出版公司，1993。

无情的智者所设计和实施的野蛮而无益的酷刑，谁能不触目惊心呢？目睹帮助少数人、欺压多数人的法律有意使或容忍成千上万的人陷于不幸，从而使他们绝望地返回到原始的自然状态，谁能不毛骨悚然呢？目睹某些具有同样感官，因而也具有同样欲望的人在戏弄狂热的群众，他们采用刻意设置的手续和漫长残酷的刑讯，指控不幸的人们犯有不可能的或可怕的愚昧所罗织的犯罪，或者仅仅因为人们忠实于自己的原则，就把他们指为罪犯，谁能不浑身发抖呢？[①] 在批判这种残酷刑法的基础上，贝卡里亚从刑法根据与限度两个方面提出了刑法正当的标准。贝卡里亚基于社会契约论，认为刑罚权是公民自然权利的转让。公民之所以转让这种自由权，是为了更好地享受自由。一切额外的东西都是擅权，而不是公正，是杜撰而不是权利。[②] 因此，在贝卡里亚看来，正当的刑法应当是基于保障公民个人自由的需要。而且，贝卡里亚认为，正当的刑法是有限度的，这种限度就是阻止罪犯再重新侵害公民，并规诫其他人不要重蹈覆辙。为此，贝卡里亚提出了罪刑的均衡性，由此出发追求刑法的功利效果，从而使刑法摆脱感情的主宰，引入理性原则。贝卡里亚认为，罪与刑之间存在一种对称性，并由此形成一个罪刑阶梯。有了这种精确的、普遍的犯罪与刑罚的阶梯，我们就有了一把衡量自由和暴政程度的潜在的共同标尺，它显示着各个国家的人道程度和败坏程度。[③]

贝卡里亚的观点使我们看到，刑法不是绝对的，而是相对的，这种相对性在于以最小的代价换取最大的效果。因此，刑法的有效性就成为一个令人关注的问题。一种无效用的刑罚，就被认为是没有正当的存在理由的。而且，为了实现刑法的这种有效性，也不允许刑法的严厉性超出正义的限度。贝卡里亚看到了刑法的残酷性与刑法的有效性之间并没有必然联系。恰恰相反，刑法的残酷性还会有损于刑法的有效性。贝卡里亚指出，刑罚的残酷性还造成两个同预防犯罪的宗旨相违背的有害结果：（1）不容易使犯罪与刑罚之间保持实质的对应关系。因为，无论暴政多么殚精竭虑地翻新刑罚的花样，刑罚终究超越不了人类器官和感觉的

① 参见［意］贝卡里亚：《论犯罪与刑罚》，42页，北京，中国大百科全书出版社，1993。
② 参见［意］贝卡里亚：《论犯罪与刑罚》，9页，北京，中国大百科全书出版社，1993。
③ 参见［意］贝卡里亚：《论犯罪与刑罚》，66页，北京，中国大百科全书出版社，1993。

限度。一旦达到了这个顶点，对于更有害和更凶残的犯罪，人们就找不出更重的刑罚以作为相应的预防手段。(2) 严酷的刑罚会造成犯罪不受处罚的情况。人们无论是享受好处还是忍受恶果，都超越不了一定的限度。一种对于人性来说是过分凶残的场面，只能是一种暂时的狂暴，绝不会成为稳定的法律体系。如果法律真的很残酷，那么它或者必须改变，或者导致犯罪不受处罚。① 由此我们可以得出结论：正义的刑法应该是必要的刑法；同样，必要的刑法也应该是正义的刑法。刑法应当受到正义性与必要性的双重限制，这就是刑法的有效性的内容。刑法的有效性改变了在专制社会里，为了维护专制统治可以无所顾忌地采用一切刑法手段的观念，代之以理性的刑法观念。

应该说，从政治刑法到市民刑法是刑法制度、刑法思想与刑法文化的一场革命，是刑法法治的必然结果。中国传统法律文化，使刑法包含了更多的政治刑法的文化基因，这种文化基因一直流传至今。现在，我们面临着一场刑法的思想启蒙运动，同时面临着一场刑法变革运动。正在进行的刑法修改，就是发生在从政治刑法到市民刑法这样一个大的历史背景之下的，它当然不可能一蹴而就地一次完成这一历史性转变，但至少是在这条道路上向前推进。当前我国刑法理论应当引入形式合理性、人权保障、有效性这样一些市民刑法的观念，我国刑法应当引入罪刑法定、罪刑均衡这样一些市民刑法的原则。

在刑法修改中，关于我国刑法的基本走向是一个存在争论的问题。例如，罪刑法定主义是否应当引入刑法？刑事类推是否应当废除？就持有异说。异说的重要理由之一就是西方国家已经否定罪刑法定主义，认为从 19 世纪末 20 世纪初起，罪刑法定已度过它的隆盛期而开始走向衰亡。所谓"法无明文规定不为罪"已不复存在，罪刑法定在事实上正在走向衰亡。② 这里存在一个如何正确认识西方法律发展阶段以及我国应当如何选择参照系的问题。关于西方法律文化的发展阶段，最简单的是法治国与文化国的两分法。法治国反对专制主义的法律，不允

① 参见［意］贝卡里亚：《论犯罪与刑罚》，43－44 页，北京，中国大百科全书出版社，1993。

② 参见侯国云：《市场经济下罪刑法定与刑事类推的价值走向》，载《法学研究》，1995 (3)。

许任何专横擅断。因此，法治国的法制核心是罪刑法定主义。文化国则是最高形态的国家，对包括制服犯罪在内的一切措施采取积极的态度，旨在创造文化，从根源上解决犯罪问题。在所谓文化国，法治国的宠儿——罪刑法定主义所坚持的阵地一步一步地退让出来。例如，根据罪刑法定主义的原则，排斥刑法的类推适用，但在许多国家的刑法中容许类推适用或容许有条件地类推适用；罪刑法定主义反对保安处分制，但现在各国不仅容许适用保安处分，而且将保安处分法典化、一元化；罪刑法定主义反对绝对不定期刑，但现在不少国家适用绝对不定期刑。如此等等，充分说明罪刑法定主义原则所坚持的阵地均已逐渐地一一让给了所谓文化国的教育刑论。①

我认为，西方刑法的发展，虽然已由文化国取代法治国，但文化国并不是对法治国的简单否定，而是在法治国基础上的发展。因此，文化国对罪刑法定的一定意义上的否定，只是基于罪刑法定的形式合理性而追求实质合理性，而且这是以有利于被告为原则的。可以说，罪刑法定主义的精神实质依然存在。以法治国还是文化国为刑法发展的参照系？我认为，中国正在走向法治国，需要的是法治国的刑法文化，这也就是市民刑法及其刑法文化。在这个意义上，我同意以下观点：对于中国来讲，为免于法律文化的滞后，当务之急是选择法律文化进化时期法治国的法制精神文化。在刑法文化方面，就是要着力选择那些蕴含着巨大的科学和民主精神的罪刑法定主义、罪刑相适应原则和犯罪构成理论。正是这些纯粹的法治精神，几乎是彻底铲除了不折不扣的强大的封建专制和罪刑擅断主义。中国正处于加强民主、健全法制的关键时期，从法律文化演进的角度观察，我们的刑法立法改制的政策导向和民意趋向，与法律文化进化时期法治国的刑法文化是息息相通的，在这一点上，我们似乎没有回避、犹豫或绕行的余地了。② 确实，法治国的刑法文化应当是当今中国的选择。当然，我们也不应简单地照搬或照抄，对于历史证明已经过时或者不符合中国国情的某些东西完全可以排斥，但基

① 参见甘雨沛、何鹏：《外国刑法学》，上册，233页，北京，北京大学出版社，1984。

② 参见宋建强：《冲突与选择——世界刑法态势与中国刑法改制》，载《法学与实践》，1991（1），2-3页。

本价值取向应当是可以确定的，这就是法治国以罪刑法定主义为核心的刑法文化。

对于中国传统的刑法文化，更多地应当持批判的态度。现在有一种倾向，在借鉴的名义上力图使传统刑法文化为现实服务。例如，我国有人认为从刑法学和犯罪学的角度分析，法家的重刑有明显的合理性，是一份值得珍视的法学遗产。尤其是认为这一思想的核心观点，在今天的立法和执法中仍有借鉴意义。[①] 这种观点认为，以往学术界对法家的重刑发生了误读。韩非云："所谓重刑者，奸之所判者细，而上之所加焉者大也；所谓轻刑者，奸之所利者大，上之所加焉者小也。"据此，法学的所谓重刑其实并不重，反而是与罪相适应的，因而具有科学性。从以上所引韩非关于重刑与轻刑的界定来看，重刑并不重。但我们再引一句韩非的话："刑盗，非治所刑也。治所刑也，是治胥靡也。故曰重一奸之罪而止境内之邪，此所以为治也。重罚者，盗贼也；而悼惧者，良民也；欲治者奚疑于重刑。"这里的重刑似乎再不能解释为与其所犯之罪相称之刑吧？而是一种使良民悼惧的威吓之刑。这种重刑并非为罪人所设，而是为止境内之邪而设。因此，轻重标准就不可能是所犯罪行轻重，而是威吓之所需。为达到威吓之需要，实现所谓"以刑去刑"，商鞅甚至公然宣称"行刑，重其轻者，轻者不生，则重者无从至矣"，反对"轻轻而重重"即"轻罪轻刑，重罪重刑"。对此，韩非也作了进一步说明："夫以重止者，未必以轻止也；以轻止者，必以重止矣。"这里的重刑，当然不再可能是与其所犯罪行相称的刑罚。即使是儒家刑法文化，德主刑辅，也容易导致刑法虚无主义；对伦理上的实质合理性的追求导致对法律上的形式合理性的否定。正如韦伯所言，儒家主导的中国法文化缺乏自然法与形式法的逻辑（Rechtslogik），儒家司法是根据被审者的实际身份以及实际情况，或者根据实际结果的公正与适当来判决的一种"所罗门式的"卡地—司法（Kadi-Justiz，Kadi 系伊斯兰教国家的审判官）。[②]

---

① 参见艾永明：《法家的重刑思想值得借鉴》，载《法学》，1996（11），10页。

② 参见［德］韦伯：《儒教与道教》，174页，南京，江苏人民出版社，1993。

因此，那种认为后现代社会（相当于文化国）法文化正好与中国传统法文化相契合，甚至认为中国传统法文化昭示着21世纪法文化的发展方向的观点是不能成立的。正如我国学者指出的：虽然20世纪西方刑法提出了刑罚个别化原则，但它并未取代、否定罪刑法定主义，而只是强调犯罪的特殊预防，是把处理一般犯罪的罪刑法定主义与处理特殊犯罪的罪刑法定主义更进一步密切结合，可以说是罪刑法定主义的进一步深化，这与儒家的罪刑擅断（君断）主义依然是尖锐对立的。如果我们现在过分强调刑罚个别化原则，那就会使封建特权法律观念借尸还魂，法律面前人人平等的价值观念再度受到冲击。① 因此，坚守法治国的刑法文化不会是一帆风顺的，肯定还会有曲折。

从政治刑法到市民刑法这样一个视角审视我国正在进行的刑法修改，我认为，新刑法应当更多地汲取法治国的精神，使刑法在确定性、合理性与有效性方面有所进展，建构以罪刑法定主义为精髓的刑法典。当然，这一目标在多大程度上实现，取决于我们对中国现实的认识，取决于对法治国刑法文化的理解，也取决于一定的立法能力与立法技术。

（本文原载陈兴良主编：《刑事法评论》，第1卷，北京，中国政法大学出版社，1997）

① 参见刘晶军、房守林：《儒家法文化与后现代社会法文化》，载《法学》，1996（10）。

刑法修改的双重使命：价值转换与体例调整

我国刑法修改面临着双重使命，即价值转换与体例调整。价值转换是指刑法内容上的突破，通过修改使刑法的价值内容能够适合当前社会的实际需要。体例调整是指刑法形式上的改进，通过修改使刑法的体例形式更趋完善。本文拟对刑法修改中的价值转换与体例调整这两个互为表里的问题略述己见，就教于我国刑法学界。

一、刑法修改中的价值转换

刑法价值植根于一定的社会生活，因而社会生活的嬗变必然引起刑法价值的转换。我国第一部刑法是建立在计划经济体制的基础之上的，体现的是当时的社会价值内容。刑法颁行不久，我国进入了一个以经济体制改革为主要内容的社会变革时代，经济转轨，社会转型，价值观念也发生了重大的变化。由于我国当前还处于这一历史巨变的过程当中，因此，刑法修改不仅应当顺应社会价值内容的递嬗，而且应当具有科学的预见性。唯有如此，才能使修改后的刑法获得超越现实的强大生命力，从而在相当长的时间内保持其稳定性。应当指出，这里所谓预见，不仅仅是对犯罪发展态势及其规律的预测与追踪，更重要的是对社会价值观念演进及跃迁的洞见与明察。在此基础上，才能使修改后的刑法的内在精神与社会生活的发展趋势相吻合。这里存在一个刑法观念的更新问题，也就是从计划经济的刑法观向市场经济的刑法观转变。在我看来，这一转变的根本内容就在于刑法价值取向的民主化。由此出发，刑法修改应当在以下三个问题上有所突破。

（一）罪刑法定

罪刑法定与类推存在明显的逻辑矛盾：前者是法无明文不为罪，后者是法无明文亦为罪。1979年《刑法》第79条规定了类推制度，这实际上排斥了罪刑法定。按照我的理解，这与其说是一种实然的描述，不如说是一种应然的评价。尽管如此，在罪刑法定与类推的关系上，一直存在争议，这在刑法修改中也表现得极为明显。在我看来，罪刑法定与类推之争，并不仅仅是一项刑法制度的简单取舍，而是刑法价值的重大抉择。

类推，正如荀子所言“无法者以类举”，意在拓展法条的涵括面，使法律条文扩及法无明文规定的事项，从而严密法网。因此，对于克服法律的局限性来说，类推确有其存在的意义，甚至不失为法律适用的一种特殊方法。那么，刑法，我在这里说的是现代刑法，为什么要拒绝这种方法呢？这主要是因为刑法涉及对公民的生杀予夺，一旦刑及无辜，后果不堪设想。因此，必须将刑罚权限制在法定的范围之内。在这种情况下，罪刑法定就凸现出其存在价值。要而言之，类推具有扩张机能，导致刑法的法外适用；而罪刑法定具有限制机能，它严格地框定了刑法的界域。由于类推的扩张性，它有利于实现刑法的保护机能，对于严重危害社会而法又没有明文规定为犯罪的行为，可以通过类推定罪判刑，从而维护社会秩序。由于罪刑法定的限制性，它有利于实现刑法的保障机能，通过限制刑罚权，防止刑罚滥用，从而体现对个人（不仅是被告人，而且包括全体公民）人权的有效保障。在以往计划经济体制之下，社会利益、国家利益得到充分的强调，而在一定程度上忽视或者漠视个人利益。反映在刑法观念中，就是过于强调刑法的社会保护机能，而未将人权保障机能放在一个同等重要的应有的位置上。在这种社会价值背景之下，类推的存在获得了现实的合理性。在市场经济体制下，个人的权利与利益日益受到重视与保护，一种宽松的社会环境正在逐步形成，使市场经济得以顺利发展。因此，刑法机能应当从社会保护机能向人权保障机能倾斜。在这种情况下，类推也就丧失了其合理性的基础。罪刑法定日显其重要，将其作为刑法的基本原则在法典中加以确立也就势在必行。

“情无穷，法有限”，这是反对罪刑法定、主张类推的一个重要理由。由于“情”与“法”的矛盾是不可克服的，因此类推的存在也就是永恒的，甚至认为类推与刑法同存亡。例如我国学者指出：由于犯罪的社会危害性具有变异性，而具有相对稳定性的刑法又不可能把所有犯罪毫无遗漏地规定下来，为了有效地同犯罪作斗争，采取类推制度是完全必要的。这种必要性同刑法本身的必要性是并存的，即有刑法就要有类推，刑法消亡，类推才消亡。[①] 我认为，这种观点只注重对刑法的技术分析，而忽视了对刑法的价值分析，因而很难说是通达之论。“情”与“法”的矛盾是不能否认的，这个矛盾不仅在刑法中存在，在其他法律领域中也存在。这个矛盾解决的根本途径是实行自由裁量主义，但这样做的结果只能是以人治代替法治，以个别牺牲一般。因为法总是以一般为立法对象的，具有可适用性。因此，难免存在不能概括之个别与例外的事项。但法的这种不周延性并不能成为否定法的理由，而是应当以一定的手段来加以弥补。类推在其他部门法中曾经是，至今仍然是一种克服法的不周延性的手段。但在刑法中，类推从近代启蒙运动开始就受到拒绝与排斥，其理由不是技术的而是价值的，即为保障人权而对刑罚权加以限制，这是从封建专制的罪刑擅断中得出的历史经验。因此，从类推向罪刑法定的历史性转变，是以社会价值观念的重大变化为前提的，而不仅仅是一个技术性的判断。在我们今天，从类推到罪刑法定的发展，同样也伴随着刑法观念的变迁。例如，犯罪是刑法中的一个基础性概念。在类推与罪刑法定两种制度构造中，存在完全不同的犯罪概念。基于类推的思路，犯罪的本质特征是社会危害性，凡是具有社会危害性的行为，无论法律是否规定，都可以认定为犯罪。因此，犯罪就可以分为两种：法有明文规定的犯罪与法无明文规定的

① 参见张明楷：《犯罪论原理》，361 页，武汉，武汉大学出版社，1991。

犯罪。而根据罪刑法定原则，犯罪的形式特征更具有决定意义，只存在法有明文规定的犯罪而不存在法无明文规定的犯罪。在当今社会，人权保障具有十分重要的意义。对法无明文规定的犯罪的论处无疑潜藏着司法擅断、侵犯人权的危险性。而且对于法无明文规定的犯罪追究刑事责任，实际上是一种“不教而诛”，对人的理性与人格缺乏应有的尊重，这与现代法制的民主精神可以说是背道而驰的，殊不可取。由此看来，实行罪刑法定原则，尽管会存在有限之法不能规范无限之情这样的缺陷，但与实行类推可能导致刑罚滥用的潜在危险相比较，应当选择前者而非后者。更何况，罪刑法定并非主张绝对的法律文本主义，仍然在一定程度上承认习惯、道德、经验与情理等的补充意义，也能够容纳一定限度的自由裁量，因而更为可取。

（二）死刑削减

刑罚世轻世重，这是精辟之论。由此可见，刑罚的轻重并非一成不变，而是随着社会的需要处在不断调整与适应之中。当然，在一个社会里，影响刑罚轻重的因素是多方面的，其中一个重要的因素就是犯罪演变的情势，因而古人又总结出“治乱世用重典，治平世用轻典”的用刑之道。这里引起我们深思的问题是：刑罚，尤其是以死刑为特征的重刑，对于犯罪果真那么灵验呢?

应该说，我国于1979年制定的刑法，基本上是一部比较轻缓的刑法。随着社会变革进程的启动，犯罪态势发生了一定的变化。面对严峻的治安形势，我国立法机关通过颁布单行刑法，增加了44个死罪，使刑罚分量大幅度加重。在这次刑法修改中，面临着刑罚轻重的调整：是限制死刑，使刑罚轻缓化，还是保持甚至增加死刑，使刑罚进一步趋重?我主张严格限制死刑，降低目前刑罚的分量。

面对犯罪的增长，人们最本能也是最直观的反应就是加重刑罚。事实上，犯罪发生是由一定社会因素决定的，尤其是我国当前犯罪的大量增长，与经济转轨和社会转型有着密切关系。在这种情况下，对犯罪的严厉惩治虽然是必要的，但关键还在于理顺社会关系，调整社会结构，使社会进入一个平稳发展的阶段。因此，刑罚只是治标之策而非治本之道。我们不能单纯地依赖重刑，更不能崇尚与迷信重刑。对此，意大利著名刑法学家菲利指出：刑罚的效力很有限这一结论是事实强加给我们的，并且就像边沁所说的，恰恰因为从前适用惩罚性法规没有能够成功地预防犯罪，所以每一个惩罚性法规的适用都证明了这一点。不过，这一结论与公众舆论，甚至与法官和立法者的观点直接对立。在犯罪现象产生和增长的时候，立法者、法学家和公众只想到容易但引起错觉的补救办法，想到刑法典或新的镇压性法令。但是，即使这种方法有效（很可疑），它也难免使人们忽视尽管更困难但更有效的预防性和社会性的补救办法。菲利指出：刑罚只是社会用以自卫的次要手段，医治犯罪疾患的手段应当适应导致犯罪产生的实际因素。而且，由于导致犯罪产生的社会因素最容易消除和改善，因此我们同意普林斯的观点："对于社会弊病，我们要寻求社会的治疗方法。"[①] 因此，刑罚并非必然与犯罪的增长成正比，关键在于如何采取更为有效的措施对犯罪进行综合的社会治理。当然，在当前"严打"的氛围下减少死刑，降低刑罚分量，还会受到来自社会的压力。尤其是普通百姓对于犯罪深恶痛绝，要求严惩之声不绝于耳。在这种情况下，有一个正确对待民众呼声的问题。我们应当采取的是一种理性的态度，而不能一味地顺从与迁就。更何况从国际潮流来看，限制死刑已成趋势，废除死刑的国际呼声也日益高涨。从中国的实际情况出发，保留死刑当然是十分必要的，但限制死刑也是理所当然的。

那么，死刑应当怎么限制呢？我认为，限制死刑有立法限制与司法限制之分，立法限制指通过立法限制死刑罪名，司法限制指通过司法限制死刑适用。在刑法修改中，需要考虑的是立法限制。而且，死刑的立法限制是司法限制的前提与基础。只有在立法上减少了死刑罪名，严格了死刑适用条件，才能限制司法中死刑的适用。当然，司法中死刑的适用情况也对立法上限制死刑具有参考价值。例如，根据某省的司法统计，仅杀人、抢劫、强奸、重伤、重大盗窃等 5 种犯罪的死刑适用量，就占全部死刑适用量的 90%左右。[②] 从这一司法中死刑适用的情

---

① ［意］菲利：《犯罪社会学》，70、71 页，北京，中国人民公安大学出版社，1990。

② 参见李云龙、沈德咏：《死刑制度比较研究》，150 页，北京，中国人民公安大学出版社，1992。

况来看，虽然我国刑法中的死刑罪名达70多个，但大多只具有警示意义，往往是备而不用。在司法实践中，真正大量适用的死刑罪名应该不会超过10个。由此可见，对刑法的立法限制大有余地。我建议对刑法中70多个死刑罪名的司法适用情况逐一加以统计，对于那些久不适用，甚至从来没有适用过，或者只有个别适用的死刑罪名，除某些出于政治上考虑需要备用保留的以外，应当予以压缩。这种压缩，实际上并不影响司法机关对犯罪的惩处，又能减少死刑罪名，何乐不为，又有什么理由不为？在我看来，目前在刑法中保留70多个死刑罪名，大部分是虚置，确实没有必要，应当予以实质性的削减。除此以外，死刑的立法限制还可以采用技术处理的方法，我们称之为技术性限制。换言之，我国死刑罪名之所以多，立法技术上的原因十分突出。对此，通过立法技术手段就可以使死刑罪名大为减少。例如，我国刑法中对故意杀人罪规定了死刑，这是一个基本的死刑适用法条，也是非保留不可的死刑罪名。但在我国刑法中，并非所有故意杀人行为都定故意杀人罪，大量其他犯罪包含故意杀人的内容，从而使这些罪名非挂死刑不可。例如，我国刑法中的反革命杀人罪、放火罪、决水罪、爆炸罪、投毒罪、以其他危险方法危害公共安全罪以及抢劫罪等都包含故意杀人的内容。以放火罪为例，根据我国刑法规定，是指故意放火焚烧公私财物，危害公共安全的行为。从这一概念看不出它包含故意杀人的内容。但刑法教科书在解释我国《刑法》第106条的“致人死亡”时，一般认为包括故意杀人的内容。根据教科书的观点，这是“因为，事实上实施放火、爆炸、投毒的人，对于可能发生人身伤亡的结果，很难说都不在他的意料之中”①。既然放火罪包含故意杀人，因而其规定死刑也就不足为怪了。那么，能不能把这些犯罪的故意杀人的内容都剥离出来，与故意杀人罪实行数罪并罚，适用故意杀人罪的死刑，而将其他犯罪的法定最高刑由死刑减为无期徒刑呢？这是值得加以考虑的一种方案。通过这种立法技术上的调整，既可以减少刑法中的死刑罪名，又不影响对那些严重犯罪的死刑适用，不失为明智之举。

① 高铭暄主编：《中国刑法学》，375页，北京，中国人民大学出版社，1989。

（三）劳教完善

在刑法修改中，保安处分也是一个重要的问题，保安处分立法化的呼声日益高涨。例如我国学者指出：应当在我国建立系统的保安处分制度，并使它完整地规定在刑事法律中，以便实现保安处分刑事立法化。[①] 我完全同意这种观点，因为这是刑法领域中加强法制的必然要求。

在保安处分中，最引人注目的是劳动教养问题。在我国，劳动教养是指对有违法行为尚不够追究刑事责任，按治安管理处罚又失之过轻的人，所采取的一种强制性的教育改造措施，是介于刑事处罚和治安管理处罚之间的一种行政处罚。[②] 但是，1996 年全国人民代表大会颁行的《中华人民共和国行政处罚法》并未涉及劳动教养，同时该法第 9 条规定："法律可以设定各种行政处罚。限制人身自由的行政处罚，只能由法律设定。"第 10 条第 1 款规定："行政法规可以设定除限制人身自由以外的行政处罚。"综合以上两条规定，行政法规与法律设定行政处罚种类的权限有所不同：前者不能设定限制人身自由的行政处罚；后者可以设定限制人身自由的行政处罚。那么，它设定的法律根据又是什么呢？法律根据是 1957 年 8 月 3 日《国务院关于劳动教养问题的决定》和 1979 年 11 月 29 日《国务院关于劳动教养的补充规定》，以及 1982 年 1 月 21 日公安部发布的《劳动教养试行办法》。以上三项法规，均属行政法规的范畴。根据《行政处罚法》的规定，行政法规根本就无权规定限制人身自由的行政处罚。因此，在我国当前的法制建构中，劳动教养存在的合法性根据已经岌岌可危。更何况，劳动教养不论是由人民政府组织劳动教养管理委员会审查决定，或者实际上是由公安机关审查决定，都未经过司法机关，缺乏必要的司法程序，不利于保障当事人的合法权利。而且，劳动教养一经决定，期限长者可达 3 年，又在相当程度上剥夺自由，甚至比某些刑种更为严厉。结果出现对未构成犯罪的人比已经构成犯罪的人处罚更重的尴尬局面。因此，从程序与实体两个方面来说，劳动教养存在的合理性根

① 参见喻伟：《保安处分刑事立法化》，载《法学评论》，1996（5），15 页。

② 参见杨春洗等主编：《刑事法学大辞书》，300 页，南京，南京大学出版社，1990。

据都大可怀疑。

那么，在刑法修改中应当如何处理劳动教养呢？对此，存在三种观点：一是不涉及说，对劳动教养暂时不动，保留现状。二是取消说，认为劳动教养是在没有犯罪行为的情况下所采取的措施，从保障人权、加强法治的要求来看，以一般违法行为推定其将来犯罪的可能性并进而给予剥夺自由的保安处分，是很不合适的。因此，主张取消劳动教养。① 三是完善说，认为出于完善劳动教养立法和健全民主与法制建设的考虑，建议在修改的《刑法》中设立“保安措施”专节，并于该节规定劳动教养；同时，还应专门制定《劳动教养法》或者《劳动教养实施条例》，对劳动教养的有关问题，作全面细致的规定，以便实践中易于操作。② 在以上三种观点中，第一种观点殊不可取。如前所述，现在劳动教养实际上已经在很大程度上丧失了其存在的合法性与合理性根据。如果在这次刑法修改中，对劳动教养还不触及，那么刑法修改成果就会大打折扣。因为劳动教养这样剥夺人身自由可达3年的严厉处罚措施还游离于刑法之外，不利于保障公民的合法权益。至于劳动教养是取消还是完善，不可就事论事，而是应当从我国刑事司法程序的宏观构造上来考察。在我国刑事司法体制中，公、检、法是刑事诉讼的三道上下衔接的工序，可以将它形象地比喻为一条传送带或者一个过滤器：在第一道工序即公安机关先过滤一遍，凡是公安机关认为情节轻微不构成犯罪的，一般就直接予以治安管理处罚或者直接交付劳动教养。其余公安机关认为应当追究刑事责任的，就往检察机关输送。检察机关在批捕阶段再次把关筛选，又卡下一部分人，这部分人除极少数事实上无罪以外，相当一部分都具有轻微的犯罪行为，但又够不上刑事处分。对于这部分人，因为已经进入刑事司法程序，当事人往往已经被关押了一个时期，不可能再作治安管理处罚，因此就采用劳动教养的办法加以消化。批捕以后，检察机关在审查起诉阶段又卡下一部分人。这部分人除完全无罪或者不应追究刑事责任的予以不起诉以外，另有一部分具有一定犯

① 参见赵秉志等：《中国刑法修改若干问题研究》，载《法学研究》，1996（5），45页。

② 参见马克昌：《加大改革力度，修改、完善〈刑法〉》，载《法学评论》，1996（5），8页。

罪事实但情节较轻不需要判处刑罚的，如果不起诉而宣告无罪，则不足以体现对其惩戒，因而就有了以往刑事诉讼法中的免予起诉，但作出有罪处分。案件起诉到法院以后，个别事实上无罪或者证据上无罪的被宣告无罪，另有一些虽然犯罪事实清楚但情节轻微的可以判处免予刑事处分。由此可见，劳动教养、免予起诉与免予刑事处分，都是对于在刑事司法程序中筛选下来的轻微犯罪的一种处置办法。

之所以出现这种情况，主要是由于我国刑法中的犯罪概念引入了定量因素：以情节是否严重、数额是否较大作为区分罪与非罪的标准。如果说数额尚较为明确，容易认定，情节就较为复杂，因而出现公安机关认为情节已经严重，构成犯罪，检察机关则认为不够严重，不予批捕，因而需要公安机关自行消化。免予起诉也是如此。现在修改后的刑事诉讼法虽然废除了免诉制度，但将其大部分归于不起诉。这样，不起诉就分为“无罪不诉”和“有罪不诉”两种情形。[①] 由于修改后的刑事诉讼法第12条规定了“未经人民法院依法判决，对任何人都不得确定有罪”的原则，因此，“有罪不诉”之“有罪”是事实上有罪（尽管犯罪情节轻微），而法律上无罪，由此形成两者的冲突。因此，以上问题的解决，无非有两个办法：一是排除犯罪概念中的定量因素，只要实施了一定的犯罪行为，就进入刑事司法程序，最后由审判机关根据罪行大小作出各得其所的处置。这样，在刑事司法程序中被筛选下来的是事实上无罪或者证据上无罪的人，对这些人不宜再作司法处分。在这种司法体制下，劳动教养可以取消，不起诉制度也可以进一步完善，将实体处分权都集中到法院。然后，通过设置治安法院、重罪法院加以分流，在刑事诉讼程序上也分别采用简易程序与普通程序。这种情形，颇类似于某些大陆法系国家刑法中包含的违警罪，将违警罪的处置权也交给法院，从而有利于保障人权。当然，这种做法增添了法院负担，加重了当事人的讼累，也存在一定的缺陷。二是仍然保留现在的犯罪概念，为与刑事诉讼法协调，将犯罪概念中的但书修改为“情形轻微、不需要判处刑罚的，不认为是犯罪”。然后，把犯

① 参见鲁兰：《不起诉制度利弊析》，载《中外法学》，1996（5），48页。

罪情节轻微的，作为保安处分（主要是指劳动教养）的对象，在刑法中加以规定。同时，对劳动教养的内容加以改造，执行方法上有别于自由刑，以教养为主，辅之以劳动。[①] 在司法程序上采用简易程序，经由人民法院依法判决，以保障当事人的正当权利。以上两种办法，都有可取之处。前一种办法步子迈得较大，改革较为彻底，在当前中国是否可行，不无疑虑。后一种办法步子迈得较小，基本上照顾了现实状况，较为可行。当然，在保留劳动教养的情况下，一定要对劳动教养加以改造完善，使之与刑罚相协调。这一点如果做不到，则其存在的合理性就会受到质疑，取消的理由也就更为充分。

二、刑法修改中的体例调整

刑法价值是以一定的法典与法条为载体的，立法意图必须有所体现。因此，刑法体例对于刑法价值的实现具有重要意义。我们在评价一部法律制定或者修改是否成功的时候，往往具有内容与形式两个标准。在这次刑法修改中，不仅涉及刑法内容上的重大变化，而且必然发生刑法体例上的必要调整。依我之见，刑法体例调整的目标是科学化。由此出发，当前刑法修改中应当在以下三个问题上有所突破。

（一）章制编排

现行刑法分则体系分为八大章，基本上以犯罪客体为分类标准。由于当时罪名有限，因而这种分法并无不可。此后，为适应惩治犯罪的实际需要，全国人大常委会又以单行刑法与附属刑法的形式修改、补充了 230 多个罪名，远远超过了现行刑法规定的 151 个罪名。[②] 在刑法修改中，面临的一个重要任务就是重新编排刑法分则体系，将修改、补充的新罪纳入刑法分则体系。在这种情况下，关于刑法分则体例，出现了大章制与小章制之争。[③] 大章制论者主张除个别调整以

① 参见陈兴良：《刑法哲学》，468 页，北京，中国政法大学出版社，1992。

② 参见陈兴良主编：《刑法新罪评释全书》，1 页，北京，中国民主法制出版社，1995。

③ 参见赵秉志等：《中国刑法修改若干问题研究》，载《法学研究》，1996（5），49 页。

外，基本上保留目前的刑法分则体例，对内容庞杂、条文过多的犯罪类型，可以在章下设节，每节分为不同的犯罪类型。小章制论者主张章下不设节，将原来的内容庞杂、条文过多的犯罪类型划分为若干章，每章条文少，分则章多。大章制与小章制似乎只是一个章节编排的技术问题，但对于一部刑法典来说又具有实质性的意义，更何况它还涉及一些刑法的基本理论问题，需要加以深入研究。

首先，刑法分则体系编排，实际上也就是犯罪分类的标准是什么？对于这个问题，刑法立法例上存在以下三种分类法[①]：（1）客体归类法，指在刑法分则中，以犯罪行为所侵犯的客体（或法益）为标准，对刑法分则的犯罪进行分类和排列的归类方法。（2）行为归类法，指在刑法分则中，以犯罪行为特征为标准，对犯罪进行分类和排列的归类方法。（3）混合归类法，指在刑法分则中，既以犯罪行为所侵犯的客体，又以犯罪行为的某种特征作为犯罪的分类和排列标准。在以上三种分类法中，基本标准其实是两个：客体与行为。应该说，在相当大的程度上，客体与行为是一致的，两者并不矛盾。例如，走私罪作为一类犯罪，其客体是海关管理制度，其行为特征是走私。当然，在个别情况下，两者存在冲突：以客体为标准，无法顾及行为的特征；以行为为标准，又无法坚持客体的统一性。例如，以行为为标准，可以设立经济诈欺罪一章，包含合同诈欺、保险诈欺、证券诈欺、金融诈欺等各种诈欺行为，由此获得了行为特征的统一性。但这些诈欺犯罪侵害的客体又各不相同，因而这种分类法又破坏了客体的统一性。我认为，从我国刑法理论与立法现状来分析，还是坚持客体归类法为好。申言之，以客体特征作为刑法分则体例编排的统一标准。

其次，既然是坚持客体的归类法，那么，是否刑法分则只能分为八大章，即新增罪名只能毫无例外地纳入现行刑法分则八大章的模式中去呢？我的回答是否定的。因为客体本身并非一成不变，同类客体与直接客体是根据立法的演变而变动的。例如，现行刑法（指 1979 年刑法，下同）第 116 条规定了走私罪，这是

① 参见陈兴良主编：《经济刑法学（总论）》，123 页，北京，中国社会科学出版社，1994。赵国强：《刑事立法导论》，170－171 页，北京，中国政法大学出版社，1993。

一个单一罪名。此外，1988 年全国人大常委会《关于惩治走私罪的补充规定》根据走私的对象与行为特征，实际上分解为若干个具体罪名，从而使走私罪成为一个集合罪名。将来在刑法中，以走私罪侵害的客体——进出口管理制度为标准，将其单列一章，进出口管理制度就从过去走私罪的直接客体调整为同类客体，各种具体的进出口管理制度则成为直接客体。因此，我主张将现在刑法分则体例的大章制改变为小章制。在刑法修改中，关于章制的具体编排，我国刑法学界存在两种不同的主张。一是以节代章，即仍然保持八大章体例，将新增犯罪归为节，在大章下设小节，以节代章。例如刑法分则第三章下设 8 节：（1）生产、销售伪劣商品罪；（2）走私罪；（3）妨害对公司、企业的管理秩序罪；（4）破坏金融管理秩序罪；（5）金融诈骗罪；（6）危害税收征管罪；（7）侵犯知识产权罪；（8）扰乱市场秩序罪。二是章节混用，即并列分为相同的数章，章下设节。例如，破坏经济秩序罪分作数章，章题后以（一）（二）（三）相区分。余下较为独立、集中的可作为节，统一编号。[①] 我不同意这种观点，因为以节代章名义上坚持了客体分类法，但实际上恰恰破坏了客体的内在逻辑。因为犯罪客体分为三种：共同客体、分类客体与直接客体。分类客体是刑法分则体系建构的标准，上承共同客体，下接直接客体，形成客体的三个有机层次。如果在章下设节，客体就形成有机的四个层次。章是分类客体，节又是什么客体？无以名之，其结果必然破坏客体的内在逻辑和明晰性，从而造成理论上的混乱。而且，以节代章，只出现在罪名较多的刑法分则第三章“破坏社会主义经济秩序罪”与第六章“妨害社会管理秩序罪”，其他章下无节可分，破坏了体例的统一性。更为重要的是，这两章中的一节在篇幅（罪名的数量）上就相当于甚至超出其余的一章，极不协调，丧失了体例的形式美。因此，我力主小章制。其实，大章制与小章制，大小是相对而言的，就小章制的每一章而言，在篇幅上何尝不是现行刑法中的大章？总之，宜采用小章制编排刑法分类体系，以减少层次上的累赘，增强体例上的协调。

---

① 参见文海林：《刑法分则结构及其理论基础》，载《法学研究》，1996（4），144 页。

最后，采用小章制，由现行刑法分则中的八章改变为二十多章，是否会使刑法分则体系显得零乱？这个问题实际上涉及对这些章如何排列的问题，也就是要确定刑法分则体系的内在逻辑性。我认为，刑法分则犯罪虽然变成二十多类，但这些犯罪之间仍然可以找出相关性，据此排列不仅不会杂乱无章，而且会更为合理。为此，我们可以借鉴西方国家刑法分则体系的建构标准。西方国家的刑法分则体系大体上是按照各种犯罪所分割的法益的种类和性质建立起来的。为了使刑法分则系统化，按照上述观点对各种犯罪的分类作了广泛的尝试。当时，在学说上，把法益解释为公益和私益的二分说，与把法益分为国家法益、社会法益和个人法益的三分说，互相对立着，但作为共同性的理论是三分说。日本学者认为，三分说要比二分说更符合逻辑，是为通说。[①] 从立法例上来说，1810 年《法国刑法典》大体上采用二分法，将犯罪分为两大类，即妨害公益之重罪及轻罪和妨害私人法益之重罪及轻罪。1993 年新《法国刑法典》对此有所调整，但基本上保持了“演变中的连续性”[②]。1871 年《德国刑法典》大体上采用三分法，它虽然未设侵害国家法益、侵害社会法益与侵害个人法益这样三编，而是将刑法分则径直分为二十九章。但各章基本上是按照以上三大类的顺序排列的，从而章虽多但并不杂乱。因为三分法这条红线将各章犯罪贯穿起来，形成一个有机的整体。在我国，犯罪侵害的利益同样可以分为国家利益、社会利益与个人利益。因此，三分法仍然可以作为刑法分则体系建构的基础。关于这一点，我国刑法学界已经有所涉及[③]，应当引起重视。根据三分法，可以将刑法分则各章有序地排列起来。

（二）罪名设置

罪名设置当然涉及价值问题，但这里主要是从技术角度对罪名设置的合理性进行探讨。在罪名设置中，一个值得探讨的问题就是罪名涵盖面的宽窄问题。从刑事立法史上看，罪名存在从具体、个别到抽象、概括这样一个历史演变过程。

---

① 参见［日］木村龟二主编：《刑法学词典》，477 页，上海，上海翻译出版公司，1991。

② 《法国刑法典》，5 页，北京，中国人民公安大学出版社，1995。

③ 参见陈兴良主编：《刑法各论的一般理论》，72 页，呼和浩特，内蒙古大学出版社，1992。文海林：《刑法分则结构及其理论基础》，载《法学研究》，1996（4），138 页。

应该说，刑法中的大多数罪名，主要是指自然犯，例如杀人罪、放火罪、抢劫罪、强奸罪、盗窃罪等，都是数千年刑法演进之结果，它们约定俗成，深入人心，因而获得了广泛的社会承认。但也有为数不少的罪名，主要是指法定犯，是由立法确认的。这就引申出一个如何设置罪名的问题。

在现有的罪名中，存在两种极端的立法例，应当引起我们注意：第一种是罪名过于具体，徒使法条烦琐。例如刑法已经规定了包庇罪，但全国人大常委会《关于禁毒的决定》又设立了包庇毒品犯罪分子罪。毒品犯罪分子只是犯罪分子之一种类型，又无特殊之处。如果说，这个罪名出现在《关于禁毒的决定》中尚可理解，那么，归入刑法典则绝无必要。第二种是罪名过于概括，这就是我们通常所说的“口袋罪”，例如投机倒把罪、流氓罪和玩忽职守罪。“口袋罪”涵盖面广，使刑法条文简约化，但不够明确，造成认定上的困难。例如，玩忽职守罪，根据最高人民检察院的司法解释，其行为可以分为 13 个方面 64 种类。因此，在刑法修改中，应当对此种“口袋罪”予以分解。但是，在分解的时候，不能从一个极端走向另一个极端，仍然应当保持一定的概括性。例如，仍以玩忽职守罪为例，能不能把司法解释中所列举的 64 种玩忽职守行为经过简单合并都设立为罪名呢？显然不行。我认为，玩忽职守罪在现行刑法中，是作为一般渎职罪设置的，它既有过于概括的一面（客观表现上），又有难以包容的一面（主观罪过上）。为使一般渎职罪明确化，可以设立以下 4 个罪名：（1）滥用职权罪，指故意地逾越职权，情节严重的行为。此罪主观上的罪过形式是故意，客观上的行为表现是作为。（2）故意不履行职责罪，指故意地不履行应当履行并且能够履行的职责，情节严重的行为。此罪主观上的罪过形式是故意，客观上的行为表现是不作为。（3）过失逾越职权罪，指过失地超越其职权，情节严重的行为。此罪在主观上的罪过形式是过失，客观上的行为表现是作为。（4）过失不履行职责罪，也就是狭义上的玩忽职守，指过失地不履行应当履行并且能够履行的职责，情节严重的行为。以上四个罪名，主观上的故意与过失和客观上的作为与不作为的有机组合，全面而合理地概括了一般渎职犯罪。以此取代现行刑法中的玩忽职守罪，罪名设置更为科学。总之，在罪名设置中，既要反对罪名过于细琐的极端倾向，也要防止罪名过于笼统的极端倾向，真正做到罪名设置上宽窄适宜，以便于司法适用。为便于理解，还应当坚持一罪名一法条的原则，从而保持体例上的统一。

（三）条文编纂

自从 1979 年刑法颁行以来，全国人大常委会对刑法进行了大量修改、补充，先后颁布了 21 个单行刑法。这些单行刑法是我国刑法的重要组成部分，这次刑法修改不可能将其置之不顾，而必然要对其进行科学整理，编纂到刑法中来。这里存在一个刑法典与关系法规（即单行刑法）的处理问题。在一定意义上说，这次刑法修改具有相当程度的法规编纂性质。

在法理上，法规编纂是使法律规范系统化的一种立法活动，它与法规汇编有所不同。法规汇编仅仅是指对现行的规范性文件，按年代顺序或者涉及问题的性质，作出有系统的排列，汇编成册。因此，法规汇编不是国家的立法活动。而法规编纂不限于对规范性文件的外部加工，它是在重新审查某一法律调整领域中的全部现有法律规范的基础上，编纂对该领域具有指导意义的法律文件。进行法规编纂，既要整理已有的规范，消除其中相互冲突和重叠的部分，又要补充一些新的规范，填补空白，加强规范之间的协调，使之形成一个从某些共同原则出发的、有内在联系的统一体。因此，这种法规编纂实际上是一种特殊的立法方式。在刑法修改中，处理关系法规的时候，必然具有这种法规编纂的性质。因此，需要按照法规编纂的原则，妥善地将单行刑法的内容纳入刑法典。

单行刑法具有特别刑法的性质，它是针对特定事项的一种专门立法。例如，《关于禁毒的决定》是以禁毒为内容的，有些规定在该法中出现尚属必要，但不可完全照搬到刑法典当中去。例如，该决定第 11 条第 2 款规定：“因走私、贩卖、运输、制造、非法持有毒品罪被判过刑，又犯本决定规定之罪的，从重处罚。”这实际上规定了毒品犯罪的同种累犯，其构成条件不同于普通累犯。在现行刑法中，只有反革命罪的同种累犯。将来在刑法中对此如何处理，就存在一个协调的问题。反革命罪，将来在刑法中改为危害国家安全罪，其危害性不同于其他犯罪，因而专门规定同种累犯是必要的。但毒品犯罪也规定同种累犯，就显得与其他犯罪不协调。为此，有两种方案可供选择：一是取消毒品犯罪的同种累犯；二是设置一般的同种累犯，即任何一种犯罪都可以构成的同种累犯。又如，该决定第 14 条规定："犯本决定规定之罪，有检举、揭发其他毒品犯罪立功表现的，可以从轻、减轻处罚或者免除处罚。"这是专门对毒品犯罪规定的立功制度，在刑法修改中拟将其上升为总则规范，设立对所有犯罪都适用的立功制度。总之，在单行刑法中，存在一些个别规定。这些个别规定在某一特定的法律环境中是合理的，纳入刑法典的时候，则应当加以选择：或者由个别规定上升为一般规定；或者取消，以便与其他条文协调。

单行刑法主要是新增罪名，附属刑法也以类推立法的方式（以"比照"为语言特征）设立了一些新罪。那么，在刑法修改中，这些新罪是否全部都规定到刑法当中去呢？我认为，对此应当持一种慎重的态度。这些新罪的设立，都有一定的社会背景，在当时看来有其必要性。但这些新罪的设立毕竟具有应急的性质，并非深思熟虑的结果。由于单行刑法与附属刑法这些立法形式具有灵便的特点，某些罪名放在单行刑法与附属刑法中尚无不可，但纳入刑法典这种稳定而权威的法律载体中，就需加以甄别。正如我国学者指出：修改刑法，应该坚持现行刑法的基本思想和基本原则，并应在此前提下对现行的一些单行法规和立法、司法解释进行检讨，而不能简单地将其列入新刑法中。[①] 对于新罪，更应持这样一种慎重的态度。例如，1983 年全国人大常委会《关于严惩严重破坏社会治安的犯罪分子的决定》新设了传授犯罪方法罪，其法定最高刑是死刑。但自该罪设立以来，以该罪论处的案件是个别的，以该罪判处死刑的情况更是十分罕见。刑法修改中，就传授犯罪方法这种罪名是否有必要列入刑法，确实值得推敲。此外，1992 年 11 月 7 日通过的《矿山安全法》第 47 条规定："矿山企业主管人员对矿山事故隐患不采取措施，因而发生重大伤亡事故的，比照刑法第一百八十七条的规定追究刑事责任。"这是增设了矿山企业主管人员失职造成重大伤亡事故罪。1994 年 7 月 5 日通过的《劳动法》第 92 条规定："对事故隐患不采取措施，致使发生重大事故，造成劳动者生命和财产损失的，对责任人员比照刑法第一百八十

① 参见全理其：《刑法增设新罪的基本原则》，载《法学研究》，1996（5），70 页。

七条的规定追究刑事责任。”这是增设了失职造成重大事故罪。以上两个罪名，前者较之后者更为特殊，两者之间存在特别法与普通法的关系。将来吸收到刑法中，只要规定失职造成重大事故罪就足矣，没有必要再规定矿山企业主管人员失职造成重大伤亡事故罪。因此，罪名的取舍是十分必要的，这也是法规编纂的必然要求。

在对单行刑法的处理中，立法例的统一具有十分重要的意义。应该指出，在单行刑法的规定中，立法例的混乱现象在一定程度上存在。例如，全国人大常委会《关于严惩拐卖、绑架妇女、儿童的犯罪分子的决定》第 1 条将奸淫被拐卖的妇女，诱骗、强迫被拐卖的妇女卖淫，或者将被拐卖的妇女卖给他人迫使其卖淫，造成被拐卖的妇女、儿童或者其亲属重伤、死亡或者其他严重后果，将妇女、儿童卖往境外等构成犯罪的情形作为拐卖妇女、儿童罪的特别严重情节，包容在拐卖妇女、儿童罪之中，这就是所谓包容犯的立法例。而《关于惩治偷税、抗税犯罪的补充规定》第 6 条第 2 款规定，以暴力方法抗税，致人重伤或者死亡的，按照伤害罪、杀人罪从重处罚。这就是所谓转化犯的立法例。以上两种情况，都是在实施一个犯罪的过程中又实施了另外一个犯罪，但前者规定以第一个罪从重处罚，后者则规定以第二个罪从重处罚，这里存在立法上一定的随意性。我认为，在刑法修改中，对于这些立法例应当通过理论上的考察，作出统一规定。唯有如此，才能使修改后的刑法在立法体例上更为科学。

（本文原载《中外法学》，1997（1））

刑法修改的理论思考

一、刑法改革的基本思路

市场经济的大潮冲击着神州大地，一切既存的观念、制度、政策和法律都面临着严峻挑战。在这种社会历史条件下，刑法改革势在必行。刑法改革并非刑法修改的同义语，我国刑法学界有人将刑法改革定义为根据社会经济、政治、科学文化发展的深刻进程的需要，立法部门对现行刑法有关犯罪、刑罚规范和刑事制度，作出重大调整的立法创制活动。[①] 这一定义虽然在一定程度上揭示了刑法改革的内容，但将刑法改革简单地归结为刑法修改，显然是偏颇的。毫无疑问，刑法改革当然意味着刑法在一定程度上的修改，但刑法修改仅仅是刑法改革的表象之一，它远远不能涵括刑法改革的深刻内容。我认为，刑法改革不仅涉及刑事立法，而且与刑事司法有关；不仅包括刑法制度的调整，而且意味着刑法观念的更新，可以说是刑法领域的一场具有深远意义的革命。因此，刑法改革应当循着转

① 参见崔庆森主编：《中国当代刑法改革》，30 页，北京，社会科学文献出版社，1991。

换刑法功能、调整刑法机制的思路展开。

（一）刑法功能的转换

功能是指事物所发挥的效能，刑法功能也就是刑法这一事物对社会所产生的影响与作用。应该指出，刑法是人制定并付诸实施的，因而其功能的发挥也离不开人的活动。换言之，刑法的运作（立法与司法）必然受一定目的的支配。而这一目的的实现，有赖于刑法功能的正常发挥。刑法功能的转换意味着人们对刑法性质认识上的一次飞跃，并据此调整刑法活动，从而制约着整个刑法制度。我认为，刑法功能的转换是指以下三大转变：从注重刑法的政治专政功能向注重刑法的经济促进功能的转变，从注重刑法的社会保护功能向注重刑法的人权保障功能的转变，从注重刑法的惩治功能向注重刑法的矫正功能的转变。

现行刑法制定于 1979 年，当时虽然已经开始我国社会的历史性的转变，民主与法制受到重视，因而才有刑法的出台。但是，由于以阶级斗争为纲的政治教条长期禁锢而形成的思维定式所具有的惯性作用，在现行刑法中，政治专政功能还是得以不恰当地强调。这主要反映在刑法的主要打击针芒指向反革命罪，将刑法视为阶级专政的工具，在罪名设立、刑种配置上都深深地打上了专政烙印。随着国家中心工作向经济转移，尤其是经济体制改革的深入开展，经济领域中的违法犯罪活动大量增加。现行刑法对经济犯罪的规定基本上是以保护计划经济体制为己任的，面对伴随着市场经济大量涌现的经济犯罪现象，现行刑法难以有效地遏止。因此，刑法的经济促进功能必将提到重要地位，从注重刑法的阶级专政功能向注重刑法的经济促进功能的转变势在必行。

社会保护功能与人权保障功能分别体现了刑法的两种本位观：社会本位观与个人本位观。应该说，刑法的社会保护功能与人权保障功能从根本上来说并不是互相对立的。但在一定条件下，强调刑法的社会保护功能还是强调刑法的人权保障功能，确实反映了刑法价值观上的重大差别。刑法的社会保护功能强调的是维护整个社会的生活秩序。而刑法的人权保障功能强调的是保障一般公民的自由，使被告人免受不恰当的刑罚，防止刑罚的滥用。显然，强调刑法的社会保护功能，在刑法的人权保障功能上必然有所失；反之亦然。正如有些学者指出：保护

（社会）权利最得力的工具常常也是侵犯（个人）权利最厉害的手段，刑法就是这种东西。只有在两个保护（保护社会利益和保护个人利益）取得平衡的基础上，刑法才能发挥出理想的效能。① 以往我国刑法过于强调社会保护功能，例如对于法无明文规定的危害社会行为实行类推，固然有利于维护社会整体利益，公民的个人权利却难以得到切实有效的保障。为此，应当对刑法的人权保障功能予以充分的强调，真正使刑法典成为人民自由的大宪章。

刑法是以刑罚为其特殊调整方法专门适用于犯罪人的强行法，因而无疑具有惩治功能。应该说，惩治功能是刑法功能的题中应有之义。但是，惩治并非刑法的唯一功能。与惩治功能相比，我们更应强调刑法的矫正功能。矫正功能的发挥，当然不能离开对犯罪人的有效惩治，但矫正功能能够通过对犯罪人的改造使其改邪归正，重新做人，从而防患于未然。因此，刑法的矫正功能更具有积极意义。我国现行刑法虽然重视矫正功能，并在刑法各项制度中都有所体现，但为了使刑法在预防犯罪中发挥更大的作用，必须进一步强调刑法的矫正功能。

（二）刑法机制的调整

机制是指事物的构造、功能及其相互关系。刑法机制就是刑事法律活动的各个阶段的互相配合协调的有机统一。如果说，刑法功能是从静态考察刑法的效能，那么，刑法机制就是从动态考察刑法效能得以发挥的机理。刑事法律活动可以分为刑事立法与刑事司法两大阶段，刑事司法又可以分为定罪、量刑与行刑三个小阶段。我认为，刑法机制的调整，主要包括刑事立法与刑事司法之间关系的协调，尤其应当完善刑事立法；定罪与量刑之间关系的协调，尤其应当注重量刑平衡；量刑与行刑之间关系的协调，尤其应当关注行刑效果。通过刑法机制的调整，建立从立法到行刑的合理机制：犯罪情况制约着刑事立法，刑事立法制约着刑事司法，刑事司法制约着行刑效果，行刑效果又反作用于犯罪情况，如此循环往复，以至无穷。

刑事立法是刑事司法的前提，因而对于刑事司法具有一定的制约作用。现行

① 参见储槐植：《美国刑法》，25－26页，北京，北京大学出版社，1987。

刑法颁行以来，我国的刑事司法有了很大的进展，但也面临着许多困难。尤其是由于刑事立法的不完善，使刑事司法处于一种十分尴尬的境地。随着社会生活的向前发展，刑事立法又不能及时跟上，出现许多法律盲区，司法机关无法可依但又不能不予以干涉，因而在无可奈何的情况下司法越权现象屡有发生。尤其是面对合法与合理的矛盾，使司法机关面临法与理的两难选择。而且，由于立法技术方面的问题，出台了一些缺乏可操作性的法律，从而使司法机关有法难依。因此，及时有效的刑事立法对于完善刑法机制具有十分重要的意义。我认为，在当前社会生活剧烈变动的情况下，立法不可能是一劳永逸的，需要及时废、改、立。因而应当建立多元化的立法模式，并且刑事立法还要有一定的超前性。同时，赋予司法机关更强的应变能力，以弥补刑事立法滞后之不足。例如，借鉴英美国家的判例法，建立具有中国特色的判例制度，作为成文法的补充。

定罪与量刑是刑事审判的两个基本环节。定罪是解决定性问题，涉及罪与非罪的界限，因而受到司法机关的高度重视，将其作为检验刑事审判工作质量的一个重要指标。而量刑则往往被看作多判几年与少判几年的问题，在一定程度上被忽视。二审法院在对上诉案件进行审理的时候，也往往注重定性是否准确；对于量刑，只有在畸重的情况下才予改判，至于一般的偏重则不予纠正。我认为，定罪是否准确固然重要，量刑是否恰当也具有同等重要的意义，两者不可偏废。在刑法颁行不久，由于适用刑法的司法实践经验不足，强调与重视定罪问题，也是可以理解的。但随着民主与法制的发展，司法实践经验的积累，量刑的精确化问题也应提上议事日程，予以充分重视。

量刑必然导致一定刑罚付诸执行，因而行刑是量刑的自然延伸。行刑的意义绝不仅仅在于消极地执行刑罚实现刑法的惩治功能，而且在于实现刑法的矫正功能，即通过对犯罪分子执行各种刑罚，消除其人身危险性，实现刑罚的一般预防与个别预防的目的。在这个意义上说，刑罚效果，乃至于整个刑法的功能，都主要是通过行刑得以实现的。但在我国目前行刑还未受到足够的重视，行刑的效果还远不尽如人意。可以说，行刑是刑法机制中的一个最薄弱的环节。这种现象必须予以纠正，否则刑法机制的合理化就是一句空话。加强行刑涉及诸多问题，例如行刑立法的进一步完善，行刑司法体制的改革，行刑司法人员素质的提高，尤其是行刑效果还在很大程度上有赖于社会的支持。因此，行刑不仅是司法机关的专门工作，而且是一个艰巨的社会工程，应当引起全社会的关注与重视。

二、刑事干预的理论基础

市场经济是否还需要刑事干预，这是当前迫切需要解决的一个问题。我国刑法学界存在一种观点，认为市场经济是自由经济，应当服从于市场调节，因而对市场经济的刑事干预是不必要的。为此，经济犯罪应当取消。对于这种观点，我不敢苟同。对市场经济的刑事干预，是国家干预的一种特殊形式。因此，市场经济是否需要刑事干预，与市场经济是否需要国家干预这个问题是紧密相关的。

这个问题，在经济学上存在以下观点：一是以亚当·斯密为代表的经济自由主义，主张自由竞争推动经济发展，把市场的自发调节称为“看不见的手”。这种观点反对对市场经济的国家干预，包括刑事干预。经济自由主义是在自由竞争的资本主义发展时期所奉行的经济政策，在这种自由经济中，国家不具有经济的职能，其作用就在于为市场服务，包括制定自由经济条件下公民在进行经济活动时应遵守的规则。而作为市场经济的真正主体是那些自主经营者，他们根据公平竞争、诚实信用、等价交换的原则独立地、直接地参与经济活动。一旦他们违背这些原则，进行不正当的经济活动，必然要受到市场经济规则的制裁。因此，在自由竞争资本主义时期，一切经济行为都受市场经济规则支配，并受其制约，无须国家从中干预，包括刑事干预。二是以凯恩斯为代表的国家干预主义，认为市场自行调节不能实现充分就业，经济危机难以避免，因而提出市场经济的发展要刺激有效需求的国家干预理论，并把国家干预称为“看得见的手”。随着国家干预主义为各国所接受，经济犯罪随之大量出现，对市场经济刑事干预的广度与深度不断扩大。在现代西方经济学中，自由放任主义与国家干预主义随着经济起伏变化而互相消长，“看不见的手”与“看得见的手”互相结合，共同调节市场经济。我国市场经济具有不同于西方资本主义市场经济的历史与现实的基础，但在正确处理“看不见的手”与“看得见的手”的问题上，同样面临选择。我认为，社会主义市场经济同样需要国家干预，包括刑事干预，这是因为市场机制本身所具有的缺陷决定了刑事干预的必要性。例如，市场经济不能离开竞争，竞争使经济充满活力，促进经济发展。但竞争又具有消极性，这种消极性主要表现为市场失灵，即在某些情况下，市场机制不能够有效地进行调节，必须借助于国家作为外部力量的干预和管理，市场才能有效地运行，以实现一定的经济、社会目标。而且，伴随着竞争而产生的不正当竞争行为也会严重地危害竞争的健康发展。因此，刑事干预，例如对不正当竞争行为的刑事制裁等都是十分必要的。

由此可见，市场机制本身不是万能的，而只是相对于计划体制来说，它是一种“不最坏”的经济发展模式。市场经济所具有的自发性、盲目性都需要国家干预，包括刑事干预。同时，还需要重塑刑罚观念。不能把刑罚仅仅看作一种镇压与专政的工具，而应当在刑罚的概念中引入管理的内涵。刑罚在本质上具有管理的性质与功能，在经济领域中尤其如此。当然，我们主张对市场的刑事干预，并不是认为可以在经济领域中滥用刑罚。我认为，市场经济的刑事干预是必要的，但这种干预的限度与方式值得研究。唯有如此，才能保证刑事干预的有效性。

三、修改刑法与关系法规的处理

刑法有狭义和广义之分，狭义上的刑法指刑法典，广义上的刑法除刑法典以外，还包括单行刑事法规、刑事补充修改决定和其他法规中的刑事罚则。我们把这些刑法典以外的刑法规范，称为刑法关系法规。提及刑法，不可能撇开其关系法规；谈到刑法的修改，不能不重视关系法规的处理。

为什么修改刑法要处理关系法规呢?

第一，这是刑法系统化的需要。修改刑法是一种立法活动，因而它不同于对现行刑事规范性文件按年代顺序或涉及的问题作出系统排列的法规汇编，也不是对这些文件的外部加工，而是要重新审视刑法及其关系法规，使整个刑事法律规范系统化。因此，在修改刑法的时候，必然要涉及刑法关系法规的处理问题。

第二，这是刑事立法协调完善的需要。我国现行的刑法及其关系法规存在许多不尽如人意之处，因而整理已有的刑事法律规范，消除其矛盾冲突，删削其重叠多余的条文，补充新的内容，使刑法规范之间协调完善，形成具有内在联系的刑事法律体系。而这一目的的实现，只有通过刑法关系法规的处理这一途径。

第三，这是刑事司法实践的需要。刑法的任务，只有通过刑法适用才能完成，因此，刑事立法必须为刑事司法服务，有利于司法。实践证明，刑法规范内部的矛盾冲突、刑法条文表述的言不达意，使刑事司法无所适从，造成有法难依。因此，在修改刑法时通过对刑法及其关系法规的调整处理，使之一体化，有利于刑事司法实践。

以上我们论述了刑法关系法规处理的必要性。那么，在修改刑法时，如何处理刑法关系法规呢？

第一，将有的刑事单行法规纳入刑法体系，成为其有机组成部分。例如《军人违反职责罪暂行条例》，它所涉及的范围，仅限于刑法分则中没有列入的军人违反职责罪的定罪处罚问题，因而从性质上说，是刑法的补充和续编，加之其本身又有一定的完整的体系，因此，完全可以纳入刑法之中，成为分则的一章。当然，该条例中的个别内容也可以吸收到刑法总则之中。例如该条例第 22 条规定："在战时，对被判处三年以下有期徒刑，没有现实危险宣告缓刑的犯罪军人，允许其戴罪立功，确有立功表现时，可以撤销原判刑罚，不以犯罪论处。"这是对我国缓刑制度的一项特殊的补充规定。在修改刑法的时候，应当考虑吸收到刑法总则有关缓刑的规定之中。

第二，吸收刑法关系法规中成熟、可行的内容，充实到刑法中来。例如，全国人大常委会《关于严惩严重危害社会治安的犯罪分子的决定》中规定流氓罪等七种严重危害社会治安的犯罪，情节特别严重的，可以在刑法规定的最高刑以上处刑，直至死刑。像这些内容，就可以直接吸收进刑法，这样可以避免同一罪名的内容分散在不同法规中的状况。吸收合并后，更明晰易行。当然，由于把这些内容充实到刑法中去，增加了挂死刑的条文，可以相应地减少一些刑法中挂死刑的条文，例如反革命罪一章，许多挂死刑条文可以合并或取消，以便使整部刑法协调统一。此外，还有些关系法规对某些犯罪的规定较为具体详细，如果把这些内容原封不动地搬到刑法中来，必然发生局部臃肿。例如，刑法对走私罪的规定只有一个半条文（第 116 条，第 118 条与投机倒把罪共用一个条文，故曰半个条文）。但 1988 年 1 月 21 日全国人大常委会《关于惩治走私罪的补充规定》共有 16 个条文。在这种情况下，只能选择其中精华纳入刑法条文，其余不得不割爱。由于修改后的刑法一经生效，其关系法规均同时失效。因此，必要的话，可以将有关内容以司法解释的形式颁布，以指导司法实践。

第三，结合刑法和关系法规，对罪名和法定刑进行适当调整。在近年来颁布的刑法关系法规中，相继设立了一些新罪名，例如传授犯罪方法罪、逃汇套汇罪、挪用公款罪、说不清财产来源罪、隐瞒境外存款罪。在这些罪名中，有些是完全正确的，如逃汇套汇罪、挪用公款罪，应该吸收到刑法中来；还有些罪名，如说不清财产来源罪等，是否合适存在争论，对此应当慎重对待。确属必要的，可以经修改后吸收到刑法中来。否则，应当予以摈弃。除罪名以外，还存在法定刑的调整问题。例如盗伐、滥伐林木罪，《森林法》第 34 条第 3 款规定：盗伐林木据为己有，数额巨大，依照《刑法》第 152 条的规定追究刑事责任。由于《森林法》没有为盗伐林木据为己有且数额巨大这一罪状明确规定相应的法定刑，而是规定依照《刑法》第 152 条的规定追究刑事责任。这就产生了一系列问题：《刑法》第 152 条有几个量刑幅度，是否都适用？全国人大常委会《关于严惩严重破坏经济的罪犯的决定》将盗窃罪的法定最高刑提到死刑，对盗伐林木罪是否适用？这些问题影响了法条的适用。在修改刑法的时候，可以直接调整盗伐林木罪的法定刑，避免对甲罪以乙罪的法定刑处罚这种法条牵连而对法条适用带来困惑。

第四，刑法关系法规中有些内容经过一段时间的司法实践，证明不够成熟，需要加以修改然后吸收到刑法中来。例如，1981 年 6 月 10 日全国人大常委会通过的《关于处理逃跑或者重新犯罪的劳改犯和劳教人员的决定》规定：刑满释放后又犯罪的，从重处罚。这一规定实际上否定了我国刑法中的累犯制度。而且，该决定对刑满以后又犯罪的，一律予以从重处罚，不像累犯制度那样具有明确而具体的限制条件。这种不考虑任何差别（例如是故意犯罪还是过失犯罪）的处罚原则，显然有悖于我国刑法中罪刑相适应的基本原则。我们理解，全国人大常委会对本条的立法精神是要打击那些屡教不改"几度进宫"的犯罪分子。立法精神是好的，但未能充分显示出来。正如马克思指出："不论历史或是理性都同样证实这样一个事实：不考虑任何差别的残酷手段，使惩罚毫无效果，因为它消灭了作为法的结果的惩罚。"[①] 因此，在修改刑法的时候，立法者可以根据该决定的精神，通过设立再犯制度解决这个问题。符合累犯条件的，"应当"按累犯从重处罚。再犯是指刑满释放后又犯罪的人，法律可以规定对再犯"可以"从重处罚，以示区别。这样，既能打击那些屡教不改但又不符合累犯条件的犯罪分子，又能区别对待，体现罪刑相适应的原则。

第五，理顺刑法与关系法规之间的关系。在关系法规中，有些是对刑法个别条文的补充，这往往引起条文之间的不相协调。例如，《海关法》和《关于惩治走私罪的补充规定》明确规定了企事业单位、机关团体犯走私罪的刑事责任，而犯投机倒把等其他经济犯罪则没有规定法人应当承担刑事责任。目前，我国刑法学界对于法人能否成为犯罪主体问题还存在争论，但这不应妨碍立法者对这个问题作出相应的规定。在修改刑法时，对法人犯罪问题是不能回避的，法人犯罪是一个原则性的问题，要作出统一的规定。

第六，在处理刑法关系法规的时候，还应当将一些过时的或者不合适的内容予以废除。例如《关于处理逃跑或者重新犯罪的劳改犯和劳教人员的决定》有加重处罚的规定，根据立法解释，所谓加重，并非无限制地任意加重，而是只能罪加一等，即在法定刑的上一格判处。但所谓一等或一格，没有立法解释与司法解释，这可能导致破坏法制，在刑法中不宜规定一般加重处罚制度。

（本文第一部分原载《法学》，1993（4）；第二部分原载《政治与法律》，1995（2）；第三部分与青锋合著，原载《法学》，1989（3））

① 《马克思恩格斯全集》，第1卷，139－140页，北京，人民出版社，1956。

刑法修改的理性思考

一、刑法修改的指导思想

我认为，惩办与宽大相结合的刑事政策对于刑法修改具有重要的指导意义，因而应当成为刑法修改的指导思想。

惩办与宽大相结合是我国一贯的刑事政策，是现行刑法（指1979年刑法，下同）的制定根据之一，并明载于《刑法》第1条。惩办与宽大相结合政策的基本精神在于根据犯罪的不同情况，区别对待，惩办少数，改造多数。在当前刑法修改中，仍然应当坚持这一基本精神。

刑法修改中要体现出惩办的一面，对于那些在市场经济发展中出现的犯罪新类型应当在刑法中加以补充规定，例如证券犯罪、知识产权犯罪等，使之能够得到依法惩处。同时，对于某些严重的犯罪，还要体现出从严惩处的原则。通过修改刑法，使当前社会生活中的各种犯罪都在刑法中有所规定，从而建立严密的法网，使各种犯罪的惩治有法可依。此外，刑法修改中还要体现出宽大的一面，对于那些具有坦白、自首、立功表现的犯罪分子，应当予以进一步的宽大处理；对于在行刑过程中有悔改或者立功表现的，应当根据给出路的政策，予以减刑或者假释，使之能够尽早回归社会。对于未成年人犯罪，应当本着以教育为主、以惩罚为辅的原则，立足于教育挽救，给予从宽处罚。我认为，惩办与宽大是辩证统一的，其灵魂是区别对待。在刑法修改中，惩办是前提，是主要矛盾。如果脱离惩办，片面地强调宽大，显然是不妥的。但惩办又不能极端化，而应当有理、有利、有节，要与宽大结合起来，从而做到有严有宽、该严则严、该宽则宽、严中有宽、宽中有严、宽严相济。只有这样，才能在刑法修改中真正贯彻惩办与宽大相结合的刑事政策，并使之成为刑法修改的指导思想。

就当前的情况来看，我认为要防止的是片面强调惩办，甚至片面强调从严惩办，而在一定程度上忽视宽大，导致宽严失调的倾向。这里涉及惩办与宽大相结合的刑事政策与从重从快惩处犯罪的“严打”方针的关系。在我看来，惩办与宽大相结合是我国基本的刑事政策，这里所谓基本的刑事政策，就是长期坚持的并且具有统帅意义的刑事政策。而“严打”方针只是在某个时期适用的、暂时的刑事政策。两者当中，前者制约着后者，后者只是补充着前者。应该说，“严打”对于在一定时期内、一定程度上遏制犯罪的猖獗势头无疑是有效的，因而受到人民群众的拥护。但我们也必须看到，“严打”毕竟只是治标之策而非治本之道。要想从根本上遏制犯罪，还必须有赖于加强社会管理，加快制度创新。显然，这不是一朝一夕所能完成的。因而，治安形势还会紧张相当长的一个时期，不能幻想经过一次或者几次“严打”，就有可能使治安形势发生根本好转。由于“严打”的影响，人们已经习惯于重刑，也在一定程度上出现崇尚刑罚，甚至迷信重刑的刑罚万能观念。这些思想长期存在，显然不利于修改出一部宽严适当的刑法。这里有以下几个问题值得研究：(1) 刑法修改是一件十分严肃的工作，刑法典的稳定性决定了其不可能朝令夕改，而要在相当长的时期内适用。为此，刑法修改要有前瞻性。也就是说，不能以一时一地的暂时需要作为立法的动因与根据，而应当放眼于长期需要。因此，刑法修改不能一味地体现当前的“严打”要求，而忽视指导长期与刑事犯罪作斗争的惩办与宽大相结合的政策。否则，修改出台的就不可能是一部争取长治久安的刑法。(2) 刑法修改应当以科学理性为指导，而不能受情绪冲动的制约。这里存在一个如何对待群众呼声的问题。不可否认，人民群众深受犯罪侵害之苦，对犯罪深恶痛绝，重判多杀之声不绝于耳。但不能简单地认为一味地改轻为重就是顺从了人民的意愿。作为理性的立法者，应当从人民的根本利益出发，坚持惩办与宽大相结合的政策。(3) 刑法修改应当注意树立我国刑法的国际形象。刑法是国内法，其制定应当从本国实际出发，这无疑是正确的。但作为国际大家庭的一员，我国应当顺应国际上刑罚轻缓化的大趋势，至少不能与此背道而驰。

惩办与宽大相结合不能仅仅是一条空洞教条或者一句法律标语，其基本精神应当贯穿于刑法总则关于犯罪与刑罚的各项制度，贯穿于刑法分则关于具体犯罪的规定与法定刑的设置，从而真正使之成为刑法的灵魂。

二、完善刑事立法，实现刑法机能

自从 1979 年颁布第一部刑法以来，我国随着经济体制改革的深入发展，犯罪态势发生了重大变化。为了及时有效地惩治犯罪，我国立法机关先后颁布了一系列单行刑法，对刑法作了重要的修改补充，但我国刑事立法仍然严重滞后，这种状况既不利于对犯罪的有效惩治，也不利于保障公民的合法权利。因而，刑法的修改势在必行。现在，立法机关已经把刑法修改工作提上议事日程，这对于完善刑事立法是十分必要的。为使刑法修改得更为科学合理，在刑法修改中应当注重刑法机能的协调。

首先，刑法修改应当加强刑法的社会保护机能。刑法的社会保护机能是指通过对犯罪的惩治，保护社会利益，维护社会秩序。运用刑罚武器同一切犯罪行为作斗争，这是刑法的重要任务。当前，我国由于处在体制转轨、社会转型的现代化进程之中，暂时地出现了综合性失范效应，主要表现为经济活动的无序化，因而经济违法与经济犯罪现象大量出现。为了维护社会主义市场经济秩序，保证经济体制改革的顺利进行，在这次刑法修改中，就必须立足于当前的现实，并且有一定的预见性，将有关的犯罪，如证券犯罪、期货犯罪等在刑法中加以规定。在一定意义上说，经济犯罪应是这次刑法修改的重点之一。在刑法修改中对经济犯罪的规定与规范，不能只着眼于当前经济生活中存在的问题，满足于就事论事地反映经济犯罪的现状。因为市场经济是一个动态的发展过程，尽管我国社会主义市场经济具有中国特色，但市场经济毕竟还是有其共同性与规律性。因此，我们应当借鉴西方发达国家关于惩治经济犯罪的法律规定，并结合我国当前经济犯罪的实际状况，完善经济刑事立法。只有这样，才能使修订后的刑法具有一定的超前性，并能够保证市场经济健康地发展。同样，目前在社会治安上，犯罪情势也十分严峻，严重刑事犯罪的大案要案数量居高不下，对人民的生命、财产安全形成重大威胁。刑法修改应当反映人民群众对有关犯罪的严惩要求，对于刑事犯罪作出更为完善的规定。尤其是要把有关惩治严重刑事犯罪的单行刑法科学地吸纳到刑法典中来，以利于对严重刑事犯罪的有力惩治。总之，在刑法修改中，应当反映惩治犯罪的实际需要，发挥刑法的社会保护机能。

其次，刑法修改还应当加强刑法的人权保障机能。刑法的人权保障机能是指通过对刑罚权的严格限制，使被告人以及其他公民的合法权利受到保障。随着市场经济的发展，社会增强了活力，公民的自由也扩大了，这是社会文明与进步的体现。刑法应当加强对人权的保障。例如，1979 年刑法规定了类推制度，对于法无明文规定的行为规定可以比照刑法分则最相类似的条文定罪判刑。由于类推制度的存在，使得刑法成为一个具有相对开放性的规则体系，这就不利于对公民合法权利的保障。随着我国社会主义民主与法制的加强，应明文规定罪刑法定原则。当然，罪刑法定不仅仅是一条法律标语，还应当在刑事立法中加以落实。例如，在现行刑法中存在投机倒把罪、流氓罪和玩忽职守罪等口袋罪，这些罪名过于概括，不够明确。虽然它具有涵括力强的特点，但从根本上说，不利于限制刑罚权的滥用，不利于保障公民的合法权利。为此，在这次刑法修改中，应当将这些口袋罪加以分解，使罪名更为具体、明确。

科学地协调刑法的人权保障机能与社会保护机能对于刑法立法是十分重要的。在以往的计划经济体制下，刑法的社会保护机能强调得比较充分，刑法的人权保障机能则在一定程度上受到忽视。为此，需要适当地调整两种机能之间的关系。不仅应当重视刑法的社会保护机能，更应当注重刑法的人权保障机能。当然，对于刑法机能也应当有一个正确的态度。应该说，刑法只是社会调整的手段之一，而且是一种不得已的、最后的手段，它的作用是有限的。所以，我们应当破除刑法万能的认识。对于犯罪问题，应当看到它产生、存在的社会经济土壤与条件。只有完善社会管理，堵塞社会漏洞，才是对于犯罪的治本之策。刑法只能在一定程度上抑制犯罪，而不可能从根本上消灭犯罪，因而是对于犯罪的治标之策。因此，不能用刑罚惩治代替社会管理。总之，只有将刑法纳入社会调整体系，与其他社会调整手段互相协调、共同作用，才能实现刑法机能。

三、正当防卫的立法界定

毋庸讳言，前些年在司法实践中由于对正当防卫的性质与功能理解上的偏差，导致对正当防卫的构成条件，尤其是必要限度的过严掌握，以至于把一些正当防卫行为当作防卫过当处理，把有些防卫过当当作了一般犯罪处理，挫伤了公民利用正当防卫这一法律武器同违法犯罪作斗争的积极性。

在这种情况下，这次刑法修改对正当防卫进行适用调整是必要的。刑法修订草案强调正当防卫行为只有在明显超过必要限度造成重大损害的情况下，才视为防卫过当，应当负刑事责任。这就在立法上大大地放宽了防卫限度，有利于司法机关正确地认定防卫过当。应该说，这一修改是可取的。

但是，刑法修订草案增加："受害人受到暴力侵害而采取制止暴力侵害的行为，造成不法侵害人伤亡后果的，属于正当防卫，不属于防卫过当。"这一规定的立法意图是好的，想要强化正当防卫制度的适用。令人遗憾的是，由于这是对无限度的正当防卫的规定，因而实际上导致对正当防卫必要限度的否定，出现了立法上的无限防卫权的倾向。根据刑法修订草案的上述规定，无限之防卫权的行使前提是被害人受到暴力侵害，但现行法律对于暴力侵害并无严格界定，在我国刑法中以暴力为手段的犯罪不下几十种，而且暴力程度轻重差别悬殊：重者可以包括故意杀人，例如抢劫罪之暴力；轻者只能是轻伤害，例如暴力干涉婚姻自由罪。那么，能不能说凡是以暴力为手段的犯罪都是暴力犯罪，对其都可以实行无限之防卫权？如果这些问题得不到确切解决，无限防卫权之行使会走向另一个极端，这就是使正当防卫成为私刑的借口，我想这也是立法机关所不愿看到的现象。同样的情况还存在于刑法修订草案关于人民警察对暴力侵害的防卫中，这一规定如果生效，则似乎可以确认以下原则：人民警察执行职务期间永远处于无限度之正当防卫状态。在这种情况下，当然可以强化警察与违法犯罪分子作斗争的战斗力。但警察的职务行为如果不受到必要限制，又怎么能够保证无辜公民的权利不受侵害呢？在立法中，应当避免从一个极端走向另一个极端。因此，关于无限度之正当防卫的规定不宜实行，至少应当对暴力侵害的范围作出严格、明确的界定。

四、一部更具操作性的刑法

评价一部法典制定得好还是坏，标准是多元的。其中，是否具有可操作性无疑是一个十分重要的标准。1979 年刑法，从内容上说，应该认为是一部制定得比较好的刑法，但在可操作性上却远未尽如人意。这也是一个不争的事实。在这次刑法修订中，增强刑法的可操作性始终是立法者努力追求的。我们高兴地看到，与 1979 年刑法相比，新刑法更具有可操作性，这是值得称道的。其可操作性主要体现在以下三个方面。

第一，条文明确化。条文规定内容的明确性，是可操作性的基本前提。在一般情况下，规定越是明确，对司法机关越是具有明显的指导性，因而具有较大的可操作性。修订后的刑法在这方面较之 1979 年刑法大有改进。例如关于附加剥夺政治权利，1979 年《刑法》第 52 条规定“对于严重破坏社会秩序的犯罪分子，在必要的时候，也可以附加剥夺政治权利”。应该说，这一规定较为含糊，司法机关不易掌握。而新《刑法》第 56 条修改为“对于故意杀人、强奸、放火、爆炸、投毒、抢劫等严重破坏社会秩序的犯罪分子，可以附加剥夺政治权利”。这里明文列举了故意杀人等犯罪，对于司法机关正确地附加适用剥夺政治权利具有直接指导意义。

第二，情节具体化。1979年刑法由于是新中国成立以后制定的第一部刑法，立法经验不足，因而只能采用概然性规定方法，主要表现是在刑法分则中存在较多的“情节严重”或者“情节较轻”之类的含混性规定。在修订后的刑法中，虽然这种规定方法仍然不可避免，但也力图加以控制。在某些条文中，尽量使之具体化。例如，根据1983年制定的《全国人民代表大会常务委员会关于严惩严重危害社会治安的犯罪分子的决定》，故意伤害情节恶劣的，可以判处死刑。而新《刑法》第234条则具体表述为“以特别残忍手段致人重伤造成严重残疾”，这一内容较为确切，更便于认定。

第三，罪名个别化。在1979年刑法中，存在着如流氓罪之类的口袋罪。这些罪名的特征是只抽象地确立了这种犯罪的性质，具体行为则可以由司法机关根据这种犯罪性质加以确认，从而使这些罪名具有开放性与扩张性，也就是俗话所说的“流氓罪是个筐，什么都可以往里装”。在这次刑法修订中，对口袋罪加以分解，使罪名个别化。以流氓罪为例，分解为聚众斗殴罪、寻衅滋事罪、侮辱妇女罪、强制猥亵妇女罪、猥亵儿童罪。这样，根据具体流氓行为，规定个别化的罪名，特征明确，容易认定，避免了“什么都往里装”的倾向，有利于保障公民的权利不受侵犯。

我认为，修订后的刑法更具有可操作性，它不仅仅是一个立法技术的改进，而且具有实质性的意义。修订后的《刑法》第3条明文规定了罪刑法定原则。根据这一原则，法律明文规定为犯罪行为的，依照法律定罪处刑；法律没有明文规定为犯罪行为的，不得定罪处刑。在这种情况下，法律是否有明文规定，就成为区分罪与非罪的根本或者唯一的标准。因而这就对刑法的可操作性提出了更高的要求。因此，在一定意义上可以说，修订后的刑法的可操作性是刑事立法贯彻罪刑法定原则的必然结果，它对于惩治犯罪、保护人民具有重要意义。

（本文第一部分原载《政治与法律》，1997（1）；第二部分原载《人民司法》，1996（12）；第三部分原载《法制日报》，1997－02－13；第四部分原载《中国律师报》，1997－04－02）

困惑中的超越与超越中的困惑

——从价值观念角度和立法技术层面的思考

引　言

无论是作为一种规范还是作为一种制度，法律的合理性都应当受到怀疑和追问，作为强制性和保障性规范的刑法于此也不能例外。因为，一方面，刑法规范总是表面的，它们是被决定的、非基本的，对规范的怀疑并不意味着凡是规范都予以反对，事实上我们确实需要一些规范，而且我们所公认的一些规范的确值得维护，问题在于，我们不能仅仅因为一条规范是一条规范就给予肯定。① 另一方面，从制度经济学的角度考虑，刑法制度作为社会中个人所遵循的行为准则，它往往被设计成人类对付不确定性和增加个人效用的手段，然而，"从某种现行制度安排转变到另一种不同制度安排的过程，是一种费用昂贵的过程"②。修订后的刑法是不是用最少费用提供给定量服务的制度安排，这种制度安排在多大程度

① 参见赵汀阳：《论可能生活》，26 页，北京，生活·读书·新知三联书店，1994。

② ［美］R. 科斯等：《财产权利与制度变迁——产权学派与新制度学派译文集》，373 页，上海，上海人民出版社，1994。

上合乎理想，自然都值得我们考虑。我们也正是基于此，才来反思修订后的刑法的。指出刑法条文的可诘难性并不完全令人满意，关键在于如何实现对刑法规范和制度的具体评判与合理性探寻。在我们看来，对修订后的刑法，可以从不同角度和不同层面进行反思，得出的结论也可能大异其趣。但是，任何真正具有独立性和发自内心的思考都是有价值的，对于未来刑法的逐步完善具有认识论上的意义。

本文试图从价值观念角度和立法技术层面对修订后的刑法进行总体评价。价值观念与立法技术是改革一部刑法的两个不同视角：前者注重的是价值理性，它对刑法的实质的正当性进行审视；后者注重的是工具理性，它对刑法的表现形式的适当性进行反思。一部好的刑法，不仅价值内容公正，而且立法技术高超。应当指出，在这两者中，我们应当向立法技术投注更多与更大的关切，因为这是一个长期以来被忽视的问题。实际上，一种正确的立法思想，如果没有科学的立法技术，就难以准确地表达出来，甚至立法者的原意在立法语言的表达中会被歪曲。在对修订后的刑法进行这种双重考察的时候，我们充分肯定修订后的刑法对1979年刑法而言在诸多方面所实现的突破和超越，在此基础上，理性分析1997年刑法的困惑与缺陷，并从中得出我们的结论。依我们之见，或许选择这两个视角更能窥得刑法的“全貌”，从而获得一种整体性的认识。而从观念形态和立法技术层面考察，修订后的刑法在很多方面都体现了对1979年刑法的超越，但是又有诸多矛盾和不足，给人一种“困惑中的超越与超越中的困惑”的整体印象。

上篇：价值观念的总体评判

一、刑法机能的适度调整

这是从国家权力和公民权利的关系的角度评价修订后的刑法。对刑法的价值可以作出多维度的阐释，一般而言，刑法价值涵括刑法公正、刑法谦抑、刑法人道等内容。[①] 刑法价值的一个重要视角是刑法机能。学者普遍认为，刑法具有保护机能和保障机能。保护机能重在维护社会秩序和社会整体利益；保障机能则意在强调对个人自由和权利的尊重，确立一种个别公正观念。在这个意义上，刑法机能性认识与法律价值观有暗合之处，甚至是二合一的东西。[②]

刑法价值不仅是存在的，而且经常性地发生冲突。价值冲突的根源是社会冲突，即“主体的行为与社会既定秩序和制度以及主流道德意识的不协调或对之的反叛”[③]。学者们早已认识到，社会冲突仅从个性角度——无论是生物本性还是社会本能来进行说明都是不够的。实际冲突的发生通常都与一定的利益分配有关。[④] 刑法的两大机能时常发生冲突，其根源也是广义上的社会利益分配。在权利保障机能和社会保护机能不能同时得到实现的情形下，恰当安排它们的次序与确定它们的重要性便是十分必要和无可避免的。而“对相互对立的利益进行调整以及对它们的先后顺序予以安排，往往是依靠立法手段来进行的”[⑤]。我们也正是以立法的手段在1979年刑法中确立了社会保护优先的价值理念。

（一）社会保护优先：1979年刑法的价值定位

1979年刑法的基础理念是：犯罪是对社会主义社会关系和谐性的破坏，因此，国家应当凭借刑法来保护社会整体利益，通过对罪犯适用刑罚来拯救因犯罪行为而受到损害或陷入险境的生活利益并维持社会生活秩序。基于这一观念，在我国1979年刑法中，对国家利益的保护、对社会利益的保护和对个人利益的保护都得到强调，其中第2条关于刑法任务的规定即是明证。详言之，1979年刑法的社会保护机能体现在以下几个方面。

---

① 参见陈兴良：《刑法哲学》，修订版，4页，北京，中国政法大学出版社，1997。

② 英国学者即认为秩序、公平和个人自由是西方社会法律制度中的最基本法律价值，一切法学家都只是在用不同的具体方式描述法律能够在什么程度上实现社会秩序、公平、个人自由这些基本价值。参见［英］彼得·斯坦、约翰·香德：《西方社会的法律价值》，35页，北京，中国人民公安大学出版社，1990。

③ 顾培东：《社会冲突与诉讼机制》，5页，成都，四川人民出版社，1991。

④ 即便社会冲突最低产生于纯情感因素，但进一步的存续都关联一定的利益。同时，虽然人们有时不承认情感的萌发与利益等因素有关，但实际上情感表象的深层基础依然是利益等观念存在。此点可参见顾培东：《社会冲突与诉讼机制》，14页，成都，四川人民出版社，1991。

⑤ ［美］博登海默：《法理学——法哲学及其方法》，385页，北京，华夏出版社，1987。

1. 国家利益之保护

刑法是国家制定的，自然应当用来保护国家利益，这是刑法存在的客观价值和题中之意。刑法对国家利益的保护，主要是通过惩治侵害国家利益的犯罪而体现出来的。在1979年刑法中，危害中华人民共和国国家安全和利益的犯罪，被称为“反革命罪”。该法第90条至第104条对具体的反革命犯罪行为作了明确界定。尤其引人注意的是，其中第90条对反革命罪的概念进行了明确：以推翻无产阶级专政的政权和社会主义制度为目的，危害中华人民共和国的行为，都是反革命罪。这种设专条对类罪名作出界定的立法方法在1979年刑法中仅此一例，可见立法机关对惩治这类犯罪的关注程度。从纯粹的法条形态也可看出立法者的价值判断。1979年刑法中的反革命罪共设置了15个条文，其条文数比危害公共安全罪少一条，而与破坏社会主义经济秩序罪相当，罪名总数和挂死刑的罪名都并不比危害公共安全罪和破坏经济秩序罪少。并且，更为重要的是，以“反革命罪”这一名词作危害国家安全行为的类罪名，有着以不确定的政治术语代替严格的法律概念之虞[①]；也导致了犯罪构成规定不尽合理；还不利于引渡罪犯；更不符合外国刑事犯罪立法的通例。[②] 而这些弊端在1979年刑法制定之时，很难说立法者全然不知，但出于长期以来人们耳熟能详的、视刑法为“刀把子”的思维定式，立法者作出了当时情势下的立法抉择。对这种特定时空条件下的立法判断也不应当一味地予以指责，因为1979年刑法制定当时，革命和反革命的存在及较量都仍是一个现实性话题；而且，即便是在政权极其平稳的时期，蔑视现政权的犯罪也始终是刑法打击的重点对象。于此，贝卡里亚曾经正确地指出：一切犯

① 刑法的社会保护机能主要通过刑法分则对具体犯罪及刑罚的规定体现出来，我们这里的分析相应地以刑法分则的规定为立足点。

② 依据1979年刑法的规定，凡具有反革命目的的行为，都视为反革命罪，而不考虑这种行为本身是否危害国家安全。因此，在反革命罪一章中设立了反革命杀人、伤人罪（第101条）、反革命破坏罪（第100条）。由此导致在刑法中同一种行为以是否具有反革命目的区分为反革命犯罪与普通刑事犯罪。最为明显的是，1979年《刑法》第175条规定了故意破坏国家边境的界碑、界桩或者永久性测量标志的犯罪，其中第2款规定，以叛国为目的实施前述行为的，以反革命罪处罚。这里的叛国目的即是反革命目的。立法机关以牺牲罪名分类科学性为代价换取了反革命罪范围的扩大化，这与当时的立法价值取向完全是相契合的。

罪，包括对私人的犯罪都是在侵犯社会，然而它们并非试图直接地毁灭社会。其中，有些犯罪主要是叛逆罪，直接地毁伤社会或社会的代表，因而其社会危害性最为严重，理应严惩。[①] 这似乎可以解释为1979年刑法反革命罪立法的理论渊源。

2. 社会利益之保护

在现代社会，社会利益是一种公共利益，它有别于国家利益和个人利益，但又与国家利益和个人利益唇齿相依：社会利益是国家利益的根基，没有稳定的社会秩序就不会有稳定的国家统治；社会利益能够还原为个人利益，在一定意义实现功能互换。正是由于社会利益有着上下沟通其他利益的作用，使它在任何国家的刑法典中都谋求到了显赫的位置。我国1979年刑法对社会利益的保护也极为重视，该法第二章为危害公共安全罪（第105条至第115条）、第三章为破坏社会主义经济秩序罪（第116条至第130条）、第六章为妨害社会管理秩序罪（第157条至第178条）。其中，危害公共安全、妨害社会管理秩序，尤其是后者是侵犯社会利益犯罪的典型形态。应该说，我国1979年刑法对侵犯社会利益犯罪的规定还是较为成功的，表现在：一方面，罪名设置坚持了侵犯社会利益犯罪多数是自然犯的思想。[②] 有刑法学者认为，可以把侵害社会利益的犯罪称为与公共利益要求每个公民应做和不应做的事情相违背的行为，即扰乱公共秩序和公民安宁的行为。[③] 西原春夫教授更为明确地指出，社会性的道义秩序成为独立的保护利益，国民有遵守这种道义秩序的义务，违反这一义务，便被认为有违法性，构成犯罪。[④] 1979年刑法关于侵害社会利益犯罪的规定与这一思想是相一致的。为充分体现对社会利益的保护，该刑法对危害公共安宁的犯罪（如放火、决水、交通肇事等）、危害公共信用的犯罪（如伪造国家货币、公文等）、破坏社会风化的犯罪（如流氓、赌博等）的规定都着墨较多，这既使侵犯社会利益犯罪的罪名覆盖面广，具有涵括

---

① 参见［意］贝卡里亚：《论犯罪与刑罚》，71页，北京，中国大百科全书出版社，1993。

② 这一表述丝毫不排除侵犯公共利益的犯罪中存在为数不少的法定犯的可能与现实。但由于法定犯毕竟内含强制性因素，所以法定犯与自然犯的比例配置应当维系在合理的“度”内。

③ 参见［意］贝卡里亚：《论犯罪与刑罚》，85页，北京，中国大百科全书出版社，1993。

④ 参见［日］西原春夫：《刑法的根基与哲学》，46页，上海，上海三联书店，1991。

力，又使1979年刑法在此问题上与一些西方国家的规定相暗合。[①]

另一方面，1979年刑法关于侵犯社会利益的犯罪都设置了比较恰当的法定刑。总的说来，刑罚轻缓化是该类犯罪刑罚设置的基本思想。所以，学者指出，从刑法的规定看，即便是侵害社会利益的妨害社会管理秩序罪，也大多被认为是性质不太严重的犯罪，其中各罪的法定刑最高为3年、5年、7年有期徒刑的，占绝大多数。[②] 这种规定基本上是符合世界刑法发展潮流和当时的形势的，值得称道。至于20世纪80年代以来犯罪数量激增并始终保持高位，出现了刑不压罪的态势，恐怕不能简单诟病于1979年刑法的有关处刑规定，社会转型和经济政策的不断调整可能在更大程度上与犯罪量剧增有关联。[③] 而较之20世纪80年代颁行的单行刑法和附属刑法中处罚侵犯社会利益犯罪的强硬规定（如传授犯罪方法罪可处以死刑），1979年刑法所体现出来的理性的温柔更值得留恋。

不过，1979年刑法关于侵害社会利益犯罪的规定中，也有一些不足之处：一是犯罪圈略显狭窄，刑法规定既不超前也不先导，因此，一个严密的惩治侵害社会利益犯罪的法网并未完全编织好。二是客体归类有些不当，这可能是1979年刑法中的一个硬伤。表现最突出的是为人们所攻讦的流氓罪：流氓罪中的聚众斗殴、寻衅滋事或其他流氓行为，危害的是公共秩序自无疑问，问题是流氓行为中还包括侮辱妇女的情形，侮辱妇女行为显然针对的是妇女，直接受害的是妇女本人的个人权益（人格、声誉甚至贞操），硬把侮辱妇女行为规定到破坏社会秩序罪中，难以做到罚当其罪，于保护妇女权益不利，也有名不正言不顺之感。类似规定并非绝无仅有。

3. 个人利益之保护

刑法的社会保护机能中应当包括对个人利益的保护，那么，刑法对个人权益

① 在日本刑法中，侵害社会利（法）益的犯罪也大体上只有这些内容，这与我国1979年刑法的规定有一定程度的相似。所以不能仅以法条多少论法益保护之好坏。参见［日］木村龟二主编：《刑法学词典》，547页及以下，上海，上海翻译出版公司，1991。

② 参见王作富：《中国刑法研究》，642页，北京，中国人民大学出版社，1988。

③ 参见陈兴良、刘华：《经济领域中失范行为的评判及其法律抗制》，载《中外法学》，1993（3）。

的保护为什么不属于人权保障机能？这主要涉及社会保护与人权保障这两种刑法机能的区别：社会保护机能是通过对犯罪的惩治而实现的，因而属于刑法的积极机能（扩张机能）；而人权保障机能是通过限制国家的刑罚权（包括立法权与司法权）而实现的，因而属于刑法的消极机能（限制机能）。显而易见，对被害人利益的保护是通过惩治犯罪而实现的，因而属于刑法的社会保护机能。① 而刑法对个人权益的保护则主要通过惩治侵害个人利益的犯罪而实现。1979 年所设置的侵犯财产罪（第 150—156 条）中的侵犯公民私有财产的犯罪，侵犯公民人身权利、民主权利罪（第 131 条至第 149 条），以及妨害婚姻、家庭罪（第 179 条至第 184 条）等罪名，都是为了实现刑法保护个人权益的功能。刑法对这类犯罪所配置的条文数、法定刑、罪名数并不比侵犯社会法益的犯罪少，有的犯罪的法定刑甚至重于侵犯社会权益的犯罪。这一方面是因为传统的、针对个人的盗窃、杀人、强奸、抢劫等犯罪“对怜悯和正直这两种基本利他情感的伤害”② 比其他犯罪更为严重；另一方面，尤为重要的是，正如黑格尔曾经精辟地指出的那样，在侵害个人利益的犯罪中，“由于对社会成员中一人的侵害就是对全体的侵害，所以犯罪的本性也起了变化……现在，侵害行为不只是影响直接受害人的定在，而是牵涉到整个市民社会的观念和意识”③。我国 1979 年刑法关于侵犯个人利益的这一规定显然秉承了前述思想，因而较为可取。至于其不足，正如我们前面的分析已经表明的，刑法所划定的犯罪圈太小，如关于拐卖人口犯罪只有一个罪名（第 141 条），关于卖淫嫖娼犯罪也只有一个罪名（第 140 条）。这自然与当时的社会情况有关（如拐卖人口犯罪不突出），也是刑法缺乏超前意识的明证，由此导致的不足在该法实施后不久就凸显出来了。

总体来讲，1979 年刑法在保护社会方面是下了功夫的，这有着深刻的时代背景：在 20 世纪 70 年代末，中国历史进入了新的时期，当时人心思法，人心思治，1979 年刑法正是顺应历史要求、时代需要和人心所向而诞生的。④ 人们希望

---

① 参见陈兴良：《刑法机能二元论》，载《法制与社会发展》，1997（4）。

② ［意］加罗伐洛：《犯罪学》，44 页，北京，中国大百科全书出版社，1996。

③ ［德］黑格尔：《法哲学原理》，228 页，北京，商务印书馆，1961。

④ 参见高铭暄：《中华人民共和国刑法的孕育和诞生》，6 页，北京，法律出版社，1981。

借助于刑法来维持稳定的社会局面。不过，应当正视的是，对社会保护的过于重视可能带来一些负面效应，即在一定程度上削弱对权利的保障。因为社会保护和权利保障这两种价值或利益选择在一定意义上是矛盾之物，是此消彼长的态势。有学者早已指出，当两种利益不能同时得到满足这种令人棘手的局面出现时，立法者不得不根据时代要求对它们作出一种权威性的特殊次序安排。① 在这种次序选择中，1979 年刑法确立了社会保护优先的方案，相对而言，权利保障的刑法机能就受到冷落。

刑法权利保障机能的基本含义是，只要不构成刑法规定的犯罪就不允许行使刑罚权，在这种意义上，它限制国家刑罚权的动用，保障犯罪人免受不恰当的刑罚，从而保障一般市民的自由。所以，日本学者说，保障机能是保障国民不受滥用刑罚的侵害并保护其自由的重要机能，人们也借此才将刑法称为“好人的宪章”或“犯罪人的宪章”②。而在我国 1979 年刑法中，刑法的保障机能显然受到了压抑，法律对秩序的价值追求显然超过了对自由和公正的要求。这可以从以下几方面看出来。

（1）1979 年《刑法》规定了类推制度。1979 年《刑法》第 79 条所规定的类推制度在极大程度上销蚀了整部刑法的功绩。该规定的精神实质是：法律不能将犯罪可能采取的每一种形式都作出规定，因此，对这类案件来说，可能没有相对应的法律条款可作审判依据；处理这类案件，可以通过精确的比较，从已有的法律条款中选取最接近现审案件案情的条款作为根据，以便确定轻重适当的刑罚。③ 刑法关于类推制度的规定蕴含着对立法能力信心不足和对司法能力过高估计的前提。④ 更进一步讲，类推的存在是立法者对刑法的社会保护机能过分迷信的必然伴生物。⑤

（2）刑法模糊。刑法模糊是指刑法条文中高度概然性条款的出现频率较高。刑法模糊与立法能力不高，不能对哪些条款应明确、哪些条款应保持一定的概然

① 参见［美］博登海默：《法理学——法哲学及其方法》，384 页，北京，华夏出版社，1987。

② ［日］福田平、大塚仁：《日本刑法总则讲义》，5 页，沈阳，辽宁人民出版社，1986。

③ 参见［美］D. 布迪、C. 莫里斯：《中华帝国的法律》，422 页，南京，江苏人民出版社，1993。

④ 参见周光权：《刑法修改的规模定位与制度设计》，载《法学》，1997（1）。

⑤ 参见蔡道通：《类推制度的当代命运》，载陈兴良主编：《刑事法评论》，第 1 卷，243 页，北京，中国政法大学出版社，1997。

性作出理性判断有关；也与国家对刑法社会保护机能至上观的坚持密不可分。在1979年刑法中，刑法模糊的现象并不少见，如关于三大口袋罪的规定即是刑法模糊的有力例证；此外，使用了大量不太明确的表明情节、后果等的用词，如情节严重、情节特别严重、情节恶劣、情节特别恶劣、罪恶重大、危害特别严重、严重损失、重大损失、严重后果、后果特别严重、情节轻微、情节较轻、数额较大、数额巨大、数额特别巨大等。类似条文，占去了分则条文总数的一半还多。当然，在对数额犯、情节犯、结果犯等作出限定时必须使用一些高度概然性文字，但问题是这些语词的使用频率和具体含义应当受到最大的限制，唯其如此，才能使法律具备普遍性、确定性技术特征。①

（3）若干刑法制度设计的不合理性。这种不合理规定主要出现在刑法总则中，这里仅举几例，略作分析：1）相对负刑事责任的未成年人的刑事责任。1979年《刑法》第14条第2款规定，已满14岁不满16岁的人，犯杀人、重伤、抢劫、放火、惯窃罪或者其他严重破坏社会秩序罪，应当负刑事责任。一方面，这一规定使用了“其他严重破坏社会秩序罪”这一高度概然性语词，令人难以把握，有前述的刑法模糊之虞；另一方面，这一规定可能对保护一时一地之社会秩序有利，但从长远看，对未成年人的权益保护却不利，可谓得不偿失。2）1979年《刑法》第44条关于已满16岁未满18岁的人，如果所犯罪行特别严重，可以判处死刑缓期2年执行的规定。这一规定，一方面存在把死缓当作独立刑种的逻辑缺陷；另一方面，也有以牺牲未成年人生命换取社会安宁，求得刑法社会保护机能完满性的不当之处。② 3）死刑执行的规定。1979年《刑法》第46条规定，判处死刑缓期执行的，在死刑缓期执行期间，如果确有悔改，2年期满以后，减为无期徒刑；如果确有悔改并有立功表现，2年期满以后，减为15年以上20年以下有期徒刑；如果抗拒改造情节恶劣、查证属实的，由最高人民法院裁定或者核准，执行死刑。这一规定显然没有充分考虑刑法的人权保障机能：一

① 参见《马克思恩格斯全集》，第1卷，71页，北京，人民出版社，1956。

② 参见陈兴良：《刑法疏议》，141页，北京，中国人民公安大学出版社，1997。

方面，什么是“确有悔改”“抗拒改造情节恶劣”实难把握。而日本学者普遍认为，刑法规定如果没有可感知性、可预测性，就必然没有安定性，国民就会感到不安，阻碍其行动自由和权利行使。[①] 由于1979年刑法这一规定中的“确有悔改”“抗拒改造”等用语的不可预测性，罪犯的自我改造可能就会无所适从。另一方面，刑法的这一规定具有不周延性，导致了适用中的混乱。如当犯罪分子既无“悔改表现”，又不属于“抗拒改造情节恶劣”时，按刑法规定恐无法处理，这是立法不周延所留下的空当。此外，1979年刑法中“厚”社会保护而“薄”权利保障的规定仍有不少，限于篇幅，不再赘述。

（二）突出权利保障：1997年刑法的功能选择

任何一部刑法都不能仅仅是一部保护社会免受犯罪之害的法典。如果统治阶级只抱着保护社会的初衷立法，那还有什么立法的必要呢？与其如此，给司法人员每人配发一支枪来对付犯罪岂不可以在最大范围和最大限度上实现社会保护！我们的真实意图是强调这一事实：刑法不能只以保护社会不受侵害或不遭遇任何危险为唯一任务，刑法的社会保护机能应当被框定在一定的限度内。日本学者将这种限度界定为社会不受超出伦理秩序约束的攻击。[②] 现代国家的刑事立法无不在刑法的权利保障和社会保护之间进行慎重的而且是付出一定代价的选择。由于包括西方发达国家在内的世界上绝大多数国家都并未完全完成从法治国到文化国的过渡，设计制度以保护权利仍是当代法学思潮的主流[③]，限制强大的社会从而

① 参见李海东主编：《日本刑事法学者》（上），“平野龙一”部分，271页，北京、东京，中国·法律出版社、日本·成文堂，1995。

② 参见［日］福田平、大塚仁：《日本刑法总则讲义》，6页，沈阳，辽宁人民出版社，1986。

③ 有学者认为，从19世纪末20世纪初起，个人本位主义式微并逐步为社会本位所取代，所以刑事立法中社会保护的观念应当被特别强调。［参见侯国云：《市场经济下罪刑法定与刑事类推的价值取向》，载《法学研究》，1995（3）］这种观点可能值得推敲。事实上，自西方启蒙运动以来，个人权利和个人本位的旗帜得到张扬，但这一观念在有的国家被强调到了极致，一剂良药产生了副作用，个人成了不受任何约束的定在，绝对无政府主义和自由放任主义成了“流行病”。为了遏制这一苗头，当代西方有些国家采取措施对以往的个人本位政策作出一些调整和修正，建构一些社会本位的法制。不过，应当注意的是，这种社会本位立法思想及立法实践乃是为了纠正和防止片面强调个人权利之弊，但其基本出发点仍未脱离个人权利、利益的观念，权利保障、权利优先的观念在西方仍然深入人心和不可动摇。所以，文化国理念或后现代状态之类思潮在刑法领域还是个遥远的话题。

充分保障个人权利顺理成章地成为各国刑事立法的首要抉择。我国于1997年修订的刑法对此也作了较为充分的考虑和缜密的制度设计。在修订后的刑法中，权利保障的刑法价值被突出到一个极其显要的位置上。这主要表现在以下几个方面。

1. 刑法基本原则的确立

刑法基本原则在1979年刑法中并未得到明确规定，这对于保障人权是不利的。实质上，刑法的基本原则作为刑事立法和刑事司法的指导性与实践性的行为规则，必须在刑法中明文规定，使之具有法律效力，才能为保障权利和健全法制发挥其应有的作用。于此，当代多数国家所见略同。① 我国1997年刑法规定了罪刑法定、刑法平等、罪刑均衡三大原则，为刑法人权保障机能的实现奠定了法制基础。

（1）罪刑法定原则与权利保障。

1997年《刑法》第3条规定：法律明文规定为犯罪行为的，依照法律定罪处刑；法律没有明文规定为犯罪行为的，不得定罪处刑。罪刑法定主义的精神实质是在刑法中确立法治的真精神：犯罪仅以法律的明确规定为限，法无明文规定不为罪，法无明文规定不处罚。罪刑法定原则的确立在于实现双面制约：一方面是对立法权本身的限制，否认国家对公民行为进行事后追溯的权力，因为追溯既往的法律不符合"先喻后行"的公正理念，不利于社会生活的稳定和对公民权利的保障。② 这就是从罪刑法定原则中派生出来的刑法不溯及既往的原则。另一方面，是对司法权的限制，防止司法机关滥用刑罚权，避免对法无明文规定之行为的刑事追究。我国刑法明确选择罪刑法定原则，应当说是明智之举。因为，正如日本学者泷川幸辰所指出的那样，在社会内部存在种种对立的因素，存在强者和

---

① 从其他国家和地区刑法立法的最新动态看，规定刑法基本原则者不在少数。有代表性的如，1994年3月1日生效的《法国刑法典》第111条和第114条规定了罪刑法定原则（参见罗结珍译：《法国刑法典》，北京，中国人民公安大学出版社，1995）；1996年1月1日生效的《澳门刑法典》第1条也作了如此规定（参见《澳门刑法典》，第1条，澳门政府印刷署印，1995年12月）；1997年生效的《俄罗斯刑法典》则显得更为积极，用从第3条至第7条5个条文规定了罪刑法定（法制）原则、法律面前人人平等原则、罪过原则、公正原则（罪刑相称，禁止重复评价）和人道原则5个刑法基本原则（参见黄道秀等译：《俄罗斯联邦刑法典》，北京，中国法制出版社，1996）。

② 参见储槐植：《美国刑法》，2版，34页，北京，北京大学出版社，1996。

弱者，罪刑法定主义的精神在于从强者的压力下保护弱者，只要在社会内部存在强者和弱者的对立，罪刑法定主义就是刑法上铁的原则。[①]

刑法确认罪刑法定原则使我们的刑法观念有了更新：从过去强调刑法的社会保护机能向刑法的人权保障机能倾斜。[②] 罪刑法定在公民自由与国家刑罚权之间划出了一条明确的界限，根据这一原则，修订后的刑法被设计成了一个相对封闭而不是具有开放性的体系。于是，刑法选择的首要之举是废除 1979 年刑法中的类推制度。废除类推意味着刑法调整范围的相对确定化，国家对法无明文规定的严重危害社会之行为将不能给予刑法上的否定性评价，这是在社会保护上的一种必要丧失，但它却换来了法的安宁性和可预测性。

在刑法上规定罪刑法定原则并废除类推，是不是恰当，是不是逆国际上刑法发展的潮流而行之？有的学者提出了质疑，认为 20 世纪以来的社会本位观念的兴盛使罪刑法定原则已渡过其隆盛期而开始走向衰败，所谓“法无明文规定不为罪”的主张已没有号召力，因而我们不必步他人后尘，搞名不副实的罪刑法定。[③] 这种观点我们难以苟同：1）衡量或确定西方刑法发展潮流的基本标准并不存在。当代西方刑法呈多样化发展趋势，并没有一个可资我们借鉴的、整齐划一的所谓“世界性”潮流。2）前已述及，西方个人本位和社会本位观念始终处在激烈交锋中，说当代西方一定是以社会本位为社会建构的基础观念不免牵强或含混。在我们看来，当代西方各国无不是在用社会本位观念对个人本位观念作出某种修正，所以，其社会立足的基础观念和主导意识仍是个人主义的。3）即使是在当代西方法治极其发达的国家，废除罪刑法定、实行类推的“黄金时代”也并未到来。对此，日本学者有极其深刻的论述：诚然，人们都期望着一个理想的、和平的、道德的、文化的国家，在这种国家里也的确可以废弃罪刑法定主义，但是，不能只靠理念来解决问题，如果不指出文化国的社会基础以及它与现

① 参见李海东主编：《日本刑事法学者》（上），“泷川幸辰”部分，152 页，北京、东京，中国·法律出版社、日本·成文堂，1995。

② 参见陈兴良：《刑法疏议》，33 页，北京，中国人民公安大学出版社，1997。

③ 参见侯国云：《市场经济下罪刑法定与刑事类推的价值取向》，载《法学研究》，1995（3）。

实国家的关系，就没有说服力。只要存在激烈的政治和社会的斗争，就必须尽可能从专断中保持刑事法院判决的公正，法律和“没有法律就没有刑罚”的原则就应该成为法官不应逾越的铁栅。[①] 正因为限制刑罚权的思想适合于任何政治形态的国家，罪刑法定主义已成为超越其历史意义的普遍性原理。[②] 基于上述理由，我们认为，在1997年刑法中规定罪刑法定原则是值得肯定的，不顾中国社会经济发展的时代性而坚持类推，显然难以令人信服。

应当指出，在刑法中坚持罪刑法定原则以保障人权对立法者和司法人员都提出了较高的要求。我国1997年刑法明文规定了罪刑法定原则，这是一个可贵的进步，但这一原则由于立法上的疏漏并没有完全贯彻到底。例如《刑法》第155条第3条款规定，逃避海关监管，将境外固体废物运输进境的，以走私罪论处，依照本节（指走私罪——笔者注）的有关规定处罚。《刑法》第339条第3款也规定，以原料利用为名，进口不能用作原料的固体废物的，依照该法第155条的规定定罪处罚。由于走私罪在1997年刑法中已不是一种犯罪而是一类犯罪，所以以走私罪论处只能是要么以《刑法》第151条所规定的走私几种特定物品的犯罪论处，要么以《刑法》第153条所规定的走私货物、物品罪论处。但是，事实上，走私团体废物的行为既难归到走私特定物品的犯罪中，又不属走私普通货物物品行为，无法归类。如此一来，最好的办法是单设走私固体废物罪，但对本罪无论适用第151条还是第153条所规定的法定刑都不妥当，换言之，无法定刑可供适用。规定没有法定刑的罪名，与“没有刑罚不为罪”的要求不符，所以不应当认为有走私固体废物罪存在[③]，《刑法》第155条第3款的规定因为与罪刑法定

① 参见［日］团藤重光等编：《泷川幸辰著作集》，第2卷，19页，京都，世界思想社，1981。

② 参见［日］西原春夫主编：《日本刑事法的形成与特色》，11页，北京、东京，中国·法律出版社、日本·成文堂，1997。

③ 从本体论的角度看，刑罚与犯罪互为因果。犯罪是刑罚的根据，但不受刑罚制裁的行为也不能被称为犯罪，即“没有刑罚不为罪”（nullum crimen sine poene）。据此，美国华盛顿州1924年的一个判决认为，该州当时的刑法关于盗窃罪的刑罚只规定监禁一种刑罚，某法人团体被控犯有盗窃行为，因为法人无法被判处监禁刑罚，意味着“没有刑罚”，所以该法人不能被判定犯有盗窃罪，也就是“没有盗窃罪”。参见储槐植：《美国刑法》，2版，12页，北京，北京大学出版社，1996。

原则相抵触而应当被认定为无效。

(2) 刑法平等与权利保障。

1997 年《刑法》第 4 条规定：对任何人犯罪，在适用法律上一律平等。不允许任何人有超越法律的特权。这一规定是刑法公正性的体现，也蕴含着保障犯罪人权利的精神：因为在同一法律面前，任何人的权利都应当处在同一水平线上，不能因为其身份、地位的差别而享受不同的待遇。平等的要求，在人类历史上始终存在，并成为社会进步的重要概念之一。近代启蒙运动以来，政治平等逐步向法律平等转化，人们一直把平等提高到与自由、人权相并列的重要地位，平等成为权利体中的核心内容。[①] 因为平等的原则似乎表明它自己是最直接、最自然的法则：每一个人将作为一个人；每一个人的利益与所有其他人的利益同样重要；每一个人都有权利要求一切人平等的权利。[②] 而要尊重人所享有平等权，在法律上作出规定是最好的措施。但是，设立刑法平等原则是需要克服很多困难的，因为正如我国学者瞿同祖所指出的：历代立法都采用同一原则——良犯贱，其处分较常人相犯为轻；贱犯良，其处分则较常人为重。[③] 我国刑法以极大的勇气规定了刑法平等原则应当说是难能可贵的。不过，徒法不足以自行，刑法平等原则必须贯彻到司法实践中才具有实际意义。

刑法平等的题中之意应是立法平等和司法平等，但我国刑法只规定了司法平等即对任何人犯罪在适用法律上的平等，而忽略了立法上的平等。《俄罗斯联邦刑法典》第 4 条也规定了刑法平等：实施犯罪的人，不分性别、种族、民族、语言、出身、财产状况和职务地位、居住地、对宗教的态度、信仰、社会团体属性以及其他情况，在法律面前一律平等，均应承担刑事责任。该规定则内含了立法平等和司法平等的内容。我国刑法对立法平等的偏废的弊端也是显而易见的，因为司法上的平等是以立法上的平等为前提的。而刑法立法上的不平等，在 1997 年刑法中也有所出现，如《刑法》第 383 条第 1 款第 3 项中规定，个人贪污数额在 5 000 元以上不

① 参见夏勇主编：《走向权利的时代》，7 页，北京，中国政法大学出版社，1995。

② 参见［美］包尔生：《伦理学体系》，540 页，北京，中国社会科学出版社，1988。

③ 参见瞿同祖：《中国法律与中国社会》，222 页，北京，中华书局，1981。

满1万元，犯罪后有悔改表现、积极退赃的，可以减轻处罚或者免予刑事处罚，由其所在单位或者上级主管机关给予行政处分。刑法既然对主要是渎职性质的财产犯罪都规定了退赃可以从轻发落，那么对于同样可以退赃的纯正的财产犯罪（如盗窃、抢夺、诈骗、业务侵占）也应作同样规定，但刑法并未作出规定。

（3）罪刑均衡原则与权利保障。

1997年《刑法》第5条规定：刑罚的轻重，应当与犯罪分子所犯罪行和承担的刑事责任相适应。这就是罪刑均衡的基本含义。罪刑均衡与人权保障的关系极为密切，这可以从两个方面理解：首先，严格地说，罪刑均衡是罪刑法定主义的派生原则，罪刑法定的价值意蕴是追求法治和保障人权，罪刑均衡自然与人权保障观念有着关联。其次，报应主义的罪刑均衡与功利主义的罪刑均衡各自代表着特定社会的公正观念和价值追求，但它们却有失偏颇。我们所理解的罪刑均衡，是指刑罚既与已然的犯罪的社会危害性相适应，又与未然的犯罪的可能性大小相适应，而这两个方面在我国1997年刑法中得到了有机的统一。[①] 不过，应当强调，依照《刑法》第5条的规定，我们在根据罪刑均衡原则对犯罪人确定刑罚轻重时，应当以报应为主，适当地兼顾功利。而这种以报应为主的观念，即是一种崇尚公正和尊重民权的做法。因为无论如何理解，罪刑均衡原则都“并不允许对并不严重的犯罪施加比较为严重的犯罪更严厉的刑罚”[②]。

2. 刑法明确性的增强

刑法明确与否并不仅仅是一个立法技术问题，它更是一个刑法价值观念的问题。因为定义明确的刑法才能起到事先警告和预防犯罪的作用，也只有这样才能保障公民的自由。[③] 为了消除刑法模糊所留下的最广阔的疑问，就应当确立刑法明确性的标准：具有普通智力的人能够事先确定什么行为是被禁止的。[④] 我国

① 参见陈兴良：《刑法哲学》，修订版，528页，北京，中国政法大学出版社，1997。

② ［美］D. 贝勒斯：《法律的原则——一个规范的分析》，342页，北京，中国大百科全书出版社，1996。

③ 其实，刑法明确性是罪刑法定原则的内在要求，本应放在前面“罪刑法定与权利保障”部分讨论。鉴于这一问题的重要性，这里专门论及。

④ 参见储槐植：《美国刑法》，2版，44页，北京，北京大学出版社，1996。

1997年刑法的规定可能并未达到如此境界，但其明确性有所增强却是不容置疑的。(1) 在刑法总则中，1) 改1979年《刑法》第14条第2款已满14岁不满16岁的人对杀人、重伤或其他严重破坏社会秩序罪负刑事责任，为只对故意杀人、故意伤害致人重伤或死亡、强奸、抢劫、贩卖毒品、放火、爆炸、投毒等8种罪承担刑事责任，从而保障未成年人权利；2) 第26条第2款增加对犯罪集团概念的规定，便于司法认定；3) 第50条将死缓减刑或执行死刑的条件改为有无故意犯罪，便于实际操作；4) 第67条、第68条分别对自首、立功的具体含义作了阐释，较为清楚明了；5) 第75条增加了缓刑执行的内容，使罪犯能够预测自己的行为；6) 第78条增加了法定减刑的内容；等等。(2) 在刑法分则中，1) 分解了流氓罪、投机倒把罪、玩忽职守罪三大罪，并将分解后各罪的构成要件明确化，解决了1979年刑法分则中令人棘手的问题。2) 对绝大多数犯罪的构成要件采用了叙明罪状，对内涵和外延确定、形态单一的犯罪（如大多数传统犯罪）的罪状作了简洁、明确的规定；对内涵和外延不易确定、形态复杂多样的犯罪（如大多数经济犯罪和妨害社会秩序罪），则尽量作了比较详细、具体、严密的规定；有的还采取列举式的方法逐一列举各种形态的犯罪构成要件（如第191条的洗钱罪），基本上做到了繁简适当、明确易行。3) 对与犯罪构成有关的重要概念①都作出立法解释，既防止了“重要概念定义权的旁落”②，又使刑法的明确性增强，从而与罪刑法定的底蕴相吻合。4) 刑罚规定合理化。对具体犯罪的刑罚幅度尽量缩小或尽量明确，以增强可操作性，例如对失火罪等，1979年刑法笼统规定处7年以下有期徒刑或拘役，而1997年刑法将其改为犯失火等罪的，处3年以上7年以下有期徒刑，情节较轻的，处3年以下有期徒刑或者拘役；再如对许多严重犯罪中判处死刑的情形作出明确规定；又如对判处罚金的数额大都作出明确的比例制或倍比制的规定。当然，也必须指出，刑法明确性的要求在分则中也并

---

① 这些关涉犯罪构成的重要概念主要有公共财产、公民私人所有的财产、国家工作人员、司法工作人员、重伤、违反国家规定、首要分子、告诉才处理、假药、劣药、商业秘密、内幕信息、知情人员、毒品、淫秽物品、战时等。

② 郑伟：《刑法各罪比较研究》，7页，郑州，河南人民出版社，1990。

未贯彻到底，这不能不说是一个缺陷。如我国《刑法》第120条规定了组织、领导、参加恐怖组织罪，第294条规定了组织、领导参加黑社会性质组织罪。从广义上讲，两罪都是危害社会法益的犯罪，有一些相似之处，但刑法对黑社会性质组织的概念在刑法上作了界定，即以暴力、威胁或者其他手段，有组织地进行违法犯罪活动，称霸一方，为非作恶，欺压、残害群众，严重破坏经济、社会生活秩序的组织是黑社会性质组织。但是，刑法对恐怖组织的概念未作任何阐述。[①]何致如此，不得而知。按理说，黑社会组织的概念不比恐怖组织的概念容易把握，黑社会组织再加上"性质"二字恐怕更难捉摸。但立法者对黑社会性质组织的概念仍作了较为恰当的界定，在这种立法能力并不低的情况下，为什么又要放弃对一些重要概念的界定呢？是恐怖组织比黑社会性质组织更容易理解吗？事实并非如此。[②] 虽然说把一部刑法制定得像美国学者要求的那样让普通人都能读懂并理解有一定的难度，但我们不应当放弃刑法明确性的要求。

以上对1997年刑法突出人权保障机能的价值原则作了简要分析。在刑法修订前，有学者明确提出我国刑法应当强调权利优先的观念。[③] 这种见解应当说是具有建设性的。因为在当代中国，由于传统的影响，社会结构的制约，社会本位的价值观一直占据主导地位。随着市场经济的发展，权利意识的觉醒，个人权利及其保障会受到进一步的重视，个人本位及人权保障的价值取向在当代中国更具现实意义。但是，将权利保障优先的刑法价值观贯彻到底可能并不现实：一方

---

① 反观外国刑法，对重要概念的界定从来都极为关注。如同样对恐怖组织，俄罗斯刑法通过规定恐怖行为来进行说明。对什么是恐怖行为，该法第205条规定得极为详细：恐怖行为是指为了破坏公共安全、恐吓居民或对权力机关作出决定施加影响，而实施爆炸、纵火或其他造成人员死亡、造成重大财产损失、带来其他严重危害社会后果的危险的行为，或以上述行为相威胁的。参见黄道秀等译：《俄罗斯联邦刑法典》，106页，北京，中国法制出版社，1996。

② 刑法修订后出版的注释性著作对什么是恐怖组织大多避而不谈（可参见胡康生等主编：《中华人民共和国刑法释义》，134页，北京，法律出版社，1997）；即使作出阐述，也多是引用《防止和惩治恐怖主义的国际公约》作些简单的说明（参见周振想主编：《新刑法释论与罪案》，642页，北京，中国方正出版社，1997），这自然给人以隔靴搔痒之感。

③ 参见蔡道通：《类推制度的当代命运》，载陈兴良主编：《刑事法评论》，第1卷，255页，北京，中国政法大学出版社，1997。

面，传统中国浓厚的社会和谐观念赋予刑法以“强制”甚或“镇压”的色彩，刑法始终以保护社会为己任；另一方面，关于公民权利发展史的研究已经表明，中国公民的权利意识有待进一步加强，全方位保障公民权利的社会大环境并未完全形成。① 在这种条件下，实行刑法的权利保障功能优先可能并不具有现实性。

在修订后的刑法中，权利保障优先的观念也并没有得到强调。前面我们对1997年刑法在权利保障方面所取得的进展的分析也只不过想表明：与1979年刑法相比较，修订后的刑法更突出了权利保障机能。但与此同时，对刑法的社会保护机能也给予强调。但是，1979年刑法中社会保护优先的观念显然得到了某种程度的调整和修正。② 由此，修正后的刑法兼顾社会保护与权利保障的期待已经较为彰显。我们认为，这是一种务实的态度，应当得到肯定。

修订后的刑法对社会的保护主要从刑法分则中表现出来。一方面，进一步完善刑法分则体系，严密刑事法网，包括：取消反革命罪的类罪名；将原破坏社会主义经济秩序罪易名为破坏社会主义市场经济秩序罪；取消妨害婚姻家庭罪的类罪名，将妨害婚姻家庭的具体犯罪归入侵犯公民人身权利、民主权利罪中；增设了危害国防利益罪；为突出对常见多发、危害较大的贪污贿赂犯罪的打击，将其从普通渎职罪中剥离出来成为独立的一类罪；将军人违反职责罪纳入刑法典。前述犯罪在刑法分则中基本上仍沿袭1979年刑法的做法，按照犯罪的社会危害性程度由重到轻排列，其中第三章“破坏社会主义市场经济秩序罪”和第六章“妨害社会管理秩序罪”下分设了8节和9节，打破了1979年刑法章下不设节的传统。以上这些规定充分体现了修订后刑法在保持“演变中的连续性”③ 方面所作的努力。

---

① 参见夏勇主编：《走向权利的时代》，30－66页，北京，中国政法大学出版社，1995。

② 事实上，以社会保护优先的价值观为基础建构刑法在当代很难为人们所接受。例如，日本早在1921年就提出了全面修改刑法的动议，但时至今日，刑法修改草案仍未获通过。人们对草案批评得最多的是其“支配思想是与国民自由相比优先考虑维持治安”。参见［日］西原春夫主编：《日本刑事法的形成与特色》，11页，北京、东京，中国·法律出版社、日本·成文堂，1997。

③ 刑法修改应当保持一种“演变中的连续性”，否则就会被认为不谨慎而难以为人们所接受。参见［法］皮埃尔·特律什：《法国刑法典》，中文版“序”，3页，北京，中国人民公安大学出版社，1995。陈兴良：《刑法疏议》，28页，北京，中国人民公安大学出版社，1997。

另一方面，为刑法分则所规定的犯罪设计严密、完整、科学的犯罪构成，主要是多发性犯罪的犯罪构成。多发性犯罪虽然种类不多，但在刑事案件发案总量中往往占绝大比例。控制住了多发性犯罪，就解决了犯罪控制的主要任务。多发性犯罪，不仅发案数量大，而且卷入犯罪的犯罪分子数量多，同一犯罪分子重复实施犯罪的概率高，因此，对多发性犯罪必须设计出较为合理的犯罪构成。① 根据这一思想，为了严密刑事法网、发挥刑法的保护功能，修订后的刑法首先致力于完备刑法分则所规定的各种构成，适当增设了一些新罪，尽量使罪状表述明确化、量刑幅度层次化。在此基础上，对多发性犯罪的犯罪构成进行了重点设计。例如盗窃罪，修订后的刑法在保留 1979 年刑法所规定的“数额较大”的构成要件的同时，增设了“多次盗窃”的构成要件，就能够有效地防止多次盗窃屡教不改、再犯可能性很大，但累计数额又不够“数额较大”标准的犯罪分子逃脱刑事法网。又如关于玩忽职守罪，1979 年刑法仅在第 187 条运用“玩忽职守，致使公共财产、国家和人民利益遭受重大损失”这样一个富有弹性的描述，界定了玩忽职守罪的构成要件，导致司法实践中发生偏差。修订后的刑法以列举式方法将玩忽职守罪分解为若干种具有特殊构成的玩忽职守行为，同时，为克服列举式方法挂一漏万的弊端，修订后的刑法又保留了 1979 年刑法所规定的普通玩忽职守罪，以涵括特殊构成要件形式以外的其他一切形式的玩忽职守犯罪。

附带指出的是，修订后的刑法与 1979 年刑法相比，在法益保护上有一个比较大的观念转变：第 36 条第 2 款规定，承担民事赔偿责任的犯罪分子，同时被判处罚金，其财产不足以全部支付的，或者被判处没收财产的，应当先承担对被害人的民事赔偿责任。这是在国家利益和个人利益冲突时，个人利益优先的立法例，也是刑法观念上一个可喜的变化。

二、刑事控制的现实转化

这是从刑法与社会环境（政治、经济以及受它们所制约的其他法律及其制

① 参见储槐植、梁根林：《刑法分则修改的价值取向》，载《中国法学》，1997（2）。

度）的关系的角度反思修订后的刑法。

本问题立论的基础在于：

（1）刑法的不完整性，包括：1）规范内容的不完整，即刑法在事实上不可能将所有应予刑罚制裁的不法行为，毫无遗漏地加以规范；应当将刑法规范和道德规范、政治规范等分开。2）规范功能之不完整，即刑法只是社会控制体系或社会规范体系中最具强制性的一种法律手段，刑法必须与其他社会控制手段相配合，才能有效维持社会生活和社会秩序。

（2）刑法的最后手段性，即刑法规定所追求的法律效果，是所有法律规范中最具严厉性、强制性与痛苦性的法律手段。当以刑罚之外的手段亦能有效防止不法行为时，应尽量避免使用刑罚；只有在其他法律手段无效时才动用刑罚手段。[①]

依据刑法的不完整性和最后手段性衡量，修订后的刑法在实现刑事控制方面有许多值得肯定的地方，其最大的可取之处是：在最大限度上使刑法成为刑法。

（一）刑法内容：不断醇化

刑法自主性是指刑法规范获得了独立[②]性特征，挣脱了刑法对其他社会调控手段尤其是政治手段的依赖性，不再仅仅是政治的工具而是有其特质的人类行为规范。这是刑法规范不完整性的题中之意。

在1979年刑法制定之时，我们对犯罪的界定是片面的，习惯于从政治的角度把犯罪视为阶级斗争的表现，是一种“政治恶”，从而给予其否定的政治评价。而缺少从社会伦理角度评价犯罪，更是很少将犯罪视作正常的社会现象和人类获取其他利益时的必要代价。正是这一政治刑法观使1979年刑法在一定程度上丧失了刑法的特质，明显的表现是：（1）在刑法分则中规定了反革命罪，并将较重的刑罚配置给该章。[③]（2）把具有“政治宣言”色彩的内容融入刑法。如1979年

① 参见林山田：《刑法通论》，15页，台北，三民书局，1986。

② 由于考虑是否采用刑罚这样一种强力的手段对一定的法益进行保护，刑法独立存在的意义是显而易见的。参见全理其：《刑法增设新罪的基本原则》，载《法学研究》，1996（5）。

③ 在1979年刑法中，可判处死刑的条文15个，共28个死刑罪名，其中，反革命罪一章即规定了15个死刑，包括：背叛祖国罪、阴谋颠覆政府罪、阴谋分裂国家罪、策动叛乱罪、策动叛变罪、投敌叛变罪、持械聚众叛乱罪、聚众劫狱罪、组织越狱罪、间谍罪、特务罪、资敌罪、反革命破坏罪、反革命杀人罪和反革命伤人罪。

刑法第一章即规定了刑法指导思想，其中第1条即强调“中华人民共和国刑法，以马克思列宁主义毛泽东思想为指针”。第2条规定刑法的首要任务是用刑罚同反革命犯罪和其他刑事犯罪行为作斗争。第10条在揭示犯罪概念时也规定：“一切危害国家主权和领土完整，危害无产阶级专政制度，破坏社会主义革命和社会主义建设……的行为……都是犯罪。”第90条规定：“以推翻无产阶级专政的政权和社会主义制度为目的的、危害中华人民共和国的行为，都是反革命罪。”上述规定使刑法在一定意义上成了冷峻的政治面孔。（3）刑法分则中设有为数不少的“口号式”规定。如第131条规定：“保护公民的人身权利、民主权利和其他权利，不受任何人、任何机关非法侵犯。违法侵犯情节严重的，对直接责任人员予以刑事处分。”第136条中则强调：“严禁刑讯逼供。”第138条、第143条以及第158条亦有类似规定：“严禁用任何方法、手段诬告陷害干部、群众”“严禁非法拘禁他人”“禁止任何人利用任何手段扰乱社会秩序”。上述表述，不仅仅是一个立法技术问题，更是一个观念形态上的问题：以立法的形式传递一些于定罪量刑并无实质影响的话语，无非是为了增加刑法的严肃气氛和威吓效应，从而使刑法染上了浓重的政治色彩。人们依凭于此完全可以对刑法应当是刑法这一命题保持某种程度的合理怀疑。

修订后的刑法为尽量减少政治对刑法的干预下了不少功夫。例如改反革命罪为危害国家安全罪；取消关于刑法指导思想的规定，用“人民民主专政”替代“无产阶级专政”；取消分则中无实质意义的口号式规定。这些做法都使政治色彩在修订后的刑法中得以降低。不过，在修订后的刑法中，政治强烈影响着刑法的痕迹依然很明显：（1）大而言之，刑法分则仍依1979年刑法所确立的范式，以客体之不同为标准将犯罪分为10章，而对客体的强调就突出了阶级性，增强了刑法的意识形态色彩和政治意味。[①] 在刑法修订前有不少学者对分则体例应采用大章制还是小章制进行过激烈的论争并力主小章制。学者之言自然凿之，但仅从刑法自身考虑大章制、小章制问题，其缺陷是明显的。大、小章制在我国更多地

① 参见储槐植：《刑法存活关系中——关系刑法论纲》，载《法制与社会发展》，1996（2）。

与意识形态有关：长期以来，我们极为重视刑法对社会关系的保护。而根据犯罪客体理论把犯罪分为几大类，每一类犯罪侵害哪一类社会关系，极为明了，由此必然选择大章制。而选择大章制，必然牺牲小章制，因为小章制虽然也可以保护国家法益、社会法益和个人法益，但究竟哪一章保护哪些客体，尤其是社会法益下还有很多次法益时，依小章制排列不如依大章制那样一目了然。立法者也深恐因选择小章制而致使刑法对社会关系保护不力。由此可见，刑法分则采用大章制有其受意识形态影响的深层原因。不过，需要指出，政治观念影响下的大章制选择也是有代价的：在有的章下设节，使分则体例不一；有的章节内容过于庞杂；未将客体分类法贯彻到底等，这些都将给司法适用增加难度。（2）小而言之，刑法的有些规定仍可依稀看见政治观念影响刑法的痕迹。典型的如第100条的规定："依法受过刑事处罚的人，在入伍、就业的时候，应当如实向有关单位报告自己曾受过刑事处罚，不得隐瞒。"但对有所隐瞒者如何处罚，刑法毫无对应性规定。又如第289条关于聚众"打砸抢"的规定等。这些规定从刑法科学性的角度看，既与定罪无关，又不涉及量刑，没有多少实质内容。而这种昭示性规定的存在，显然是牺牲刑法特质满足意识形态需要的结果，刑法的科学性可能就要打些折扣。

（二）刑事控制重心：治安犯罪与经济犯罪并重

刑法的最后手段性意在强调：刑事资源是有限的，刑法手段不到万不得已不能运用。刑法的这一特质要求刑法应对其打击重点进行准确的定位。

我国1979年刑法制定于国家结束"文化大革命"之际，当时民主和法制都还处在起步阶段，社会无序的局面刚刚得到控制，人们饱受社会秩序混乱之苦，希望制定一部刑法来加强社会控制；另外，由于当时国民经济刚刚走出全面崩溃的阴影，计划经济模式下的经济犯罪率极低，要求刑法介入经济生活的呼声不高。上述两重因素决定了1979年刑法的调整重心必然是杀人、抢劫、伤害、强奸、放火、决水、扰乱公共秩序等治安犯罪（这些犯罪在刑法颁布之后也的确一直呈上升态势）。在1979年刑法中，规定治安犯罪的条文六十余个，而规定经济犯罪[①]的条文

① 本文在文义上使用的"经济犯罪"概念：一类是与财产犯罪具有比较密切的联系，甚至在某些方面还带有传统犯罪特征的经济犯罪；另一类是不直接营利或者以直接占有公私财物为目的，但扰乱经济秩序，破坏公平竞争环境的犯罪。

只有二十来个，前者是后者的3倍。治安犯罪的罪名也远远多于经济犯罪。经济犯罪罪状模糊，法定刑偏低，罪种过少。立法缺陷也十分明显。例如关于投机倒把罪（第118条、第119条）、走私罪（第116条）、诈骗罪（第151条）、贪污罪（第155条）等的规定，都基本上采用了空白罪状的立法方式——走私行为千变万化，但刑法却只有一个走私罪；罚金刑的运用也很少。如此规定，远离了罪的明确化和刑法具体化的立法初衷。而这既与立法能力不高有关，更与国家对经济犯罪不太重视，从而疏于设计严密的犯罪构成有关。

自20世纪80年代初起，国家提出了“以经济建设为中心”的口号，经济的发展带来了社会各方面的变革。在这种变革时期，旧规范被打破，新的规范尚未形成，各种不择手段追求不法利益的违法犯罪行为就容易出现。“尤其是在新出现的一些社会活动中（例如公司、股票交易、期货市场），从来就没有形成过一种普遍的规范，人们一旦进入这样的社会活动中，就往往依赖着他们各自的规范或直觉行事，从而发生规则的冲突。”① 所以，经济的发展使社会生产力获得了解放，但与此同时也出现了经济犯罪上升甚至失控的严峻问题。② 20世纪90年代初以来，随着市场经济目标模式的确立，经济犯罪更是呈一发不可收之势，这就更加验证了“社会转型期间，一般说来，违法犯罪总会激增”③ 这一命题的正确性。而经济犯罪对于市场经济体制的建立和社会经济的健康发展，有着比治安犯罪更为直接、严重的破坏力。经济犯罪往往成为社会冲突和社会动荡的导火索。正是在这个意义上，学者指出：我国现阶段诸多不良社会现象的形成，很大程度上正是与我们在一个较长时期内对实质上的经济违法、犯罪行为遏制力的缺乏及削弱紧密相关的。④

由于立法者在刑法修订过程中对经济犯罪的发展趋势和危害有着足够的认

① 苏力：《法治及其本土资源》，117页，北京，中国政法大学出版社，1997。

② 参见储槐植：《罪刑矛盾与刑法改革》，载《中国法学》，1999（5）。

③ 苏力：《法治及其本土资源》，112页，北京，中国政法大学出版社，1997。

④ 参见游伟：《模式建构与罪刑设置——对我国经济犯罪立法的宏观思考》，载陈兴良主编：《刑事法评论》，第1卷，335页，北京，中国政法大学出版社，1997。

识，因此在修订后的刑法中对经济犯罪的打击受到了重视。修订后的刑法第三章共8节，全面、系统地规定了各种类型的破坏社会主义市场经济秩序的犯罪，“构成了刑法典中的一部完整的‘经济刑法典’”[①]。这些犯罪，只有少数罪名来自1979年刑法典，在修订后的刑法中其犯罪构成要件被进一步充实；绝大部分犯罪都是1979年刑法中没有的[②]；另外还根据完善社会主义市场经济法律体系的需要，增设了走私核材料罪，走私珍稀植物及其制品罪，同业经营罪，为亲友谋取商业利益罪，低价折股或出售国有资产罪，造成国有公司、企业破产或亏损罪，高利转贷罪，内幕交易罪，编造、传播虚假信息罪，操纵证券交易价格罪，用客户资金非法拆借、发放贷款罪，洗钱罪，证券诈骗罪，侵犯商业秘密罪，广告诈骗罪，串通投标罪，合同诈骗罪，强迫交易罪，非法转让、倒卖土地使用权罪等二十余种1979年刑法和特别刑法都从未作过规定的新罪。这些新罪，有些属于1979年刑法典中传统的投机倒把罪分解而成的新罪名（如非法经营罪、强迫交易罪等），有些则是首次对现实经济生活中已经具有一定严重性和普遍性的行为给予犯罪化，还有些则是带有防范性质的规定（如走私核材料罪、洗钱罪等）。总体来讲，在修订后的刑法中，单就破坏社会主义市场经济秩序罪用了92个条文（几乎相当于1979年刑法分则条文总数），规定了八十余个罪名。刑法编织了较为严密的打击经济犯罪的法网，其对经济生活的干预贯彻了现实性和预见性相结合、全面介入和有力干预相结合的基本精神。

不过，也必须指出，修订后的刑法对经济犯罪的规定亦有值得反思之处：其一，犯罪构成设计上仍留下了刑法漏洞。例如1979年刑法中的投机倒把罪在修订后的刑法中被分解，其典型犯罪行为被规定在第225条的非法经营罪中。在第1、2项列举了两种具体的非法经营行为之后，该条第3项规定了“其他严重扰乱市场秩序的非法经营行为”，至于什么是“其他”非法经营行为，人们仍无从

① 储槐植、梁根林：《刑法分则修改的价值取向》，载《中国法学》，1997（2）。

② 这部分犯罪先后出现在全国人大常委会通过的关于惩治走私罪、生产销售伪劣商品犯罪、违反公司法的犯罪、侵犯著作权犯罪、偷税抗税犯罪等补充规定（单行刑法）或其他非刑法规范（附属刑法），这次修改刑法时被吸纳到刑法典中。

知晓。所以投机倒把这一大口袋罪又被分解成了一个小口袋罪。类似规定出现在操纵证券交易价格罪（第182条）、洗钱罪（第191条）、贷款诈骗罪（第193条）、信用证诈骗罪（第195条）、合同诈骗罪（第224条）等犯罪中，这就给司法解释留下了太大的回旋余地，使罪刑法定主义原则受到冲击。其二，刑法对经济生活的介入有“过度”之虞。基于对刑法不完整性和最后手段性的认识，人们普遍认为刑法对经济生活的干预必须适度，如果滥用刑罚利刃，将可能造成对正常经济活动的不当干预，从而压制竞争自由和市场活力。[①] 依循这些思想，可以发现，修订后的刑法关于经济犯罪的规定并未严格区分刑事制裁、民事制裁、行政制裁方式之不同，并未充分确立刑法最后手段性的信念。例如生产、销售伪劣产品罪（第140条）规定，生产者、销售者在产品中掺杂、掺假，以假充真，以次充好或者以不合格产品冒充合格产品，销售金额5万元以上的即要定罪处刑，其合理性是值得怀疑的。在产品中掺杂、掺假、以假充真、以次充好或者以不合格产品冒充合格产品的行为，几乎涵括了商品生产和销售过程中的所有不法行为。这些行为轻重不一，且一般在相关的经济、行政法规中都有处罚规定。只要严格执行这些规定，充分发挥行业管理、行业监督以及工商、税务、质检等部门的作用就可以收到比较好的效果。而“如果把这些行为都纳入刑事处罚的范围之内，把责任都推给司法部门，其结果必然是一方面大量的违法行为无人管，另一方面少数的违法行为受过重的处罚”[②]。刑法对强迫交易罪（第226条），倒卖车票、船票罪（第227条第2款），损害商业信誉、商品声誉罪（第221条），侵犯商业秘密罪（第219条）等的规定，也同样存在刑法触须太长、管得太多的弊端。而刑法过多介入经济生活，会对经济活动造成难以估量的损失，对于市场经济健康发展极为不利。[③]

---

① 有学者曾对经济刑法规范激增现象流露出深深的忧虑，认为刑法不适当地干预市场经济活动会影响经济主体的活动自由，降低刑罚的威慑功能，混淆刑法和其他部门法的关系。参见王作富主编：《刑法完善专题研究》，376－382页，北京，中央广播电视大学出版社，1996。

② 全理其：《刑法增设新罪的基本原则》，载《法学研究》，1996（5）。

③ 关于侵犯商业秘密罪的规定，有学者认为具有超前性和预见性。参见储槐植、梁根林：《刑法分则修改的价值取向》，载《中国法学》，1997（2）。

修订后的刑法重视经济犯罪，丝毫不意味着它完全忽略了治安犯罪。在当代中国强调对经济犯罪的打击，有其充足的理由，重视治安犯罪亦是一种现实的考虑。我国从 1983 年开展了为期 3 年的“严打”斗争，其后各种专项打击连续不断，犯罪总量在 1984 年稍有下降之后又呈持续上升趋势，1991 年严重罪案为 1984 年的近五倍。1985 年后，以年均 40.3％的速度上升，增长速度大大超过同期罪案总数的平均涨幅。严重罪案在全部罪案中所占比例也明显上升，由 1984 年的 13％上升到 1991 年的 22％[①]，其上升势头迄今为止仍不见缓减。而在上述罪案中，治安案件占据了绝大部分。在治安形势如此严峻的形势下，重视并加强对治安犯罪的打击显然是明智之举。治安犯罪分布在刑法分则危害公共安全罪，侵犯公民人身权利、民主权利罪，侵犯财产罪，妨害社会管理秩序罪等各章中。但刑法对治安犯罪的打击在妨害社会管理秩序罪一章中表现得最为充分。这里略作分析。

刑法分则第六章之下设了 9 节对大量妨害社会管理秩序的治安犯罪作了具体规定，涉及公共秩序、司法活动、国（边）境管理、文物管理、公共卫生、毒品、社会善良风俗诸方面。这些犯罪包括 1979 年刑法典规定的犯罪或根据其分解的犯罪，包括全国人大常委会制定的《关于禁毒的决定》等单行刑法中规定的犯罪，也包括源于各种附属刑法的犯罪。这些犯罪一般是比较稳定的，带有一定普遍性的犯罪。新刑法典全面规定了这些犯罪，体现了其对治安犯罪的关注，也体现了刑法反映现实、严密刑事法网的价值取向。同时，修订后的刑法还根据加强社会管理秩序、打击治安犯罪的需要，增设了二十余种新罪名，并且对一些严重危害社会治安的犯罪作了富有预见性的规定，最引人注目的是关于黑社会性质组织犯罪、危害公共卫生罪和破坏环境资源罪的规定。上述分析无不表明：修订后的刑法为治安犯罪编织了严密的法网，其对治安犯罪的防范和打击都是有力的。

不过，刑法对治安犯罪的打击仍应考虑刑法的最后手段性，有一个合理限度问题，以其他法律手段能给予解决的，就尽量不运用刑法手段。而修订后的刑法的若干规定就违背了这一旨趣。例如《刑法》第 302 条规定，盗窃、侮辱尸体

① 参见郭建安：《论刑罚的威慑效应》，载《法学研究》，1994（3）。

的，处3年以下有期徒刑、拘役或者管制。且不说实际生活中盗窃、侮辱尸体的行为少之又少，即便有这种案例发生，以民事侵权损害赔偿处理恐怕即可，行为的危害性是否达到严重的程度大可存疑，而动用刑法反而会在事件当事人之间制造新的矛盾，适得其反。再如《刑法》第280条第3款规定，伪造、变造居民身份证的，处3年以下有期徒刑、拘役、管制或者剥夺政治权利；情节严重的，处3年以上7年以下有期徒刑。伪造、变造居民身份证的行为多样，情节不一，一律定罪处罚，显然不妥。伪造、变造居民身份证数量少或将其用于非犯罪目的的（如乘坐飞机），完全可实行治安管理处罚；伪造、变造居民身份证用于其他犯罪的，属于牵连犯的问题，可以他罪论处，无须对伪造、变造行为再单独定罪；而且，只要提高居民身份证制作水平，增强防伪措施，批量伪造、变造居民身份证的行为亦可减少到最低限度。因此，刑法上规定伪造、变造居民身份证罪的确有以刑法手段代替管理措施的嫌疑。又如，辩护人、诉讼代理人毁灭证据、伪造证据、妨害作证罪（第306条）在刑法中实际上并无存在的必要。这是出于两方面的考虑：一是辩护人中，律师占绝大多数，而本罪行为在司法认定中会发生误差，法条表述有些含混，所以规定本罪不利于律师制度的发展。[①] 二是该罪的内容实际上已经被妨害作证罪（第307条）所完全包容，遇到辩护人、代理人妨害证据的情形时，完全可以第307条所规定的妨害作证罪论处[②]，再规定辩护人、

---

① 参见陈兴良：《刑法疏议》，489页，北京，中国人民公安大学出版社，1997。全理其：《刑法增设新罪的基本原则》，载《法学研究》，1996（5）。

② 1997年《刑法》第306条第1款规定，在刑事诉讼中，辩护人、诉讼代理人毁灭、伪造证据，帮助当事人毁灭、伪造证据，威胁、引诱证人违背事实改变证言或者作伪证的，处3年以下有期徒刑或者拘役；情节严重的，处3年以上7年以下有期徒刑。第307条第1款规定，以暴力、威胁、贿买等方法阻止证人作证或者指使他人作伪证的，处3年以下有期徒刑或者拘役；情节严重的，处3年以上7年以下有期徒刑。该条第2款规定，帮助当事人毁灭、伪造证据，情节严重的，处3年以下有期徒刑或者拘役。事实上，第306条中的辩护人、诉讼代理人毁灭、伪造证据，帮助当事人毁灭、伪造证据的行为就是第307条第2款所列举的行为，因为辩护人、诉讼代理人毁灭、伪造证据实际上也是帮助当事人的行为。而且第307条第2款在情节严重时才处罚行为人，与第306条不分情节轻重一律定罪科刑的规定相比显得更为科学。第306条中威胁、引诱证人违背事实改变证言或者作伪证的行为就是第307条第1款所规定的“威胁、贿买”行为。如此一来，第306条的独立存在价值的确值得怀疑。这是一个立法技术问题，但更是一个刑法观念的问题。

代理人妨害作证罪，刑法的打击就有些“过当”了。

（三）刑罚运用：有效性的追求

刑罚仅仅是在不得已的情况下和尽可能小的范围内运用。动用刑罚必须追求公正性与功利性的统一。修订后的刑法在刑罚适用方面基本上满足了这一目标。

1. 大量适用财产刑，实现刑罚的功利性

市场经济下刑罚观的根本内容是追求刑罚的最佳社会效果（功利性与公正性的统一）。[①] 刑罚的社会效果是通过刑事法律活动所要达到的社会功能，主要表现为一定的刑罚目的的实现。我国1979年刑法由于片面强调刑罚的政治功能，使刑罚处于纯粹工具的地位，较少顾及刑罚本身所具有的特点与性质，从而在一定程度上削弱了刑罚的社会效果。在修订后的刑法中，刑罚观念有所更新，刑罚社会效果的整体实现受到重视，尤其是刑罚的功利性被提高到了前所未有的地位。修订后的刑法通过刑罚的适用，尤其是财产刑的适用在经济上补偿社会与被害人，并使犯罪人受到经济上的惩治。这里仅以修订后的刑法关于罚金刑的规定作些分析。

修订后的《刑法》总则第三章第六节以第52条、第53条两个法条的篇幅对罚金刑作了一般性规定。在刑法分则中，又对各种犯罪的罚金适用作了规定。这些规定主要涉及以下内容：（1）罚金的适用对象。1979年刑法中，罚金刑只适用于较轻的罪。在修订后的刑法中，罚金刑的适用具有广泛性，既可适用于处刑较轻的罪（如第221条之损害商业信誉、商品声誉罪），也可适用于处刑较重的罪（如第141条之生产、销售假药罪）；罚金刑的适用主要分布在经济犯罪[②]、财产犯罪[③]和其他故意犯罪[④]中。（2）罚金的适用方式。在1979年刑法中，罚金的

---

① 参见高铭暄、陈兴良：《挑战与机遇：面对市场经济的刑法学研究》，载《中国法学》，1993（6）。

② 1997年《刑法》分则第三章“破坏社会主义市场经济秩序罪”的90余个条文中，基本上都规定了罚金刑的独立适用或附加适用，罚金刑的利用率约占刑法分则罚金刑总数的45%。

③ 1997年《刑法》分则第五章“侵犯财产罪”中共有14个条文，其中9个法条规定了罚金刑，占条文总数的50%还强。

④ 1997年《刑法》分则第六章“妨害社会管理秩序罪”中共有91个法条，其中约有1/2的法条规定了罚金刑。此外，在第四章“侵犯公民人身权利、民主权利罪”中，尚有两个条文即第240条（拐卖妇女、儿童罪）、第244条（强迫劳动罪）规定了罚金刑的并处或单处。

适用方法较为简单，多为选科制。在修订后的刑法中，罚金有多种适用方式：一是单科制，如单位犯受贿罪（第387条）时只对单位判处罚金；二是选科制，如故意毁坏财物罪（第275条）的规定；三是并科制，如擅自发行股票、公司、企业债券罪（第179条）的规定；四是复合制，如窝赃、销赃罪的规定。（3）罚金的数额。我国1979年刑法对罚金的数额没有规定，实际上实行的是无限额罚金制，这与世界各国刑事立法的通例有些不同。修订后的刑法对罚金的数额作了多样化的规定，形成了罚金数额规定的“多元化”格局。虽然修订后的刑法保留了无限额罚金制，但其适用面已大为减少；此外，在破坏社会主义市场经济秩序罪中，主要实行的是限额罚金制和倍比罚金制。（4）罚金的缴纳。修订后的刑法基本上保留了1979年刑法的规定，但在其4种缴纳措施之外又增设了罚金随时追缴措施，即对于不能全部缴纳罚金的，人民法院在任何时候发现被执行人有可以执行的财产的，应当随时追缴。这些规定，对实现刑罚的功利性都是有益的。

附带指出，修订后的刑法亦有罚金适用泛化的趋势。罚金应当主要适用于贪利性经济（财产）犯罪，带有惩罚性；对暴力性犯罪原则上不应规定罚金。但修订后的刑法在妨碍公务罪（第277条）中规定了罚金的选科；在抢劫罪（第263条）中更是规定了罚金刑的并科（必并）制，使法官毫无斟酌选择的余地。这既不符合罚金刑运用的一般原理，又易造成刑事判决的“执行难”。

2. 追求刑罚的收敛性，实现刑罚公正性

这主要是指刑罚的幅度要适中。刑罚幅度是指刑法对具体犯罪所配置的刑罚量的上限和下限距离（跨度）。在我国1979年刑法中，有不少的犯罪的刑罚幅度过宽，由此，既缺少对司法的约束，又不便于司法操作，容易出现轻纵或过枉的弊端。有学者曾对1979年刑法和21个单行刑法（截至1995年10月）中近二百个条文的罪种的法定刑进行了统计，发现刑罚上下限跨度有22种情形，其中拘役至无期徒刑14个，拘役至死刑24个，6个月有期徒刑至15年有期徒刑2个，6个月有期徒刑至无期徒刑3个，6个月有期徒刑至死刑3个，2年有期徒刑至死刑1个，3年有期徒刑至死刑7个，5年有期徒刑至死刑3个，7年有期徒刑至死刑1个，10年有期徒刑至死刑9个。大致可以这样认为，拘役至5年有期徒刑、

2 年至 7 年有期徒刑、3 年至 10 年有期徒刑、5 年有期徒刑至死刑的跨度不算大，它们约占统计总数的 1/3；上下限跨度过大的约占 2/3。① 在修订后的刑法中，前述状况有所改观，法定刑幅度有所缩小。这里仅以由 1979 年刑法中的三大口袋罪分解出来的部分犯罪作些分析。

(1) 1979 年刑法中的投机倒把犯罪（第 117 条、第 118 条）的法定刑幅度从拘役到 10 年有期徒刑，属幅度过大范畴。在修订后的刑法中，虽然作为投机倒把的典型形态的非法经营罪（第 225 条）的法定刑幅度依然过大（从拘役到 15 年有期徒刑），但其他扰乱市场秩序犯罪的法定刑幅度都基本上合理。扰乱市场秩序罪这一节中共有 11 个条文 11 个罪名，刑罚幅度从拘役至 2 年有期徒刑的 2 个，拘役至 3 年有期徒刑 8 个，10 年有期徒刑至无期徒刑 1 个，5 年至 15 年有期徒刑 1 个，2 年至 7 年有期徒刑 1 个，拘役至 5 年有期徒刑 1 个，管制至 3 年有期徒刑 1 个，3 年至 7 年有期徒刑 1 个，5 年至 10 年有期徒刑 1 个，1 年至 5 年有期徒刑 1 个。总的说来，上下限跨度都不大。

(2) 在 1979 年刑法中，构成流氓罪的，处 7 年以下有期徒刑或拘役或者管制，刑罚幅度是从管制至 7 年有期徒刑。在修订后的刑法中，符合侮辱妇女罪（第 237 条）、聚众斗殴罪（第 292 条）、寻衅滋事罪（第 293 条）、聚众淫乱罪（第 301 条）的基本犯罪构成的，分别处 5 年以下有期徒刑，3 年以下有期徒刑、拘役或者管制，5 年以下有期徒刑、拘役或者管制，其刑罚幅度显然低于 1979 年刑法的规定。刑罚幅度基本上是适中的，这将使刑罚的打击锋芒有所限制，有利于刑罚公正性目标的实现。

三、刑法立场的客观取向

（一）偏爱主观主义：1979 年刑法的倾向

任何一部刑法典都是主观主义和客观主义刑法立场激烈冲突下的产物。我国

① 参见储槐植：《刑事一体化和关系刑法论》，480 页，北京，北京大学出版社，1997。

1979年刑法基本上持一种在犯罪论部分是客观主义、在刑罚论部分是主观主义的折中说立场。但是，这种折中的重点是偏向于主观主义的。表现在以下几个方面。

（1）否定罪刑法定原则。1979年《刑法》第79条规定了类推制度，这实际上是排斥了罪刑法定原则。因为罪刑法定主义与类推存在明显的逻辑矛盾：前者是法无明文不为罪；后者是法无明文亦为罪。

（2）在犯罪成立方面，刑法规定的不足：1）关于犯罪成立的规定的条文很少。[①] 条文多少一般不能成为评价法典的理由，但在我们这样一个立法技术不高的国家，条文数目越少则表明立法越粗疏，这恐怕是大家都能接受的事实；而且一个法条表述一个事由，是现代立法的基本规则。要在犯罪论部分对犯罪成立的若干问题（如犯罪概念、犯罪种类、犯罪次数、罪过、未完成罪、共同犯罪、正当行为）等作出规定，必须增加法律条文数目。2）在刑法分则中许多犯罪在客观方面相同或基本相同，罪过内容甚至犯罪性质也相同，仅根据行为人的目的（或动机）不同，规定为不同的犯罪。例如行为人实施了有组织的越狱行为，具有反革命目的的定为具有反革命性质的组织越狱罪（第96条），不具有反革命目的的为脱逃罪（第161条）。3）刑法对犯罪预备和犯罪未遂设立了一般处罚规定。4）刑法对犯罪构成要件的规定比较简单。在很多犯罪中，都没有对犯罪的客观要件作出明确和恰当的界定，却对犯罪的主观因素，尤其是目的、动机着墨较多。其中标明目的的条文即有两类：一是反革命罪中的反革命目的；二是“营利目的”，该目的成为伪造、倒卖计划供应票证罪（第120条）、伪造有价票证罪（第124条）、制造贩卖假药罪（第164条）、赌博罪（第168条）中犯罪构成主观方面的必要条件。而动机作为情节犯中的重要情节之一，也成为影响犯罪是否成立的重要因素。

（3）在刑罚论中，1979年刑法强调预防观念的确立。根据一般预防的要求来安排刑罚体系、种类、法定刑及幅度。同时对特殊预防也极为关注。根据特殊

---

① 1979年《刑法》从第10条到第26条用一章规定了“犯罪”问题；反观德国刑法，则用25个条文（从第13条至第37条）规定了犯罪（参见徐久生译：《德意志联邦共和国刑法典》，10－16页，北京，中国政法大学出版社，1991），俄罗斯刑法从第14条至第42条用29个条文规定了犯罪（参见黄道秀等译：《俄罗斯联邦刑法典》，8－19页，北京，中国法制出版社，1996）。

预防的要求，对反映犯罪人的人身危险性较大的某些特定的犯罪人类型，例如对惯犯、累犯予以特别规定，使之在个别化方面具有法律根据。同时，对自首、中止等反映犯罪人的人身危险性较小的犯罪情节予以法定化。总之，我国 1979 年刑法关于刑罚的立法贯彻了以一般预防为主、特殊预防为辅的新派刑法思想。①

1979 年刑法的这种立场选择毫不为奇。其一，传统社会控制理念的影响。长期以来，我们习惯于视法律为一种专政工具，刑法更是被称作镇压阶级异己分子的工具，是手段而非目的。统治阶级通过刑法维护的是社会生活的整齐划一。由此观念出发，刑法关于犯罪成立尤其是犯罪行为的规定越粗疏越好用，所以保留类推、犯罪构成设计的粗略化都在情理之中。其二，权利观念的淡漠。1979 年刑法制定之初，国家刚从“文化大革命”中苏醒，民众的权利要求也只是一种人之为人的基本要求：终结动荡的社会局面，求得一个安定的环境以确保生存。此时，建设法制的紧迫任务催促立法者迅速制定刑法、民法等大法，因为一个大国长达 30 年还没有出台一部刑法的确是一件危险的事情。所以，任务的匆忙和公众并不苛求（在权利方面）的心态铸就 1979 年刑法的基本模式。其三，立法能力的有限。立法能力与国家能力有关，也与法制发展状况和法学理论水平有关。在 1979 年刑法制定之时，我国刑法理论正在从断裂中寻找生长点，刑法研究没有为刑事立法提供充足的理论准备，导致该刑法典有着一些先天不足，从客观上揭示形形色色的犯罪的能力不强。其四，1979 年刑法绝不是“闭门造车”的结果，而在很大程度上参照了西方国家尤其是大陆法系国家的刑法范式。在 20 世纪 70 年代末 80 年代初，西方各国刑法的学派之争基本结束，古典学派（客观主义）和现代学派（主观主义）的矛盾和分歧正在一步步消融，双方都在以彼之长，补己之短，学派之争走向折中化是当时刑法立场转化的一道人文景观，而这对制定我国 1979 年刑法时的立场选择的影响是不可低估的。

这里有必要指出，我国 1979 年刑法在学习西方刑法范式之后，持一种在兼容主观主义与客观主义的基础上偏爱主观主义的立场，但是它与西方国家同时期

① 参见高铭暄主编：《刑法学原理》，第 3 卷，72 页，北京，中国人民大学出版社，1994。

的立场有所不同，甚至有着根本性的不同。这一点很容易被人们忽略。德、日刑法理论中虽然新、旧两派的争论始终没有消停，但主观主义的理念显然对刑法立法的影响更大。但是，它们所奉行的主观主义，是法治国迈向文化国时期的立场选择。日本完全意义上的新派刑法理论家牧野英一博士就认为，主观主义的刑法立场必须以文化国思想，即“国家必须是作为文化的担当者积极地能动地行动，我们今天必须从这样的立场批判、理解刑法”为其理论的基调。[①] 由此，牧野对法治国时代成立的普遍化的罪刑法定主义提出了批评。他认为，随着从19世纪的以法治国思想向20世纪的文化国思想的进化，以及合理而科学的社会防卫利益的提出，在新的时代背景下，罪刑法定主义对社会防卫、主观主义、个别预防、目的刑、教育刑等刑法的进化来说，已经起了阻碍作用，甚至已成为桎梏。能够促进其变迁的是实质上的社会防卫利益，从思想体系上来说是从法治国思想向文化国思想的进化。[②] 牧野的思想包含无限扩大法官酌情处理权从而侵及人权的可能，但其将主观主义刑法立场放到更为广阔的社会背景下考察的基本观点无疑是十分正确的，德国刑法改革运动为这一观点提供了佐证。而我国1979年刑法并不产生于法治国向文化国跃进的时期，而是制定于警察国向法治国迈进的历史阶段，因此，它对主观主义的偏好在一定意义上可以说是主观主义的异化，与德、日刑法中的主观主义立场有重大区别，绝不可同日而语。[③]

---

① 参见［日］大塚仁：《刑法中新旧两派的理论》，44页，东京，日本评论社，1957。转引自马克昌主编：《近代西方刑法学说史略》，242页，北京，中国检察出版社，1996。

② 参见李海东主编：《日本刑事法学者》（上），“牧野英一”部分，75页，北京、东京，中国·法律出版社、日本·成文堂，1995。

③ 德国1871年刑法典在立法技术尤其是犯罪构成的立法技术方面，达到了时代的顶点，确立了法治国时代的基本刑法立场。但随着德国向文化国的过渡，该法典对累犯、惯犯与青少年犯罪等严重社会问题缺乏有效的治本良策。由此决定了20世纪30年代以来德国的刑法改革基本上都围绕是否采纳新派的主张进行。1975年正式颁布的德国刑法一方面坚持了德国基本法第20条和第28条所规定的德国“社会国”和（向文化国进化的）“法制国”的原则，其中法制国的含义是指德国是一个由法制管理的国家，社会国的含义是指德国是一个认识到自己对社会的责任并努力实现社会正义的国家。社会国和法制国的原则要求是：德国实行的刑罚制度，应该能够保证最小限度地摧毁犯罪人，并能够帮助他复归社会。另外，德国大量吸收了主观主义刑法理论的观点，使刑事政策形成准备适应未来社会、科学、文化迅速发展与变动的新态势。参见王世洲：《联邦德国刑法改革研究》，载《外国法译评》，1997（2）。徐久生译：《德意志联邦共和国刑法典》之相关部分，北京，中国政法大学出版社，1991。

刑法史的研究已经表明，主观主义必须在客观主义的基础上才能求得发展。[①] 而我国1979年刑法对主观主义的倚重没有先经过客观主义这一阶段，所以今天我们强调向客观主义复归，修订后的刑法也在许多方面体现了这种复归的趋势。

一方面是因为权利意识的觉醒。过去，由于片面强调刑法的专政职能，“不少人还习惯于把法放在自己的对立面上，只视之为禁条，很少以权利意识灌注于其中，把它看作是公民自由和合法权益的根本保障”[②]。但是，随着改革开放十余年来国家法制建设的不断加强，上述局面已经大为改观。

另一方面，出于对主观主义潜在危险性的警惕。主观主义是一种根据有无反复造成侵害的可能性，即根据其性质的恶劣程度以及对社会的危害性来决定刑罚的立场。[③] 在犯罪论方面，主观主义主张犯罪征表说，认为犯罪是恶性、犯罪者的犯罪性的征表；在刑罚论上，主观主义强调教育刑论，提倡适应犯罪者的恶性和改善可能性的刑罚适用、刑罚个别化、矫正不能者的社会隔离、无害化。主观主义蕴含着模糊犯罪概念、过分扩大司法权、为防卫社会不惜牺牲个人的潜在危险，这种危险在由法治国迈向文化国的德、日等大陆法系国家都无法消弭，在由警察国迈向法治国的当代中国要克服它更是难上加难。[④] 因此，从这个角度讲，修订后的刑法作出在兼顾主观主义与客观主义的基础上，更亲近于客观主义的立场判断，无疑是一种理性的抉择。

（二）回归客观主义：1997年刑法的立场

回归不是退步，回归也不是目的，而是为了给今后刑法进一步主观主义化、

① 参见李海东主编：《日本刑事法学者》（上），“牧野英一”部分，73页，北京、东京，中国·法律出版社、日本·成文堂，1995。

② 梁治平：《“法”辩》，载《中国社会科学》，1986（4）。

③ 参见［日］大塚仁：《犯罪论的基本问题》，2页，北京，中国政法大学出版社，1993。

④ 此外，主观主义的立论基础是实证主义，“真正的实证精神主要在于为了预测而观察，根据自然规律不变的普遍信条，研究现状以便推断未来”（［法］奥古斯特·孔德：《论实证精神》，12页，北京，商务印书馆，1996）。我们与实证主义有着天然的隔膜，但对理性主义尤其是狂热的理性主义极为熟悉。而它正是客观主义的哲学基础。

符合现代刑法发展趋势构筑新的起点、奠定新的基础。

修订后的刑法在犯罪论部分基本贯彻了客观主义的立场，强调现实表现于外界的犯罪人的行为本身是犯罪；在刑法分则部分，强调行为人犯罪行为的危害性是量刑的决定性因素，这是客观主义的报应观念。详言之，在修订后的刑法中，对客观主义立场的定位主要体现在：（1）规定了罪刑法定原则，禁止以司法类推来填充刑法漏洞，禁止溯及既往，强调法律的明确性。这些问题前已有所涉及，此不赘述。（2）在犯罪成立方面，规定得更为科学。一是尽量明确分则各罪的罪状；二是对客观行为相同、罪过内容不同的行为尽量规定为一罪，典型的如第239条关于绑架罪的规定，就将以勒索财物为目的绑架他人的行为和以其他目的（政治目的、制造恐怖气氛的目的、危害国家安全的犯罪目的）绑架他人作人质的行为规定在一起。三是分则中的许多条文都通过对客观行为的描述来限定主观要素，突出表现在第三章“破坏社会主义市场经济秩序罪”中，其大多数条文都没有主观要素的规定，但行为人的主观要素通过分析其客观行为完全可以确定。例如票据诈骗罪（第194条）、信用证诈骗罪（第195条）、信用卡诈骗罪（第196条）、保险诈骗罪（第198条）等，都通过列举式立法的方法对具体的诈骗手段加以明示，从而揭示犯罪的主观要素。[①] 四是对严重犯罪中影响法定刑升格的客观因素进行了细化。例如抢劫罪，1979年《刑法》第150条第2款规定，抢劫公私财物，情节严重的或者致人重伤、死亡的，处10年以上有期徒刑、无期徒刑或者死刑，可以并处没收财产。其中“情节严重”是影响法定刑升格的决定性因素，但何谓“情节严重”又极不明确，导致司法理解不一，轻重入刑。修订后的刑法就克服了这一弊端，将“情节严重”细化为7种行为：入户抢劫的；在公共交通工具上抢劫的；抢劫银行或者其他金融机构的；多次抢劫或抢劫数额巨大的；冒充军警人员抢劫的；持枪抢劫的；抢劫军用物资或者抢险、救灾、救济物资的。如此一来，极为明确，便于实现刑法的人权保障机能。所以，刑法的保

---

① 当然也有例外，如第193条（贷款诈骗罪）既列举了5种具体的贷款诈骗行为，又限定了主观要素（以非法占有为目的）。

障机能和客观主义始终是相辅相成之物：刑法的权利保障机能呼唤客观主义的诞生；客观主义反过来进一步对权利实施保障。

不过，值得指出的是，修订后的刑法在贯彻客观主义时仍有值得商榷之处。例如对于犯罪预备，原则上都应处罚就已经有些偏离客观主义了。因为在犯罪预备的情况下，行为人尚未着手实施犯罪，而是为进一步犯罪制造一些便利条件，因此，惩罚预备犯主要考虑的是其个人的犯罪倾向和对社会的防卫。而在我国刑法中惩罚预备犯成为通例，这是不是有些夸大了犯罪人的主观倾向和过分强调了防护社会的刑法目标①，的确是一个问题。

修订后的刑法在强调向客观主义的某种回归的同时，在刑罚论部分继续坚持，并在一定程度上发展了 1979 年刑法所确立的主观主义立场。其在主观主义方面的变化表现在：其一，将拘役的期限由 1979 年刑法的 15 日提高到 1 个月（第 42 条），拘役的缓刑考验最低期限也由 1 个月提升到 2 个月（第 73 条），以增强刑罚的可感性，达到教育、惩戒犯罪人的目的。其二，被判处死缓的罪犯，在死刑缓期执行期间，如果没有故意犯罪，2 年期满后减为无期徒刑（第 50 条），以收教育、挽救犯罪人之功，使之复归社会。其三，将自首和立功的条件明确化（第 67 条、第 68 条），犯罪人凡符合自首、立功条件之一的，均可以从轻或减轻处罚。犯罪后自首又有重大立功表现的，应当减轻或者免除处罚。其四，放宽累犯条件（第 65 条），将其构成条件中的时间限定由 1979 年刑法的 3 年改为 5 年，以对付令人头疼的累犯问题。其五，增加缓刑考验和假释监督具体内容的规定（第 75 条、第 84 条）。其六，增加 6 种关于必须减刑的情形的规定。

必须强调，修订后的刑法所选择的主观主义立场，仍是一种受到客观主义严格制约的主观主义：在犯罪概念方面，坚持将犯罪行为与对保护对象（社会关系）的损害等量齐观，并给犯罪结果以较高评价，从而建构了由行为造成的损害引出的客观主义的犯罪可罚性的概念。在此基础上才适当考虑行为人的个性特征

① 《俄罗斯联邦刑法典》第 30 条第 2 款规定，只有对预备实施严重犯罪和特别严重的犯罪，才追究刑事责任。这是不是可以为我们提供某种启示。参见黄道秀等译：《俄罗斯联邦刑法典》，14 页，北京，中国法制出版社，1996。

（犯罪人的意志、动机、个人的犯罪倾向），有限度地承认主观不法的特征。在刑罚适用方面，也并没有完全采纳主观主义的做法①，而是奉行了大多数人都能接受的一种混合理论、受到报应主义制约的功利主义。② 这恐怕是我国当前和未来相当长时期内的明智选择。

下篇：立法技术的总体评判

法国学者对于法典的修订曾经作过以下形象的比喻：法典如同一幢多厅室的旧居建筑，有些部分不再使用了，有些部分“废弃”了，甚至不得不拆除；另一些部分则相反，经过增添附属设施而加大了规模，然而，这些附属设施往往有损于建筑的整体，且不说那些辅助楼宇，年复一年，越建越多，使人不知从何找到入门之途。如果真是建筑财富，自然有一定的魅力，值得我们悉心保存，但是，一部法典，如其有生命，自当有死亡，终有一天会被取代。③ 这是法国学者为取代 1810 年《法国刑法典》的 1994 年《法国刑法典》的诞生所说的一段话。人们可以从这段话中得到许多启示，对我们最具启迪的是法典有如一幢建筑这个妙喻。因此，不仅有一个建筑风格问题，而且有一个建筑技巧问题。十分凑巧的是，意大利著名刑法学家贝卡里亚也把立法者比喻为一个建筑师。贝卡里亚指出：立法者应当是温和的、宽大的和人道的。他们是一些明达的建筑师，使自己的大厦以自爱为基础平地而起，使普遍利益集中地体现个人利益。他们任何时候都不会被迫用片面的法律和混乱的措施将普遍利益同个人利益割裂开来，以恐惧

① 德国刑法第 46 条第 1 款规定：“行为人的责任是量刑的基础，且应考虑刑罚对犯罪人将来社会生活产生的影响。”（徐久生译：《德意志联邦共和国刑法典》，20 页，北京，中国政法大学出版社，1991）立法要求考虑刑罚对行为人将来社会生活的影响（特殊预防），不允许将刑罚仅仅作为一种分配上的正义（报应）来理解，这种观念在司法实践中我们可能并不排斥，但我们还不习惯或不能在立法上将刑罚对行为人个人人格的影响记载下来，并要求司法照此操作。对此可对照 1997 年《刑法》第 61 条进行理解。

② 参见储槐植：《美国刑法》，309 页，北京，北京大学出版社，1996。

③ 参见［法］皮埃尔·特津什：《法国刑法典》，中文版序言，1 页，北京，中国人民公安大学出版社，1995。

和猜疑为基础建立起公共幸福的虚伪形象。贝卡里亚还指出：立法者像一位灵巧的建筑师，他的责任就在于纠正有害的偏重方向，使形成建筑物强度的那些方向完全协调一致。[①] 尽管任何比喻都是蹩脚的，但从建筑师的比喻中还是可以看出贝卡里亚对立法使命的崇尚。确实，在贝卡里亚看来，再没有比立法更为神圣的职责了。

立法的使命是崇高的，立法的任务是艰难的。当我们手捧一部逻辑清晰、概念确切、体系完美、条文严谨的法典，就不能不对立法者肃然起敬了！然而，立法又是一门学问，不仅需要花费心血，更需要奉献智慧。因而，没有一部法典在立法技术上是十全十美、无懈可击的。我们仅仅要求：新的法典的立法技术在某些方面，以及在某种程度上超越了旧的法典。如果以这个标准来考察 1979 年刑法与 1997 年修订后的刑法，我们有理由为立法技术上的长足进步，甚至可以说是重大突破而感到欣慰。当然，从更高的标准来衡量，修订后的刑法仍然存在不足，甚至是重大缺陷与失误。尽管法典已经出台，但遵从亡羊补牢的古训，从立法技术上对修订后的刑法作一总体上的评判，不仅具有理论意义，而且对于进一步完善立法技术也具有实际意义。

一、立法技术的观念更新

修订后的刑法与 1979 年刑法相比，不仅在刑法的价值观念上有所突破，而且在立法技术的观念上也有所更新。

刑事立法是粗疏还是细密，这是涉及立法技术观念的一个重大问题。1979 年刑法是在“宁疏勿密”，即所谓“宜粗不宜细”的立法技术观念指导下创制的，因而其粗疏是有目共睹的。刑法条文规定得过于粗疏，明显地存在弊端[②]：首先是为司法机关擅断提供了客观基础，不利于有效地保障公民的自由与权益。立法

① 参见［意］贝卡里亚：《论犯罪与刑罚》，60、66 页，北京，中国大百科全书出版社，1993。
② 参见陈兴良：《刑法哲学》，修订版，539 页以下，北京，中国政法大学出版社，1997。

的目的在很大程度上是限制司法机关的权力，使司法活动有法可依，在法律提供的范围内活动，从而使公民的合法权益得以保障，真正使刑法典成为人民自由的圣经。如果法律规定得粗疏，尤其是像刑法这样关系到对公民生杀予夺的重要法律规定得不够细密，赋予司法机关过大的自由裁量权，往往容易导致司法机关擅断，以至于侵犯公民权益。其次，由于法律规定得粗疏，发生了有法难依，乃至于法律虚置的现象，使法律自动无效，结果不仅起不到打击犯罪的作用，而且严重损害法律的严肃性与权威性。1979 年刑法实施以来的历史充分证明了这一点。以罚金为例，立法上对数额不予规定，意在有利于运用罚金的法律武器同犯罪作斗争。但实际效果如何呢？罚金适用率之低堪称各刑种之最，在许多地方适用率只有 0.5%，有些法院甚至从未适用。难道是没有必要判处罚金吗？并非如此。现在社会上要求判处罚金的呼声很高，法律规定的罚金适用面也有所扩大，但罚金适用率仍然上不去。除其他方面的原因以外，刑法对罚金的规定粗疏可以说是一个根本原因。事实证明，对罚金不规定数额，并非有利于运用罚金与犯罪作斗争，而恰恰相反。最后，立法者以宁疏勿密作为立法指导思想，追求法律的粗疏，其结果却适得其反，形成欲疏益密的状况。我国刑法条文确实粗疏，但由于缺乏可操作性，司法机关为了适用刑法，不得不颁布大量的司法解释。以 1979 年《刑法》第 160 条规定的流氓罪为例，刑法共两款不足百字，但司法机关分别于 1984 年 5 月 26 日和 1984 年 11 月 2 日颁布了《关于怎样认定和处理流氓集团的意见》和《关于当前办理流氓案件中具体应用法律的若干问题的解答》，两个司法解释达数千字之多，超过刑法条文本身数十倍。所有司法解释的篇幅加起来，超过刑法篇幅的数十倍还要多。在这种情况下，刑法条文基本上成了原则性规范，离开了大量的司法解释，司法机关根本无法办案。因此，在某种意义上说，不是在适用刑法，而是在适用司法解释。可以说，刑法的粗疏与司法解释的细密是成反比的。由于司法解释不是法，但却又具有法律效力，因而就有可能侵犯立法权。

应该说，在 1979 年刑法中坚持这种宁疏勿密的立法指导思想，是有其深刻的社会根源的。主要是因为当时在刑法价值观念上强调惩治功能，将打击犯罪、保护社会放在首要位置上。为了给司法机关留下较大的活动余地，以便适应打击犯罪的需要，不至于被法律条文束缚手脚，因而立法粗疏不是立法经验不足，甚至也不是立法者的失误，而简直就是有意粗疏、无意细密。既然当时刑法还存在类推制度，等于法无明文规定的行为都可以通过比照刑法分则最相类似的条文定罪判刑，刑法条文规定得粗疏一些又有何妨？随着社会主义民主与法制的进一步健全，尤其是随着从计划经济向市场经济的转变，刑法价值观念发生了重大变化。这种变化之一，就是从注重刑法的社会保护功能向注重刑法的人权保障功能倾斜。

社会保护功能与人权保障功能分别体现了刑法的两种本位观：社会本位观与个人本位观。应该说，刑法的社会保护功能与人权保障功能从根本上来说并不是互相对立的。但在一定条件下，强调刑法的社会保护功能还是强调刑法的人权保障功能，确实反映了刑法价值观上的重大差别。刑法的社会保护功能强调的是维护整个社会的生活秩序；而刑法的人权保障功能强调的是保障一般公民的自由，使被告人免受不恰当的刑罚，防止刑罚的滥用。显然，强调刑法的社会保护功能，在刑法的人权保障功能上必然有所失；反之亦然。以往刑法过于强调社会保护功能，例如对于法无明文规定的危害社会行为实行类推，固然有利于维护社会整体利益，但公民的个人权利却难以得到切实有效的保障。为此，应当对刑法的人权保障功能予以充分的强调，真正使刑法典成为人民自由的大宪章。在这种情况下，修订后的《刑法》第 3 条明文规定了罪刑法定原则，指出：“法律明文规定为犯罪行为的，依照法律定罪处刑；法律没有明文规定为犯罪行为的，不得定罪处刑。”罪刑法定原则不仅标志着刑法价值观念的重大转变，而且对于刑事立法技术的观念更新也具有重大意义。基于罪刑法定原则，修订后的刑法在立法技术上表现出对明确性的追求。

刑法的明确性，是罪刑法定原则的应有之义。罪刑法定主义的首倡者贝卡里亚主张立法应当力求准确，反对法律的含混性，指出：如果说对法律进行解释是一个弊端的话，显然，使人不得不进行解释的法律含混性本身是另一个弊端。尤其糟糕的是，法律是用一种人民所不了解的语言写成的，这就使人民处于对少数法律解释者的依赖地位，而无从掌握自己的自由，或处置自己的命运。这种语言把一部庄重的公共典籍简直变成了一本家用私书。[①] 因此，罪刑之法定，不应该是一种含混的规定，而应当是一种明确的规定。明确性（definiteness）作为罪刑法定的派生原则，是美国刑法学家在 20 世纪初提出的，又称为“不明确而无效的理论”（Void for-Vagueness doctrine）。根据这一理论，罪刑虽然是法定的，但其内容如不明确，就无法防止刑罚权的滥用，罪刑法定主义保障公民自由的目的也就无法实现。为此，刑法规范必须明确，不明确的刑法规范应该认为是违宪无效的。日本学者西原春夫从可预测性角度论述了刑法的明确性，认为明确性是指什么样的犯罪科以何种程度的刑罚，这对于一般国民来说，必须是可能加以预测的。因此，在西原春夫看来，刑法的明确性包括以下两个方面的内容：（1）罪之明确性，指在犯罪的成立要件上含有解释的余地。即使这是迫不得已的，那么至少解释必须限定在一般国民可能预测的范围内。所以，过于抽象而使解释的界限无法被预测的法律条文，在罪刑法定主义上是不应被允许的。（2）刑之明确性，指关于刑罚方面，在法定刑上设定一定的幅度是使相应于犯罪的量刑成为可能的必要措施。但是，绝对的不定期刑（例如仅仅规定“处予徒刑”而完全不规定期限的自由刑）因其使宣告刑的预测变得十分困难而不能被承认。不过，相对的不定期（法律规定刑期的上限与下限，法院宣判后，实际上执行的刑期则委于执行机关裁量决定），在刑期的上限与下限之间的幅度并不特别大的情况下，不一定理解为违反罪刑法定主义。[②] 毫无疑问，明确性作为罪刑法定原则对刑事立法技术的要求，其重要性怎么强调也不会过分。

关于修订后的刑法在明确性上的进步，试举总则与分则两个例子加以说明。1979 年《刑法》第 71 条规定减刑的条件是，犯罪分子在刑罚执行过程中，确有悔改或者立功表现。在此，对悔改和立功都没有作出明确规定。修订后的《刑法》第 78 条将减刑修改为以下两种情形：一是可以减刑。犯罪分子在执行期间，

---

① 参见［意］贝卡里亚：《论犯罪与刑罚》，15 页，北京，中国大百科全书出版社，1993。

② 参见［日］西原春夫主编：《日本刑事法的形成与特色》，122－123 页，北京、东京，中国・法律出版社、日本・成文堂，1997。

如果认真遵守监规，接受教育改造，确有悔改表现的，或者有立功表现的，可以减刑。二是应当减刑。犯罪分子有下列重大立功表现之一的，应当减刑：(1) 阻止他人重大犯罪活动的；(2) 检举监狱内外重大犯罪活动，经查证属实的；(3) 有发明创造或者重大技术革新的；(4) 在日常生产、生活中舍己救人的；(5) 在抗御自然灾害或者排除重大事故中，有突出表现的；(6) 对国家和社会有其他重大贡献的。修订后的刑法对减刑条件的规定较之 1979 年《刑法》的规定更加明确、具体，具有可操作性。又如，1979 年《刑法》第 150 条第 2 款规定犯抢劫罪处 10 年以上有期徒刑、无期徒刑或者死刑的条件是：情节严重或者致人重伤、死亡。这里的情节严重是一种十分笼统的规定，由此构成的犯罪，我国刑法理论称之为情节犯或者情节加重犯。此外，我国刑法中还有情节减轻犯。这里的情节是以主观和客观相统一的形式体现一定犯罪的社会危害性程度和人身危险性程度，以决定减轻或者加重其罪质的综合指标。[①] 正因为这种情节具有综合性，因而缺乏明确性。在修订后的刑法中，虽然仍然保留着不少情节犯、情节加重犯和情节减轻犯，但也有些情节已经由笼统规定修改为列举规定。例如，修订后的《刑法》第 263 条就将抢劫罪处 10 年以上有期徒刑、无期徒刑或者死刑的条件规定为：(1) 入户抢劫的；(2) 在公共交通工具上抢劫的；(3) 抢劫银行或者其他金融机构的；(4) 多次抢劫或者抢劫数额巨大的；(5) 抢劫致人重伤、死亡的；(6) 冒充军警人员抢劫的；(7) 持枪抢劫的；(8) 抢劫军用物资或者抢险、救灾、救济物资的。这一列举规定有利于执法的统一，减少随意性，增加可操作性。

尽管在刑法的修订过程中，立法机关在刑法的明确性上作出了重大的努力，但是在刑法的明确性这一点上还会受到以下两个方面的责难：一是有些条文的规定还不够明确，即该明确的地方还不明确，尤其是在刑法分则罪名设置上未能实现一罪名一法条，数个犯罪行为规定在一个条文中，罪名个数极难确认。在一定意义上说，罪名不明确是客观存在的。此外，刑法分则中过多地采用援引式法定刑，甚至援引式罪状，也使得罪名的确认发生困难。当然，明确性也是有限度

① 参见陈兴良：《刑法哲学》，修订版，595 页，北京，中国政法大学出版社，1997。

的，有些地方是无法明确的，例如正当防卫的“必要限度”，在立法上无法作出确切规定，只能由司法机关认定。因此，对刑法的明确性不能过于苛求。二是有些条文的规定又过于细琐，有碍于刑法的简明性。不可否认，这种情况在修订后的刑法中间或存在。我们注意到，在对1979年刑法进行修改补充的单行刑法中就已经出现立法烦琐的倾向。回顾改革开放以来我国的刑事立法史，我们可以发现，二十余个单行刑事法律的颁行和众多附属刑法条款的设置，已经远离了立法者“宁疏勿密”“方便人民群众学习”的初衷，条文的交叉、重叠、混乱、矛盾不但使人民群众无法学习，而且有时使司法机关都手足无措、不知所从，由此刑法的照谕功能和操作功能皆失。司法机关为了处理案件便只得求助于司法解释，有时案件的实质处理便不得不以司法解释架空立法权，使立法权旁落。立法者精心搭建的法律框架依然未实现他们的理性预期。① 可以说，这种立法烦琐的倾向也带入了1997年刑法，主要表现在刑法分则犯罪分类标准混乱，尤其是渎职罪一章罪名设置过于细琐，由过去1979年刑法中玩忽职守罪的口袋罪变成现在的口袋章。我们认为，在罪名设置中，既要反对罪名过于细琐的极端倾向，也要防止罪名过于笼统的极端倾向，真正做到罪名设置上宽窄适宜，以便于司法适用。② 不可否认，刑法修订中，在分解口袋罪的同时，又出现了一些零碎罪，即过于细琐的罪名。因此，刑法的明确性，包含明白与确切两个方面：明白是区别于含混的，确切是区别于笼统的。明确性要求一定程度的具体，但又不能由此导致烦琐。在刑事立法上，应当从实际需要出发，应粗则粗，应细则细，该疏则疏，该密则密，使得刑法具有可操作性。

二、刑法体系的逻辑构造

刑法体系是指刑法条文按照一定的内在逻辑关系排列形成的结构。刑法体系

---

① 参见周光权：《刑法修改的规模定位与制度设计》，载《法学》，1997（1），17页。

② 参见陈兴良：《刑法修改的双重使命：价值转换与体例调整》，载《中外法学》，1997（1），62页。

的构造是否合理，是从立法技术上对一部刑法典评价的基本内容。

刑法体系的演变是法的体系演变的一个缩影。在古代社会，由于诸法合体、刑民不分，因而法典的体系只是一些法律条文的搜集，缺乏内在逻辑性。只是随着立法的发展，法典的体系才逐渐地完备起来。在中国古代，李悝所编撰的《法经》已经具备法典的雏形。在《法经》中，刑罚适用原则的篇章，就已从各类具体的罪与刑的规定中相对地分离出来。《法经》的《具法》就是该法典中的一些共同原则集中规定的部分。《具法》是关于适用刑罚时给予加减的原则性规定，"具"意指备注、说明，《具法》即指刑罚适用的备注与说明。这种带有刑罚适用原则性质的一篇，在《法经》及秦《六律》中都位于整部刑律的最后，这与当时社会的作文习惯和形式相符。汉于秦《六律》基础上加上户、兴、厩三篇，共"九章"，使《具律》居于第六篇，造成法律结构与使用上的矛盾。至曹魏为纠正上述矛盾，始把刑律中说明刑罚适用原则的篇章提到全律的最前面。《晋书·刑法志》曰："集罪例以为'刑名'冠于律首。"这是刑事立法史上的一大创举，奠定了以后总则性一篇基本都置于律首的刑律结构上的一个特点。及至《唐律》中《名例律》位居第一，为全篇之首。《名例律》规定的原则及制度，整部刑律都须遵循贯彻，并与其他各律形成了总分关系。因此，正如我国学者指出：唐律虽然没有像现代刑法那样，有"总则"和"分则"的明确用语和概念，但唐律中《名例律》与其他各篇在实质上已形成了总分关系，形式上《名例律》也已独立成篇并冠于篇首，使之与其总领各篇的作用相统一。因此，《名例律》的作用与地位相当于现行刑法中的总则。①

在西方，近代第一部刑法典是法国 1791 年刑法典。在此以前，法国尚未形成统一的刑法规范，更说不上产生统一的刑法典。当时的刑法渊源主要有罗马法、宗教法、地方习惯法、法院判例、学者的权威著作。1791 年法国刑法典是大革命时期最重要的刑事立法。该法典无论从立法技术上还是从立法内容上，都

---

① 参见钱大群、夏锦文：《唐律与中国现行刑法比较论》，47－48 页，南京，江苏人民出版社，1991。

是对封建刑法的一次深刻革新。从立法技术上看，该法典实现了法国历史上第一次刑法的一体化和法典化，创立了资产阶级刑法体系，开始将刑法划分为总则和分则两个部分。[①] 总则（标题“sentences”，直译是格言）是规定刑法的一般原则，分则是关于具体犯罪与刑罚的规定。此后的法国 1810 年刑法典在结构上沿袭 1791 年刑法典，它由于法律术语准确、概念简明、体系严谨，因而成为大陆法系各国纷纷仿效的范本。在德国，至 19 世纪初期德国统一前，德意志的刑法也是分散的不统一的。1848 年德国革命后，普鲁士在法国刑法典的影响下编纂了 1851 年的刑法典。其他各邦，如 1851 年在萨克森、巴登，1859 年在汉堡、法兰克福，1861 年在巴伐利亚等地都先后颁布了刑法典。这些刑法典的共同特点是：立法技术十分低劣，都以 1851 年普鲁士刑法典为蓝本，公开保护封建贵族的特权和统治地位。德意志帝国建立之后，为了巩固统一后的社会制度，于 1871 年 5 月 15 日颁布了德意志刑法典，史称 1871 年刑法典。该刑法典在结构上分为总则和第一篇、第二篇，共 370 条。总则规定了犯罪的分类、刑法适用的原则和范围等；第一篇为刑例，包括各种刑罚及适用、未遂、共犯、数罪并罚等；第二篇为罪与刑，列举了各种犯罪以及如何处刑。[②] 现在，大陆法系各国的刑法典大多是以上述 1810 年法国刑法典和 1871 年德国刑法典为摹本的。我国 1979 年刑法的体系也采用了大陆法系刑法典通用的总则与分则的体例。其中受苏俄刑法典的影响较大，尤其是刑法分则体系更是如此。在 1997 年刑法修改过程中，刑法体系问题也进入了研究的视野。然而，修订后的刑法在刑法体系上没有重大突破，基本上沿袭了 1979 年刑法的体系。下面，分别从总则、分则和附则三个方面，对修订后的刑法体系加以分析。

（一）总则体系及其评价

我国 1979 年刑法总则共设 5 章，顺序排列为：第一章，刑法的指导思想、任务和适用范围；第二章，犯罪；第三章，刑罚；第四章，刑罚的具体运用；第

① 参见朱华荣主编：《各国刑法比较研究》，3 页，武汉，武汉出版社，1995。

② 参见朱华荣主编：《各国刑法比较研究》，47－48 页，武汉，武汉出版社，1995。

五章，其他规定。应该说，1979 年刑法总则结构基本上是合理的，其特点是层次分明，条理清楚，没有必要进行大的改动。但在 1997 年刑法修改中，我国学者对刑法总则体系的完善还是提出了一些修订意见，指出：细而察之，我国现行刑法总则的体系结构从排列到内容，仍然存在着不少值得推敲和需要改进的地方，如章、节划分不够合理，内容范围不够全面，等等。这些不足之处在相当程度上损害了我国现行刑法典内部体系结构的科学性，影响了刑法总则对分则的指导作用。[①] 在讨论中，对于总则结构曾经提出过一些模式，现予列举。

总则模式之一[②]：

第一章　刑法通则

第一节　刑法的指导思想和任务

第二节　刑法的基本原则

第三节　刑法的效力范围

第四节　引渡

第二章　犯罪

第一节　犯罪构成

第二节　排除社会危害性的行为

第三节　故意犯罪过程中的犯罪形态

第四节　共同犯罪

第三章　刑罚

第一节　刑罚的种类

第二节　管制

第三节　拘役

第四节　有期徒刑、无期徒刑

第五节　死刑

---

① 参见赵国强：《刑事立法导论》，147 页，北京，中国政法大学出版社，1993。

② 参见赵国强：《刑事立法导论》，147－148 页，北京，中国政法大学出版社，1993。

第六节　罚金
第七节　剥夺政治权利
第八节　没收财产
第四章　刑罚的运用
第一节　量刑
第二节　累犯与惯犯
第三节　自首与坦白
第四节　数罪并罚
第五章　刑罚的执行
第一节　死缓
第二节　缓刑
第三节　减刑
第四节　假释
第五节　监外执行
第六章　刑事责任的免除
第一节　时效
第二节　赦免
第三节　告诉权之消灭
第七章　保安处分
第一节　保安处分的种类和适用对象
第二节　保安处分的适用原则
第三节　保安处分的免除和终结
第八章　名词解释
总则模式之二①：
第一章　刑法的基本原则

① 参见陈兴良：《刑法哲学》，修订版，536 页，北京，中国政法大学出版社，1997。

第二章　刑法的适用范围

第三章　犯罪

第四章　刑事责任

第五章　刑罚的一般规定

第六章　刑罚的种类

第七章　刑罚的裁量

第八章　刑罚的执行

第九章　保安处分

第十章　其他规定

总则模式之三①：

第一章　刑法的根据和原则

第二章　刑法的适用

第一节　刑事管辖权

第二节　刑法的溯及力

第三节　刑法与其他有刑罚规定的法律

第三章　犯罪与刑事责任

第一节　犯罪行为

第二节　刑事责任年龄

第三节　刑事责任能力

第四节　故意犯罪与过失犯罪

第五节　犯罪的预备、未遂和中止

第六节　共同犯罪

第七节　法人犯罪

第四章　正当行为

第一节　正当防卫

① 参见赵秉志主编：《新刑法全书》，1865页，北京，中国人民公安大学出版社，1997。该模式由中国人民大学法律系刑法总则修改小组提出（1994年9月）。

第二节　紧急避险

第五章　刑罚

第一节　刑罚的种类

第二节　管制

第三节　拘役

第四节　有期徒刑

第五节　无期徒刑

第六节　死刑

第七节　罚金

第八节　剥夺权利

第九节　没收财产

第六章　刑罚的具体运用

第一节　量刑和原则

第二节　自首、坦白与立功

第三节　累犯与再犯

第四节　数罪并罚

第五节　缓刑

第六节　减刑

第七节　假释

第八节　时效

第七章　刑法用语

从上述刑法总则模式看，有一个共同特点，就是章节多于现行刑法，具有一定的刑法学体系的痕迹。在此，有必要探讨刑法条文体系与刑法理论体系之间的关系。我们认为，两者是有所不同的。刑法条文体系更多的是考虑立法思想表述的便利以及司法上的可操作与可援引；而刑法理论体系则更多地照顾到理论的内在逻辑关系。因而，理论意味浓厚的未必是一个理想的刑法条文体系。修订后的刑法总则结构大体上承袭了1979年刑法总则结构，显得因袭有余而突破不足。

以下，我们就刑法总则结构中较具共性的几个问题进行讨论。

1. 关于刑法的指导思想

1979 年刑法规定了刑法的指导思想，其内容包括刑法制定的理论根据、宪法根据、刑事政策根据和实践根据。考诸大陆法系各国刑法典，都没有关于刑法指导思想的规定。例如，德国刑法没有法定的指导思想，德国刑法理论也从无类似的提法。尽管德国历史上不乏著名的哲学家、刑法学家、刑法哲学和理论流派，但德国刑法究竟在何种程度上受其指导，几乎是一个无解的问题。此外，德国刑法也如其他任何国家的刑法一样，还会受到刑法范畴以外的、法律领域以外的乃至德国以外的各种影响，要逐一列出这些影响，同样也是不可能的。事实上，连立法者本人也未必明了自己制定刑法时的指导思想，甚至于根本就没有系统的、严密的、清晰的指导思想。① 我国学者也普遍对刑法指导思想的立法化提出疑问，认为应当删除。主要理由是：(1) 我国宪法序言中的坚持四项基本原则，乃是我国一切部门法须遵循的指导思想。既然宪法已明确规定，部门法即无须重复规定。(2) 刑法的指导思想是不言而喻的，在法律上加以规定，不符合立法简明性的要求。(3) 一部法律的任务和基本原则，已能够体现制定该法律的指导思想，因而没有必要再制定抽象的指导思想。(4) 现行刑法典中的指导思想是就立法而言的，而刑法是用来规范司法工作的，因而现有的“指导思想”规定对司法实际工作的意义并不大。(5) 我国立法机关在后来制定的法律中均未再规定指导思想。(6) 国外立法例中也没有在法律中规定指导思想的先例。②

我们认为，这一意见是可取的。在修订后的刑法中，章名中的“指导思想”一词已经取消，但《刑法》第 1 条仍然在删改后予以保留，内容为：“为了惩罚犯罪，保护人民，根据宪法，结合我国同犯罪作斗争的具体经验及实际情况，制定本法。”这一规定与 1979 年《刑法》第 1 条相比，内容已经大为简化，大体上属于制定根据的规定，其中包括刑法目的根据、宪法根据与实践根据。由于我国

---

① 参见朱华荣主编：《各国刑法比较研究》，55－56 页，武汉，武汉出版社，1995。

② 参见赵秉志主编：《刑法修改研究综述》，74－75 页，北京，中国人民公安大学出版社，1990。

大多数法律都以第1条规定制定根据，以此而言，《刑法》第1条规定尚无不可，至少较之1979年《刑法》第1条有所改进。但这一规定是否必要，仍然值得商榷。因为，立法总是有根据的，这种根据既是立法的缘由，也是立法的目的，它属于法律以外的内容，大可不必在法律中予以载明。

2. 关于刑法的基本原则

1979年刑法中没有规定基本原则，在这次刑法修改中，较为一致的看法是应在刑法中确立罪刑法定原则。考察大陆法系各国刑法典，大多都在刑法第1条开宗明义地规定了罪刑法定原则。例如《德国刑法典》第1条规定：“行为之处罚，以其可罚性于行为前明定于法律者为限。”这一规定已经完整地体现了罪刑法定原则的内容，即法无明文规定不为罪，法无明文规定不处罚。但该法典第2条又规定：“刑罚及其伴随后果，依行为时有效之法律决定。”即刑法不溯及既往，再次强调与丰富罪刑法定的内容。1994年《法国刑法典》第3条规定了罪刑法定原则，指出：“构成要件未经法律明确规定之重罪或轻罪，不得以其处罚任何人；或者构成要件未经条例明确规定之违宪罪，不得以其处罚任何人。”此外，还有多个条款进一步补充了罪刑法定的内容。例如第2条规定：“刑法应严格解释之。”因此，《法国刑法典》虽然未在第1条规定罪刑法定原则，但仍然十分重视这一原则，正如法国学者所指出，新《刑法典》总则中最引人注目的，大概就是“罪刑法定原则”上的一贯性了。总则不仅保留了这一原则，而且用了8项条款加以确认，进一步发展了旧刑法典仅仅用4条1项条款加以规定的内容。这些内容包括：本义上的“罪刑法定原则”“不溯及既往原则”配合特定的溯及既往处分原则；此外，还有“刑法应严格解释”与刑事法院对行政行为合法性的监督原则以及对这些原则的解释。①

在我国刑法修改中，对于刑法基本原则应当如何在刑法中规定，提出了各种观点。但较为一致的看法是主张将刑法的基本原则加以立法化，在刑法典中以专

① 参见［法］皮埃尔·特律什：《法国刑法典》，中文版序言，4页，北京，中国人民公安大学出版社，1995。

章或专节明确规定，主要理由是：（1）从性质上看，刑法的基本原则可以由立法加以规定。因为刑法的基本原则是贯穿于刑法规范和刑法适用中的准则，是刑法基本性质、基本特点和基本思想的集中体现，它具有比刑法的指导思想和任务都更加实在和具体的内容。这种性质使其可以通过立法得到明确。（2）从功效上看，在刑法中明确规定刑法的基本原则，具有重要的意义。这大致表现在以下几个方面：第一，有助于正确实现刑法的任务。刑法基本原则作为具体的实践性的行为准则，其本身的表述应当明确肯定、具体确切，具有法律规范的特征。第二，有助于刑事立法水平的提高和立法的完善。刑法基本原则的立法化这一立法活动本身，就会促进立法机关对刑法基本性质和基本精神的认真研究与概括；刑法基本原则的明确规定，又必然要求刑法典内部的其他规定乃至特别刑法的内容要与这些基本原则协调，从而促进了刑法规范内容的完善；刑法基本原则对以后补充修改刑法也具有约束作用；刑法基本原则的变更需经国家最高权力机关的认可。这些对于立法水平的提高和刑法的完善与科学，无疑都具有重要意义。第三，有助于刑法的正确实施。刑法基本原则用最概括明晰的用语表达了我国刑事立法的基本精神，这是刑事司法活动必须遵循的准则，是在全国范围内正确而统一地实施刑法的重要保证。第四，刑法基本原则的明确规定和正确贯彻实施，也有助于公正合理地惩罚和改造罪犯、预防犯罪，从而有效地实现刑罚的目的。（3）从比较借鉴的角度看，明确规定刑法的基本原则也是可行的和必要的。外国立法例有将刑法的基本原则明文规定的先例；我国的《刑事诉讼法》、《民事诉讼法》和《民法通则》这些基本法律中，都明确规定或者包含了“基本原则”的内容。因而具有特殊重要性的刑法，也同样需要（甚至是更需要）和能够规定其基本原则。[①] 我们认为，刑法基本原则予以立法化是完全必要的，而且应当将刑法基本原则规定在突出的位置上，最好是以专节加以规定，以示其重要性。现在，修订后的《刑法》第 3 条、第 4 条、第 5 条分别对罪刑法定原则、罪刑平等原则和罪刑均衡原则予以明确规定。应当说，修订后的刑法对刑法基本原则的规定是

① 参见赵秉志主编：《刑法修改研究综述》，75－76 页，北京，中国人民公安大学出版社，1990。

醒目的，尤其是将三大原则集中规定，立法效果是明显的。可惜由于总则第一章未分节，如果设立专节规定刑法基本原则，效果将会更好。

3. 关于排除社会危害性行为

1979 年《刑法》第 17、18 条分别对正当防卫与紧急避险作了规定，在刑法理论上，把正当防卫、紧急避险称为排除社会危害性行为。在刑法修改中，专家、学者对于排除社会危害性行为在刑法总则体系中的安排及完善提出了意见，认为：(1) 设立专节规定排除社会危害性行为，既可以明确这类行为在刑法典中的地位，又可以使之与犯罪行为泾渭分明，使人易于识得二者貌似而质异，从而产生较好的社会效果。(2) 扩大排除社会危害性行为的范围。由于我国现行刑法总则仅规定了正当防卫和紧急避险两种排除社会危害性的行为，因而在司法实践中对某些足以排除社会危害性的行为就难以找到处理的法律依据，以致在一定程度上影响了执法的统一性。因此，根据刑事司法实践的需要，借鉴国外立法例，适当增加排除社会危害性行为的种类，无疑是十分必要的。在修改刑法时，将职业上、业务上的正当行为和依照法律的行为明确规定为排除社会危害性的行为，应当是可行的。(3) 尽可能详细规定正当防卫和紧急避险的成立条件。如对正当防卫来说，应当明确规定不法侵害的性质、必要限度的内涵，并将假想防卫、防卫不适时和防卫挑拨排除在正当防卫概念之外。[①] 我们认为，正当防卫和紧急避险以及其他排除社会危害性行为，具有其共性，不应与犯罪规定在一起，否则，不仅在逻辑上难以贯通，在内容上也有地位不突出、性质不明确之弊端。修订后的刑法虽然对正当防卫的内容作了较大的修改，规定了无过当之防卫，但在体系结构上仍然隶属于“犯罪与刑事责任”这一节，未能单独设节，这显然是未能尽如人意之处。

4. 关于未成年人犯罪特殊处置

在 1979 年刑法中，未成年人犯罪主要是作为一个犯罪主体问题加以规定的。除此以外，在刑罚适用等规定中也涉及未成年人犯罪问题。在刑法修改中，我国

---

① 参见赵国强：《刑事立法导论》，155－157 页，北京，中国政法大学出版社，1993。

有些学者提出要增设未成年人犯罪的特殊处置的专章，主要理由是：（1）为了正确而充分地贯彻对未成年人犯罪从宽和合理处理的政策。我国现行刑法总则中对未成年人犯罪从宽处理的规定过于概括和原则，欠缺许多必要的特殊规定，从而影响刑法的正确适用。设立专章，可以完善这方面的内容，集中而较为详细地规定未成年人犯罪的概念、处罚原则等宏观问题，以及在刑种、刑度、刑罚制度和行刑等方面一系列具体的从宽规定。（2）有许多外国立法例可资借鉴。基于未成年人犯罪的特点，大多数国家都在刑法或者未成年人保护法中对未成年人犯罪规定了不同于成年人犯罪的惩处措施。有些国家如罗马尼亚、瑞士等的刑法典，还设立了专篇、专章，集中规定有关未成年人犯罪的特殊处理方面的内容。①

应该看到，我国刑法对未成年人犯罪采取特殊处置措施是完全必要的，这是由未成年人的生理与心理特点所决定的，也是刑法人道主义的体现。但是否有必要在刑法典中设立专章规定，我们持有异议。如有必要，可以在有关单行刑法中作出专门性的规定。刑法典毕竟是普通刑法，不宜对某些特殊事项过于强调。因此，我们不同意在刑法典中设立专章规定未成年人犯罪的特殊处置问题。修订后的刑法未采纳设立专章的观点，因此，未成年人犯罪定罪处罚的规定散见于各章，但基本精神是对未成年人犯罪采取更宽大的处置措施。例如，修订后的《刑法》第 17 条第 2 款，将已满 14 周岁不满 16 周岁的人应当负刑事责任的范围明文限于故意杀人、故意伤害致人重伤或者死亡、强奸、抢劫、贩卖毒品、放火、爆炸、投毒等 8 种犯罪，在一定程度上缩小了已满 14 周岁不满 16 周岁的人应负刑事责任的范围。又如，修订后的《刑法》第 49 条明确规定犯罪的时候不满 18 周岁的人不适用死刑的原则，删除了关于已满 16 岁不满 18 岁的，如果所犯罪行特别严重，可以判处死刑缓期 2 年执行的规定，实现了完全意义上的未成年人不适用死刑的原则。

5. 关于单位犯罪

我国 1979 年刑法没有规定单位犯罪，单位犯罪的立法始于 1987 年《海关

① 参见赵秉志主编：《刑法修改研究综述》，77－78 页，北京，中国人民公安大学出版社，1990。

法》。此后，随着单位犯罪的蔓延，我国刑事立法中规定的单位犯罪的罪名也急剧增加。根据我国学者的保守统计，在刑法修订之前，单行刑法规定的单位犯罪的罪名已达49个之多，几乎占到全部罪名的1/5强。① 因此，在刑法修订中，增加关于单位犯罪的规定已是势在必行，关键问题在于如何规定。关于单位犯罪的立法模式，在刑法修订中曾经提出以下几种意见。

（1）总则说。这种观点认为，处罚单位犯罪的规定并非对某个罪适用，它具有一定的指导意义，故不宜规定于分则之中。否则，既不利于突出处罚单位犯罪的指导作用，也必然会造成立法上的重复的规定。但是，一旦涉及处罚单位犯罪规定的具体位置时，持总则说者又分为三种不同观点：一是犯罪主体论。此说认为，单位犯罪的实质在于单位能否成为犯罪的主体。因此，将处罚单位犯罪的原则规定于刑法总则第二章第二节“犯罪和刑事责任”中是比较合理的。二是共同犯罪论。此说认为，单位犯罪与共同犯罪有一定联系，故应当规定在刑法总则第二章第三节“共同犯罪”中。三是其他规定论。此说认为，单位犯罪涉及对犯罪主体的解释，应当将其放在刑法总则第五章“其他规定”之中。

（2）分则说。这种观点认为，单位犯罪并非对所有的犯罪适用，它的指导意义是有限的，故不宜规定于总则之中。否则，不仅理论上极易引起混乱，而且实践中会造成滥用的后果。②

（3）单行刑法说。这种观点认为，仅仅靠小修小改刑法条文，已远不足以惩治单位犯罪，因而建议国家立法机关制定一个“惩治法人经济犯罪条例”，其主要理由和设想是：第一，条例具有立法简便、可予试行的特点，这就有利于对单位犯罪在执行中的理论探讨和实践摸索，进而可为制定更完备的惩处单位犯罪的法律做充分的准备。第二，单位犯罪与自然人犯罪相比，在犯罪构成和危害程度诸方面都有着质的区别，在构成犯罪的量的规定上也不可能与自然人犯罪相提并论。第三，采取单行的条例形式，可以针对单位犯罪制定一套切实可行的有效惩

① 参见娄云生：《法人犯罪》，232-236页，北京，中国政法大学出版社，1996。

② 参见陈兴良主编：《经济刑法学（总论）》，40页，北京，中国社会科学出版社，1990。

罚单位犯罪的刑罚体系，同时还可以建立对单位犯罪案件适用的由检察机关立案并由律师同时监督执法，尔后向法院起诉的特殊办案程序。[①]

在以上几种立法模式中，我们不同意单行刑法的形式，因为单位犯罪虽然有其特殊性，但毕竟是犯罪的一种特殊形态。为保持刑法典的完整性，应在刑法中加以规定。因为单位犯罪的罪名已经为数不少，应在刑法总则中规定单位犯罪的定罪处刑的一般原则。那么，在刑法总则中又采取何种规定法呢？单位犯罪不仅仅是一个名词解释的问题，因此将之归入“其他规定”显然不妥。何况，这种规定法意在贬低单位犯罪在刑法中的地位，这与单位犯罪立法的发展趋势不相符合。至于将单位犯罪作为犯罪主体加以规定，有一定道理。因为单位犯罪与自然人犯罪本来就具有对应关系，其区别主要在于其犯罪主体的不同。但单位犯罪不仅是一个犯罪主体问题，其处罚也有特殊性。在这种情况下，将单位犯罪规定在犯罪主体中，就显得不那么确切。应该指出，单位犯罪与共同犯罪也是不同的。在单位犯罪中，可能存在共同犯罪的情况，例如单位全体成员共同实施犯罪或单位中的几个决策人共同以单位名义实施犯罪。这样就出现了单位共同犯罪的情形，这是共同犯罪的一种特殊形态。但是，单位犯罪毕竟不同于共同犯罪，将单位犯罪规定于共同犯罪之中，无异于将单位视同犯罪组织，这不仅有悖于我国法人组织的性质，而且会不适当地扩大刑事责任的范围。修订后的刑法在“共同犯罪”之后专设一节，规定了单位犯罪的定罪原则与处罚原则，实际上是把单位犯罪作为一种特殊的犯罪形态加以规定，不失为一种较为科学的立法方式。

（二）分则体系及其评价

刑法分则体系，又称为刑法分则体例，是指刑法分则条文编排的基本框架。1979 年刑法分则分为八大章，基本上是以犯罪客体为分类标准的。由于当时罪名有限，因而这种分法并无不可。此后，为适应惩治犯罪的实际需要，全国人大常委会又以单行刑法与附属刑法的形式，修改、补充了 230 个罪名，远远超过了

① 参见赵秉志主编：《刑法修改研究综述》，147－148 页，北京，中国人民公安大学出版社，1990。

1979年刑法典中规定的151个罪名。[①] 在刑法修改中，面临的一个重要任务就是重新编排刑法分则体系，将修改、补充的新罪纳入刑法分则体系。在这种情况下，关于刑法分则体例，出现了大章制与小章制之争。[②] 大章制论者主张除个别调整以外，基本上保留目前的刑法分则体例，对内容庞杂、条文过多的犯罪类型，可以在章下设节，每节分为不同的犯罪类型。小章制论者主张章下不设节，将原来内容庞杂、条文过多的犯罪类型划分为若干章，每章条文少，分则章多。大章制与小章制似乎只是一个章节编排的技术问题，但对于一部刑法典来说又具有实质性的意义，更何况它还涉及一些刑法的基本理论问题，需要加以深入研究。

首先，刑法分则体系编排，实际上也就是犯罪分类的标准是什么？对于这个问题，刑法立法例上存在以下三种分类法：（1）客体分类法，是指在刑法分则中，以犯罪行为所侵犯的客体（或法益）为标准，对刑法分则的犯罪进行分类和排列的归类方法。（2）行为归类法，是指在刑法分则中，以犯罪行为特征为标准，对犯罪进行分类和排列的归类方法。（3）混合分类法，是指在刑法分则中，既以犯罪行为所侵犯的客体，又以犯罪行为的某种特征作为犯罪的分类和排列标准。在以上三种分类法中，基本标准其实是两个：客体与行为。应该说，在相当大的程度上，客体与行为是一致的，两者并不矛盾。例如，走私罪作为一类犯罪，其客体是海关管理制度，其行为特征是走私。当然，在个别情况下，两者存在冲突：以客体为标准，无法顾及行为特征；以行为为标准，又无法坚持客体的统一性。例如，以行为为标准，可以设立经济诈欺罪一章，包含合同诈欺、保险诈欺、证券诈欺、金融诈欺等各种诈欺行为，由此获得了行为特征的统一性。但这些诈欺犯罪侵害的客体又各不相同，因而这种分类法又破坏了客体的统一性。我们认为，从我国刑法理论与立法现状来分析，还是坚持客体归类法为好。申言之，以客体特征作为刑法分则体例编排的统一标准。

① 参见陈兴良主编：《刑法新罪评释全书》，1页，北京，中国民主法制出版社，1995。

② 参见赵秉志等：《中国刑法修改若干问题研究》，载《法学研究》，1996（5），49页。

其次，既然是坚持客体归类法，那么，是否刑法分则只能分为八大章，即新增罪名只能毫无例外地纳入现行刑法分则八大章的模式中去呢？我们的回答是否定的。因为客体本身并非一成不变，同类客体与直接客体是根据立法的演变而变动的。例如，1979年《刑法》第116条规定了走私罪，这是一个单一罪名。此外，1988年全国人大常委会《关于惩治走私罪的补充规定》根据走私的对象与行为特征，实际上分解为若干个具体罪名，从而使走私罪成为一个集合罪名。将来在刑法中，以走私罪侵害的客体——进出口管理制度为标准，将其单列一章，进出口管理制度就从过去走私罪的直接客体调整为同类客体，各种具体的进出口管理制度则成为直接客体。因此，我们主张将现在刑法分则体例的大章制改变为小章制。在刑法修改中，关于章制的具体编排，我国刑法学界存在两种不同的主张：一是以节代章，即仍然保持八大章体例，将新增犯罪归为节，在大章下设小节，以节代章。例如《刑法》分则第三章下设8节：（1）生产、销售伪劣商品罪；（2）走私罪；（3）妨害对公司、企业的管理秩序罪；（4）破坏金融管理秩序罪；（5）金融诈骗罪；（6）危害税收征管罪；（7）侵犯知识产权罪；（8）扰乱市场秩序罪。二是章节混用，即并列分为相同的数章，章下设节。例如，破坏经济秩序罪分作数章，章题后以（一）（二）（三）相区分。余下较为独立、集中的可作为节，统一编号。[①] 我们不同意这种观点。因为以节代章名义上坚持了客体分类法，但实际上恰恰破坏了客体的内在逻辑。犯罪客体分为三种：共同客体、分类客体与直接客体。分类客体是刑法分则体系建构的标准，上承共同客体，下接直接客体，形成客体的三个有机层次。如果在章下设节，客体就形成四个有机层次。章是分类客体，节又是什么客体？无以名之，其结果必然破坏客体的内在逻辑和明晰性，从而造成理论上的混乱。而且，以节代章，只出现在罪名较多的刑法分则第三章“破坏社会主义经济秩序罪”与第六章“妨害社会管理秩序罪”，其他章下无节可分，破坏了体例的统一性。更为重要的是，这两章中的一节在篇幅（罪名的数量）上就相当于甚至超出其余的一章，极不协调，丧失了体例的形

① 参见文海林：《刑法分则结构及其理论基础》，载《法学研究》，1996（4），144页。

式美。因此，我们力主小章制。其实，大章制与小章制，大小是相对而言的，就小章制的每一章而言，在篇幅上何尝不是现行刑法中的大章？总之，宜采用小章制编排刑法分类体系，以减少层次上的累赘，增强体例上的协调。

最后，采用小章制，由现行刑法分则中的8章改变为二十多章，是否会使刑法分则体系显得零乱？这个问题实际上涉及对这些章如何排列的问题，也就是要确定刑法分则体系的内在逻辑性。我们认为，刑法分则犯罪虽然变成二十多类，但这些犯罪之间仍然可以找出相关性，据此排列不仅不会杂乱无章，而且会更为合理。为此，我们可以借鉴西方国家刑法分则体系的建构标准。西方国家的刑法分则体系大体上是按照各种犯罪所侵害的法益的种类和性质建立起来的。为了使刑法分则系统化，学者们按照上述观点对各种犯罪的分类作了广泛的尝试。当时，在学说上，把法益解释为公益和私益的二分说，与把法益分为国家法益、社会法益和个人法益的三分说，互相对立着，但作为共同性的理论是三分说。日本学者认为，三分说要比二分说更符合逻辑，是为通说。从立法例上来说，1810年《法国刑法典》大体上采用二分法，将犯罪分为两大类，即妨害公益之重罪及轻罪和妨害私人法益之重罪及轻罪。1994年新《法国刑法典》对此有所调整，但基本上保持了“演变中的连续性”。1871年《德国刑法典》大体上采用三分法，它虽然未设侵害国家法益、侵害社会法益与侵害个人法益这样三编，而是将刑法分则径直分为29章，但各章基本上是按照以上三大类的顺序排列的，从而章虽多但并不杂乱，因为三分法这条红线将各章犯罪贯串起来，形成一个有机整体。在我国，犯罪侵害的利益同样可以分为国家利益、社会利益与个人利益，因此三分法仍然可以作为刑法分则体系建构的基础。关于这一点，我国刑法学界已经有所涉及，应当引起重视。根据三分法，可以将刑法分则各章有序地排列起来。

附：小章制分则结构①：

第一章　危害国家安全罪

第二章　危害公共安全罪

---

① 参见周道鸾等主编：《刑法的修改与适用》，10－11页，北京，人民法院出版社，1997。

第三章　侵犯公民人身权利罪
第四章　侵犯公民民主权利和其他权利罪
第五章　侵犯财产罪
第六章　国家工作人员贪污贿赂罪
第七章　渎职罪和违反职业义务罪
第八章　走私罪
第九章　生产、销售伪劣商品罪
第十章　侵犯知识产权罪
第十一章　危害金融罪
第十二章　危害证券、票据罪
第十三章　妨害公司、企业管理罪
第十四章　妨害公开竞争罪
第十五章　扰乱市场秩序罪
第十六章　危害税收罪
第十七章　危害环境和自然资源罪
第十八章　危害公共卫生罪
第十九章　妨害司法罪
第二十章　扰乱社会管理秩序罪
第二十一章　妨害国（边）境管理罪
第二十二章　妨害文物管理罪
第二十三章　制造、贩卖鸦片毒品罪
第二十四章　制造、贩卖淫秽物品罪
第二十五章　组织、强迫、引诱、容留他人卖淫罪
第二十六章　妨害婚姻、家庭罪
第二十七章　危害国防利益罪
第二十八章　军人违反职责罪

修订后的刑法排斥了小章制，采用大章制，形成分则除第三章“破坏社会主

义市场经济秩序罪”与第六章“妨害社会管理秩序罪”章下设节以外，其余章下无节的不协调体例。而且这两章条文过于庞杂，其中一章条文相当于其他各章条文的总和，繁简不一。可以说，刑法分则体系采用大章制排列，是刑法结构编排上的重大失误；即使采用章下设节的做法，有些大章之下也是应当设节而未设节。例如，刑法分则第四章“侵犯公民人身权利、民主权利罪”，在刑法修改中，我国许多学者明确提出将侵犯公民民主权利罪列为单章，主要理由是：（1）这是对犯罪进行科学分类的需要。侵犯公民人身权利的犯罪与侵犯公民民主权利的犯罪显属两类不同客体的犯罪，合为一章，致使刑法分则中犯罪分类的体系不协调。（2）这是强化社会主义民主法治建设、大力保护公民民主权利的迫切需要。把侵犯公民民主权利罪单列成章，可以体现出刑法对公民不同类型权利的普遍重视与保护。（3）国外立法例可资借鉴。[①] 但立法机关出于对刑法分则体系的连续性与稳定性的考虑，没有采纳这一意见。不仅如此，修订后的刑法还将妨害婚姻、家庭罪也并入该章，使该章罪名十分庞杂。如果能章下设侵犯公民人身权利罪、侵犯公民民主权利罪及妨害婚姻、家庭罪三节，则条理更加清楚。可惜立法机关连这一点也未能做到，这是令人遗憾的。

在刑法分则体系的安排上，刑法修改中主要讨论的是以下几个问题。

1. 关于反革命罪

反革命罪的修改，是刑法分则修改中的一个重要问题。在刑法修改中，我国学者提出反革命罪的概念具有明显缺陷，实有将其修改而代之以危害国家安全罪的必要。主要理由是：（1）反革命是一个含义极不确定的政治概念，难以作为严格的法律概念使用。（2）以反革命作为罪名，导致了刑法规定的反革命罪的构成内容不合理。（3）以反革命这一政治概念作为罪名，被别国视为政治犯，不利于引渡罪犯回国，还会使之受到别国政治庇护。（4）世界各国对于危害国家安全的犯罪，均未采用反革命罪的名称，而是规定为内乱罪、外患罪或者国事罪。（5）国家安全作为这类犯罪的同类客体，更能准确地反映出危害国家安全的诸种犯罪的本质

① 参见赵秉志主编：《刑法修改研究综述》，84页，北京，中国人民公安大学出版社，1990。

特征。[①] 当然，我国也有个别学者反对修改反革命罪，认为这是一个危险的抉择。[②] 立法机关采纳了修改反革命罪，代之以危害国家安全罪的建议。这种修改，不仅是章名的更换，而且涉及内容的调整。修订后的刑法对 1979 年刑法分则第一章的内容作了调整与合并，删除了反革命破坏，组织、领导、积极参加反革命集团，反革命杀人、伤人等罪名，并将组织越狱、聚众劫狱等罪名移入他章。可以说，反革命罪一章是刑法分则中修改得最为成功的部分之一。

2. 关于贪污贿赂罪

在 1979 年刑法中，贪污罪作为侵犯财产罪规定在刑法分则第五章，贿赂罪作为渎职罪规定在刑法分则第八章。及至 1988 年 1 月 21 日，全国人大常委会颁布了《关于惩治贪污罪贿赂罪的补充规定》，将贪污罪、贿赂罪予以合并规定，同时还设立了拒不说明巨额财产来源罪、境外存款隐瞒不报罪。在这次刑法修改中，对于是否将贪污罪、贿赂罪独立成章的问题，存在以下两种不同的观点[③]：第一种观点主张独立成章，认为这有利于加强反腐败的力度；这种不拘泥于刑法分则以同类客体作为分类标准的模式，根据实际需要，以行为类型进行分类，体现了我国立法原则性与灵活性相结合的原则。第二种观点则主张将贪污罪、贿赂罪规定为渎职罪一章中的第一节，认为贪污贿赂行为是典型的，同时也是最严重的渎职行为。如果将贪污罪、贿赂罪独立成章，将破坏刑法分则体系的统一性和科学性；在渎职罪一章的第一节专门规定贪污贿赂犯罪，同样可以突出刑法对这类腐败行为的惩处，体现了国家反腐倡廉的决心。我们认为，贪污贿赂罪在刑法分则结构中如何安排，主要是一个立法技术问题，虽然存在政治意义，但不能以政治需要为转移。修订后的刑法采纳了贪污贿赂罪独立成章的观点，将之规定为刑法分则第八章。我们认为，在采用小章制的情况下，贪污贿赂罪独立成章是势在必然的。但在采用大章制的情况下，确实存在内容单薄，与其他章内容比例失

① 参见侯国云、薛瑞麟主编：《刑法的修改与完善》，217 页以下，北京，中国政法大学出版社，1989。

② 参见何秉松：《一个危险的抉择——对刑法上取消反革命罪之我见》，载《政法论坛》，1990（2）。

③ 参见周道鸾等主编：《刑法的修改与适用》，11 页，北京，人民法院出版社，1997。

衡的问题。而且在立法模式上也与前后各章极不协调，例如贪污罪和受贿罪都是对一个罪名用两个条文来规定，一个条文规定罪状，另一个条文规定法定刑，这与其他各章一个条文一个罪名或一个条文两个甚至数个罪名的情况相比显得极不合体。在这个意义上，不如作为渎职罪的一节规定更能保持刑法分则体例上的统一性与协调性。

3. 关于军人违反职责罪

在1979年刑法分则中，没有规定军人违反职责罪。1981年6月10日全国人大常委会颁布了《关于惩治军人违反职责罪暂行条例》。在这次刑法修改中，要不要把军人违反职责罪纳入刑法分则体系，存在两种不同的观点。[①] 第一种观点认为，军人违反职责罪还是单独制定条例，不纳入刑法典好，理由是：(1) 单独规定可以更突出地表明国家对军事利益的特殊保护；(2) 军人违反职责罪的主体是军人，在刑法规定一章，同其他章的主体不协调；(3) 军人违反职责罪有许多特殊的制度，例如战时从严、战时对军人运用戴罪立功的特殊缓刑制度，等等，这些是对刑法总则规定的修改与补充；(4) 违反军人职责犯罪中死刑条款多，放在刑法中影响不好；(5) 军队司法部门对于适用惩治违反军人职责罪条例已经比较熟悉，在区分和认定军人违反职责罪与普通犯罪的关系方面积累了丰富的经验。第二种观点则认为，将军人违反职责罪纳入刑法典，有利于刑法典的统一性、完整性，有利于对全民进行维护国家军事利益的教育。我们认为，军人违反职责罪，属于军事犯罪，确实有其特殊性，外国多有制定《军事刑法典》的立法例，单独立法是有一定道理的。但值此刑法修改之际，如果能将军人违反职责罪正式纳入刑法典，使刑法典具有完整性，则是一种更为理想的做法。修订后的刑法从刑法的统一性出发，将军人违反职责罪作为刑法分则的一章加以规定，是较为成功的。当然，这一章在内容上也还存在值得商榷的地方。例如《关于惩治军人违反职责罪暂行条例》第22条规定了战时缓刑制度，属于对刑法总则的补充。在军人违反职责罪已经并入刑法典的情况下，战时缓刑应当规定在刑法总则缓刑

① 参见敬大力主编：《刑法修订要论》，221页，北京，法律出版社，1997。

一节内，但现在却仍然规定在军人违反职责罪中，这显然是不妥当的。

（三）附则结构及其评价

1979年刑法在体例中只分总则与分则，没有附则之规定。修订后的刑法规定了附则，但没有与总则、分则并列为第三编，而且只有一个条文两个附件，可见其重要性不能与总则、分则同日而语，是等而下之的。

在立法学中，附则的真正含义是什么？明确的界定极为鲜见。一般以指出附则在法的结构中所处的地位来代替对附则含义的阐释，认为附则是附在法律、法规后面的规则，或者指出附则是附在法律最后的部分。这难免给人以不甚了然之感。关于附则的真实意蕴，我们赞成这样一种界说：法的附则是法的整体中作为总则和分则辅助性内容而存在的一个组成部分。[①] 可见，附则是与总则和分则相对应的一个概念，附则及其构造与总则和分则关系极为密切。在刑法中，一般认为，总则是关于刑法的效力范围、犯罪与刑罚一般原理的规范体系；分则是关于具体犯罪和具体法定刑的规范体系。那么，附则就是刑法规范体系中作为总则和分则辅助性内容而存在的一个组成部分。

附则的形式同总则和分则的形式一样，也有明示与非明示的区分。立法学认为，非明示附则（无标题附则），一般存在于简单的法的结构或不设章的法的结构中，但这一做法从立法技术角度来看是不科学和不可取的。明示附则，存在于设有章的层次的法的结构中，并在附则内容前标明专门的“附则”字样。修订后的刑法的附则也采取了明示形式，在附则内容即第452条前标明了“附则”二字。随即在条文里分三款将附则的内容具体化：（1）关于刑法的施行时间的内容；（2）关于废止部分条例、补充规定或决定的内容；（3）关于部分条例、补充规定和决定予以保留的内容。刑法附则对上述内容的明示规定，便于人们迅速地搞清楚修订后的刑法生效后全国人大常委会制定的哪些单行刑法将被废止或将失效，也迅速地搞清楚刑法施行的时间等问题。刑法附则的上述规定对守法、立法研究尤其是司法的统一将产生积极的影响。

---

① 参见周旺生：《立法论》，616页，北京，北京大学出版社，1994。

立法学认为，附则虽然是作为总则和分则的辅助性内容存在于法的整体中，但其地位是不可忽略的。理由在于：其一，附则将法律的“未尽事宜”明确化，有利于保证总则和分则的贯彻实施。其二，虽然并非所有的法律都应设置附则部分，但经验与事实表明，绝大多数法律是需要附则的。现今未设立附则的某些法律中，有的是由于立法者并未认识到附则的重要价值而未设立附则。可见，一部法典如果不具备总则、分则、附则三种构造，则该法典无论如何是谈不上完善和科学的。附则构造的有无，在某种意义上成了衡量立法技术甚或法治水平高低的一把标尺。可喜的是，立法者对附则在法律中的价值已有所认识，并将其付诸立法实践。例如，1996 年 3 月 17 日第八届全国人大第四次会议作出了《关于修改刑事诉讼法的决定》，修正后的刑事诉讼法即设立了附则，虽然该附则只有一个条文，但它明确了无法放在刑事诉讼法总则或各编中加以规定的几项事宜，使法律更加完善。在法律中设置附则的实践业已表明我国立法机关的立法技术已经有了较大的提高，立法能力逐步增强。

在刑法中设立附则部分，充分反映了我国立法者在法治建设不断加强这一背景下的能动与自觉：立法者对刑法总则与分则的内涵与外延作了准确的界分，并清醒地认识到将一些事项无论配置到总则还是分则里都是不恰当的、名不副实的。我国 1979 年刑法并未设置附则部分，但这一事实并不能证明其合理性。因此，刑法修订中增加附则是必要的。但是我们认为总则第五章“其他规定”应属于附则内容。因为这些规定基本上是关于刑法的变通适用等的规定，重点在于名词解释，其中名词解释既涉及总则又涉及分则。在刑法未设附则的情况下放在总则并无不可，在已设附则的情况下，应当移至附则。而作为附则内容的刑法的生效与失效时间却恰恰是总则的内容。总则中的时间效力问题，包括刑法的溯及力与刑法的生效、失效时间两个方面。现在，刑法溯及力规定在修订后的刑法总则第 12 条，法的生效、失效时间规定在刑法附则，从体例与内容上的统一性与协调性上考虑，不能说是得当之举。而且，附则只规定了单行刑法，即全国人大常委会制定的条例、补充规定和决定的失效，未涉及刑法修订者制定的附属刑法的失效问题，因而内容不够全面。

三、刑法条文的规范设计

刑法条文是刑法规范的基本载体，尤其是刑法分则条文，涉及对罪状与法定刑的规定，被当代法学理论称为“正条”。在刑法修改中，如何科学设计刑法条文是一个重要问题。下面以分则条文为主进行探讨。

（一）罪状设计及其评价

在刑法理论上，罪状是指分则条文对犯罪行为状况的规定和描述。苏联著名刑法学家特拉伊宁生动地把罪状喻为犯罪构成的“住所”，是极为恰当与精辟的。

根据特点不同，罪状可以分为以下四种：（1）简单罪状，即在条文中只简单地规定罪名，而不具体叙述犯罪行为的构成特征。使用这种罪状，一般是立法者认为这些犯罪行为的特征是人所共知的，无须在法律上再具体叙述，只要指出罪名即可。简单罪状的最大特点就是简练，多用于具有较长发展历史和具有较强伦理谴责性的少数自然犯罪，诸如杀人、伤害、盗窃、放火等。简单罪状在1979年刑法中运用过多，它在文字上虽然简练，但是这种简练必须以明白为前提，否则就会简而不明。对于法定犯罪来说，其自身的特点，如历史发展较短、构成要件易变等，决定了其不易为一般人所理解，因而应杜绝简单罪状的使用。（2）叙明罪状，即在条文中较为具体地叙述犯罪的构成特征。此种罪状易于被人们理解和掌握，便于在实践中正确定罪。因此，多数刑法条文均采用叙明罪状。1979年刑法中某些叙明罪状对犯罪特征的描述过于抽象，给实际操作造成困难，不便于适用。（3）引证罪状，即引用同一法律中的其他条款来说明和确定某一犯罪的构成特征。使用引证罪状，主要是为了避免条款间文字上的重复。1979年刑法中采用了引证罪状，但表明引证罪状的法律用语的含义不统一，造成定罪量刑上的混乱。（4）空白罪状，即在条文中指明要参照其他法律、法规中的规定，以确定某一犯罪的构成特征。这种罪状主要适用于同违反其他法律法规有关，而在刑法条文上又难以对其特征作出具体描述的犯罪。1979年刑法中也有空白罪状的规定。在刑法修改过程中专家、学者们提出以下改进意见：第一，有的空白罪状的条文仅涉及行为问题，而对其罪过形式未加描述，应当注意空白罪状中对罪过形式加以描述。第二，在经济犯罪条文中，应尽量多地采取空白罪状，把空白罪状作为法律协调统一和解决刑法稳定性与发展变化的现实之间的矛盾的一种有效手段来运用。第三，空白罪状所参照的法律、法规，以属于某一个具体的法律、法规或者属于某一方面的法律、法规为宜。

修订后的刑法，在罪状规定上大有进步，主要表现在以下几个方面。

1. 减少简单罪状

简单罪状虽然简明，但如果广泛使用则会给犯罪的认定带来困难。因此，在修订后的刑法中，简单罪状的使用大为减少。这主要表现为某些简单罪状在修订后的刑法中改为叙明罪状。例如1979年《刑法》第121条规定的偷税罪，采用的是简单罪状，只用“偷税”两字概括，至于具体的偷税行为，在法条上并未加以明文规定。现在，修订后的《刑法》第201条对偷税罪采用叙明罪状，作出以下详细规定：纳税人采取伪造、变造、隐匿、擅自销毁账簿、记账凭证，在账簿上多列支出或者不列、少列收入，经税务机关通知申报而拒不申报或者进行虚假的纳税申报的手段，不缴或者少缴应纳税款，偷税数额占应纳税额的10％以上不满30％并且偷税数额在1万元以上不满10万元的，或者因偷税被税务机关给予二次行政处罚又偷税的，是偷税罪。在此，该条对偷税的手段、数额都作了具体规定，比“偷税”二字内容大为充实，对于司法机关正确认定偷税罪具有积极的引导功能。

2. 增加叙明罪状

修订后的刑法增加的罪名，基本上采用叙明罪状。例如修订后的《刑法》第294条增设了组织、领导、参加黑社会性质组织罪，法条作出如下详细规定：组织、领导和积极参加以暴力、威胁或者其他手段，有组织地进行违法犯罪活动，称霸一方，为非作恶，欺压、残害群众，严重破坏经济、社会生活秩序的黑社会性质的组织的，处3年以上10年以下有期徒刑；其他参加的，处3年以下有期徒刑、拘役、管制或者剥夺政治权利。这一规定，对黑社会性质的组织作了具体描述，便于认定。

3. 完善引证罪状

引证罪状可以减少重复，使条文简明，但过多使用也会造成混乱。新刑法在使用引证罪状上较为得当。例如，较多的引证罪状发生在单位犯罪的规定上，通常做法是在第 2 款规定："单位犯前款罪的，对单位判处罚金，并对其直接负责的主管人员和其他直接责任人员，依照前款的规定处罚。"这是对单位犯罪的规定引用个人犯罪的罪状，减少了重复。对于整节都有单位犯罪的，修订后的刑法作出如下规定："单位犯本节规定之罪的，对单位判处罚金，并对其直接负责的主管人员和其他直接责任人员，依照各该条的规定处罚。"由于这种引证罪状的大量采用，在很大程度上避免了刑法条文的冗长与烦琐。

4. 充实空白罪状

空白罪状实际上是参照其他法律或法规来确定犯罪行为，因此是间接地规定犯罪行为。但在很多情况下，由于其所参照的法律或法规的内容不明确或者级别过低，也会影响对犯罪的认定。对此，我国学者认为，完善空白罪状，应当坚持以下四个原则：（1）必要性原则，指立法者只有在具备必要条件的情况下，才得以使用空白罪状这一立法技术。（2）相当性原则，指空白罪状的参照范围要适当。（3）限制性原则，指在使用空白罪状时，在附属刑法分则规范中附加规定某种作为犯罪构成内容的条件，以充分体现刑事法律的严厉性，将犯罪与一般违法行为相区别。（4）协调性原则，指要注意刑法与被参照的法规之间的协调关系。这种协调关系包括：首先是法律级别的协调。空白罪状所参照的法规应该是由全国人大及其常委会制定的法律或国务院制定的全国性的行政法规，而不是地方性法规。其次是内容的协调。空白罪状所参照的法律、法规在"法律责任"条款中应该注明与之相应的刑法条款。① 修订后的刑法关于空白罪状的立法在以上四方面都有所完善。例如修订后的《刑法》第 96 条规定："本法所称违反国家规定，是指违反全国人民代表大会及其常务委员会制定的法律和决定，国务院制定的行政法规、规定的行政措施、发布的决定和命令。"这就从级别上严格限制了空白

① 参见陈兴良主编：《刑法各论的一般理论》，215－216 页，呼和浩特，内蒙古大学出版社，1992。

罪状所参照的法规。而且，在空白罪状中，也已经罕见纯粹的空白，而大多只是行为表现形式的空白，但对行为的本质特征与后果都有明文规定，以引导对行为的确认。有些条文甚至在规定违反某某法规或规定之后，又对犯罪行为作了明文列举，在这种情况下就已经不是空白罪状，而是叙明罪状了。由此可见，修订后的刑法对空白罪状的使用采取严格限制的态度。

5. 采用列举规定

在1979年刑法关于罪状的规定中，列举规定很少，完全列举更为罕见。修订后的刑法为贯彻法定原则，在罪状的规定上大量采取列举规定。例如，修订后的《刑法》第293条规定：“有下列寻衅滋事行为之一，破坏社会秩序的，处五年以下有期徒刑、拘役或者管制：（一）随意殴打他人，情节恶劣的；（二）追逐、拦截、辱骂他人，情节恶劣的；（三）强拿硬要或者任意损毁、占用公私财物，情节严重的；（四）在公共场所起哄闹事，造成公共场所秩序严重混乱的。”由此可见，在罪状内容较多，而且各项内容之间存在并列关系的场合，采用列举规定是最恰当的。此外，修订后的刑法还对量刑情节作了列举规定。例如1979年《刑法》第150条第2款规定，犯抢劫罪，情节严重的或者致人重伤、死亡的，处10年以上有期徒刑、无期徒刑或者死刑，可以并处没收财产。这里的情节严重过于概括，不易掌握。现在，修订后的《刑法》第263条改为列举性规定，指出有下列情形之一的，处10年以上有期徒刑、无期徒刑或者死刑，并处罚金或者没收财产：（1）入户抢劫的；（2）在公共交通工具上抢劫的；（3）抢劫银行或者其他金融机构的；（4）多次抢劫或者抢劫数额巨大的；（5）抢劫致人重伤、死亡的；（6）冒充军警人员抢劫的；（7）持枪抢劫的；（8）抢劫军用物资或者抢险、救灾、救济物资的。上述列举规定使适用条件更为明确，确实是值得称道的。

6. 补充概念界定

刑法中有许多术语都有特定含义，需要立法者加以专门规定。为此，刑法总则专设“其他规定”一章，大多为对刑法条文中规定的概念之解释。但这些概念具有普遍性，因而才能列入“其他规定”一章，例如公共财产不限于某一条文，而涉及许多条文。那些只涉及个别或少数条文的概念就不能全都纳入“其他规定”，而这些概念对于犯罪的认定又具有重要意义。在1979年刑法中，除“其他规定”一章以外，刑法分则条文中没有概念界定，导致刑法重要术语的定义权旁落的问题。为此，修订后的刑法对罪状中涉及的重要概念作出了专门解释，包括以下三种情况：(1) 定义式罪状。例如修订后的《刑法》第382条第1款规定：“国家工作人员利用职务上的便利，侵吞、窃取、骗取或者以其他手段非法占有公共财物的，是贪污罪。”这种定义式罪状中，罪状以罪名概念的形式出现，更为明确。(2) 对本条罪状涉及的重要概念的界定。例如修订后的《刑法》第219条第3款规定的是侵犯商业秘密罪，该罪涉及的关键用语是商业秘密。该条对此作出规定：“本条所称商业秘密，是指不为公众所知悉，能为权利人带来经济利益，具有实用性并经权利人采取保密措施的技术信息和经营信息。”这一规定对于认定侵犯商业秘密罪具有重要意义。(3) 对本节罪状涉及的重要概念的界定。例如修订后的《刑法》第367条规定：“本法所称淫秽物品，是指具体描绘性行为或者露骨宣扬色情的诲淫性的书刊、影片、录像带、录音带、图片及其他淫秽物品。有关人体生理、医学知识的科学著作不是淫秽物品。包含有色情内容的有艺术价值的文学、艺术作品不视为淫秽物品。”以上规定对于认定制造、贩卖、传播淫秽物品罪具有重要意义。

当然，在修订后的刑法规定的罪状中，也存在一些不尽如人意之处，尤其是引证罪状的使用问题较大。例如第397条第1款规定了滥用职权罪和玩忽职守罪，第2款规定了国家机关工作人员徇私舞弊，犯前款罪的情形的处罚。这里的犯前款罪是引证罪状，但前款包括两个罪，两个犯罪的叙述形式又不同，如何确定第2款规定的犯罪的构成特征，就成为一个疑难问题。这在今后的立法中是应该尽量避免的。

(二) 罪名设计及其评价

罪名是指犯罪的名称，是对某种犯罪行为的最本质特征的简明概括。在刑法修改中，关于罪名应当如何设置与规定，是一个讨论的热点问题，下面分别加以研究。

1．罪名的设置

罪名设置当然涉及价值问题，但这里主要是从技术角度对罪名设置的合理性进行探讨。在罪名设置中，一个值得探讨的问题就是罪名涵盖面的宽窄问题。从刑事立法史上看，罪名存在从具体、个别到抽象、概括这样一个历史演变过程。应该说，刑法中的大多数罪名，主要是指自然犯，例如杀人罪、放火罪、抢劫罪、强奸罪、盗窃罪等，都是数千年刑法演进之结果，它们约定俗成，深入人心，因而获得了广泛的社会承认。但也有为数不少的罪名，主要是指法定犯，是由立法确认的，这就引申出一个如何设置罪名的问题。

在刑法修订前规定的罪名中，存在两种极端的立法例，应当引起我们注意：第一种是罪名过于具体，徒使法律烦琐。例如1979年刑法已经规定了包庇罪，但全国人大常委会《关于禁毒的决定》又设立了包庇毒品犯罪分子罪。毒品犯罪分子只是犯罪分子之一种类型，又无特殊之处。如果说，这个罪名出现在《关于禁毒的决定》中尚可理解，那么，归入刑法典则绝无必要。第二种是罪名过于概括，这就是我们通常所说口袋罪，例如1979年刑法中的投机倒把罪、流氓罪和玩忽职守罪。口袋罪涵盖面广，使刑法条文简约化，但不够明确，造成认定的困难。例如，玩忽职守罪，根据最高人民检察院的司法解释，其行为可以分为13个方面64个种类。因此，在刑法修改中应当对口袋罪予以分解。但是，在分解的时候，不能从一个极端走向另一个极端，仍然应当保持一定的概括性。例如，仍以玩忽职守罪为例，能不能把司法解释中所列举的64种玩忽职守行为经过简单合并都设立为罪名呢？显然不行。我们认为，在1979年刑法中，玩忽职守罪是作为一般渎职罪设置的，它既有过于概括的一面（客观表现上），又有难以包容的一面（主观罪过上）。为使一般渎职罪明确化，可以考虑设置以下4个罪名：（1）滥用职权罪，指故意地逾越职权，情节严重的行为。此罪主观上的罪过形式是故意，客观上的表现是作为。（2）故意不履行职责罪，指故意地不履行应当履行并且能够履行的职责，情节严重的行为。此罪主观上的罪过形式是故意，客观上的行为表现是不作为。（3）过失逾越职权罪，指过失地超越其职权，情节严重的行为。此罪在主观上的罪过形式是过失，客观上的行为表现是作为。（4）过失不履行职责罪，也就是狭义上的玩忽职守，指过失地不履行应当履行并且能够履行的职责，情节严重的行为。以上4个罪名，主观上的故意与过失和客观上的作为与不作为有机组合，全面而合理地概括了一般渎职犯罪，以此取代1979年刑法中的玩忽职守罪，罪名设置更为科学。

在修订后的刑法中，罪名设置上有所完善。主要是增设了大量新罪，使刑法的罪名体系更为科学。例如，流氓罪取消了，代之以聚众斗殴罪、寻衅滋事罪、强制猥亵妇女罪、侮辱妇女罪、聚众淫乱罪，罪名更加细密。但在罪名的设置上同样还存在一些问题，主要有两种表现：(1) 罪名过于概括，仍然不能适应惩治犯罪的需要。例如1979年刑法规定了受贿罪，很难涵括司法实践中各种受贿现象。为此，我们曾经提出建立受贿罪罪名体系的构想，认为应当设立一般受贿罪、职前受贿罪、职后受贿罪、斡旋受贿罪。[①] 此外，还有些学者提出设立收受赠贿罪，以解决感情投资、事后收受赠与财物等行为的定罪问题。[②] 但修订后的刑法在受贿罪的罪名设置上进展不大，除一般受贿罪以外，只在第388条规定了斡旋受贿行为，但同时规定"以受贿论处"，导致对这一条是否规定了一个独立罪名的争论。(2) 罪名过于细琐。修订后的刑法在罪名细密化的同时，也出现了罪名过于细琐的极端化倾向。主要表现在渎职罪一章，将有关经济法、行政法中的刑法规范纳入刑法典的时候，控制尚不严，因而有些罪名过于细琐。

2. 罪名的规定

罪名的规定，是指在刑法中如何确定罪名的问题。现代各国刑法确定罪名的方式主要有两类：一是明示式，即在分则条文中明确规定罪名，有的是以条文主旨的形式规定；二是包含式，即在分则条文中不直接规定罪名，只规定罪状，将罪名包含在罪状之中。我国1979年刑法采用的是包含式，因而如何确定罪名就成为刑法理论界和司法机关的职责。

在刑法修改中，我国学者较为一致地赞同罪名法定化，即刑法分则规定具体

---

① 参见陈兴良：《当代中国刑法新理念》，654页以下，北京，中国政法大学出版社，1996。

② 参见肖扬主编：《贿赂犯罪研究》，318页，北京，法律出版社，1994。

犯罪的条文明确规定罪名。主要理由是：（1）从性质上看，罪名是个立法问题而不是司法问题。罪状是对犯罪行为的具体表述，而罪名则是对罪状的抽象，是对犯罪的本质或主要特征的概括，是统一刑事体制的主要工具之一。即罪名比罪状的层次更高，罪名理应、也完全能够由立法加以解决。立法应当也能够解决的问题，不能推给司法机关处理。（2）规定罪名是罪状与罪名协调统一的需要。罪刑法定的原则要求罪状与罪名是统一的，在分则条文中明确规定罪名，使罪状的描述紧紧围绕罪名而展开，从而能保证罪名与罪状在形式与内容的相互关系上达到高度的协调统一。（3）规定罪名，是提高立法水平和保证正确而统一地执法的需要。从立法与司法实际情况看，由于刑法分则条文无罪名，已经给刑事法制建设带来了一些不利的后果。在立法实践中，由于不要求分则条文标明罪名，致使一些分则条文包含数种不同的犯罪，或者规定得很不科学，这就大大降低了对立法科学性的要求；在司法实践中，由于法条中没有统一的明确罪名，难免造成司法活动中对罪名不太一致甚至相去甚远的理解与适用，从而影响了法律的正确实施和法制的协调统一。（4）规定罪名，这也是许多外国刑事立法例的通行做法，可资借鉴。①

我们认为，罪名法定化的观点是可取的，也符合立法规律。因为在描述罪状的时候，先确定罪名，然后围绕罪名展开描述该罪的主观与客观的构成特征。不仅罪名明确，而且使罪状更为贴切。但修订后的刑法没有做到罪名法定化，因此带来了一系列问题：（1）罪名个数的难确定性。如何确定罪名的个数，即刑法规定的某一行为是否是一个独立罪名，在坚持一法条一罪的立法原则下，根本不成其为一个问题。但由于修订后的刑法没有采取这一原则，因而如何确定罪名个数就成为一个复杂问题。例如关于修订后的《刑法》第 239 条第 1 款罪名的理解，存在以下三种观点：第一种观点认为，该款是关于绑架勒索罪及处罚的规定。绑架勒索罪是指以勒索财物为目的，使用暴力、胁迫或者麻醉方法，劫持他人或者

① 参见赵秉志主编：《刑法修改研究综述》，94－95 页，北京，中国人民公安大学出版社，1990。

绑架他人作为人质，或者偷盗婴幼儿的行为。[①] 根据这种观点，法条中与“以勒索财物为目的绑架他人”相并列的“绑架他人作为人质”的行为，是绑架勒索罪的表现形式之一。第二种观点认为，该款规定了绑架罪。绑架罪是指以勒索财物为目的，非法绑架他人或者绑架他人作为人质的行为。[②] 这种观点与前述观点恰好相反，认为绑架勒索行为是绑架罪的表现形式之一。第三种观点认为，该款增设了绑架罪，绑架勒索罪依然存在，凡以勒索财物为目的绑架他人的，应定绑架勒索罪。[③] 以上观点中，有定一个罪名的，有定两个罪名的；在定一个罪名的情况下，有肯定此罪的，有肯定彼罪的。这将给司法活动带来混乱。(2) 罪名的难概括性。在确定了罪名个数的基础上，还存在一个如何概括罪名的问题。如果罪名法定，则罪名概括的任务已经由立法完成了。在罪名未能立法化的情况下，需要根据罪状概括出相应的罪名，但在这个罪名概括上也出现了一些混乱。例如修订后的《刑法》第 285 条规定：“违反国家规定，侵入国家事务、国防建设、尖端科学技术领域的计算机信息系统的，处三年以下有期徒刑或者拘役。”该条之罪有以下三种称谓：一是概括为“非法侵入国家事务、国防建设、尖端科学技术领域的计算机信息系统罪”[④]。二是概括为“非法侵入计算机信息系统罪”[⑤]。三是概括为“侵入计算机信息系统罪”[⑥]。在以上三种称谓中，以第二种为好。如果这个问题由立法解决，就不会出现同一罪的各种罪名称谓。

（三）法定刑设计及其评价

法定刑是指刑法分则条文对具体犯罪所规定的适用刑罚的规格和标准。法定刑包括对具体犯罪所适用的刑罚种类和刑罚幅度，简称为刑种和刑度。法定刑是刑法分则规定具体犯罪条文的组成部分，设在罪状之后，是审判机关对犯罪人适用刑罚的法律依据。对犯罪人判刑时，除法律有加重或者减轻处罚的特殊规定

① 参见陈广君、刘海涛主编：《新刑法释论》，307 页，北京，中国书籍出版社，1997。
② 参见胡康生、李福成主编：《中华人民共和国刑法释义》，337 页，北京，法律出版社，1997。
③ 参见高西江主编：《中华人民共和国刑法的修订与适用》，540 页，北京，中国方正出版社，1997。
④ 陈广君主编：《中华人民共和国刑法释义》，360 页，北京，人民出版社，1997。
⑤ 高西江主编：《中华人民共和国刑法的修订与适用》，631 页，北京，中国方正出版社，1997。
⑥ 曹子丹主编：《中华人民共和国刑法精解》，268 页，北京，中国政法大学出版社，1997。

外，必须在法定刑的范围内对其适用刑罚。法定刑不同于宣告刑，法定刑是国家立法机关针对某种犯罪的危害性质和危害程度在法律上制定的量刑标准，它着眼于该种犯罪的共性；宣告刑是法定刑的实际运用，是国家某具体审判机关对具体犯罪案件中的犯罪人依法判处并宣告应当实际执行的刑罚，它着眼于具体犯罪案件的特殊性。

在各国立法实践中和刑法理论上法定刑曾有过三种形式：一是绝对确定的法定刑，即只在条文中规定单一固定、无量刑幅度的刑种刑度。如对某种犯罪规定只能判处 10 年有期徒刑。这种方式过于机械，使法官无法根据具体案情选择轻重有别的刑罚。二是绝对不确定的法定刑，即在条文中不规定具体的刑种和刑度，只规定对某种犯罪要处以刑罚，具体如何处罚完全交由法官掌握。不足之处是没有统一的量刑标准，容易造成执法的不统一和不平衡。三是相对确定的法定刑，即在条文中明确规定一定的刑种和刑度，法官在法定刑范围内选择确定适当的刑种和刑度。这种法定刑形式已为现代各国刑法所采用。

在刑法修订中，我国学者对法定刑问题进行了研究，认为 1979 年刑法中关于法定刑的规定存在以下问题：（1）法定刑的轻重与犯罪的危害程度不完全相适应，存在失之过重或者失之过轻的情况。失之过重的情况，例如 1979 年《刑法》第 133 条规定的过失杀人罪，情节特别恶劣的可以判处的法定最高刑是 15 年有期徒刑。失之过轻的，例如 1979 年《刑法》第 185 条规定的玩忽职守罪，法定最高刑仅为 5 年有期徒刑。（2）犯罪之间的法定刑不协调。例如 1979 年《刑法》第 133 条规定的过失杀人罪的法定最高刑为 15 年有期徒刑，而其他包含过失杀人内容的犯罪，例如交通肇事罪、重大责任事故罪等，法定最高刑才 7 年有期徒刑。（3）法定刑幅度过大，例如上述过失杀人罪情节特别恶劣的法定刑幅度为 5 年以上至 15 年有期徒刑，其间幅度为 10 年。

根据以上情况，我国学者对法定刑，主要是指有期徒刑的完善提出了以下意见。

第一，缩短有期徒刑的幅度。我国刑法中有期徒刑的幅度，最短的是 1 年以下至 6 个月，为半年。中等的是 5 年或者 7 年，或者如 5 年以上 10 年以下或者如3年以上10年以下。最长的是10年，例如5年以上15年以下。有期徒刑的幅度长，给司法人员的自由裁量留下了较大的余地，有其适用性强的优点。但也为司法人员的擅断提供了可能性，这是其缺点。为此，主张有期徒刑的幅度以2年以下、3年以下、5年为宜，废除10年的幅度，以便严格执法。

第二，增加有期徒刑的交叉。我国刑法中有期徒刑的幅度，一般都是衔接的，例如3年以下、3年以上10年以下、10年以上三个档次，互相衔接，结构严谨。但这种规定也存在一定的不足，就是符合某一档次的，只能在这一档次内判刑。在实际生活中，有些犯罪虽然符合某一档次，但情节较轻，又无其他减轻情节，因而无法做到罪刑相适应。尤其是在经济犯罪中，往往以数额为适用各种档次的有期徒刑的标准，容易造成唯数额论的后果。为此，应当增加有期徒刑的交叉，即以数额作为基本的分档标准，再以情节作为校正标准，从而使有期徒刑的幅度发生必要的交叉。[①] 以上意见对于完善我国刑法关于法定刑的规定具有一定的意义。

修订后的刑法关于法定刑的规定，在某些方面有所改进。例如对法定刑注意横向协调，有利于实现罪刑均衡原则。以1979年刑法规定的过失杀人罪为例，修订后的刑法改为过失致人死亡罪，由两个罪刑单位改为一个罪刑单位，法定刑最高由15年有期徒刑降为7年有期徒刑。而交通肇事罪中因逃逸致人死亡的，则判处7年以上有期徒刑，从而使两罪的刑罚相协调。而且，在修订后的刑法中，援引式法定刑的规定更为科学。在修订后刑法使用的援引式法定刑中存在两种情况：（1）依照被援引的规定定罪处罚。在这种情况下，类似于“论处”的意思，不仅按照另一规定定罪，而且按照另一规定处罚。例如，修订后的《刑法》第269条规定：“犯盗窃、诈骗、抢夺罪，为窝藏赃物、抗拒抓捕或者毁灭罪证而当场使用暴力或者以暴力相威胁的，依照本法第二百六十三条的规定定罪处罚。”这里的第263条是关于抢劫罪的规定，因而在这种情况下，应以抢劫罪定罪并量刑。（2）依照被援引的规定处罚。例如修订后的《刑法》第270条第1款

---

① 参见陈兴良：《刑法哲学》，修订版，405页，北京，中国政法大学出版社，1997。

规定了侵占罪，第 2 款规定："将他人的遗忘物或者埋藏物非法占为己有，数额较大，拒不交出的，依照前款的规定处罚。"在这种情况下，罪名应定为侵占遗忘物或埋藏物罪，只不过是援用侵占罪的法定刑而已。应该说，以上两种情况在立法上的区别是极有意义的，这也是在法定刑立法上的完善。

当然，修订后的刑法关于法定刑的规定，也还存在一些问题。主要是过多地使用援引式法定刑，导致罪名的确定上发生一定的疑难。例如修订后的《刑法》第 144 条规定，犯生产、销售有毒、有害食品的，致人死亡或者对人体健康造成特别严重危害的，依照本法第 141 条的规定处罚。对于这一规定存在不同的理解：有人认为这是特别结果加重犯的规定，应以生产、销售有毒、有害食品罪定罪，以刑法分则第 141 条规定的生产、销售假药罪处罚。但也有人认为应以生产、销售假药罪定罪处罚。[①] 我们同意前一种观点，这实际上相当于对生产、销售有毒、有害食品罪规定了死刑，但没有直接规定，而是以援引式法定刑的方式加以规定，以减少死刑条文。这其实是一种近乎自欺欺人的做法，不仅没有必要，而且徒生麻烦。

（四）法条竞合及其评价

在刑法理论上，法条竞合是指同一犯罪行为因法条的错综规定，出现数个法条所规定的构成要件在其内容上具有从属或者交叉关系的情形。法条竞合是一种法条形态，是关于法条之间关系的理论；同时，它也是一种立法方式。在我国修订后的刑法中，也大量地采用了法条竞合的立法方式。下面，分独立竞合和包容竞合两种情况对修订后的刑法中的法条竞合评价如下。

1. 独立竞合

独立竞合，也称为局部竞合，是指一个罪名概念的外延是另一个罪名概念的外延的一部分，而犯罪行为正适合于这一部分的情形。在独立竞合的情况下，两个法条之间具有普通法与特别法的竞合关系。在修订后的刑法中，独立竞合的情形很多，较为典型的是生产、销售伪劣产品罪与相关犯罪的竞合。修订后的刑法

---

① 参见肖扬主编：《中国新刑法学》，370 页，北京，中国人民公安大学出版社，1997。

分则第三章第一节规定了生产、销售伪劣商品罪，其中第140条规定的是生产、销售伪劣产品罪，指生产者、销售者故意在产品中掺杂、掺假、以假充真、以次充好或者以不合格产品冒充合格产品，销售金额5万元以上的行为。从第141条到第148条，根据对象不同，分别规定了生产、销售假药罪等8种犯罪。关于第140条规定的生产、销售伪劣产品罪与第141条至第148条规定的其他犯罪之间的关系，正是普通法与特别法竞合的适例。因为伪劣产品是属概念，假药等是种概念，两者之间存在种属之间的关系。不仅如此，这种法条竞合还具有特殊性与复杂性。在其他普通法与特别法竞合的情况下，除某一要件不同之外，其他均相同，因而是种简单的、无条件的法条竞合。例如《刑法》第279条第1款规定了冒充国家机关工作人员招摇撞骗罪，第372条规定了冒充军人招摇撞骗罪，除冒充对象存在普通与特殊的种属关系以外，其他要件均相同。但在生产、销售伪劣产品罪与其他相关犯罪发生竞合的情况下，相互竞合的罪名都存在某些特殊性，因是一种有条件的竞合。根据修订后的《刑法》第140条之规定，构成生产、销售伪劣产品罪的，必须是销售金额达到5万元。根据《刑法》第141条之规定，生产、销售假药罪是指违反国家药品管理法规，生产、销售假药，足以严重危害人体健康的行为。由此可见，生产、销售假药罪不同于生产、销售伪劣产品罪的特殊性在于：（1）没有销售数额5万元的限制，因为假药关系到人体健康，因而生产、销售假药行为具有更大的社会危害性。（2）不仅在客观上实施了生产、销售假药的行为，还必须具备“足以危害人体健康”的要件，因而是危险犯。由此可见，并非所有生产、销售假药的行为都定该罪，只有生产、销售足以危害人体健康的假药行为，才能认定为该罪。生产、销售不足以危害人体健康的假药的，不构成该罪。但如果销售金额达到5万元以上的，能否构成生产、销售伪劣产品罪呢？对此，修订后的《刑法》第149条第1款作了肯定性的规定。此外，有些生产、销售特定伪劣商品的处刑远远轻于生产、销售伪劣产品罪，例如，修订后的《刑法》第148条规定的生产、销售不符合卫生标准的化妆品罪，法定最高刑是3年有期徒刑，而普通的生产、销售伪劣产品罪，最高可判处无期徒刑。在这种情况下，如何实现罪刑均衡呢？对此，修订后的《刑法》第149条第2款规定了重法优于轻法的原则。由此可见，生产、销售伪劣产品罪和相关犯罪呈现出一种互相竞合而又互相转化的复杂情形，修订后的刑法对此作了较为科学的规定。

普通法与特别法的竞合这种立法方式的正确使用，可以在考察到某一事项的一般情况的同时，兼顾某一事项的特殊情形，因而有助于一般公正与个别公正的协调。刑事立法的发展史是一个从个别立法到一般立法的演变史。最初的立法总是个别性的，例如《萨利克法典》有以下两个法律条文：如有人偷窃一只小猪而被破获，罚款 120 银币，折合 3 金币；如有人偷窃一头公牛或带犊的母牛，应罚款 1 400 银币，折合 35 金币。这种极其个别的立法，反映了立法者对某一特定事项的最为直接、贴近的处理意见，但同时又使法典不胜烦琐，而且难免挂一漏万。此后，随着人类抽象认识能力的提高，立法也从个别到一般，出现了概括性规定。这种一般立法使法律具有更大涵括性，但同时也丧失了对某些特殊事项的针对性，因而有利于实现一般公正，个别公正则无暇兼顾。在这种情况下，又在一般规定之外设置个别规定，由此形成普通法与特殊法的法条竞合。修订后的刑法在采用这种法条竞合的立法方式方面，有所进展。但在有些情况下，没有采用法条竞合的方式处理一般与个别的关系，因而出现一些逻辑关系不顺畅的立法例。例如第 186 条第 1 款规定的是违法向关系人发放贷款罪，第 2 款规定的是违法向关系人以外的其他人发放贷款罪。本来一般人与关系人是普通与特殊的关系，如果采用法条竞合的立法方式，先规定违法发放贷款罪，然后再规定违法向关系人发放贷款罪。这样，两个犯罪之间的关系十分顺畅。但现在立法机关采取了先个别后一般的方式，并且将个别与一般（个别以外的）并列起来，因而出现了违法向关系人以外的其他人发放贷款罪这样十分别扭的罪名。这种情形，还发生在增值税发票犯罪与其他发票犯罪的关系上。

2. 包容竞合

包容竞合，也称为全部竞合，是指一个罪名概念的内涵是另一罪名概念的内涵的一部分，但犯罪构成的内容已超出内涵罪的罪名概念的情形。在包容竞合的情况下，两个法条之间具有整体法与部分法的竞合关系。包容竞合是常见的一种法条竞合的形态。在修订后的刑法中，存在较多的包容竞合现象。包容竞合较之独立竞合更为复杂，只有通过界定法条规定的各罪的构成要件才能确认这种包容竞合的存在。修订后的刑法，在关于包容竞合的规定上有所完善。例如，1979年刑法中过失杀人罪与交通肇事罪之间存在包容竞合，其中交通肇事罪是整体法，过失杀人罪是部分法。这两种犯罪，都是过失犯罪：交通肇事罪是业务过失犯罪，过失杀人罪是普通过失犯罪。在外国刑法中，一般实行业务过失重于普通过失的原则。但在我国1979年刑法中，交通肇事过失杀人的法定刑反而轻于普通过失杀人，因而形成两罪之间刑罚的不协调。毫无疑问，在一般情况下，整体法由于包含了部分法，因而整体法的法定刑应当重于部分法。修订后的刑法对这两个犯罪的法定刑作了调整。第133条规定交通肇事后因逃逸致人死亡的，处7年以上有期徒刑。第233条将过失杀人罪改为过失致人死亡罪，将法定最高刑由15年有期徒刑降至7年有期徒刑。这样，交通肇事罪与过失致人死亡罪之间的法定刑获得了协调。

在修订后的刑法中，关于包容竞合的立法也还是存在某些缺陷，主要是轻罪包容重罪，例如，第240条拐卖妇女、儿童罪中包含强奸罪和奸淫幼女罪的内容。这种规定在1991年全国人大常委会《关于严惩拐卖、绑架妇女、儿童的犯罪分子的决定》中就已经存在。我们曾经指出，这种规定存在以下缺陷：(1) 竞合根据的不合理性。(2) 犯罪界限的易混淆性。(3) 犯罪个数的难确定性。(4) 罪行轻重的相颠倒性。因而我们建议修改刑法时，取消这些规定，实行数罪并罚。[①] 但修订后的刑法对此没有改进，并把上述决定的缺陷带进了刑法典。这说明立法技术的提高，不是一个简单的问题，需要经过长期努力才能日臻完善。

四、刑法术语的严谨表达

法，这里主要指成文法，是以一定的文字作为载体的。刑事古典学派对于法

① 参见陈兴良：《当代中国刑法新理念》，501页，北京，中国政法大学出版社，1996。

典十分推崇，进而要求法官逐字适用法律。贝卡里亚甚至从“一个社会如果没有成文的东西，就绝不会具有稳定的管理形式”① 这一高度，来认识以文字连缀而成的法律的重要性。一部法律制定得好坏，固然首先取决于这部法律所体现的时代精神和价值取向，但也取决于对这种精神和价值的表述好坏。法律语言必须准确、严谨，不会产生歧义。因此，一个好的立法者不仅应当是一个建筑师，而且应当是一个修辞学家，至少对修辞有一定的研究。清末思想家梁启超指出：“法律之文辞有三要件，一曰明，二曰确，三曰弹力性。明确就法文之用语言之，弹力性就法文所含意义言之。若用艰深之文，非妇孺所能晓解者，是曰不明。此在古代以法愚明者恒用之，今世不取也。确也者，用语之正确也。培根曰：‘法律之最高品位，在于正确，是其义也。’弹力性，其法文之内包甚广，有可以容受解释之余地者也。确之一义与弹力性一义，似不相容，实乃不然，弹力性以言夫其义，确以言夫其文也。培根又曰：‘最良之法律者，存最小之余地，以供判官伸缩之用，则其有弹力性可见。然则两者之可以相兼，明矣。’”② 我们认为，梁启超提出法律文体应当做到明、确、弹力性，是对法律文体的最高要求。应当指出，1979 年刑法典在立法用语和表述上存在一系列不科学之处，不但降低了法律的科学性，而且不可避免地造成不太一致甚至众说纷纭的理解和各行其是的适用，从而严重影响了刑法的正确实施和整个刑事法制的水平与权威。而作为保护公民和国家最重要利益与关系到人的生杀予夺的刑法典，应当严格要求立法用语与表述的科学性，纠正笼统、含糊、矛盾、不确切、不协调、不严密的规定，以科学的用语和表述方法，来提高刑法典的科学水平，并给司法提供便于正确操作运用的法律武器。③

修订后的刑法，在语言表述上有所进步，有些用语还是比较讲究的，最值得称道的是关于购赃罪的规定。我国 1979 年刑法中只规定了销赃罪，未对故意收买赃物行为作出规定。这种故意收买赃物的行为，称为买赃。古今中外的许多刑

---

① ［意］贝卡里亚：《论犯罪与刑罚》，15 页，北京，中国大百科全书出版社，1993。

② 梁启超：《中国成文法编制之沿革》，59－60 页，台北，中华书局，1971。

③ 参见赵秉志主编：《刑法修改研究综述》，99－100 页，北京，中国人民公安大学出版社，1990。

法都将这种故意收买赃物的行为规定为犯罪，并予以一定的刑罚处罚。在中国古代，自南北朝的《后魏律》，到《唐律》，及至《宋刑统》、《明律》和《清律》，都有买赃犯的规定。例如《唐律》规定："知盗赃而故买者，坐赃论减一等。"又如1935年《中华民国刑法》第349条第2款规定："搬运、寄藏、故意买赃物，或为牙体者，处5年以下有期徒刑、拘役，或科或并科1 000元以下罚金。"我们注意到，这些法律条文中都使用"买"字。在1979年刑法草案第22稿中也有此类规定，其中第201条规定："明知是犯罪所得的赃物而故买的，处3年以下有期徒刑或者拘役，可以并处或者单处1 000元以下罚金。"这一规定在刑法定稿时被删除，但条文中使用的是"故买"一词。在这次刑法修改中，我国学者建议增设买赃罪，设计的条文是："明知是犯罪所得的赃物，而予以购买的，处3年以下有期徒刑、拘役或者管制，可以并处或者单处罚金。"这里使用的是"购买"一词。现在，修订后的《刑法》第312条规定："明知是犯罪所得的赃物而予以窝藏、转移、收购或者代为销售的，处三年以下有期徒刑、拘役或者管制，并处或者单处罚金。"这里没有采用"买赃"或"故买赃物"的提法，而使用"收购"一词。这里的"收购"，是指以出卖为目的收买赃物，个人为自己使用而买赃的不构成本罪。[①] 收买与收购，不仅是一个用字的问题，而且是法条表述的准确性问题。从文字上说，买与购是同一意思，因而购买连用成为一个词组。但收购一词虽然从通常意思来说是从各处买进，似乎与购买区别不大，但收购已经成为一个约定俗成的用语，一般表示大量的、成批的购买之意，而不是一般的、零星的、偶尔的购买。因此，我们认为，这里的购赃罪，不包括那些偶尔买赃自用、数额较小的情形，而应当是指成批量的大量收购。由此可见，立法机关在这里用"收购"一词而不用通行的"购买"或"收买"一词，确是经过推敲、用心良苦的，可以看作立法用语明确、准确、精确的典范之一。可惜这样的神来之笔在修订后的刑法中只是凤毛麟角，还存在不少败笔，下面加以评判。

（一）刑法术语的专业性

法律条文应当使用专业术语，这种专业术语有一个特殊的称谓，叫作法言法

---

① 参见胡康生、李福成主编：《中华人民共和国刑法释义》，442页，北京，法律出版社，1997。

语。法言法语是在长期的立法活动与司法活动过程中形成的，有其特定的含义。有些法言法语甚至是刑法所特有的，例如累犯、缓刑、假释、自首等。在修订后的刑法中，注意了使用法律专业术语。例如1979年《刑法》第145条规定："以暴力或者其他方法，包括用'大字报'、'小字报'，公然侮辱他人或者捏造事实诽谤他人，情节严重的，处三年以下有期徒刑、拘役或者剥夺政治权利。"在此，使用了"大字报""小字报"这样的提法。在刑法修改过程中，多数同志认为，上述条文中有关用"大字报""小字报"的手段公然侮辱他人或捏造事实诽谤他人的规定，带有明显的"文化大革命"时期特征。为此，立法机关采纳了上述意见，修订后的《刑法》第246条在构成侮辱罪、诽谤罪的罪状中，删去了有关"大字报""小字报"的文字，使立法语言更加简练和准确。[①] 应该说，这一修改是成功的，保持了法律术语的纯洁性与专业性。但在修订后的刑法中还存在一些不规范的用语，例如第20条第3款规定："对正在进行行凶、杀人、抢劫、强奸、绑架以及其他严重危及人身安全的暴力犯罪，采取防卫行为，造成不法侵害人伤亡的，不属于防卫过当，不负刑事责任。"这是关于无过当之防卫的规定。无过当之防卫是一种无限度之防卫，是对防卫过当的例外规定。对无过当之防卫的适用对象应当在法律上加以严格界定，但修订后的刑法采用了"行凶"这样一个非法律术语。在民间，行凶是与打架相联系的，所谓打架行凶。因此，行凶一语没有确切的法律内涵。轻伤他人是行凶，重伤他人是行凶，杀害他人也是行凶。那么，难道说对一般的行凶伤害行为都能实行无过当之防卫吗？显然不能。因此，刑法使用行凶这样的非专业术语，导致理解上的歧义，将会影响刑法的正确适用。

（二）刑法术语的统一性

法律术语应当严格统一，同一法律中表达同一意思应当尽可能使用相同的术语，这应当是一个原则。如果法律用语不统一，随意性极大，容易产生歧义。在修订后的刑法中，同样也存在用语不统一的问题。例如，修订后的刑法分则第三

① 参见周道鸾等主编：《刑法的修改与适用》，514-515页，北京，人民法院出版社，1997。

章第一节规定的是生产、销售伪劣商品罪，这里使用的是商品一词。该节第140条规定的是生产、销售伪劣产品罪，这里使用的是产品一词。那么，这里的商品与产品是指同一事物还是不同事物呢？在刑法理论上一般认为，第140条中所说的产品，指的就是商品。那么，为什么不用商品一词而代之以产品呢？根据我们理解，主要是为了与本节的类罪名加以区别。但我们认为，这一意图当然好，但不必采用换词法，而应采用限定法，即规定一般商品，以区别于其他法条规定的特定商品。在同一刑法中，表达了相同意思，应尽量采用相同的用语。

（三）刑法术语的严谨性

法律术语应当严谨，这里的严谨包括严格、谨慎的含义在内。修订后的刑法在严谨性上有所进步。例如关于刑事责任年龄的计算单位，在1979年刑法中称“岁”。在刑法修改过程中，我国学者建议改为“周岁”，理由有二：（1）我国民间计算年龄的办法实际有周岁、虚岁之分，立法载明刑事责任年龄是指周岁而不是虚岁，可以避免引起误解。（2）我国宪法、民法、婚姻法关于年龄的规定，都明确是周岁，刑法关于年龄的规定也改为周岁，有利于法律之间的相互协调。[①]立法机关采纳了这一建议，使刑法关于刑事责任年龄的规定更为严谨。但在修订后的刑法中也存在语言表述有失严谨的地方。例如，修订后的《刑法》第325条第1款规定：“违反文物保护法规，将收藏的国家禁止出口的珍贵文物私自出售或者私自赠送给外国人的，处五年以下有期徒刑或者拘役，可以并处罚金。”这里使用了两个“私自”，并且后一行为表述为“赠送给”。第327条规定：“违反文物保护法规，国有博物馆、图书馆等单位将国家保护的文物藏品出售或者私自送给非国有单位或者个人的，对单位判处罚金，并对其直接负责的主管人员和其他直接责任人员，处三年以下有期徒刑或者拘役。”这里只有一个“私自”，后一行为表述为“送给”，没有“赠”字。其实，在法律条文中，“私自”一词纯属多余。因为违反文物保护法规已经界定了这种行为的违法性，没有必要再加私自一

① 参见侯国云、薛瑞麟主编：《刑法的修改与完善》，44－45页，北京，中国政法大学出版社，1989。

词加以渲染。即使采用私自一词，前后也应当一致。至少在第325条中，第二个私自是多余的。何况在第325条中表述为“赠送给”，在第327条表述为“送给”，两个含义相同的条文，表述上如此出入，可见遣词造句之缺乏讲究，因而缺乏严谨性。

（四）刑法术语的确切性

法律术语还应当确切，这里的确切是指准确、恰当。为此，在刑法修改过程中，尤其是将单行刑法与附属刑法的条文吸纳到刑法典中来的时候，一定要注意法律语境的变化，否则法律术语就会失去其确切性。例如，1993年全国人大常委会通过的《国家安全法》第27条第2款规定：“故意阻碍国家安全机关依法执行国家安全工作任务，未使用暴力、威胁方法，造成严重后果的，比照刑法第一百五十七条的规定处罚；情节较轻的，由国家安全机关处十五日以下拘留。”这是以类推立法的方式规定了一个新罪名。现在，修订后的刑法将之吸收为第277条第4款，仍然保留了“未使用暴力、威胁方法”一语。我们认为，在《国家安全法》第27条中，此语是必要的。因为当时是类推立法，凡使用暴力、威胁方法的，直接定1979年《刑法》第157条规定的妨害公务罪。未使用暴力、威胁方法的，与妨害公务罪的构成不符，因而类推立法设立了新罪名。现在，将这一罪名纳入刑法是直接立法，因而应删去“未使用暴力、威胁方法”一语，表示无论是否使用暴力、威胁方法都构成本罪。未删去此语，使人误以为只有未使用暴力、威胁方法才定本款之罪，使用暴力、威胁方法构成本条第1款之罪。这是法律语境发生变化以后，条文内容未能跟上这种变化，因而是用语丧失其确切性的一个典型例子。

（本文与周光权合著，原载《刑事法评论》，第2卷，北京，中国政法大学出版社，1998）

新旧刑法比较研究

刑法是关系到生杀予夺、关系到社会长治久安的国家基本法之一。1979 年 7 月 1 日，经过 30 年的艰难曲折的创造历程，新中国第一部刑法在第五届全国人民代表大会上获得通过，这是一个难忘的日子。弹指一挥间，18 年以后，我们告别 1979 年刑法，迎来了 1997 年刑法。本文拟对 20 年来中国刑法在内容与体例上的演变进行一个总体上的分析与评价，在此基础上对中国刑法的未来走向加以展望。

一、刑法的发展完善

1979 年刑法是在进入历史新时期以后，在人心思法、人心思治的历史背景下出台的。在当时情况下，这部刑法的公布施行是历史的要求、时代的需要、人心的所向。[①] 应该说，1979 年刑法是合乎当时的实际生活的，是一部值得称道的刑法。当然，我们也不能否认这样一个现实：1979 年刑法是建立在计划经济基

① 参见高铭暄：《中华人民共和国刑法的孕育和诞生》，6 页，北京，法律出版社，1981。

础之上的，它所反映的是以中央集权、高度垄断集中为特征的社会现状。如果这样一种社会生活一成不变地延续下去，这部刑法也许会长命得多。但是，斗转星移，历史的发展不受人的意志左右。从 20 世纪 80 年代初开始，中国启动了以经济体制改革为先导的深刻的历史变革，社会进入了一个现代化的急剧变动进程当中，社会结构发生了重大变化。

在这种社会背景下，1979 年刑法从它的实施开始，就滞后于日益发展的社会生活。这主要表现在以下两个方面：一是 1979 年刑法具有明显的轻刑化痕迹。这是立法的特定背景造成的。在结束“文化大革命”以后，社会需要生息安定，人民向往治世，因而轻刑成为唯一的选择。而且，在计划经济制度下，社会实行严格的单位化管理，人民的自由与权利虽然少，但以此为代价获得了一份安全感，社会上的犯罪率之低足以在世界上炫耀与骄傲。但在现代化进程启动以后，中国进入了一个历史新时期。这个时期的社会结构特点是：旧的社会结构受到强烈冲击，正在逐渐解组；新的社会结构开始生长，并在走向成熟的过程之中。社会平衡被打破了，社会出现暂时的失衡期，社会的整合力大为减弱。在这种情况下，社会上的犯罪现象日益突出。严重危害社会治安的犯罪，成为一个引人注目的社会问题。在这种情况下，不加重惩治力度，难以遏制日益猖獗的刑事犯罪。二是 1979 年刑法建立在计划经济体制之上，因而反映的是当时的经济犯罪状况，由此确定了惩治投机倒把犯罪、维护计划经济法律地位的刑法方略。在“破坏社会主义经济秩序罪”一章中，虽然也有偷税、抗税罪和假冒商标罪等至少在今天看来仍然属于纯正的经济犯罪的立法规定，但其实形同虚设。因为在计划经济体制之下，税收制度、商标制度在经济生活中所起的作用微乎其微，由此形成的犯罪现象也极为罕见。但在实行经济体制改革以后，尤其是市场经济的法律地位的确立，各种新型的经济关系大量涌现，新旧经济体制转轨，在经济生活中出现了严重的失范现象，经济犯罪就随之蔓延。这些经济犯罪，例如生产、销售伪劣商品犯罪及金融犯罪、证券犯罪等，都是过去计划经济体制下所不可能出现或不可能大规模出现的，刑法当然也就没有相应的规范可以适用。

毫无疑问，在上述社会与经济的剧烈变动面前，1979 年刑法已严重滞后于社会经济生活。为此，从 1981 年开始，立法机关就以单行刑法与附属刑法两种方式，对 1979 年刑法进行修改补充，包括对刑法总则与刑法分则的修改补充。一部刑法，在它实施的第二年就开始被修改补充，诚然是这部刑法的不幸，但又何尝不是社会之幸呢？因为社会的进步总是以牺牲法的稳定性为代价的。

刑事立法是一个动态的过程，它要及时地反映犯罪的现实状况，而刑法典则具有相对稳定性。通过单行刑法和附属刑法增设新罪，是完善刑事立法的重要内容之一。新罪的设立，一方面填补了刑法的某些空白，另一方面通过修改犯罪的构成要件，使之能够更好地在司法实践中适用。作为新中国第一部刑法，1979 年刑法虽然从总体来说是好的，但由于历史条件的局限，难免还存在某些疏漏与缺陷；同时，由于社会关系的发展，出现某些新的犯罪类型，使法律规定出现盲区。在这种情况下，新罪的设立有助于刑法的发展完善。

刑事司法是以刑事立法为前提的，没有完善的刑事立法，就不可能有完善的刑事司法。我们看到，自 1979 年刑法颁布以来，中国的刑事司法水平有了很大的提高，这就对刑事立法提出了更高的要求。全国人大常委会通过单行刑法与附属刑法设立新罪，使司法机关有法可依，为完善刑事司法提供了法律保障。因此，新罪的设立，对于完善刑事司法也具有重要意义。

1979 年刑法自颁行以来，一直处在发展完善的过程中。与此同时，修订刑法的准备工作也同步地进行着。这两个工作具有极大的相关性：刑法的发展完善既对现行刑法作了重要的修改补充，同时也为刑法的全面修订创造了条件。同样，刑法的修订工作也在一定程度上促进了单行刑法与附属刑法的制定。

1993 年 3 月第八届全国人民代表大会召开，刑法修订工作再次提上立法机关的议事日程，在该届工作要点中安排了刑法修订。1993 年 9 月 10 日至 11 日，全国人大常委会法制工作委员会刑法室召集首都部分刑法专家、学者举行了市场经济与刑法修订座谈会。立法机关明确提出：补充、完善刑法是建立市场经济法律体系的重要方面，惩治犯罪对于维护经济具有重要意义。与会专家、学者对刑法修订各抒己见，提出了很好的建议与意见。大会结束以后，法制工作委员会刑法室成立专门起草班子，并吸收部分刑法专家、学者参加，开始重新修订刑法草案。1994年年初，法制工作委员会还将刑法总则的修订任务交给中国人民大学法学院刑法教研室，中国著名刑法学家高铭暄、王作富教授领衔组织教研室起草刑法总则修订草案。此后，刑法修订工作一直进行着。及至1994年，法制工作委员会集中精力修订刑事诉讼法[①]，并确定了刑事诉讼法修订先于刑法修订的工作安排。经过两年努力，1996年3月，第八届全国人民代表大会第四次会议通过了《关于修改〈中华人民共和国刑事诉讼法〉的决定》，并颁布了修改后的《中华人民共和国刑事诉讼法》。修改后的刑事诉讼法确定了无罪推定，废除了收容审查、免予起诉，改革了庭审方式，极大地推进了社会主义民主与法制建设，获得广泛好评。

在刑事诉讼法修订成功的有力鼓舞下，全国人大常委会法制工作委员会全力着手刑法修订工作，并于1996年4月30日在京召开了刑法修订动员会。至此，刑法修订进入最后冲刺阶段。经过将近半年时间的努力，全国人大常委会于1996年10月10日正式印发了《中华人民共和国刑法（修订草案）征求意见稿》。该稿发往全国，广泛征求意见。中国法学会刑法学研究会于1996年11月6日至10日在四川省乐山市召开年会，与会刑法专家、学者200多人，提交论文112篇，深入地讨论了刑法修订草案征求意见稿。与会论文经过汇编整理，由我国著名刑法学家高铭暄教授主编出版了《刑法修改建议文集》一书，集中反映了中国刑法学界对刑法修改的意见。[②] 全国各地方人大及法院、检察院、公安系统都先后召开会议，征求对刑法修订草案的意见。在此基础上，全国人大常委会法制工作委员会于1996年11月8日至22日在北京召开全国性的刑法修订座谈会，共有100多人参加，并邀请部分刑法专家、学者与会，逐条对刑法修订草案征求意见。在此基础上，法制工作委员会于1996年12月10日正式提出《中华人民共和国刑法》（修订草案），提交于1996年12月21日召开的第八届全国人大常委会第二十三次会议审议。两个月后，将《中华人民共和国刑法》（修订草案）提

---

① 参见周道鸾、张泗汉主编：《刑事诉讼法的修改与适用》，7页，北京，人民法院出版社，1996。

② 参见高铭暄主编：《刑法修改建议文集》，北京，中国人民大学出版社，1997。

交于1997年2月18日召开的第八届全国人大常委会第二十四次会议再次审议。此后，经过反复修改。刑法修订草案正式交给于1997年3月1日召开的第八届全国人大第五次会议审议。1997年3月6日全国人大常委会副委员长王汉斌向大会作《中华人民共和国刑法（修订草案）说明》的报告。王汉斌副委员长指出：制定一部统一的、比较完备的刑法典，是进一步完善我国刑事法律制度和司法制度的重大步骤，对于进一步实行依法治国、建设社会主义法制国家，具有重大的意义。全国人大代表于3月6日、7日、8日审议了刑法（修订草案）。全国人大法律委员会于3月8日、10日、11日召开会议，根据各代表团的审议意见，对刑法（修订草案）进行了审议，并进行了修改。3月14日下午，经全国人民代表大会表决，正式通过了修订后的《中华人民共和国刑法》；同日，经中华人民共和国主席令第83号公布，《中华人民共和国刑法》自1997年10月1日起施行。至此，历时15载的刑法修订工作随着1997年刑法的诞生而落下帷幕。

二、修订前后的刑法：宏观比较

1997年刑法是伴随着改革开放的历史进程而孕育诞生的，前后经历15年时间。虽然与1979年刑法长达30年的制定经历相比，这15年修订的时间要短一些，但由于它是在社会转型、体制转轨这一社会生活剧烈变动的历史背景下进行的，因而其任务更为艰巨。

这次刑法修订是在建立社会主义市场经济法律体系这样一个立法框架下进行的，因此，对于刑法修订的指导思想也应该由此分析。市场经济是法治经济，尽管人们对其含义还有不同理解，但这一命题大体上已为学界所认同。[①] 市场经济是法治经济，首先在于市场经济对法治具有内在需求。市场经济内在地需要规则和秩序，没有规则便不可能有市场经济的正常运行，而把这些规则和相应的经济

① 当然，对此也有少数学者提出质疑。参见苏力：《关于市场经济与法律文化的一点思考》，载《北京大学学报》，1993（4）。林喆：《对“市场经济是法制经济”的一点质疑》，载《中国法学》，1994（1）。

规律要求用法律的语言表达出来，正是法治经济的基本要求。同样，法治建设也有赖于市场经济。法治原则的贯彻，在相当大程度上依赖于市场经济的长足发展，没有市场经济的引导和推进，法治很难在社会生活中取得其应有的地位。[①]这种市场经济与法治的相关性，表明了建立社会主义市场经济法律体系的必要性与可能性。论及建立市场经济法律体系，人们可能会首先想到民事立法与经济立法。民事立法、经济立法与市场经济直接相关，它们当然是市场经济法律体系的主体部分。但不能由此而忽视刑事立法在建立市场经济法律体系中的地位和作用，这是由刑法在法律体系中的特殊地位所决定的。由于刑法不是以某一类具体的社会关系为调整对象，而是以特殊方法——刑罚调整特殊对象——犯罪行为，因而刑法在法律体系中居于特别法的地位，它是一切其他部门法的制裁力量。在市场经济条件下，刑法调整仍然是必要的，甚至比在计划经济体制下，其调整的广度与深度有过之而无不及。[②] 这主要表现为：（1）在市场经济条件下，利益主体的多元化必然要求刑法对各种经济成分予以平等的保护；（2）在市场经济条件下，经济产权的明晰化必然要求刑法对各种经济产权予以严格的保护；（3）在市场经济条件下，资源配置的市场化必然要求刑法加入经济运行流程中，对各种经济活动予以及时的保护；（4）在市场经济条件下，经济运行的规范化必然要求刑法保护市场经济秩序，净化经济环境。由此可以得出结论：在市场经济体制下，随着经济关系多元化，刑法调整的广度有所扩张；随着经济关系复杂化，刑法调整的深度有所提高。概言之，刑法可以从市场经济中汲取生命力，在市场经济中大显身手，因为刑法植根于市场经济运行机制的内在要求。同样，市场经济也只有在刑法的切实保护下，才能有条不紊地正常运行。基于对刑法与市场经济的相关性的这样一种考察，刑法修订可以看作建立市场经济法律体系的努力的一个重要组成部分，市场经济的发展在客观上提出了刑法修订的要求。因此，这次刑法修订的总的指导思想应当是通过修订刑法，使之适应社会主义市场经济的客观要

① 参见孙国华主编：《市场经济是法治经济》，72、75页，天津，天津人民出版社，1995。

② 参见陈兴良：《当代中国刑法新理念》，111－112页，北京，中国政法大学出版社，1996。

求。这种需要，不仅表现在增设经济犯罪，强化经济刑事立法，维护市场经济秩序方面，而且表现在推进民主政治，加强刑法的人权保障机能方面。

1997年刑法的诞生，标志着我国刑事立法进入了一个历史发展的新阶段，具有十分重要的意义。在我看来，1997年刑法与1979年刑法相比，从总体上说体现了以下刑法修订的指导思想。

（一）统一性

创设一部统一的刑法典，始终是立法机关的努力追求。经过修订的刑法基本上达到了这一要求。这里的统一性，主要指内容上的统一，即将所有刑法规范都一并纳入刑法，使之成为一部名副其实的刑法典，成为定罪量刑的唯一根据。众所周知，1979年刑法颁行不久，由于经济体制改革的开展，刑法很快不能适应惩治犯罪的实际需要。为此，中国立法机关通过单行刑法与附属刑法的形式，对刑法进行了大量的修订补充，由此设立了大量新罪。在这种情况下，单行刑法与附属刑法的内容不仅散在于各种规范性文件，而且内容上也已经大大地超过了刑法典本身。刑法规范的这种分散性，不仅不利于人民群众了解与掌握，而且不利于司法机关正确适用。刑法在一定程度上被架空、被虚置，司法机关的刑事审判与其说是适用刑法典，不如说是适用单行刑法，甚至是适用司法解释。刑法典除了总则大部分还有效以外，分则大部分已经为单行刑法与司法解释所取代，应当说这种现象是极不正常的。为此，这次修订刑法，当务之急就是要把散在的单行刑法与附属刑法吸纳到刑法典中，将司法解释中成熟的内容吸收到刑法典中。因此，一部统一的法典是立法者的必然追求。当然，在谋求创制统一刑法典过程中，遇到的最大障碍是是否将军人违反职责罪吸收到刑法中来。应该说，军人违反职责罪具有不同于其他犯罪的特点，以特别刑法形式存在是可以的，中国刑法学界也有学者主张制定军事刑法典。[①] 但值此修订刑法之际，如果能将军人违反职责罪正式纳入刑法典，使刑法典具有完整性，我认为更为理想。现在，1997年刑法以一部统一刑法典的形式问世，这是值得欣慰的。当然，对于刑法典统一

① 参见赵秉志主编：《刑法修改研究综述》，87页，北京，中国人民公安大学出版社，1990。

性的追求，也会带来一些值得研究的问题：首先是统一性带来了凌乱性，尤其是“渎职罪”一章，大部分内容来自散见于经济法、行政法的附属刑法规范，这些刑法规范在经济法、行政法中存在是合理的，完全吸收到刑法典中就带来不协调感。其次，刑法典的统一性是相对的，合久必分、分久必合也符合刑事立法发展规律。随着市场经济的进一步发展，社会转型的进一步加快，犯罪情态还会有新变化。为此，刑法修订完成后，不能说刑事立法就此完结，可以一劳永逸。在可以预见的时间内，刑法又会滞后。在这种情况下，又需要创制刑法规范，对刑法典加以修订补充。客观事实也是如此，在刑法修订后不久，立法机关又开始以单行刑法与刑法修正案的方式对刑法加以修改补充，于 1998 年 12 月 29 日颁布了《关于惩治骗购外汇、逃汇和非法买卖外汇犯罪的决定》，补充规定了骗购外汇的犯罪，并对逃汇罪作了修改；于 1999 年 12 月 25 日颁布了《中华人民共和国刑法修正案》，补充规定了期货犯罪。为维护刑法典的稳定性，我认为刑法典的统一性只能是相对的。较好的解决办法是附属刑法创制的独立化，也就是说，废除以往附属刑法中采用的以比照形式出现的类推立法。附属刑法直接采用罪刑式条文，将那些专业性强、适用面窄的犯罪及其刑事处罚规定在有关的经济法、行政法中。刑法典中规定的是较为稳定的、与全社会相关的犯罪及其刑事处罚，由此形成的相对统一性，可能比绝对统一性更易于维持。

（二）连续性

维护刑法的连续性，也是立法机关始终强调的。因此，1997 年刑法虽然在内容与篇幅上都有很大变化，但在原则与体例上，仍然保持了 1979 年刑法的精神与框架。从一开始，立法机关就强调了这样一个刑法修订原则：修订后的刑法是 1979 年刑法的延续与发展，而不是对 1979 年刑法的全盘否定。因此，能不改的就不改，非改不可的才改。这样一种实事求是的态度，使得这次刑法修订摆脱了小修、中修和大修这样一种思维模式，根据实际需要确定修订程度。当然，对于什么是能不改的、什么是非改不可的，无论是在理论上还是在实践中都存在分歧，这点后面还将论及。我认为，强调刑法的连续性是正确的，也是一种科学的态度。因为刑事立法是一个连续的发展过程，刑法修订不可能无中生有，刑事立法的进程也不应当人为地中断。这次刑法修订，在很大程度上具有法规编纂的性质，这是十分自然的。更何况，1979 年刑法虽然存在这样或那样的不足，但在当时的历史条件下是一部制定得较为成功的刑法典，只是由于接踵而来的社会发展才有所滞后，它的消隐只不过是时运不济罢了。借用一句《红楼梦》的诗，是“生于末世运偏消”[①]。这次刑法修订，应当从市场经济的实际需求出发，对 1979 年刑法进行修订，而不是另起炉灶。法国学者在论及 1994 年法国新刑法典时提出，法典如同一幢多厅室的旧居建筑：有些部分不再使用了；有些部分“废弃”了，甚至不得不拆除；另一些部分则相反，经过增添附属设施而加大了规模，然而，这些附属设施往往有损于建筑的整体；且不说那些辅助楼宇，年复一年，越建越多，使人不知从何找到入门之途。如果真是建筑财富，自然有一定的魅力，值得我们悉心保存。但是，一部法典，如其有生命，自当有死亡，终有一天会被取代。为此，法国学者认为新旧法典之间的一贯性表现为“演变中的连续性”和“断裂”[②]。这里所说的一贯性，就是我们所说的连续性。这种连续性在 1997 年刑法中也有较为明显的体现，除刑法分则内容具有较为重大的变化以外，刑法总则的内容基本上保持了 1979 年刑法的原则精神。当然，这种连续性是发展中的连续性，因而对于 1979 年刑法来说不是墨守成规，而是有所创新、有所发展。最为明显的是单位犯罪的确认，突破了以自然人为犯罪主体的 1979 年刑法的基本模式。在这里，我还必须指出，由于对什么是能不改的、什么是非改不可的，存在不同的理解，因而在对 1997 年刑法的连续性这一特征上可能会存在不同的评价：过于守旧抑或过于创新。

在我看来，刑法的连续性是应当维持的，但有些应当突破的没有突破，因而难免留下遗憾。以下举两个例子加以说明：一是死刑问题。刑法学界一致认为死刑规定过多过滥，主张在刑法中严格限制死刑。但现行刑法基本上维持了 1979 年刑法（包括单行刑法）的死刑规模，突破不大。当然，由于我国还处于社会转

① （清）曹雪芹、高鹗：《红楼梦》，上卷，78 页，北京，人民出版社，1982。

② 《法国刑法典》之“序言”部分，1、7 页，北京，中国人民公安大学出版社，1995。

型时期，犯罪现象十分突出，社会治安形势严峻，在这种情况下，大幅度地削减死刑会有一定的风险，这是可以理解的。但像传授犯罪方法这种犯罪的死刑也保留，确实没有必要。总之，在死刑问题上是应当削减而没有削减。二是刑法分则体例。1979 年刑法是大章制，由于当时罪名有限，因而采用大章制并无不可。在刑法修订中，面临的一个重要任务就是重新编排刑法分则体系，将修订补充的新罪纳入刑法分则体系。在这种情况下，关于刑法分则体例出现了大章制与小章制之争。[①] 大章制主张除个别调整以外，基本上保留目前的刑法分则体例，对内容庞杂、条文过多的犯罪类型，可以在章下设节，每节分为不同的犯罪类型。小章制主张章下不设节，将原来内容庞杂、条文过多的犯罪类型划分为若干章，分则章虽然多，但每章条文少。应该说，刑法学界绝大多数同志主张采用小章制。小章制不仅简明，而且类别清晰，便于适用且在形式上各章之间互相协调。但现在修订后的刑法采用大章制，基本考虑还是尽量维护 1979 年刑法的分则体例。以上情况表明，由于在刑法修订时过于强调连续性，因此在一定程度上显得因袭有余而突破不足。

（三）明确性

增强刑法条文的明确性，也是立法机关在刑法修订中所强调的。与 1979 年刑法相比，1997 年刑法获得了更大的明确性。1979 年刑法的过于粗疏是有目共睹的。过多的概然性条款，给予了司法机关过大的司法裁量权。在这次刑法修订中，立法机关力图用比较明确的规定替代过于粗疏的规定，这是一个历史性的进步。因此，修订后的刑法以明文列举规定替代了 1979 年刑法“其他”“在必要的时候”诸如此类的不确定规定。例如，在关于减刑规定中，以明文列举方式规定了重大立功表现，使之更容易掌握。又如，在刑法分则中，列举式罪状增加了，使得犯罪行为更容易认定。同时，修订后的刑法取消了类推规定，实行罪刑法定原则，明确性是罪刑法定主义的题中之意。此外，修订后的刑法还取消了若干口袋罪，使罪名具体化。凡此种种，都说明修订后的刑法具有明确性。这是一种历

① 参见赵秉志：《中国刑法修改若干问题研究》，载《法学研究》，1996（5），49 页。

史性的进步。

当然，刑法在明确性这一点上还会受到两个方面的责难：一是有些条文的规定还不够明确，即该明确的地方还不明确。尤其是在刑法分则罪名设置中未能实现一罪名一法条，数个犯罪行为规定在一个条文中，罪名个数极难确认。在一定意义上说，罪名不明确是客观存在的。此外，刑法分则中过多地采用援引式法定刑，甚至援引式罪状，也使得罪名的确认发生困难。当然，明确性也是有限度的，有些地方是无法明确的，例如正当防卫的“必要限度”，在立法上无法作出确切规定，只能由司法机关认定。因此，对刑法的明确性不能过于苛求。二是有些条文的规定又过于细琐，有碍于刑法的简明性。不可否认，这种情况在刑法中间或存在。我注意到，在对 1979 年刑法进行修改补充的单行刑法中就已经出现了立法烦琐的倾向。正如中国学者指出：纵观改革开放以来我国的刑事立法史，我们可以发现，二十余个单行刑事法律的颁行和众多附属刑法条款的设置，已经远离了立法者“宁疏勿密’”“方便人民群众学习”的初衷，条文的交叉、重叠、混乱、矛盾不但使人民群众无法学习，而且有时使司法机关都手足无措、不知所从，由此刑法的昭谕功能和操作功能皆失。司法机关为了处理案件便只得求助于司法解释，有时案件的实质处理便不得不以司法解释架空立法权，使立法权旁落，立法者精心搭建的辉煌法律框架依然未实现他们的理性预期。① 可以说，这种立法烦琐的倾向也带入了 1997 年刑法，主要表现在刑法分则犯罪分类标准混乱，尤其是“渎职罪”一章罪名设置过于细琐，由过去 1979 年刑法中玩忽职守罪的口袋罪变成现在的口袋章，这一章像开杂货铺，真如《唐律》中的“杂律”，给人以杂乱无章之感。我曾经指出：在罪名设置中，既要反对罪名过于细琐的极端倾向，也要防止罪名过于笼统的极端倾向，真正做到罪名设置上宽窄适宜，以便于司法适用。② 不可否认，刑法修订中，在分解口袋罪的同时，又出现了一些零碎罪。这里的零碎罪，是指过于细琐的罪名。因此，刑法的明确性，包含明白

① 参见周光权：《刑法修改的规模定位与制度设计》，载《法学》，1997 (1)，17 页。

② 参见陈兴良：《刑法修改的双重使命：价值转换与体例调整》，载《中外法学》，1997 (1)，62 页。

与确切两个方面：明白是区别于含混的，确切是区别于笼统的。明确要求一定的具体，但又不能由此导致烦琐。总之，1997年刑法较之1979年刑法具有更大的明确性，尽管这种明确性远未达到理想的程度。

三、修订前后的刑法：总则比较

从1979年刑法到1997年刑法，在刑法总则规定上，修订补充的内容主要表现为以下十个方面。

（一）基本原则

刑法基本原则对于刑事立法与刑事司法都具有重要的指导作用。1979年刑法未规定刑法基本原则，在刑法理论上一般都把罪刑法定、罪刑均衡作为刑法基本原则加以确认。当然，由于1979年刑法存在类推制度，因而对于当时刑法是否实行罪刑法定原则在理论上存在争论。但在中国刑法学界，绝大多数学者倾向于将罪刑法定确认为刑法基本原则。在我看来，这与其说是一种实然的描述，不如说是一种应然的评价。在这次刑法修订中。尽管对应当规定哪些刑法基本原则存在不同认识，但在刑法应当将刑法基本原则立法化这一点上，可以说已经达成共识。正如中国学者指出：刑法基本原则作为刑事立法与刑事司法的指导性与实践性的行为规则，必须在刑法中明文规定，使之具有法律效力，才能为加强社会主义的民主与法制发挥其应有的作用。[①] 现在，刑法采纳这一建议，在刑法总则十分醒目地规定了以下三个刑法基本原则。

1. 罪刑法定原则

《刑法》第3条规定："法律明文规定为犯罪行为的，依照法律定罪处刑；法律没有明文规定为犯罪行为的，不得定罪处刑。"这一原则的精神实质是在刑法中确立法治精神：犯罪以法有明文规定者为限，法无明文规定不为罪，法无明文规定不处刑。这样，就在公民自由与国家刑罚权之间划出了一条明确的界限，它

① 参见崔庆森主编：《中国当代刑法改革》，14页，北京，社会科学文献出版社，1991。

有利于对公民的个人权利的保障，是社会主义法治原则在刑法中的直接体现。罪刑法定原则的立法化，废除了 1979 年刑法中规定的类推制度。从此，中国刑法不再是一个开放性体系，而是一个相对封闭的体系。罪刑法定原则的确立，一方面是对立法权本身的限制，否认国家有对公民的行为进行事后的刑事追溯的权力，这就是从罪刑法定原则中派生出来的刑法不溯及既往的原则。另一方面，也是更重要的意义，在于对司法权的限制，防止司法机关滥用刑罚权，避免对法无明文规定行为的刑事追究。应当指出，罪刑法定原则的确立，使刑法调整范围相对确定，同时也会带来一些消极效应，例如对法无明文规定的严重危害社会的行为不能定罪处刑。但我认为，这是一种必要的丧失。在刑法确认罪刑法定原则以后，我们的刑法观念需要有所更新：从过去强调刑法的社会保护机能向刑法的人权保障机能倾斜。

2. 罪刑平等原则

《刑法》第 4 条规定："对任何人犯罪，在适用法律上一律平等。不允许任何人有超越法律的特权。"这是法律面前人人平等原则在刑法中的体现，也是刑法公正性的应有之义。这里的在适用法律上一律平等，包括定罪平等与量刑平等以及行刑平等三个方面：(1) 定罪上的一律平等。这里的定罪上的一律平等，是指任何人犯罪，无论其地位多高，功劳多大，都应当受到刑事追究而不得例外。在封建时代，就有"王子犯法，与庶民同罪"之说。当然，在封建特权盛行的封建社会，这种平等要求只不过是一种美好的愿望而已。今天，在社会主义社会，我们消灭了法律特权，但由于封建特权思想还根深蒂固地存在，因而还有人借其特殊地位与身份逍遥法外，逃避法律制裁。因此，定罪上的一律平等具有十分重要的意义。(2) 量刑上的一律平等。这里的量刑上的一律平等，是指相同的罪，除法定的从重、从轻或者减轻情节以外，应当处以相同之刑。因此，量刑上的一律平等不同于不考虑犯罪情节的绝对的同罪同罚，也不同于因考虑身份、地位而导致的同罪异罚。(3) 行刑上的一律平等。这里的行刑上的一律平等，是指不仅在定罪与量刑上任何人都应当遵循同一的法律标准，而且在刑罚执行上也应受到相同的处遇，不因身份、地位而有所特殊。由于刑法所规定的"对任何人犯罪，在适用法律上一律平等”具有以上三个方面（涉及罪与刑）的丰富内涵，我不同意将这一原则概括为法律面前人人平等，认为这一表述过于一般化，难以使作为刑法基本原则的法律面前人人平等与作为宪法或者法制原则的法律面前人人平等相区别。我也不主张将这一原则概括为适用刑法上一律平等原则，这一表述虽然显示了刑法的内容，但仍然过于泛化。我倾向于称为罪刑平等原则，这一表述既揭示了在适用刑法上一律平等包含定罪上的平等、量刑上的平等以及行刑上的平等这样一些丰富的内容，又能与罪刑法定原则等相协调。应当指出，罪刑平等原则所说的平等不是绝对平等，而是相对平等。这种平等，是指相同情况相同对待。正如英国学者哈特指出：习惯上正义被认为是维护或重建平衡或均衡。其重要的格言常常被格式化为“同样情况同样对待”（Treat like cases alike）。当然，我们需要对之补上“不同情况不同对待”① （Treat different cases differently）。因此，从正义要求出发，对于具有某些特定身份或者情节的人从轻或者从重处罚，只要在具有这种身份或者情节的人当中是平等对待的，就应该认为并不违反罪刑平等原则。应当指出，这里规定的罪刑平等是一个司法原则，因而是适用法律上一律平等，但司法上的罪刑平等是以立法上的罪刑平等为前提的，如果没有立法上的平等，也就不可能具有实际意义上的司法上的平等。对于这一点，我们应该有一个足够的认识。

3. 罪刑均衡原则

《刑法》第 5 条规定：“刑罚的轻重，应当与犯罪分子所犯罪行和承担的刑事责任相适应。”这一原则体现的是刑法公正的精神，即罪与刑应当是均衡的，这种均衡性不仅是刑罚轻重与客观上的社会危害性的均衡，而且是刑罚轻重与犯罪人主观上的人身危险性的均衡。这是一种二元论的均衡，因而在罪刑均衡原则中包含着主观与客观相统一、行为与行为人相统一、社会危害性与人身危险性相统一这样一些丰富的社会内容，而绝不是重罪重刑、轻罪轻刑这样一个简单的公式所能包容的。

---

① ［英］哈特：《法律的概念》，157 页，北京，中国大百科全书出版社，1996。

以上三个原则，是修订后的刑法所确认的，是1997年刑法较之1979年刑法在价值取向上民主化、平等化、公正化的最显著标志。当然，三大刑法基本原则绝不是简单的法律标语，不能认为只要立法化就万事大吉了。我认为，三大基本原则不仅应当在刑法上加以确认，而且应当在司法中得以切实的贯彻与落实。这就要求司法机关在刑事司法活动中以刑法基本原则为指导，规范刑事司法活动，增强刑事司法的公开性、公平性与公正性，真正使刑法成为人民自由的大宪章，使刑法在维护市场经济秩序中发挥应有的作用，使刑法成为惩治犯罪、保护人民的法律武器。

（二）普遍管辖

刑事管辖权，是指刑法适用于一定地域和主体的法定范围。1979年刑法确定了以属地管辖、属人管辖为主，以保护管辖为辅的刑事管辖原则。由于中国在1979年刑法通过后，先后于20世纪80年代初期加入了有关国际公约，这些国际公约中存在普遍管辖条款，中国在加入这些国际公约时均未提出保留，由此出现了国内立法与中国承担的国际义务不相衔接的问题。为此，全国人大常委会于1987年6月23日作出《关于对中华人民共和国缔结或者参加的国际条约所规定的罪行行使刑事管辖权的决定》："对于中华人民共和国缔结或者参加的国际条约所规定的罪行，中华人民共和国在所承担条约义务的范围内，行使刑事管辖权。"这实际上是以单行刑法的形式，对刑法的刑事管辖原则作了补充规定，为中国承担国际公约所规定的普遍管辖的国际义务提供国内法律依据。正如这一议案的说明指出："有关缔约国应采取必要措施，对于任何这类罪行行使管辖权，而不论罪犯是否其本国人，罪行是否发生于其国内。这一旨在对危害人类生命财产安全、损害国际关系的罪行确立普遍管辖权的条款，已成为各类反恐怖主义国际条约的基本内容。我国批准或加入这类条约后，便承担对犯有条约规定的罪行的罪犯实施管辖的义务。特别指出，对于在我国境外针对其他国家应受条约保护的对象，犯有条约所规定的罪行之后，进入我国境内的外国人，有义务行使刑事管辖权。"[①] 在

① 《人民日报》，1987－06－19。

这次刑法修订中，应当在刑法中正式确认普遍管辖原则，已经成为共识。现在，修订后的《刑法》第 9 条规定了这一原则："对于中华人民共和国缔结或者参加的国际条约所规定的罪行，中华人民共和国在所承担条约义务的范围内行使刑事管辖权的，适用本法。"应该说，在刑法上确认中国刑事管辖的普遍管辖原则，对于中国正确地履行国际公约所规定的国际义务提供了管辖依据，为此，还必须要有实体刑法的根据。在刑法修订中，对于中国缔结或者参加的国际条约所规定的罪行，凡是刑法没有规定为犯罪的，都进行增加补充。例如，《刑法》第 123 条参照国际公约，将对飞行中的航空器上的人员使用暴力的行为予以犯罪化。此外，还有组织恐怖活动组织罪等，为惩治国际恐怖活动，尤其是民用航空器中的国际恐怖活动提供了刑法根据。

（三）精神病人

关于精神病人刑事责任，1979 年刑法只有关于无刑事责任能力的精神病人与间歇性精神病人的规定，而没有关于限制刑事责任能力的精神病人的规定。限制刑事责任的精神病人，又称减弱（部分）刑事责任能力的精神病人，是介于无刑事责任的精神病人与完全刑事责任的精神病人中间状态的精神病人。在司法精神病学中，一般都承认限制刑事责任的精神病人的存在。限制刑事责任的精神病人主要是指处于早期（发作前趋期）或部分缓解期的精神病（如精神分裂症等）患者。这种患者因精神病理机制的作用其辨认或控制行为的能力有所减弱。1979 年刑法只规定了无刑事责任能力的精神病人不负刑事责任，而对于限制刑事责任能力的精神病人如何负刑事责任没有明文规定。在这种情况下，对于限制刑事责任能力的精神病人的刑事责任问题，在中国刑法学界大致有以下三种不同的主张①：第一种观点认为，限制责任能力还是属于有责任能力的范畴，责任能力减弱不等于其刑事责任和刑罚应减轻，特别是从实践看，这种所谓限制责任能力的精神病人犯罪的危害往往很严重，因而限制责任能力的精神病人应承担完全的刑事责任，即不得因其精神障碍而从宽处罚。第二种观点认为，限制责任能力的精

① 参见赵秉志：《犯罪主体论》，193 页，北京，中国人民大学出版社，1989。

神病人患有精神疾病，首先需要的是治疗，对他们判处刑罚既不科学也不人道，而且减轻处罚不意味着减轻刑事责任，判处刑罚的事实本身就是让行为人负完全刑事责任的标志，因而限制责任能力的精神病人应像无责任能力的精神病人一样，不承担任何刑事责任，不应对其判处刑罚。第三种观点认为，限制责任能力的精神病人实施刑法所禁止的危害行为的，应当负刑事责任，但又应当减轻其刑事责任，表现在刑罚适用上就是应当从宽处罚（从轻、减轻或免除处罚）。现在，《刑法》第18条第3款填补了这一漏洞，明确地对限制刑事责任能力的精神病人的刑事责任能力问题作出如下规定："尚未完全丧失辨认或者控制自己行为能力的精神病人犯罪的，应当负刑事责任，但是可以从轻或者减轻处罚。"这里所说的尚未完全丧失辨认或者控制自己行为能力的精神病人，就是指限制刑事责任能力的精神病人。根据这一规定，限制刑事责任能力的精神病人犯罪的，应当负刑事责任，但是可以从轻处罚或者减轻处罚。是采取从轻处罚还是减轻处罚，主要根据限制刑事责任能力的程度而确定：凡精神病较轻，偏向于未丧失辨认或者控制自己行为能力的精神病人犯罪的，可以考虑从轻处罚。凡精神病较重，偏向于丧失辨认或者控制自己行为能力的精神病人犯罪的，可以考虑减轻处罚。当然，这里的限制刑事责任能力及其程度，应当经法定程序由司法机关鉴定并予以确定。

（四）正当防卫

正当防卫是刑法中的一项重要制度，它对于鼓励公民与违法犯罪分子作斗争具有重大意义。毋庸讳言，前些年在司法实践中由于对正当防卫的性质与功能理解上的偏差，导致对正当防卫的构成条件，尤其是必要限度的过严掌握，以至于把一些正当防卫行为当作防卫过当处理，把有些防卫过当作了一般犯罪处理，挫伤了公民利用正当防卫的法律武器与违法犯罪作斗争的积极性。在这种情况下，刑法修订中对正当防卫进行了适当调整。《刑法》第20条规定："为了使国家、公共利益、本人或者他人的人身、财产和其他权利免受正在进行的不法侵害，而采取的制止不法侵害的行为，对不法侵害人造成损害的，属于正当防卫，不负刑事责任。"这一正当防卫的概念与1979年刑法相比，在防卫目的中增加了为防卫国家利益以及个人的财产权利不受不法侵害，可以实行正当防卫，明显地扩大了防卫范围。更为主要的是，《刑法》第20条第2款还将1979年《刑法》第17条第2款关于“正当防卫超过必要限度造成不应有的危害的，应当负刑事责任”修订为“正当防卫明显超过必要限度造成重大损害的，应当负刑事责任”。在此，修订后的刑法强调正当防卫行为只有明显超过必要限度造成更大损害的情况下，才视为防卫过当，应当负刑事责任。这就在立法上大大放宽了防卫限度，有利于司法机关正确地认定防卫过当。应该说，这一修订是可取的。但是，《刑法》第20条第3款规定：“对正在进行行凶、杀人、抢劫、强奸、绑架以及其他严重危及人身安全的暴力犯罪，采取防卫行为，造成不法侵害人伤亡的，不属于防卫过当，不负刑事责任。”这一规定的立法意图是好的，想要强化正当防卫制度的适用。令人遗憾的是，由于这是对无限度的正当防卫的确认，因而实际上导致对正当防卫必要限度的否定，出现了立法上的无限防卫权的倾向。根据上述规定，无限之防卫权的行使前提是受到正在进行的行凶、杀人、抢劫、强奸、绑架以及其他严重危及人身安全的暴力犯罪行为的侵害。但这些犯罪行为本身具有程度上的区分，如果无视这种暴力程度上的区分，对其都可以实行无限之防卫权，则无限防卫权之行使会走向另一个极端，易使正当防卫成为私刑的借口，我以为这也是立法机关所不愿看到的现象。也许有人会说，无限度之正当防卫只限于在上述法律明文规定的暴力侵害的场合实行，其他场合的正当防卫仍然是有限度的。这种说法可能没有看到这样一个现实：绝大多数的正当防卫案件都发生在上述法律规定的暴力侵害的场合，如果这些正当防卫都可以不受限制，正当防卫的必要限度又有什么存在的必要呢？在立法中，应当避免从一个极端走向另一个极端。因此，关于无限度之正当防卫的规定未必是妥当的，在司法实践中宜从严掌握。

（五）主犯处罚

共同犯罪是二人以上共同故意犯罪。由于共同犯罪的社会危害性程度大于单独犯罪，因而是中国刑法打击的重点。1979年《刑法》第23条规定：“组织、领导犯罪集团进行犯罪活动的或者在共同犯罪中起主要作用的，是主犯。对于主犯，除本法分则已有规定的以外，应当从重处罚。”这里，刑法确认了主犯从重处罚原则。修订后的刑法虽然对 1979 年刑法中的主犯概念没有修订，但却废除了对于主犯从重处罚的规定，第 26 条第 3 款规定：“对组织、领导犯罪集团的首要分子，按照集团所犯的全部罪行处罚。”该条第 4 款规定：“对于第三款规定以外的主犯，应当按照其所参与的或者组织、指挥的全部犯罪处罚。”立法者以为这两款体现了对主犯从重处罚的立法精神，其实不然。这两款规定来自 1988 年 1 月 21 日全国人大常委会《关于惩治贪污罪贿赂罪的补充规定》，该补充规定指出：“二人以上共同贪污的，按照个人所得数额及其在犯罪中的作用，分别处罚。对贪污集团的首要分子，按照集团贪污的总数额处罚；对其他共同贪污犯罪中的主犯，情节严重的，按照共同贪污的总数额处罚。”这一规定确认了贪污集团的首要分子按照集团贪污的总数额处罚，其他情节严重的共同贪污犯罪中的主犯按照共同贪污的总数额处罚的原则，无疑体现了从重处罚的精神。因为法律规定对贪污是以“个人贪污数额”处罚的，这里所说的个人贪污数额是指个人所得数额。对于贪污集团的首要分子与情节严重的主犯，法律规定不按其个人贪污所得数额定罪，而是按照集团贪污或者共同贪污总数额定罪，无疑是体现了从重处罚的精神。但是，其他经济犯罪与财产犯罪并不是按个人所得定罪的，例如盗窃共同犯罪，一般都是按照共同盗窃数额承担刑事责任。这一数额，对于盗窃集团来说，就是参与盗窃数额。例如，三人共同盗窃价值 12 万元的一辆汽车，每人分赃 4 万元。根据司法解释的规定，主犯或从犯都应按照参与共同盗窃的总数额，即 12 万元处罚。这里的处罚，实际上指定罪，即适用量刑的幅度，然后再主犯从重，从犯从轻或者减轻，分别量刑。如果主犯没有从重处罚的法律根据，则共同盗窃中的主犯按参与盗窃总数额处罚，这意味着只按共同盗窃总数额定罪，对其从重处罚则于法无据。对于其他刑事犯罪更是如此，犯罪集团首要分子本来就要对犯罪集团的全部犯罪事实负责，其他共同犯罪的主犯要对参与的全部犯罪负责，即使是从犯也是如此。换言之，对这些人按照共同犯罪的全部罪行处罚只是一个定罪问题，并不解决量刑问题。量刑是根据主犯从重处罚这一规定解决的，这一规定取消以后，主犯就没有从重处罚的法定根据了。

现在可以作出如下归纳：按照个人贪污数额处罚，在对共同贪污的从犯及单独贪污是按照个人贪污数额处罚这一对照条件下，是对贪污集团首要分子或者情节严重的主犯的一种从重处罚规定。现在，刑法将这一原则进一步提升为“对犯罪集团的首要分子，按照集团所犯的全部罪行处罚，对于其他主犯按照其所参与的或者组织指挥的全部犯罪处罚”这样一个适用于所有共同犯罪的处罚原则的时候，由于除贪污罪、受贿罪以外的其他犯罪不存在按照个人所得处罚这样一个前提，因此按照全部犯罪处罚不再是一种从重处罚规定。在这种情况下，取消主犯从重处罚规定，实际就使对主犯丧失了从重处罚的法律依据。应该说，立法原意并非不再对主犯从重处罚，恰恰相反，是要对主犯实行更为严厉的处罚。但是在将对主犯处罚原则从个别提升到一般的时候，由于忽略了个别条件下的特殊前提，混淆了共同犯罪的定罪与量刑这样两个不同逻辑层次的问题，因而出现了立法上的疏漏，即在无意当中使得对主犯的从重处罚于法无据。

（六）单位犯罪

1979 年刑法是建立在计划经济体制基础之上，彼时实行一大二公、一平二调的经济政策，企业没有自主权，也无特殊经济利益，完全是行政机构的附庸。在这种情况下，单位（这里主要指企业）也就不存在为本单位牟取非法利益而去实施犯罪行为的问题。在由计划经济向市场经济转轨的过程中，单位犯罪就不可避免地出现了。因为市场经济充分肯定了单位作为市场主体的局部利益，市场经济就是在充分发挥市场主体局部潜能的基础上才得以发展的。一般来说，单位如果严格按照国家认可的成立宗旨进行运作，那么其自身的局部利益与社会的整体利益是不应当相冲突的。但是，既然是局部利益，其本身就蕴含着与社会整体利益不相一致的因素，特别是在市场经济为市场主体提供了广阔的活动空间的条件下，市场主体为获得更多的局部利益，可能冲破自身的成立宗旨与有关法律的限制，以违法为代价来满足获取局部利益的欲望。[①] 这种违法行为达到一定程度，就形成单位犯罪。单位犯罪肇始于走私犯罪，此后蔓延到整个经济领域，成为一大社会问题。1979 年刑法对单位犯罪未作规定，及至 1987 年《海关法》率先确

---

① 参见娄云生：《法人犯罪》，30 页，北京，中国政法大学出版社，1996。

认了单位可以成为走私罪的犯罪主体。此后，有关单行刑法与附属刑法又进一步扩大了单位犯罪的范围。现在，刑法典首次在总则中对单位犯罪作了规定。

《刑法》第30条规定："公司、企业、事业单位、机关、团体实施的危害社会的行为，法律规定为单位犯罪的，应当负刑事责任。"由此可见，单位犯罪的主体是指公司、企业、事业单位、机关、团体。这里的公司、企业，既包括国有或者集体的公司、企业，又包括私营的公司、企业。上述规定虽然还不是单位犯罪的法定概念，但对于我们正确地认定单位犯罪仍具有重要意义。我倾向于将单位犯罪定义为：公司、企业、事业单位、机关、团体为本单位牟取非法利益，经单位集体决定或由负责人员决定实施的犯罪，是单位犯罪。刑法不仅在总则规定了单位犯罪的定罪原则，而且在分则对各种具体犯罪的单位犯罪作了规定。刑法分则规定的单位犯罪，可以区分为两种类型：一是不纯正的单位犯罪，即这种单位犯罪既可以由个人构成，又可以由单位构成。绝大多数单位犯罪是不纯正的单位犯罪，在法条上表述为"单位犯前款罪的……"二是纯正的单位犯罪，即这种单位犯罪不能由个人单独构成，只能由单位构成。例如：《刑法》第327条规定："违反文物保护法规，国有博物馆、图书馆等单位将国家保护的文物藏品出售或者私自送给非国有单位或者个人的，对单位判处罚金，并对其直接负责的主管人员和其他直接责任人员，处三年以下有期徒刑或者拘役。"这一犯罪的主体就只能是单位而不可能单独由自然人构成。

《刑法》第31条对单位犯罪的处罚作出以下规定："单位犯罪的，对单位判处罚金，并对其直接负责的主管人员和其他直接责任人员判处刑罚。本法分则和其他法律另有规定的，依照规定。"由此可见，刑法规定对单位犯罪以实行两罚制为原则，以实行单罚制或转嫁制为例外。在两罚制中，一般对直接负责的主管人员和直接责任人员处以与个人犯罪中的个人相当之刑。例如，刑法分则第三章第一节"生产、销售伪劣商品罪"的最后一条即第150条规定："单位犯本法第一百四十条至第一百四十八条规定之罪的，对单位判处罚金，并对其直接负责的主管人员和其他直接责任人员，依照各该条的规定处罚。"《刑法》第31条规定的"本法分则和其他法律另有规定的，依照规定"，是指对单位犯罪实行单罚制，一般都只处罚自然人，不处罚单位。例如《刑法》第 396 条第 1 款规定："国家机关、国有公司、企业、事业单位、人民团体，违反国家规定，以单位名义将国家资产集体私分给个人，数额较大的，对其直接负责的主管人员和其他直接责任人员，处三年以下有期徒刑或者拘役，并处或者单处罚金；数额巨大的，处三年以上七年以下有期徒刑，并处罚金。"这一犯罪的主体是国家机关、国有公司、企业、事业单位、人民团体，但未规定对单位处罚，只规定了对上述单位中直接负责的主管人员和其他直接责任人员的处罚。

（七）刑罚种类

在刑法修订中，刑罚改革是一个热点问题，其中对管制的存废、罚金的完善、死刑的限制都展开了较为广泛而深入的研究。但修订后的刑法对刑罚种类的规定基本上沿袭了 1979 年刑法，对连续性的追求超过了创新，似有保守之嫌。当然，修订后的刑法在刑罚种类上也作了一些小的调整，还有些内容的总则未动，分则规定有所改进。下面略作分析：以死刑为例，刑法在死刑的限制上虽然基本维持现状，没有重大突破，但也有一些改进。在刑法总则中废除了 1979 年刑法中关于犯罪的时候不满 18 岁的人不适用死刑，但如果所犯罪行特别严重可以判处死刑缓期 2 年执行的规定。在刑法修订中，我国学者一致指出，对未成年人不应适用死刑。而且死缓不是一个独立刑种，它是执行死刑的一种制度，判处死缓仍然是判处死刑。前项规定"不适用死刑"，后项规定可以判处"死缓"，在逻辑上是矛盾的。因而建议修订 1979 年《刑法》第 44 条，删去"已满十六岁不满十八岁的，如果所犯罪行特别严重，可以判处死刑缓期二年执行"的规定。[①]刑法修订中采纳了这一建议，实行了真正意义上的对未成年人不适用死刑的原则。此外，对死缓减刑问题的规定也作了改进，将由死缓减为无期徒刑的条件，由"确有悔改"改为"没有故意犯罪"；将由死缓改为死刑立即执行的条件，由"抗拒改造情节恶劣"改为"故意犯罪"。上述改动，规定更为明确。在刑法分则具体犯罪的死刑适用条件的规定上，也由裁量余地较大的概然规定改为严格限制

① 参见赵秉志主编：《刑法修改研究综述》，181 页，北京，中国人民公安大学出版社，1990。

的明确规定。例如，1983 年全国人大常委会《关于严惩严重危害社会治安的犯罪分子的决定》中规定：故意伤害他人身体，致人重伤或者死亡，情节恶劣的，可以判处死刑。这里的情节恶劣过于笼统，不易掌握。修订后的刑法虽然未能取消故意伤害罪的死刑，但规定故意伤害罪适用死刑的条件是：致人死亡或者以特别残忍的手段致人重伤，造成严重残疾。又如，盗窃罪适用死刑限于盗窃金融机构，数额特别巨大的，或者盗窃珍贵文物，情节严重的情形。这样，从伤害后果（是否死亡或者重伤造成严重残疾）、手段（是否特别残忍）、盗窃数额（是否特别巨大）、对象（是否是金融机构或珍贵文物）、情节（是否严重）等方面进行综合分析，规定得较为明确，有利于控制故意伤害罪、盗窃罪的死刑适用。再以剥夺政治权利为例，修订后的刑法明确了剥夺政治权利附加适用的条件。1979 年刑法对附加剥夺政治权利作了这样的规定："对于严重破坏社会秩序的犯罪分子，在必要的时候，也可以附加剥夺政治权利。"应该说，这一规定存在双重含混：既未对严重破坏社会秩序的犯罪分子作出界定，又规定了"在必要的时候"这样笼统的条件，因而在司法实践中很难掌握。现行《刑法》第 56 条改为："对于故意杀人、强奸、放火、爆炸、投毒、抢劫等严重破坏社会秩序的犯罪分子，可以附加剥夺政治权利。"这样规定，虽然还不能尽如人意，但与 1979 年刑法相比，应该说是更为明确与具体，便于适用。

（八）特殊减轻

1979 年《刑法》第 59 条第 2 款规定："犯罪分子虽然不具有本法规定的减轻处罚情节，如果根据案件的具体情况，判处法定刑的最低刑还是过重的，经人民法院审判委员会决定，也可以在法定刑以下判处刑罚。"这在刑法理论上称为特殊减轻或酌定减轻，与第 59 条第 1 款规定的一般减轻或减轻相对应。特殊减轻的设立，赋予了人民法院较大的自由裁量权。这一制度在弥补立法规定的缺陷、实现个别公正方面发挥了一定的作用。毋庸讳言，这一规定在司法实践中也有被滥用的情况。修订后的刑法虽然没有取消这一规定，但作了十分严格的限制，将特殊减轻的决定权从基层人民法院审判委员会上收到最高人民法院。这一规定，强化了刑法的确定性，有利于正确适用刑法，但也会由于刑法缺乏必要的张力而导致极少数案件处理的不公正，这在立法滞后的情况下尤其如此。因此，这一规定的真正有效的落实，也对刑事司法本身提出了更高的要求。

（九）量刑制度

量刑制度，又称刑罚裁量制度，包括累犯、自首和数罪并罚。在修订后的刑法中，比较引人注目的是增加了立功制度。1979年刑法在自首制度中附加有立功的规定，司法机关也对这里的立功作了解释。但如果没有自首能否单独成立立功呢？对此法律没有规定，但司法实践中实际上是认可的。现在，《刑法》第68条第1款对立功作了以下规定："犯罪分子有揭发他人犯罪行为，查证属实的，或者提供重要线索，从而得以侦破其他案件等立功表现的，可以从轻或者减轻处罚；有重大立功表现的，可以减轻或者免除处罚。"这一条文对立功的成立条件和处理原则都作了明确规定，有利于鼓励犯罪分子弃暗投明、立功受奖，从而有利于贯彻惩办与宽大相结合的刑事政策。此外，刑法还将构成累犯的时间条件放宽了，由1979年刑法规定的3年改为5年，体现了对那些重新犯罪的人从重处罚的立法精神。

（十）行刑制度

行刑制度，是指刑罚执行制度，包括缓刑、减刑与假释。1979年刑法对于缓刑和假释的考验问题规定得不明确，影响了适用效果。为此，修订后的刑法增加规定了在缓刑或者假释考验期间必须遵守的规定，以加强对缓刑犯与假释犯的管理。尤其是关于缓刑考验，1979年《刑法》第70条规定，"由公安机关交所在单位或者基层组织予以考察"。根据这一规定，缓刑考验的主体是缓刑犯所在单位或者基层组织。由于这些组织忙于本职工作，无暇顾及对缓刑犯的考察，因而缓刑适用效果存在一些问题。修订后的《刑法》第76条规定："被宣告缓刑的犯罪分子，在缓刑考验期限内，由公安机关考察，所在单位或者基层组织予以配合。"这一规定明确地将缓刑考察权收归公安机关，有利于对缓刑犯的考察。1979年刑法规定缓刑犯与假释犯只有在考验期间再犯新罪，才撤销缓刑或者假释。现在，刑法规定，违反法律、行政法规或者国务院公安部门有关缓刑或者假释的监督管理规定，情节严重的，应当撤销缓刑，收监执行原判刑罚，或者撤销假释，收监执行未执行完毕的刑罚。这一规定放宽了撤销缓刑和假释的条件，不仅再犯新罪，而且违法行为情节严重亦可撤销，有利于督促缓刑犯或者假释犯接受监督、服从管理，成为一个遵纪守法的公民。

四、修订前后的刑法：分则比较

从1979年刑法到1997年刑法，在刑法分则规定上，修订补充主要表现在以下十个方面。

（一）分则体例

1979年刑法分则体系为八大章，基本上以犯罪客体为分类标准。此后，为适应惩治经济犯罪和严重刑事犯罪的实际需要，全国人大常委会又以单行刑法与附属刑法的形式修订补充了230多个罪名，远远超过了1979年刑法规定的151个罪名。[①] 在刑法修订中，这些新罪都要吸纳到刑法中来，而且要根据实际情况设置新罪，因而，刑法分则体系将会有较大的变动。在刑法修订中，对于刑法分则体例的编排，存在大章制与小章制之争。我赞同小章制，小章制能够坚持客体归类论，以客体特征作为刑法分则体例编排的统一标准；采用小章制编排刑法分则体例，还可以减少层次上的累赘，增强体例上的协调。但由于立法机关强调与1979年刑法的连续性，因而未能采用小章制，而是以大章制为基础，作了适当的调整，由此形成修订后的刑法10章的体系。这一体系与1979年刑法相比，存在以下几个特点。

1. 增加章数

1979年刑法分则共分为8章，这8章分别是：(1) 反革命罪；(2) 危害公共安全罪；(3) 破坏社会主义经济秩序罪；(4) 侵害公民人身权利、民主权利罪；(5) 侵犯财产罪；(6) 妨害社会管理秩序罪；(7) 妨害婚姻家庭罪；(8) 渎职罪。修订后的刑法分则分为10章：(1) 危害国家安全罪；(2) 危害公共安全罪；

① 参见陈兴良主编：《刑法新罪评释全书》，1页，北京，中国民主法制出版社，1995。

(3) 破坏社会主义市场经济秩序罪；(4) 侵犯公民人身权利、民主权利罪；(5) 侵犯财产罪；(6) 妨害社会管理秩序罪；(7) 危害国防利益罪；(8) 贪污贿赂罪；(9) 渎职罪；(10) 军人违反职责罪。在上述10章中，危害国家安全罪由反革命罪修订而来。贪污贿赂罪从侵犯财产罪与渎职罪中分离出来，其立法基础是1988年1月21日全国人大常委会通过的《关于惩治贪污罪贿赂罪的补充规定》。军人违反职责罪从1981年6月10日《惩治军人违反职责罪暂行条例》修订而来，并作了适当补充。危害国防利益罪是完全新增的一章犯罪，同时，刑法还将妨害婚姻、家庭罪一章并入侵犯公民人身权利、民主权利罪。应该说，上述10章排列有些零乱。我认为，犯罪侵害的利益可以分为国家利益、个人利益与社会利益，各章应当按照上述顺序排列，形成以下体系：(1) 危害国家安全罪；(2) 贪污贿赂罪；(3) 渎职罪；(4) 军人违反职责罪；(5) 危害国防利益罪；(6) 侵犯公民人身权利、民主权利罪；(7) 侵犯财产罪；(8) 危害公共安全罪；(9) 破坏社会主义市场经济秩序罪；(10) 妨害社会管理秩序罪。在以上10章犯罪中，第一章至第五章是危害国家利益的犯罪；第六章与第七章是危害个人利益的犯罪；第八章至第十章是危害社会利益的犯罪。

2. 章下设节

1979年刑法分则在体例上只是在总则中章下设节，分则分为8章，章下无节。在刑法修订中，有学者建议采用小章制，章下无节。现在，修订后的刑法采用大章制，因而在内容庞杂的第三章和第六章设节，以扩大容量。第三章“破坏社会主义市场经济秩序罪”下设8节：(1) 生产销售伪劣商品罪；(2) 走私罪；(3) 妨害对公司、企业的管理秩序罪；(4) 破坏金融管理秩序罪；(5) 金融诈骗罪；(6) 危害税收征管罪；(7) 侵犯知识产权罪；(8) 扰乱市场秩序罪。第六章“妨害社会管理秩序罪”下设9节：(1) 扰乱公共秩序罪；(2) 妨害司法罪；(3) 妨害国(边) 境管理罪；(4) 妨害文物管理罪；(5) 危害公共卫生罪；(6) 破坏环境资源保护罪；(7) 走私、贩卖、运输、制造毒品罪；(8) 组织、强迫、引诱、容留、介绍卖淫罪；(9) 制造、贩卖、传播淫秽物品罪。在采用大章制的情况下，章下设节是一种较为合适的体例。这些节，其实就是小章制中的章。当然，由于有些章下有节，有些章下无节，给人以不协调之感觉。尤其是有些章较大，章下应当设节而未设。例如，第四章“侵犯公民人身权利、民主权利罪”，完全可以下设3节，分别容纳侵犯公民人身权利罪、侵犯公民民主权利罪与妨害婚姻、家庭罪这三种犯罪的内容。

（二）国事犯罪

国事犯罪，是指刑法分则第一章规定的危害国家安全罪，由1979年刑法的“反革命罪”一章修订而来。在刑法修订中，反革命罪的修订是引人注目的敏感问题之一。在中国刑法学界除个别学者不同意修订反革命罪以外，绝大部分学者都主张加以修订。这里的修订包含两层含义。一是修订章名。中国学者认为，章名，作为某一类罪名的名称，是一个法律概念，其正确与否，主要决定于它是否鲜明、准确、科学地高度概括了该类罪的本质或主要特征，其含义范围是否具有相对的确定性。用这一标准来衡量我国刑法分则第一章的章名——反革命罪，具有明显的缺陷，实有将其改而代之以危害国家安全罪的必要。① 由此可见，章名的修订虽然是形式意义上的，但对于刑法的科学性来说是极为重要的。由于反革命是一个政治概念，含义不确定，且在对外交流上造成困难，代之以危害国家安全罪这一严格的法律术语，确有必要。二是调整内容。反革命罪的修订不仅是一个章名变动的问题，也涉及实质内容的调整。1979年刑法的反革命罪，当时《刑法》第90条作出这样的界定：“以推翻无产阶级专政的政权和社会主义制度为目的的、危害中华人民共和国的行为，都是反革命罪。”这一概念，强调构成反革命罪必须具有反革命目的，在当时的情况下对于划清反革命罪与非罪的界限起到了一定的作用。但由于强调反革命目的，在立法与司法两个方面都带来了一些问题。从立法上来说，凡是具有反革命目的的行为，都规定为反革命罪，而不考虑这种行为本身是否危害国家安全。因此，在“反革命罪”一章设立了反革命杀人罪、伤人罪，反革命破坏罪等罪名。结果导致在中国刑法中，同一行为，以是否具有反革命目的区分为反革命犯罪与普通刑事犯罪。最为明显的是，1979

---

① 参见侯国云、薛瑞麟主编：《刑法的修改与完善》，217页，北京，中国政法大学出版社，1989。

年《刑法》第175条规定了故意破坏国家边境的界碑、界桩或者永久性测量标志的犯罪。第2款规定，以叛国为目的的，按照反革命罪处罚。这里的叛国目的，也就是反革命目的。这在无形当中扩大了反革命罪的范围，在罪名的分类上也缺乏科学性。从司法上来说，由于只有主观上具有反革命目的的才能构成反革命罪，而一些行为客观上明显具有危害国家安全的性质，例如为境外机构、组织窃取、刺探、提供情报，但主观上未必具有反革命目的，有些是出于贪利动机，在这种情况下，过于强调反革命目的，反而不易对这些行为进行认定。

基于上述考虑，这次刑法修订对反革命罪作了必要的调整。其标准是：根据行为是否具有危害国家安全的性质而定。对于那些不具有危害国家安全性质的行为，或者取消（例如反革命杀人罪、伤人罪、反革命破坏罪等），或者移入其他章中（例如聚众劫狱罪、组织越狱罪挪至第六章“妨害社会管理秩序罪”第二节“妨害司法罪”之中，可谓实至名归，十分恰当）。总之，我认为“反革命罪”一章的修订是成功的，使刑法分则“危害国家安全罪”一章更具有科学性。

（三）国际犯罪

在刑法理论上，国际犯罪（International Crime）是指国际社会通过国际公约的形式予以明文禁止并确认其实施者应当受到刑事制裁的行为。[①] 国际犯罪的特点是危害国际社会的共同利益，具有国际危害性，因而国际社会通过缔结国际公约的形式予以明文禁止。但是，国际公约明文禁止以后，国际公约的缔约国或者加入国虽然具有了普遍管辖义务，但如果国内没有相应的规定，仍然缺乏定罪量刑的法律根据。因为除少数英美法系国家以外，大多数国家都不能直接援引国际公约有关条款作为定罪量刑的法律根据。在这种情况下，存在一个国际刑法规范在国内刑法中的确认和体现的问题。对此，1989年在维也纳召开的国际刑法协会第14届代表大会，曾就“国际犯罪与国内犯罪”问题形成一个决议。该决议认为：包含刑事条款的国际条约中所包含的刑法条款纳入本国法律。[②] 1979年

---

① 参见张智辉：《国际刑法通论》，942页，北京，中国政法大学出版社，1993。

② 参见张智辉：《国际刑法通论》，240页，北京，中国政法大学出版社，1993。

刑法制定时，中国对外交往十分有限，因而当时刑法不仅没有规定普通管辖原则，而且没有规定有关的国际犯罪。随着对外开放的进一步扩大，国际犯罪以及跨国、跨地区的犯罪都有所反映。为此，在刑法修订中中国学者提出了刑法的国际化问题，指出：随着国际交往增多，国际犯罪和跨国、跨地区的犯罪也日益增多，国际间的刑事合作关系扩大。为加强这种国际间的刑事合作，有效地同国际犯罪、跨国犯罪、跨地区犯罪做斗争，必须在刑事立法上对之给予充分的关注，并适当增加这方面的规定，特别是中国已先后加入了有关国际公约，就更有必要完善对国际犯罪、跨国或跨地区犯罪的立法规定，以履行其应尽的国际义务。[①]这次修订刑法，除在刑法总则规定普遍管辖原则以外，对于中国缔结和加入的国际公约中规定的国际犯罪在刑法分则中都尽量有所反映，从而使刑法与国际接轨。修订后的刑法中规定的国际犯罪，主要有以下这些。

1. 劫持航空器罪

劫持航空器，是一种国际社会公认的国际犯罪。1963 年 9 月 14 日签署的《关于在航空器内犯罪和其他某些行为的公约》（简称《东京公约》）规定了非法劫持航空器的概念。1970 年 12 月 16 日签署的《关于制止非法劫持航空器的公约》（简称《海牙公约》）和 1971 年 9 月 23 日签署的《关于制止危害民用航空安全的非法行为的公约》（简称《蒙特利尔公约》）也对劫持航空器的犯罪作了规定。我国先后于 1978 年、1980 年加入上述三个国际公约。但在 1979 年刑法中没有关于劫持航空器罪的一般规定，只是在反革命罪中提及劫持飞机的行为。为此，1992 年 12 月 28 日全国人大常委会通过《关于惩治劫持航空器犯罪分子的决定》，增设了劫持航空器罪。现在，《刑法》第 121 条正式规定了劫持航空器罪，为惩治劫持航空器的犯罪提供了法律根据。

2. 暴力危及飞行安全罪

1971 年 9 月 23 日签订的《蒙特利尔公约》旨在惩治除劫机之外的其他危害航空安全的犯罪行为，其中包括对飞行中的航空器内的人实施暴力，危及航空器

① 参见高格：《刑法问题专论》，80 页，长春，吉林大学出版社，1996。

安全的行为。为此，修订后的《刑法》第123条将这种危害航空安全的行为予以犯罪化，规定："对飞行中的航空器上的人员使用暴力，危及飞行安全，尚未造成严重后果的，处五年以下有期徒刑或者拘役；造成严重后果的，处五年以上有期徒刑。"这是在中国刑法中首次规定了暴力危及飞行安全罪。

3. 组织、领导、参加恐怖组织罪

恐怖活动是国际犯罪的重要形式之一，它严重地破坏国际秩序。1937年11月16日，在国际联盟的主持下签署了《防止和惩治恐怖主义公约》，这是第一部反恐怖主义的国际公约。该公约规定，恐怖行为是指直接反对一个国家而其目的和性质是在个别人士、个人团体或公众中制造恐怖的犯罪行为。① 现在，世界各国在刑法中也大多把恐怖行为规定为犯罪。中国除了规定劫持航空器罪和暴力危及飞行安全罪以外，还在刑法中规定了组织、领导、参加恐怖活动组织罪。《刑法》第120条规定："组织、领导和积极参加恐怖活动组织的，处三年以上十年以下有期徒刑；其他参加的，处三年以下有期徒刑、拘役或者管制。"这是在中国刑法中首次规定组织、领导、参加恐怖活动组织罪。

4. 非法买卖、运输核材料罪

于1980年3月3日签署、1987年2月8日生效的《核材料实物保护公约》，认识到核材料转移的安全和实物保护，以及国内使用、贮存和运输中的核材料的重要性，为了促进和平利用核能方面的国际合作，防止由非法取得和使用核材料所可能引起的危险，深信急需采取适当的有效措施以求防止、侦查和惩处与核材料有关的犯罪行为。该公约主要规定了非法获取核材料，引起死亡、重伤或重大财产损失的行为。② 刑法修订中根据中国核材料保护的实际情况，首次在刑法中规定了非法买卖、运输核材料罪。

5. 洗钱罪

洗钱罪，是指将犯罪所获得的黑钱或者赃钱变得干净，也就是使赃物合法化

---

① 参见张智辉：《国际刑法通论》，157页，北京，中国政法大学出版社，1993。

② 参见张智辉：《国际刑法通论》，42、152页，北京，中国政法大学出版社，1993。

的行为，是一种犯罪的便利行为。反洗钱立法主要出现在反毒品法中。在毒品犯罪中，洗钱是指国际毒品犯罪分子将从事毒品交易的钱财通过银行和其他金融机构，经过一系列复杂的内部运作、转换程序，使赃钱变为合法收入而重新进入金融领域，或者成为合法的储蓄，或者转换为有价证券，或者购置房地产等。① 1988 年 12 月 19 日签署的《联合国禁止非法贩运麻醉品精神药物公约》规定，明知是靠走私、贩卖、制造毒品等获得的财物，为了隐瞒或掩饰该财产的非法来源，逃避毒品犯罪行为的法律后果而转换或转让财产；或隐瞒、掩饰该财产的真实性质、来源、所在地、处置、转移、相关的权利或所有权利，是犯罪行为。中国依国际公约赋予的义务，在 1990 年 12 月 28 日全国人大常委会通过的《关于禁毒的决定》中专门规定了窝藏毒品犯罪所得财物罪，这实际上是一种为毒品犯罪分子洗钱的行为。现在，修订后的《刑法》第 191 条第 1 款正式规定了洗钱罪，指出："明知是毒品犯罪、黑社会性质的组织犯罪、走私犯罪的违法所得及其产生的收益，为掩饰、隐瞒其来源和性质，有下列行为之一的，没收实施以上犯罪的违法所得及其产生的收益，处五年以下有期徒刑或者拘役，并处或者单处洗钱数额百分之五以上百分之二十以下罚金；情节严重的，处五年以上十年以下有期徒刑，并处洗钱数额百分之五以上百分之二十以下罚金：（一）提供资金账户的；（二）协助将财产转换为现金或者金融票据的；（三）通过转账或者其他结算方式协助资金转移的；（四）协助资金汇往境外的；（五）以其他方法掩饰、隐瞒犯罪的违法所得及其收益的性质和来源的。"刑法还对单位犯洗钱罪作了处罚规定。

（四）证券犯罪

在刑法理论上，证券犯罪是指证券发行人、证券经营机构、证券管理监督机构、证券服务机构、投资基金管理公司、证券业自律性管理机构以及其他机构、证券业从业人员、管理人员以及其他人员，故意地违反证券法规，非法从事证券发行交易活动，严重破坏证券市场的正常管理秩序，侵害证券投资人的合法利

① 参见桑红华：《毒品犯罪》，191 页，北京，警官教育出版社，1992。

益，应受到刑罚处罚的行为。[①] 自 1986 年中国证券市场重建以来，证券业得到了蓬勃发展。尤其是在市场经济大潮的推动下，证券市场全面繁荣与空前活跃，成为中国社会主义经济建设的有生力量。但是，伴随着证券业的迅猛发展，证券交易中的违法犯罪现象也应运而生。由于我国目前的证券市场还处于一种自发状态，国家对证券市场缺乏行之有效的宏观调控手段，证券法尚付阙如，证券违法犯罪行为的惩治更是无法可依。在这种情况下，刑法增补了证券犯罪，对于刑法的发展完善具有重要意义。值得注意的是，随着我国期货市场的开放与发展，在期货市场中同样存在违法犯罪活动。由于修订后的刑法对于期货犯罪未予规定，亟待在刑法上加以修改补充。考虑到期货犯罪与证券犯罪具有性质上的同一性，全国人大常委会在 1999 年 12 月 25 日以刑法修正案的形式，在规定证券犯罪的刑法条文中，增加了期货犯罪的内容。刑法中规定的证券犯罪，主要有以下这些。

1. 擅自发行股票、公司、企业债券罪

擅自发行股票、公司、企业债券罪是证券发行中的犯罪。证券发行是指经批准符合条件的证券发行人，按照一定程序将有关证券发售给投资者的行为。[②] 由于证券发行是证券交易的前提，没有发行就没有交易，因而证券发行具有十分重要的意义，并受到国家严格审核。证券发行有注册制与核准制之分[③]，中国实行核准制。根据我国法律规定，证券发行人在作出发行证券的决策之后，必须将这种决策上升为证券发行的各种正式书面文件，并报送国家有关部门审核批准，未经批准，不得擅自发行证券。擅自发行股票、债券罪就是指在上述证券发行中违反证券发行的法律规定，未经公司法规定的有关主管部门批准，擅自发行股票或公司、企业债券，数额巨大、后果严重或者有其他严重情节的行为。该罪原本规定在全国人大常委会《关于惩治违反公司法的犯罪的决定》第 7 条，因属于证券

① 参见陈兴良、陈正云：《证券犯罪的立法构想》，载《证券市场专家谈》，180 页，北京，中国政法大学出版社，1994。

② 参见顾肖荣主编：《证券交易法教程》，26 页，北京，法律出版社，1995。

③ 参见杨志华：《证券法律制度研究》，63 页以下，北京，中国政法大学出版社，1995。

犯罪，规定在《刑法》第179条，与其他新增的证券犯罪一并规定。

2. 内幕交易、泄露内幕信息罪

内幕交易、泄露内幕信息罪是证券交易中的犯罪。证券交易是指在证券交易所市场或场外市场买卖证券的行为。其中，在证券所市场以公开集中竞价方式买卖上市证券是证券流通的主要途径，是证券交易的核心。[①] 证券交易必须坚持公开原则，以保证其公正性。内幕交易罪就是违反证券交易公开原则进行内幕交易而构成的犯罪。内幕交易罪关键是确定内幕人员的范围，对此存在狭义与广义的理解[②]：狭义说认为内幕人员可以分为公司内幕人员（Corporate Insider）和市场内幕人员（Market Insider），前者指基于在公司中的地位和特殊关系而获得来源于公司的内幕信息的人；后者指与公司没有从属关系或在公司中没有特殊地位，但由于职业而获取有关公司内部信息或外部有关市场供求变化信息的人。广义说认为，凡拥有与股票价格有重大影响而未公开的信息，除非该消息是基于自己的研究，或其利用不违背任何人的义务，在法律及社会观念上纯属正当者外，都是内幕人员。修订后的刑法对内幕人员采广义说，除内幕信息的知情人员以外，还包括非法获得证券交易内幕信息的人员。根据《刑法》第180条的规定，内幕交易、泄露内幕信息罪是指上述内幕人员在涉及证券发行、交易或者其他对证券的价格有重大影响的信息尚未公开前，买入或者卖出该证券，或者泄露该信息，情节严重的行为。内幕交易、泄露内幕信息罪的规定，对于规范证券交易具有重要意义。

3. 编造并传播证券交易虚假信息罪、诱骗投资者买卖证券罪

编造并传播证券交易虚假信息罪、诱骗投资者买卖证券罪，都是在证券交易中弄虚作假、欺骗顾客的行为。上述行为的危害性主要在于扰乱证券交易市场，损害投资者利益。根据《刑法》第181条的规定，在上述两种行为中，前罪是外部人员之所为，要害在于通过编造并且传播影响证券交易的虚假信息，扰乱证券

---

① 参见顾肖荣主编：《证券交易法教程》，77页，北京，法律出版社，1995。

② 参见郭锋：《我国证券立法若干问题的探讨》，载《中国法学》，1993（1），78页。

交易市场，从中获取非法利益。后罪是内部人员之所为，表现为证券交易人员，故意提供虚假信息或者伪造、变造、销毁交易记录，诱骗投资者买卖证券的行为，其要害在于损害投资者利益，而上述部门及其人员从中获取非法利益。

4. 操纵证券交易价格罪

操纵证券交易价格罪是典型的证券犯罪行为，证券市场中的操纵行为（Manipulation）指一个人或某一组织，背离自由竞争和供求关系确定证券价格，迫使他人交易证券的行为。操纵行为对证券市场的危害主要表现为以下三个方面：（1）以人为创制的虚假投资参数代替证券市场的真实供需关系。（2）对于依据创制参数进行证券交易的投资者，操纵性价格和操纵性交易成为操纵者欺诈的工具。（3）操纵证券市场行为对于银行信用波动及证券抵押贷款也会构成影响。[①]因此，各国无不把操纵证券市场的行为规定为犯罪。国务院《禁止证券欺诈行为暂行办法》将操纵证券市场行为规定为违法乱纪行为，修订后的《刑法》第182条则将其规定为犯罪。根据刑法的规定，操纵证券市场行为包括以下几种：（1）垄断价格；（2）串通交易；（3）自买自卖；（4）抬高或者压低交易价格；（5）其他操纵证券交易价格行为。

（五）竞业犯罪

在刑法理论上，竞业犯罪是指违反自由与公平的竞争原则，以违法或其他不正当的手段来参与竞业，而损人利己的不公平竞争行为。[②]竞业犯罪，在中国刑法中包括不正当竞争的犯罪与非法垄断的犯罪这样两大类，其中前者是主要的内容。例如，中国学者认为，竞业犯罪是指作为商事主体的自然人、法人或非法人单位，以遏止自由竞争的独霸手段或公然采取不正当竞争的手法，严重扰乱、破坏市场经济主体间的公平竞争，破坏市场经济正常运行，情节严重的行为。[③]由此可见，竞业犯罪是指违反竞争法规而构成犯罪的行为，这种犯罪的本质在于破坏自由竞争或者抑制自由竞争，扰乱市场经济管理秩序。因为，从本质上说，市

---

① 参见杨志华：《证券法律制度研究》，280－281页，北京，中国政法大学出版社，1995。

② 参见林山田：《经济犯罪与经济刑法》，3版，26页，台北，三民书局，1980。

③ 参见屈学武：《论竞业犯罪》，载《中国法学》，1994（6）。

场经济是一种竞争经济。竞业犯罪的特点决定了它破坏公平、公开、公正的自由竞争，并抑制有效竞争的充分展开，从而保护了落后、抑制了先进，不利于经济结构的调整与经济效益的提高。在计划经济体制之下，由于不存在竞争，实行国家对经济生活的高度垄断，因而也就不存在非法垄断问题。因此，1979 年刑法没有关于竞业犯罪的规定。此后，1993 年中国制定了《反不正当竞争法》，将某些不正当竞争行为规定为违法乱纪行为，为竞业犯罪的立法奠定了基础。为了适应市场经济发展的需要，修订后的刑法在第三章“破坏社会主义市场经济秩序罪”第八节“扰乱市场经济秩序罪”中规定了竞业犯罪，主要包括以下犯罪。

1. 损害商业信誉、商品声誉罪

损害商业信誉、商品声誉行为，是一种通过诋毁、贬低竞争对手，进行不正当竞争的行为。这种行为，于外国反不正当竞争法中多有规定。例如德国《反不正当竞争法》规定：对于以竞争为目的，故意制造或者散布、传播诋毁、贬低竞争对手商业信誉的经济组织和个人除了必须承担相应的赔偿责任外，还可追究其刑事责任。日本《防止不正当竞争法》规定：陈述虚假事实，妨害有竞争关系的他人在营业上的信用，或者散布这种虚假事实的行为属于不正当竞争行为，应当承担刑事责任。[①] 中国《反不正当竞争法》也有类似规定，现在，《刑法》第 221 条正式将捏造并散布虚伪事实，损害他人的商业信誉、商品声誉，给他人造成重大损失或者有其他严重情节的行为规定为犯罪。

2. 虚假广告罪

虚假广告，又称不实广告，是进行虚假广告宣传的不正当竞争行为。如果企业经营者利用广告编造虚假事实，诋毁竞争对手的商业信誉或者商品声誉的，应以损害商业信誉、商品声誉罪论处。本罪之虚假广告根据《刑法》第 222 条的规定，限于违反国家规定，利用广告对商品或者服务作虚假宣传，情节严重的行为。

3. 串通投标罪

串通投标罪是一种招标、投标中的限制竞争协议行为，具有非法垄断性质。

① 参见曹天玷主编：《现代竞争法的理论与实践》，204 页，北京，法律出版社，1993。

限制竞争协议行为是指两个或两个以上具有竞争关系的经营者，以合同、协议或其他方式，共同决定商品或服务的价格、生产销售数量、技术标准、交易地区等，从而限制市场竞争，牟取超额利润的行为。① 招标是一种公开竞争的商业行为。投标人相互串通投标价格，实际上就是一种限制竞争协议行为，其结果必然损害招标人或者其他投标人利益。因此，《刑法》第223条将这种妨害招标、投标的行为规定为犯罪。其中包括以下两种犯罪：（1）投标人相互串通投标罪；（2）投标人与招标人串通投标罪。

4. 强迫交易罪

强迫交易，是指经营者采用胁迫或其他强制手段，从事或安排他人从事或阻碍他人从事市场交易的行为②，也就是俗话所说的欺行霸市。强迫交易，是侵害商品选择权的行为，同时也是限制公平竞争、侵害消费者利益的行为。《刑法》第226条规定，在商品交易中，以暴力、威胁手段强买强卖商品，强迫他人提供服务或者强迫他人接受服务，情节严重的，应以本罪论处。由此可见，本罪限于个别经营者采取暴力、胁迫等极端强制手段从事的强迫性交易行为，而不包括行业性、地区性以垄断为手段的一般强迫性交易行为。

（六）电脑犯罪

在刑法理论上，电脑犯罪又称计算机犯罪，是指以计算机为工具或以计算机资产为对象的犯罪行为。因此，电脑犯罪实际上可以分为两部分：一是以计算机为工具而实施的犯罪，例如利用电脑贪污、挪用等。在这种情况下，计算机只是一种犯罪手段，犯罪行为本身仍然是传统的犯罪。例如，美国学者指出：计算机犯罪已经涉及盗窃、诈骗、掠夺、侵占、纵火、贪污、破坏、间谍等绝大部分社会犯罪现象。除凶杀、强奸、伤害和其他人对人的犯罪活动无法通过计算机直接进行以外，计算机犯罪包括几乎所有犯罪形式。③ 这个意义上的电脑犯罪，主要是犯罪学或刑事侦查学的研究对象。从刑法上说，不是独立罪名。对此，《刑法》

① 参见曹天玷主编：《现代竞争法的理论与实践》，230－238页，北京，法律出版社，1993。

② 参见曹天玷主编：《现代竞争法的理论与实践》，238页以下，北京，法律出版社，1993。

③ 参见刘广三：《犯罪现象论》，217页，北京，北京大学出版社，1996。

第 287 条作出以下照应性规定："利用计算机实施金融诈骗、盗窃、贪污、挪用公款、窃取国家秘密或者其他犯罪的，依照本法有关规定定罪处罚。"二是以计算机为对象的犯罪。这里又有两种情况：（1）破坏计算机硬件的犯罪，各国刑法一般没有将其专门规定为犯罪，而是作为毁坏财物行为论处。（2）把计算机数据处理设备作为犯罪对象的犯罪，这就是狭义上的，也是刑法意义上的电脑犯罪。德国著名犯罪学家施奈德指出：篡改输入数据是计算机犯罪的最重要的表现形式。篡改是在穿孔卡片上、磁带上、穿孔纸带上或在磁盘上进行的，目的是导致计算机作出有利于篡改者的处理。由于计算机内部的自动化工作过程，这种篡改在相当长时期内被重复，因此造成高额损失。[①] 随着电脑在中国社会的普及，电脑犯罪在中国也大有愈演愈烈的趋势，为此，刑法在第六章"妨害社会管理秩序罪"第一节"扰乱公共秩序罪"中规定了以下几种电脑犯罪。

1. 非法侵入计算机信息系统罪

非法侵入计算机信息系统是一种危害计算机信息安全的犯罪。由于计算机在国家社会管理上的广泛应用，计算机内贮存了大量有关国家事务、国防建设、尖端科学技术领域的信息秘密。这些秘密一旦泄露，必将对国家利益造成重大损失。为此，《刑法》第 285 条将这种违反国家规定，非法侵入国家事务、国防建设、尖端科学技术领域的计算机信息系统的行为规定为犯罪。这一犯罪的特点是，它属于行为犯，一有侵入行为即可构成本罪，不待发生其他后果。当然，本罪主观上要求是故意的，而且只有侵入上述有关国家利益的特定的计算机信息系统才构成犯罪。

2. 破坏计算机信息系统罪

破坏计算机信息系统罪包括以下两种行为：一是篡改计算机功能与数据的行为。篡改计算机功能与数据是一种数据欺骗（Deceiving）行为，即非法篡改、输出数据或输入假数据。[②] 这是一种十分典型的带有破坏性的电脑犯罪。《刑法》第 286 条设两款分别规定了删除、修改、增加、干扰计算机信息系统功能的犯罪

---

① 参见［德］施奈德：《犯罪学》，70 页，北京，中国人民公安大学出版社，1990。

② 参见刘广三：《犯罪现象论》，226 页，北京，北京大学出版社，1996。

和删除、修改、增加计算机信息系统数据和应用程序的犯罪。二是故意制作、传播计算机病毒等破坏性程序的行为。计算机病毒（Computer Virus）是隐藏在可执行程序或数据文件中在计算机内部运行的一种干扰程序。计算机病毒已经成为计算机犯罪者的一种有效手段，也是对计算机进行攻击的最严重的方法。它具有可传播、可诱发和可潜伏性，其运行对于大、中、小、微型计算机和计算机网络都具有巨大的危害性和破坏性。它同一般生物病毒一样，具有多样性和传染性，可以繁殖和传播，因此被形象地喻为计算机系统的“艾滋病”[①]。《刑法》第 286 条第 3 款规定了故意制作、传播计算机病毒等破坏性程序的犯罪，有利于惩治制作、传播计算机病毒的犯罪行为。

（七）黑社会犯罪

黑社会犯罪是一个世界性问题，具有严重的社会危害性。在 1979 年之前，由于中国实行计划经济，国家对社会实行高度集中统一的垄断性统治，经济关系的一元性与社会结构的简单性，不存在黑社会生存的土壤与条件，因此，在 1979 年刑法中，只有关于流氓罪——浮在社会表层的恶性势力犯罪的惩治性规定，没有关于黑社会犯罪——隐藏在社会深层的恶势力犯罪的惩治性规定。在经济体制改革以后，由于经济关系的多元化与社会结构的复杂化，黑社会组织初露端倪。这里的黑社会组织指有组织结构，有名称、帮主、帮规，在一定的区域、行业、场所进行危害社会秩序行为的非法团体。其特点是：（1）具有相当坚实的经济基础；（2）具有比较严密的组织形式；（3）犯罪职业化；（4）黑社会组织成员绝大多数是具有前科的犯罪分子；（5）公开对抗政府和社会，其行为具有明显的反社会性质；（6）腐蚀、拉拢党政干部充当保护伞。基于对黑社会组织的以上认识，中国学者提出应当在刑法中设立黑社会组织活动罪，认为这不仅对那些徘徊于黑社会组织外围的人起到警醒与震慑的作用，而且有利于教育广大人民群众，号召广大群众理直气壮地同黑社会组织活动作斗争。这不仅具有重大的现实意义，而且具有深远的历史意义。[②] 现在，修订后的刑法采纳了这一建议，在刑

① 刘广三：《犯罪现象论》，229 页，北京，北京大学出版社，1996。

② 参见马克昌、丁慕英主编：《刑法的修改与完善》，396－397 页，北京，人民法院出版社，1995。

法中增设了组织、领导或参加黑社会性质的组织罪。根据《刑法》第294条的规定，组织、领导、参加黑社会性质组织罪是指组织、领导和积极参加以暴力、威胁或者其他手段，有组织地进行违法犯罪活动，称霸一方，为非作恶，欺压、残害群众，严重破坏经济、社会生活秩序的黑社会性质的组织的行为。组织、领导或参加黑社会性质的组织罪的设立，为惩治黑社会组织的犯罪活动提供了法律武器，对于维护社会治安、稳定社会秩序，确实具有重要的作用。当然，黑社会组织是一种具有自我生存、自我发展能力的地下组织，不能混同于一般的反社会犯罪组织。此外，刑法还增设了与黑社会有关的犯罪，包括境外黑社会组织到境内发展成员罪和包庇、纵容黑社会性质的组织罪。

（八）卫生犯罪

卫生犯罪，是指危害社会公共卫生的犯罪。随着社会的发展，人民生活水平的提高，公共卫生问题越来越引起高度重视，并被纳入法律保护的范围。1979年刑法基本上未涉及卫生犯罪。修订后的刑法以专节规定了危害公共卫生罪。主要包括以下犯罪。

1. 违反传染病防治规定罪

传染病对于人体健康具有十分严重的危害，为此，国家颁布了《传染病防治法》，实行对传染病的法律控制。违反传染病防治规定罪，就是指违反上述传染病防治法规定而构成的犯罪，刑法中包括以下两种犯罪：(1)《刑法》第330条将违反传染病防治法的规定，引起甲类传染病传播或者有传播严重危险的行为规定为犯罪，这就是妨害传染病防治罪。(2)《刑法》第331条将从事实验、保藏、携带、运输传染病菌种、毒种的人员违反国务院卫生行政部门的有关规定，造成传染病菌种、毒种扩散，后果严重的行为规定为犯罪，这就是传染病菌种、毒种扩散罪。

2. 违反检疫规定罪

进出境检疫，是国家为保证人民身体健康，防止国外传染病或者其他疾病侵入境内而采取的重要行政措施。违反检疫规定罪，就是指违反上述卫生检疫法的规定而构成的犯罪，刑法中包括以下两种犯罪：(1)《刑法》第332条将违反国境卫生检疫规定，引起检疫传染病传播，或者有引起检疫传染病传播严重危险的行为规定为犯罪，这就是妨害国境卫生检疫罪。(2)《刑法》第 337 条将违反进出境动物检疫法的规定，逃避进出口动植物检疫，引起重大动植物疫情的行为规定为犯罪，这就是逃避动植物检疫罪。

3. 非法出卖、采集、供应血液罪

非法出卖、采集、供应血液罪，是指违反血液管理法规，非法出卖、采集、供应血液，情节严重的行为。血液与人民身体健康息息相关，其质量应当依法予以保障。在现实生活中，非法出卖、采集、供应血液的行为屡有发生，危害极为严重。为此，刑法规定了以下与血液有关的犯罪：(1)《刑法》第 333 条规定了非法组织卖血罪；(2)《刑法》第 333 条还规定了强迫卖血罪；(3)《刑法》第 334 条第 1 款规定了非法采集、供应血液、制作、供应血液制品罪；(4)《刑法》第 334 条第 2 款规定了采集、供应血液、制作、供应血液制品事故罪。

4. 医疗事故罪

医疗事故对于病人的身体、生命健康危害极大，有必要予以刑事制裁。1979 年刑法没有专门规定医疗事故罪，因而对于医疗事故在定性上造成混乱。现在，《刑法》第 335 条将医务人员由于严重不负责任，造成就诊人死亡或者严重损害就诊人身体健康的行为规定为犯罪。

5. 非法行医罪

非法行医容易造成严重的后果，如果不加控制，对人民身体健康危害极大。为此，《刑法》第 336 条第 1 款将未取得医生执业资格的人非法行医，情节严重的行为规定为犯罪。

6. 非法进行节育手术罪

计划生育、控制人口增长是我国的基本国策，但社会上有些未取得医生执业资格的人擅自为他人进行节育复通手术、假节育手术、终止妊娠手术或者摘取宫内节育器。这些行为不仅破坏计划生育，而且严重损害他人身体健康。为此，《刑法》第 336 条第 2 款将这种行为规定为犯罪。

（九）业务犯罪

业务犯罪与职务犯罪相对应，也称为职业犯罪，是指违反职业义务的犯罪。

一般来说，职务犯罪是一种公务犯罪。业务犯罪则不具有公务性，但也并非私务犯罪，而是与一定的社会管理相关。在以往的计划经济体制之下，社会管理完全由国家承担，因而业务犯罪与职务犯罪具有同一性，都是指国家机关人员的渎职犯罪。在实行市场经济以后，出现了国家与社会的分化，国家直接管理的领域有所收缩，社会管理领域有所扩大。在社会管理活动中，违反职业义务的犯罪就必然从国家工作人员的职务犯罪中分离出来，自成一体。在修订后的刑法中，规定了各个行业的有关管理人员的业务犯罪，这些人都不是国家机关工作人员，但又承担着一定的社会管理职能，因此，不能把他们的渎职罪与国家机关工作人员职务犯罪混为一谈。但在修订后的刑法中，未能将从事一定社会管理活动人员的业务犯罪专设一章或一节加以专门规定，而是散见于各章，这是十分遗憾的。尽管在法律上未作这种有关规定，但从法理上仍应加以正确界定，尤其是对于新增的业务犯罪需要加以重视与强调，并科学地与国家机关工作人员的渎职犯罪加以区分。

（十）军事犯罪

军事犯罪是指危害国家军事利益的犯罪。修订后的刑法首次专设两章规定了军事犯罪，这对于保护国家军事利益具有重大意义。军事犯罪有狭义与广义之分。狭义上的军事犯罪是指军人违反职责，即现役军人或法律规定的武装力量的其他人员违反职责，危害国家军事利益，依照法律规定应当受刑罚处罚的行为；广义上的军事犯罪指妨害国家对军事活动的管理，破坏军事秩序，危害国家的军事利益，依照法律规定应当受刑罚处罚的行为。在这个意义上，军事犯罪除以军人为主体的违反职责罪以外，还包括以一般人为主体的危害国防利益罪。以往，在中国刑法中只有军人违反职责罪的单行刑法的规定，至于危害国防利益罪，只有个别罪名在附属刑法中有所反映。这种状况的存在，不能全面、有效地保护国家的军事利益。在这次刑法修订中，中国学者提出了关于完善军事犯罪的建议，有些学者主张在刑法分则中增设危害国防罪（危害军事利益罪）专章，包含两类犯罪：一类是军人违反职责罪，另一类是非军职罪但属于危害国家军事利益的犯罪。[①] 另外

① 参见赵秉志主编：《刑法修改研究综述》，87 页，北京，中国人民公安大学出版社，1990。

有些学者则认为，借鉴国外的立法经验，结合我国司法实践，在修订刑法的时候，在刑法分则“危害国家安全罪”之后增设一章“妨害军事管理罪”，把中国目前附属刑法中规定的拒绝、逃避军事义务罪及妨害军事禁区罪、扰乱军事管理秩序罪、破坏军婚罪都纳入这一章，使中国刑法分则的分类更加科学。同时，我们在立法的时候，还可以根据我国的司法实践经验，借鉴国外的经验，适当增加一些新罪名。[①] 现在，修订后的刑法除军人违反职责罪以外，还专设一章“危害国防利益罪”，对危害国防利益犯罪作了较为全面的规定。“军人违反职责罪”一章在由单行刑法纳入刑法典的时候，其内容作了适当调整。军事犯罪的规定，是中国刑法完善的重要标志，也是建立一部统一刑法典的努力的巨大成功。

五、刑法的未来走向

当前，中国正面临着社会转型。这里所谓社会转型，是指社会结构和社会运行机制从一种形式向另一种形式转换的过程。[②] 在此，我们需要重点考察的是社会结构的转换。这种转换，在很大程度上就是从政治国家的一元结构向政治国家与市民社会二元分立的社会结构的嬗进。在此基础上，我们可以看到从政治刑法向市民刑法的功能转换，只有在这样一个理论高度，我们才能科学地把握我国的刑法走向，并作为对刑法修改的评价尺度。

一个社会的面貌，主要是由经济结构塑造的。经济体制改革前，我国社会结构是建立在计划经济体制之上的以集中垄断大一统为特征的政治社会。国家所有制模式赋予政府（在一定意义上也就是国家）无限的权力，将政府推到社会结构中至高无上的地位，使国家有可能凭借所控制的全部社会资源，在非经济领域实行全面和直接的控制，使经济领域之外的其他维度上的社会经济结构深深地烙上这种所有制模式的印迹。[③] 在这种一元社会结构中，刑法成为国家推行其意志的

① 参见陈兴良主编：《刑法新罪评释全书》，1375页，北京，中国民主法制出版社，1995。
② 参见郑杭生等：《社会运行导论》，306页，北京，中国人民大学出版社，1993。
③ 参见陆学艺、景天魁主编：《转型中的中国社会》，190页，哈尔滨，黑龙江人民出版社，1994。

暴力工具。因此，工具性就成为刑法的根本特征。正如中国学者指出的：工具主义的刑法观在社会生活中的典型表现，是把刑法作为推行社会政策的工具，历史上每一次社会变革和某项社会政策的实行，无一不是以刑法作为最有力的法律后盾。而在一个法制不健全，尤其是缺乏把法律神圣化传统的国家中，刑法就极易沦为政治斗争的附属物，而丧失其作为法律规范的独立性。这样，由于某一时期政治形势的变化，刑法的职能将随之转变；为了配合形势的需要，司法机关不得不打乱正常的工作秩序来开展一项又一项的专门斗争。而当刑法的规定不能适应特殊的需要时，就会出现超越法律规定的裁判。① 因此，工具性的刑法不仅丧失了法律的独立品格，成为政治的附庸，还丧失了确定性的特征，牺牲了法定性的原则，随着政治斗争的需要而随时可以超越法律规定。甚至，在长达 30 年的时间里，居然可以没有一部统一的刑法典。在这种情况下，刑法的功能被形象地称为“刀把子”。例如，刑法是阶级专政的工具，刑罚是掌握在统治阶级手中的“刀把子”，是统治阶级用以镇压被统治阶级的武器。② 诸如此类的说法，最为生动地表达了刑法在一元社会结构中的作用。毫无疑问，刑法在这种社会结构中的意义是不可低估的，它为当时的社会稳定、经济发展与政治建设也确实起到了重要的作用。但是，这种一元社会结构中的刑法缺乏应有的制约，它虽然对于保护社会是十分有利的，但却往往以牺牲公民个人的权利与自由为代价。

1979 年制定的刑法典，在我国法制史上具有划时代的意义，它是新中国成立 30 年的第一部社会主义刑法典。1979 年刑法的颁布，标志着中国法制建设进入了一个新的历史时期。当然，1979 年刑法仍然是建立在计划经济体制之上的，仍然具有政治刑法的特征。重要表现之一，是 1979 年刑法确认了刑事类推制度——对于法无明文规定的犯罪，可以比照该法分则最类似的条文定罪量刑。刑事类推，虽然在性质上有别于罪刑擅断，但与市民刑法所要求的罪刑法定主义还有相当距离。值得注意的是，虽然 1979 年刑法确认了刑事类推制度，但中国刑

① 参见陈晓枫主编：《中国法律文化研究》，313 页，郑州，河南人民出版社，1993。

② 参见中国人民大学法律系刑法教研室：《中华人民共和国刑法是无产阶级专政的工具》，51 页，北京，中国人民大学出版社，1958。

法理论除个别观点外，大都将罪刑法定视为中国刑法的基本原则。在我看来，这与其说是对刑法的实然描述，不如说是对刑法的应然期望。尽管将罪刑法定确认为中国刑法的基本原则并不符合刑法的实际状况，具有一定程度的超然性，但对这一理论自觉的价值无论怎么肯定都是不过分的，它恰恰表现出中国学者对于刑法发展的热切期望。

从 20 世纪 80 年代初期开始，中国实行经济体制改革，这场改革的主要内容是从计划经济体制向市场经济体制转轨。经济体制的改革引发了中国社会结构的整体变革。以转变政府职能为中心的政治体制改革，以促进科技与经济相结合为目标的科技体制改革，以适应社会现代化需要为方向的教育体制改革和以保证经济与社会发展为内容的社会体制改革全面展开，将中国推入了一个整体变革的时代。[①] 随着社会改革的全面启动，新旧社会结构逐渐交替，并且由于这种交替的不平衡性，出现了社会的结构性缺陷，表现为一种所谓综合性的失范效应。在刑法领域中，主要是大量犯罪，尤其是经济领域中的犯罪迅速滋生蔓延，形成一个严重的社会问题。在当时的情况下，对刑法的社会需要增长了，为克服刑法短缺，大量的单行刑法与附属刑法得以制定并付诸实施；为遏制犯罪势头，重刑乃至于死刑大量出台。单行刑法与附属刑法的篇幅曾经大大超过并淹没了刑法典。在这种情况下，基于制定一部统一的刑法典的考虑，刑法的修改迫在眉睫。当然，从体例上健全并完善刑法典是十分必要的，也是当时刑法修改的目标之一。但是，对于刑法修改的意义不能仅仅从形式的完备上去考虑。更为重要的是，应当从社会结构的转变所带来的刑法性质、机能与观念的重大变革上去审视刑法修改，并从深层次上认识刑法修改的意义。我认为，这次刑法修改实质上是刑法改革的外在表现形式，而这场刑法改革的历史使命是要完成从政治刑法到市民刑法的转换。

（一）从追求刑法的实质合理性到追求刑法的形式合理性

政治刑法以追求实质合理性为特点，这种实质合理性是根据统治阶级意志确

① 参见陆学艺、景天魁主编：《转型中的中国社会》，217 页，哈尔滨，黑龙江人民出版社，1994。

认的，因此刑法也就成为推行统治阶级意志的工具。凡是违背统治阶级意志并具有社会危害性的行为，就被确认为犯罪并以刑罚为手段予以惩治。在这种观念的指导下，刑事类推就具有了其存在的现实根据。而市民刑法则追求刑法的形式合理性，将罪刑法定主义确认为刑法的至高无上的原则，是刑法的内在生命，彻底摒弃刑事类推。

应当指出，形式合理性与实质合理性是德国著名学者韦伯提出的，它来自合理性（rationality）这一概念。韦伯在强调现代社会秩序的合理性时，认为这种合理性是纯粹形式的，是因为这种合理性指引的行动的后果具有最大限度的可计算性，这种行动可以达到任何一个不确定的（非决定论的）、可能的（概率的）目标。韦伯认为，这种纯粹形式的合理性是现代社会结构具有的一种客观属性，当人们在评价清晰、缜密的计算在社会生活中日益增长的重要作用时，其重要性就必然被得到承认。而实质合理性是一切前资本主义社会秩序的本质特征，这种合理性依据的是人们的观点，亦即依据被人们视为合理性尺度的目的、价值或信仰。[①] 在韦伯看来，实质合理性是主观的，而形式合理性是客观的。前者的追求可能导致无序。合理会转化成为不合理，或者个别合理的实现可能导致对一般合理的否定。而后者虽然是以牺牲个别合理为代价，但能够建立一种可以预测行为后果的社会秩序。在政治刑法的框架下，一切犯罪都应当受到惩罚这样一种绝对正义观念占主导地位，因而刑事类推得以存在。因为“法有限，情无穷”，不可能以有限之法规范无穷之情。法内之情以法规范，法外之情则无法规范，只能借助于刑事类推。刑事类推扩展了法的涵盖面，使那些法无明文规定的危害行为受到刑事追究，这似乎实现了“天网恢恢，疏而不漏”的法律格言，但在正确地惩罚了法无明文规定的危害社会行为的同时，也潜藏着滥用刑法的可能性。因为司法权一旦不受到立法权的严格限制，其滥用的后果是十分可怕的，它不仅使无罪的人受到刑事追究，最后也必将使法治本身遭受严重的破坏。在市民刑法的建构

① 参见苏国勋：《理性化及其限制——韦伯思想引论》，228－229页，上海，上海人民出版社，1988。

中，刑法的形式合理性受到一再强调，这将使刑法从国家的单方面的专横中解放出来。罪刑法定化，就使刑法成为国家与公民之间的一种契约：国家不得逾越法律的界限对无罪的公民进行非法追究，公民也应当在法定的自由境域之内活动。因此，罪刑法定主义就成为市民刑法的题中之意。

市民刑法的形式合理性的根据，来自市场经济对秩序的要求。市场经济与法治具有一种天然的亲和力，正是在这一点上它与计划经济全然有别。计划经济的特点是建立一种集权管理的机制，因而奠基于计划经济的社会不是一种自发的社会，而是一个有组织的社会，对行政的亲近与对法律的疏远甚至排斥都是十分自然的。由于行政代替法律在社会中起作用，虽然无法却不至于无序，行政是人操作的，更能体现长官意志，因而行政治国更具人治的性质。而市场最大的特点是分散性，根据英国著名学者哈耶克的分析，市场是一个分散系统，其中每个人都是根据他所拥有的独一无二的信息来活动的。任何人都不可能全面掌握资源的有效分配赖以实现的所有那些信息。① 在这种情况下，为了实现交易活动，就必须要求有一种建立在平等基础之上维系自由贸易的行为规则，这种行为规则的最高表现形式就是法律。因此，法律成为市场经济的基本载体。正是在这个意义上，市场经济是法治经济这个命题才得以成立。正如中国学者指出的：市场经济对法治的需求是由市场经济自身的性质决定的。市场经济内在地需要规则和秩序，没有规则便不可能有市场经济的正常运行。而使这些规则和相应的经济规律要求获得法律的形式，通过法律的语言表达出来，这正是法治经济的基本要求。② 在市场经济条件下，个人的自由与个人之间的平等都是作为市场主体所必备的个人要素。这些平等与自由的权利不容任意侵犯，而是需要由法律确认并受到法律的有力保障。凡是侵犯公民权利、破坏社会秩序的行为，就在刑法上明文规定为犯罪，受到不可避免的刑事追究。因此，就产生了对刑法的形式合理性的内在冲动，罪刑法定主义也就成为市民刑法的铁则。

---

① 参见［美］霍伊：《自由主义政治哲学——哈耶克的政治思想》，59页，北京，生活·读书·新知三联书店，1992。

② 参见孙国华主编：《市场经济是法治经济》，72页，天津，天津人民出版社，1995。

（二）从追求刑法的社会保护机能到追求刑法的人权保障机能

政治刑法是以保护社会为己任的，是一种社会本位的刑法。对于刑法的社会保护机能，日本刑法学家庄子邦雄指出：刑法是基于国家维护其所建立的社会秩序的意志制定的，根据国家的意志，专门选择了那些有必要用刑罚制裁加以保护的法益。侵害或者威胁这种法益的行为就是犯罪，是科处刑罚的根据。刑法具有保护国家所关切的重大法益的功能。[①] 应该说，刑法作为国家制定的法律，必然具有维护国家利益、推行国家意志的机能。问题只是在于，刑法的这种社会保护机能是否受到一定的限制。在专制社会里，刑法的这种社会保护机能是不受限制的，一切危害统治秩序的行为都被认为是犯罪而受到刑罚的惩治。而在一个民主社会，由社会性质所决定，刑法的人权保障机能得以强调并成为刑法的首要机能。因此，市民刑法在一定意义上也可以说是个人本位的刑法。在法律体系中，刑法的限制性是最为明显的，它是其他法律的制裁力量。刑法涉及对公民的生杀予夺，其存在的必要性在于保护社会，使社会免遭侵害。但对这种刑罚权如果不加限制，任其扩张，又势必侵夺公民个人的自由权利。正是在刑法存在的这一特殊矛盾中，刑法中的人权保障的重要性才得以凸现并受到充分的重视。

刑法中的人权首先是指被告人的实体权利（以下简称被告人权利）。被告人是指被指控为有罪的人，又叫犯罪嫌疑人。刑法中的人权保障，最表层的分析，涉及对被告人权利的保护。在这个意义上可以把刑法称为犯人（应当是指被告人）的宪章。在刑法中，存在一种刑事法律关系或刑法关系。这种刑事法律关系是犯罪人与国家之间的一种权利义务关系，它以刑事责任的形式得以表现。从以有关机关为代表的国家这方面来看，这些权利和义务是：根据犯罪行为和犯罪人危害社会的程度对罪犯进行惩处，适用和执行刑罚，进行改造和再教育，以及保障判刑和服刑的法律措施。从犯罪人这方面来看，他们的权利和义务则是对所实施的行为及由此产生的一切后果接受和承担刑罚或其他影响方

① 参见［日］木村龟二主编：《刑法学词典》，9－10页，上海，上海翻译出版公司，1991。

法，同时有权要求严格按照刑法、刑事诉讼法和劳动改造规范的规定适用、确定和执行刑罚影响方法。[①] 在这种刑事法律关系中，被指控为有罪的公民与国家司法机关之间存在的这种权利义务关系表明：被告人尽管被指控为有罪，但并不因此而处于完全丧失权利、简单地成为司法客体的地位，被告人的人权仍然受到法律的保障。这也正是现代法治区别于专制社会刑事制度的重要特征之一。在专制社会里，公民一旦被指控为有罪，便丧失了一切权利，处于被折磨与被刑讯的地位，甚至受到非人的待遇。在这种情况下，被告人就根本谈不上人权。例如，美国学者指出：18 世纪刑法规定的惩罚是野蛮的，它允许实行刑讯逼供以获取犯罪事实和同案犯，对数百种罪行几乎都适用死刑。法律通常不公布，市民很难判断他们的行为是否违法，那种完全没有“正当的法律程序”的逮捕常常是随意和任性的，因此，美国学者认为，“不确定”是 18 世纪刑法的最典型特征。[②] 这里的“不确定”意味着被告人与国家之间的关系不受法律制约，被告人处于一种消极被动而无人权可言的地位。随着启蒙思想的传播、社会契约论的影响，个人与国家的关系，包括被告人与国家的关系被重新在理性的观念下进行审视。社会契约的观念成为社会秩序的基础，并确认过分严厉和任意的刑法违反了社会契约。对破坏社会秩序的人适用刑罚是保护社会契约的需要，但是，公民也必须保护自己不受专制国家权力的侵犯。在这种情况下，被告人的权利开始受到重视，尤其是随着罪刑法定与无罪推定原则的确立，被告人的权利（包括实体性权利与程序性权利）在法律上受到承认并予以保障。因此，刑法中的人权保障，首先就意味着对被告人权利的保障。对此，日本刑法学家西原春夫曾经指出：刑法还有保障机能，即行使保护犯罪行为人的权利及利益，避免因国家权力的滥用而使其受害的机能。对司法有关者来说，刑法作为一种制裁的规范是妥当的。这就意味着当一定的条件具备时，才可命令科刑；当其条件不具备时，就禁止科刑。虽然刑法是为处罚人而设立的规范，但国家没有刑法而要科以刑罚，照样可行。从这一点

---

① 参见［苏］马格里—沙赫马托夫：《刑事责任与刑罚》，55－56 页，北京，法律出版社，1984。

② 参见［美］理查德·霍金斯等：《美国监狱制度——刑罚与正义》，29 页，北京，中国人民大学出版社，1991。

上看，可以说刑法是无用的，是一种为不处罚人而设立的规范。人们之所以把刑法称为犯人的大宪章，其原因就在此。①

由上可知，被告人权利的保障是刑法的人权保障的题中应有之义，但如果把它视为刑法的人权保障的全部内容，那就大错特错了。可以说，刑法的人权保障的更深层次的含义在于对全体公民的个人权利的保障。正是在这个意义上，刑法不仅是被告人的大宪章，更是公民自由的大宪章。应当说，刑法是公民自由的大宪章这一思想是现代法治国家的刑法的灵魂与精髓，也是现代刑法与以往专制刑法的最根本区别之一。在专制社会里，刑法被认为是驭民之术，其基本点在于用刑法来镇压反抗统治的行为，被认为是“刀把子”。在这种情况下，公民个人与国家的关系处于一种紧张的对立之中。统治阶级为了维护其社会统治，可以任意地限制乃至于剥夺公民自由。因此，公民的自由范围是十分有限的。欧洲大陆法系国家的刑法完全成了统治阶级禁锢人们思想、限制人的言论和行动自由、强制推行禁欲主义的工具。刑法规范制约着人们生活的各个细节，它同统治阶级的道德规范混淆在一起，没有一个确切的法定标准，人们可以根据占统治阶级地位的道德信条来判定一个人是否有罪、罪轻还是罪重。② 这种罪刑擅断的刑法制度受到猛烈抨击。

刑法机能从简单地镇压犯罪转换为对公民自由的保障，这是一个历史性的转变，由此展开了一场刑法改革运动。美国学者认为，在早期的刑法改革中，具有双重的内容，即使法律及刑罚具有更大的控制和预防犯罪的功能（防止一般公民受罪犯侵害），保证国家权力在某种控制之下，并负有保护社会契约的义务（保护公民不受国王侵犯）。米歇尔·福科认为：刑罚改革源于反抗专制权力的斗争及与犯罪作斗争二者之间的要求和对非法行为之可容忍度的交会点。③ 可以说，在刑事古典学派所倡导的早期刑法改革运动中，将公民个人权利的保障放到了首要的地位。罪刑法定就是这场刑法改革运动的产物，它以限制刑罚权、保障公民

① 参见［日］西原春夫：《刑法的根基与哲学》，33页，上海，上海三联书店，1991。

② 参见黄风：《贝卡里亚及其刑法思想》，17页，北京，中国政法大学出版社，1987。

③ 参见［美］理查德·霍金斯等：《美国监狱制度——刑罚与正义》，29－30页，北京，中国人民公安大学出版社，1991。

的人权为己任。因此，人权保障的刑法意义，只有从保障所有公民不受国家权力的非法侵害这一思想出发，才能得以昭示。唯此，才能对刑法的人权保障机能予以全面的把握。正如日本刑法学家庄子邦雄所指出的：刑法的人权保障机能由于保障的个人不同，实际机能有异，具有作为善良公民的大宪章和作为犯罪人的大宪章两种机能。只要公民没有实施刑法就是善良公民的大宪章。刑法作为犯罪人的大宪章，是指在行为人实施犯罪的情况下，保障罪犯免受刑法规定以外的不正刑罚。[①] 因此，刑法的人权保障机能体现的是刑法对公民个人（包括被告人与其他公民）的权利的有力保障。

（三）从追求刑法的惩治性到追求刑法的有效性

政治刑法是以暴力直接推行的，因而其惩罚具有野蛮、威吓和恐怖的特点。镇压就成为政治刑法的这种惩治性的基本蕴涵。无节制的刑事镇压虽然能够维持社会的生存，但个人的自由与权利不复存在。因此，只有在专制社会里，刑法才是唯一的统治形式，专制统治在腥风血雨中苟延残喘。意大利刑法学家贝卡里亚猛烈地抨击了专制刑法的野蛮性，指出：纵观历史，目睹由那些自命不凡、冷酷无情的智者所设计和实施的野蛮而无益的酷刑，谁能不触目惊心呢？目睹帮助少数人、欺压多数人的法律有意使或容忍成千上万的人陷于不幸，从而使他们绝望地返回到原始的自然状态，谁能不毛骨悚然呢？目睹某些具有同样感官、因而也具有同样欲望的人在戏弄狂热的群众，他们采用刻意设置的手续和漫长残酷的刑讯，指控不幸的人们犯有不可能的或可怕的愚昧所罗织的犯罪，或者仅仅因为人们忠实于自己的原则，就把他们指为罪犯，谁能不浑身发抖呢？[②] 在批判这种残酷刑法的基础上，贝卡里亚从刑法根据与限度两个方面提出了刑法正当的标准。贝卡里亚基于社会契约论，认为刑罚权是公民自然权利的转让，公民之所以转让这种自由权，是为了更好地享受自由。一切额外的东西都是擅权，而不是公正，是杜撰而不是权利。[③] 因此，在贝卡里亚看来，正当的刑法应当是有限度的，这

① 参见［日］木村龟二主编：《刑法学词典》，42 页，上海，上海翻译出版公司，1993。
② 参见［意］贝卡里亚：《论犯罪与刑罚》，42 页，北京，中国大百科全书出版社，1993。
③ 参见［意］贝卡里亚：《论犯罪与刑罚》，9 页，北京，中国大百科全书出版社，1993。

种限度就是阻止罪犯再重新侵害公民，并规诫其他人不要重蹈覆辙。为此，贝卡里亚提出了罪刑的均衡性。由此出发追求刑法的功利效果，从而使刑法摆脱感情的主宰，引入一个理性原则。贝卡里亚认为，罪与刑之间存在一种对称性，并由此形成一个罪刑阶梯。有了这种精确的、普遍的犯罪与刑罚的阶梯，我们就有了一把衡量自由和暴政程度的潜在的共同标尺，它显示着各个国家的人道程度和败坏程度。① 贝卡里亚的观点使我们看到，刑法不是绝对的，而是相对的，这种相对性在于以最小的代价换取最大的效果，因此，刑法的有效性就成为一个令人关注的问题。一种无效用的刑罚，就被认为是没有正当的存在理由的。而且，为了实现刑法的这种有效性，也不允许刑法的严厉性超出正义的限度。贝卡里亚看到了刑法的残酷性与刑法的有效性。贝卡里亚指出，刑罚的残酷性还造成两个同预防犯罪的宗旨相违背的有害结果：（1）不容易使犯罪与刑罚之间保持实质的对应关系。因为，无论暴政多么殚精竭虑地翻新刑罚的花样，刑罚终究超越不了人类器官和感觉的限度，一旦达到了这个顶点，对于更有害和更凶残的犯罪，人们就找不出更重的刑罚以作为相应的预防手段。（2）严酷的刑罚会造成犯罪不受处罚的情况。人们无论是享受好处还是忍受恶果，都超越不了一定的限度。一种对于人类来说过分凶残的场面，只能是一种暂时的狂暴，绝不会成为稳定的法律体系，如果法律真的很残酷，那么它或者改变，或者是导致犯罪不受处罚。② 由此我们可以得出结论：正义的刑法应该是必要的刑法；同样，必要的刑法也应该是正义的刑法。刑法应当受到正义性与必要性的双重限制，这就是刑法的有效性的内容。

刑法的有效性改变了在专制社会里，为了维护专制统治可以无所顾忌地采用一切刑法手段的观念，代之以理性的刑法观念。应该说，从政治刑法到市民刑法是刑法制度、刑法思想与刑法文化的一场革命，是刑法法治的必然结果。中国传统法律文化，使刑法包含了更多的政治刑法的文化基因，这种文化基因一直流传

① 参见［意］贝卡里亚：《论犯罪与刑罚》，66页，北京，中国大百科全书出版社，1993。

② 参见［意］贝卡里亚：《论犯罪与刑罚》，44页，北京，中国大百科全书出版社，1993。

至今。现在，我们面临着一场刑法的思想启蒙运动，同时也面临着一场刑法变革运动。正在进行的刑法修改，就是发生在从政治刑法到市民刑法这样一个大的历史背景之下的，它当然不可能一蹴而就地完成这一历史性转变，但至少是在这条道路上向前推进。当前中国刑法理论应当引入形式合理性、人权保障、有效性这样一些市民刑法的观念，中国刑法也已经引入了罪刑法定、罪刑均衡这样一些市民刑法的原则。

在刑法修改中，关于中国刑法的基本走向是一个存在着争论的问题。例如：罪刑法定主义是否应当引入刑法？刑事类推是否应当废除？就持有异说。异说的主要理由之一就是西方国家已经否定罪刑法定主义，认为从19世纪末20世纪初起，罪刑法定已度过它的隆盛期而开始走向衰亡。所谓“法无明文规定不为罪”已不复存在，罪刑法定在事实上正在走向衰亡。[①] 这里存在一个如何正确认识西方法律发展阶段以及中国应当如何选择参照系的问题。关于西方法律文化的发展阶段，最简单的是法治国与文化国的两分法。法治国反对专制主义的法律，不允许任何专横擅断，因此，法治国的法制核心是罪刑法定主义。文化国则是最高形态的国家，对包括制服犯罪在内的一切措施采取积极的态度，旨在创造文化，从根源上解决犯罪问题。在所谓文化国，法治国的宠儿罪刑法定主义所坚持的阵地一步一步地退让出来。例如，根据罪刑法定主义的原则，排斥刑法的类推适用，但在许多国家的刑法中容许类推适用或容许有条件的类推适用；罪刑法定主义反对保安处分制，但现在各国不仅容许适用保安处分，而且将保安处分法典化、一元化；罪刑法定主义反对绝对不定期刑，但现在不少国家适用绝对不定期刑，如此等等。这充分说明罪刑法定主义原则所坚持的阵地均已逐渐地一一让给了所谓文化国的教育刑论。[②]

我认为，西方刑法的发展，虽然已由文化国取代法治国，但文化国并不是对法治国的简单否定，而是在法治国基础上的发展。因此，文化国对罪刑法定的

① 参见侯国云：《市场经济下罪刑法定与刑事类推的价值走向》，载《法学研究》，1995（3）。

② 参见甘雨沛、何鹏：《外国刑法学》，上册，233页，北京，北京大学出版社，1984。

一定意义上的否定，只是基于罪刑法定的形式合理性而追求实质合理性，而且这是以有利于被告为原则的。可以说，罪刑法定主义的精神实质依然存在。以法治国还是文化国为刑法发展的参照系？我认为，中国正在走向法治国，需要的是法治国的刑法文化，也就是市民刑法及刑法文化。在这个意义上，我同意以下观点：对于中国来说，为免于法律文化的滞后，当务之急是选择法律文化进化时期法治国的法治精神文化。在刑法文化方面，就是要着力选择那些蕴涵着巨大的科学和民主精神的罪刑法定主义、罪刑相适应原则和犯罪构成理论。正是这些纯粹的法治精神，几乎是彻底铲除了不折不扣的强大的封建专制和罪刑擅断主义。中国正处于加强民主、健全法制的关键时期，从法律文化演进的角度观察，我们的刑法立法改制的政策导向和民意趋向，与法律文化进化时期法治国的刑法文化是息息相通的，在这一点上，我们似乎没有回避、犹豫或绕行的余地了。[①] 确实，法治国的刑法文化应当是当今中国的选择。当然，我们也不应简单地照搬或照抄，对于历史证明已经过时或者不符合中国国情的某些东西完全可以排斥，但基本价值取向应当是可以确定的，这就是法治国以罪刑法定主义为核心的刑法文化。

对于中国传统的刑法文化，更多地应当持批判的态度。现在有一种倾向，在借鉴的名义上力图使传统刑法文化为现实服务。例如，中国有人认为从刑法学和犯罪学的角度分析，法家的重刑有明显的合理性，是一份值得珍视的法学遗产，尤其是认为这一思想的核心观点，在今天的立法和执法中仍有借鉴意义。[②] 这种观点认为，以往学术界对法家的重刑发生了误读。韩非云："所谓重刑者，奸之所判者细，而上之所加焉者大也；所谓轻刑者，奸之所利者大，上之所加焉者小也。"据此，法家的所谓重刑其实并不重，反而是与罪相适应的，因而具有科学性。从以上所引韩非关于重刑与轻刑的界定来看，重刑并不重。但我再引一句韩非的话："刑盗，非治所刑也，治所刑也，是治胥靡也。故曰重一奸之罪而止境

① 参见宋建强：《冲突与选择——世界刑法态势与中国刑法改制》，载《法学与实践》，1991（1），2-3页。

② 参见艾永明：《法家的重刑思想值得借鉴》，载《法学》，1996（11），10页。

内之邪，此所以为治也，重罚者，盗贼也；而悼惧者，良民也；欲治者奚疑于重刑。”这里的重刑似乎再不能解释为与其所犯之罪相称之刑吧？而是一种使良民悼惧的威吓之刑。这种重刑并非为罪人所设，而是为止境内之邪而设。因此，轻重标准就不可能是所犯罪行轻重，而是威吓之所需。为达到威吓之需要，实现所谓“以刑去刑”，商鞅甚至公然宣称“行刑，重其轻者，轻者不生，则重者无从至矣”，反对“轻轻而重重”即“轻罪轻刑，重罪重刑”。对此，韩非也作了进一步说明：“夫以重止者，未必以轻止也；以轻止者，必以重止矣。”这里的重刑，当然不再可能是与其所犯罪行相称的刑罚。即使是儒家刑法文化，德主刑辅，也容易导致刑法虚无主义；对伦理上的实质合理性的追求导致对法律上的形式合理性的否定。正如韦伯所言，儒家主导的中国法文化缺乏自然法与形式法的逻辑（Rechtslogik），儒家司法是根据被审者的实际身份以及实际情况或者根据实际结果的公正与适当来判断的一种“所罗门式的”卡地—司法（Kadi-justiz，Kadi 系伊斯兰教国家的审判官）。[①] 因此，那种认为后现代社会（相当于文化国）法文化正好与中国传统法文化相契合，甚至认为，中国传统法文化昭示着 21 世纪中国法文化的发展方向的观点是不能成立的。正如中国学者指出的：虽然 20 世纪西方刑法提出了刑罚个别化原则，但它并未取代、否定罪刑法定主义而是强调犯罪的特殊预防，是把处理一般犯罪的罪刑法定主义与特殊犯罪的罪刑法定主义更进一步密切结合，可以说是罪刑法定主义的进一步深化。这与儒家的罪刑擅断（君断）主义依然是尖锐对立的。如果我们现在过分强调刑罚个别化原则，那就会使封建特权法律观念借尸还魂，法律面前人人平等的价值观念再度受到冲击。[②] 因此坚守法治国的刑法文化不会是一帆风顺的，肯定还会有曲折。

从政治刑法到市民刑法这样一个视角审视中国刑法的发展，我认为，刑法将来应当更多地汲取法治国的精神，使刑法在确定性、合理性与有效性方面有所进

① 参见［德］韦伯：《儒教与道教》，174 页，南京，江苏人民出版社，1993。

② 参见刘晶军、房守林：《儒家法文化与后现代社会法》，载《法学》，1996（10）。

展，真正建构以罪刑法定主义为精髓的刑法典。当然，这一目标在多大程度上实现，取决于我们对中国现实的认识，取决于对法治国刑法文化的理解，也取决于一定的立法能力与立法技术。

（本文原载许传玺主编：《中国社会转型时期的法律发展》，北京，法律出版社，2004）

《刑法修正案（九）》的解读与评论

《刑法修正案（九）》的颁布，是我国刑法立法发展完善的一个重大标志，对于刑事司法实践也会带来重大的影响。《刑法修正案（九）》对刑法典进行了局部的修改，内容涉及刑法总则和刑法分则。对于《刑法修正案（九）》的正确理解，是贯彻和落实《刑法修正案（九）》的必要前提。本文拟对《刑法修正案（九）》的内容进行系统的梳理，并对其予以适当的解读与评论，期望对于理解《刑法修正案（九）》有所助益。

一、《刑法修正案（九）》对刑法总则的修订

《刑法修正案（九）》对刑法进行了较为系统的修订，就修订内容而言，涉及面是较为广泛的，对于刑法制度的影响也是较为深远的。当然，《刑法修正案（九）》对刑法的修订主要集中于刑法分则，对于刑法总则的修订相对较少。《刑法修正案（九）》对刑法总则的修订，体现在以下三个方面。

（一）从业禁止制度的设立

《刑法修正案（九）》第1条规定："在刑法第三十七条后增加一条，作为第

三十七条之一：‘因利用职业便利实施犯罪，或者实施违背职业要求的特定义务的犯罪被判处刑罚的，人民法院可以根据犯罪情况和预防再犯罪的需要，禁止其自刑罚执行完毕之日或者假释之日起从事相关职业，期限为三年至五年’。”这一规定设立了我国刑法中的从业禁止制度，这是我国刑罚方法的一种拓展和创新。根据这一规定，在适用从业禁止这一制度的时候，应当注意以下三点。

一是适用前提，即利用职业便利实施犯罪，或者实施违背职业要求的特定义务的犯罪被判处刑罚。这里的利用职业便利实施犯罪，是指实施业务犯罪。业务犯罪的主体是具有特定身份的人员，并且具有业务上的便利。例如，《刑法》第183条规定的职务侵占罪，就属于此类犯罪。而实施违背职业要求的特定义务的犯罪则是指实施亵渎职责的犯罪，例如《刑法》第169条之一规定的背信损害上市公司利益罪。实施上述犯罪还必须被判处刑罚。

二是适用根据，即犯罪情况和预防再犯罪的需要。根据我国刑法规定，并非所有上述实施犯罪而被判处刑罚的，都必须适用从业禁止的处罚措施。只有那些犯罪情节较为严重，尤其是与职务具有密切关联性的犯罪分子，并且人身危险性较大的情形，才有必要适用从业禁止的处罚措施。

三是适用后果，即禁止其自刑罚执行完毕之日或者假释之日起从事相关职业，期限为3年至5年。禁止从事相关职业，是对犯罪人所实施的某种业务犯罪的附带性的惩罚，同时也具有防止在一定期间再犯业务犯罪的功能。根据刑法规定，禁止从事相关职业的惩罚并非永久性的，而具有一定的期限，即3年至5年。应该说，从业禁止制度的设立，对于惩罚与预防业务犯罪具有一定的意义。

在理解从业禁止规定的时候，存在一个值得研究的问题，这就是禁止从事相关职业规定的性质。换言之，从业禁止到底是一种刑罚处罚措施还是一种非刑罚的处罚措施？对此，目前占据主流地位的观点认为，从业禁止属于非刑罚的处罚措施。确切地说，是一种保安处分措施。因为从业禁止被立法机关规定为《刑法》第37条之一，而第37条是关于非刑罚的处罚措施的规定。从反面来说，如果是刑罚处罚措施应当列入刑罚体系，而禁止从业并没有列入刑罚体系。因此，从业禁止从刑法条文体系的安排来看，它不是刑罚处罚措施。

我倾向于将从业禁止确定为刑罚处罚措施。确切地说，从业禁止属于资格刑。在我国刑罚种类中，只有剥夺政治权利作为资格刑被列入正式的刑罚体系。在刑罚体系之外，还存在驱除出境，剥夺勋章、奖章和荣誉称号，以及剥夺军衔等补充性的资格刑。其中，驱逐出境规定在《刑法》第35条，是对外国人适用的资格刑，它并没有纳入我国刑罚体系。而剥夺勋章、奖章和荣誉称号，以及剥夺军衔是对犯罪的军人适用的资格刑，规定在《中国人民解放军军官军衔条例》等军事性法律之中。在其他法律、行政法规中，也规定了禁止或者限制从事相关职业的处罚措施。由于这些法律、行政法规不具有设立刑事性处罚措施的权限，因此这些内容被认为是行政性的处罚措施。而《刑法修正案（九）》规定的禁止从事相关职业，当然具有刑事性处罚措施的性质。值得注意的是，《刑法》第37条之一第3款规定："其他法律、行政法规对其从事相关职业另有禁止或者限制性规定的，从其规定。"根据这一规定，如果其他法律、行政法规对职业犯罪已经规定了从业禁止，并且期限或者禁止内容与刑法规定不同的，例如有些法律、行政法规规定了终身禁止从事某种职业的处罚。在这种情况下，应当从其规定，即援引这些规定对被告人进行处罚。因此，这是一种援引法定刑的规定。在这种情况下，法律、行政法规规定的禁止从事相关职业，就转化为刑罚处罚。

那么，能不能将从业禁止理解为保安处分措施呢？保安处分不是刑罚，而是对犯罪的一种预防性措施。在某些西方国家，实行刑罚与保安处分的双轨制。因此，在刑法典中明文规定了保安处分。例如，《德国刑法典》第三章犯罪的法律后果，就包含了刑罚和保安处分。在保安处分的种类中，包括禁止从事一定职业。《德国刑法典》第70条规定："对由于滥用职业或行业，或严重违反有关义务发生违法行为而被判处刑罚，或因无责任能力或不能排除无责任能力而未被判处刑罚的，如对行为人和其行为进行全面考查后，认为继续从事某一职业或职业部门的业务，或行业或行业部门的业务，仍会发生违法行为危险的，法院可禁止该人在一年以上五年以下的期限内执行职业、职业部门的业务，或行业或行业部门的业务。如认为禁止执业的决定最长期限仍不足以防止行为所造成的危险的，可永远禁止其执业。"由此可见，《德国刑法典》中禁止从事一定职业作为保安处分，首先是刑法明确规定的，其次主要是基于预防犯罪的考量。此外，《德国刑法典》中的保安处分不仅针对因滥用职业或行业，或严重违反有关义务发生违法行为而被判处刑罚而适用，而且可以对因无责任能力或不能排除无责任能力而未被判处刑罚而适用。与之相比，我国刑法并未规定保安处分这一措施，如果刑法增加保安处分，从而在我国刑法中实行刑罚与保安处分的双轨制，涉及我国刑罚基本制度的调整，这显然不是《刑法修正案（九）》所能承担的立法使命。此外，《刑法修正案（九）》规定的从业禁止是根据犯罪情况和预防再犯罪的需要而适用的，并不仅仅是为预防再犯罪而适用的。因此，将从业禁止理解为保安处分的理据有所不足。

（二）刑罚执行制度的修订

《刑法修正案（九）》对我国的刑罚执行制度做了数处修改，其中某些修改对刑罚执行具有重大影响。因此，值得关注。《刑法修正案（九）》对刑罚执行制度的修订，涉及以下三点。

1. 死缓执行制度的修订

原《刑法》第50条关于被判处死缓的犯罪分子的执行，规定了："如果故意犯罪，查证属实的，由最高人民法院核准，执行死刑。"根据这一规定，在死缓执行期间，只要故意犯罪，就可以执行死刑。《刑法修正案（九）》对此修改为："如果故意犯罪，情节恶劣的，报请最高人民法院核准后执行死刑；对于故意犯罪未执行死刑的，死刑缓期执行的期间重新计算，并报最高人民法院备案。"在这一规定中，增加了情节恶劣的条件：在死缓执行期间，只有故意犯罪，情节恶劣的，才能执行死刑。但对于故意犯罪未执行死刑的，死刑缓期执行的期间重新计算。这一修改总体精神是从宽，因为死缓犯罪分子在死缓执行期间，只要故意犯罪的，就执行死刑，这是一种较为严厉的规定。现在改为故意犯罪情节恶劣的，才执行死刑，体现了宽中有严，区别对待的政策精神。

2. 罚金执行制度的修订

罚金的执行可以说是一个老大难的问题，我国刑法根据不同情况，分别规定了罚金的分期缴纳、强制缴纳、追缴以及减免缴纳等制度。《刑法修正案（九）》

在此基础上，又增加规定了延期缴纳制度。根据《刑法修正案（九）》的规定，由于遭遇不能抗拒的灾祸等原因缴纳确实有困难的，经人民法院裁定，可以延期缴纳、酌情减少或者免除。由此可见，延期缴纳是对于那些因遭遇不能抗拒的灾祸等原因缴纳确实有困难的犯罪分子建立的一种变通性措施。它对于原刑法规定由于遭遇不能抗拒的灾祸等原因缴纳确实有困难的就可以酌情减少或者免除缴纳而言，有所重；但就延期缴纳使犯罪分子缴纳罚金获得了一个宽限而言，又有所轻。

3. 异种自由刑数罪并罚执行制度的修订

在异种自由刑数罪并罚的情况下，如何决定执行的刑罚，这在我国刑法中是一个存在争议的问题。对于这个问题，我国原刑法没有明确规定，因此在我国刑法学界对此存在以下六种观点的分歧：（1）换算说，认为应先把管制和拘役折算成有期徒刑，比例是两天管制折抵一天有期徒刑，一天拘役折抵一天有期徒刑，然后按照限制加重的原则，在总和刑期以下，数刑中最高刑期以上，决定执行的刑期。（2）并科说，认为在数罪并罚的情况下，除判处死刑和无期徒刑的以外，其余的不同刑种，应当按照限制加重的原则分别并罚，然后逐一执行，而不能换算为另一种刑种处罚。（3）吸收说，认为对于数罪中同时判处有期徒刑、拘役或者管制，或管制期间又犯新罪被判处拘役或者有期徒刑的，在决定执行刑罚时，可以采取重刑吸收轻刑的办法，只决定执行有期徒刑。这样并罚既体现了法律的严肃性，又符合并罚的原则，且简便易行。（4）分别说，认为可以根据案件的具体情况采取不同的方法。有的可以采取重刑吸收轻刑的办法；有的可以采取执行完有期徒刑以后，再执行拘役和管制的办法。至于究竟采取哪一种办法，要依据罪刑均衡的原则来决定。对于采取重刑吸收轻刑不致轻纵罪犯的，即可采此方法，否则并科。（5）按比例分别执行部分刑期说，认为对于不同种有期自由刑，应从重到轻分别予以执行，但并非分别执行不同种有期自由刑的全部刑期，而是分别执行不同种有期自由刑的一定比例的部分刑期。（6）有限制酌情（或酌量）分别执行说，认为对于不同种有期自由刑，仍应采用体现限制加重原则的方法予以并罚，即在不同种有期自由刑的总和刑以下、最高刑以上，酌情决定执行的刑罚，其结果或仅执行其中一种最高刑的刑期，或酌情分别执行不同种的自由刑。以上观点其说不一，争议纷呈。以往在我国司法实践中，大多采取换算说。但《刑法修正案（九）》对此明确规定："数罪中有判处有期徒刑和拘役的，执行有期徒刑。数罪中有判处有期徒刑和管制，或者拘役和管制的，有期徒刑、拘役执行完毕后，管制仍须执行。"这一规定，采取的是分别说，即对于数罪中有判处有期徒刑和拘役的，采取吸收原则，只执行有期徒刑。但对于数罪中有判处有期徒刑和管制，或者拘役和管制的，采取并科原则，在有期徒刑、拘役执行完毕后，管制仍须执行。这一规定实际修改了对于数个有期自由刑所采取的限制加重原则，而是分别采取吸收原则和并科原则。对于采取吸收原则当然没有问题，但采取并科原则则存在一个法律障碍，即违反了一个判决只能有一个主刑的原则。根据我国刑法的规定，主刑是指只能独立适用不能附加适用的刑罚方法，而附加刑是既可以独立适用又可以附加适用的刑罚方法。因此，在可以独立适用这一点上，主刑和附加刑是相同的。主刑和附加刑的唯一区分就在于：是否可以附加适用。刑罚的独立适用，是指只能判处一个刑罚。而刑罚的附加适用是指可以与其他刑罚共存，例如附加于主刑适用。这一特征就决定了一个判决只能有一个主刑，即主刑只能独立适用。而一个判决却可以有数个附加刑，因为附加刑可以附加适用。如果一个判决存在两个或者两个以上主刑，那么，主刑就不是独立适用而是附加适用，这就抹杀了主刑和附加刑之间的区分。因此，这个问题确实还是一个值得探讨的问题。尽管如此，《刑法修正案（九）》还是做出了明确规定，使司法机关有所依据。

（三）刑罚结构的调整

《刑法修正案（九）》对于刑罚结构做了重大调整，这主要表现为死刑罪名的进一步减少和对贪污受贿罪设立终身监禁制度。这一修改虽然是针对刑法分则条文的，但其意义还是在于刑法总则，这是值得注意的。

我国刑罚结构存在死刑过重、生刑过轻的结构性缺陷。从《刑法修正案（八）》开始对刑罚结构进行调整。调整的基本思路还是减少死刑，加重生刑。而《刑法修正案（九）》承接了这一调整进程，其中死刑罪名的进一步减少属于减少死刑之举，而对贪污受贿罪设立终身监禁制度则具有加重生刑之意。

继《刑法修正案（八）》废除13个死刑罪名以后，《刑法修正案（九）》又废除了9个死刑罪名，这9个死刑罪名分别是：（1）走私武器、弹药罪；（2）走私核材料罪；（3）走私假币罪；（4）伪造货币罪；（5）集资诈骗罪；（6）组织卖淫罪；（7）强迫卖淫罪；（8）阻碍执行军事职务罪；（9）战时造谣惑众罪。在《刑法修正案（九）》草案的讨论过程中，对于某些死刑罪名的废除存在较大甚至重大的争议。但立法机构还是坚持减少这些死刑罪名，这是值得肯定的。这表明了我国立法机关对于减少死刑的坚定不移的决心和态度。当然，在以上废除的死刑罪名中，绝大部分都是备而不用的死刑罪名，对司法机关适用死刑影响不大。换言之，这种死刑罪名的减少与死刑适用的减少之间并不具有同步性。因此，我期望将来对于那些在司法实践中实际适用的死刑罪名也要考虑减少，只有走到这一步，我国死刑的司法适用才开始实际限缩，减少死刑的实际价值才开始呈现。

这次《刑法修正案（九）》的亮点之一是对贪污受贿罪设立了终身监禁制度。根据《刑法修正案（九）》的规定，因犯贪污受贿罪被判处死刑缓期执行的，人民法院根据犯罪情节等情况可以同时决定在其死刑缓期执行二年期满依法减为无期徒刑后，终身监禁，不得减刑、假释。这里的终身监禁，实际上是指不得减刑。从《刑法修正案（八）》对某些严重犯罪被判处死缓规定的限制减刑制度到《刑法修正案（九）》对贪污受贿罪被判处死缓规定的不得减刑制度，可以明显地看到立法机关对生刑向着加重方向的调整，这对于惩治腐败犯罪具有积极意义；同时也为减少死刑适用创制了条件。

二、《刑法修正案（九）》对刑法分则的修订

《刑法修正案（九）》对刑法分则的修订可以分为废改立三个部分，即废止的罪名、修改的罪名和增加的罪名。此外，还有些其他修改内容。以下分别加以论述。

（一）废止的罪名

《刑法修正案（九）》唯一废止的罪名是嫖宿幼女罪，即原《刑法》第360条

第2款的规定："嫖宿不满十四周岁的幼女的，处五年以上有期徒刑，并处罚金。"嫖宿幼女罪是1997年刑法设立的一个罪名，就该行为而言，确实完全符合奸淫幼女的性质。当时之所以设立嫖宿幼女罪，主要是考虑到嫖宿幼女具有性交易的性质，不同于一般的奸淫幼女。当然，嫖宿幼女行为与一般奸淫幼女行为相比，到底是重还是轻？这个问题直接关涉将嫖宿幼女行为单独设罪是为了重处还是轻处。从理论上说，嫖宿具有性交易的性质，嫖宿成年妇女不构成犯罪，而嫖宿幼女则构成犯罪。从这个角度说，对嫖宿幼女行为加以处罚体现的是从重精神。但嫖宿幼女行为与一般奸淫幼女行为相比，嫖宿是付出对价的，而一般奸淫是无对价的，因此对嫖宿幼女行为处罚似乎应该比一般奸淫幼女行为要更轻。总之，嫖宿幼女行为与一般奸淫幼女行为的轻重比较是一个极为复杂的问题。在刑法对嫖宿幼女罪的法定刑的设置上也反映了这种复杂性。奸淫幼女构成强奸罪基本犯的法定刑是3年以上10年以下，其最低法定刑要低于嫖宿幼女罪。但强奸罪的加重犯的法定刑是10年以上有期徒刑、无期徒刑或者死刑，其最高法定刑要高于嫖宿幼女罪。社会公众对嫖宿幼女罪的设立存在较大的疑虑，认为会使某些人以嫖宿幼女罪而逃脱最严厉的刑罚制裁，而且嫖宿的说法也会给幼女贴上标签。因此，强烈要求废除嫖宿幼女罪。在这种情况下，立法机构顺从民意，在《刑法修正案（九）》中正式废除了嫖宿幼女罪。

（二）修改的罪名

《刑法修正案（九）》还对刑法分则的部分条文内容做了调整，因此涉及某些罪名的修改。修改的罪名包括：取消出售、非法提供公民个人信息罪和非法获取公民个人信息罪罪名，修改为侵犯公民个人信息罪；取消盗窃、侮辱尸体罪罪名，修改为盗窃、侮辱、故意毁坏尸体、尸骨、骨灰罪；取消走私制毒物品罪和非法买卖制毒物品罪罪名，修改为非法生产、买卖、运输制毒物品、走私制毒物品罪等。

1. 侵犯公民个人信息罪

原《刑法》第253条第1款规定了出售、非法提供公民个人信息罪，其主体是国家机关或者金融、电信、交通、教育、医疗等单位的工作人员，其行为是违反国家规定，将本单位在履行职责或者提供服务过程中获得的公民信息，出售或者非法提供给他人。因此，该罪属于特殊主体的犯罪，罪名确定为出售、非法提供公民个人信息罪。与此同时，原《刑法》第253条第2款规定了非法获取公民个人信息罪，其行为是窃取或者以其他方法非法获取公民个人信息。但《刑法修正案（九）》将规定的犯罪的主体修改为一般主体，而将特殊主体实施的该项行为予以从重处罚。同时，还将上述两个罪名予以合并，并将合并后的罪名确定为侵犯公民个人信息罪。

2. 盗窃、侮辱、故意毁坏尸体、尸骨、骨灰罪

原《刑法》第302条对盗窃、侮辱尸体的行为做了规定，因此原罪名是盗窃、侮辱尸体罪。《刑法修正案（九）》在该罪的行为方式中增加了毁坏，在行为对象中增加了尸骨、骨灰。因此，罪名也相应地修改为盗窃、侮辱、故意毁坏尸体、尸骨、骨灰罪

3. 非法生产、买卖、运输制毒物品、走私制毒物品罪

原《刑法》第350条分别规定了走私制毒物品罪和非法买卖制毒物品罪。《刑法修正案（九）》增加了非法生产、运输制毒物品行为，并按情节较重、情节严重、情节特别严重重新设置了法定刑。罪名也重新确定为非法生产、买卖、运输制毒物品、走私制毒物品罪。

4. 伪造、变造、买卖身份证件罪

《刑法修正案（九）》将原《刑法》第280条第3款规定的伪造、变造居民身份证罪的对象从居民身份证扩大到护照、社会保障卡、驾驶证等依法可以用于证明身份的证件。

5. 非法生产、销售专用间谍器材、窃听、窃照专用器材罪

《刑法修正案（九）》将原《刑法》第283条规定的非法生产、销售对象从窃听、窃照专用器材扩大到专用间谍器材。

6. 拒绝提供间谍犯罪或者恐怖主义、极端主义犯罪证据罪

《刑法修正案（九）》将《刑法》第311条修改为："明知他人有间谍犯罪或者恐怖主义、极端主义犯罪行为，在司法机关向其调查有关情况、收集有关证据

时，拒绝提供，情节严重的，处三年以下有期徒刑、拘役或者管制。”在此，增加了拒绝提供恐怖主义、极端主义犯罪行为有关情况、收集有关证据的内容。

（三）增设的罪名

《刑法修正案（九）》新增了20个罪名，这些罪名分别是：准备实施恐怖活动罪，宣扬恐怖主义、极端主义、煽动实施恐怖活动罪，利用极端主义破坏法律实施罪，强制穿戴宣扬恐怖主义、极端主义服饰、标志罪，非法持有宣扬恐怖主义、极端主义物品罪，虐待被监护、看护人罪，使用虚假身份证件、盗用身份证件罪，组织考试作弊罪，非法出售、提供试题、答案罪，代替考试罪，拒不履行信息网络安全管理义务罪，非法利用信息网络罪，帮助信息网络犯罪活动罪，扰乱国家机关工作秩序罪，组织、资助非法聚集罪，编造、故意传播虚假信息罪，虚假诉讼罪，泄露不应公开的案件信息罪，披露、报道不应公开的案件信息罪，对有影响力的人行贿罪。

1. 准备实施恐怖活动罪

根据《刑法修正案（九）》新增的《刑法》第120条之二的规定，准备实施恐怖活动罪是指实施下列四种行为：（1）为实施恐怖活动准备凶器、危险物品或者其他工具的；（2）组织恐怖活动培训或者积极参加恐怖活动培训的；（3）为实施恐怖活动与境外恐怖活动组织或者人员联络的；（4）为实施恐怖活动进行策划或者其他准备的。这些行为都具有预备的性质，刑法将其规定为单独的犯罪，体现了对恐怖主义犯罪从重处罚的精神。

2. 宣扬恐怖主义、极端主义、煽动实施恐怖活动罪

根据《刑法修正案（九）》新增的《刑法》第120条之三的规定，宣扬恐怖主义、极端主义、煽动实施恐怖活动罪是指以制作、散发宣扬恐怖主义、极端主义的图书、音频视频资料或者其他物品，或者通过讲授、发布信息等方式宣扬恐怖主义、极端主义的，或者煽动实施恐怖活动的行为。

3. 利用极端主义破坏法律实施罪

根据《刑法修正案（九）》新增的《刑法》第120条之四的规定，利用极端主义破坏法律实施罪是指利用极端主义煽动、胁迫群众破坏国家法律确立的婚

姻、司法、教育、社会管理等制度实施的行为。

4. 强制穿戴宣扬恐怖主义、极端主义服饰、标志罪

根据《刑法修正案（九）》新增的《刑法》第 120 条之五的规定，强制穿戴宣扬恐怖主义、极端主义服饰、标志罪是指以暴力、胁迫等方式强制他人在公共场所穿着、佩戴宣扬恐怖主义、极端主义服饰、标志的行为。

5. 非法持有宣扬恐怖主义、极端主义物品罪

根据《刑法修正案（九）》新增的《刑法》第 120 条之六的规定，非法持有宣扬恐怖主义、极端主义物品罪是指明知是宣扬恐怖主义、极端主义的图书、音频视频资料或者其他物品而非法持有，情节严重的行为。

6. 虐待被监护、看护人罪

我国《刑法》第 260 条规定了虐待罪，但该罪的虐待行为限于家庭成员，属于侵犯家庭成员的人身权利的犯罪。目前，随着社会上各种养老抚幼以及其他监管或者看护机构的大量出现，这些机构中的工作人员对于被监护、看护人进行虐待甚至遗弃的案件时有发生。为此，《刑法修正案（九）》新增了虐待被监护、看护人罪，该罪是指对未成年人、老年人、患病的人、残疾人等负有监护、看护职责的人虐待被监护、看护的人，情节恶劣的行为。

7. 使用虚假身份证件、盗用身份证件罪

根据《刑法修正案（九）》新增的《刑法》第 280 条之一的规定，使用虚假身份证件、盗用身份证件罪是指在依照国家应当提供身份证件的活动中，使用伪造、变造的或者盗用他人的居民身份证、护照、社会保障卡、驾驶证等依法可以用于证明身份的证件，情节严重的行为。

8. 组织考试作弊罪

根据《刑法修正案（九）》新增的《刑法》第 284 条之一第 1 款的规定，组织考试作弊罪是指在法律规定的国家考试中，组织作弊的行为。这里的法律规定的国家考试，是指司法考试或者会计师考试以及公务员考试等国家考试，而不包括单位或者学校组织的普通考试。这里的组织作弊，是指安排他人进行替考。《刑法》第 284 条之一第 2 款还规定，为他人实施前款犯罪提供作弊器材或者其

他帮助的，依照前款的规定处罚。这里规定的是组织考试作弊罪的帮助行为，对此应当以组织考试作弊罪的共犯论处。司法解释也没有将它规定为一个独立的罪名，这是正确的。

9. 非法出售、提供试题、答案罪

根据《刑法修正案（九）》新增的《刑法》第 284 条之一第 3 款的规定，非法出售、提供试题、答案罪是指为实施考试作弊行为，向他人非法出售或者提供法律规定的国家考试的试题、答案的行为。

10. 代替考试罪

根据《刑法修正案（九）》新增的《刑法》第 284 条之一第 4 款的规定，代替考试罪是指代替他人或者让他人代替自己参加法律规定的国家考试的行为。因此，这里的代替考试包括两种情况：一是本人代替他人考试；二是让他人代替本人考试。

11. 拒不履行信息网络安全管理义务罪

根据《刑法修正案（九）》新增的《刑法》第 286 条之一的规定，拒不履行信息网络安全管理义务罪是指网络服务提供者不履行法律、行政法规规定的信息网络安全管理义务，经监管部门责令采取改正措施而拒不改正，有下列情形之一的行为：（1）致使违法信息大量传播的；（2）致使用户信息泄露，造成严重后果的；（3）致使刑事案件证据灭失，情节严重的；（4）有其他严重情节的。本罪的主体是网络服务提供者，例如腾讯等网络服务提供商。因此，本罪属于特殊主体的犯罪。本罪属于不作为的犯罪，即不履行法律、行政法规规定的信息网络安全管理义务。这里的信息网络安全管理义务应当是在有关法律、行政法规有明文规定的作为义务。为了限制本罪的构成，立法机关还设置了以下条件：一是经监管部门责令采取改正措施而拒不改正；二是具有条文所列举的四种严重情节或者严重后果之一。

12. 非法利用信息网络罪

根据《刑法修正案（九）》新增的《刑法》第 287 条之一的规定，非法利用信息网络罪是指利用信息网络实施下列行为之一，情节严重的情形：（1）设立用于实施诈骗、传授犯罪方法、制作或者销售违禁物品、管制物品等违法犯罪活动的网站、通讯群组的；（2）发布有关制作或者销售毒品、枪支、淫秽物品等违禁物品、管制物品或者其他违法犯罪信息的；（3）为实施诈骗等违法犯罪活动发布信息的。

13. 帮助信息网络犯罪活动罪

根据《刑法修正案（九）》新增的《刑法》第 287 条之二的规定，帮助信息网络犯罪活动罪是指明知他人利用信息网络实施犯罪，为其犯罪提供互联网接入、服务器托管、网络存储、通讯传输等技术支持，或者提供广告推广、支付结算等帮助，情节严重的行为。

14. 扰乱国家机关工作秩序罪

我国《刑法》第 290 条第 2 款规定了聚众冲击国家机关罪，该罪要求具有聚众、冲击等行为，并且要求致使国家机关工作无法进行，造成严重损失的犯罪结果。这是一种针对国家机关的严重犯罪，在现实生活中并不常见。为此，立法机关根据实际情况，在《刑法修正案（九）》中增设了扰乱国家机关工作秩序罪。根据《刑法修正案（九）》新增的《刑法》第 290 条第 3 款的规定，扰乱国家机关工作秩序罪是指多次扰乱国家机关工作秩序，经行政处罚后仍不改正，造成严重后果的行为。该罪与聚众冲击国家机关罪相比，既不需要聚众，也不需要冲击，而是要求扰乱国家机关工作秩序的行为，其犯罪性质显然要比聚众冲击国家机关罪轻。但《刑法修正案（九）》对该罪的构成还是设置了一定的条件，这就是多次，并且经行政处罚后仍不改正，造成严重后果，由此可以把它与扰乱国家机关工作秩序的一般违法行为加以区分。

15. 组织、资助非法聚集罪

根据《刑法修正案（九）》新增的《刑法》第 290 条第 4 款的规定，组织、资助非法聚集罪是指多次组织、资助他人非法聚集，扰乱社会秩序，情节严重的行为。该罪是聚众扰乱社会秩序罪和聚众冲击国家机关罪的共犯，包括组织犯和帮助犯。其中的帮助犯，将其正犯化，独立规定为一个罪名，显示了对其的从重处罚，这是可以理解的。但组织他人非法聚集，扰乱社会秩序的组织犯，就是犯罪的首要分子。在《刑法》第290条中，明确对聚众扰乱社会秩序罪的首要分子做了规定，就是该罪的正犯。在这种情况下，如何与组织、资助非法聚集罪相衔接，这是一个值得研究的问题。

16. 编造、故意传播虚假信息罪

根据《刑法修正案（九）》新增的《刑法》第291条之一第2款的规定，编造、故意传播虚假信息罪是指编造虚假的险情、疫情、灾情、警情，在信息网络或者其他媒体上传播，或者明知是上述虚假信息，故意在信息网络或者其他媒体上传播，严重扰乱社会秩序的行为。该罪也就是所谓网络传谣。2013年9月21日最高人民法院、最高人民检察院颁布了《关于办理利用信息网络实施诽谤等刑事案件适用法律若干问题的解释》（以下简称《解释》），其中第5条第2款规定："编造虚假信息，或者明知是编造的虚假信息，在信息网络上散布，或者组织、指使人员在信息网络上散布，起哄闹事，造成公共秩序严重混乱的，依照刑法第二百九十三条第一款第（四）项的规定，以寻衅滋事罪定罪处罚。"这一规定将编造、散布网络编造的虚假信息及其组织、指使行为解释为起哄闹事的寻衅滋事犯罪行为。该司法解释出台以后，在刑法学界产生了重大的争议，即该规定是否违反罪刑法定原则。现在，《刑法修正案（九）》明确规定了编造、故意传播虚假信息罪，表明《解释》确实具有越权之嫌。根据《刑法修正案（九）》的规定，编造、故意传播虚假信息罪要有编造和传播这两种行为，编造的内容是虚假的险情、疫情、灾情、警情，如果是上述以外的虚假信息，即使编造也不构成该罪。传播是指在信息网络或者其他媒体上传播，由此可见，传播的范围并不限于网络，而且包括其他媒体。该罪还要求严重扰乱社会秩序才能构成。否则，就只是一般的违法行为。

17. 虚假诉讼罪

根据《刑法修正案（九）》新增的《刑法》第307条之一的规定，虚假诉讼罪是指以捏造的事实提起民事诉讼，妨害司法秩序或者严重侵害他人合法权益的行为。虚假诉讼是一种妨碍司法活动正常秩序的行为，近年来在司法实践中较为常见。为此《刑法修正案（九）》将该行为明确规定为犯罪。此外，还存在一个所谓诉讼诈骗的问题，这种诉讼诈骗往往也采取虚假诉讼的方式。在《刑法修正案（九）》修订过程中，到底是设立虚假诉讼罪还是设立诉讼诈骗罪，也存在较大争议。考虑到诉讼诈骗行为完全符合诈骗罪的构成要件，可以直接以诈骗罪论处。因此，《刑法修正案（九）》没有规定诉讼诈骗罪。但《刑法修正案（九）》规定，有第一款行为，非法占有他人财产或者逃避合法债务，又构成其他犯罪的，依照处罚较重的规定定罪从重处罚。这里的通过虚假诉讼，非法占有他人财产或者逃避合法债务，又构成其他犯罪，就是指诉讼诈骗。

18. 泄露不应公开的案件信息罪

根据《刑法修正案（九）》新增的《刑法》第308条之一第1款的规定，泄露不应公开的案件信息罪是指司法工作人员、辩护人、诉讼代理人或者其他诉讼参与人，泄露依法不公开审理的案件中不应当公开的信息，造成信息公开传播或者其他严重后果的行为。这是对依法不公开审理的案件中不应当公开的信息加以泄露行为的规定，该罪的主体是特殊主体，即司法工作人员、辩护人、诉讼代理人或者其他诉讼参与人。

19. 披露、报道不应公开的案件信息罪

根据《刑法修正案（九）》新增的《刑法》第308条之一第3款的规定，披露、报道不应公开的案件信息罪是指公开披露、报道依法不公开审理的案件中不应当公开的案件信息，情节严重的行为。

20. 对有影响力的人行贿罪

根据《刑法修正案（九）》新增的《刑法》第390条之一的规定，对有影响力的人行贿罪是指为谋取不正当利益，向国家工作人员的近亲属或者其他与该国家工作人员关系密切的人，或者向离职的国家工作人员或者其近亲属以及其他与其关系密切的人行贿的行为。《刑法修正案（七）》增设了利用影响力受贿罪，但却没有设立向有影响力的人行贿罪。《刑法修正案（九）》的上述规定，完善了我国刑法中行贿罪的罪名体系。

（四）其他的修改内容

除以上涉及罪名的修改以外，《刑法修正案（九）》还有些条文虽然不涉及对罪名的修改，但涉及对这些罪名的内容的修改。主要有以下情形。

1. 组织、领导、参加恐怖活动组织罪

《刑法修正案（九）》对该罪增加了财产刑，包括没收财产和罚金，以此体现对组织、领导、参加恐怖活动组织犯罪分子的经济惩罚。

2. 危险驾驶罪

《刑法修正案（九）》对危险驾驶罪新增了两种行为方式，即从事校车业务或者旅客运输，严重超过额定乘员载客，或者严重超过规定时速行驶的和违反危险化学品安全管理规定运输危险化学品，危及公共安全的。此外，《刑法修正案（九）》还规定，机动车所有人、管理人对前款行为负有直接责任的，依照前款的规定处罚。

3. 强制猥亵罪

原刑法第 237 条规定的强制猥亵罪是指强制猥亵妇女，《刑法修正案（九）》修改为强制猥亵他人，将强制猥亵对象从妇女扩大到男子。

4. 绑架罪

原《刑法》第 239 条第 2 款规定："犯前款罪，致使被绑架人死亡或者杀害被绑架人的，处死刑，并处没收财产。"根据这一规定，犯绑架罪，过失致人死亡的，也可以适用死刑。现在《刑法修正案（九）》修改为："犯前款罪，杀害被绑架人的，或者故意伤害被绑架人，致人重伤、死亡的，处无期徒刑或者死刑，并处没收财产。"这就排除了在犯绑架罪的过程中，单纯过失致使被绑架人死亡适用死刑的可能性。同时，还将原刑法规定的绝对死刑修改为无期徒刑或者死刑，与刑法关于故意杀人罪和故意伤害罪的法定刑相协调。

5. 收买被拐卖的妇女、儿童罪

原《刑法》第 241 条第 6 款规定："收买被拐卖的妇女、儿童，按照被买妇女的意愿，不阻碍其返回原居住地的，对被买儿童没有虐待行为，不阻碍对其进行解救的，可以不追究刑事责任。"这是对收买被拐卖的妇女、儿童罪的一种出罪事由，显示了对犯罪人的宽大处理。

现在，《刑法修正案（九）》修改为："收买被拐卖的妇女、儿童，对被买儿童没有虐待行为，不阻碍对其进行解救的，可以从轻处罚；按照被买妇女的意愿，不阻碍其返回原居住地的，可以从轻或者减轻处罚。”两相比较，《刑法修正案（九）》从原刑法规定的不追究刑事责任，变成追究刑事责任但可以从轻或减轻处罚，显然是加重了追责的力度。

6. 抢夺罪

《刑法修正案（九）》对抢夺罪增加了多次抢夺的规定，除抢夺数额较大的行为可以入罪以外，如果没有达到数额较大但多次抢夺的，也可以入罪。

7. 妨害公务罪

《刑法修正案（九）》在《刑法》第277条中增加1款作为第5款：“暴力袭击正在依法执行职务的人民警察的，依照第一款的规定从重处罚。”这是对于袭警行为的规定，鉴于近年来袭警犯罪时有发生，公安机关对于在刑法中设立袭警罪的要求极为迫切。但因为刑法对于妨害公务罪中已经包含了这部分行为，在这种情况下，如果再专门设立一个罪名有重复立法之虞。为此，《刑法修正案（九）》对袭警行为专设一款，但没有规定为一个独立的罪名。

8. 扰乱无线电通讯管理秩序罪

《刑法修正案（九）》删去了原《刑法》第288条规定的扰乱无线电通讯管理秩序罪中的经责令停止使用后拒不停止使用的条件，并将造成严重后果修改为情节严重。可以说是降低了扰乱无线电通讯管理秩序罪的入罪门槛。

9. 聚众扰乱社会秩序罪

《刑法修正案（九）》在《刑法》第290条第1款规定的聚众扰乱社会秩序罪中，增加了致使医疗无法进行的内容，这是针对医闹行为的处罚性规定。

10. 扰乱法庭秩序罪

《刑法修正案（九）》将《刑法》第309条修改为：“有下列扰乱法庭秩序情形之一的，处三年以下有期徒刑、拘役、管制或者罚金：（一）聚众哄闹、冲击法庭的；（二）殴打司法工作人员或者诉讼参与人的；（三）侮辱、诽谤、威胁司法工作人员或者诉讼参与人，不听法庭制止，严重扰乱法庭秩序的；（四）有毁坏法庭设施，抢夺、损毁诉讼文书、证据等扰乱法庭秩序行为，情节严重的。”

在此，增加了扰乱法庭秩序罪的行为方式。

11. 偷越国（边）境罪

《刑法修正案（九）》在原《刑法》第322条偷越国（边）境罪中增加规定了“为参加恐怖活动组织、接受恐怖活动培训或者实施恐怖活动，偷越国（边）境的，处一年以上三年以下有期徒刑，并处罚金”的内容。

12. 贪污罪

《刑法修正案（九）》将《刑法》第383条修改为：“对犯贪污罪的，根据情节轻重，分别依照下列规定处罚：（一）贪污数额较大或者有其他较重情节的，处三年以下有期徒刑或者拘役，并处罚金。（二）贪污数额巨大或者有其他严重情节的，处三年以上十年以下有期徒刑，并处罚金或者没收财产。（三）贪污数额特别巨大或者有其他特别严重情节的，处十年以上有期徒刑或者无期徒刑，并处罚金或者没收财产；数额特别巨大，并使国家和人民利益遭受特别重大损失的，处无期徒刑或者死刑，并处没收财产。对多次贪污未经处理的，按照累计贪污数额处罚。犯第一款罪，在提起公诉前如实供述自己罪行、真诚悔罪、积极退赃，避免、减少损害结果的发生，有第一项规定情形的，可以从轻、减轻或者免除处罚；有第二项、第三项规定情形的，可以从轻处罚。犯第一款罪，有第三项规定情形被判处死刑缓期执行的，人民法院根据犯罪情节等情况可以同时决定在其死刑缓期执行二年期满依法减为无期徒刑后，终身监禁，不得减刑、假释。”以上规定将贪污罪的具体数额标准修改为数额较大、数额巨大和数额特别巨大的标准，并且辅之以情节标准作为补充。与此同时，还规定了终身监禁制度，这对于惩治贪污罪、受贿罪具有重要意义。

（本文原载《贵州民族大学学报》（哲学社会科学版），2016（1））

图书在版编目（CIP）数据

刑法研究．第二卷，刑法绪论．Ⅱ/陈兴良著．--
北京：中国人民大学出版社，2021.3
（陈兴良刑法学）
ISBN 978-7-300-29125-3

Ⅰ.①刑… Ⅱ.①陈… Ⅲ.①刑法-中国-文集
Ⅳ.①D924.04－53

中国版本图书馆 CIP 数据核字（2021）第 048983 号

国家出版基金项目
陈兴良刑法学
刑法研究（第二卷）
刑法绪论Ⅱ
陈兴良　著
Xingfa Yanjiu

出版发行	中国人民大学出版社		
社　　址	北京中关村大街 31 号	**邮政编码**	100080
电　　话	010－62511242（总编室）		010－62511770（质管部）
	010－82501766（邮购部）		010－62514148（门市部）
	010－62515195（发行公司）		010－62515275（盗版举报）
网　　址	http://www.crup.com.cn		
经　　销	新华书店		
印　　刷	涿州市星河印刷有限公司		
规　　格	170 mm×228 mm　16 开本	**版　　次**	2021 年 3 月第 1 版
印　　张	38.25 插页 4	**印　　次**	2021 年 3 月第 1 次印刷
字　　数	575 000	**定　　价**	198.00 元